한국전쟁 관련 프랑스외무부 자료 Ⅲ

(1951. 06. 01~1951. 12. 30)

한국전쟁 관련 프랑스외무부 자료 III (1951. 06. 01~1951. 12. 30)

초판 1쇄 발행 2021년 2월 22일

옮긴이 | 이지순 · 박규현 · 김영
발행인 | 윤관백
발행처 | ⊼돌선 **선인**

등 록 | 제5-77호(1998.11.4)
주 소 | 서울시 마포구 마포대로 4다길 4(마포동 324-1) 곶마루 B/D 1층
전 화 | 02) 718-6252 / 6257
팩 스 | 02) 718-6253
E-mail | sunin72@chol.com

정가 66,000원
ISBN 979-11-6068-452-0 94900
      979-11-6068-449-0 (세트)

· 잘못된 책은 바꿔 드립니다.
· www.suninbook.com

* 본 『한국전쟁 관련 프랑스외무부 자료 I~VI』은 한국학진흥사업단의 토대연구지
  원사업에 의해 수행되었음(과제번호: AKS-2016-KFR-1220002).

한국전쟁 관련 프랑스외무부 자료 III

(1951. 06. 01~1951. 12. 30)

이지순 · 박규현 · 김영 옮김

  19세기 중반 프랑스 외방전교회의 한국 전교 때부터 관계를 맺어 온 프랑스는 1839년(己酉年) 조선 정부가 프랑스 사제 3인을 비롯한 수많은 천주교 신자들을 처형한 '기유박해'를 일으키자 극동함대를 파병하여 '병인양요'를 일으켰다. 1866년 프랑스함대의 조선 침범으로 벌어진 병인양요 이후 조선과 프랑스 사이에 우호통상과 천주교 포교의 자유를 주요 내용으로 하는 한불우호통상조약이 체결되며 양국 간의 외교관계가 본격화되었다. 1900년을 전후한 시기 대한제국 정부 내 고용된 외국인 중 프랑스인들이 다수를 점했던 사실은 한국과 프랑스 양국관계의 긴밀성을 보여주는 증거가 되기도 한다. 하지만 을사늑약 체결 이듬해인 1906년 8월 외교관계는 단절되었고, 주한프랑스공사관은 영사관으로 변경되었다. 그 뒤로는 정식 외교관계는 아니지만 개별적인 한불관계가 지속되었다. 1919년 임시정부가 상해 프랑스 조계에 설립되어 1932년까지 독립운동의 근거지로 삼기도 했다. 독립을 위한 임시정부의 첫 외교무대가 1919년 파리강화회의였던 점도 양국 간의 밀접한 관계를 보여준다. 1919년 김규식을 비롯한 신한청년당 대표단이 파리강화회의에 참가하였지만, 일본의 방해로 김규식은 파리강화회의 본 회의장에 들어가지 못했다. 다만 회담장 밖에서 일제 식민지배의 불법과 부당함을 알리는 활동을 전개할 수 있었을 뿐이다. 서구열강 중 임시정부를 공식적으로 처음 인정한 것도 드골의 프랑스 임시정부였다. 1945년 8월 15일 이후 식민지 조선이 해방되고 38도선을 경계로 남북한에 미소 군정이 설치되었으며, 이러한 상황은 의도치 않게 국제 사회의 주목을 받게 되었다. 1947년 냉전(coldwar)이 본격화되며 한반도는 양측의 각축장이 되어버렸다. 프랑스와 한국의 외교관계는 1949년 정식 수립되어 주한프랑스공사관이 다시 문을 열었다. 이 무렵 프랑스는 베트남을 비롯한 동남아시아의 문제 때문에 동아시아에 대한 관심이 높았고 한반도에 대한 관심 역시 커지는 상황이었다.

1950년 6월 25일 한국전쟁이 발발하자 프랑스는 유엔 안전보장이사회 상임 이사국이자 회원국으로서 전투부대 파병을 결정했다. 파병 결정에는 미국의 압력도 작용했지만 다른 한편으로는 동아시아에 대한 프랑스의 관심도 반영되었다. 베트남 문제로 인해 군을 직접 파견할 수 없었던 프랑스는 예비역과 현역으로 구성된 1개 대대와 보충대를 합해 프랑스대대(사령관: 몽클라르Ralph Monclar 중장)를 조직했다. 이렇게 조직된 프랑스대대는 1950년 11월 29일 부산항에 입항한 이후 미 제2사단의 일원으로 참전하여 지평리전투, 철의 삼각지대를 비롯한 각종 고지전(단장의 능선 전투가 대표적임)에 참가하여 눈에 띄는 전적을 올렸다. 프랑스대대는 휴전협정이 체결된 직후 1953년 10월에 한반도에서 철수했다.

한국전쟁에 공식적으로 참전한 국가만 미국을 비롯해 16개국이며, 여기에 중국과 소련을 합하면 세계 모든 강대국이 가담한 국제적 성격을 지닌 전쟁이었다. 하지만 그동안의 한국전쟁 연구는 미국, 러시아(구소련), 중국 등 관련국들이 생산한 자료들에 근거해 진행된 탓에 남북한, 미국, 중국, 소련 등에 집중되어왔다. 우리는 이들 국가 외에도 유엔의 회원국으로서 유엔군으로 무장병력을 파견한 국가들, 아니면 중립국의 지위 때문에 비무장부대(예를 들어 병원선 등)를 파견한 국가들, 그 외에도 유엔 총회나 1954년 제네바정치회담 등에 참가한 국가들이 있고, 그들이 생산한 자료들이 있다는 점에 주목할 필요가 있다. 특히 프랑스는 한국과 이전부터의 밀접한 외교관계를 토대로 꾸준히 한국 관련 자료들을 생산·수집·분류·보관하고 있으니, 가장 중요한 근현대사 자료로는 한국의 독립운동 관련 사료와 한국전쟁 사료를 들 수 있다. 한국전쟁 관련 프랑스외무부 자료 속에는 주로 도쿄 주재 프랑스대사관 및 베이징, 도쿄, 워싱턴, 생 페테르부르크, 런던 등 세계 주요 도시 주재 프랑스대사관이 프랑스외무부에 전달한 한국전쟁 관련 보고서들이 포함되어 있다. 프랑스는 유럽의 참전국들을 대표하는 국가 중 하나로서 한국전쟁에 대해 방대한 양의 외교문서를 남겼다.

한국전쟁은 냉전문제에 관련된 대표적인 전쟁이다. 또 한편으로는 탈냉전의 문제와도 직간접적으로 연결되어 있다. 이러한 복합적 국제관계 상황에서 프랑스 자료들은 향후 한국전쟁을 비롯한 냉전과 탈냉전 연구에서 무척 중요하다. 프랑스는 미국과 보조를 맞추거나 미국의 발표에 따라 정보를 수집했음에도 미국과 항상 동일한 입장을 취한 것이 아니라 자국의 독립적인 시각을 견지했다. 이러한 까닭에 프랑스의 한국전쟁 자료는 한국전쟁의 단면을 다각도에서 이해하는 데 매우 중요한 자료가 될 수 있다. 본 자료집이 담고 있는 외교문서를 보면 휴전협상의 과정이 미국의 입장이 유엔에서 관철되는 과정이었다고 평가할 수 있지만, 유엔 총회나 휴전회담 전개 과정에서 프랑스가 반드시 미국과 보조를 맞추었다고 보기는 어렵다. 달리 말하면, 제2차세계대전 이후 달라진 미국의 위상이 절대적으로 반영되기는 하지만 프랑스 또한 유엔에서 자국의 입장을 관철시키려고 노력했음을 알 수 있다. 또한 직접 휴전협상국은 아니었으나 각국에 파견된 외교관들을 통해 포로가 된 프랑스 포로들의 귀환을 시도하기도 했다. 당시 프랑스는 한반도보다는 베트남을 비롯한 인도차이나반도에 관심을 기울이고 있었다. 그렇기에 조기 종전을 내세우며 미국과는 다른 입장에서 휴전협상을 인식했고, 프랑스외무부 자료에서는 이러한 프랑스의 입장을 구체적으로 확인할 수 있다.

그동안 한국현대사 연구, 그중 한국전쟁 연구에서 프랑스의 인식과 대응을 정리하는 작업은 활발하지 못했으며 그에 관한 연구도 드문 편이다. 무엇보다 프랑스 사료를 폭넓게 확보하고 깊이 있게 분석하기에는 '언어의 장벽'이 너무 높았기 때문이었다. 반면 프랑스어나 프랑스사 연구자들은 한국현대사를 학문적으로 접근하는 데 일정한 한계를 가졌다. 예를 들어, 국방부 군사편찬연구소에서 한국전쟁기 유엔군의 활동을 정리한 성과가 있으나 프랑스대대의 활동에 초점이 맞춰진 까닭에 단순한 전투의 나열에 그쳤으며, 한국전쟁에 대한 프랑스의 인식과 대응, 각종 활동 등은 제대로 검토할 수 있는 자료라고 할 수 없었다. 본 프랑스외무부 자료집은 이러한 기존 연구의 한계를 뛰어넘을 수 있는 '프랑스 자료의 국역화'라는 점에서 무척 중요한 시도라 할 수 있다.

본 자료집에 실린 프랑스 자료는 미국(워싱턴)과 유엔(뉴욕), 일본, 영국, 소련에 주재한 프랑스 외교관들을 통해 수집된 정보가 주를 이루지만, 그 외에도 세계 각지의 프랑스 외교관들을 통해 수집된 정보를 담고 있다. 이러한 수집정보를 통해 한국전쟁 당시 프랑스가 어떠한 부분에 집중하고 있으며, 각국에서 한국전쟁의 어떠한 면이 쟁점으로 제기되고 있는가를 검토할 수 있다. 다만, 프랑스의 동향과 동아시아에 대한 프랑스의 인식과 대응을 확인할 수 있는 자료가 많지 않은 것은 아쉬움으로 남는다. 본 자료집의 문서군이 한국전쟁이 핵심적인 주제인 까닭에 그것에 집중될 수밖에 없었다. 본 자료집에 편철된 프랑스 자료의 구체적인 내용을 살펴보면 다음의 몇 가지로 구분할 수 있다.

첫째, 한국전쟁의 발발과 전개, 협정까지의 상세한 과정을 살펴볼 수 있다. 한국전쟁은 한반도에서 발생한 전쟁이지만 미국과 유엔이 개입하는 순간부터 그 성격은 국제전으로 전환되었다. 특히 유엔은 한국전쟁 초기부터 전쟁에 적극적으로 개입했다. 1950년 6월 25일 한국전쟁이 발발하는 순간부터 미국이 참전과 동시에 유엔에 전쟁을 포함한 한국 문제를 상정했기 때문이다. 이때 프랑스는 유엔 회원국의 일원으로 참가했으나 미국의 입장에 일방적으로 동조하지는 않았다. 프랑스는 각국에 주재하는 프랑스 외교관을 통해 여론, 언론 보도, 각국 정부의 입장 등에 대한 정보를 수집하여 자료로 축적하였다. 미국(뉴욕, 워싱턴 등)과 일본뿐 아니라 소련(모스크바)과 중국(베이징), 유럽 각국(동유럽 포함), 동아시아(예를 들어 버마의 랑군) 등 전 세계 각지에 주재하는 프랑스 외교관들을 통해 한국전쟁의 시기별 쟁점에 대한 현지의 여론을 수집하였다. 예를 들면 중공군의 참전 이후 유엔군이 패배하게 되자 미국이 원자폭탄 사용을 검토했을 때, 프랑스는 이러한 원자폭탄 사용 문제에 대한 각국의 여론을 점검하였다. 본 자료집에서는 그러한 프랑스의 정보 수집을 구체적으로 확인할 수 있으며, 이를 통해 한국전쟁 당시 프랑스가 미국의 입장에 동조하면서도 자국만의 독자적인 입장에서 한국전쟁을 어떻게 인식하고 대응했는지를 구체적으로 확인할 수 있다. 한편 한국전쟁 관련 연구자들은 이러한 내용을 통해 한국전쟁에 대한 각국 동향의 직간접적인 정보 인용이 가능할 것이다.

둘째, 한국전쟁기 전황(戰況)의 구체적인 전개를 살펴볼 수 있다. 널리 알려졌듯이 한국전쟁은 '북한의 기습남침 – 낙동강 방어전 – 인천상륙작전과 북진 – 중공군의 개입과 후퇴 – 전선의 고착과 고지전'의 과정을 거치며 전황이 전개됐다. 각 시기별로 각각의 전황이 달라지고 있다. 프랑스 자료는 도쿄의 맥아더사령부(연합군 최고사령부, SCAP, Supreme Commander Allied Powers)에서 발표하거나 미국 정부가 발표한 전황 소식을 수집하여 반영하고 있다. 물론 미국 주도의 연합군 사령부를 통한 정보라는 한계가 있으나 그러한 정보에 대한 프랑스의 개별적 시각이나 견해를 엿볼 수 있기도 하다.

프랑스는 많은 정보를 맥아더사령부나 미국 정부를 통해 수집하고 있으나, 때로는 각국에 주재한 현지의 외교관들을 통해 수집하고 있었다. 그런 결과로 때로는 미국의 발표와는 다른 정보를 가지고 있기도 했다. 예를 들어 중공군의 참전에 대한 정보 가운데 난징(南京, 창하이) 주재 프랑스 전권공사 장켈레비치가 1950년 11월 12일자로 보낸 '제국주의의 아시아 개입에 대한 시위'라는 전문에서는 "주한 미군의 잔인성과 중국을 향한 미국의 침략 의도에 반대하는 중국 인민들"의 시위와 그에 대한 반응, 그리고 이것이 중국 지원군으로의 입대 등 한국전쟁에 미치는 영향을 기술하고 있다. 또한 중국 내 반공주의 활동에 대한 정보도 수집(상하이 탄약고의 폭발과 뒤이은 난징의 병기창고 폭발 및 인명피해 등)해 보고하고 있다.[1] 이와 같은 프랑스의 정보 수집 활동은 미국이 아닌 자국의 외교관들을 통해 수집한 정보이며, 어느 정도 제한된 미국의 정보와는 차별화된다고 평가할 수 있다.

---

[1] 문서번호 96-98.

한국전쟁의 전황과 관련한 자료도 다양한 층위로 세분된다. 한국전쟁에 대해 거시적 측면에서 접근한 자료가 있는가 하면, 각각의 전투가 어떻게 전개되고 있는가를 확인할 수 있는 정보도 수집되고 있다. 한국군의 초기 패전과 지연전, 인천상륙작전과 유엔군의 북진, 중공군의 개입, 고지전, 휴전회담 등의 전체적인 전개 양상을 볼 수 있는 정보가 기록되었다. 다른 한편으로 개별 전투 상황을 보고하거나, 맥아더 장군의 북한 정부에 대한 요구, 중공군의 개입에 뒤이은 압록강 수풍댐에 대한 검토 등의 매우 세밀한 정보를 수집하고 있다. 또한 중공군의 개입 이후 전선이 교착되자 프랑스는 '비무장지대(중립지대)'의 설정을 검토하며, 관련국 주재 외교관들을 통해 이것에 대한 정보를 수집하기도 했다. 중국의 참전 이후에는 미국 정부가 최후의 공격을 계획하자 뉴욕에 있던 주유엔 프랑스대사는 유엔군 사령부의 임기 연장에 대해 반대 입장을 밝히기도 했다.[2] 아울러서 공산 측이 제기한 미국의 세균전, 휴전회담 전개 과정에서 제기되는 주요 쟁점 등을 구체적으로 확인할 수 있다. 이렇듯 프랑스 자료는 한국전쟁의 전체적인 전개 양상 외에도 그것의 구체적인 전개 양상을 세밀하게 파악하는 데도 유용한 자료이다.

셋째, 각국에 파견된 프랑스 외교관들을 통해 수집한 각국의 동향을 기록하고 있다. 한국전쟁 초기 소련의 입장은 모스크바 주재 외교관을 통해 소련의 보도와 소련의 예상되는 대응 등에 대한 정보를 수집하며 자체적으로 소련의 입장을 평가하고 있다. 예를 들어 "한국문제는 소련에 있어 별다른 위험 없이 미국의 항전 의지를 측정할 수 있는 기회"라고[3] 평가하는 것과 같이 미국과는 다른 입장에서 한국전쟁 및 소련에 대해 접근하고 있다. 이 점은 유엔에서의 활동에서 두드러지게 나타난다. 즉 프랑스는 미국의 입장에 동조하면서도 개별적인 쟁점에서는 영국과 보조를 맞추는 게 나타나기도 한다.

넷째, 한국전쟁기 프랑스 자료에는 전황 외에도 후방의 상황을 파악할 수 있

---

[2] "우리는 현 상황에서 유엔군 사령부(원문은 통합사령부. 인용자)의 임기 연장에 긍정적이지 않을 것이라는 사실도 추가할 수 있습니다." 미국 정부의 한국에서의 마지막 공격 결정. 문서 번호 3043-3045.

[3] 북한군의 성과. 문서번호 1444-1449.

는 자료도 포함되었다. 예를 들어 1950년 10월 25일자 주유엔 프랑스대사 쇼벨이 뉴욕에서 보낸 전문에는 한국의 피난민을 위해 필수적인 피난민 원조용 모포 100만 장을 요청하고 있다. 물론, 이것은 유엔군사령부에서 유엔을 통해 요청한 것이기는 하지만, 이전의 30만 장 이후 추가로 요청한 것이었다.[4] 후방의 구호 활동에 외에도 후방에서 벌어지고 있는 한국의 정치 상황에 대한 보고도 이루어지고 있다. 아울러서 한국전쟁 기간 한국의 국내 상황에 대해서도 프랑스가 예의주시하고 있음을 확인할 수 있다. 주로 한국 주재 유엔위원단의 외교관들을 통한 정보가 많기는 하지만 미국의 일방적인 정보와는 다른 프랑스만의 인식이 담겨 있음을 볼 수 있다.

다섯째, 본 자료집은 한국전쟁기 유엔군의 일원으로 참전한 프랑스군의 활동을 구체적으로 확인할 수 있다. 특히, 프랑스군은 지평리 전투에서 중공군의 공세에도 불구하고 승리함으로써 중공군의 남하를 저지하였다. 다음은 지평리 전투에서의 프랑군의 활약과 승리를 기록한 외교문서의 내용이다. "지평리 전투는 한국의 전투 중에서 가장 영광스러운 전투 중의 하나로 남을 것입니다. 그곳은 3천 명 정도의 거주민이 사는 작은 도시로, 2월 4일 미군과 프랑스 부대가 주둔하고 있었습니다. 언덕들로 둘러싸여 깊숙이 자리한 이 촌락은 강력한 방어선을 굳건히 지키고 있었습니다. 2월 12일까지 중국 전위부대들은 정찰부대만이 접근해왔습니다. 2월 13일, 적군은 보루를 집중적으로 포위하고자 4개 사단과 함께 그곳에 대한 공격을 개시했습니다. 적군의 돌파에도 불구하고, 제23연대의 사령관은 매 순간 부대의 결집과 각 소대들 간의 연락을 유지하는 데 성공했습니다. 접전 중 적군을 연합군 방어 진지 한가운데로 이끌었습니다. 군화도 신지 않고 팔에 붕대를 맨 부상자의 지휘를 받은 프랑스 지원병들은 침략자를 향해 격렬하게 달려들었고, 상대를 첫 번째 요새 지역 경계까지 몰고 갔습니다. 용기와 끈기로 똘똘 뭉친 미군과 프랑스군은 4일간 그들과 떨어져 있는 연합군 부대의 어떤 지원도 없이 무수한 적군들을 쉼 없이 물리치는 데 성공했습니다." 이 전투에서 프랑스 전사들의 활약은 미국 사령관의 찬사를 받았다.

[4] 문서번호 2314.

제23연대를 지휘하는 차일즈 중령은 특히 다음과 같이 말했다. "프랑스 군인들은 그 어떤 찬사로도 모자랍니다. 그들이 어떤 진지를 공격하면, 그들은 그곳을 점령해버리고 맙니다. 그들이 그것을 차지하고자 하면, 그들은 차지하고 맙니다. 만일 여러분이 그들에게 방어해야 할 지역을 정해주면 그들은 여러분이 돌아올 때 거기에 있을 것입니다. 그들은 제가 만난 이들 중 가장 전투적인 사람들입니다."[5] 그러나 프랑스는 한국보다는 인도차이나 반도가 중요했던 까닭에 정규군을 파견하지 않고 예비군을 파견했다. 이러한 프랑스의 입장에 대해 미국도 인식하며 이해하고 있었다. 아울러서 전선이 고착되는 가운데 포로로 잡히는 프랑스 군인들이 나타나게 되자 자연스럽게 프랑스의 관심도 전황뿐 아니라 포로 문제에 관심을 기울였다. 그리하여 중국을 통하여 프랑스 출신 포로들의 현황을 건네받기도 하는 등 포로 문제에 대해 관심을 기울였음을 확인할 수 있다.

1950년대 초 국제정치에서 프랑스의 위치는 몇 가지로 규정될 수 있다. 소련의 위협에 대항한 서독의 재무장에 대한 거부 입장, 미국의 지원을 받으면서도 국제적으로 제2군 세력으로 추락한 데 대한 반발로 반미주의 강화, 나치독일 타도에 있어 소비에트연방의 기여를 인정하는 공산주의자들의 득세, 전 세계적 탈식민주의화 과정에서 인도차이나(베트남)와 알제리의 문제가 바로 그것이다. 1950년 6월 한국전쟁 발발에 대한 프랑스 내 반응은 이 네 가지 긴장노선이 극도로 복잡하게 상호작용하는 가운데 나타났다. 본 자료집은 프랑스가 이러한 다면적 상황과 시각 하에서 한국전쟁에 어떻게 대응했는가를 보여줄 수 있을 것이다. 한국전쟁 관련 방대한 프랑스외무부 자료의 번역은 이제까지 국내에서 이루어진 적이 없는 최초의 작업으로서, 이는 한국전쟁의 발발과 전개, 협정까지의 상세한 과정을 새롭게 조명해낼 수 있는 한국 현대사 사료의 중요한 부분을 발굴·구축하는 의의를 지닐 것이라 확신한다. 향후 본 자료집을 활용한 한국전쟁에 대한 후속 연구가 보다 풍부하게 활성화되고 진척되기를 기대한다.

---

5) 프랑스 군대의 활약. 문서번호 641.

끝으로, 본 자료집이 나오기까지 도움을 아끼지 않은 많은 분들께 깊은 감사의 마음을 전한다. 누구보다 한국전쟁 당시의 국내외 상황의 이해, 역사 용어의 올바른 선택과 주석 작업 등을 위해 많은 가르침을 주신 노영기 교수와 도종윤 교수, 그리고 프랑스 외무부 자료수집과 프랑스어의 적확한 번역에 도움을 준 로르 쿠랄레(Laure Couralet) 씨에게 무한한 감사의 마음을 전한다.

성균관대학교 프랑스어권문화융합연구소 소장
이 지 순

• 해제 / 5

1951년 6월 1일~12월 30일 · 29

【1】 중재위원회의 해체 분위기(1951.6.1) ···31

【2】 중재위원회의 휴전 시도(1951.6.1) ···32

【3】 트리그브 리의 오타와 연설 요약(1951.6.1) ······························35

【4】 유엔군의 상황과 소련의 원조 정황(1951.6.2) ····························37

【5】 유엔 사무총장 특보 코디어 씨의 도쿄 방문(1951.6.2) ··············39

【6】 애치슨 국무장관의 국회 증언(1951.6.2) ·································41

【7】 한국전 휴전에 대한 국제 언론의 분위기와 중국의 전쟁기금 모금 운동
(1951.6.5) ··43

【8】 휴전성명서에 대한 러스크 차관보와의 대화(1951.6.5) ··············45

【9】 38선 정전에 대한 한국 정부의 반발(1951.6.6) ·····················48

【10】 38선 정전설에 대한 애치슨 미 국무장관의 상원 증언(1951.6.6)
··50

【11】 38선 휴전 소문에 대한 한국 지도자들의 반응(1951.6.7) ···········52

【12】　애치슨의 상원 증언(1951.6.7) ·····································54

【13】　중재위원회의 제안에 대한 미 국무부의 반대 표명(1951.6.7) ···········56

【14】　프랑스의 집단대책위원회 답변서에 대한 미 국무부의 논평(1951.6.8)

　　　···58

【15】　유엔군 첫 승리의 의미(1951.6.8) ·································61

【16】　휴전 성명안 방식에 대한 논의(1951.6.8) ·························66

【17】　38선 휴전협정 체결을 위한 존슨 상원의원의 결의안(1951.6.8) ·······69

【17-1】별첨 1―존슨 상원의원의 휴전 결의안 프랑스어 번역본 ···········70

【18】　진군과 휴전 결정에 대한 고려 사항(1951.6.9) ·····················72

【19】　말리크와 중재위원회 위원 그라프스트룀의 회담(1951.6.12) ·········74

【20】　마샬 장군의 도쿄 방문(1951.6.12) ································76

【21】　북한 아동을 위한 모금(1951.6.12) ································77

【22】　한국의 전투 상황(1951.6.13) ····································79

【23】　웨더마이어 장군의 국회 증언(1951.6.13) ························81

【24】　휴전 성명안에 대한 러스크 미 국무차관보와의 회담(1951.6.13)

　　　···84

【25】　그로스 미 유엔대사의 추가조치위원회에 제출할 미 대표단 보고서에 대한
　　　정보(1951.6.14) ···86

【26】　남한군의 현실(1951.6.14) ·······································88

【27】　밴 플리트 장군의 한국 상황 인터뷰(1951.6.14.) ·················90

【28】　한국전쟁의 목적에 대한 14개국 공동성명의 영국 수정안(1951.6.14)

　　　···92

【29】　유엔 사무총장으로서 트리그브 리가 취하는 입장(1951.6.15) ·········95

【30】　유엔사무총장의 '평화계획'에 대한 중재위원회 및 각국대표단의 입장
　　　(1951.6.15) ···98

【31】　트리그브 리의 심리적 요인(1951.6.15) ··························100

【32】　한국 전선의 상황(1951.6.16) ···································102

【33】　각국의 대북, 대중국 금수조치 현황(1951.6.20) ··················104

【34】　거창사건으로 국무위원 일부 해임(1951.6.20) ···················106

【35】　휴전 가능성에 대한 마시글리의 의견(1951.6.21) ·················108

【36】　추가 파병을 호소하는 방법에 대한 미국의 견해(1951.6.21) ·········110

【37】 미 국무부의 한국 지원군 요청이 유엔 사무총장에게 전달된 배경
(1951.6.22) ···112
【38】 추가 파병 호소문에 대한 미국의 입장(1951.6.23) ·······················114
【39】 바 장군과 뉴랜드 의원의 국회 증원(1951.6.23) ·························118
【40】 한국에 대한『가제트리테레르』기사 내용(1951.6.24) ··················120
【41】 말리크 담화에 대한 미 국무부의 반응(1951.6.24) ·······················122
【42】 한국전쟁 기념일에 대한『보르바』의 기사(1951.6.25) ····················125
【43】 말리크 담화에 대한 영국 정부의 대처(1951.6.25) ·······················127
【44】 말리크 담화의 의도에 대한 분석(1951.6.25) ·······························129
【45】 소련 휴전협상 제안의 배경 분석(1951.6.25) ·······························131
【46】 한국전쟁 휴전 및 세계 평화를 위한 트루먼 대통령의 담화(1951.6.25)
···133
【47】 휴전협정에서 예상되는 어려움(1951.6.25) ·································135
【48】 말리크 선언에 대한『보르바』의 시각(1951.6.26) ·························137
【49】 마오쩌둥의 휴전 동의 내용을 실은『데일리익스프레스』기사(1951.6.26)
···138
【50】 중국과의 동맹을 바라보는 시각에 대한『프라우다』기사(1951.6.26)
···139
【51】 휴전안에 대한『프라우다』기사 요약(1951.6.26) ·························141
【52】 말리크 담화에 대한 유엔의 분위기(1951.6.26) ···························143
【53】 유엔 사무총장의 추가 파병 요구에 대한 노르웨이 여론(1951.6.26)
···146
【54】 추가 파병 요청에 대한 그리스 정부 답변(1951.6.27) ··················148
【55】 한국전쟁 1주기를 맞은 중국『인민일보』의 논설(1951.6.27) ·········149
【56】 말리크 선언에 대한 미 정부의 입장 설명(1951.6.27) ··················151
【57】 말리크 선언에 대한 미 국무부의 복잡한 상황(1951.6.27) ··············154
【58】 휴전에 대해 소련과 중국의 입장을 확인하기 위한 각국의 자세(1951.6.28)
···156
【59】 영-미 정부를 비판하는 여론전(1951.6.28) ·······························158
【60】 말리크와의 불확실한 회담 참여 여부에 대한 각국의 입장(1951.6.28)
···160

【61】 말리크 담화에 대한 중국의 시선 보고(1951.6.28) ·············163

【62】 대 중국 중재 및 유엔의 휴전 성명에 대한 트리그브 리의 의견(1951.6.28)
·············165

【63】 '교전국'이라는 용어의 해석에 대해(1951.6.28) ·············167

【64】 휴전안에 대한 유엔 인사들의 입장(1951.6.28) ·············169

【65】 말리크 제안에 대한 미 국무부의 태도(1951.6.28) ·············171

【66】 한국 전선의 상황(1951.6.28) ·············172

【67】 16개 참전국 회의(1951.6.28) ·············174

【68】 한국 전선의 상황(1951.6.28) ·············175

【69】 애치슨 국무장관의 외무위원회 답변(1951.6.28) ·············177

【70】 휴전안에 동의하는 중국의 속내에 대한 보고(1951.6.28) ·············179

【71】 휴전안에 대한 남북한의 반응(1951.6.29) ·············181

【72】 프랑스 외무부 사무총장과 영-미 대사들의 대담(1951.6.29) ·············182

【73】 평화안에 대한 소련의 의도(1951.6.30.) ·············184

【74】 말리크 담화에 대한 중국 입장(1951.6.30) ·············185

【75】 트리그브 리가 보낸 한국전에 대한 국제기구의 입장문(1951.6.30)
·············186

【76】 한국 파병과 북대서양조약에 대한 노르웨이 의회 결정(1951.6.30)
·············188

【77】 북한군 사령관에 대한 리지웨이 장군의 회담 제의(1951.6.30) ·············190

【78】 평양라디오 방송이 전하는 휴전 조건(1951.6.30) ·············192

【79】 리지웨이 장군이 북한군사령관에게 보낼 메시지의 주요 내용(1951.6.30)
·············193

【80】 휴전 조건에 대한 남한 정부의 입장(1951.7.1) ·············196

【81】 유엔군이 구상하는 새로운 전선(1951.7.1) ·············198

【82】 리지웨이 휴전 제안에 대한 공산군의 수락 성명(1951.7.2) ·············201

【83】 리지웨이 장군의 예비 휴전회담 제안(1951.7.3) ·············203

【84】 휴전에 대한 남한의 입장(1951.7.4) ·············205

【85】 한국의 휴전 반대 시위(1951.7.4) ·············206

【86】 예비회담 개최에 대해 리지웨이와 공산군 측 사이에 오간 메시지(1951.7.5)
·············207

【87】 금수조치안에 대한 프랑스의 입장(1951.7.5) ·······························209

【87-1】 별첨 1—금수조치 결의안에 대한 프랑스 조치 보고서 ···············210

【87-2】 별첨 2—프랑스의 금수조치 목록 ··212

【88】 휴전회담안에 대한 소련 언론의 분석(1951.7.7) ·························217

【89】 휴전협정을 둘러싼 국제관계 역학에 대한 소련의 견해(1951.7.6)
···220

【90】 리지웨이 장군의 3차 메시지에 대한 공산군 측의 답변(1951.7.6)
···228

【91】 예비회담에 대한 리지웨이 장군의 4차 메시지(1951.7.6) ···········230

【92】 휴전협정에 대한 중국의 관측(1951.7.6) ···································232

【93】 리지웨이의 메시지에 대한 공산군 측 답변(1951.7.7) ·················233

【94】 예비회담 유엔 측 대표(1951.7.8) ···234

【95】 1차 정전회담 공산 측 대표(1951.7.7) ·······································236

【96】 휴전협정에 대한 폴란드 언론의 반응(1951.7.9) ·························238

【97】 러스크 국무차관보가 전하는 휴전회담을 둘러싼 분위기(1951.7.9)
···239

【98】 회담을 대하는 소련의 의도를 파악하기 위한 샤테뇨 대사의 접견
(1951.7.10) ···241

【99】 휴전협정 비준 조건에 대한 미국, 영국, 프랑스 유엔대표들의 의견 교환
(1951.7.10) ···243

【100】 휴전협정을 총괄할 유엔 기구 선택에 대한 미국, 영국, 프랑스의 입장
(1951.7.10) ···245

【101】 미 정부와 통합사령부가 생각하는 휴전의 조건(1951.7.10) ·········248

【102】 휴전회담 직전 리지웨이의 기자회견과 공산 측 대표에 대한 정보
(1951.7.10) ···251

【103】 한국 휴전 협정을 바라보는 호주의 분위기(1951.7.10) ···············253

【104】 조이 제독의 휴전회담 개회사와 회담 분위기(1951.7.11) ···········255

【105】 휴전협정의 영향에 대한 폴란드 언론의 분석(1951.7.11) ···········257

【106】 협상을 위한 유엔기구 조직에 대해(1951.7.11) ·························259

【107】 소련의 한국 휴전협상정책 분석에 관한 통신문(1951.7.11) ·········263

【108】 남일 장군과 덩화 장군의 휴전회담 개회사(1951.7.12) ···············265

【109】 휴전회담 보도를 최대한 자제하려는 소련의 분위기(1951.7.12) ·········268

【110】 휴전회담 분위기와 한국의 휴전 반대 시위(1951.7.12) ·····················269

【111】 휴전회담 진행상황(1951.7.12) ···271

【112】 협상지로 개성을 채택한 의미와 개성에 대한 설명(1951.7.12) ··········273

【113】 북한 유력인사에 대한 보고(1951.7.12) ··275

【114】 회담 중에도 지속되는 중국의 전쟁 준비 움직임(1951.7.13) ··············278

【115】 회담 재개를 촉구하는 리지웨이 장군의 통신문(1951.7.13) ···············280

【116】 시로키 외무장관의 김엄기 북한 전권공사 환영사(1951.7.15) ···········283

【117】 미국의 휴전협상 중지에 대한 공산 측의 시각(1951.7.16) ················285

【118】 회담구역 조건과 미국의 협상 조건(1951.7.16) ·····································287

【119】 휴전 협상을 대하는 소련의 분석과 의도(1951.7.17) ·····························289

【120】 분계선과 외국군 철수에 대한 휴전회담 분위기(1951.7.17) ···············292

【121】 개성회담에 관한 러스크 미 국무차관보의 보고 사항(1951.7.17)

···294

【122】 애치슨 국무장관의 선언문(1951.7.17) ···297

【123】 휴전협정의 유엔 비준 문제(1951.7.19) ···299

【124】 개성회담 추이(1951.7.19) ···302

【125】 휴전 협정 승인 절차 문제(1951.7.20) ···304

【126】 개성회담에 대한 중국 여론의 반응(1951.7.21) ·······································306

【127】 개성회담에 대한 소련 언론의 반응(1951.7.22) ·······································308

【128】 남북한의 전력(戰力)과 휴전협상 중지(1951.7.22) ·································310

【129】 외국군 철수 문제로 중지된 휴전협상에 대한 전망(1951.7.22)

···312

【130】 개성회담 추이(1951.7.24) ···313

【131】 도쿄 최고사령부의 보고 내용(1951.7.26) ···315

【132】 휴전협정에서 합의된 사항(1951.7.27) ···318

【133】 회담 의제에 관한 5가지 합의 사항(1951.7.27) ·······································320

【134】 군사분계선과 비무장지대 설치 협상에 관한 보고(1951.7.27) ···········322

【135】 개성회담에서 유엔대표단이 거둔 성과(1951.7.28) ·······························325

【136】 군사분계선 문제로 지체되는 휴전회담(1951.7.30) ·······························328

【137】 개성회담에 대한 북한 언론의 반응(1951.7.30) ·······································329

【138】 개성회담에 관한 히커슨 미 국무차관보의 보고 사항(1951.7.30)
·················331

【139】 중국에 대한 미국과 영국의 견해차(1951.8.2) ·················334
【140】 개성회담의 추이와 예측(1951.8.2) ·················335
【141】 소련제 제트기 추락(1951.8.4) ·················337
【142】 '캔자스라인'에 관하여(1951.8.4) ·················338
【143】 제19차 개성회담(1951.8.5) ·················339
【144】 유엔군 장군의 성명에 대한 언론 반응((1951.8.5) ·················341
【145】 논란에 대한 최고사령부의 해명(1951.8.6) ·················343
【146】 개성회담에서 서로 다른 휴전선을 제안함(1951.8.6) ·················345
【147】 회담 지연에 대한 베이징 언론 보도(1951.8.7) ·················347
【148】 분계선 획정에 대한 유엔군 전략(1951.8.7) ·················348
【149】 회담 중단에 대한 언론 반응(1951.8.9) ·················350
【150】 소련의 한국전쟁 자금 조달(1951.8.10) ·················351
【151】 개성회담 중단 사태 분석(1951.8.10) ·················352
【152】 공산군 사령부의 답변(1951.8.10) ·················355
【153】 휴전협상에 관한 폴란드 언론 보도(1951.8.10) ·················358
【154】 휴전선 획정에 대한 미국의 입장(1951.8.10) ·················360
【155】 한국파병국대표회의 내용(1951.8.10) ·················362
【156】 난관에 봉착한 개성회담(1951.8.11) ·················364
【157】 개성회담에 관한『프라우다』보도(1951.8.13) ·················366
【158】 교착 상태에 빠진 개성회담(1951.8.14) ·················367
【159】 한국 광복 6주년 기념 논평(1951.8.15) ·················369
【160】 분계선 획정을 둘러싼 대립(1951.8.15) ·················371
【161】 제21-23차 개성회담에 관한 대표단장 회의(1951.8.5) ·················372
【162】 제24-25차 개성회담에 관한 대표단장 회의(1951.8.16) ·················375
【163】 북한의 공습 위협(1951.8.19) ·················378
【164】 포로 문제(1951.8.19) ·················379
【165】 분계선 획정에 관한 언론 보도(1951.8.23) ·················381
【166】 미국 측 분계선 제안에 대한 비판 보도(1951.8.23) ·················383
【167】 개성회담 경과 예측(1951.8.23) ·················385

【168】 세 번째 휴전회담 중단 사태(1951.8.23) ·············· 387

【169】 회담장 폭격에 관한 조이 제독의 보고서(1951.8.23) ·············· 388

【170】 한국파병국대표 임시회의(1951.8.23) ·············· 392

【171】 개성회담 결렬 사태의 성격(1951.8.23) ·············· 395

【172】 사령부 보도 자료(1951.8.23) ·············· 396

【173】 중립지대 공습 사건에 대한 총사령부 공문(1951.8.24) ·············· 401

【174】 공산 측의 개성회담 중단 의도(1951.8.25) ·············· 403

【175】 소위 개성 폭격에 대한 공산군 서신(1951.8.25) ·············· 405

【176】 소위 개성 폭격에 관한 리지웨이 장군의 회신(1951.8.25) ·············· 407

【177】 공산 측 서신 분석(1951.8.25) ·············· 409

【178】 캔자스라인에 관한 제안(1951.8.25) ·············· 411

【179】 미 제10군단 전선 지역의 군사 충돌(1951.8.25) ·············· 415

【180】 개성 폭격 사건 이후 중공군 프로파간다(1951.8.27) ·············· 416

【181】 공산 측 답변과 언론 반응(1951.8.28) ·············· 417

【182】 개성 폭격 재조사 가능성(1951.8.28) ·············· 419

【183】 최근 사건들에 대한 분석(1951.8.28) ·············· 420

【184】 중국의 외교 방식과 행동 전망(1951.8.29) ·············· 422

【185】 미-영 공동 행보(1951.8.29) ·············· 424

【186】 공산군 사령부에 대한 유엔군 사령부의 답신(1951.8.29) ·············· 426

【187】 한국 전선의 상황(1951.8.30) ·············· 428

【188】 공산군과 소련의 계획(1951.8.30) ·············· 430

【189】 유엔군 총사령관의 군 상황 보고(1951.8.31) ·············· 433

【190】 유엔군의 중립지대 침범에 대한 공산군의 항의(1951.8.31) ·············· 435

【191】 소련 언론 반응의 의미(1951.8.31) ·············· 436

【192】 소련의 의도 추정에 대한 의견서 사본(1951.8.31) ·············· 438

【193】 샌프란시스코 회의를 앞둔 양측 사령부의 태도(1951.9.1) ·············· 445

【194】 개성 중립지대 침범 소식(1951.9.1) ·············· 447

【195】 각국 언론의 반응(1951.9.2) ·············· 448

【196】 '미국의 음모'에 관한 소련 신문 기사(1951.9.4) ·············· 449

【197】 한국 전선의 상황(1951.9.5) ·············· 450

【198】 유엔군 사령관의 전언 전문(1951.9.6) ·············· 451

【199】 공습 사건에 관한 소련의 통첩문(1950.9.7) ················453

【200】 한국 전선의 상황(1951.9.7) ················455

【201】 소련 정부의 태도(1951.9.8) ················457

【202】 공산군의 태도 전망(1951.9.9) ················461

【203】 미군 포로들의 전언(1951.9.11) ················463

【204】 중공-북한 대표단 인터뷰 내용(1951.9.11) ················464

【205】 공산군 사령부의 전보(1951.9.11) ················465

【206】 양측 간 통신 및 한국 전선의 상황(1951.9.12) ················467

【207】 베트남 국민대표단의 북한 방문(1951.9.15) ················469

【208】 공산군의 개성협상 재개 제안(1951.9.20) ················471

【209】 의장직 문제와 제6차 회의에 대한 전망(1951.9.21) ················473

【210】 협상 재개를 제안하는 중국의 속내(1951.9.25) ················477

【211】 양측 연락장교들의 회의 전개 상황(1951.9.25) ················478

【212】 연락장교회의 전개에 관한 신화통신의 공식 성명(1951.9.26) ···········480

【213】 한국 전선의 상황과 개성 연락장교회의에 관해(1951.9.26) ·············483

【214】 개성 연락장교회의 제안과 한국 전선의 상황(1951.9.27) ················485

【215】 휴전협상에 대한 공산군의 전략(1951.9.28) ················488

【216】 미 합창의장의 한국 방문 소식(1951.9.28) ················490

【217】 소련 언론의 반응(1951.9.29) ················492

【218】 한국 전선의 상황(1951.9.29) ················494

【219】 소련 언론이 밝힌 미국의 군사 계획(1951.9.30) ················496

【220】 협상 장소 변경 문제(1951.10.3) ················498

【221】 소련 신문에 실린 일본군 포로의 증언(1951.10.4) ················500

【222】 소련 정부의 반응(1951.10.5) ················501

【223】 한국전쟁의 전반적 문제들(1951.10.5) ················503

【224】 유엔군 사령부와 일본의 입장 추정(1951.10.5) ················507

【225】 양측 총사령관의 서신 왕래(1951.10.5) ················510

【226】 한국전쟁에 대한 총사령관의 의견(1951.10.6) ················513

【227】 한국 전선의 상황(1951.10.6) ················514

【228】 한국 전선의 상황 및 합참의장의 전선 시찰 반응(1951.10.6)

················516

【229】 공산군 사령관들의 내분(1951.10.7) ·································518

【230】 연락장교회의에 관한 공산군사령부의 전언(1951.10.8) ·······················522

【231】 소련에서 커크 대사의 임무(1951.10.4) ···························524

【232】 미 대사가 국무부에 제출한 비망록(1951.10.8) ·····················528

【233】 휴전협상 실패 대비 조치에 대한 영국 정부의 반응(1951.10.8)

································532

【234】 공산군의 전언에 대한 리지웨이 장군의 회신(1951.10.9) ·············535

【235】 볼렌 미 국무부 고문의 한국 방문 소감(1951.10.9) ···············537

【236】 유엔 제출 통첩을 첨부한 공문(1951.10.9) ·······················540

【236-1】 별첨 1—참전국 대표들이 유엔에 제출할 통첩 ················541

【237】 리지웨이 장군의 전언에 대한 공산군 장군들의 답신(1951.10.10)

································544

【238】 김일성 및 펑더화이 장군의 답신 보도(1951.10.12) ···············546

【239】 양측 연락장교회의에 관한 언론 보도(1951.10.12) ···············548

【240】 미그기에 대한 미국의 평가(1951.10.12) ·························550

【241】 3국 외무장관 회의에서 논의된 한국 상황(1951.10.12) ···········551

【242】 언론의 미 공군 중립지대 침범 소식 보도(1951.10.13) ···········555

【243】 히커슨 미 국무부 유엔담당 차관보의 연락장교회의 보고(1951.10.13)

································556

【244】 개성 중립지대 침범 사건에 대한 리지웨이 장군의 입장 발표(1951.10.15)

································559

【245】 한국문제에 관한 소련 언론의 보도(1951.10.16) ···················561

【246】 비신스키 소련 외무장관이 미국에 전달한 선언문(1951.10.16)

································562

【247】 체코를 방문한 중국 대표단장의 기자회견 내용 요약(1951.10.16)

································564

【248】 유엔군 측 전 국제적십자 대표의 한국 정보(1951.10.16) ·········565

【249】 한국에서 생포된 그리스계 포막인(1951.10.17) ·················567

【250】 연락장교회의 미합의 사항(1951.10.17) ·························569

【251】 미 국방부 대변인의 전황 개략 보고(1951.10.17) ·················571

【252】 양측 대표 회담을 위해 해결해야 할 사항(1951.10.18) ···········573

【253】 한국의 포로 문제에 관해 유엔 사무총장에게 전달한 서한 내용(1951.10.18) ·····575

【254】 헝가리의 한국 원조(1951.10.18) ·····578

【255】 연락장교회의에 관한 미 국무부의 정보(1951.10.19) ·····581

【256】 10월 중순 전황(1951.10.19) ·····583

【257】 북한·소련 수교 3주년 기념 축전(1951.10.20) ·····584

【258】 연락장교회의에서 진전 사항(1951.10.20) ·····586

【259】 파병국대표회의 내용(1951.10.20) ·····587

【260】 개성·문산 중립지대에 관한 진전 사항(1951.10.20) ·····588

【261】 미합의 사항의 일부 해결 및 기타 소식(1951.10.21) ·····590

【262】 미합의 사항 해결(1951.10.22) ·····592

【263】 미합의 사항 해결(1951.10.22) ·····593

【264】 맥아더 장군의 복귀에 관한 상원 청문회 보고서(1951.10.22) ·····595

【265】 한국분쟁에 대한 소련의 입장(1951.10.26) ·····596

【266】 휴전회담에 대한 신화통신 공보(1951.10.26) ·····597

【267】 이승만 대통령의 발표(1951.10.26) ·····599

【268】 이승만 대통령의 성명서(1951.10.26) ·····601

【269】 한국 외무부장관의 성명서(1951.10.26) ·····604

【270】 개성 휴전회담 반대 운동(1951.10.26) ·····606

【271】 판문점 휴전회담 상황(1951.10.26) ·····608

【272】 중공개입의 자체적 전체 평가(1951.10.27) ·····611

【273】 중국 주재 인도대사와의 대화(1951.10.27) ·····613

【274】 판문점 휴전회담 상황(1951.10.27) ·····615

【275】 공산군의 공군력(1951.10.30) ·····617

【276】 중공의 한국 개입 1주년에 대한 체코 외무부장관의 서한(1951.10.30) ·····619

【277】 휴전회담 재개(1951.10.30) ·····621

【277-1】 별첨 1—휴전회담 구역과 이 구역의 안전을 규명하기 위해 대표단들이 결정한 8가지 합의 사항 ·····622

【277-2】 별첨 2―유엔군과 공산군 연락장교들 사이에 이루어진 합의에 대한 5가지
부대 사항 ……………………………………………………………………624

【278】 판문점 휴전회담 상황(1951.10.27) ………………………………………625

【279】 소련 언론(1951.11.1) …………………………………………………………627

【280】 한국 휴전협상에 대한 소련 언론의 보도(1951.11.2) ………………629

【281】 양측의 휴전선 제안(1951.11.2) ……………………………………………631

【282】 판문점 휴전회담과 전방의 상황(1951.11.6) ……………………………632

【283】 판문점 휴전회담과 전방의 상황(1951.11.6) ……………………………634

【284】 판문점 휴전회담과 전방의 상황(1951.11.7) ……………………………635

【285】 공산 측의 분계선에 대한 유엔 제안 거부(1951.11.7) ………………636

【286】 판문점 휴전회담(1951.11.8) …………………………………………………637

【287】 한국의 군사적 상황(1951.11.8) ……………………………………………639

【288】 한국문제에 대한 딘 러스크의 연설(1951.11.8) …………………………640

【289】 한국 휴전협상에 대한 소련 언론의 보도(1951.11.8) ………………643

【290】 판문점 휴전회담과 전방의 상황(1951.11.10) …………………………645

【291】 한국 휴전협상에 대한 소련 언론의 보도(1951.11.12) ………………646

【292】 판문점 휴전회담 상황(1951.11.12) …………………………………………648

【293】 판문점 휴전회담과 전방의 상황(1951.11.13) …………………………650

【294】 프랑스와 소련 외무부장관들의 워싱턴 연설에 대한 평가(1951.11.19)
……………………………………………………………………………………652

【295】 소련언론의 보도(1951.11.24) ………………………………………………654

【296】 판문점 휴전회담과 전방의 상황(1951.11.28) …………………………656

【297】 신문의 신화통신의 공식 발표 게재(1951.12.1) …………………………658

【298】 휴전협상의 난항(1951.12.1) …………………………………………………660

【299】 임시분계선(1951.12.1) …………………………………………………………662

【300】 적군의 공군 활동 보고(1951.12.1) …………………………………………664

【301】 북한의 한국에서의 연합국 군대 철수 요구와 휴전협상의 난항(1951.12.1)
……………………………………………………………………………………666

【302】 신문들의 신화통신 내용 게재(1951.12.3) …………………………………669

【303】 휴전협상 쌍방 간의 요구와 이의 제기(1951.12.3) ……………………671

【304】 휴전협정에서 북한 측 대표의 주장(1951.12.4) …………………………673

【305】 공산군과 유엔군 측의 공군력 비교(1951.12.4) ····································675

【306】 공산군 측의 새로운 제안에 대한 연합국 측의 21개 질의(1951.12.4)
··677

【307】 공산주의 측의 태도 변화에 대한 미국의 반응(1951.12.4) ················681

【308】 공산군 측이 제안한 7개 항목 번역문 전달(1951.12.4) ·····················684

【309】 12월 2일자 신화통신에 실린 공식 발표(1951.12.5) ·························686

【310】 유엔군 측의 21개 질의에 대한 공산군 측 답변 번역문(1951.12.5)
··688

【311】 공산군 측의 답변에 대한 유엔군 측의 평가(1951.12.6) ···················690

【312】 한국 정부가 유엔에 제기한 3가지 질문(1951.12.6) ·························692

【313】 국제적십자위원회 위원장의 서한(1951.12.6) ································694

【314】 12월 6일자 신화통신에 실린 공식 발표(1951.12.7) ·························696

【315】 휴전협상의 전개에 따른 남한 정계의 반응(1951.12.7) ·····················697

【316】 휴전협상 관련 유엔대표단의 수정안(1951.12.7) ····························700

【317】 휴전협상 관련 유엔대표단의 수정안과 공산군 측의 반응(1951.12.8)
··703

【318】 동해안과 서해안 북쪽에 유엔군이 점령하고 있는 섬들(1951.12.8)
··706

【319】 휴전협상위원회와 중립적 조사기구(1951.12.8) ····························708

【320】 휴전협상 기간 중 군대의 교대나 군수품 및 무기의 이송에 대한 공산군 측
의 반대(1951.12.9) ···710

【321】 유엔군이 점령하고 있는 섬들에 대한 공산군 측의 계속된 반환 요구
(1951.12.9) ···712

【322】 휴전협상에서 1개 조항의 추가(1951.12.9) ···································713

【323】 신화통신에 실린 휴전협상의 상황(1951.12.10) ····························714

【324】 양측의 양보를 통한 휴전협상의 실질적 진전(1951.12.10)
··716

【325】 휴전협상 기간 동안 유엔군 공군의 활약(1951.12.10) ·····················719

【326】 신화통신에 따른 두 가지 공식 발표(1951.12.11) ····························721

【327】 삭제된 제5항과 제8항(1951.12.11) ···724

【328】 한국의 판문점 회담에 대한 반응(1951.12.11) ································725

【329】 언론에 실린 이승만 대통령의 성명과 한국의 입장(1951.12.11)
　　　　···727

【330】 전쟁 포로 관련 공산군 측의 지연 태도에 대한 반대 성명(1951.12.11)
　　　　···728

【331】 적군의 공군력 증대(1951.12.11) ···730

【332】 워싱턴 정부의 판문점 회담에 대한 견해(1951.12.11) ·····················732

【333】 휴전협상의 진전과 전쟁 포로 문제 논의 시작(1951.12.12) ·············734

【334】 적군과 유엔군의 전투기의 피해 통계와 적군 전투기의 활동 증가
　　　　(1951.12.12) ···737

【335】 포로교환에 대한 논의와 유엔대표단의 제안들(1951.12.1) ················739

【336】 의제 3항을 위한 공산군 측 대표단의 4개 원칙 제시(1951.12.13)
　　　　···741

【337】 판문점 회담에 대한 한국 내에서의 시위 및 국회의장의 서한(1951.12.14)
　　　　···743

【338】 포로교환에 있어서의 난관들(1951.12.15) ·······································745

【339】 대만 외무부장관의 기자 회견 내용(1951.12.19) ·······························747

【340】 북한의 공군 강화(1951.12.20) ··749

【341】 『뮌히너일루스트리에르테』에 실린 독일인의 한국 참전 비판 기사
　　　　(1951.12.21) ···750

【342】 공산군 측이 제출한 전쟁포로 명단의 오류 지적(1951.12.22)
　　　　···751

【343】 휴전협상의 교착상태와 전쟁포로 문제(1951.12.25) ·······················753

【344】 휴전협상 상황 보고(1951.12.26) ···755

【345】 전쟁포로 관련한 신화통신의 공식 발표 내용(1951.12.27) ················757

【346】 유엔대표단 측의 새로운 수정 제안(1951.12.30) ·······························759

• 찾아보기 / 761

1951년
6월 1일~12월 30일

【1】 중재위원회의 해체 분위기(1951.6.1)

[전 보]	중재위원회의 해체 분위기
[문 서 번 호]	2548
[발 신 일]	1951년 6월 1일 12시 30분
[수 신 일]	1951년 6월 1일 17시 05분
[발신지 및 발신자]	뉴욕/라코스트(주유엔 프랑스대표대리)

보안

긴급

본인의 전보 제2471호 참조

트리그브 리가 중재위원회를 최종 폐기하는 문제에 대해 심사숙고하기 시작하면서부터 중재위원회 회원들은 자신들의 임무가 어떠한 긍정적인 결론에 이르는 것을 보게 될 거라는 희망을 품지 않는 것 같습니다. 중재위원회의 엔테잠 의장은 지난번 만났을 때 실망한 듯 보였습니다. 게다가 그는 거의 전적으로 워싱턴 주재 이란 대사의 의무, 특히 석유 문제로 악화된 일에 열중하고 있어서 3주 전부터 뉴욕의 유엔군사령부에 복귀하지 않고 있습니다.

그라프스트룀 씨는 며칠 후 선편을 이용해 스웨덴으로 휴가를 떠납니다. 원칙적으로 그는 두 달 안에 복귀하지 않는 것이지만 위원회 회원으로 그를 임명한 것은 인적인 고려를 했었던 것일뿐더러 스웨덴 대표단에 그의 대리가 대신할 수도 없고, 다른 위원들 사이에서도 필요한 경우 항공편으로 복귀하는 것으로 정해졌습니다. 그럴 경우를 예상하고 있는 것 같지는 않습니다만 말입니다.

라코스트

【2】중재위원회의 휴전 시도(1951.6.1)

[전   보]　중재위원회의 휴전 시도
[문 서 번 호]　2549-2555
[발   신   일]　1951년 6월 1일 13시 50분
[수   신   일]　1951년 6월 1일 20시 40분
[발신지 및 발신자]　뉴욕/라코스트(주유엔 프랑스대표대리)

보안

긴급

본인의 이전 전보에 이어

어쨌든 엔테잠과 파디야, 그라프스트룀 씨는 다음의 조건 하에서 마지막 시도를 할 생각이었던 것 같습니다.

약 2주의 기간 동안 베네갈 라우[1] 경은 중재위원회에 새로운 견해를 제시했습니다. 라우 경은 표면상으로는 개인적으로 말했으나 위원회 회원들은 인도 정부의 승인 없이 그러한 개입을 했으리라고는 생각지 않습니다.

북한과 중국이 38선 이남을 넘지 않겠다고 공식적인 의향을 밝히고 이후 미국도 동시에 즉각적으로 이북으로 넘어가지 않겠다고 천명한다면 교전이 진정되고 사실상의 휴전에 이르게 될 수도 있습니다. 이 표현이 강조되지 않는다면 두 진영의 자존심이 손상되지 않으면서도 협상을 개시할 순조로운 조건이 실제로 이루어 질 것입니다.

---

[1] 베네갈 라우(Sir Benegal Narsing Rau, 1887-1953). 주유엔 인도대표(1950-1952). 남한에 대한 무력 지원을 권고할 당시 안전보장이사회 의장이었음. 정전 3인단 대표.

인도대표 라우 경에 따르면 이 협상은 미국 주재 대만과 중국 대표들의 관심사인 중공의 일반적인 정치문제를 제외하고 말 그대로 한국 사태에 대해서만 다룰 것이라고 양측 모두 미리 듣고 바로 시작되어야 할 것입니다.

3인의 중재위원회 위원은 이 제안을 호의적으로 받아들였지만, 이 제안이 실질적인 결과를 얻기 위해서, 즉 베이징 주재 스웨덴대사 같은, 아니면 확실치는 않지만 통찰력 있는 인도대사 파니카 같은 어떤 밀사가 중화인민공화국 정부에 이를 정식으로 제시하기 위해서는 가능한 빨리 미 정부의 동의를 얻어야 할 것이라고 덧붙였습니다.

이 소식을 들은 직후 그로스 씨는 미 국무부에 문의한 후 다음날 부정적인 답변을 가지고 돌아왔습니다. 미 정부 의견으로 통합사령부는 부지불식간에 공격 명령을 준비해 미 군사 상황에 급격한 악화 위험과 연속된 패배, 정당화 할 수 없는 인명 피해를 줄 수도 있는 중국 공산당 사령부의 불확실한 공식 선언에 만족할 수 없었습니다.

미 정부의 거부를 통고받은 베네갈 라우 경은 위원회 회원들에게 그 이유를 이해했다고 한 후, 본인의 제2358호 전보로 보고한 바 있는 5월 18일 총회에서 즉석 선언했던 순간까지 더 이상 어떤 것에 대해서도 말하지 않았습니다.

며칠 전 중재위원회의 세 위원은 최후의 노력을 시작하기로 했습니다. 이전 판단(본인의 전보 제1875호)과는 반대로 그들은 총회에서 그들의 모든 과정에 관한 보고를 하겠다고 말입니다. 그들의 모든 과정과 이 과정들이 겪었던 연이은 실패에 관한 보고를 하겠다고 합니다. 그래서 다음을 실행할 일종의 결의안이 될 수도 있는 형태의 제안을 할 것이라고 합니다.

유엔군은 38선을 넘지 않겠다는 그들의 의사를 선언하기 시작할 것이고 베이징 정부 또한 같은 행동을 취하도록 유도할 것입니다. 하지만 동시에 양측 지도부간 의사의 진실성에 대한 상호 보장 확립을 제안하면서 말입니다.

여기서 말하는 보장의 성격은 결정되었을 겁니다. 연합국은 통합사령부와 중국 공산당 사령부가 반반씩 임명한 감독관으로 구성해 전선에서 대치하고 있는 양측 군대의 행동을 감시할 군사위원회를 창설할 수 있을 겁니다.

중재위원회는 5월 25일 워싱턴에서 미 대표단에 이 새로운 제안을 했습니다만 어제까지도 아무런 답을 받지 못했습니다.

워싱턴 공문 제1510호.

라코스트

【3】 트리그브 리의 오타와 연설 요약(1951.6.1)

[전 보]	트리그브 리의 오타와 연설 요약
[문 서 번 호]	2556-2561
[발 신 일]	1951년 6월 1일 16시 05분
[수 신 일]	1951년 6월 2일 01시
[발신지 및 발신자]	뉴욕/라코스트(주유엔 프랑스대표대리)

보안

본인의 전보 제2520호 참조

트리그브 리 씨는 오타와에 있는 유엔 캐나다협회가 제공한 점심 식사 중 다음과 같은 주요 특징을 담은 중요한 연설을 해야 했습니다.

1. 실력 행사, 다자간 협정, 국가 이익을 위한 연합 등의 고전적 정치 방법에 따른 힘을 이용하거나 유엔이 의해 평화와 자유의 수호가 더 잘 보장 될 것인지의 여부를 아는 것은 지금으로써는 중요치 않다. 이러한 방법만으로는 제3차 대전을 막는데 충분치 않을 것이다.

반드시 필요한 것은 회원국들이 그들의 모든 힘과 영향력으로 공격을 막고 평화적으로 대립을 해결해 사회 경제 발전을 증진시키기 위해 유엔의 활동을 도와야 한다는 것이다.

2. 지난해는 유엔이 한국에서의 작전활동과 '평화를 위한 합의 활동'인 결의안 제출이라는 두 가지를 할 수 있다는 것을 보여주었다.

3. 유엔은 모든 관점이 드러나는 전 세계의 유일한 곳이다. 유엔은 어떤 나라든지, 강대국을 포함한 모든 열강들 사이에 발생할 수 있는 충돌을 평화적으로

해결할 가장 좋은 기회를 잡고 있다.

4. 한국전을 끝내기 위한 새로운 시도를 할 순간이 왔다.

유엔은 공격을 물리치고 38선 너머로 공격군을 몰아냈다. 38선에 따라 휴전 협정이 이루어질 수 있었다면 그 '휴전'이 해당 지역의 평화와 안보의 회복을 이룰 수 있었다면 6월 25일과 27일, 7월 7일의 안보리 결의안이 목표하는 중요한 목적이 이루어졌을 것이다.

5. 유엔은 한국에서 세 가지 목적이 있다.

1) 북한이 시작한 공격을 물리치고 평화와 안보를 회복하는 군사적 목적.

2) 1947년부터 한국민이 자유롭게 선택한 민주정부 하에서 자주 독립적인 하나의 한국을 건설하는 정치적 목적.

3) 현대사에서 다른 어디보다도 극심하게 황폐화된 나라를 다시 일으킨다는 사회 경제적 목적. 두 번째 목표를 이루는 것은 오래 걸릴 수 있다는 사실을 감안해야만 한다.

하지만 첫 번째 목적을 실현하는 것은 다른 목적을 이루는 조건이 된다.

6. 우리가 북한과 그들을 돕는 자들이 준비되었는지 알 수 없는 한 평화를 되찾으려면 둘이 되어야 한다. 협정에 따른 휴전이라는 방법은 유엔 회원국들이 세계의 다른 곳에서 평화를 해치지 않으면서 이 행동에 동참할 수 있는 전력으로 한국에서 계속 싸워야 할 것이다. 휴전이 즉시 개시되지 않으면, 유엔의 모든 회원국은 상황을 재검토하고 추가군을 파병해야 할 것이다.

7. 하지만 유혈사태를 멈추기 위해 지금이라도 북한과 그들을 돕는 자들이 유엔과 합류할 준비가 되었다고 알려준다면 '휴전'은 가능하다.

가능한 빨리 적대 행위를 멈추는 것은 대치 중인 양측 군 병사의 목숨을 살리기 위해서 뿐 아니라 많은 고통을 받은 한국인들, 또 전 세계의 위기 때문이라도 매우 중요한 일일 것이다.

라코스트

【4】 유엔군의 상황과 소련의 원조 정황(1951.6.2)

[전　　　보]	유엔군의 상황과 소련의 원조 정황
[문 서 번 호]	1234-1238
[발 　신 　일]	1951년 6월 2일 00시 30분
[수 　신 　일]	1951년 6월 2일 09시 20분
[발신지 및 발신자]	도쿄/드장(주일 프랑스대사)

보안

국방부에 전달 요망

증가된 적의 저항과 악천후가 사실상 유엔군의 전진을 막고 있습니다.

한국군 제1군단과 미군 제9군단 구역에서는 공격이 덜 보이는 한편 적의 저항은 특히 제1군단과 제10군단 지역에서 나타나고 있습니다. 어쨌든 미군 제8군단 선두에서의 공중관측 상으로는 중공군의 대규모 집결이 눈에 띄고 있다고 합니다.

1. 동해안 지역에서 연합군사령부는 인제-간성 간 확실한 도로 통제를 위해 계속 노력하고 있습니다. 이틀 전부터 강성을 점령하고 있는 남한군은 큰 저항에 부딪히지는 않고 서쪽 측면을 공격했습니다. 반대로 프랑스와 네덜란드 대대 및 제187공정연대의 지원을 받은 제2사단은 인제와 한계사이에서 멈췄습니다.

기상조건이 허락하면 제8사단은 임진강에 교두보를 세워 행군을 재개해서 화천 저수지에서 초도리까지 진격하는 전선에 이르기 위한 노력을 해야 합니다.

2. 5월 초부터 유엔군은 남한군 15,000명과 미군 5,000명, 총 21,000명의 인명 피해를 입었습니다.

같은 기간 동안 적은 216,000명의 인명 피해가 있었습니다.

최근 이틀 동안 프랑스 대대는 4명의 사망자와 21명의 부상자가 있었습니다.

3. 한국 공군은 어제 신안주 상공에 다시 나타났습니다. B-29 5대를 공격하던 MIG기 8대를 F-86 16대가 공격했습니다. MIG기 2대는 격추되었고 한 대는 파손되었습니다. 유엔군의 인명 피해는 전혀 없었습니다.

4. 200여 명의 포로가 제공한 정보에 의하면 소련 정부는 전투 초기 북한군 사단을 모델로 삼아 중공군을 조직하고, 중공군에 단순한 권총부터 대포와 전차에 이르기까지 러시아 물자를 제공하면서 중국의 무장을 표준화하기로 결정했던 것 같습니다.

수많은 보고에 따르면 소련 정부는 이런 조건 하에서 중공군 50개 사단에 장비를 갖추게 할 생각인 듯합니다.

아직은 중공군에게서 어떠한 소련제 중장비 군수품도 나포되지 않았습니다. 하지만 포로들의 자백으로는 소련이 이미 많은 양의 경장비와 더불어 폭탄류를 중국에 넘겼으리라 생각됩니다. 이러한 물품 조달이 새로운 계획의 일환인지, 인민군이 전투를 계속하도록 하기 위한 필요 때문이었는지는 아직 말할 수 없습니다.

드장

【5】 유엔 사무총장 특보 코디어 씨의 도쿄 방문(1951.6.2)

[전　　　보]	유엔 사무총장 특보 코디어 씨의 도쿄 방문
[문 서 번 호]	1139-1142
[발　신　일]	1951년 6월 2일 08시
[수　신　일]	1951년 6월 2일 12시 15분
[발신지 및 발신자]	도쿄/드장(주일 프랑스대사)

워싱턴 공문 제555-558호

뉴욕 공문 제464-467호

사이공 공문 제854-857호

본인의 전보 제1198호 참조

5월 31일 도쿄에 복귀한 코디어 씨[1]는 실제로 유엔 한국위원회 위원들이 꽤 낙심했다고 인정했습니다.

어떤 이들은 그들의 임무가 목표를 잃었다고 평가합니다. 또 어떤 이들은 그들의 임기를 변경하라고 합니다. 부산 근무가 불가능하다고 주장하는 나머지는 위원회 소재지를 도쿄로 이전하라고 합니다. 모든 위원들이 자신들의 무력함과 고립에 대해 불평합니다.

코디어 씨와 프로티치[2] 씨는 위원들에게 현 상황에서 언커크[3]의 자격이나 소재지에 대한 어떠한 변화도 시기적으로 부적절하다는 것을 이해시키려 애썼습니

---

[1] 앤드류 코디어(Andrew Wellington Cordier, 1901-1975). 미국 출신 유엔 사무차장. 딘 러스크와 말리크 대사에게 미소 간 긴장 완화 방안을 촉구한 것으로 유명함.

[2] Protitch.

[3] 국제연합한국통일부흥위원회(UNCURK. United Nations Commission for the Unification and Rehabilitation of Korea).

다. 코디어 씨는 위원들에게 한국의 미래 정치기구와 경제 회복에 대한 연구에 매진하라고 권했습니다. 그는 남한 정부와 접촉해서 조언을 통해 도우라고 했습니다. 코디어 씨는 또한 특히 북한 포로나 민간인에게 가해진 학대에 관해 주장하는 공산주의 선전에 반박하기 위해 필요한 자료를 준비할 것을 권했습니다.

트리그브 리의 특별보좌관 코디어 씨는 이후 사태가 호전될 것이라고 생각했습니다.

대표들의 고립감을 깨뜨리기 위해 유엔군최고사령부가 위원회 전속 총사령관 대리인으로써 공식 임명한 미8군 부사령관 콜터 장군[4]의 활동에 많은 의지를 했습니다. 코디어 씨는 일본에서 하달되었을 새로운 지침이 긍정적인 효과를 거둘 것으로 기대하고 있습니다.

그는 전투 참모들과 접촉하는 중에 다양한 국적을 지닌 구성원들 간 유지되는 훌륭한 동맹이라는 주제로 강한 인상을 주었습니다. 이런 점에서 그는 특히 리지웨이 장군의 개인적 영향력으로 인한 다행스런 변화라고 인정한다는 생각입니다.

강한 욕망에 반해, 코디어 씨는 최전선에 참여했던 프랑스 대대와 연락을 취하지는 않고 자신의 주제에 대한 가장 좋은 평가들을 받아들였습니다.

원래 6월 2일에 다시 떠나야 했던 코디어 씨는 6일까지 도쿄 체류를 연장했습니다. 그는 파리에서 특히 파로디 씨와 만날 수 있을 거라고 만족해했습니다.

코디어 씨는 제가 예우를 갖춰 준비한 식사를 하면서, 전선을 방문하고 미국 사회 및 연합국 사회와의 수많은 인터뷰 이후 갖게 된 주요한 느낌은, 현 상황에서 심각한 위험을 내포하고 있는 교전의 연장에 대한 어떠한 군사적 정치적 해결도 불가능한 것 같다고 말했습니다.

드장

암호과 추신: 이 전보는 제8735-8738호 영국 공문임.

---

[4] 존 B. 콜터 장군(Général John B. Coulter, 1981-1983). 한국전쟁 시 9군단 지휘관을 거쳐 1950년 9월부터 9군단 지휘관과 미8군 부사령관 역임. 한국전쟁 이후 운크라(국제연합한국재건단, United Nations Korean Reconstruction Agency) 대표 및 한국문화 자유 재단(KF)의 총재 역임.

【6】 애치슨 국무장관의 국회 증언(1951.6.2)

[전 　 　 보]　애치슨 국무장관의 국회 증언
[문 서 번 호]　4178-4183
[발 　 신 　 일]　1951년 6월 2일 22시 33분
[수 　 신 　 일]　1951년 6월 3일 11시 15분
[발신지 및 발신자]　워싱턴/보네(주미 프랑스대사)

뉴욕 공문 제912호

　별도의 전보에서 제가 지적했던 바대로 애치슨 씨는 대 대만 국방부 입장에 관한 상원 조사위원회에서 곤경에 처했지만, 대신 한국사태에서 미국이 추구한 집단안보 정책에 대해 직접 보고했습니다.

　애치슨 국무장관은 한국에서 공산당의 공격에 대한 미국과 유엔의 대항이 '강력한 승리'로 표현될 수 있으며, 아시아에서의 공산 제국주의 목표에 중요한 패배를 안겨주었다고 말했습니다. 그는 공격에 대항하는 형태, 즉 집단행동이 그러한 저항 자체만큼 중요한 것이라고 강조했습니다. 또한 집단안보 원칙은 미국의 외교정책에 기초하고 있다고 했습니다, 하지만 맥아더 장군의 권고 때문에 위태롭게 된 원칙이기도 하다고 덧붙였습니다. 맥아더 장군의 권고가 채택되었다면 미국과 동맹국 간의 관계는 심각하게 약화되고, 그런 경우 패배할 수도 있다고 말입니다.

　애치슨 씨는 이렇게 미국의 안보 자체를 위해서도 집단안보의 국제 체제가 중요하다고 주장한 다음, 몇몇 공화당 상원의원들의 공격에는 자국 동맹국의 정책을 지지하게 되었습니다. 그는 특히 미국과 안보체제를 함께 구성하는 동맹국들을 쓸데없이 위험에 처하게 한다면 집단안보를 오랫동안 유지할 수 있다는 기대는 할 수는 없을 거라고 했습니다. 애치슨 씨는 한국에서 유엔 병사들이

보여준 '놀라운 용기'에 찬사를 보냈습니다. 그는 또한 인도차이나 주재 프랑스 군과 말레이시아 주재 영국군이 제공한 모든 노력은 주한 미군의 노력과 거의 비슷하다는 것을 강조했습니다.

항구 봉쇄 문제에 대해 애치슨 국무장관은 지난 5월 31일부터 6월 1일까지 제가 각하께 보고했던 정보 내용을 확인해 주었습니다. 그는 미국이 부분적인 경제 봉쇄를 채택하는데 커다란 어려움이 있었다는 것을 상기시킨 후, 군 당국 과 국무부가 가장 현명하고 유익한 방침으로는 불가능한 것을 얻으려 하기보다 경제적 제한을 두는 것이라는 생각에 일치한 것 같다고 덧붙였습니다.

애치슨 씨는 물론 한국에서의 휴전 조건에 대해 몇 번이나 질문을 받았습니다. 애치슨 장관은 한국전쟁의 타결 가능성은 세 단계로 이루어질 수 있을거 같다고 답했습니다. 첫 번째 단계에서는 유엔에 소속되어 따르는 참모부들이 조건을 조율한 휴전협정이 작성되어야 할 것입니다. 두 번째 단계는 협상이 한 국의 '실질적인 안정화'와 군대의 철수에 이르게 하는 해결안에 대한 것이어야 할 것입니다.

뉴저지 공화당 상원의원 스미스 씨는 애치슨 씨에게 베이징 정부에 의한 대만 통제와 중국 공산당의 유엔 의석 승인에 □□□이 두 번째 단계에서 논의될 수 있는지 물었고, 애치슨 국무장관은 이 문제는 한국의 해결안에 속하면 안 된다는 미국의 의견을 분명히 밝혔습니다. 그는 한국에서의 전투가 중지되고 중국 공산당이 유엔에 맞서기를 멈춘다면 이 두 가지 문제는 유엔에서 논의될 수 있을 거라고 덧붙였습니다.

한국에서 유엔의 목적에 관한 국무장관의 임무는 이전 증인들의 증언으로 용이해졌습니다. 그는 미국의 정치적 목적이 자유롭고 독립적인 민주주의 한국을 세우는 것이라면, 미국의 군사적 목적은 공격을 물리쳐서 남한에 평화와 안보를 회복시키는 것이라는 점을 상기시킬 뿐이었습니다.

마지막으로 애치슨 국무장관은 조사위원회에서 미국의 중국 정책에 대한 긴 진술은 월요일에 하겠다고 했습니다.

보네

【7】 한국전 휴전에 대한 국제 언론의 분위기와 중국의 전쟁기금 모금 운동(1951.6.5)

[전　　　보]	한국전 휴전에 대한 국제 언론의 분위기와 중국의
	전쟁기금 모금 운동
[문 서 번 호]	1244-1247
[발 　 신 　 일]	1951년 6월 5일 00시 05분
[수 　 신 　 일]	1951년 6월 5일 12시
[발신지 및 발신자]	도쿄/드장(주일 프랑스대사)

워싱턴 공문 제559-562호

뉴욕 공문 제468-471호

런던에 전달 요망

1. 복수의 영국 일간지는 6월 3일 현재 도쿄에 있는 코디에 씨와 다른 두 명의 수행원들이 한국문제의 평화적 해결안을 베이징에 전달하고자 다음 주 수요일에 뉴델리에 갈 것이라고 주장했습니다.

완전한 오보에 대해 오늘 코디어 씨는 제게 뉴델리는 처음부터 예정된 기항지였다고 확인해 주었습니다. 그는 판디트 네루[1]를 만나고 카슈미르[2]와 네팔, 파키스탄을 가보려 합니다. 또 이어서 엘리 장군[3]을 만나기 위해 다마스쿠스[4]나 베이루트[5]로 향할 예정입니다. 거기서 코디어 씨는 파리로 떠나 6월 17일 도착해 트리그브 리 씨를 만나고자 합니다.

---

[1] 판디트 네루(Pandit Nehru, 1889-1964). 인도 초대 총리.
[2] 인도와 파키스탄의 분쟁 지역.
[3] 원문과 이력이 불분명함.
[4] 시리아의 수도.
[5] 레바논의 수도.

2. 코디어 씨의 인도행에 대한 잘못된 설명은 한국에서의 휴전에 대한 예비 징후들을 발견하는 데 열중하고 있는 국제 언론의 과민 상태를 다시 나타낸 것 뿐 입니다.

6월 2일 월리 상원의원이 주장한 잘못된 전달도 같은 날 '계속되는 단계'가 끝났다는 밴 플리트 장군의 발표와 같은 맥락에서 기인한 것입니다,

말리크 씨의 새로운 평화 협상 개시에 대한 유언비어와는 별개로 다음번 휴전 협정을 예상하는 사람들은 5월 35일 캐나다 외무부의 조항과 6월 2일 38선에서의 휴전 가능성에 대한 딘 애치슨 발표, 또 6월 1일 오타와에서 한국전쟁을 끝내기 위한 새로운 시도를 할 때가 왔다고 한 유엔 사무총장 트리그브 리의 의사표명과, 영국 외무장관 모리슨 씨[6]가 주미 영국대사에게 유엔군과 협조해 해결 가능성을 찾으라고 명했다는 뉴스에서 휴전을 뒷받침하는 표현들이 있다고 생각했습니다.

3. 중국 측으로 보자면, 불행히도 아직까지는 아무런 상응조치가 확인되지 않고 있습니다.

한반도에서 적의 퇴각은 끝났고 저항이 더 거세졌습니다. 한편 6월 2일 베이징라디오는 한국에 있는 병력에게 필요한 전투 장비를 구입하기 위해 모든 중국 인민들이 기금을 모을 수 있도록 유도했으며, 이 모금은 1952년 초까지 계속할 것이라고 예고했습니다.

드장

런던 공문 제8916-8919호.

---

6) 허버트 모리슨(Herbert Stanley Morrison, 1888-1965). 영국의 정치가, 영국노동당 간부. 1920-1950년대에 걸쳐 하원의원, 부총리·추밀원 의장, 외무장관(1951.3-1951.10) 등을 역임.

【8】 휴전성명서에 대한 러스크 차관보와의 대화(1951.6.5)

[전 보]	휴전성명서에 대한 러스크 차관보와의 대화
[문 서 번 호]	4243-4252
[발 신 일]	1951년 6월 5일 22시 45분
[수 신 일]	1951년 6월 6일 08시
[발신지 및 발신자]	워싱턴/보네(주미 프랑스대사)

보안

외무부로 타전
뉴욕 공문 제924-933호

저는 오늘 각하의 제5354호 전보에서 한국 사태의 해결에 대해 펼쳐진 주장을 미 국무차관보인 러스크 씨에게 알렸습니다.

러스크 씨는 우리의 방법을 실질적으로 받아들였으며, 우리가 제시했던 성명 방법에 관해 다양한 정보를 알려주자 그는 높이 평가했습니다.

러스크 씨는 우리의 공개 성명 계획을 확인한 후, 우리가 서명자들을 서구 열강 3개국으로 제한한 것에 놀라움을 나타냈습니다. 저는 현 시점에서 특히 이 3개국이 세계 여러 부분의 평화 유지에 대한 주요 책임이 있다는 것과 이 방법이 다른 유엔 회원국들의 과민함과 충돌하지 않는 것 같다는 것이 우리의 생각이라고 강조했습니다.

그 점에 관해 러스크 씨는, 얼마 전 영국이 실행한 방법을 언급하면서 영국 정부는 한국에 군사적으로 지원한 모든 나라의 성명을 고려하고 있다고 알려주었습니다. 어쨌든 영국 외무부는 유엔군 사령관 역할을 하는 미국 대통령의 성명서에 반대하지는 않을 것입니다. 미국 정부로서는 어느 한 쪽의 방법을 검토할 준비를 마쳤다고 러스크 씨는 덧붙였습니다.

그런데 러스크 씨는 제게 두 가지 질문을 했습니다. 하나는 성명의 주 목적은 무엇인가입니다. 공산당 측의 답변을 이끌어내는 것이라면 우리 방법이 우리 제안의 목적과 범위에 대해 모스크바나 베이징에서 의심할 여지가 있는 것은 아닌지 성명서의 표현을 숙고하는 것이 정말 중요하다는 것입니다. 러스크 차관보는 한국에서 교전 중인 모든 정부에 의한 공동 선언 방식이 채택될지라도, 우리가 제안한 것처럼 열강의 수를 제한해서 교섭 상대에게 제시될 수 있도록 하는 방법을 인정하는 것 같았습니다.

공산당 측의 답변을 기대하는 것이 아니더라도 우리가 이루고자 했던 성명서 내용의 기본 목적은 명확히 확인해야 합니다. 이는 미국과 외국, 특히 아시아의 여론을 고려하기 위해서라고 말입니다. 저는 러스크 씨에게 프랑스 정부가 제안하는 성명서의 주 목적은 선전용이 아니라 한국전의 확실한 해결이라고 답했습니다. 러스크 씨의 두 번째 질문은 우리가 보기에 성명서가 긍정적으로 받아들여질 것인가에 대한 것이었습니다.

이 점에 대해 미 당국은 더 이상 그렇게 받아들이지 않으며, 베이징의 최근 공개 성명 역시 그 어느 때보다도 더 실망스러웠다고 하는 미 차관보에게 저는 물론 유용한 정보를 줄 수밖에 없었습니다. 러스크 씨는 우리가 워싱턴에 제출할 원문을 가지고 있는지 물었습니다. 저는, 제가 이해하는 바에 의하면, 요즘 우리의 방법은 어쨌든 지금까지 영국의 방법과 마찬가지로 단지 탐색의 특성을 가질 뿐이라는 점을 특히 강조하고자 했습니다.

그런데 러스크 차관보는 양 쪽을 다 만족시킬 수 있는 문안 작성의 어려움을 강조했습니다. 사실 성명서가 기본적이고 일반적인 제안사항만 포함한다면, 특히 미국 여론에서 아무런 반향도 없을 위험이 있습니다. 반대로 너무 명시적이면 무조건적인 항복 요구로 비춰질 위험이 있습니다. 러스크 씨는 과거에는 제한된 전쟁과 제한된 승리만 있었을 뿐 우리가 많은 경험을 가졌던 것은 아니라고 했습니다. 저는 러스크 씨가 거론하는 모든 어려움을 인식하고 있으며, 그 모든 것에도 불구하고 양측이 받아들일 수 있을뿐더러 비교적 짧은 문서가 될 휴전 호소문을 작성할 수 있을 것 같다고 알려주었습니다. 특히 38선을 비무장지대로 분할하는 것으로 회귀하는 것을 기준으로 해서 적대행위를 멈춘 후에야 일시적이건 최종적이건 간에 한국문제의 해결을 위한 더욱 분명한 협상들이 시작될 수 있을 것입니다.

이 점에 대해 러스크 씨는 남한국민들이 이 해결안을 인정하기 어려울 거라는 점을 상기시켰습니다. 또한 미 정부는 지난 3월 국무부가 우리에게 제안했던, 미국과 영국, 프랑스 제안의 총체가 될 수도 있을 이런 류의 성명서를 항상 검토하고 있다고 했습니다. 이 성명서를 소련이나 중국에 줄 것인지, 외교적 방법으로 전달할 것인지의 결정 여부를 아는 일만 남았습니다.

끝으로 러스크 차관보는 영국 방식에는 아직 어떠한 답변도 가지 않았다고 말했습니다, 게다가 영국대사는 아직도 새로운 성명안을 수정 중이라고 합니다. 저는 이 대화에서 미국이 현재 영국과 프랑스의 제안에서 가장 유리한 것을 따지고 있는 것 같다는 인상을 꽤 받았습니다.

보네

【9】 38선 정전에 대한 한국 정부의 반발(1951.6.6)

[전 보]	38선 정전에 대한 한국 정부의 반발
[문 서 번 호]	1261-1262
[발 신 일]	1951년 6월 6일 9시 30분
[수 신 일]	1951년 6월 6일 9시 50분
[발신지 및 발신자]	도쿄/드장(주일 프랑스대사)

보안

워싱턴 공문 제563-564호
뉴욕 공문 제472-473호
사이공 공문 제867호

런던에 전달 요망
본인의 전보 제1203호와 제1244호 참조

코디어 씨와 프로티치 씨는 이승만 대통령과 한국 정부 주요 인사들에게서 38선을 유지하는 것을 기초로 한 모든 해결 안에 강력히 반대한다는 의사를 확인했습니다. 한국 대통령과 각료들은 연합국이 추천하고 동의한 이런 협정에 대한 두려움으로 특히 영국에 대한, 더 나아가 유엔에 대해서도 불신을 갖게 했습니다.

반대로, 대략 평양에서 원산 간 전선에서 유엔군을 중지하는 것은 어떨까에 대해 코디어 씨와 프로티치 씨가 부산에서 가졌던 회견은, 이미 제가 받았던 인상을 다시 확인한 것이었습니다. 남한 정부는 북한의 산지가 중립지역이라면 부득이한 경우 일시적으로 타협 같은 것을 받아들일 것입니다.

코디어 씨는 유엔연구위원회 위원들에게 그러한 가정에서는 그 나라의 정치 기구가 어떻게 나타날 수 있는지, 경제생활에 대한 영향은 무엇이 될 것인지 물었습니다.

영국 공문 제8927-8928호.

드장

【10】 38선 정전설에 대한 애치슨 미 국무장관의 상원 증언(1951.6.6)

[전 보]	38선 정전설에 대한 애치슨 미 국무장관의 상원 증언
[문 서 번 호]	4287-4292
[발 신 일]	1951년 6월 6일(6월 7일 0시 13분 급송)
[수 신 일]	1951년 6월 7일 11시 15분
[발신지 및 발신자]	워싱턴/보네(주미 프랑스대사)

보안

　　조사위원회에서 증언하던 초기부터 미 국무장관은 놀라운 강직함과 유능함을 보여주었습니다. 이 법률가는 증언에 있어서 그 누구의 도움보다 스스로의 힘으로 임했습니다. 그는 관계 내용을 잘 파악해서 청중이 강렬한 인상을 받아 회의 중에 그의 비평가들 보다 우위에 있다는 것을 확인해야 할 정도로 침착하게 보고하고 대변했습니다. 비평가들이 다시 열세가 되었다고는 해도 결코 누그러지지는 않았습니다. 공개 토론 중에는 성공적으로 애치슨 씨를 반대하지 못했던 비평가들은 애치슨 씨가 없자 다시 공격하기 시작했습니다. 하지만 이 점에 있어서 자신이 위원으로 있는 위원회에서 아주 자유롭게 자신의 의견을 주장할 수 있었던 미 상원의원 브루스터[1] 씨는, 애치슨 국무장관이 전날 위원회에서 한 발언보다 '더 뻔뻔한 진실의 왜곡'을 본 적이 없었다는 웨더마이어 장군[2]의 보고에 대해 어제 저녁녘에 상원에서 말하면서 다른 비평가들과 구분되었습니다. 브루스터 씨는 딘 애치슨 국무장관이 직무유기를 했거나 무지한

---

[1] 오웬 브루스터(Owen Brewster, 1888-1961). 미 공화당 상원의원.
[2] 앨버트 웨더마이어(Albert Coady Wedemeyer, 1897-1989). 1947년 트루먼 대통령이 중국으로 보내 미국 행동방침에 대한 보고서를 쓰게 한 미 육군 사령관 겸 합동참모본부장. 중공을 경계하고 자유중국 원조를 주장.

것은 아닌가 덧붙여 말했습니다. 이런 류의 비방은 '거대 담론' 초기에 이미 약화되었습니다. 조사가 개시된 후 정부가 강조한 장점들이 급격히 열기를 식게했던 만큼, 지지자를 유지하기 위해 반대가 다시 계속되어야 합니다.

맥아더 장군의 위엄은 몇 주 전부터 아주 낮아졌습니다. 좀 더 낮아질 것 같습니다. 하지만 정부에게 이것은 일시적인 우위일 뿐이며, 다시 뛰어오른 장군의 인기를 없애기에는 한국에서 보인 패배면 충분할 것입니다. 딘 애치슨 국무장관 역시 자료를 더 명확히 밝혔던 적대행위 중지의 확실한 장점에 대해 정부의 다른 어떤 대표자보다도 분명히 했습니다. 그는 유엔에 중국공산당 체제의 등장을 승인하는 것도, 중공군이 대만을 점령하도록 두는 것도 원하지 않습니다. 하지만 그는 위원회에서 지금은 "침략자들이 멈추고 공격이 재개되지 않을 거라고 우리가 확신할 수 있다면" 38선을 기준으로 한 해결안에 협의할 준비가 되어있다고 솔직히 표현하면서 정치적 목적에서 각 국가들의 군사적 목적을 구분했습니다.

이러한 입장 표명은 국무장관의 증언을 들은 모든 청중들의 기호는 아니었던 것으로 짐작됩니다. 토요일에 그들 중 한 명인 스미스 상원의원은 마지막으로 유엔이 그들의 출발점으로 다시 되돌아가야 한다고 해서 군사작전의 손실이 정당화 될 수 있는 건 아니라고 했습니다. 이에 대해 딘 애치슨 씨는 모든 것은 별개의 문제이며 결국 침략자들을 38선 저쪽으로 물리치면서 유엔은 사실상 그들 원래의 목적에 도달하게 되었을 거라고 스미스 의원에게 응수하면서 유리한 입장이 되었습니다. 저는 스미스 씨나 그와 함께 하는 많은 사람들이 지금부터 이 답변으로 만족할 준비가 되어있는지 의심스럽습니다. 의회의 지지를 얻고 여론의 본질적인 희망에 아주 부합하는 주장이었다 하더라도 말입니다.

보네

【11】 38선 휴전 소문에 대한 한국 지도자들의 반응(1951.6.7)

[전보(항공우편)]	38선 휴전 소문에 대한 한국 지도자들의 반응
[문 서 번 호]	31
[발 신 일]	1951년 6월 07일
[수 신 일]	1951년 6월 21일 12시
[발신지 및 발신자]	서울/브리옹발(주한 프랑스대리공사)

주도쿄 프랑스대사관 공문 제31호

거의 6주 전부터 정계를 온통 차지했던 행정 소동과 정파싸움을 뒷전으로 밀어두고, '휴전' 가능성과 평화 협정에 대해 커져가는 소문은 요즘 들어 최근 38선 부근에서 최소한의 군사적 억제 징후를 낳았던 단호한 저항 정신과 불안감이 점점 되살아나게 하고 있습니다.

분명 그 나라의 정치적 운명을 쥐락펴락하는 국제 규모로서의 정확한 전개를 모른 체, 한국의 지도자들은 선의건 아니건 휴전 중에도 북한의 공격이 다시 이루어질 수 있다고 여기며, 소강상태와 아닌 척 숨기는 유엔의 포기, 전쟁 이전 현상으로의 회귀, 즉 한국 분단의 회귀를 검토하려고 합니다. 그것은 적어도 그들이 유엔을 향한 비난과, 어쩌면 얼마 전부터 특히 미국인들에 대한 외국인 혐오 징후가 느껴지고 있는 한국 대중을 위한 '공격의 함성'을 내는 방법입니다.

지난번 공보부가 한 간결한 발표의 기본이 된 이 방법이 어제는 더 공격적인 표현으로 국회가 유엔과 한국전에 참전 중인 연합국 정부들에 제안하는 '해결안'이라는 형태로 계속 사용되었습니다. 차후 재수록한 이 문서는 어쨌든 정부의 승인 문턱에서 멈춰졌습니다. 이 선언문의 마지막 문단은 사실, 협정을 가정했을 때 한국 지도자들이 실제로 생각하게 되는 정확한 두려움에 대한 꽤 흥미로운 정보를 제공하고 있습니다.

브리옹발

【12】 애치슨의 상원 증언(1951.6.7)

[전   보]   애치슨의 상원 증언
[문 서 번 호]   4315-4316
[발   신   일]   1951년 6월 7일 22시
[수   신   일]   1951년 6월 8일 05시
[발신지 및 발신자]   워싱턴/보네(주미 프랑스대사)

뉴욕 공문 제939-940호

6월 6일 상원조사위원회 증언 중 딘 애치슨 씨는 1945년 12월 맥아더 장군이 스푸루언스[1] 제독과 웨더마이더 장군의 동의 하에 하나의 '통일 민주' 중국을 추진할 목적으로 중국 국민당과 공산당 간에 이루어졌던 중재를 제시했었다고 밝혔습니다.

제가 지난 5월 11일 제2107-AS호 문서로 외무부에 알렸던 바대로, 마샬 장군의 증언에서 이미 웨더마이어 장군이 1945년 11월 해결안에 찬성했었다고 밝혀졌습니다. 하지만 맥아더 장군이 그러한 소견을 함께한다는 것이 알려지면서, 애치슨 씨는 장제스의 권력을 무너뜨리고 마오쩌둥 지지자들을 돕기 위해 국무부가 제시했을, 중국 국민당과 공산당 간의 협의에 이르게 한 생각에 따라 공화당의 반대 주장을 무너뜨렸습니다.

6월 6일의 나머지 증언은 새로운 논쟁거리를 전혀 가져오지 못했습니다. 애치슨 씨는 같은 질문에 몇 번이나 답변해야 하는 것에 눈에 띄게 지쳐서 항의했으며, 대상이 결코 제한적이지 않았던 조사는 길어지면 길어질수록 핵심을

---

[1] 레이먼드 스프루언스(Raymond A. Spruance, 1886-1969). 태평양 전쟁 당시 많은 활약을 한 미 해군제독.

잃어 갔습니다.

보네

【13】 중재위원회의 제안에 대한 미 국무부의 반대 표명(1951.6.7)

[전   보] 중재위원회의 제안에 대한 미 국무부의 반대 표명
[문 서 번 호] 2612-2614
[발   신   일] 1951년 6월 8일 12시 10분(현지 시간), 18시 10분(프랑스 시간)
[수   신   일] 1951년 6월 8일 18시 15분
[발신지 및 발신자] 뉴욕/라코스트(주유엔 프랑스대표대리)

2급 비밀
엄중 보안

워싱턴 공문 제1535-1537호
본인의 전보 제2548호와 제2533호 참조

　미 국무부는 6월 6일, 어쩌면 하루 이틀 더 전에 중재위원회의 3인 위원에게 그들의 계획에 동의할 수 없다고 답했습니다. 통합사령부와 유엔 자체가 근거도 없이, 어떠한 반대도 없을 거라는 확신도 없이 그들의 정치 군사적 행동의 자유를 제한할 수도, 사전에 일방적인 제한을 가할 수도 없다고 여긴 것입니다.
　물론 미 정부는 직접적으로든, 베이징이나 스톡홀름 아니면 다른 곳에서라도 중립적인 외교 채널을 통해서든 소련의 계획에 의해서든, 가능한 일인 것이 확실하다면 중국 공산당 지도자들과의 접촉을 신중하게 모색하는 일을 누군가 반대하고 제약하는 것을 전혀 원하지 않습니다.
　현재의 일반적인 정치 군사적 상황으로 볼 때, 또한 베이징 정부의 조처에 대한 그러한 교섭을 하도록 한 명령으로 볼 때, 한 번 확실한 접촉을 검토하기로 한 것 같았습니다. 그러한 조건들 속에서 휴전 선언을 모색하고 한국 사태

해결을 위한 추후 대화를 고려할 수 있을 것입니다. 하지만 미국의 다른 모든 입장 표명은 시기상조인 듯합니다.

미 국무부에서 규정했던 의견인 이 답변은 아마 오늘날 진정한 확신은 같은 분야에서 얻을 수 있다는 것만큼 확실하게 드러난 개념의 결과일 것입니다. 저는 특히 지난 몇 주간 돌았던 평화에 대한 소문들 중 어떤 것도 베이징이든 모스크바든 평양이든, 중요한 것은 원래 어떤 평화적 의도에서 나오는 기대와 추측을 허용한다는 최소한의 요건 위에 세워지지 않으면 쓸모없다는 것을 말하고자 했습니다.

전쟁 노력을 파괴할 뿐 아니라 지연시키기도 하는 반대 진영의 조치를 알려주려는 최소한의 신뢰를 가질 만한 어떠한 정보도 주지 않았기 때문에, 정부는 최고위 계급의 군사계층에서도 시민계층에서도 국내외적으로 무력함이나 무기력 혹은 실망의 징후로 해석될 수 있는 아주 작은 행위를 하는 것조차도 현재 사리에 어긋난다고 판단하는 것 같습니다.

라코스트

【14】 프랑스의 집단대책위원회 답변서에 대한 미 국무부의 논평(1951.6.8)

[전　　　보]	프랑스의 집단대책위원회 답변서에 대한 미 국무부의 논평
[문 서 번 호]	2615-2622
[발　신　일]	1951년 6월 8일 16시 30분(현지 시간), 22시 10분(프랑스 시간)
[수　신　일]	1951년 6월 8일 22시 30분
[발신지 및 발신자]	뉴욕/라코스트(주유엔 프랑스대표대리)

보안

매우 긴급

2급 비밀

엄중 보안

워싱턴 공문 제1538-1545호

　미 대표단은 어제 제게 유엔이 고용할 수도 있도록 준비된 국가병력에 대해 집단대책위원회에 제출할 프랑스 정부의 답변안에 관한 미 국무부의 논평을 알려주었습니다.

　국무부는 이 안건 중 모든 것을 고취시키는 정신 때문에 호의적인 느낌을 받았습니다. 국무부는 집단 안보 시스템을 준비하려는 유엔의 노력에 프랑스의 지원을 표명한 것에서 볼 수 있는 의지를 높이 평가하고 있습니다. 미 국무부는 다행히 대서양조약 조인국들의 의무 간 관례적인 관계 규정을 인정했습니다.

　국무부는 인도차이나 전쟁에 대한 부담이 프랑스 정부가 보다 대규모 군대를 한국에 파견하기 힘들게 한다는 것을 잘 이해하고 있기 때문에 우리의 답변 속에 그 사실을 적시했어도 문제가 없었습니다. 어떻든 국무부는 유엔이 조직한 집단안보체제를 위해 인도차이나에 현재 참전 중인 프랑스군을 차후 활용 하는 것에 대비한 계획안 제7항에 포함된 내용을 '건설적이고 유익한 결과'라고 만족스럽게 평가했습니다.

반면 이 계획안은 미 국무부가 제게 제시했던 다음의 주의를 요하도록 하고 있습니다. 아마 의도를 정확히 전달하기 위해 최대한 우호적으로 세심한 배려를 보이면서도 매우 강하게 어필했다는 점을 말씀드려야 할 것 같습니다.

1. 미 국무부는 인도차이나에서 프랑스가 전개한 군사적 노력은 유엔의 관점에 전적으로 부합하지만, 어쩌면 우리가 예상할 수 있는 것보다도 더 많은 많은 회원국 측에서 매우 강하고 유감스러운 반응을 유발할 수 있는 성격이라는 제4항의 두 번째 문장을 높이 평가하고 있습니다. 국무부는 우리를 공격하기 위해 이 성명서를 이용할 수 있는 것은 단지 소련 진영의 열강들 뿐 아니라 다른 몇몇 나라들, 심지어 아시아 열강들이 될 수도 있다고 했습니다.

게다가 국무부는 시기와 명분으로 보자면 정치적 관점에서 상당히 불리한 점들이 '중대한 의혹'을 품게 한다고 합니다. 법적인 측면에서는 그러한 주장의 근거가 될 수 있는 이사회나 총회 결의안이 없어서 인도차이나에서의 프랑스 군 활동에 특별히 유엔의 목적 내에 속하는 활동이라는 성격을 부여하게 된다고 했습니다.

2. 한편, 제6항 첫 문장에 "인도차이나 원정군은 한국에 있는 프랑스 부대와 같은 자격으로 유엔기구의 목적과 원칙을 위해 복무할 것이다"라고 한 주장은 '최소한 이 주장을 부정확한 것으로 특징지을 수 있는' 비판이 유엔에서 일어날 수도 있는 성격의 것이라고 했습니다.

국무부의 의견으로는 그 주장은 '심각한 국제적 파문'을 초래할 우려가 있으며, 이 위험은 이론적일뿐 아니라 실제로 중요하다고 하면서, 다음의 결과를 꺼리게 될 이유가 있을 것으로 여기고 있습니다.

1) 미국 여론을 시작으로 많은 유엔 국가의 여론에 매우 불리한 결과
2) 소련과 그 위성국에 의해 가공할만한 선전 수단이 됨

3) 꼭 그렇지만은 않더라도 몇몇 열강들에게 유엔에서 인도차이나 문제를 제기하게 되는 경향

사실 미 국무부는 전보로 제게 논평한 것이었으며, 틀림없이 문제제기가 될 것이라고 우려하는 것은 당연한 일입니다.

3. 강하게 잘 표현된 제7, 8항은 프랑스 정부가 이 항목에 부여하기 원했던 좀 더 나은 역할로 채우게 될 것입니다. 아무튼 이 두 항목이 명령을 내포할 수 있는 것이라면, 현재 실제 작전 현장이나 대서양조약의 일원으로 참전 중인 프랑스 부대는 그들의 의무에서 벗어나게 될 것이고, 프랑스 정부는 집단안보를 조직하려는 유엔의 노력에 더 많이 기여하기 위해 새로운 상황을 검토하게 될 것입니다. 이 점에 대해 프랑스 정부가 채택한 방법에 준거해 유사한 효과를 지닌 방법을 답변에 삽입함으로써, 같은 시련을 겪고 있는 미 정부가 스스로 행하지는 않았지만, 덕분에 이제는 그들의 의무를 더 확장시키지 않을 것입니다. 이 지적을 뒷받침하기 위해 전개된 추론은 제가 5월 24일 저의 제2427호 전보에 기록했건 것과 같은 객관적 사실에 기초한 것입니다.

라코스트

【15】 유엔군 첫 승리의 의미(1951.6.8)

[전   보]   유엔군 첫 승리의 의미
[문 서 번 호]   1269-1286
[발   신   일]   1951년 6월 8일 08시
[수   신   일]   1951년 6월 9일 10시
[발신지 및 발신자]   도쿄/드장(주일 프랑스대사)

보안

워싱턴 공문 제565-582호
런던에 전달 요망

공산당의 춘계 공세와 미국의 반격은 한국에서의 전략 상황을 크게 변화시키
지 않았습니다.

하지만 북한·중공군에게 당한 실패는 앞으로의 분쟁 전개에 관한 것, 즉 몇몇
사전 정보가 내포되어 있습니다.

1. 유엔군이 거둔 성공은 우선 신화의 끝을 나타냈습니다. 중국 불패라는 신
화 말입니다. 이 신화는 11월 말 마오쩌둥 군의 대대적인 개입으로 유엔군 사령
부에 생긴 놀라움과 동요 때문에 만들어진 것이었습니다. 이는 12월에 미 8군이
교전 없이 후퇴한 원인이 되었으며, 1월에 불가피한 결과가 되었을 복잡한 국제
상황으로 한반도에서의 철수를 이끌 뻔 했습니다. 현재 현대적인 장비를 갖춘
잘 훈련된 군대와 수적으로 거의 맞설 수 있는 중국 인민군 부대가 있는 것으로
간주 할 수 있습니다. 총사령관 장군이 며칠 전 제게 표명했던 것은 이러한 표
현이었습니다.

그러한 점에서 공산당이 겪은 실패는 주목할 만한 심리적 중요성을 띠고 있었습니다.

2. 적은 공군과 포병전으로 막대한 손실을 입었습니다. 4월 22일부터 미국이 추산한 적의 피해는 270,000명이지만, 이 수치는 과장된 것 같습니다.

포로 심문에 기초한 영국 평가단은 100,000명에 이르는 것으로 보고 있습니다. 진실은 그 둘 사이겠지요.

그러한 상황은 직접 관련된 군의 사기에 영향을 미치지 않을 수 없습니다. 그래서 아마도 최근 교전 중 발생한 중국인 전쟁 포로의 수가 설명되는 것 같습니다. 하지만 전쟁의 총 지휘에 대한 그들의 영향은 우리 서양의 개념으로는 평가될 수 없습니다.

마오쩌둥은 한국에서 군대의 후퇴가 끝나는 순간까지도 현재 500,000명의 숙청자와는 별개로 1949년 10월부터 게릴라와 반혁명군 백만 명을 제거했다고 우쫄하고 있었습니다. 이 같은 정신 상태로 보아, 미국의 추산에 따르면 11월 7일부터 6월 6일까지 한국에서 잃은 군인 535,000명은 그에게는 상대적으로만 중요한 것 같습니다.

한편 겪은 인명피해를 최소한의 필수 훈련을 받은 인원으로 교체할 만큼 평균 범위를 넘어선 것 같지는 않습니다. 필요한 병력 수는 만주에 조성된 보급소에서 쉽게 조달될 수 있습니다. 버려진 전쟁 물자(언론에 의하면 소총 11,000정, 기관총 1정, 박격포 300문, 포신 100여 정)로 보면 중국이 많이 보유하고 있는 것은 총기류이며, 러시아가 상당량을 제공했을 수 있다는 것을 보여주고 있습니다. 때문에 제법 가까운 미래에 베이징이 인명과 물자 피해로 이루어 질 수도 있다는 기대는 거의 할 수 없습니다.

딘 애치슨에 따르면 미 행정부에게 적합한 계획은 중국이 소모전을 포기하도록 해야 하는 것입니다. 하지만 이는 보통 목표 삼을 수 있는 현실성과 가능성에 부합하는 것 같지 않습니다.

3. 강력한 공격을 물리친 후 유엔군은 처음으로 적의 후퇴가 원활하게 이루어지지 않도록 얼마동안 그들 진영에 혼란을 유포한 총반격을 즉각 개시할 수 있었습니다. 하지만 부족한 병력에 비해 수차례 이어진 반격은 금방 원하는 결

과를 주지는 못했습니다. 유효시간에 퇴로를 차단하기 위해 충분히 강하게 밀어붙일 수 없었습니다.

사실 적의 주력은 빠져나갔습니다. 거의 200㎞ 전선을 반드시 유지해야할 형편에 처해진 유엔사령부는 적군의 전멸을 가져올 수 있는 대규모 작전을 위한 예비 병력을 충분히 배치하지 않았습니다. 한국에서 돌아온 한 참모부 장교는 제게 북한-중공군의 공격을 저지한 후 생긴 가능성을 철저히 활용하기 위해 사령부는 4개 사단은 필요했을 거라고 말했습니다.

4. 중국의 공격은 탱크나 대포, 전투기도 없이 추진되었습니다. 공군과 국제군 투입에 관해 유엔군이 느낀 두려움은 사건으로 확인되지 않았습니다. 지금까지 소련은 인민군에게 전투를 지속하는데 반드시 필요한 것만 넘기고 싶어했던 것이 명백합니다. 소련은 인민군에게 무기를 거절했고, 무기 없이는 어떠한 결정적인 승리도 얻을 수 없었습니다.

두 가지 중요한 이유가 이러한 태도의 원인입니다.

1) 그러한 결정적인 승리는 어쩌면 소련이 직접 개입하게 된다는 조건에서 반드시 전쟁의 확대를 야기한다는 것을 소련 정부가 모를 리 없다는 것입니다. 그래서 일단 유엔군이 서유럽 방위에서 빠진 대규모 군을 극동에 유지시켜야 하는 동안, 모스크바는 활동의 자유를 좀 더 누리고 싶었던 것 같습니다.
2) 또한 현 상황은 특히 중국을 발판으로 극동에서 소련의 지위 확대를 확립하는 데 제일 유리해 보입니다.

막대한 자원을 탕진하는 군사작전이 길어짐에 따라, 중국 정부는 소련에 더 의존하게 되었습니다. 소련은 만주에 대한 자신들의 영향력을 공고히 하고, 중국 중앙에 포진해 전국에 침투하기 위해 이를 이용하고 있습니다. 유엔군 최고사령관은 소련 정부가 추구하는 가장 중요한 목표 중 하나는 만주를 소련의 강력한 보루로 변화시키는 것이라고 간주하고 있습니다. 이는 5월 18일 러스크 씨가 표명한 생각과도 같은 것입니다. 그는 중국을 광대한 소련만주국이라고 말했습니다.

불행히도 지금까지는 중국 공산당 지도부가 자국의 독자성과 온전함이 겪는 위험을 두려워한다는 것을 전혀 보여주는 것 같지 않습니다. 중국 지도부가 소련의 강력한 영향에 즉각적으로 반응하고 서방국가들과의 관계 개선 속에서 균형을 추구할 생각을 한다고는 전혀 생각할 수 없습니다. 반대로 그들은 모든 것을 공산주의 규율과 크렘린 강령에 완전히 복종한다고 보여주는 것 같습니다.

5. 최근 공세의 실패는 그 노력의 무의미함에 대해 중국 사령부를 납득시키지 못했습니다. 사실 관심을 끄는 중요한 교훈은 대포, 방공 물자, 전차, 비행기 등을 손에 넣고 전국적인 모금을 통해 꼭 필요한 돈을 모으는 것이 급선무라는 점입니다. 6월 2일 마오쩌둥이 부의장인 미 공격대비 세계평화 인민위원회가 이를 발의했습니다.

게다가 중국 공산당은 대일강화조약 안에 관해서는 소련 정부의 자세에 완전히 동조하고 있습니다. 중국은 이 강화조약을 재건된 일본 군국주의와 동맹을 맺은 미국 열강이 중국 뿐 아니라 모든 아시아를 적대시하는 제국주의적 술책의 도구라며 규탄합니다. 중국은 또한 '미국의 한국 개입'을 침략전쟁과 정복전쟁의 첫 번째 단계라고 표현합니다. 특히 현재 진행 중인 군사작전에 일본이 참여하는 문제에 대해서는 가장 거친 소련의 주장을 되풀이 합니다. 그렇다면 일본과 연합한 열강들과 싸우기 위해 중-소간 협정이 있을 수 있다는 암시를 여러 차례 했습니다. 일본회칙안에 대한 소란은 중국 전역에서 대규모로 번졌습니다. 검토된 협정으로 예상되는 위험은 지난 몇 주간 정부 선전 활동의 중요한 소재가 되었습니다.

지금 아주 철저히 중국은 한국이라는 위기에 처해있고, 소련 지도부는 그러한 중국에게 더 큰 시도를 준비시키고자 하였으며, 결국 서방세계와의 관계를 틀어지게 하기 위해 모든 수단을 동원했습니다.

6. 유엔군 측에서 보자면, 한반도에서 획득한 성공은 '괜찮은 해결안'을 위한 새로운 시도에 틀림없이 유리한 심리 조건을 만들어냈습니다. 잠정적일 뿐이라 할지라도 이 같은 협정은 한국에서 목적 없는 정책과 절망적인 전쟁을 계속하고 있다고 비난받고 있는 미 행정부의 입장을 돕게 될 것입니다.

이 외에, 미 정부는 유엔군 간의 단결을 위해 승리한 다음날 평화협정에 대한 또는 단지 휴전에 대한 바람을 표명하는 것이 좋을 것입니다. 어쩌면 이것이 극동담당 차관보 러스크 씨가 6월 6일에 휴전 가능성의 근거를 제시할 수 있는 유엔 선언에 관해 제안하고자 한반도 군사작전에 참전 중인 15개 열강 대표들을 초대했을 때도 따랐던 관심사입니다.

그런데 중국사령부와 베이징 정부 지도부의 태도는 여전히 거의 희망 없는 강경한 상태입니다. 새로운 접근 방법 역시 이전의 것들과 같은 운명을 가질 것이라는 게 거의 확실합니다. 결국 선의를 지닌 유엔의 행동들이 계속 거절당하는 것은 미국 대중을 점점 초조하고 화나게 하기에 충분했으며, 파급효과나 위험성을 정확히 평가하지도 않은 채 승리를 확신시키는데 알맞은 조치를 요하는 조건들을 강화하도록 했습니다. 그래서 우리가 이성적으로 한국에서 기대할 수 있는 유일한 승리는 최소한의 전력으로 공격에 맞서고 서유럽 방위를 위태롭게 하지 않는데 있습니다.

서유럽방위가 보장되지 않는 한 다른 모든 정책은 한국 사태의 모든 맥락을 잡고 있어서 결국 분쟁의 모든 중지와 해결이 달려있는 소련이 처놓은 함정에 빠지게 될 것입니다.

드장

국방부에 긴급 전달 요망.
런던 공문 제9050-9067호.

【16】 휴전 성명안 방식에 대한 논의(1951.6.8)

[전 보]	휴전 성명안 방식에 대한 논의
[문 서 번 호]	4344-4352
[발 신 일]	1951년 6월 8일 22시 14분
[수 신 일]	1951년 6월 9일 06시 40분
[발신지 및 발신자]	워싱턴/보네(주미 프랑스대사)

보안

2급 비밀

뉴욕 공문 제945-953호

오늘 사절단장 회의에서 히커슨 씨는 미 정부가 한국에 대한 선언문의 견해를 놓치고 있는 것은 아니라고 말했습니다. 미 국무부가 지난 3월 우리에게 제출했고 이에 대해 한반도에 군사적으로 참전한 국가들의 소견을 받은 워싱턴이 만족했을 법한 선언문이 지녔던 견해 말입니다. 히커슨 국무차관보는 자신으로서는 그러한 발의를 하는데 더 적절한 순간이었다고는 생각지 않았다는 것을 밝히고 싶어 했습니다. 그래서 그는 계획된 성명이 적당히 성공할 가능성이 보이기 전까지는 한동안 전투가 더 지속될 거라고 생각했습니다.

우리가 찾고자 했던 적절한 기회가 생길 때 하는 것이 맞다고 여기는 것을 미 당국은 지금부터라도 논의하는 것이 유용하다고 평가했지만, 결국 그러한 적절한 순간은 올 것입니다.

히커슨 씨는 계속해서 사절단장들에게 러스크 씨와 자신은 16개국 열강들의 공동 선언 보다는 차라리 3월 성명안 선에서의 대통령 선언에 찬성한다고 말했습니다. 그는 미 국무부가 너무 세세한 내용을 담고 있지 않을 문서에 더 끌려

했다고 덧붙였으며, 미 당국은 아직 어떠한 내용의 문서로 할지 정하지 않았음을 명확히 했습니다. 게다가 미 당국은 이 문제에 대한 최종 입장을 정한 것도 아니라고 누누이 전했습니다. 어쨌든 다시 중국을 만나려 하기 전에 그들이 말하고자 했던 어떤 정보가 있어야 할 것이라고 덧붙였습니다. 저의 두 가지 질문에 답하면서 히커슨 씨는 다음을 분명히 밝혔습니다.

1. 미 당국은 대통령 성명서를 유엔 사무총장에게 타전할 생각이다. 왜냐하면 1950년 7월 7일 해결안 이후에는 이번 결의안이 유엔에 보내진 것처럼 유엔군 사령관의 책임을 맡은 국가 원수인 미 대통령의 어떠한 보고서도 유엔에 보내진 적이 없기 때문이다.

2. 이 성명서에서 워싱턴은 세세하게 들어가지 않는 게 더 낫다고 평가했다. 이 선언문에는 유엔이 한반도에서 다음의 사항을 알고자 했던 임무를 고려한 협정을 하고자 했음을 표명할 가능성을 배제하지 않았다. 남한에 대한 공격을 물리칠 수 있는지, 한국의 영토를 본래대로 회복할 수 있는지, 모든 새로운 침략에 대해 확실히 방어할 수 있는지의 여부 말이다.

이 같은 방법은 유엔이 휴전 이후 38선에 따른 분할을 기본으로 한 협정을 시작할 준비가 되어 있다는 것을 중국에게 이해시키는 데 유리할 것입니다. 국무차관보 히커슨 씨는 미국에게는 다른 극동 문제들과 한국문제를 연결하는 것이 반드시 필요한 것은 아니라는 점을 명확히 이해하도록 했습니다.

중공의 유엔 가입과 대만 문제에 대해, 히커슨은 외교 경로를 통해 베이징과 모스크바에서 직접 교섭하겠다는 생각을 배제하지 않았습니다.

어쩌면 중국 공산당 정부에서 '비공식' 통지를 받을 수도 있는 성명서에 대한 준비를 캐나다 대사가 시사한 후, 호주 대표도 자국 정부의 관점을 설명했습니다. 호주 외무장관 스펜더[1] 씨는 이 일에는 두 가지 요소가 고려되어야 한다고 요약했습니다.

---

[1] 퍼시 스펜더(Percy Spender, 1897-1985). 호주 외무장관(1949-1951). 주미 호주대사(1951-1958).

1. 베이징 정부
2. 유엔의 여론

첫 번째 요소에 대해, 만약 공개 제안을 받은 베이징이 다시 거부한다면, 몇
몇 국가에서 대공 군사 행위 확대를 위한 움직임이 나타날 것입니다. 이처럼
우리는 분명히 피하자고 제안했던 것을 만드는 것에 기여하게 될 것입니다. 이
는 호주가 때마침 비공개적 특성을 지닌 방식에 찬성했기 때문입니다.

두 번째 요소에 관해, 어쨌든 호주 여론은 한국전 중지를 위한 모든 시도가
실제로 이루어졌다는 것을 납득하지 않았다는 것을 영연방 호주대사는 최근 호
주 선거 운동을 통해 통감했습니다. 그래서 호주는 앞에서 검토된 비공식 과정
에서 분위기를 조성할 공개 성명에 찬성했습니다. 비공식 과정은 정확히 말해
강화제의가 아니라, 단순히 유엔은 앞으로의 해결안에 세세히 따지지 않고 교
섭할 준비가 되었다는 것을 보여주는 것이 될 것입니다.

스펜더 씨는 다음의 사항을 나타내는 성명안을 히커슨 씨에게 전달했습니다.

1. 유엔은 침략에 반대하기로 결의한다.
2. 침략에는 대가가 따를 수 있다.
3. 한국에서 유엔 활동의 '제한적' 목적은 무엇인가.
4. 그들 나라의 운명을 스스로 결정하는 것은 바로 한국인들의 일이다.
5. 이것이 공산당의 요구에 대한 한계이며 그 이상이 되면, 유엔은 군사행
   동을 지속해야 할 것이다.

이 성명은 한국에 참전한 16개국의 이름으로 이루어질 것이며, 회원국에 전
달하기 위해 유엔 사무총장에게 보내질 것입니다.

16개국 대표들은 다음 주에 서로 다른 성명 안에 대한 논의를 다시 하기로
했습니다.

보네

【17】 38선 휴전협정 체결을 위한 존슨 상원의원의 결의안(1951.6.8)

[전 보]	38선 휴전협정 체결을 위한 존슨 상원의원의 결의안
[문 서 번 호]	2713-AS
[발 신 일]	1951년 6월 8일
[수 신 일]	미상
[발신지 및 발신자]	워싱턴/보네(주미 프랑스대사)
[수신지 및 수신자]	파리/슈만(프랑스 외무장관)

    각하께 이달 4일자 저의 제3445호 전보로 알려드렸던 바와 같이, 4일 전에 『데일리워커』[1]는 1951년 6월 25일 38선 휴전 체결을 하자는 콜로라도 민주당 상원의원 존슨이 1951년 5월 17일 상원에 제출한 결의안 완본을 게재했습니다. 이 문서의 영어본과 프랑스 번역본을 첨부해드립니다.

프랑스대사와 외교단

대사관 고문 공사

언론 정보 공문.

---

1) 『데일리워커Daily Worker』. 미국은 1924년, 영국은 1939년 창간된 공산당 기관지.

【17-1】 별첨 1—존슨 상원의원의 휴전 결의안 프랑스어 번역본

3차 대전으로 문명이 파괴되도록 둔다면 금세기의 인간답지 않고 완전히 광적인 일이기 때문에,

어느 모로 보나 한국전쟁은 희망도 없고 결정적인 성과도 없는 소모전이어서 극심한 인종 혐오를 낳을 수 있기 때문에,

제한전은 잿더미 속에서 은근히 타오르는 불꽃이나 작은 화재처럼 금방이라도 세계 분쟁으로 변할 수 있어서 매우 위험하기 때문에,

북한과 남한, 중공과 유엔은 지금까지 확실한 결과만으로도 100만 명 이상의 인명 피해와 한국인들에게 덮쳤던 차마 묘사할 수 없을 만큼의 참혹함을 겪었기 때문에,

지금까지 사용되었으며 엄청난 폭력과 공포의 근원이 될 수 있는 죽음과 파괴를 부르는 전쟁 무기가 발전하면서 끔찍한 전개가 이루어졌기 때문에,

다른 사람 수백만 명을 학살해도 한참 후 패자에게 일시적 평화만을 줄 수 있을 뿐이기 때문에,

미국은 전통적으로 그렇고 아직도 중국에 대한 높은 존경과 우정을 지니고 있기 때문에,

아시아에 적용한다면 '아시아에서는 아시아가'라는 슬로건으로 매우 설득력 있게 묘사된 먼로 독트린[2] 원칙의 현명함을 미국은 오래전부터 인정했었기 때문에,

미국의 정책은 오래전부터

어떠한 국가도 자국의 정부 형태를 다른 나라나 국민에게 강요하면 안 되지만, 각 국민은 강자나 권력자와 마찬가지로 약자라 할지라도 자유롭게 아무런 거리낌도 위협도 두려움도 없이 자기에게 맞는 정치체제와 자기에게 적당한 생

---

[2] 미국 제5대 대통령 제임스 먼로(James Monroe, 1758-1831)가 1823년 12월 주창한 비동맹, 비식민, 불간섭을 골자로 한 고립주의 외교방침.

활방식을 결정할 권리가 있었기 때문에,

아메리카 대륙 미국인들의 전통적 정책이자 희망은 예전에도 지금도 정당하고 지속적인 평화이기 때문에,

하나님을 두려워하고 평화를 사랑하는 사람들이 무익한 학살을 멈추기 위해 많은 노력을 기울이기에 결코 빠른 것도 아니기에,

상원의 의견은 다음과 같다.

유엔은 포화를 멈추고 1951년 6월 5일 오전 4시(한국시간)를 기해 유효한 휴전을 선포하기 위해 한국전에 실제로 참전 중인 모든 단체와 국가에 호소해야 할 것이다.

그전에 유엔군은 38선 이남 지역까지 철수해야 하고 적군은 38선 이북 지점으로 철수해야 할 것이다.

1951년 12월 31일까지 한국전의 모든 포로 교환이 이루어져야 하고 군인이건 민간인이건(주재 외교 대표들을 제외하고) 모든 외국인들은 북한과 남한을 떠나야 할 것이다.

【18】 진군과 휴전 결정에 대한 고려 사항(1951.6.9)

[전 보]	진군과 휴전 결정에 대한 고려 사항
[문 서 번 호]	1302-1304
[발 신 일]	1951년 6월 09일 24시
[수 신 일]	1951년 6월 10일 09시
[발신지 및 발신자]	도쿄/드장(주일 프랑스대사)

보안

런던에 전달 요망
본인의 전보 제1290호 참조
국방부에 긴급 전달 요망
워싱턴, 뉴욕 공문

아마 마샬 장군의 방문은 유엔군이 38선 이북으로 진군해야 하는지의 여부를 결정하는 것이 중요한 목적일 것입니다.

지금 유엔군은 철원, 김화,[1] 평강[2]의 삼각지대[3]를 확보하려 하고 있음이 분명합니다. 적이 끈질기게 저항하고 있지만 아마도 포기해야 할 것이고 유엔군의 압박이 계속되면 어쩔 수 없이 빼앗기게 될 것입니다. 유엔군은 계속해서 저항의 본선을 평양-원산쯤으로 옮기려합니다(본인의 전보 제1294호).

유엔군사령부는 결정을 하는데 있어서 유엔군 의견을 고려해야 하지만 남한 정부의 의견을 완전히 무시하지 않아야 할 것입니다. 우리는 남한 정부가 38선

---

[1] 김화(Kumwnul). 원문 철자가 부정확하지만 정황상 김화로 추정됨.
[2] 원문에는 평양(Pyong yang)으로 표기되어 있으나. 평강(Pyong kang)의 오류로 추정됨.
[3] 철의 삼각지대. 지리상으로 강원도 평강-철원-김화를 잇는 삼각지대.

근방에서 임의 휴전하는 것을 강력히 반대한다는 것을 잘 알고 있습니다. 그 대신 38선은 부득이한 경우 수용할 수 있는 방법으로 여기고 있습니다.

전략적 정치적 이유를 떠나, 사령부는 전투에서 대량 이탈하거나 물자의 상당량을 유기하고 우려될 정도로 공산주의 선전선동에 영향을 받는 모습을 보이는 등, 점점 나빠지는 남한군의 사기를 더 이상 등한시할 수 없습니다.

드장

런던 공문 제9156-9158호.

【19】 말리크와 중재위원회 위원 그라프스트룀의 회담(1951.6.12)

[전   보] 말리크와 중재위원회 위원 그라프스트룀의 회담
[문 서 번 호] 2653-2655
[발   신   일] 1951년 6월 12일 22시 35분(현지 시간), 6월 13일 04
                      시 35분(프랑스 시간)
[수   신   일] 1951년 6월 13일 04시 45분
[발신지 및 발신자] 뉴욕/라코스트(주유엔 프랑스대표대리)

2급 비밀
엄중 보안

워싱턴 공문 제1562-1564호
본인의 전보 제2629호 참조

　6월 8일 말리크 씨는 유럽행 스웨덴 선박에 탑승한 워싱턴 주재 소련대사 판
유쉬킨[1] 씨에게 인사하러 갔다가 그 배에 타고 있던 그라프스트룀 씨와 한국
사태에 대해 얼마간 회담을 나누었습니다.

　그라프스트룀 씨는 현재의 난관을 유감스럽게 생각하고 있었기 때문에, 유엔
에 파견 중인 소련 대표는 이 전쟁을 너무나 끝내고 싶어하는 연합국이나 아니
면 적어도 미국이 중공 정부를 향해 먼저 '관대하게 행동'하지 않는 것에 놀라워
했습니다.

　그라프스트룀 씨는 자신이 위원으로 있는 중재위원회가 베이징 주재 스웨덴
대사의 중재로 그쪽으로 되풀이했던 일들을 따르게 하는 것이 유용하다고 판단

---

[1] 알렉산드르 판유쉬킨(Alexander Panyushkin, 1905-1974). 주미 소련대사(1947-1952), 주중 대사
　(1952-1953) KGB 국장(1953-1955) 역임.

하지 않았습니다. 중화인민공화국처럼 소련 역시 이 위원회가 '비합법적'이라고 여기고 있다는 것을 잘 알고 있기 때문입니다.

하지만 그는 말리크 씨에게 그러한 행위가 평양으로 향하고 있었던 것이 더 이상 적합하지 않다고 생각하는지를 물었습니다. 이렇게 말해도 된다면, 유엔군에 대항하는데 있어서 이 전쟁의 실제 권리자는 북한이고, 중공 정부는 이론적으로 이 사태에 단지 국민 '지원군'을 통해서만 간접적으로 참전하는 것이기 때문입니다. 말리크 씨는 그 질문을 교묘히 피했습니다.

그의 의도는 믿게 하려는 것까지는 아닐지라도 분쟁에 대한 즉각적인 평화적 해결에 호의적인 견해를 주장한다는 소련 정부의 희망을 다시 한 번 표명한 것입니다.

라코스트

【20】 마샬 장군의 도쿄 방문(1951.6.12)

[전   보] 마샬 장군의 도쿄 방문
[문 서 번 호] 1312
[발   신   일] 1951년 6월 12일 00시
[수   신   일] 1951년 6월 13일 06시 45분
[발신지 및 발신자] 도쿄/드장(주일 프랑스대사)

아래는 6월 11일 오늘 아침, 도쿄 기자회견에서 마샬 장군이 제공한 주요 정보입니다.

1. 한국에서 제8군의 임무는 공산군의 남한 침략을 막는 것입니다. 적은 항상 한반도 전체를 차지하고 유엔군을 한반도 밖으로 몰아내고자 합니다. 한반도 전체를 점령한다면 공산당과 일본을 접근시키는 결과를 낳을 것입니다.
2. 저는 리지웨이 장군에게 새로운 명령을 내리러 온 것도, 전투 중지의 가능성을 조사하러 온 것도 아닙니다. 이 문제는 외교관의 일입니다.
3. 제 방문의 목적은 현재 한국에 있는 우리 군 병력에 관한 자세한 사항을 알고 교대로 근무를 변경하는 로테이션 시스템 문제를 파악하는 것이었습니다.

6월 7일 도착한 마샬 장군은 리지웨이 장군 앞에서 요시다[1] 씨와 45분간 회담한 후, 11일 19시 도쿄에서 오키나와로 떠났습니다.

드장

1) 요시다 시게루(吉田 茂, 1878-1967). 일본의 외교관이자 정치가. 제45-51대(1948-1954) 일본 총리.

【21】 북한 아동을 위한 모금(1951.6.12)

[전 보]	북한 아동을 위한 모금
[문 서 번 호]	319 EU
[발 신 일]	1951년 6월 12일 00시
[수 신 일]	미상
[발신지 및 발신자]	헝가리/드페이르[1](주헝가리 프랑스대리대사)
[수신지 및 수신자]	파리/로베르 슈만(프랑스 외무부장관)

북한의 아동, 특히 고아들을 위한 모금이 5월 15일 헝가리 전역에서 시작되었습니다. 신문에 따르면 3주 만에 이미 1천 4백만 플로린, 즉 4억 프랑 이상에 해당하는 금액이 걷혔습니다. 모인 기금으로는 바로 의약품과 옷을 구입하는데 쓰였으며, '밤낮없이 일하는' 헝가리민주여성협회 자원봉사자들이 이 물품들을 포장해 보냈습니다.

언론 캠페인은 '인민연대라는 위대한 사상'을 떠오르게 했고, 영웅적인 한국 인민이 제국주의 침략자들에 맞서 피 흘리기를 주저하지 않고 싸우면서 헝가리 국민의 자유와 평화를 지키고 있다고 설명했습니다. 실상은 비정상적으로 낮은 헝가리 노동자들의 임금에서 다시 공제가 이루어질 것입니다.

의약품과 편물, 따뜻한 의복을 실은 첫 번째 기차가 데브레첸[2]과 러시아 국경으로 6월 9일 떠났습니다. 기차역에서 행해진 기념식에는 헝가리민주여성협회 사무총장, 평화국가위원회 서기, 조선민주주의 인민공화국 장관, 중국대사 부인, 같은 아시아 혈통인 라코시 부인[3]이 참석하였으며 그 자리에서 지급액이 발표되었습니다.

---

1) 피에르 드페이르(Pierre Depeyre). 주헝가리 프랑스 대리대사. 주한 대리공사(1954-1955).
2) 헝가리 동부의 도시.
3) 헝가리 근로당 서기장인 마차시 라코시(Matyas Rakosi, 1892-1971)의 부인으로 추정됨.

이 행사에는 장관 및 4명의 사절단 서기관과 1명의 담당관으로 이루어진 부다페스트 주재 북한 대표단도 참석했음을 알려드립니다.

【22】 한국의 전투 상황(1951.6.13)

[전　　　　보]	한국의 전투 상황
[문 서 번 호]	1326-1328
[발　신　일]	1951년 6월 13일 08시
[수　신　일]	1951년 6월 14일 12시
[발신지 및 발신자]	도쿄/드장(주일 프랑스대사)

보안

국방부에 전달 요망

1. 철원과 김화를 점령한 후 유엔군은 평강과 금송을 향해 중심 구역으로 진군했습니다. 적의 저항은 약화되었습니다. 실제로 설비를 철수하고 주력 부대를 북쪽과 북서쪽으로 퇴각할 수 있도록 하는 지연작전을 폈습니다. 제8군은 한 야전병원 전체와 다량의 화기 및 폭약을 노획했습니다.

유엔군의 전진은 화천 저수지 북쪽과 오랫동안 치열하게 지켜졌던 양구 및 한계의 북쪽에서도 감지되었습니다.

한국군은 연안지대를 따라 38선 이북으로 60km지점에 있는 초도리를 지났습니다.

현재 전선은 진전까지 흐르는 임진강과 철원, 김화, 율목, 부엉, 서흥으로 이어지고 초도리까지 거슬러 올라갑니다.

포로들의 증언에 따르면, 적은 해주에서 원산까지 한반도를 비스듬히 가로지르며 임의로 전선을 세우려 하고 있습니다.

2. 어제 미 구축함에서 지뢰가 터졌습니다. 구축함은 예인선에 의해 일본으

로 돌아왔습니다. 사망 10명, 실종 15명, 부상 20명이 있습니다.

미 국방부는 한 달에 20회에 걸쳐 M-45와 M-43으로 대체될 M-26 전차를 다시 미국에 돌려보내라고 명했습니다.

드장

【23】웨더마이어 장군의 국회 증언(1951.6.13)

[전 보]	웨더마이어 장군의 국회 증언
[문 서 번 호]	4400-4406
[발 신 일]	1951년 6월 13일 11시(현지 시간), 17시(프랑스 시간)
[수 신 일]	1951년 6월 13일 11시 15분
[발신지 및 발신자]	워싱턴/보네(주미 프랑스대사)

뉴욕 공문 제967-973호

　상원 조사위원회 증언 첫날 웨더마이어 장군의 진술이 너무 놀라워 기자들이 신문 헤드라인을 작성할 좋은 기회를 주게 된 반면, 거기에 함축된 많은 모순들은 특히 그 중요성이 축소되었습니다. 우선 맥아더 장군이 주장하는 바의 명분을 보고자 하는 경향을 띤 몇몇 공화당 의원들은 아마 그의 주장이 행정 당원들에 의해 상당 부분 이용될 수 있었음을 곧 확인하게 될 것입니다.

　웨더마이어 장군은 한국에서의 철수에 찬성하는 입장을 표명했으나, 이는 '유엔의 보호 아래' 처리되어야 한다는 조건입니다. 그는 또 한국에서의 철수는 그러한 조치가 내포하는 모든 위험 및 소련과의 외교관계 단절이 따라야 한다고 덧붙였습니다.

　반대로 미군이 한국에 계속 주둔한다면, 웨더마이어 장군은 38선을 따라 휴전이 체결되는 것은, 그의 생각에는 실패와 마찬가지가 될 것이라면서 미국은 맥아더 장군이 제안했던 경제 봉쇄, 항구 봉쇄, 중국과 만주의 공산당 기지 폭격, 중국 국민당의 본토 공격 허용이라는 4단계 계획을 실행해야 할 것이라고 평가했습니다. 그런데 이 조치들 중 기지 폭격과 본토 공격은 사실, 유엔군이 한국에서 철수해야 했을 때 취할 조치로 참모총장들이 1월 12일 조사에서 검토했었지만, 한반도에서의 군사 상황이 호전되어 바로 제외시켰던 조치입니다.

자신의 역설적인 주장을 계속하면서, 웨더마이어 장군은 미 정부가 한국에서 침략에 맞선 것은 옳은 일이었으나, 지상군을 쓰지 않고 공군과 해군의 '처벌행위'만으로 그쳐야 했다고 말했습니다. 그런데 앞의 증언은 맥아더 장군이 한국에서 미 보병부대를 다시 사용하기 시작했던 첫 번째 사람이었음을 밝혔습니다.

맥아더 장군에게 한 가장 중요한 질문인 대만 방어에 대해서조차 웨더마이어 장군은 도쿄에 주재하고 있는 전임 총사령관을 무조건 지원하지는 않았습니다. 사실 그는 대만이 매우 중요한 위치라는 것은 인정하면서도 미국에게 있어서 극히 중요한 일이었다는 것을 인정하려 들지 않았습니다.

대만이 공산당의 손아귀에 떨어지는 것을 피하기 위해서는 이러한 조치가 불가피한 경우라면 그가 미군의 대만 상륙을 막지 않았을 것입니다. 이는 맥아더 장군도 결코 그렇게 단호하게 요구하지 않았던 조치입니다.

중국 국민당에 대한 웨더마이어 장군의 진술은 많은 공화당원들을 실망시키는 것이었습니다. 공화당원들의 주장과는 달리 장군은 중국 국민당의 패배가 미국의 물자 지원이 부족해서가 아니었다고 주장했습니다. 장군의 생각에 행정부의 실책은 장제스에게 필요한 '정신적 후원'을 하지 않은데 있다는 것입니다. 장군은 또한 본인이 다른 사람들을 수차례 비난했던 잘못을 한 자기 자신에게도 과오가 있었음을 인정했습니다.

웨더마이어 장군은 두 가지 점에서 행정부의 논증에 효과적으로 답하지 않았습니다. 그는 대만이 실패한다면 생길 충격을 완화시키기 위한 선전 자료를 준비하라고 국무부에 제안했음을 인정해야 했습니다. 게다가 장군은 중국 연립정부 구성을 위한 것이 결코 아니었다고 부인했더라도, 본인이 1945년 12월 타협을 이루어야 한다고 주장했던 양 측이 중국 공산당과 국민당일 수밖에 없었음을 인정해야 했습니다.

웨더마이어 장군은 대담한 아이디어를 내는 성향으로 유명한 사람이지만, 그의 진술은 아마 어느 정도는 1946년 중국 주재 대사로 임명되지 못한 것과, 확실한 소식통에 의하면 최근에도 극동에서 중요한 역할을 다시 맡는 것에 임명되지 못한 것에 대한 실망감을 표현하고 있을 것입니다.

보네

【24】휴전 성명안에 대한 러스크 미 국무차관보와의 회담(1951.6.13)

[전   보]   휴전 성명안에 대한 러스크 미 국무차관보와의 회담
[문 서 번 호]   4455-4456
[발   신   일]   1951년 6월 13일 22시
[수   신   일]   1951년 6월 14일 07시 15분
[발신지 및 발신자]   워싱턴/보네(주미 프랑스대사)

보안

2급 비밀

뉴욕 공문 제986-989호

저는 오늘 각하의 전보 제5726호와 제5520호에서 전개된 고려사항을 설명하면서 우리의 성명안을 러스크 씨에게 건네주었습니다. 저는 특히 우리 정부가 3국성명 형식을 더 선호하는 이유에 대해 강조했습니다. 러스크 국무차관보는 우리의 간결함을 높이 평가하면서 우리의 성명서에 진심으로 관심을 표했습니다.

지금으로서는 러스크 씨도 저도 프랑스와 영국 성명안을 주 2회 열리는 사절단장 회의에 제출한 것은 적절치 않게 여겼습니다. 사실 미 당국이 우선 이 성명안을 검토하는 것이 필요했으며, 이와 관련해 워싱턴은 영국대사가 5월 30일 제출한 문안에 대한 몇 가지 추가 설명을 영국 정부에 요청했습니다. 저는 3개국 사이에 사전 동의가 먼저 이루어져야 한다고 강조했습니다.

러스크 씨는 상원조사위원회가 맥아더 장군의 해임안에 대해 처리해야 할 동안에는 어떠한 성명도 낼 수 없을 거 같다고 했습니다.

이야기를 나누는 동안 러스크 씨는 한국전쟁 타결 후 개최될 극동 문제 검토

회담에 상정할 의제로 프랑스 정부는 인도차이나 문제를 포함하고 싶어 하는지 물었습니다.

러스크 씨는 이 문제가 제가 얼마 전 전달했던 성명안과는 아무런 연관이 없다는 것과, 미 정부는 당분간은 조금도 그러한 회의를 생각하고 있지 않다는 것을 강조하고 싶어 했습니다.

어쨌든 러스크 씨는 한국문제에 대한 협정이 이루어진다면 아마 적진이 이런 류의 발의를 할 것이라 예상했었다고 말했습니다.

그래서 베이징과 모스크바 정부가 대만 문제와 중국공산당체제의 유엔 가입 문제를 검토해달라고 요청한다면, 관련 열강들이 그전에 우리 또한 발의하기를 바라는 다른 주제들, 예컨대 중국 내 외국인 처우 문제나 '중국의 문호개방' 문제, 인도차이나 문제 등을 협의하는 것이 유익할 것입니다.

러스크 씨는 제게 이러한 관점에서 질문했던 것입니다.

저는 러스크 미 국무차관보에게 이 점에 관해서 현재로서는 정보를 주기 힘들다고 답했습니다.

사실 이는 본질적으로 이 문제가 제기되었을 때 인도차이나에서 유지되고 있는 조건에 달려있는 것입니다. 저는 만약 인도차이나가 명백한 중국 침략의 피해자라면 프랑스 정부가 이를 유엔에 제소하는 것은 거의 의심할 나위가 없다고 덧붙였습니다.

우리의 회담이 끝날 즈음 러스크 씨는 미 국무부와 영국대사관, 그리고 우리 프랑스대사관 대표들이 3개국이 검토한 성명안에 대해 논의하기 위해 조만간 모이는 것에 동의했습니다.

보네

【25】 그로스 미 유엔대사의 추가조치위원회에 제출할 미 대표단 보고서에 대한 정보(1951.6.14)

[전   보] 그로스 미 유엔대사의 추가조치위원회에 제출할
                  미 대표단 보고서에 대한 정보
[문 서 번 호] 2696-2697
[발   신   일] 1951년 6월 14일 17시(현지 시간), 23시(프랑스 시간)
[수   신   일] 1951년 6월 15일 23시 15분
[발신지 및 발신자] 뉴욕/라코스트(주유엔 프랑스대표대리)

본인의 전보 제2599호 참조

그로스 씨는 아마 미 대표단이 아마도 내일 6월 15일에 추가조치위원회에서 자국의 보고를 발표할 것이라고 제게 알려주었습니다.

그로스 씨는 미 행정부의 다양한 분과 상당수가 걸린 이 보고서를 수정하는데 고심하느라 오래 걸렸고 본인 역시 내일이나 되어야 최종 본문을 받게 될 것이라고 했습니다.

하지만 그는 오늘 우리 대표단에게, 아마 영국 대표단에게도 이 보고서의 커다란 윤곽을 알리고 싶어 했습니다.

1. 1950년 12월부터, 중국공산당 정부가 한국 전장에 북한 침략군을 위해 개입했다는 것이 분명해졌을 때, 미 정부는 중국 본토와 미국의 경제 관계에 대한 총체적인 제한조치를 취했습니다. 이는 5월 18일 결의안의 효력을 넘어서는 것이었습니다.

2. 허가를 받아야 하는 모든 중국 대상 수출 상품을 포함한 '실제목록'에 기재된 물품 목록과 연방 정부가 무역에 대해 1950년 12월 발표한 명령에 대한 언급

3. 다음의 검토 사항에 대한 정보

5월 18일 결의안에 언급되지 않은 많은 물품 목록 대신 '실제' 목록에 의한 금수조치는 결의안이 정했던 목적을 효과적으로 이루는 데 기여합니다.

미 정부 보고서에 기술된 조치는 타 정부들을 효과적으로 이끌 수 있을 것입니다.

미 정부는 그들이 정한 수출품이 기재되었던 금수조치가 3국의 상인들에 의해 조정되는 것을 막을 목적으로 조치를 취하기 시작했으며, 3개국이 같은 목적의 조치를 취하기를 희망하고 있습니다.

라코스트

【26】 남한군의 현실(1951.6.14)

```
[ 전      보 ]   남한군의 현실
[ 문 서 번 호 ]   1333-1335
[ 발   신   일 ]   1951년 6월 14일 00시
[ 수   신   일 ]   1951년 6월 14일 17시
[발신지 및 발신자]   도쿄/드장(주일 프랑스대사)
```

워싱턴 공문 제591-593호
뉴욕 공문 제500-502호
런던에 전달 요망

　6월 12일 부산에서 남한 외무장관은 워싱턴 주재 남한 대사로부터 현재 어떠한 정전 계획도 한국전에 참전 중인 국가들이 검토한 바가 없다는 확약을 받았다고 말했습니다. 남한 대사가 미 국무부에 알아보라는 지시를 받은 것은 마샬 장군의 최근 방문에 이은 것입니다.

　남한 외무장관의 과정과 발표는 현재 유엔군에 대한 이승만의 ㅁㅁㅁ에 퍼져 있으며 미국에 비우호적인 불신의 성격을 띠고 있습니다.

　최근 워싱턴을 방문했던 변영태[1] 장관이 씁쓸한 기분으로 귀국했습니다. 그는 미 정부가 한국을 자유화하고 통일하는 것을 포기했는지, 냉정히 서유럽을 위해 이 나라를 포기했는지 알고 싶어 하는 사람들에게 말했습니다.

　미국 측에서 보자면, 불신은 하찮은 일이 아닙니다. 장관 3명이 사직해야 했던 거창양민학살사건[2] 이후, 훈련소 사건은 지도층의 부패를 잘 보여주었습니

---

[1] Pyangyun. 외무장관 변영태로 추정됨.
[2] 원문 표기는 고창으로 되어 있으며, 실제로 같은 시기 국군 제11사단에 의한 학살사건이 거창과 고창에 모두 일어났음. 그러나 장관 사임 등의 정황이나 해외에 알려진 사례로 봤을 때 거창사건을 가리키는 것으로 추정됨.

다.[3] 12월 이후, 약 40만 명의 예비 병력이 창설되었을 때, 5만 명의 신병들은 장교들의 탐욕에 희생되어 아사했을 것입니다. 25만 명 이상이 형편없는 건강 상태인 듯합니다. 상당수는 게릴라에 합류한 것으로 보입니다. 실제로 4월 22일부터 남한의 현역부대에게 당한 희생자들은 대체될 수 없었고, 병력 수는 13만 명으로 떨어졌습니다.

이런 상황에서 언젠가 국가 방위를 보장할 수 있어야 할 대한민국 군을 조직하는 일은 어려움과 위험요소가 가득한 일로 보입니다.

드장

런던 공문 전보 제9435-9437호.

---

[3] 국민방위군사건을 의미.

【27】 밴 플리트 장군의 한국 상황 인터뷰(1951.6.14.)

[전　　　　보]	밴 플리트 장군의 한국 상황 인터뷰
[문 서 번 호]	1337
[발　신　일]	1951년 6월 14일 08시
[수　신　일]	1951년 6월 14일 18시
[발신지 및 발신자]	도쿄/드장(주일 프랑스대사)

　어제 『스타스앤드스트라이프스』[1]특파원에게 한 발표에서 밴 플리트 장군은 제8군이 공산군의 새로운 공격에 맞서기에 아직 유리한 입장에 있지 못하다는 것과 적군은 공격 개시를 위해 막강한 무력을 사용할 것이라고 분명히 말했습니다.

　철원, 김화, 평강이라는 삼각지대를 통제하게 되면서 미 8군은 공산당의 공격 가능성을 억제하고 있습니다. 그는 이 삼각지대가 남한에서도 북한에서도 대단히 중요한 도로로써 우리보다는 적에게 더 가치가 있다고 했습니다. 어쨌든 삼각지대에 대한 우리의 통제가 반드시 북한의 수도 평양을 통해 끝까지 적의 후퇴를 이끌어내야 하는 것 같지는 않습니다.

　장군에 따르면 공산군은 여전히 북한의 산악지방과 임진강을 무력 점거할 수 있습니다. 하지만 임진강은 이 지역 남한 공격을 매우 어렵게 할 훌륭한 천연장벽입니다.

　적의 다음 동태에 대한 견해를 제시하지 않은 체, 장군은 예상대로 심한 어려움을 겪었다고 하면서, 남한에서 장군의 시도가 너무 비싼 대가를 치른 거라는 걸 알게 되었다고 덧붙였습니다.

---

1) 『스타스앤드스트라이프스Stars and Stripes』. 미국 국방부가 발행하는 해외 파병 미군을 위한 군인 신문.

밴 플리트 장군은 마지막으로 유엔군이 승전한 뒤 한국을 떠난 후에도 남한 군은 바로 인접한 이웃 나라의 공격에 맞서 자신의 나라를 단독 방어하기 위한 조치를 취할 수 있을 거라는 자신의 확신을 밝혔습니다. 그는 남한 병사는 용감하고 인내심과 확신, 능력이 충만하다는 것과 남한 병사에게 부족한 것은 단지 훈련과 지휘관이라고 말했습니다.

드장

【28】 한국전쟁의 목적에 대한 14개국 공동성명의 영국 수정안(1951.6.14)

[의 견 서]	한국전쟁의 목적에 대한 14개국 공동성명의 영국 수정안
[문 서 번 호]	미상
[발 신 일]	1951년 6월 14일
[수 신 일]	미상
[발신지 및 발신자]	미상

의견서

한국전쟁의 목적에 대한 14개국 공동성명의 영국 수정안

런던 주재 프랑스대사관은 워싱턴 주재 영국대사가 지난 5월 30일 미 국무부에 제출했던 한국문제에 관한 성명서 수정안 본문을 외무부에 제출했습니다. 다음은 이 문서의 공식 번역본입니다.

한국에 군사원조를 한 우리 유엔 회원국은 한국에서의 우리 목표를 재확인하고자 한다.

현재 군사작전의 목적은 유엔이 인정한 정부를 침략하는데 맞서는 것이다. 우리는 우리 자신을 위한 영토나 다른 어떤 이익을 요구하지 않으며, 우리의 유일한 목적은 카이로와 포츠담 선언에서 규정되었으며 이후 유엔이 비준한 자유롭고 독립적인 한국을 수립하는 것이다.

우리는 이 정책을 계속 지지할 것과, 협상을 통해 평화적으로 이 목표를 추구할 준비가 되어 있음을 선언한다. 우리는 우리의 능력이 미치는 한 한국을 넘어

서는 적대행위의 확산을 방지하는 것이 우리의 의도임을 확인한다.

세계평화에 대한 위협을 제거하며 전쟁의 참상으로 고통 받는 한국인들을 돕고 모든 주한 외국군의 조기철수를 실현한다는 우리의 간절한 희망 속에서 한국인들이 외국의 모든 간섭으로부터 벗어나 그들의 운명을 스스로 해결할 수 있게 한다는 우리의 순수한 열망을 추구하기 위해, 이 불행한 나라의 문제에 대한 평화적인 해결 방법을 찾기 위해 우리는 한국에서의 즉각적인 교전 중지를 요청한다.

우리는 다음을 제안한다.

1. 한국에서의 즉각적인 '휴전'을 합의하고, 유엔총회 의장, 유엔통합사령부 대표들, 남한, 중국, 북한 대표를 포함한 위원회가 세부사항을 결정하기 위해 구성되어야 한다.

2. 휴전이 승인되고 이행되는 즉시, 한국문제의 평화적 해결을 고찰하기 위해, 한국인의 의지가 자유롭게 표명될 수 있는 비밀투표로 자유 보통 선거에 기초한 헌법과 정부로 통일되고 독립적인 민주 한국이 설립될 수 있도록 주요 열강의 대표들이 포함된 국제회담이 소집되어야 한다.

3. 회담은 한국에서 외국군을 적절한 단계로 철수시키는 준비와 한국인의 고통과 시련을 경감시키고 한국 경제를 회복시킬 방법을 고려해야 한다.

4. 이 회담에서 이루어진 협정은 즉시 유엔의 보고 대상이 되어야 한다.

우리는 이 제안들이 한국에 평화를 가져오고 현재 극동지역의 긴장을 완화시킬 방법이라고 확신한다.

우리는 이 제안들이 처음 제시되었던 때만큼 진지하게 고려할 것이고, 한국문제의 해결은 세계평화를 가져올 것이며, 동일한 평화협상 방법으로 극동지역의 다른 분쟁들도 진정시키게 될 것으로 희망한다.

현 제출안은 지난 4월 5일의 제출안과 다음의 점에서 구별됩니다.

1. 4월 5일 제출안에는 회의 내에 회부되었던 회담을 '즉각' 정전위원회라고

명명해야 했습니다. 논의에 이어 '휴전 조치를 단 한번만 취하는' 개입을 해야 한다고 보았습니다.

2. 4월 5일 제출안은 회담 구성을 미국, 영국, 프랑스, 중공, 소련, 인도로 정했습니다.

나머지 부분은 두 제출안이 동일합니다.

【29】 유엔 사무총장으로서 트리그브 리가 취하는 입장(1951.6.15)

[전 보 (우 편)]	유엔 사무총장으로서 트리그브 리가 취하는 입장
[문 서 번 호]	2707-2714
[발 신 일]	1951년 6월 15일
[수 신 일]	1951년 6월 18일 19시 30분
[발신지 및 발신자]	뉴욕/라코스트(주유엔 프랑스대표대리)

보안

유엔사무총장은 제가 2680호 전보를 통해 외무부에 번역본을 보냈던 '제안서'가 "세계 평화와 유엔을 위한 가장 중요한 때라는 문제에 대한 깊은 숙고의 결과"라고 6월 12일에 말하고 또 어제 다시 말했습니다. 또한 한국에서의 휴전 실현에 관련된 주요 서구 열강에 제안서를 보여주며 그들과, 유엔 전체와, 일반적인 세계와 마주하며 "그가 할 수 있었던 것"을 했다는 느낌을 가졌노라고 했습니다.

이것은 바로 트리그브 리가 어쩔 때마다 일반적으로 취하는 태도입니다. 그는 국제안보와 평화를 수호하는 기관의 사무총장이라는 자신의 직분을 높이 평가해서 자신의 역할이 행정부문에만 국한되어 있다고 전혀 생각지 않습니다.

한국전쟁이 적어도 표명 상으로는 임시적이건 아니건 교전을 중지할 수 있는 어떤 단계에 이르렀을 때, 교전에 참전한 주요 회원국은 적진에 임시 휴전의 기회를 주기 위한 어떠한 발의도 아직 하지 않았을 때인데도 트리그브 리는 회원국들이 자신의 해결책을 따르기 원했습니다.

자신의 생각을 완전히 명확히 해서 문서 형식으로 작성하기 전에, 그는 비공식적으로 자신의 생각을 다양한 방식으로 표출하고자 시도했습니다. 그는 이 생각을 프랑스와 영국 정부에게는 모두 설명했고, 몇몇 부분은 미국 주재 언론사를 둔 몇몇 회원국에는 비공식적으로, 오타와 담화[1]에는 공개적으로 밝혔습니다.

이는 단지 6월 12일 문건에서 뿐 아니라 최근 가까이 했던 여러 상대에게 했던 발언 전체에서 드러나듯이, 그의 생각은 다음의 주요 관심사에 끌리는 것 같습니다.

1. 꽤 반감이 표시된 후, 트리그브 리는 적어도 어느 정도까지는 미국 정부의 관점을 고려하는데 다시 한 번 관심을 표하고 있습니다.

중재위원회의 그라프스트룀과 아마도 파디야 네르보, 유엔사무국 내 측근의 몇몇 회원과 미국 대표단 자체의 몇몇 회원들이 그에게 항의한 이후, 사실 그는 자기가 잠깐 생각했던 바대로 미 정부의 동의 없는 평화안을 지지하기 위해 유엔의 과반수를 설득할 수 없음을, 오히려 이 과반수의 압력 하에 미 정부에 동의하지 않으면 안 되는 처지에 있음을 깨달았습니다. 정치문제는 현재의 휴전협상에서 제외되어야 한다는 생각을 강조하는 트리그브 리 씨의 새로운 계획은 그런 이유로 부분적인 것입니다.

2. 이와 반대로 미 정부의 현재 정치적 관심사를 고려하는 문제와 평행을 이루려는 듯이, 트리그브 리 사무총장은 자신의 의견서에 유엔 규정에 따른 기구에 의한 유엔 활동의 일반적인 형식으로 회귀하기를 요청하고 있습니다.

트리그브 리는 사적인 대화에서는 이를 더 강조하고 있습니다. 그는 헌장에 따르면 평화 유지를 위한 주요 기관은 안전보장이사회라고 말합니다. 아마 그는 이사회가 상임이사 투표로 무력화될 경우를 미리 예상했어야 했을 것입니다.

이것은 미 정부가 만들어 애치슨 결의안을 가결시키면서 미 정부와 함께하는 것으로 총회의 과반수를 설득했던 것입니다. 하지만 애치슨 결의안은 달리 할 방법이 없는 경우에만 사용해야 합니다. 중화인민공화국 제재정책을 시행하

---

1) 공산군이 휴전에 동의하지 않으면 유엔군을 추가 파병하겠다는 내용.

는데 이사회가 필요하지는 않았습니다. 왜냐하면 소련이 공산주의 국가체제인 소련의 주요 위성국에 대한 정책을 결코 이사회에서 실행하도록 두지 않을 것이기 때문입니다. 하지만 베이징과의 접촉을 정말로 시도하고자 한다면 어쨌든 소련의 동의와 참여가 반드시 필요합니다.

그래서 필요한 경우 전통적 유형의 외교 활동으로 준비하고 지원하는 유엔 인정 기구의 기본 기능에 속하는 것이 좋겠습니다. 소련은 이러한 외교 준비에서도, 국제 기구 설립의 합법적인 방식에서도 배제되면 안 되는 것입니다.

3. 끝으로 트리그브 리가 미국의 관점을 보다 더 이해하는 태도가 되었어도, 결국 본인의 전보 제2476호로 알렸던 어떤 희망을 표명하지 않은 것은 아닙니다. 그들의 영향력에서 벗어나 보편적 자질을 갖추어야 하는 국제기구 공직자에게 매우 적절한 공정하고 독립적인 입장을 유엔의 조치 중심에 다시 취하겠다는 희망 말입니다. 트리그브 리는 중공의 공격을 계속 비난하면서도, 미 공군과 포격으로 발생한 중국인 학살에 깊은 유감을 표했으며, 유엔통합사령부가 최근의 반격을 '킬러 작전'으로 명명한 것에 대해 크게 분개했습니다.

그는 또한 제재 정책은 지금까지 중국 공산당보다는 프-영-미 동맹에 손해였다고 주장합니다. 전쟁이 계속된다면 몇 주 전 추가조치위원회의 심의 중에 표출된 견해차가 곧 주요 서구 열강들 사이에서 다시 나타나는 것을 보게 될 거라고 예상했습니다.

모든 것은 트리그브 리가 한국에서의 교전 중지를 위해 가장 최근에 가장 명확한 표현을 한 자신의 '계획'에서 중재자로서의 태도를 시사하도록 했습니다.

끝으로 트리그브 리는 이 계획의 성공 가능성을 스스로 많이 생각하는 것 같지 않고, 노르웨이로 휴가를 떠났다는 것을 덧붙이는 것이 좋겠습니다.

옳게 행동했다는 확신을 갖는 동시에 다행히 자신의 태도를 신중하게 했다는 느낌과, 자신이 막 제기한 의견을 바로 실행함으로써 휴식이 방해받을 위험이 거의 없다는 생각을 지닌 채 말입니다.

라코스트

【30】 유엔사무총장의 '평화계획'에 대한 중재위원회 및 각국대표단의 입장(1951.6.15)

[전 보]	유엔사무총장의 '평화계획'에 대한 중재위원회 및
	각국대표단의 입장
[문 서 번 호]	2715-2716
[발 신 일]	1951년 6월 15일
[수 신 일]	1951년 6월 18일 18시 30분
[발신지 및 발신자]	뉴욕/라코스트(주유엔 프랑스대표대리)

보안

워싱턴 공문 제1587-1588호

　중재위원회 위원들과, 영국 및 미국 대표단은 유엔사무총장의 '평화계획'에 대한 첫 발표에 오히려 부정적인 반응을 보였습니다.

　6월 6일 워싱턴에 모인 중재위원회의 세 위원은 총회 연기가 있다면 이의를 제기하지 않고, 필요한 경우 중재위원회 해산에 반대하지 않을 것이며, 이런 목적으로 필요한 경우라면 총회에서 나오는 다수의 표에 협력하기로 결정했습니다. 하지만 그들이 위원회 해산을 주도하지는 않기로 했습니다. 이것은 '그들의 직무 유기'가 되기 때문입니다. 그리고 실제로 중국 대표권 문제를 검토할 위원회가 그들의 조정 역할을 잇게 하자는 생각은 그들에게 '불합리'한 것으로 여겨졌습니다.

　영국 외무부는 글래드윈 젭 유엔 주재 영국대사에게 총회를 연기하는 것에 큰 반대는 없으나 중재위원회를 해산한다는 생각은 원하는 바가 아니라고 알렸습니다. 이는 견제 없이 총회 결의로 창설된 추가조치위원회를 그대로 두는 결과를 얻게 될 것입니다. 중국대표권 관련 위원회에 대한 제안에 있어서 영국외무부의 판단은 중재위원회 위원들의 판단과 매우 비슷했습니다. .

트리그브 리가 자신의 견해를 다 밝히지는 않았던 미 대표단은 결국 그의 생각을 알기에 충분한 정보를 얻긴 했지만 너무나 공교롭게도 전부 내키지 않았습니다.

저는 나름 사무총장에게 외무부 전보 제1894호에서 보이는 프랑스 외무부가 느낀 첫인상에 대해 알려주었습니다. 저는 이 연락의 마지막 단락에 제기된 문제에 대한 회답으로서, 지금으로서는 베네갈 라우 경이 7인위원회 소집을 전혀 고려하고 있지 않다는 것을 확인할 수 있을거라 생각합니다.

라코스트

【31】 트리그브 리의 심리적 요인(1951.6.15)

[전　　　보]	트리그브 리의 심리적 요인
[문 서 번 호]	미상
[발　신　일]	1951년 6월 15일 17시(현지 시간), 22시(프랑스 시간)
[수　신　일]	1951년 6월 18일 22시 15분
[발신지 및 발신자]	뉴욕/라코스트(주유엔 프랑스대표대리)

3급 비밀

보안

본인의 전보 제2659호 참조

　저는 트리그브 리 씨가 항상 그렇듯이 매우 은밀하게 제게 준 정보를 우리 외무부에 더 지체 없이 알려야 한다고 생각했습니다. 지금까지 그의 부서에서도, 보통 꽤 빠르게 적어도 그의 결의안 시초가 새어나온 정보통에서도 어떠한 말도 듣지 못했던 정보입니다.

　사실 그가 말했던 의미에서 보면, 정말로 다음 주 파리 방문 때 드러낼 생각을 이미 정했을지도 모릅니다. 그래서 이 점에 있어서 그가 행하기 적절한 시기라고 판단할 지적을 깊이 생각했던 것이 외무부에는 유용할 수 있을 것입니다.

　제게 보고되었던 몇몇 객관적인 보고서에 따르면, 확실한 것은 트리그브 리 씨가 매우 실망했다는 것입니다. 또한 그가 절실히 부족하고 필요하다고 느끼고 있는, 그의 조직인 유엔을 돋보이게 할 국제적, 아니면 적어도 충분한 국내 명성을 지닌 유명인사까지는 아직 아니어도, 막후의 인물들을 자신의 편으로 끌어들이지 못한데 화가 났다는 것입니다.

　그는 또한 그가 직접 호소했던 여러 나라들이 그에게 국제적인 균형을 검토하는데 있어서 모든 선택을 강요하려 하는 점과, 각 나라가 그에게 제공한 것을 다시 취하려고 하는 점에 불만이라고 합니다. 그래서 그에게는 더 이상 어떠한 주도적 행동도 어떠한 신중함도 남아있지 않고 그의 자존심은 타격을 입었습니다.

이상은 제가 생각하는 주요 심리요인으로, 새로운 점은 아니지만, 외무부는 유엔 사무총장과의 다음 회담에서 이점을 고려하는 것이 필시 유익하리라 판단됩니다.

라코스트

【32】 한국 전선의 상황(1951.6.16)

[전   보] 한국 전선의 상황
[문 서 번 호] 4498-4501
[발   신   일] 1951년 6월 16일 16시 10분(현지 시간), 21시 10분
                         (프랑스 시간)
[수   신   일] 1951년 6월 16일 21시 30분
[발신지 및 발신자] 워싱턴/보네(주미 프랑스대사)

보안

뉴욕 우편 공문 제1991-1994호

1. 오늘 대표단장 회의에서 미 국방부가 제공한 정보에 따르면, 어제 평양에서 만났던 2개 기동부대인 미 제3, 제7사단이 적과의 큰 교전 없이 출발기지로 귀환하기 위해 평양을 떠났습니다. 반대로 같은 곳에서 적의 저항은 오늘 훨씬 더 많이 눈에 띄었습니다.

제9군단 전투지역에서, 미 제7사단은 공산군의 저항에도 불구하고 금성 남쪽에서 약 4마일 전진했습니다. 좀 더 동쪽에서는 적과의 교전이 적었습니다. 전선 후방에서는 대전 동쪽에서 게릴라들과 2번의 교전이 있었고, 단양 동쪽에서 5번의 교전이 있었습니다.

14일 오전 3시, 공산군의 단발형 복엽기(復葉機)가 수원 지역에 폭탄을 투하했습니다. 10분 후 유엔 수송선이 옌당산 남쪽 약 25킬로 지점에서 또 다른 적군 비행기 한 대에 의해 가차없는 포격과 총탄을 맞았습니다.

미 국방부는 현재 중공군 포로 15,000명 이상을 포함해 공산군 인명피해를 1,140,000명 이상으로 집계하고 있습니다. 한 달 전에 집계된 포로 수는 총

3,000명 미만이었습니다.

중공군 포로들은 특히 사기가 매우 낮았던 것 같습니다. 그들 중 많은 이들이 너무 나이가 어리거나 많았습니다.

미 참모부는 평양 전투 때 앞서 말한 두 기동부대가 약한 저항에 부딪혔다고 해서 공산군이 철원-김화-평강이라는 삼각지대 방어를 포기했다는 것은 아니라고 평가합니다. 어쩌면 공산군은 아직 자신들이 중요한 고지를 장악하고 있는 이 구역으로 유엔군을 유인할 목적일 수도 있습니다. 한국에서 귀환한 마샬 장군과의 최근 회담에 대해 미 국무차관보 러스크 씨는 다음과 같은 정보를 주었습니다.

미 국무장관은 유엔군의 상태, 다양한 군대의 결집 또 유엔군의 화력에 매우 깊은 인상을 받았습니다.

미 참모부는 남한군, 특히 장교들의 훈련을 강화할 것입니다. 미군 부대의 로테이션 계획은 주한 미군 병사의 수를 현저히 증대시키고 더 많은 예비 병력을 구성할 수 있는 결과를 얻을 것입니다. 새로운 부대의 도착은 사실 교대한 부대가 출발하는 것보다 점차 더 빠르게 이루어지고 있습니다.

러스크 씨는 통합사령부의 계획에 대해 관련국들은 38선 이북으로 총 진군을 감행하기 전에 먼저 의논하게 될 거라는 점을 재차 강조하고자 했습니다.

보네

【33】 각국의 대북, 대중국 금수조치 현황(1951.6.20)

[전 보]	각국의 대북, 대중국 금수조치 현황
[문 서 번 호]	2743-2747
[발 신 일]	1951년 6월 20일 23시(현지 시간), 04시(프랑스 시간)
[수 신 일]	1951년 6월 29일 04시 30분
[발신지 및 발신자]	뉴욕/라코스트(주유엔 프랑스대표대리)

워싱턴 공문
본인의 이전 전보 참조

1. 호주

결의안 투표 이전부터, 호주 정부는 모두 전술한 결의안에서 지정된 몇 가지 상품에 대해 중국 본토와 북한에 수출 금지 조치를 취했습니다. 호주의 관세 규정은 상업부가 완전한 수출 통제를 할 수 있도록 수정되었습니다. 실제로 세관당국은 전쟁으로 이끄는데 유용한 무기나 장비를 직접 중국 본토와 북한으로 발송하는 모든 허가를 금한다는 지시를 내렸습니다.

결의안에 열거된 범주에 들어있는 다른 상품에 대해 세관당국은 주요 관할 당국을 고려하고 있습니다. 한편, 조치는 결의안 권고사항을 실천하기 위해 또, 결의안이 분명히 가리키고 있는 지역을 향한 모든 상품의 수출 금지에 대해 적용되었습니다. 의심스러운 경우 호주 '상업부 담당 직원'이 1차 송달국에 조사를 맡깁니다. 어쨌든 호주 정부는 다른 나라들이 결의안을 실행하기 위해 취한 통제 조치를 바꾸지 않은 금수 조치를 취했습니다. 이러한 목적으로 추가조치위원회가 호주에 요구하게 될 때 호주는 금수조치를 취할 준비가 되어있습니다.

2. 브라질

1951년 1월 16일자 법률은 전략제품의 모든 수출인가를 받게 했습니다. 브라질 정부는 브라질 은행 무역부에 결의안 50-5에 기재된 제품에 대한 중국과 북한으로의 모든 수출 인가를 거부하라고 명했습니다. 브라질 정부는 다른 국가들이 적용한 통제 조치가 바뀌는 것을 막으려 애쓸 것입니다. 금수조치 적용을 위해 법적 행정적 조치가 취해졌습니다. 이어 브라질은 해결안 권고를 행할 준비가 되었습니다.

3. 캐나다

캐나다는 사실 결의안이 권고하는 것보다 더 엄격한 조치를 적용하고 있습니다. 1950년 12월 9일부터 중국, 홍콩, 마카오, 북한으로 향하는 모든 생산품 발송에는 허가가 필요했습니다. 인가가 거부되는 경우는 결의안에 열거된 분야에 든 모든 제품 뿐 아니라 전략적 특성을 지닌 것으로 간주될 수 있는 다른 모든 계열에도 해당됩니다. 캐나다 정부는 C와 D 권고안을 따를 것이며, 위원회가 요구하는 모든 추가 보고를 할 것입니다.

4. 중국 정부 보고

대만 정부가 취한 조치들을 열거하고 있는 이 보고서의 특징은 대만 정부가 "결의안 권고에 의한 금수조치로는 한국에 대한 유엔의 군사 활동을 후원하고 지지하기에는 충분하지 않다"고 여긴다는 가이드라인에 있습니다.

5. 그리스 정부 보고

그리스 정부는 안전보장이사회의 6월 25일과 27일 권고안에 따라 북한으로의 모든 수출을 금지했습니다. 중국대륙에 대해서는 결의안 A와 B 권고안을 전격 적용하기로 1951년 6월 12일 결정했습니다. 한편 관할 당국은 권고안 C와 D를 적용하기 위한 모든 조치를 취하라는 지시를 받았습니다.

라코스트

【34】 거창사건으로 국무위원 일부 해임(1951.6.20)

[전   보] 거창사건으로 국정위원 일부 해임
[문 서 번 호] 파리 외교문서 1364
[발   신   일] 1951년 6월 20일
[수   신   일] 미상
[발신지 및 발신자] 도쿄/드장(주일 프랑스대사)

브리옹발 씨는 한국에서 일본으로 우편 발송 중 원본은 분실한 아래의 전보를 제가 받아볼 수 있도록 했습니다.

각하께는 모든 유용한 결과를 전해드리겠습니다.

인용

파리로 타전 제21호. 1951년 4월 27일 부산발.

어제 아침, 언론은 이승만 대통령이 "거창 사건의 책임을 물어 내무부, 법무부, 국방부장관을 교체하기로 하고 4월 24일자로 사임하게 했다"고 발표했습니다. 신문은 내무부, 법무부장관이 이미 사표를 제출했으며, 현재 대전이 있는 국방부장관도 그들의 예를 곧 따라야 할 것이라는 점을 분명히 했습니다.

공보처 역시 이 같은 파격적인 내부 사건에 대해 확인해주었습니다.

최근 몇 주 동안 국회 정기 회기에서 이루어진 행정부 조사에 대한 명백한 결론에 직면해 대통령은 자신의 의사와는 달리, 자신이 임명한 인사들에 대한 대대적 집행에 동의해야만 했던 것 같습니다.

매우 관례적이고 일반적인 범주인 이 국정조사는 모든 영역에서 무능력하고 태만한 수많은 예를 밝히고, 특히 얼마 전부터 다소 선동적인 언론의 무분

별한 보도와 소문으로 의심받고 있던 세 가지 대규모 스캔들을 밝히려 애썼습니다.

이 세 가지 사건 중 이른바 거창학살사건은 군대가 거창에서의 공산주의 활동과 이후 무죄로 인정된 시민들을 탄압할 때 약식처형으로 다루었습니다. 가장 신중한 공식 집계로도 180명으로 추산되고 있습니다.

그러나 이 충격적인 사건은 한국에서는 이미 외국 특파원들이 여기는 만큼 깊은 반향을 불러일으키지는 못할 것입니다. 이 경우, 대통령은 아마 솔직히 비난하는 국회의원 자신들이 어쩌면 느끼고 있지 못하는 국민적 분노에 굴복하지 않고, 유럽 목격자들 특히 유엔위원회의 흥분과 비난에 근거한 국회의 교묘한 술책에 넘어간 것입니다. 다시 말하면, 그날의 사건은 1949년부터 이승만 박사의 독재 성향을 띤 정부에 맞서, 민주주의 발전이라는 진지한 관심보다는 오히려 동요된 입법부 자체에 의해, 라이벌 경쟁과 개인적 야망의 영향으로 시도한 운동의 새로운 사건 중 하나일 뿐입니다.

요즘은 국회가 우세를 점한 것 같습니다.

그런데 몇 가지 징후들, 특히 점차 두 번째 스캔들, 국회의 제1당이 중재하려는 소위 '민병대 사건'에 대해 보이는 침묵은 노련한 학자인 이승만이 곧 자신의 균형을 찾을 수 있을 거라고 생각하게 합니다.

브리옹발

인용 끝.

드장

【35】 휴전 가능성에 대한 마시글리의 의견(1951.6.21)

[전 보]	휴전 가능성에 대한 마시글리의 의견
[문 서 번 호]	2368-2371
[발 신 일]	1951년 6월 21일 16시 30분
[수 신 일]	1951년 6월 21일 17시
[발신지 및 발신자]	런던/마시글리(주영 프랑스대사)

보안

긴급

국무부가 전달한 소식에 따라 상황을 판단해 보자면, 저는 아닌 것 같지만, 오래 전부터 영국의 의견은(본인의 전보 제2235-2241호) 우리가 한국에서의 정전을 위한 공동선언문을 워싱턴에서 금방 동의하게 할 수 있을 기회가 있을거라 여기고 있다는 것입니다.

3개국 성명이든, 16개국 성명이든, 총사령관 성명이든, 채택된 표현이 어떻든 간에, 국무부는 계획을 끝맺는 것이 급한 것 같지 않고, 이러한 주저함은 아마 국내정치의 어려움이 다소 관계된 것 같습니다.

그동안 새로운 분규 상황이 생길 수도 있습니다. 다시 위기에 처했다고 생각하는 중국인들이 전면적으로 다시 반격을 시작할 수도 있습니다.

그래서 '휴전' 협정이라는 방법을 준비하려 애쓰는 것이 차라리 나을 것인지 생각해봤을 때, 우리는 이루기에 더 한정적이고 쉬운 어떤 목표에 대해 우리의 노력을 기울이는 것이 유리하지 않을 것 같습니다.

사실 중요한 것은 두 상대가 정전원칙에 합의하는 것이 아니라, 실제로 싸움을 멈추는 것입니다. 유엔군이 북한에서 좀 더 경솔한 일을 벌이지 않는다면, 유엔군에 대한 중국의 반격은 더 이상 계획되지 않을 것입니다. 즉 전선의 안정화가 완전히 불가능한 것은 아닌 것 같습니다.

한편, 외무부에서 알려준 정보에 따르면, 총사령관은 유엔군 선발대가 다다른 전선의 약간 남쪽에 매우 강한 방어선을 구축하고 있는 것 같습니다. 정확하기만 하다면, 이 정보는 미 사령부가 너무 야심찬 계획을 포기했으며, 일단 좋은 방어진지를 확보한 이후의 결과를 기대하게 된 것이라는 희망을 갖게 해줍니다.

유엔에게 있어서는 이러한 온건한 태도에서 가능한 한 가장 도덕적 이익을 이끌어내는 것이 중요합니다. 이런 점에서 보자면 리지웨이 장군이 연합전선 북쪽에서 일어나는 일을 확인하려고 지상과 상공에 시험용 포화를 퍼부어볼 권리를 잠시 보류하겠다고 발표하는 성명을 내는 것은 충분치 않아 보입니다. 자신의 부대를 좀 더 전진시키려는 의도는 없었을까요? 이와 동시에 리지웨이 장군은 북측이 하는 모든 새로운 공격은 가차 없는 응징을 받을 것이라는 발표도 하는 것이 좋을 것 같습니다.

중국이 단기간에 반격하지 않는다면, 어쩌면 이런 점에서 매우 빨리 사실상의 휴전에 이르게 될 수도 있으며, 이는 해결 불가능한 문제는 제기하지 않으면서 이렇게 얻은 휴전을 조금씩 공고히 하고 합법화하도록 이끄는 협상을 구체적으로 시작하기 쉽게 하는 일이 될 것입니다.

저는 사람들이 지금 이런 계획에 대해 어떻게 생각하는지 알지 못합니다. 단지 사람들은 현재 유엔선언문의 문안(文案)에 대한 논의를 계속하는 것이 무용하다고 여긴다는 것, 또한 계속 최대한 빨리 전투가 중지되기를 간절히 원하고 있지만 지금 당장은 제안할 해결 방안이 없다는 것만은 알고 있습니다.

마시글리

【36】 추가 파병을 호소하는 방법에 대한 미국의 견해(1951.6.21)

[전 보]	추가 파병을 호소하는 방법에 대한 미국의 견해
[문 서 번 호]	2767-2772
[발 신 일]	1951년 6월 21일 10시(현지 시간), 15시(프랑스 시간)
[수 신 일]	1951년 6월 21일 15시 15분
[발신지 및 발신자]	뉴욕/라코스트(주유엔 프랑스대표대리)

워싱턴 공문

미 국무부가 통합사령부 편으로 유엔사무총장에게 지난 25일과 27일 결의안을 지지했었지만, 아직 한국에 군대를 파견하지 않은 회원국 정부에게 한반도에서 유엔의 명분을 위해 각국의 상황에 맞게 예비 병력을 내주어 최대한 빨리 통합사령부의 조치에 '기여'할 수 있도록 호소하는 메시지를 즉시 보내기로 결정했다는 것을 우리는 이미 알고 있습니다.

이 메시지의 정확한 표현 문구는 아직 결정되지 않았습니다.

아마 통합사령부가 보충 병력을 실제로 필요로 한다는 사항을 명시하게 될 것 같습니다. 실제로는 적대행위가 전개되는 동안 지속 가능한 소강상태가 발생하기를 희망할 어떠한 까닭도 없다는 것이 암시될 수도 있습니다.

이와 같은 다양한 언급의 장단점들은 워싱턴에서 세심한 검토의 대상이 됩니다. 전쟁 발발 기념일이 다가오는 시점에서 한국을 위한 지원군 요청은 국제 공산주의 계에 새로운 반전운동을 야기하고, 미국을 향한 매우 비판적인 반응을 불러일으킬 수도 있습니다.

미 정부는 다른 열강들의 희생과 미국 희생의 불균형을 항상 걱정하는 자국 내 의견에 대해 이번 선언이 적절한 효과를 거둘 수 있도록 기대하고 있습니다. 결국 미국은 전투가 계속 연장되는 것에 대한 미국 여론의 조바심과, 다음 전투는 협상으로 끝맺게 될 거라는 희망을 보여주는 최근의 모든 현상들에도 불구하고 확고한 군사작전을 계속하기로 결정했다는 것을 중국 정부에게 알리는 것이 좋겠다고 여기고 있습니다.

저는 미 대표단 동료들에게 약 세 달 전, 유엔이 한국에서의 중국 침략행위를 처벌하기 위해 채택해야 했던 군사, 경제, 정치적으로 각각 다른 영역의 조치들 간에 준수해야 하는 긴급 명령을 정해야 했을 때, 미 대표단 자체는 군사조치가 다른 조치보다 우선권이 있다는 영국의 의견에 매우 강력하게 반대하는 입장을 취했었으며, 프랑스 대표단은 미 대표단이 옳다고 동의했었다는 사실을 상기시킬 기회가 있었습니다(본인의 전보 제1325호, 제1688호).

미 국무부는 몇몇 정부, 특히 남미에서 한국행 파병군을 얻기 위해 외교적으로 교섭했으며 또한 교섭하게 했으나 이러한 교섭은 거의, 혹은 전혀 성과를 얻지 못했다고 알려져 있습니다. 미 정부는 교섭했던 각 정부의 조치들이 뚜렷이 바뀌었는지 생각해 보는 게 당연한 일 아니었을까요? 그것이 아니라면, 대중의 호소를 위해 주요 관계국에 미 정부의 직접 개입보다 유엔 사무총장을 통하는 것이 더 만족스러운 결과를 얻을 기회가 있다고 생각한 것이었을까요?

그것도 아니라면, 성과가 따르지 않는 그러한 호소는 오히려 부정적인 면들, 특히 현재 통합사령부가 배치한 병력수의 부족과, 다른 회원국들의 용기와 신념이 부족하다는 것을 보여주는 것은 아니었는지 두려워하는 것은 당연한 것 아니었을까요?

이야기를 나누었던 미 대표단원들은 이 같은 견해들을 미 국무부에 알리겠노라고 제게 말했습니다.

라코스트

【37】 미 국무부의 한국 지원군 요청이 유엔 사무총장에게 전달된 배경(1951.6.22)

[전　　　보]	미 국무부의 한국 지원군 요청이 유엔 사무총장에게 전달된 배경
[문 서 번 호]	2793-2795
[발　신　일]	1951년 6월 22일 20시(현지 시간), 24일 01시(프랑스 시간)
[수　신　일]	1951년 6월 24일 01시 30분
[발신지 및 발신자]	뉴욕/라코스트(주유엔 프랑스대표대리)

보안

워싱턴 공문 제1634-1636호

미 대표단에 대해 어제는 늦은 시간 때문에 하지 못했던 감사를 오늘 아침 시행했습니다. 그 결과, 몇몇 통신사가 정보를 주었던 바대로 유엔이 임명한 주한 총사령관에게 미 정부를 대표해 호소한 사람은 리지웨이 장군이 아니라 그로스 씨였습니다. 이는 본인의 전보 제2788호를 통해 이미 전달해드린 바와 같습니다.

오늘 아침 글래드윈 젭 경이 제게 말하기를, 그로스 씨가 약 한 달 전에 특별 회담에서 이번 지원 호소 계획에 대해 매우 모호하게 암시했었다고 합니다. 그래서 이 사실을 영국에 보고했었고, 영국 외무부는 이 계획으로 글래드윈 경이 난처할 수 있다고 알려주었답니다. 사실 영국 정부는 이 호소를 받은 각 나라의 경우를 살펴보고 결과가 매우 실망스럽기만 할 수도 있겠다는 결론을 얻었습니다.

지난 수요일 영국 대표단은 프랑스 대표단과 동시에 미 국무부가 이 계획안을 실천하기로 결정했다는 사실을 알게 되었을 때, 미 대표단에게 영국은 반대할 거라고 알렸습니다. 영국 대표단은 우리가 먼저 협의하지 않았음에도 제가 말했던바 그대로인 것 같으며, 저처럼 미 대표단도 영국의 반대가 미 국무부에도 전달되었을 것이라는 답변을 받았습니다. 영국 대표단은 메시지가 실제로 보내지기 전에 미 대표단과 새로운 의견교환이 있을 거라 생각했었는데, 이미 어제 저녁 벌어진 일이라는 것을 알고는 꽤 놀라며 불쾌해했습니다.

오늘 아침 미 대표단은 그로스 씨가 사무총장에게 보낸 문서는 한 달 전부터 워싱턴에서 검토 중이었으며, 많은 관계 행정 기구가 문안(文案)을 승인해야 해서 많은 기일이 필요했다는 것, 또 소련이 한국전 개전 기념일에 전 세계에 펼칠 것이 분명한 평화주의 선전선동의 물결보다 앞서 유엔 사무총장의 호소가 6월 25일 전에 이루어지기를 원했던 만큼 미 국무부도 깜짝 놀랄만한 일이었다고 설명했습니다. 코펜하겐에서 재빨리 유엔 사무총장인 트리그브 리의 동의를 얻어야 할 필요성 때문에 더욱 서두르게 된 것입니다.

미 국무부는 유엔 사무총장이 최대한 빨리, 오늘이라도 아니면 아무리 늦어도 모레 6월 24일 일요일에는 요청받은 호소를 해주기 바라고 있습니다.

라코스트

【38】 추가 파병 호소문에 대한 미국의 입장(1951.6.23)

[전 　　　 보]	추가 파병 호소문에 대한 미국의 입장
[문 서 번 호]	2805-2813
[발 　신 　일]	1951년 6월 23일 14시 30분(현지 시간), 19시 30분 (프랑스 시간)
[수 　신 　일]	1951년 6월 23일 19시 55분
[발신지 및 발신자]	뉴욕/라코스트(주유엔 프랑스대표대리)

2급 비밀
보안

워싱턴 공문
본인의 전보 제2786호 참조

어제 유엔 사무총장에게 요청된바 있는 한국을 위한 추가 파병 호소 문제 논의에 대해, 그로스 씨는 오늘 오후 3자 회담에서 자신이 직접 발의하고 싶어 했습니다.

분명 이미 프랑스와 영국 대표단이 했던 비난에 민감하고 방법에 있어서 어떤 부정확함을 의식하고 있는 그로스 씨는 특별 명령에 대한 잘못을 인정하고 곧바로 선언했습니다. 그는 미 정부는 프랑스 정부 및 영국 정부와의 사전 협의에 무척이나 의존하고 싶었을 거라며 미 국무부의 입장을 대변했습니다. 이어 워싱턴의 태도를 설명하기 위해 6월 26일 기념일 전에 지원군 호소를 해야 할 것이라는 큰 근심거리를 특히 강조하면서 본인의 전보 제2793호와 제2797호로 이미 알린 바 있는 이유를 다시 댔습니다.

주유엔 영국대사 글래드윈 젭 경은 미 정부가 진정으로 이 호소문이 이루어지기 바란다면, 그렇게 독자적인 보고 대신에 사무총장이 직접 발의하도록 할 수도 있었을 거라고 지적했습니다.

저는 본인의 전보 제2767호에 언급된 국내 정치상의 이유 이외에 미 정부의 또 다른 동기에 대한 설명을 요구하는데 전념했습니다. 그로스 씨는 현재 진행 중인 양측 외무회담을 지지할 필요성 외에는 거의 정보를 주지 않았습니다. 저는 미 정부가 이 회담을 누구와 추진한다는 것인지 말하도록 그로스 씨를 다그쳤습니다. 그는 미국의 요구를 깊이 공감하고 있는 브라질 정부를 언급했습니다. 브라질 정부는 파견부대를 보낼 가능성을 조사하기 위해 3주 전에 한국으로 조사단을 보냈습니다. 하지만 브라질 정부는 공산당이 여론을 선동한 복합적인 공포와 맞서야 했으며, 유엔 기구의 일반적인 정식 소환에 대한 심리적 대립이 야기하게 될 것에 대해서도 의문을 제기했습니다.

저는 미 정부가 이러한 호소를 정당화시킬 수 있는 다른 기대를 지닌 것인지 물었고, 그로스 씨는 막연히 칠레나 아르헨티나, 파키스탄에 대해 말했습니다.

결국 그로스 씨는 리지웨이 장군이 상징적인 것이 아닌 현실적인 지원군을 요청했다고 말했습니다. 이 일로 의회는 유엔이 1년 전 처음 행동 이상의 것을 전혀 하지 않았음에 놀라서 격분하기까지 했다고 합니다. 그래서 다른 회원국의 보다 효과적인 군인 선발을 할 수 있도록 하라고 점점 더 집요하게 행정부에게 요청했습니다. 그렇게 그로스 씨는 휴전 이후 한국전에 참전 중인 유엔군이 철수할 수 있는 날을 대비해 자국 정부의 몇몇 근심거리에 대해 언급하게 되었습니다. 그로스 씨는 남한이 어느 날 갑자기 혼자 서는 것은 불가능하기에 유엔군 철수가 반드시 단계적으로 이루어져야 한다고 했습니다. 그래서 철수가 계속 이어지는 과정 동안 남한군에 파견되어 가장 오랫동안 체류하라고 소집되었을 유엔군 구성이 아시아 부대, 특히 대만이나 파키스탄 부대였던 것은 정책적으로 큰 이익이 될 거라고 합니다. 왜냐하면 미 정부는 처음부터 거부해왔던 카라치[1] 정부가 재검토하도록 애써왔기 때문입니다. 카라치 정부는 카슈미르 사건[2]의 전개가 내포하고 있던 잠재적인 위협에 기반해 지금까지 한국을 위한

---

[1] Karachi. 아라비아 해에 면한 파키스탄 최대도시.

모든 군사원조 요청을 반대해 왔습니다.

우리의 미국 동료 그로스 대사는 이어서 현재 미 국무부에서 가장 논란이 되는 주제 중 하나일 수 있는 한국에서의 전투 재개에 반해 '안전'이나 '보장'이라는 보다 보편적인 문제에 대해 우리에게 말했습니다.

한국 내 휴전 조건을 검토하기 위한 12월 14일 국회 결의안을 시행하려고 구성된 12월 19일 엔테잠, 피어슨, 라우로 구성된 3인의 8개 지점 계획은 미 정부의 눈에는 현재 그 자체로 충분한 계획을 구성하고 있는 것이 아니라는 점을 잘 이해해야 할 것입니다. 특히 외국 부대, 즉 유엔군 중 한국군을 제외한 외국군과 중공군을 동시에 점진적으로 시행되어야 할 철수작전 계획을 조화시키고 두 가지 점이 재검토되어야 한다는 것에 유의하기로 합의했습니다. 1950년 12월의 전세가 한국에 구성된 20마일의 비무장지대에서 남쪽 경계가 대강 38선으로 정해졌다는 것을 정당화하고 있다면, 현재의 전세는 두 지점의 조정을 요하고 있습니다. 비무장지대의 남쪽 경계가 적어도 대충은 유엔군 전선을 따랐어야 한다는 점입니다. 유엔군은 현재 정도의 차이는 있어도 현저히 ㅁㅁㅁ 38선 이북에 거의 어디든 위치해 있습니다.

게다가 그로스 씨는 얼마 후 우리 군이 한반도 북쪽으로 좀 더 전진하게 되면 비무장지대의 경계도 이 전진에 따라 공동 전선이 맞춰져야 할 것이라고 말했습니다.

그래서 저는 그로스 씨에게 미 정부는 그렇게 전념할 수 있도록 예측하게 하는 상황이 곧 생길 기회가 있다고 생각하는 어떤 명확한 긍정적 이유가 있는지 물었습니다. 즉 곧 중공군 사령관과 휴전을 논의할 기회가 있다고 기대하고 있는지 말입니다.

그로스 씨는 절대로 그런 것은 아니며, 미 국무부의 모든 동료와 애치슨이 6월 19일 일어난 일을 살펴본 후 그렇게 말하고 있다는 것, 미 정부는 중공 사령관이나 중국 정부의 태도가 곧 약해지리라고 기대할 만한 정치적 군사적 정보를 어떠한 주요 지점이나 한국에서 얻은 바가 없다고 답했습니다.

---

2) 1947년 인도와 파키스탄의 분리 독립 이후 카슈미르 지역에서 계속해서 일어나는 영유권 싸움.

그로스 씨는 그렇게 한국 내 휴전 가능성에 대한 미국의 태도에 대해 우리가 계속 이야기 하도록 했습니다. 그는 우리에게 미 국무부는 그 순간이 절대로 유엔에게나 미 연방 정부에게 오는 것이 아니라 중공에서 어떤 공공연하거나 은밀한, 직접적이거나 혹은 다르게 개시된다고 여기고 있다는 사실을 말했습니다. 이제부터 첫 발을 내딛는 것은 다른 진영에서라는 사실은 의심의 여지가 없습니다. 지금 우리는 할 만큼 했거나, 아니면 너무 많이 한 것이라고 볼 수 있습니다.

워싱턴에서 현재 진행 중인 회담을 매우 신중히 참조하면서, 6월 19일 자신의 방문 이후 회담에서 이루어질 수 있었던 것이 어떤 과정인지 전혀 모르고 있었다고 했습니다. 그는 또한 이날 선언의 적절한 시기, 내용, 횟수, 선언을 하게 될 대표 등에 대해서는 '완전히 열린' 마음이었으나 미 정부는 지금 곧 해야 할 공개 선언의 원칙을 효과적으로 채택하려는 노력을 거의 하지 않았다고도 했습니다. 예를 들어, 전 세계 여론 앞에 중국 정부를 보다 잘 제압하기 위해 베이징을 향한 서구 열강들이 차후 은밀한 접근이 실패할 경우 대체할 '보다 적절한 기회'를 위해 그는 이 선언을 따로 유지하는 것이 낫다고 여기는 것 같습니다.

그로스 씨는 도중에 미 국무부에서는 세 열강으로 제한하는 것에 대해 서구 열강들의 불확실한 선언 내용이 어떤 것이 될지 의심하는 것 같다고 했습니다. 즉, 유엔 총회의 진정한 대표가 아닌 어떠한 단체도 다른 전체를 대표해 말할 권리를 가로챌 수 없을 것이라고 했습니다.

그와 더불어 이야기할 기회가 있었던 몇몇 동료 대사들은 그와 의견을 나누게 되었습니다.

라코스트

【39】바 장군과 뉴랜드 의원의 국회 증원(1951.6.23)

[전   보] 바 장군과 뉴랜드 의원의 국회 증원
[문 서 번 호] 4644-4646
[발   신   일] 1951년 6월 23일 18시 30분(현지 시간), 23시 30분
                (프랑스 시간)
[수   신   일] 1951년 6월 23일 23시 45분
[발신지 및 발신자] 워싱턴/보네(주미 프랑스대사)

뉴욕 공문 제1022-1024호

　예상되었던 바대로, 인천상륙 작전 시 제7사단을 지휘하고, 네 달 전에는 켄
터키 탱크 훈련센터에 배치되었다가, 최근에는 중국 국민당 주재 미군 사절단
장을 맡았던 바¹⁾ 장군의 상원 특별조사위원회 증언은 행정부의 주장에 대해 완
전히 호의적이었습니다.

　바 장군은 맥아더 장군의 계획, 특히 아시아 대륙에서 국민당 군대를 쓰는데
대한 반대를 표명했을 뿐 아니라, 장제스와 그의 측근들에 대한 진정한 비난이
일도록 했습니다. 그는 예전에 이미 그랬던 것처럼, 국민당이 패배했던 것은 미
국 원조가 부족해서가 아니라 어리석음과 부패, 군 수뇌부 '최악'의 지휘 방법과
군대의 사기 저하 때문이라고 주장했습니다.

　이 같은 증언이 야기한 효과와 균형을 이루기 위해, 뉴랜드 상원의원은 12월
말에 콜린스 장군에게 보낸 극우파의 비밀 메시지에 리지웨이 장군이 중국 남
방의 국민당 부대를 고용하자는 맥아더 장군의 권고를 지지했다고 폭로했습니
다. 최근의 이 작전에 당황하기는커녕 바 장군은 성공하기 위해 그러한 교란

---

¹⁾ 데이비드 굿윈 바(David Goodwin Barr, 1895-1970). 미 육군 참모총장 및 제7보병사단장 역임.

작전을 통해 공격하는 것은 막대한 미군 참전을 초래하거나 어쩌면 아시아 대륙에 미군부대가 상륙하기까지 해야 할 거라는 생각을 표명했습니다.

다음 주 월요일에는 전 극동 전략 폭격 공군사령관 오도넬[2] 장군이 상원 특별조사위원회에 출석할 것입니다.

보네

---

[2] 에멧 오도넬(Emmett Odonnell, 1906-1971). 미공군 4성 장군. 2차 세계대전에서 도쿄공습을 이끈 베테랑.

【40】 한국에 대한 『가제트리테레르』 기사 내용(1951.6.24)

[전 보]	한국에 대한 『가제트리테레르』 기사 내용
[문 서 번 호]	1388
[발 신 일]	1951년 6월 24일 18시
[수 신 일]	1951년 6월 25일 01시 45분
[발신지 및 발신자]	모스크바/샤테뇨(주소련 프랑스대사)

『가제트리테레르』[1]는 한국에 대한 기사 한 편을 냈습니다. 여기서는 태평양을 미국의 바다로, 태평양 국민들을 미 금권정치의 노예처럼 변모시키려 시도하는 미국의 제국주의적 정책을 비난하고 있습니다.

하지만 미국인들은 한국 국민의 자유와 독립을 해결할 수는 없을 것입니다. 사실 한국인들은 조국 뿐 아니라 전 세계의 평화까지 지키는 것이라는 것을 알고 있습니다.

한국은 미군에게, 또한 미국이 공격으로 파견하거나 군 철수를 돕기 위해 뒤에 남겨둔 영국이나, 터키군, 그리스군, 또 다른 소속 부대에게 큰 손실을 입혔습니다.

한국의 예는 베트남이나 필리핀, 말레이시아나 버마처럼 압제에 시달리고 지배받고 있는 타 국민의 본보기입니다.

『가제트리테레르』는 김일성에게 보낸 메시지에서 자유 베트남의 지도자 호찌민[2]의 말을 인용해 한국 국민 간 전쟁이 아시아 민족, 특히 베트남 국민들을 선동했음을 보여주었다고 쓰고 있습니다. 호찌민은 한 민족이 단결해 독립을 위해 굳게 싸우면 그 민족은 반드시 승리하고, 최후의 승리를 제국주의자들이

---

[1] 『가제트리테레르Gazette littéraire』. 러시아의 가장 오래된 문학 주간지.
[2] 호찌민(Ho Chi Minh, 胡志明, 1890-1969). 구 베트남민주공화국 초대 대통령(1954-1969). 1950년 베트남-프랑스 전쟁 당시, 중국과 소련이 베트남의 호찌민 정부를 인정하고 지원함.

막을 수 없을 거라고 했습니다. 『가제트리테레르』는 트루먼 대통령이 전쟁의 피로 물든 몰렉[3]의 손을 풀어주고, 양키들이 한국 땅을 침략했으며, 베트남 국민들은 프랑스 점령군에게 참담한 패배를 안겼던 3개월 후에도 베트남 인민전쟁이 계속되고 있다고 말합니다. 반동적 언론의 증언에 따르면 이것은 프랑스 식민 역사 상 가장 커다란 전쟁 참사였습니다. 1951년은 베트남인들에게 새로운 성공을 가져다주었습니다. 베트남 영토의 거의 전부가 1천 8백만 주민과 더불어 이미 해방되었습니다. 독립 전쟁은 말레이시아나 버마에서도 이어졌습니다. 이 두 나라에서도 반 이상의 국민이 식민주의의 속박에서 벗어나게 되었습니다.

『가제트리테레르』는 결론적으로 수백만 명의 시선이 맹신과 악마의 군대에 맞서 전쟁의 선봉에 있는 한국으로 돌려졌다고 선언합니다. 위대한 중국 인민이 한국 편에서 돕고 있습니다. 애국 한국 국민의 마음은 소련, 소련 인민 그리고 소련의 지도자인 스탈린으로 돌아서고 있습니다. 한국인들은 전 세계 전위적 지성인들이 지지하는 소련의 평화적인 외교 노선이 승리를 가져다 줄 것이라는 것을 알고 있습니다.

한국 시인 김태규[4]의 가사에 보듯이, 한국 민족 역시 승리를 가져오지 않을 수 없을 것입니다.

샤테노

---

[3] 구약성서에 등장하는 우상이며 잔인한 인신공양으로 섬겨지는 악마에 비유한 것임.
[4] Kim Te Guio. 추정 불가.

【41】 말리크 담화에 대한 미 국무부의 반응(1951.6.24)

[전 　 　 보]	말리크 담화에 대한 미 국무부의 반응
[문 서 번 호]	4666-4672
[발 　 신 　 일]	1951년 6월 24일 17시 30분(현지 시간), 24시(프랑스 시간)
[수 　 신 　 일]	1951년 6월 25일 03시 30분
[발신지 및 발신자]	워싱턴/보네(주미 프랑스대사)

보안

뉴욕 공문 제1025-1031호

말리크 담화 이후 얼마 되지 않아, 미 국무부는 어제 저녁 다음과 같은 공문을 공표했습니다.

　　말리크 씨의 담화가 이제 공산당이 한국에서의 공격을 끝내기를 바라는 의미라면, 우리는 언제나 그랬듯이 휴전과 전투재개를 막는 조치에 대해 우리의 역할을 수행할 준비가 되어있다. 하지만 말리크 담화의 내용은 선전선동과는 다른 것을 내포하고 있는 것은 아닌지 다시 검토해야 할 문제를 제기하고 있다. 만약 다른 것을 내포하고 있다면 현재 일어나고 있는 전투를 멈추게 하기 위한 논의에 맞는 방법은 다양할 수 있다.

미 정부는 그토록 신중한 담화 원고를 그대로 이해하기보다 오히려 더 낙관적입니다. 우리 대사관의 참사관이 오늘 아침 극동 담당 국무차관보와의 회담 중 받은 느낌은 이러한 것이었습니다. 참사관은 미 차관보가 유엔 주재 소련 대표단이 한국문제를 대만 문제나 중국의 유엔 승인 문제와 연결하지 않았다는 사실을 너무 고려하지 않은 경향을 지닌 말리크 담화가 외국에서 야기하게 될 효과에 대해 걱정하면서 소련의 의도를 의심하고 있다고 생각했습니다. 이 문제는 현재의 모든 토의 단계에 재포함 될 수 있도록 하기 위해 담화의 본문에 충분히 언급되었습니다.

러스크 차관보는 모든 것을 염두에 둔 소련이 동맹국인 중국이 군대를 재편성하도록 하는 것일 뿐이라고 여겼으나, 결국 이유가 무엇이었건 간에 어제 고려해 볼만한 해결안을 가장 빨리 완곡히 제안하는 것이 중요하다고 생각했습니다.

그런 상황에서 미 정부는 소련 정부가 정말로 한국문제 해결 방안을 모색하려는 것인지 알아보기 위해, 또 만약 그렇다면 말리크 씨가 사용하는 '교전 중'이라는 용어의 정확한 범위를 알아내기 위해 즉시 유엔 주재 러시아 대표들에게 접근할 계획인 것 같습니다. 그러므로 지금 우리가 바라는 것은 사실 계속 한국에 지원병만 보낼 거라고 선언했던 중공군 축출이 아닌 것 같습니다.

이번 첫 조사가 긍정적이라고 밝혀지면, 미 정부는 속으로는 아직 범위가 정해지지 않았지만 가능하다면 분명 유엔이나, 유엔의 16개 회원국과 별개로 토의에 참여할 것 같습니다. 러스크 차관보는 "매우 조직적인 상대와 마주해 16자 협상이 긴밀하고 은밀할 수 있기를 어떻게 바랄 수 있습니까?"라고 지적했습니다. 그는 토의 내용에 대해 미 정부는 '38선 근처'에서의 휴전을 고려하고 있다고 했습니다. 더 관여하지 않고 인천지역 중 38선 이남에서 여전히 공산군이 점령한 영토 대 38선 이북에 획득된 일부의 땅을 교환할 수 있다는 것을 암시하는 데 그쳤습니다. 뉴욕 전보 제2805호에서 보듯 그로스 씨가 라코스트 씨에게 말했던 것처럼, 미 정부는 유엔군의 현재 전선을 대체로 따르고 있는 비무장지대 남쪽 경계를 얻기 위해 끝까지 협상에 애쓸 것 같지는 않아 보입니다. 어쩌면 타협이 있을 수는 있겠지요. 하지만 미 정부는 전투 재개 방지를 위해 얻어낸 '보장 내용'에 관한 한 당연히 훨씬 더 타협을 모를 것입니다. 그래서 '정전' 감시 국제기구 창설이 가장 필요하다고 여기는 것 같습니다.

곧 우리 대사는 계속 미 국무부와 긴밀한 연락을 유지할 것이고 우리는 러시아 의도의 진실성에 대해 밝혀낼 것입니다. 엄청난 규모의 미국 재무장을 걱정하는 소련 정부가 자국의 공격 정책에 제동을 걸고자 하기만 한다면, 미국 여론 대다수는 이번에는 대만 문제와 중공의 유엔 가입 문제가 제기되지 않는다는 조건으로 38선을 기준으로 한 한국문제 해결안 방식에 동조하게 될 것이 확실합니다. 강경한 중국 국민당 체제 지지자들은 공공연하게 이에 반대할 것입니다. 저는 한국에서의 유혈 상태를 중지시키기 바라는 공화당 보수당원 전체에 대해 말하는 것이 아닙니다. 하지만 대만과 중국 문제가 다루어지는 한 협상은 지나치게 오래 끌어 실패할 위험이 있습니다. 문제는 여론에서 최근 논쟁을 불러일으켜 주저하던 미 국무부를 자극하고 있다는 것입니다.

보네

【42】 한국전쟁 기념일에 대한 『보르바』의 기사(1951.6.25)

[전　　　　보]　한국전쟁 기념일에 대한 『보르바』의 기사
[문 서 번 호]　797
[발　신　일]　1951년 6월 25일 21시
[수　신　일]　1951년 6월 25일 24시
[발신지 및 발신자]　베오그라드/보데[1](주유고슬라비아 프랑스대사)

　　오늘자『보르바』[2]는「침공기념일」이라는 제목의 기사를 게재했습니다. 외무부가 보게 될 개요는 다음과 같습니다.

　　기사 작성자가 요약해서 쓴 몇 가지 교훈은 '소련의 헤게모니 계획의 희생자' 인 한국인의 비극에서 끄집어내는데 있습니다.

1. 모스크바가 계획한 전격전은 예상해야 했던 강한 군대로 진가를 발휘한 유엔의 단호함에 직면해 실패했다. 공격은 더 이상 자유로운 방법이 없다.

2. 한국전쟁은 소련 정부의 주전(主戰)적 의도와 정책의 위선을 드러냈다. 전쟁의 첫 단계 때는 한국 국민의 이익을 희생시키면서 전쟁의 평화적 해결을 위한 모든 해결안을 거부했다. 나중에 북한의 실패에 직면해서야 미중 전쟁을 유발시킬 수 있는 중공군 지원병의 개입을 유도했다. 그런데 이것은 미 극우 반동분자들의 희망에 부응하는 꼴이 되었다.

3. 중공군 개입이 기대했던 승리를 가져오지 못하자, 모스크바는 구해질 수 있는 것을 구하기로 했다. 최근 말리크 담화가 보여주듯이, 지금은 소련이 중국의 행위를 간접적으로 부인하고 있지만, '맥아더주의의 위험한

---

[1] 필립 보데(Philippe Baudet, 1901-1981). 주영 프랑스대사관 대리대사(1947-1950), 주유고슬라비아 대사(1950-1955), 주스위스 대사(1961-1963), 주소련 대사(1964-1966) 역임.
[2] 1922년 창간된 유고슬라비아 관영 신문.

정책'으로 보자면 제때에 모스크바 제국주의자들의 열망이 부추긴 이 전쟁의 주도적 역할은 중국이 하게 될 것이다.

『보르바』는 이어 다음과 같이 기술했습니다.

"평화를 사랑하는 국가들은 38선을 따라 평화가 회복되기를 애타게 기다린다."
"지금까지는 그들의 노력이 소용없었지만, 이제는 유엔헌장이 이 나라들에 부여한 의무를 실현하기 위해 더 노력해야 할 것이다."

보데

【43】 말리크 담화에 대한 영국 정부의 대처(1951.6.25)

[전 보]	말리크 담화에 대한 영국 정부의 대처
[문 서 번 호]	2452-2454
[발 신 일]	1951년 6월 25일 17시
[수 신 일]	1951년 6월 25일 18시
[발신지 및 발신자]	런던/마시글리(주영 프랑스대사)

절대우선문건

이든[1] 씨의 질문에 대한 답변으로 모리슨 씨는 오늘 오후 하원에서 다음과 같이 발표했습니다.

"정부는 우리 군이 철수할 수 있고 또 한국 국민 스스로 미래를 만들어갈 책임을 질 수 있도록 한국전쟁을 끝내고 평화적인 협상으로 해결안을 유도하는 노력을 끊임없이 해왔었고, 계속 지속하고 있습니다.

말리크 씨는 한국에서의 휴전을 논의하기 위한 회담을 제안했습니다.

예전 시도들이 실패했으므로 너무 과도한 낙관론은 시의적절하지 않지만, 우리 뿐 아니라 다른 유엔 회원국들이 휴전을 이루기 위해 했던 노력을 지금 소련 정부가 지지하기로 한 것을 보여주는 증거가 되기 바라며 우리 영국은 기꺼이 환영합니다."

모리슨 씨는 다른 답변들에 답하면서 다음처럼 덧붙여 말했습니다.

---

1) 앤서니 이든(Robert Anthony Eden, 1897-1977). 세 차례의 외무장관(1935-1938, 1940-1945, 1951 -1955)과 45대 총리를 역임한 영국 정치인. 처칠의 외교 파트너 역할을 수행함.

"넓게 보면 침공군을 공격이 애초에 시작된 지역으로 밀어내는 것이라는 당장의 목표는 이루어졌습니다.

우리의 목표는 같습니다. 한국에서의 적대행위를 제한하고 평화회복을 위해 최대한 빨리 전쟁을 끝내는 것입니다.

말리크 씨의 담화가 우리의 정책과 우리 우방의 정책에는 비판받을 만한 너무 멋대로의 방법이었을지라도, 러시아, 중국, 북한이 분명 전쟁을 끝내고 싶어 한다는 뜻이라면 중요합니다.

말리크 담화를 고려한 협의가 곧 열리게 될 것입니다".

마시글리

【44】 말리크 담화의 의도에 대한 분석(1951.6.25)

[전 보]	말리크 담화의 의도에 대한 분석
[문 서 번 호]	2457-2460
[발 신 일]	1951년 6월 25일 20시 20분
[수 신 일]	1951년 6월 25일 20시 40분
[발신지 및 발신자]	런던/마시글리(주영 프랑스대사)

보안

말리크 씨의 제안에 대한 영국 정부의 의견을 표명하기 위해 모리슨 씨가 사용한 표현은 외무부에 퍼져있는 사고방식을 반영하고 있습니다. 우리는 소련 정부가 생각할 수 있는 책략에 대해 깊이 생각하고 있습니다. 그래서 사실 소련 대표단이 한국 휴전에 찬성하는 입장을 취하면서 다른 가능성을 위해 소련 정책에 큰 활동의 자유를 얻고자 전념하는 것이라는 추측을 배제할 수 없습니다. 우리는 자연히 베트남이나 말레이시아 같은 위험 지역을 떠올리게 되고, 또 영국-이란 시태가 야기할 수 있는 모든 분규를 생각하게 됩니다. 영연방국가 중 아시아 회원국 사이에서 영국의 위신이 떨어질 수도 있다는 점에 대해서는 전혀 언급하지 않은 채 말입니다.

이 같은 유보사항이 있음에도 불구하고 말리크의 제안은 중요시 되어야 하고 그 제안을 성공시키기 위해 일체의 소홀함도 있어서는 안된다고 평가하고 있습니다. 회담은 어디에서 열려야 할까요? 당연히 이에 대해 유엔군사령부와 말리크 씨에게 바로 문의했습니다. 하지만 고위 관리 중 누구도 모스크바 자체에서의 문제를 거론하면서 우리가 시간을 벌지 않아도 되는지 서로 묻지 않습니다. 아직 가능한 해결안 중 어떠한 것도 선택되지 않았기 때문입니다.

어쨌든 휴전이 일어나기 전에 며칠, 혹은 몇 주가 흐르는 것은 아닐까 걱정해야 합니다.

이런 상황에서 본인의 전보 제2368-2371호에서 이야기한 제안이 어떤 중요성을 유지하고 있는지, 리지웨이 장군의 일방적인 선언을 부추기는 것이 서방측으로서는 현명하지 않은 것인지 의문입니다. 소련의 협상 개시와 그것이 주요 동맹국에 불러일으키는 호의적인 반응을 원칙적으로 확인한 참모부는 협상 개시를 유리하게 하기 위해 공격을 중단하기로 결정했다고 선언할 것입니다.

유엔군에 대한 새로운 공격이 시작된다면, 소련이 보인 태도의 의도가 밝혀질 것이고 서방세계는 한국전에 대한 도덕적 우위를 점하게 될 것입니다. 반대로 협상이 시작된다면 리지웨이 장군의 일방적 발의는 가치를 그대로 유지하게 될 것입니다. 휴전 조건을 조정하는 것은 다소 민감해 질 위험이 있기 때문에 저는 그렇게 될 것이라고 말해왔습니다. 이점에 관한한 동맹국들은 충분한 주의를 기울이는데 훨씬 자유롭기 때문에 그들 사령부의 행동은 유혈 사태를 끝내고자 하는 열망을 보여주는 계기가 되었을 것입니다.

마시글리

【45】 소련 휴전협상 제안의 배경 분석(1951.6.25)

[전　　　보]	소련 휴전협상 제안의 배경 분석
[문 서 번 호]	1402-1407
[발　신　일]	1951년 6월 25일 18시
[수　신　일]	1951년 6월 25일 22시 30분
[발신지 및 발신자]	모스크바/샤테뇨(주소련 프랑스대사)

보안

　지난번 모스크바 폴리테크닉뮤지엄에서 열린 외교 정책 회담은 유엔총회에 이르기까지 국제회담에서 소련정부가 모든 단절을 피하는 조치를 명확히 하고 있습니다. 파리에서 유럽문제에 대한 회담이 막 끝나자마자 아시아 문제에 대한 회담을 열려고 하면서 말입니다.

　처음에 열강들이 지구상에서 미해결된 모든 문제들을 다루지 않는다면 열강들 사이에 진정한 타협이 될 수 없을 거라고 했던 군 대변인 드라길레프[1]는 독일문제에 대한 타결이 필요하다고 강력히 주장했습니다.

　하지만 그는 특히 한국전쟁 동안 미국이 미군의 일본기지에서 얻은 효용성에 대해 강조했습니다. 그는 이미 공격 장소로 설치된 일본 기지에서 출동한 비행기에서 1951년 6개월 동안에만 한국에 투하한 폭탄이 1942년 내내 독일에서 이루어진 공습보다 많았다고 하면서, 미군 기지가 일본에 설치되지 않았더라면 이 전쟁은 시작되지 않았을 수도, 계속되지 않았을 수도 있었을 거라고 했습니다.

　드라길레프는 일본 병영이 병사들로 가득했으며, 호텔은 장교나 정보원으로 붐볐고, 제대 사무실은 동원 사무실로 전환되었다고 말했습니다. 이번 전쟁 준

---

[1] Draquilev.

비 통지로 소련의 안보에 대한 일본의 위협은 소련에게는 일시적이나마 독일의 위협보다 더 클 것 같습니다. 아마 소련도 6개월 전부터 아시아 주둔 미군을 평가하는 것보다 중국의 역량에 실망을 느꼈을 것이고, 그래서 소련은 이제 한 국전이 계속되면 어려움에 처한 동맹국 중국의 요청에 응해야 하는 것을 두려워하게 되었을 것입니다.

휴전협정을 하자는 말리크의 제안이 받아들여지면, 소련은 적을 쓰러뜨리고 싶었던 서로 멀리 떨어진 두 전선에 부대를 분산시키지 않아도 될 것이고, 서구 열강들을 중국 공산당과 함께 회담으로 이끌게 될 겁니다. 한국전에 출정한 소련은 이번 회담에서 파리의 대리 회담 동안에는 소련 대표들의 모든 기술로도 만들어 낼 수 없었던 상대편 간의 응집력 부족을 찾으려 할 것입니다.

소련은 우리가 유엔에서 한국 휴전을 위해 다시 조치를 취하는 것보다는 평화에 대한 의지를 좀 더 잘 확인시켜 주지 못할 것 같습니다.

샤테뇨

【46】 한국전쟁 휴전 및 세계 평화를 위한 트루먼 대통령의 담화(1951.6.25)

[전 보]	한국전쟁 휴전 및 세계 평화를 위한 트루먼 대통령의 담화
[문 서 번 호]	4675-4679
[발 신 일]	1951년 6월 25일 18시 40분(현지 시간), 23시 40분(프랑스 시간)
[수 신 일]	1951년 6월 25일 23시 40분
[발신지 및 발신자]	워싱턴/보네(주미 프랑스대사)

애치슨 씨는 며칠 전부터 한국전쟁 1주년 기념 성명을 준비했었습니다. 그 내용이 말리크 씨의 담화에 따라 변경되지 못한 채 어제 언론에 배포되었습니다. 애치슨 국무장관은 전쟁 희생자들을 추모한 후 한국에서의 유엔 활동은 성공이었고, 전쟁 방지에 한 걸음 더 내디딘 것이며, 전쟁을 계획하면서 평화에 대해 말하는 어떤 나라의 평화 선전선동 활동의 허위를 전 세계에 알리는데 기여했다고 선언했습니다.

그와 같은 편으로 미 대통령은 오늘 테네시주 털러호마에서 열린 아놀드기술연구소 개소식에서 담화문을 발표해야 했습니다. 외교정책 뿐 아니라 특히 이 분야에서의 의견 규합에 대한 호소로 작성된 이 담화문은 어제 다음과 같은 내용을 첨언했습니다.

항상 그래왔듯이 우리는 오늘 한국에서의 평화적 타결에 참여할 준비가 되어 있습니다. 그러나 공격을 완전히 끝내고 한국과 꿋꿋한 한국인들에게 평화와 안전을 보장하는 진정한 해결이 중요할 것입니다. 한국에서든 세계 다른 곳에서든 우리는 세계 평화를 향해 실제로 나아가게 할 완전한 발의를 준비해야 합니다. 하지만 우리는 세계대전이라는 무익한 위험을 내포할 수도 있는 경솔한 행동이나 공격받을 수 있는 무력한 행동은 극도로 피해야 합니다.

이미 담화문에는 소련의 방해정책을 규탄하고, 미국이 반공산국가를 원조해준 것으로 세계, 특히 프랑스와 이태리에서 얻어낸 소득을 열거한 후 트루먼 대통령은 자신을 비판한 사람들을 강력히 비난했습니다. 맥아더 장군을 비판하면서 미국이 '독자적으로 가야한다'고 했던 그의 주장을 상기시키고 인용했으며, '자유를 수호할 국군을 동원할 능력이 없어서' 와해를 일으킨 중국 국민당 지지자들, 동맹국에 대항 불신을 자국민에게 퍼뜨린 미국인들, 미 정부 및 매우 존경받아야 할 장군들과 '미 역사상 가장 위대한 인물 중 한 명'인 국무장관을 열심히 비방하고 욕한 정치인들을 비판했습니다.

　　대통령 담화는 자칫하면 단지 부정적이기만 할 뻔 했습니다. 그러나 그는 국외 행정에서 얻은 결과를 강조한 후, 양분된 정책을 복원하기 위한 감동적인 연설을 했습니다. 트루먼 대통령은 항상 존재하는 위험에 맞서기 위해 나라가 단결하기를 부탁하면서, 인플레이션을 막기 위해, 또 군비를 증가시키고, 세계 평화가 지켜져야 한다면 '비행장 건설'이 필요한 만큼 동맹국을 원조하기 위해 필요한 법률 채택을 강력히 주장했습니다.

보네

【47】 휴전협정에서 예상되는 어려움(1951.6.25)

[전 보]	휴전협정에서 예상되는 어려움
[문 서 번 호]	4680-4684
[발 신 일]	1951년 6월 25일 20시 30분(현지 시간), 26일 01시 30분(프랑스 시간)
[수 신 일]	1951년 6월 26일 01시 30분
[발신지 및 발신자]	워싱턴/보네(주미 프랑스대사)

보안

절대우선문건

뉴욕 공문 제1033-1037호

오늘 미 국무부 관할 부서에 파견된 우리 대사관 직원이 말리크 성명에 대해 취한 접촉에서는 본인의 전보 제466호에서 가리킨 바대로 신중하면서도 낙관적인 느낌이 계속 듭니다.

오늘 오후 우리 직원 한명과의 회담에서, 러스크 차관보의 보좌관 머천트[1] 씨는 유엔 주재 소련 대표인 말리크 씨의 담화 이후 한국전 휴전이 이루어지는 것을 보게 될 기회를 자신의 동료들은 50% 이하로 평가하고 있다고 말했습니다. 어쨌든 머천트 씨는 베이징 체제가 이번 선언을 찬성하고 있다는 소식이 이 평가 수치를 올려준다고 덧붙여 말했습니다.

이제 사람들은 베를린 봉쇄 사건 때처럼, 소련은 그들 정부가 정말로 조속히 휴전할 계획인지 어느 정도 빠른 시일 안에 비공식적으로 그들의 의향을 명확

---

1) 리빙스턴 머천트(Livingston Merchant, 1903-1976). 극동 담당 국무차관보 대리, 상호 안전 보장 문제 담당 국무차관보, 북대서양 조약 기구 상설 이사회의 미국 대표, 유럽 담당 국무차관보 역임.

히 할 것이라고 확신하는 것 같습니다.

오늘 아침 애치슨 국무장관은 이 점에 관해 그로스 씨가 말리크 씨를 만나보게 하기로 결정했습니다만, 오늘 오후 이란 대사 엔테잠 씨가 소련 대표에게 제안하려 했던 것과 어느 정도는 중복될 수도 있어서 이런 교섭이 어느 순간 이루어질 수 있을지는 아직 모르겠다고 말했습니다.

워싱턴도 아직은 커크[2] 씨의 중개로 소련 정부와 평행한 방식을 실행시키기로 협의해야 할지 결정하지 못했습니다. 소련 정부가 실제로 한국문제의 타결 방법을 모색하는 것이라고 확인되면, 휴전으로 이끌 적절한 방법을 협상해야 하는 것은 우선 워싱턴의 현장 최고사령관들이라고 생각하고 있습니다.

그런데 이 점에 관한 한 한국에서는 공산당 최고 사령관이 누구인지도 모르기 때문에 바로 이러한 사실에서 첫 번째 어려움이 드러납니다. 어쨌든 워싱턴은 북한의 두 동맹국 중 한쪽, 즉 우선 소련이 북한 지도자의 승인을 받아들인다면 북한의 지휘관과 교섭하는 것을 받아들일 준비가 된 것 같습니다.

두 번째 어려움은 당연히 휴전 조건을 조정하는 과정에서 나타날 것입니다. 미 정부는 북한에서는 물론 남한에서도 협정을 시행할 권한을 갖도록 위촉될 위원회의 감독 및 조정 권한에 관해 가장 폭넓은 보장을 얻어내기로 했습니다.

비무장지대에 대해서는, 우리는 지금까지 항상 남쪽 경계가 38선을 넘어설 수 없고, 우리 미국이 가장 선호하는 해결안은 소위 캔자스라인[3], 즉 중공군이 4월 22일 제1차 춘계공세를 펴기 전 유엔군이 유지했던 전선 위에서 휴전하는 방안이라고 여깁니다.

극복해야 해서 분명 걱정되는 또 다른 어려움은 저녁 때 대사가 러스크 국무차관보를 방문했던 남한 정부의 태도에 결국 미 국무부가 집착한다는 것입니다.

보네

---

[2] 앨런 커크(Alan G. Kirk, 1888-1963). 주소련 미국대사(1949-1951). 해군 장관 출신으로 룩셈부르크, 대만 주재 대사 역임.

[3] 1951년 3월, 북한과 중공군의 북한군의 공격 기도를 분쇄하고 방어에 유리한 지역을 설정한 주저항선으로서 임진강-화천호-양양을 잇는 선.

【48】 말리크 선언에 대한 『보르바』의 시각(1951.6.26)

[전　　　　보]	말리크 선언에 대한『보르바』의 시각
[문 서 번 호]	800
[발　　신　　일]	1951년 6월 26일 21시
[수　　신　　일]	1951년 6월 26일 23시 45분
[발신지 및 발신자]	베오그라드/보데(주유고슬라비아 프랑스대사)

오늘자『보르바』[1]는 말리크의 최근 제안에 대한 기사 몇 편을 실었습니다.
유엔 주재 소련 대표의 담화가 야기한 외교계 및 세계 언론계의 다른 논평들
중 한 편을 인용한 후, 신문은 유고슬라비아의 외무장관에게 들은 발표들을 인
용하고 있습니다. 발표에 따르면 "한국전쟁 첫날부터 유고슬라비아 정부는 수
용할 수 있는 유일한 해결안은 휴전하고 38선 양쪽에서 군이 철수하는 것이라
고 주장했다. 외무부 대변인에 따르면, 말리크의 제안이 한국전을 끝내겠다는
실제 희망에 이끌린 것이라면, 그 제안은 그동안 소련이 추구한 정책의 실패를
시인하는 것이다. 어쨌든 한국에서 보다 큰 활동의 자유를 얻고자 하는 소련
정부의 새로운 선전 선동 방법일 수도 있다는 가능성을 배제하면 안 된다. 그러
므로 소련 대표의 제안은 신중하게 받아들여야 한다."

『보르바』는 「진지한 제안인가, 선전활동의 수단인가」라는 제목으로 같은 주제
를 다시 다루었습니다. 이 기사는 결론적으로 말리크의 선언이 낳게 한 의혹들에
대해 강조하고 있습니다. 6월의 안전보장이사회 의장인 말리크가 한국전의 평화
적 해결 가능성을 검토하기 위한 안보리 회의 소집조차 하지 않았기 때문입니다.

보데

---

1) 『보르바Borba』. 1922년 창간된 유고슬라비아 관영 신문.

【49】 마오쩌둥의 휴전 동의 내용을 실은 『데일리익스프레스』 기사(1951.6.26)

[전　　　　　보]	마오쩌둥의 휴전 동의 내용을 실은 『데일리익스프 레스』 기사
[문 서 번 호]	2461-2462
[발　　신　　일]	1951년 6월 26일 12시 20분
[수　　신　　일]	1951년 6월 26일 12시 30분
[발신지 및 발신자]	런던/마시글리(주영 프랑스대사)

　　오늘 아침 신문 중 유일하게 『데일리익스프레스』[1]만 도쿄 특파원 통신을 인용해, 어제 라디오에서 한 성명에서 마오쩌둥은 참을성의 한계에 이른 중국이 말리크의 한국 휴전 협정 제의에 완전히 동의한다고 명시한 것 같다고 헤드라인으로 발표했습니다.

　　우리 대사관의 짧은 조사로는 지금까지 『데일리익스프레스』 뉴스가 사실인지 확인할 수 없었습니다.

　　영국 외무부에서는 이 뉴스가 거의 확실히 부정확한 것이며, 혼란에서 기인한 것이라고 알려주었습니다. 라디오에서 한 마오쩌둥의 소위 선언이라는 용어는 사실 분명 어제 베이징에서 간행된 『인민일보』[2] 기사에 사용되었던 용어와 같습니다.

마시글리

---

[1] 영국의 보수 성향의 타블로이드판 신문.
[2] 1948년 창간된 중국공산당 중앙위원회 기관지.

【50】 중국과의 동맹을 바라보는 시각에 대한『프라우다』기사(1951.6.26)

[전　　　보]	중국과의 동맹을 바라보는 시각에 대한『프라우다』기사
[문 서 번 호]	1416-1421
[발　신　일]	1951년 6월 26일 18시
[수　신　일]	1951년 6월 26일 21시 30분
[발신지 및 발신자]	모스크바/샤테뇨(주소련 프랑스대사)

할라모프[1] 씨는 오늘자『프라우다』에 '한국전쟁의 평화적 해결안'에 대해 논하면서, 이 점에 관한 소련 입장을 명확히 하고 있습니다.

그는 본인의 전보 제487호에서처럼, 스탈린 선언을 떠올리며『프라우다』특파원에게 한국전에 대한 모든 협상에서 소련이 출발해야 할 원칙을 다음과 같은 단 한 문장으로 제시했습니다.

> "한국전쟁은 간섭주의자들에게는 승리를 가져다 준 적도 가져다 줄 일도 없을 것이다."

즉 일 년 전 동맹국이 패를 잘못 돌렸다는 것을 소련이 암묵적으로 인정하게 되면, 결국 소련은 인민 민주주의 진영에서 북한을 분리하려는 미군의 승리를 확실히 인정할 수밖에 없다고 할 생각인 것입니다. 물론 더더군다나 유엔의 보장 하에 있는 중립 상태의 한국은 공산주의와 자본주의 간의 대립에서 진정한 중립이 있을 수 있다고는 생각하지 않는 소련을 만족시킬 수는 없을 것입니다.
한국전은 아시아 지배를 위한 충돌 단계일 뿐입니다. 할라모프는 "한국전 개

---

1) Harlamov.

입은 미군의 대만 점령과 중화인민공화국을 향한 직접적인 다른 공격 행위가 수반된다. 극동에서 미국의 공격을 차츰 확대하겠다는 계획은 전 아시아 국민들에게 크게 피해를 주는 것이다". 이것은 아시아에서 ㅁ ㅁ ㅁ 중국인들 간의 새로운 연대감 표명이자 서구 열강이 협상을 받아들이지 않는다면 이 연대감은 모든 수단을 다 이용할 수 있을 거라고 열강들에게 경고하는 것이 아닐까요?

판디트 네루의 발의 지지, 8월 안보리 및 총회에서의 제안, 6월 23일 말리크 담화 등, 휴전을 위한 소집이 소련의 네 번에 걸친 개입으로 이루어졌습니다.

모든 제안은 호전적인 언론의 반대에 부딪혔지만, 이 언론이 한국전쟁이 계속될 때 감수해야 할 모든 위험 요소를 이해하고 있는 사람들의 현명한 발언을 덮을 수는 없습니다. 아마 새로운 무기와 예전보다 더 강력한 방법의 사용을 뜻하는 것일 겁니다.

중국은 한국에서 체면을 구기는 것에 일부러 동의할 수는 없고, 소련은 두 나라 간에 맺은 관계가 느슨해지지 않고, 어느 날 독자적으로 태평양을 지키게 되지 않으면서 체면을 유지할 수 있는 것을 바로 거부할 수는 없습니다. 말리크 씨의 제안과 소련 신문 상에서 그 제안을 주시하는 고찰들은 두 나라 간의 동맹이 사실상 끝나 임무를 이행할 수 없는 중국 때문에 소련이 느낀 당혹감을 잘 드러내고 있는 것 같습니다.

또 한편, 판디트 네루의 개입이 한국전 해결 시도를 떠올리게 한다면, 소련에게 있어서는 혁명을 완수하기 위해 중국과 인도를 소련 계획에 참여시킬 필요성에 대해 레닌의 원칙을 따르고, 국제적인 논쟁 속에서 이미 영향력을 지닌 아시아 신생국들이 검토해 보도록 하기 위해 아시아 열강 중 두 번째 강국의 지지를 계속 호소하는 것도 역시 괜찮은 것입니다.

샤테뇨

【51】 휴전안에 대한 『프라우다』 기사 요약(1951.6.26)

[전 보]	휴전안에 대한 『프라우다』 기사 요약
[문 서 번 호]	1422
[발 신 일]	1951년 6월 26일 18시 00분
[수 신 일]	1951년 6월 26일 21시 30분
[발신지 및 발신자]	모스크바/샤테뇨(주소련 프랑스대사)

　『프라우다』는 「한국전쟁의 평화적 해결을 위하여」라는 제목으로 오늘 할라모프의 기사를 게재했습니다. 글쓴이는 한국전쟁에서 "최근 몇 년 전부터 서구 열강, 특히 미국이 주도하는 공격 정책의 표현"을 살펴보고 있습니다. 그는 사건의 추이가 "미국이 전쟁을 확장시켰고, 앞으로도 계속 확장시킬 것"이라는 점을 보여주고 있다고 합니다.

　할라모프는 전 세계 평화를 사랑하는 사람들이 한국 국민에 대한 개입 중지를 요구하는 평화 수호자들의 호소에 답했다는 것과, 소련이 판디트 네루의 제안을 지지했으며 한국전의 평화해결안을 계속 유엔에 제출했다는 것을 상기시키고 있습니다.

　그는 "소련 인민은 한국문제의 평화적 해결을 위해 모든 가능성이 갖추어졌음을 믿어 의심치 않는다"라고 썼습니다. 할라모프는 또한 지난 6월 23일 말리크의 라디오 발언을 상기시키고, "한국에서 평화를 얻어야 세계에서도 평화를 얻게 될 거라는 것을 모르는 자가 누구란 말인가?"라고 한 『리베라시옹』을 인용합니다.

　보수 중산층 신문인 『리베라시옹』도 말리크의 제안을 『타임스』나 『선데이크로니클』, 『뉴욕타임스』의 몇몇 기사처럼 평가하는 것 같습니다.

　아마 할라모프는 이 반동 신문들이 평화의 노력에 반대하는 그들 자신의 목적을 숨기지 못하고 쉽게 표현하고 있는 것을 계속 주시하고 있는 것 같습니다.

"하지만 이러한 개입은 한국에서 전쟁을 계속하는 것이 불길하고 위험하다는 모든 것을 이해하고 있는 사람들의 이성적인 목소리를 막을 수는 없다." "군사 작전 중지와 한국전의 평화적 해결안은 현재 가장 중요한 국제적 긴장 요인 중 하나를 제거하게 될 것이다. 동시에 한국 인민에게는 평화로운 생활로 돌아가고 자국 일을 스스로 계획할 수 있는 가능성을 제공하게 될 것이다"라고 결론 맺고 있습니다.

샤테뇨

【52】 말리크 담화에 대한 유엔의 분위기(1951.6.26)

[전 보]	말리크 담화에 대한 유엔의 분위기
[문 서 번 호]	2818-2823
[발 신 일]	1951년 6월 26일 00시 30분(현지 시간), 05시 45분 (프랑스 시간)
[수 신 일]	1951년 6월 26일 06시 20분
[발신지 및 발신자]	뉴욕/라코스트(주유엔 프랑스대표대리)

워싱턴 공문 제7656-7661호

그저께 유엔 사무국 공보부가 〈평화의 가치〉라는 제목으로 편성한 프로그램에 방송한 소련 대표의 담화가 유엔에 야기 시킨 동요에서 거의 확인된 뉴스나 의견에 대한 정보들이 나오기 시작한 것은 겨우 6월 이번 주 월요일 저녁입니다.

소련 정부의 이번 갑작스런 입장 표명이 제기한 매우 중요한 문제는 아마도 전적으로 그들이 내세운 평화적 의도의 진정성에 있을 것입니다. 소련의 제안은 미 정부를 극도의 혼란에 빠뜨리고, 지금 미 대표단이 언론에도 타국 대표단에도 절대 입을 열지 않도록 하고 있으며 주요 협력국인 영국과 프랑스에게 조차 극히 신중하게 발언하도록 했습니다.

그런데 이렇게 표현되는 기본적인 신중함은 그날 말리크 담화 중 핵심 표현에 대해 곧장 제기되었던 몇몇 주요 질문에 긍정적이고 매우 확실히 고무적인 답변들이 나왔는지 확인할 필요가 있습니다. 우선 베이징 정부가 함께 의논한 것인지, 또 말리크의 제안에 동의를 한 것인지 말입니다. 오늘 홍콩 공문은 베이징라디오가 『인민일보』라는 비공식 신문을 인용하면서 "중국 인민은 그 제안에 전적으로 동의한다"라고 했다고 알렸습니다.

홍콩 공문은 이어서, 첫 단계로 유엔에서의 중국의 대표권과 대만이라는 정치적 문제에 대한 검토를 다뤘습니다.

지금까지 이 문제가 중국 지도부의 견해로는 계속 일시 휴전 협상과는 분리해서 생각할 수 없었으나 이번 협상에서는 분리되고 이후 단계로 미뤄지는 것일까요? 그런데 오늘 아침 어떤 대담한 기자가 전화로 매우 간단하게 워싱턴 주재 소련대사에게 정말 중요한 이 질문을 던졌고, 소련대사는 뜻밖에도 긍정적인 답변을 했습니다.

이렇게 제임스 레스턴[1] 기자는 그때까지는 모호했지만 매우 중요한 점에 대해 꼭 필요한 설명을 얻어냈습니다. 말리크 씨의 결정적인 문장에서 관련 '교전국'은 어느 나라인가요?

그러니까 이 용어는 유엔군의 반대편에 있는 소위 중국지원군을 포함하고 있나요? 레스턴 기자는 이 단어에 대해 어떠한 법적 모호함도 없는 답변을 받았습니다. 러시아 단어는 매우 간단해서 복잡하게 통역할 필요가 없습니다. 즉 교전국이란 서로 싸우는 상대를 말합니다.

북한, 남한, 중국, 미국, 그리고 15개국이 있다면 유엔 진영을 대표하는 다른 15개 민족주의 국가들의 병사들이라고 말입니다.

레스턴 기자는 마지막으로 말리크 담화가 전체를 이루고 있는지, 아니면 한 부분은 거의 전체가 반(反)서구, 특히 이미 고전이 된 반미 논조를 이루고 있고, 또 한편은 이와 구분되어 제안을 담은 두 부분으로 이루어져 있는지 물었습니다. 소련 대표는 담화는 하나로 이루어져 있다고 답했습니다.

그렇게 밝혔다고는 해도, 미 정부가 모든 것이 그전과는 완전히 다른 것을 바라는 것 같으면서 초조한 듯 외교 탐색의 결과를 기다리며 추상적으로 헤아려 보려 한 소련의 입장은 알 수 없는 위험한 요소를 내포하고 있습니다.

소련 대표단이 지난 몇 주간의 모든 루머에 대해 아주 최근에 부인한 이후에도, 주유엔 소련 대표인 말리크를 통한 소련 정부의 갑작스런 발의는 이 날의 확인 이후 극히 중요한 정치 행위라는 의의를 갖고 있음에는 변함이 없습니다.

---

[1] 제임스 레스턴(James Reston, 1909-1995). 미국 『뉴욕타임스』 칼럼니스트. 1960년 전후까지 수많은 특종기사를 취재하여 『뉴욕타임스』의 상징적인 존재가 됨.

처음으로 소련과 중국 공산당 체제가 38선에서의 휴전이라는 개념을 인정한 것 같습니다. 한국에 참전한 모든 병사들은 '외국인'이건, '아시아인이건 북한이나 남한의 한국인'이건 평등해야 하고, 정치 문제는 휴전 협정 체결 이후, 협상의 두 번째 단계로 미뤄야 할 것입니다.

유엔 각계각층은 이에 대해 매우 흥분했고, 동시에 이들 중 다수는 아직은 매우 불안하고 약하지만 오늘 기념일로서 기억하는 운명의 날 이후 전례 없는 희망의 감정을 동시에 표출했습니다.

라코스트

【53】 유엔 사무총장의 추가 파병 요구에 대한 노르웨이 여론(1951.6.26)

[전 보 (항 공 편)]	유엔 사무총장의 추가 파병 요구에 대한 노르웨이 여론
[문 서 번 호]	231
[발　신　일]	1951년 6월 26일
[수　신　일]	1951년 6월 27일 17시
[발신지 및 발신자]	오슬로/모니코[1](주노르웨이 프랑스대사)

　지난 주말부터 노르웨이에 머물고 있던 유엔 사무총장 트리그브 리는 오늘 아침 런던과 뉴욕으로 다시 떠났습니다.

　그가 출발하기 전, 외무장관 공문은 유엔 사무총장이 노르웨이 징집병의 한국 파병에 대한 유엔의 공식 요청을 오슬로에 잘 전달했다는 것을 확인했습니다. 그 방식은 이 목적으로 특별 소집된 정부의 특별회의 중에 트리그브 리가 주선했습니다. 각료회의는 오늘 그 문제를 검토해야 합니다.

　여론은 유엔의 요구를 열렬히 받아들였으나 언론 태도는 별다른 열의를 나타내지 않고 있습니다. 사실 우리는 이미 대규모 보건 팀을 한국에 파견하면서 대단한 노력을 기울였던 노르웨이가 지원병 중에서도 특히 새로 징집된 1개 대대 이상의 병력을 극동에 배치하기는 어려울 것이라고 여기고 있습니다. 어쨌든 노르웨이 의회만이 결정할 수 있으며, 이 문제가 의회의 휴회기간 전에 의총에서 다루어질 수는 없을 거라고 생각됩니다.

　몇몇 신문은 노르웨이가 희생을 내포하는 공동전선으로 자국에 제시된 요구를 들어줘야 할 것이라고 인정하고 있습니다. 보수지『모르겐블라데』[2] 노르웨

---

[1] 루이 드 모니코(Louis de Monicault, 1895-1965). 주오스트리아 프랑스대사(1946-1950). 주노르웨이대사(1950-1055).

[2] 『모르겐블라데Morgenbladet』. 노르웨이 주간지.

이가 이의를 잘 제기해야 할 것이라는 점을 인정해야 한다고 할 정도입니다. 공산당지 『프리헤텐』[3]은 「트리그브 리의 비열한 공작」이라는 제목으로 트리그브 리의 방식에 대한 뉴스를 게재해서 노르웨이 국민들이 미국의 침략전쟁에 노르웨이 젊은이를 참전시키는 일을 단호히 거절하도록 유도하고 있습니다. 한국인을 대상으로 한 참혹한 전장에 지원하지 말라고 말입니다.

모니코

[3] 『프리헤텐Friheten』. 노르웨이 격주간지.

【54】 추가 파병 요청에 대한 그리스 정부 답변(1951.6.27)

[전 보]	추가 파병 요청에 대한 그리스 정부 답변
[문 서 번 호]	412
[발 신 일]	1951년 6월 27일 10시
[수 신 일]	1951년 6월 27일 18시
[발신지 및 발신자]	아테네/보 생 시르[1](주그리스 프랑스대사)

어제 베니젤로스[2] 씨는 유엔의 요청에 답하며 그리스 정부는 1개나 2개 대대 규모의 전투부대를 한국에 파병하겠노라고 발표했습니다.

총리는 "그리스는 자유국가들의 요청에 첫 번째로 답변하게 된 것을 다시 한번 자랑스럽게 여기고 있습니다. 그리스는 유엔 헌장에서 비롯된 책임의식이 충만하며 국제공산주의의 침공을 처음으로 겪었었기 때문입니다"라고 했습니다.

보 생 시르

---

[1] 크리스티앙 보 생 시르(Christian Carra de Vaux de Saint-Cyr, 1888-1954). 주그리스 프랑스대사 (1945-1951).

[2] 소포클리스 베니젤로스(Sophoklis Venizelos, 1894-1964). 한국전쟁 당시 그리스 총리와 외무장관 역임.

【55】 한국전쟁 1주기를 맞은 중국 『인민일보』의 논설(1951.6.27)

[서 신]	한국전쟁 1주기를 맞은 중국 『인민일보』의 논설
[문 서 번 호]	300
[발 신 일]	1951년 6월 27일
[수 신 일]	1951년 7월 5일 20시
[발신지 및 발신자]	상하이/로이에르[1](주중 프랑스총영사)

6월 25일 사설 「한국전쟁 1년」에서

베이징 정부 공식 기관지 『인민일보』는 1950년 6월 23일 이후 한국의 군사적 정치적 양상을 하나하나 검토한 뒤, 다음의 표현에 말리크의 제안을 암시하고 있습니다.

> "지난 6월 23일, 유엔 주재 소련 대표 말리크 씨는 라디오 담화에서 한국문
> 제의 평화적 해결을 위한 제안을 다시 한 번 표명했다. 중국 인민들은 미국이
> 과거의 교훈을 깨달았는지 여부와 한국문제를 정말 평화적으로 해결하고 싶
> 어하는지를 보여줄 새로운 기회를 주는 그의 제안에 찬성한다."

논설위원은 중국 인민들에게 확신을 주면서 미 제국주의자들이 한국전쟁을 평화적으로 끝내기 원하지 않는다면, 전쟁이 아무리 길고 격렬해도 낙담하지 않는 한·중 병사들이 어쩔 수 없이 바다 속에 처넣어 버릴 것이라고 이어가고 있습니다.

논설위원은 한국의 예는 모든 식민 '종속'지 인민들에게, 무력 침공에 맞서 무

---

1) 장 로이에르(Jean Royère, 1902-1981). 주중 프랑스총영사.

력투쟁을 하겠다는 각오만이 그들에게 실제 독립을 얻게 해줄 것이라는 점을
보여주었다고 강조하며 끝맺고 있습니다.

로이에르

【56】 말리크 선언에 대한 미 정부의 입장 설명(1951.6.27)

[전 보]	말리크 선언에 대한 미 정부의 입장 설명
[문 서 번 호]	4685-4694
[발 신 일]	1951년 6월 27일 04시(현지 시간), 09시(프랑스 시간)
[수 신 일]	1951년 6월 27일 09시 40분
[발신지 및 발신자]	워싱턴/보네(주미 프랑스대사)

보안

2급 비밀

뉴욕 공문 제1038-1047호

러스크 미 극동담당 국무차관보는 오늘 아침 미 정부가 소련정부에게 말리크 담화에 대한 어떤 '설명'을 요구했다는 것을 알려주기 위해 우리 직원 중 한 명을 소환했습니다.

지금으로서는 협상에 관해서라기보다는, 유엔에서 말리크를 담당하고 있는 그로스 유엔대사나 소련 주재 대사인 커크 제독 등 소련 당국과의 접촉을 담당했던 미 대표자들이 현 단계에서는 미 정부의 관점을 알릴 수 없을 것이라는 점을 명확히 하기 위해서 말입니다.

한편 러스크 차관보는 미 정부가 미리 다른 관련 국가들과 상의하지 않았었기 때문에 이번 일에서 '시간적 요인'의 중요성을 강조했습니다. 사실 그러한 협의로 귀중한 시간을 허비할 위험도 있었습니다. 러스크 차관보는 밀레 씨에게 이에 관한 한 미 당국자들은 프랑스 정부나 다른 관련 정부들이 유엔 소련 대표이건 모스크바 정부이건 간에 소련 당국에 필요하다고 판단되는 설명을 요구하는 것에 무조건 동의하고 있다고 말했습니다. 당연히 워싱턴 정부는 다른 나라들이 받은 답변과 워싱턴이 받은 답변을 비교할 수 있어서 좋을 거라고 말입니다.

그로스 씨와 커크 제독이 제기해야 할 질문은 다음과 같습니다.

1. 말리크 씨는 "소련 인민이 생각하기에는……"이라는 표현을 사용했다. 이것이 소련 정부의 견해라고 결론지어도 될 것인가? 그렇다면 소련 정부는 평화적 해결에 이를 수 있도록 하는 조처를 채택하는데 협조할 수 있는가?

2. "정전과 휴전"이라는 문장에 특별한 의미를 부여해야 하는가? 두 단어를 구별하는 것 같을 때 말리크는 어떤 생각인 것인가? 평화 협정 단계로의 확대를 의미하는 것인가? 소련 당국은 전투재개를 대비한 조치, 예를 들어 정전이나 휴전에 대한 모든 합의를 조정하고 감독하는 등의 특별한 조치를 생각하고 있는 것인가?

3. "한국문제의 평화적 해결의 길로 들어서다"라는 표현의 의미는 무엇인가? 소련 정부는 말리크 담화가 중국 당국의 관점을 표현한 것인지 여부를 알고 있는 것인가? 소련 정부가 이에 관해 말할 형편이 아니라면 중국 정부의 입장을 알아보기 위해서는 어떤 방법을 제시할 것인가?

5.[1] 말리크 선언은 전투재개 방지를 위한 적합한 확약을 포함해 정전 및 휴전 협정을 논의하기 위해, 소련 정부가 현장과는 상반되는 최고 대표자 회의에 유리한 의사표명을 할 준비가 되었다는 의미인가?

러스크 씨가 강조하고자 한 것은 미국이 일부러 '교전 중'이라는 용어에 대한 설명을 요구하지 않았었다는 점이었습니다. 러스크 씨는 미 당국자들이 사실 지금으로서는 이 문제에 대한 명확한 답변을 원하고 있지 않다고 강조했습니

[1] [원주] 워싱턴은 원문에서 번호 4가 없는 것은 5번 항과 동일한 내용인 것인지 축약된 내용인 것인지 명확히 해야 함.

다. 그 이유는 아마도 소련 정부가 답변 중에 교전국들 사이에서 북한을 언급할 것이기 때문이며, 그럴 경우 유엔에서 남한과 협력하기 힘들게 될 것이기 때문인 듯합니다. 그래서 남한 국민들의 현재 정신 상태로 볼 때, 러스크 국무차관보는 이러한 요구가 어쩌면 빨리 일을 처리해야 할 때 끊임없이 ㅁㅁㅁ과 어려움에 처하게 될 수도 있다고 주장했습니다. 이처럼 시간에 대해 고려하는 것은 미 정부가 엔테잠-말리크 회담의 결과를(만약에 결과가 있다면 말입니다) 기대할 수 없었다는 것도 설명하고 있습니다.

러스크 씨는 밀레 씨에게 영국 정부가 그로스 씨와 커크 제독이 밟아야 할 단계에 대한 정보를 제공 받았다고 강조했으며, 지금으로서는 이러한 것들에 대해 절대 비밀이 유지되어야 한다고 부탁했습니다.

러스크 국무차관보에 따르면 소련 정부의 답변이 알려지면, 아마도 16개 한국 참전국이 우리 계획과 매우 유사할 수 있는 공동성명을 내기에 유리할 것이라고 합니다.

러스크 씨는 밀레 씨의 질문에 워싱턴은 말리크 선언의 성공 확률을 거의 회의적으로 본다고 답했습니다. 한국과 중국에서 입수한 모든 정보는 사실 공산주의자들이 새로운 공격을 준비하고 있다는 것입니다. 한편 유엔 주재 소련 대표 말리크의 담화에 대한 베이징 라디오 방송의 해설은 정전을 위한 이전 조건을 충실히 따르고 있는 것 같은 베이징 정부, 즉 마오쩌둥 정부와 소련 정부 간의 어떤 견해차를 나타내는 것 같기도 했습니다.

러스크 씨에 따르면, 이러한 조건 속에서 말리크 선언은 공산주의자들이 재공격을 취하기 전 한국에서의 적대 행위를 완전히 중지 했다고 믿게 하려는 선전 선동 활동이 아니었는지 의문을 갖게 될 수 있다고 합니다.

물론 밀레 씨는 대화 중에 각하께서 지난 일요일 유엔 주재 소련 대표인 말리크 담화에 대해 선언했던 바를 상기시켰습니다.

이 선언은 매우 높이 평가되었고 '아주 유익하다'는 판단이었습니다.

보네

【57】 말리크 선언에 대한 미 국무부의 복잡한 상황(1951.6.27)

[전 보]	말리크 선언에 대한 미 국무부의 복잡한 상황
[문 서 번 호]	4700-4704
[발 신 일]	1951년 6월 27일 04시(현지 시간), 09시(프랑스 시간)
[수 신 일]	1951년 6월 27일 09시 30분
[발신지 및 발신자]	워싱턴/보네(주미 프랑스대사)

뉴욕 공문 제1048-1053호

애치슨 미 국무장관은 오늘 아침 해외 군사경제원조계획 지지를 위한 미 하원 외무위원회에서 38선 휴전에 관한 미 정부의 입장을 재확인할 기회가 있었습니다.

위스콘신의 공화당 의원 로렌스 스미스가 38선 휴전이 한국전의 만족스러운 종결로 간주될 수 있느냐고 묻자, 국무장관은 그렇다고 했습니다. 이 점에 관해 애치슨은 미국은 한국을 무력으로 통일시키기로 한 것이 아니라는 점과 유엔의 군사적 목적은 침공군을 물리치는 것과 한국에 평화와 안보를 회복시키는데 있다는 것을 상기시켰습니다. 그는 또한 일단 침공군을 물리치면, 유엔은 1950년 6월 25일 전에도 지녔던 같은 과업, 즉 한국의 통일이라는 책무를 지게 될 것이라고 했습니다.

이렇게 미국의 공식 입장을 재확인 한 것은 오늘 아침 도쿄에서 게재된 견해서가 혼동을 유발할 여지가 있을 수 있는 만큼 더더군다나 필요한 일이었습니다.

오늘 저녁 신문에 본문이 재수록된 이 견해서는 미 국무부가 극도의 신중함을 보였던 이유를 알려주고 있습니다. 특히 소련의 제안이 너무 직접적이고 공개적이라는 점, 또 '교전 중'이라는 용어의 정의가 없는 누락이나, 상대 진영에 '한국문제의 평화적 해결방안'에 참여할 준비가 되었다는 것을 보일 필요에 따른다면 제안한 토의의 성격에 대한 아무런 정보도 없는 모호함을 보인다는 점, 남한을 향해 전선을 이동하면서 공산군의 군사 상황 개선을 꾀할 목적일 수도 있다는 점, 또한 견해서의 마지막 문장은 특히나 애매모호한 것으로 봐서, 선의에서 제안되었다기보다는 정치 공작인 것 같다는 점이 그러합니다.

미 정부의 책임 있는 직책의 누구도 한국에 참전한 열강들과 휴전에 대한 위험을 감수하길 원하지 않을 거라고 끝맺고 있습니다.

외교가의 지인들에게 얻은 정보에 따르면, 이 견해서는 리지웨이 장군의 개인적 정보를 위해 도쿄에 보내져 실수로 간행된 것입니다. 게다가 국무부 대변인은 오늘 오후 이 견해서가 미 정부의 입장 보고가 아니라 해석으로 간주되어야 한다는 것을 명확히 했습니다.

어쨌든 이번 혼란은 놀라운 방법으로 현재 미 국무부가 처한 어려운 상황을 보여주고 있습니다. 남한의 자존심을 상하지 않게 하고, 일본 여론을 냉정히 유지시키면서, 유엔군의 사기를 지키고 야당의 격한 공세를 피하고 자유세계의 조화를 유지해야 하는 입장 말입니다. 미 국무부는 여론이 원하는 해결안을 추구하는데 있어서 전혀 소홀함이 없어야 함은 물론이고, 러시아의 제안이 실체가 없는 것이라고 밝혀질 경우에도 모든 퇴각로가 끊어지지 않도록 신중하게 처신해야 합니다.

보네

【58】 휴전에 대해 소련과 중국의 입장을 확인하기 위한 각국의 자세(1951.6.28)

[전   보]   휴전에 대해 소련과 중국의 입장을 확인하기 위한
               각국의 자세
[문 서 번 호]   2304-2309
[발 신   일]   1951년 6월 28일 19시 50분
[수 신   일]   1951년 6월 28일 20시 30분
[발신지 및 발신자]   런던/마시글리(주영 프랑스대사)

보안

우선문건

　미 상임국무차관은 미 대사가 제기한 질문에 대한 그로미코의 답변을 요약해
서 제게 알려주었습니다.
　영국 외무차관 윌리엄 스트랭 경 역시 이 답변이 꽤 고무적이고 곧바로 추진
할 새로운 이유를 찾게 되었다는 데 저와 의견을 같이 했습니다.
　상황은 현재 다음과 같습니다.
　침묵을 깬 말리크가 오늘 저녁 다른 사람들 중 몇몇 참석자에게 만찬을 제공
하고 있습니다. 그로스 씨와 글래드윈 젭 경인데, 국무차관은 라코스트 씨도 만
찬자리에 참석했는지 여부는 모르고 있습니다. 영국 대표는 베이징이 모스크바
와 같은 관점을 채택한다고 생각하는 이유가 있는지 그로미코에게 물어야 하는
것과 그로미코의 답변이 이에 일치하는지 확인하는 것이 지시사항이었습니다.
　이 회담에서 정보를 얻기만 한다면, 지금 베이징 주재 영국대리대사 혼자, 또
는 인도대사와 함께 할 요구를 생각하고 있었습니다.
　저는 이 생각에 강력히 반대했습니다. 저는 베이징에 같은 질문을 하는 것은
지금으로서는 해결할 수 없는 문제를 드러내 보여줄 위험이 있는 것이라고 지

적했습니다. 한국 참전으로 직접적인 이익을 얻고 있지 않는 소련 정부가 때마침 정치문제가 될 수 있는 일을 말할 수 있다는 것은, 한번 군사문제가 해결되면 오히려 베이징 정부가 대만 문제를 사전 준비해 즉각 작성된 영토 배치에 대한 요구에서 체면이 깎이거나 권리를 잃게 될 우려가 있다는 것입니다.

저는 휴전을 위해 반드시 필요한 것은 지금 현재 북한 최고사령관과 리지웨이 장군 간의 접촉을 유도하는 것이라고 했습니다.

양측 군대는 그들이 대기하고 있는 전선 양쪽에, 혹은 근처에 주둔하고 있습니다.

때문에 정치적 협상보다 군사적 협상이 될 것이고, 진정한 휴전에 대한 모든 조항을 협의하는 것은 당연할 것입니다. 거기서부터 첫 번째 난관이 드러납니다. 연합국 측이 조직하고 있는 방어진지는 적어도 상당 부분은 38선 이북에 있기 때문입니다.

그만큼 이번 논의는 전투가 실제로 중지되고 난 후에야 시작할 필요가 있습니다.

이렇게 극복된 단계들을 통해 정치협상에 이르는 궤도에 오르게 될 것입니다. 저는 미 상임국무차관도 이런 보편적인 개념에 동조하게 되리라 생각합니다.

특히, 그는 현 상황에서 베이징에서의 과정이 내포하게 될 모든 위험을 깨달은 것 같습니다.

마시글리

【59】 영-미 정부를 비판하는 여론전(1951.6.28)

[전   보]   영-미 정부를 비판하는 여론전
[문 서 번 호]   1440-1442
[발   신   일]   1951년 6월 28일 18시
[수   신   일]   1951년 6월 28일 23시 50분
[발신지 및 발신자]   모스크바/샤테뇨(주소련 프랑스대사)

암호

커크 제독과 그로미코의 회담에도 불구하고, 미국과 영국에 대한 비난전은 늦춰지지 않고 있음.

평문 제1441호

『트루드』[1]는 한국에 대한 영미권의 개입 범죄를 조사하기 위한 국제민주여성위원회 회원 오샤니코바[2]의 제안을 실었습니다.

> "유엔 소속이라는 명목 하에 미국과 영국 침략자들이 한국에 저지른 끔찍
> 한 범죄를 끝내야 합니다."

청년공산당 연맹지 『프라우다』는 미국 대학을 다니는 9,000명의 아시아 학생 중 한 명인 사이드 무함마드[3]라는 자카르타의 한 학생이 쓴 「나는 왜 미 합중국을 좋아하지 않는가」라는 편지를 게재했습니다.

---

[1] 『트루드Troud』. 노동이라는 의미의 러시아 유력 신문. 1921년에 창간되어 2013년부터는 일주일에 3일, 화, 수, 금요일에 발간.
[2] Osyannikova.
[3] Said Mohammed Sarodjo.

"미 제국주의자들은 광적일 정도로 인종차별주의자들입니다. 그들은 자신들과 피부색이 다른 사람들은 좋아하지 않습니다. 이런 일은 어디에서든 느낄 수 있습니다. 거래관계에서도, 교육기관이나, 일상생활에서도 심지어는 교회에서도 말입니다."

『프라우다』에 따르면 이 편지를 작성한 학생은 미국에 대한 진실을 말하고, 인도네시아 인들에게 이를 알리고, 소위 미국의 사고방식이라는 것이 퍼지는 것을 막으려 미국에 다시 들어갈 작정이라고 합니다.

암호
사실 우리는 인종 편견이 프랑스 보다 오히려 러시아가 덜하다는 것을 인정해야 함. 소련 정부 역시 선전 활동을 위해 가능한 모든 사용 수단을 끄집어내는 데 열중하고 있음.

샤테뇨

【60】 말리크와의 불확실한 회담 참여 여부에 대한 각국의 입장(1951.6.28)

[전 보]	말리크와의 불확실한 회담 참여 여부에 대한 각국의 입장
[문 서 번 호]	2856-2858
[발 신 일]	1951년 6월 28일 08시(현지 시간), 13시 55분(프랑스 시간)
[수 신 일]	1951년 6월 29일 05시 00분
[발신지 및 발신자]	뉴욕/라코스 트(주유엔 프랑스대표대리)

보안

2급 비밀

워싱턴 공문 제1673-1675호

워싱턴 전보 제1038호 참조

오늘 제가 먼저 글래드윈 젭 경, 이후 그로스 씨를 통해 따로 입수한 모든 정보에 따르면, 본인의 전보 제2853호의 내용에서 보듯 어쩌면 못 열릴 수도 있지만 말리크 씨와 갖기로 한 회담이 워싱턴에서 다음과 같은 조건에서 준비되었다고 합니다.

미 정부가 일단 하기로 했던 대로(본인의 전보 제2818호), 소련의 의도를 조사하려는 다른 노력을 다시 시작하지 않기로 했었지만, 이러한 탐색을 스스로는 계속 진행하기로 했을 때, 우선 모스크바 주재 대사나 유엔 주재 대표단만을 통해 행동하게 했습니다. 하지만 주미 영국대사는 월요일에 영국 외무부의 지시사항에 대해, 즉 주유엔 소련 대표와 영국 대표단이 유엔본부에서 접촉해야 하는지 미 국무부에 극히 집요하게 묻기 위해 개입했습니다.

당혹스럽게도 몇몇 다른 대사들, 특히 호주대사도 동시에 같은 요청을 미 국무부에 아주 집요하게 했습니다. 미 국무부는 영국 정부의 요구를 들어주기로 했습니다. 우선 그로스 씨와 글래드윈 젭 경의 질문서를 우리에게 알린 다음, 이를 확정하고 영국이 동의하도록 하겠다고 말리크 씨에게 제시해야 한다는 것입니다. 하지만 미 국무부는 이 불확실한 회담에 우리를 참여시킬 계획은 아니었습니다. 우선 우리가 요구하지 않았었고, 다음으로는 질문지에 대한 프랑스 정부의 의견을 모으는데 시간이 부족할 수 있으며, 말리크 씨와의 교섭 상대로 세 번째 나라를 더 보탠다는 것은 말리크와, 또 배제된 것에 격분한 다른 나라들과 복잡하게 얽힐 수도 있기 때문입니다.

그로스 씨는 이 문제에 대해 주미 호주대사가 미 국무부에 "영국은 한국문제에 호주보다 오히려 관련이 적다"며 회담의 한 자리를 요구하면서 거의 '거친' 행동을 했다고 은밀히 말해주었습니다.

글래드윈 젭 유엔 영국대사는 프랑스 대표단이 이 불확실한 회담에 동등하게 참여할 수 있도록 자국 정부에 '강력히' 개입했다고 하면서, 요구 사항을 관철시키려면 미 정부에 다시 교섭해 보라고 권했습니다.

물론 저는 유엔 미국대사 그로스 씨에게 프랑스 정부는 무엇보다도 이 회담이 성공적인 결과에 이르기를 바라고 있으며, 미 정부가 서구 열강의 이름으로 단독으로 이끄는 것이 낫다고 평가한다면 프랑스 대표단도 교섭 당국 자리를 요구하지 않겠지만, 서구 측이 3자 특성을 띨 수 있는 모든 활동에 참여하라는 명령을 받았다고 말했습니다(각하의 전보 제2196호). 물론 저는 파리에 그 질문서를 제출할 시간이 없었더라도 글래드윈 젭 경 측에, 그의 판단대로 말리크와의 논의에 참여하는 것을 망설이지 않았을 겁니다. 어쨌든 저는 그로스 씨에게 미 대표단이 유엔본부에서 하려는 모든 활동에 프랑스가 다른 나라 대표단, 특히 영국 대표단과 함께 공동으로 참여하는 문제를 미 국무부에 제기해보라고 단호하게 요구했습니다.

그로스 씨는 그렇게 하겠다고 약속했습니다. 그의 태도가 매우 훌륭했고, 즉답을 못해주는 것에 매우 유감스럽게 여기기는 했지만, 이 점에 대해 미 국무부가 우리의 요구를 들어 줄 수 있을거라 판단한다는 느낌을 받진 못했습니다.

결국 그 문제는 인용된 본인의 전보로 보고했던 통신 이후 오히려 아카데믹

하게 된 것 같습니다. 소련 정부가 현 단계에서 이 문제를 논하고 싶어하는 곳
은 모스크바입니다. 돌발 상황이 아니라면, 말리크 씨는 그립스홀름 호[1])에 승
선한 지금부터 7월 6일까지 내일 저녁 만찬 이외에는 거의 다른 약속을 하지
않을 것입니다.

라코스트

---

[1]) Gripsholm.

【61】 말리크 담화에 대한 중국의 시선 보고(1951.6.28)

[전 　 　 　 보] 　 말리크 담화에 대한 중국의 시선 보고
[문 서 번 호] 　 2863
[발 　 신 　 일] 　 1951년 6월 28일 02시 40분(현지 시간), 07시 40분
　 　 　 　 　 　 　 　 (프랑스 시간)
[수 　 신 　 일] 　 1951년 6월 29일 08시 35분
[발신지 및 발신자] 　 뉴욕/라코스트(주유엔 프랑스대표대리)

3급 비밀

워싱턴 공문 제1680호

　 말리크 담화가 방송된 이후 인도 대표단도, 스웨덴 대표단도 베이징 주재 외교사절단의 어떤 보고도 오늘까지 받지 못했습니다.

　 영국 대표단만이 스웨덴이나 인도와는 달리 중국 공산당과 아무런 접촉도 없는 영국 담당자의 보고를 전달받았습니다. 지역 언론과 대도시에서 얻은 인상들을 해석하면서, 현지어에 유창하고 외무부에서 근무하며 어쩌면 지금 현재 중국에 관한 일을 가장 잘 아는 램[1] 씨는 그저께 신문과 민심에 나타났던 것처럼 말리크 담화에 대한 중국 정부의 공식 태도에 대해 오히려 매우 회의적인 느낌이라고 했습니다.

　 아마 담화는 호의적인 언급으로 이루어졌겠지만, 전반적인 어투는 분명 만약 휴전을 받아들이기만 한다면, 휴전 이후 미국과 유엔은 이미 여러 차례 공화국이 명시해서 잘 알려진 조건을 거쳐야 하고, 휴전에 동의하지 않는다면 공산군

---

[1] Lamb.

이 그들에게 안길 패배를 피할 수 없을 거라는 의미였습니다.

끝으로 램 씨는 한국전쟁이 새로운 체제의 중국 경제를 더욱 악화시킨다는 판단이 매우 고조되어도, 엄청난 인명피해도 중국 인민의 순진하고 치유 불가능한 오만함이나 현 지도부의 타고난 낙관주의를 꺾지 못할 것 같다고 비관적으로 전망했습니다.

라코스트

【62】 대 중국 중재 및 유엔의 휴전 성명에 대한 트리그브 리의 의견(1951.6.28)

[전 보]	대 중국 중재 및 유엔의 휴전 성명에 대한 트리그
	브 리의 의견
[문 서 번 호]	2864-2866
[발 신 일]	1951년 6월 28일 03시 25분(현지 시간), 08시 15분
	(프랑스 시간)
[수 신 일]	1951년 6월 28일 08시 35분
[발신지 및 발신자]	뉴욕/라코스트(주유엔 프랑스대표대리)

보안

워싱턴 공문 제1680-1682호

런던에서 오늘 아침 도착한 후 오후에는 미국 대표들, 이후 영국 대표단, 마지막으로 엔테잠, 파디야 네르보, 라우 씨를 동시에 접촉한 트리그브 리 씨를 저녁에 만났습니다.

트리그브 리 사무총장은 얼마 전 발표한 16개 열강의 성명에 대해 제게 불평하는 것으로 시작했습니다. 내용에 반대하는 것은 아닌데, 왜 16개국인지, 왜 유엔 여당에서 여러 파벌이 형성되는 것인지 말입니다. 유엔의 능력에 비해 훌륭한 조치라고는 할 수 없는 쓸데없이 난처한 상황에 놓이게 됐다고 말했습니다. 통합사령부로서의 미국이 모든 유엔국, 혹은 소련을 제외한 53개 유엔국의 이름으로 단독으로 말하는 것이 더 나았을 거라고 말입니다.

트리그브 리 씨는 강력하게 그로스 미 유엔 대사를 통해 6월 22일 추가 파병을 요청해야 했던 코펜하겐 호소문에 대해 미국이 39개국을 대상으로 극비리에 추진하게 했었다고 제게 말했습니다. 그가 알려야 했던 메시지이자, 6월 23일 말리크 담화로 인한 상황에 비추어, 상황이 변할 때까지 비록 긍정적인 답이라

하더라도 답변하기를 멈추라고 39개국에 통보되었을 메시지를 우선 수정하고자 했다가 미국이 조금은 고칠 수 있게 했다고 했습니다.

트리그브 리 사무총장은 엔테잠과 파디야 네르보, 라우 씨에게 베이징 주재 인도대사인 파니카 씨의 중재로 중국 공산당 정부에 중재위원회의 메시지를 보낼 준비를 했던 바대로 한 번 더 시도하는 것을 막기 위해 자신의 영향력을 행사했다고도 했습니다.

아닌 게 아니라 엔테잠과 파디야 네르보 씨는 트리그브 리 씨에게 주중 대사 파니카 씨를 통해 말리크의 제안에 대한 정확한 조처가 무엇인지 중국 공산당 주요 지도층에게 묻게 하려는 것이 자신들의 의도였음을 강조했습니다.

트리그브 리는 그들에게 "이번에는 평소처럼 여러분이 아무것도 얻지 못할 뿐 아니라 소련 정부도 모욕하는 일이 될 것입니다"라며 제발 아무것도 하지 말아달라고 했습니다. 그는 그들을 설득했다고 자신했습니다. 실제로 어제 오랜만에 만난 파디야 네르보 씨는 엔테잠 씨 역시 그러한 단계를 고려하고 있다고 말해주었습니다.

그들은 신임 주중 스웨덴대사의 신임장을 제출하는 것보다 지금은 특히 유리한 기회를 이용하는 것이 오히려 낫겠다고 생각합니다. 이런 상황에서 신임 스웨덴대사는 아마 최소한 저우언라이에게, 어쩌면 마오쩌둥에게서도 신임장을 받게 될 것 같습니다. 그리고 이것은 한편으로는 공산주의에 동조하는 신뢰와 열정이 얼마 전부터 약화되고 있는 것도 같은 파니카의 불안한 중개 역할에만 맡기지 않도록 할 수 있는 기회가 될 것입니다. 쇠더블롬[1] 신임 대사는 오늘 6월 27일 항공편으로 스톡홀름을 출발해 베이징으로 떠났습니다.

라코스트

---

[1] Soderblom. 주중 스웨덴대사.

【63】 '교전국'이라는 용어의 해석에 대해(1951.6.28)

[전 보]	'교전국'이라는 용어의 해석에 대해
[문 서 번 호]	2867
[발 신 일]	1951년 6월 28일 03시 30분(현지 시간), 08시 30분 (프랑스 시간)
[수 신 일]	1951년 6월 28일 08시 45분
[발신지 및 발신자]	뉴욕/라코스트(주유엔 프랑스대표대리)

보안

2급 비밀

워싱턴 공문 제1683호

본인의 전보 제2864호 참조

트리그브 리는 확인을 요청하기 위해 오늘 황급히 말리크에게 보냈던 진첸코 씨에게 들었기 때문에 6월 23일 담화문에서 사용된 '교전국들'이라는 용어는 한 쪽은 한국에 참전 중인 유엔군, 다른 쪽은 북한을 의미한다는 것이 절대 확실시 된다고 제게 말했습니다. 물론 그는 주미 소련대사는 레스턴 기자에게 '교전국 들'이란 '서로 싸우고 있는 모든 나라들'이라고 답할 수 있었다고 했습니다. 하지 만 토의를 개시하기 위해서는 그들이 출석해야 할 것입니다. 각 진영에는 단 한명의 총사령관만 둘 수 있었습니다. 유엔 쪽은 리지웨이 장군이었고 공산군 쪽은 북한 사령관이었습니다. 중국은 지원군이라는 지위만 가질 뿐입니다. 현 재 서방측에는 이름이 알려지지 않은 북한 총사령관에게, 중국은 아마 한 가지 또는 몇 가지 조언을 하겠지요. 하지만 공식적으로 상대해야 할 당사자는 바로 북한입니다.

사실 진첸코 씨는 어제 제게 정확히 이유를 이야기했습니다.

라코스트

【64】 휴전안에 대한 유엔 인사들의 입장(1951.6.28)

[전　　　　보]	휴전안에 대한 유엔 인사들의 입장
[문 서 번 호]	2868
[발　신　일]	1951년 6월 28일 04시 15분(현지 시간), 09시 15분 (프랑스 시간)
[수　신　일]	1951년 6월 28일 09시 30분
[발신지 및 발신자]	뉴욕/라코스트(주유엔 프랑스대표대리)

보안

워싱턴 공문 제1684호
본인의 전보 제2864호 참조

트리그브 리 사무총장은 그로스 유엔대사와의 회담에서 많은 걱정을 야기했던 정전 조건 검토를 담당한 3인위원회의 12월 15일 채택안 조항에 비해 어느 정도 자유로워질 가능성을 보았기 때문에, 특히 정전과 휴전 사이에 말리크가 표면적으로 세운 구분에 미 국무부가 고무된 듯한 것으로 받아들였다고 제게 말했습니다. 트리그브 리는 그로스에게 했던 이야기들을 알려주었습니다. 그런데 이 내용은 6월 22일 글래드윈 젭 경과 제게 말했던 내용으로 제가 제2809호 전보에서 외무부에 알렸던 것처럼 거의 확인된 것입니다. 23일 담화를 설명하면서 트리그브 리는 예전처럼 휴전을 선행해 명문화(明文化)된 휴전은 12월에 목표로 했던 것, 즉 전투 중지가 선포될 순간에 실제로 점유하고 있는 위치, '원위치'에서 일시적 전투 중지일 뿐이었던 것과는 차이가 있을 수 있다고 보충 설명했습니다. 우리는 마음껏 휴전 조건을 논의하고, 12월부터 주한 유엔군이 거둔 성공에서 불공평할 수도 있는 비무장지대 경계 확정을 피할 수 있을 것입니다.

그로스 씨는 우리의 6월 22일 회담에서 12월 계획안의 2번 조항을 매우 걱정했었습니다. 그는 자기 발언의 은밀한 특성을 강조하면서, 사실 결국 워싱턴의 정통한 부처들이 만든 후, 그들이 3인위원회에 계획안을 제출했을지라도 그리튼버거[1] 장군과 자신은 이 계획안의 영어본이 나타내는 어떠한 서류나 흔적도 남기지 않으려고 많이 신경 썼다고 했습니다. 그래서 공식적으로 자격을 얻은 것은 3인위원회였으며, 미 대표단도 위원회에 자격을 맡길 생각이었다고 했습니다.

라코스트

---

[1] Grittanberger.

【65】 말리크 제안에 대한 미 국무부의 태도(1951.6.28)

[전 보]	말리크 제안에 대한 미 국무부의 태도
[문 서 번 호]	4714-4715
[발 신 일]	1951년 6월 28일 08시 35분(현지 시간), 13시 35분 (프랑스 시간)
[수 신 일]	1951년 6월 28일 15시 30분
[발신지 및 발신자]	보네/워싱턴(주미 프랑스대사)

보안

각하의 전보 제6270호 참조

미 국무장관이 국회위원회에서 유럽 원조 법안을 제출하느라 어제 오늘 하루 종일 할애해야 해서 저는 내일이나 그를 만날 수 있을 겁니다. 대신, 우리 대사관 참사관이 오늘 아침 미 국무차관을 만날 수 있었고, 각하의 염려와 제안을 강조했습니다. 미 정부는 말리크 제안을 성공시키기 위해 모든 수단을 동원할 것이라고 웹[1] 국무차관이 매우 명확히 답했습니다. 하지만 알아야 할 것은 모스크바가 참여한다는 전제라고 덧붙였습니다. 어쨌든 지금 러시아의 제안은 소련 정치 선동의 습관적인 틀에서 나온 것 같습니다. 어쩌면 러시아는 그렇게 함으로써 적어도 동맹국인 중국을 진정시키고, 특히 무력으로 이루기 힘들었던 것을 협상을 통해, 즉 한국에 주둔 중인 미군을 기한 내 철수시키는 목적을 이루려 했을 것입니다. 모스크바가 지체 없이 그들의 의도를 보이게 하는 것이 더욱 필요할 뿐이었습니다.

보네

1) 제임스 웹(James Webb, 1906-1992). 한국전쟁 초기 미 국무부차관.

【66】 한국 전선의 상황(1951.6.28)

[전 　　　 보]	한국 전선의 상황
[문 서 번 호]	1408-1411
[발 　신 　일]	1951년 6월 28일 00시 45분
[수 　신 　일]	1951년 6월 28일 10시
[발신지 및 발신자]	도쿄/드장(주일 프랑스대사)

보안

워싱턴 공문 제611-614호

뉴욕 공문 제509-512호

사이공 공문 제937-940호

국방부에 전달 요망

1. 중국 공산당 정부가 말리크 휴전 제안을 인정한다고 할 때, 한-중 사령관의 태도에서는 적대행위를 다음에 중지하자는 것인지 지금 휴전하자는 것인지 생각할 수 있도록 하는 게 전혀 없었습니다. 지난주의 상대적인 평온함 이후, 6월 22일부터 27일까지 적군은 전선 전체, 특히 김화와 10군단 우측의 항정에서 반격 형태로 계속 더 공격적인 양상을 보였습니다.

2. 동시에 공군 활동이 증대되었습니다. 기상 조건이 매우 안 좋았던 21일을 제외하고, 유엔군 요격기를 이용한 공중전이 매일 전개되었습니다. 25일 하루 동안만 해도 MIG기 44대가 투입되었습니다. 게다가 매일 밤 기종을 거의 알 수 없는 적은 수의 공산군 비행기가 서울 지역 비행장을 폭격하러 와서 설비에 기

총소사하고 네이팜을 투척합니다. 러시아어로 된 인식표를 지급받았던 포로들의 증언은 적 공군이 소련인이 조종하는 비행기로 직접 지원 작전을 펴려는 것은 아닌지 의문을 제기하게 합니다.

공산군 전투기가 보이는 전의(戰意)는 몇몇 MIG기와 구별되는 새로운 표시가 보이는 것에 있습니다. 붉은 별 이외에도 앞면과 뒷부분의 수직면 위에도 같은 색인 빨간색 홀이 그려져 있는 비행기입니다.

3. 참모부는 아직 투입되지는 않았으나 대부분 확실히 식별할 수 있는 부대가 참여하는 적군의 공격재개를 예상하고 있습니다.

현재 교전 중인 중공군 제20군은 제65군으로 대체되고 있습니다.

4. 프랑스 대대는 □□□ 5개가 삭제된 전보에서 □□□ 완전히 따로 떨어진 채로 이동하고 있습니다.[1] 중공군은 곧 다시 공세로 전환할 수 있었습니다. 하지만 4월 22일이나 5월 16일 만큼 대규모작전은 아닐 것입니다. 총 사령관은 제8군이 이 모든 공격을 무찌를 수 있다고 완전히 확신하고 있습니다.

드장

---

[1] 원문 누락. [원주] 삭제된 단락이 반복되는 것은 일부러 요청된 것임.

【67】 16개 참전국 회의(1951.6.28)

[전 보]	16개 참전국 회의
[문 서 번 호]	4718
[발 신 일]	1951년 6월 28일 08시(현지 시간), 13시 30분(프랑스 시간)
[수 신 일]	1951년 6월 28일 15시 30분
[발신지 및 발신자]	워싱턴/보네(주미 프랑스대사)

뉴욕 공문 제1056호

오늘 한국에 참전 중인 16개 유엔회원국 대표들이 한국 군사 상황에 대한 주 2회 정기 회의에 모였습니다.

대표들은 6월 23일의 말리크 선언과, 그 선언이 야기한 다양한 논평들에 대해 짤막하게 논의했습니다. 상황이 더 명확해질 필요가 있다고 만장일치로 인정되었으며, 그러한 명확한 설명을 얻기 위해 현재 조치들이 취해졌다고 평가되었습니다.

유엔 헌장의 고결한 목적은 유엔 회원국들이 헌장을 통해 공식적으로 결속해, 평화를 위협하는 요소들을 예견하고 제거하며, 모든 공격 행위나 평화를 파괴하는 행위를 처벌하기 위해 효율적인 공동 조치를 취하게 하는 것입니다. 유엔군은 바로 이 목적에 따라 한국에 참전했으며 또 참전 중입니다.

유엔 헌장은 또 유엔 회원국들이 그들의 국제분쟁을 평화와 상호 안보가 보장되고 정의가 위태로워지지 않도록 평화적 수단으로 해결하게 합니다. 대표들은 그들의 의견을 표명했습니다. 그 의견에 따르면, 각국 정부는 한국에 지속 가능한 진정한 평화를 가져다주기 위한 행동에 언제나 참여할 준비가 되어있다고 합니다.

보네

【68】 한국 전선의 상황(1951.6.28)

[전   보] 한국 전선의 상황
[문 서 번 호] 4719-4721
[발   신   일] 1951년 6월 28일 08시 30분(현지 시간), 15시 20분
                 (프랑스 시간)
[수   신   일] 1951년 6월 28일 15시 30분
[발신지 및 발신자] 워싱턴/보네(주미 프랑스대사)

외교부 타전

뉴욕 공문 제1057-1059호

오늘 한국전투에 대해 미 국방부가 제공한 정보에 따르면 적의 저항이 계속
금화 동쪽과 서화의 북쪽 및 북서쪽에서 매우 격렬하다고 합니다. 김화지역에
서 공산군은 김화를 둘러싸고 있는 고지에서 지탱하기 위해 모든 노력을 기울
이고 있습니다.

전선의 서쪽과 동쪽에서의 활동은 매우 줄었습니다.

최근 프랑스 대대는 인제에서 미국 제2사단 9대대와 교대했습니다.

미 국방부는 적 공군 활동이 계속 전개된다는 사실도 강조했습니다. 6월 19
일부터 26일까지 적기 198대와 유엔군기 185대가 투입된 18회의 공중전이 있었
습니다. 이 기간 동안 공산군기 10대가 격추되고 16대가 파손되었습니다. 유엔
측의 손실은 격추 5대, 파손 1대였습니다.

한국에서 귀국한 공군장관 핀레터는 어제 기자회견에서 북한과 만주에 공산
당 공군 부대가 집결하고 있다고 강조했습니다. 10월에 약 200대를 보유한 것으
로 추정되었던 공산당 공군 부대는 지금 5배는 되었을 것입니다. 이 비행기의
대부분은 러시아산 전투기입니다. 핀레터 공군장군은 미 참모부가 적군 조종사

의 국적을 모르고 있다고 했습니다. 어쨌든 최근 정보로는 조종사들이 러시아인이나 독일인일 것으로 추정하게 합니다.

핀레터 씨에 따르면 중국 공산당 비행기는 YAK-15, MIG-9, 가장 많은 MIG-15 등, 세 가지 모델의 소련 제트기를 보유하고 있다고 합니다. 지금까지는 공산당이 압록강 이남의 어떠한 공군전에도 비행기 100대 이상을 투입하지는 않았습니다.

보네

【69】 애치슨 국무장관의 외무위원회 답변(1951.6.28)

[전 보]	애치슨 국무장관의 외무위원회 답변
[문 서 번 호]	4722-4724
[발 신 일]	1951년 6월 28일 10시 20분(현지 시간), 15시 20분 (프랑스 시간)
[수 신 일]	1951년 6월 28일 15시 30분
[발신지 및 발신자]	워싱턴/보네(주미 프랑스대사)

뉴욕 공문 제1060-1062호

오늘 애치슨 미 국무장관은 한국전 휴전에 관한 미 정부의 입장을 해명하는 데, 이전에도 그랬던 것처럼 현재 해외 경제 및 군사 원조안을 심의 중인 미 하원 외무위원회 출석을 활용했습니다.

정식 선언처럼 돌이킬 수 없는 방법으로 미 정부가 약속하지 않으려면, 휴전의 잠재적 조건들에 대한 국제 여론 및 미국 내 여론 조사를 하도록 하는 것이 훨씬 유리한 방법일 것입니다.

애치슨 국무장관은 특히 주드[1] 미네소타 공화당 의원의 질문에 다음과 같은 답변을 했습니다.

1. 국전에서 반복되는 공격에 대해 매우 확실한 보장이 되지 않는 군사적 해결의 결과는 세계 평화에 중대한 위험을 낳게 할 것이다.
2. 공산군의 공격 재개에 대한 가장 확실한 보장은 한국에서의 중공군 철수 일 것이다.
3. 중공군 철수는 한국에서 모든 외국군의 점진적인 철수를 야기하게 될 것이다.

---

[1] Judd.

4. 중국은 공격 재개가 전면적인 전투라는 결과를 얻게 될 거라는 점을 납
   득해야 할 것이다.
5. 소련이 인도차이나나 버마 같은 다른 나라에서 전쟁을 재개하기 위해
   한국전을 끝내려는 가능성은 없는지 고려해야 할 것이다.
6. 미군이 한국에서 철수하면, 미국이 아니라 한국에서 멀지 않은 일본으로
   가 있을 것이다.

애치슨이 단편적이긴 하지만 명확한 답변을 함으로써, 현재 수뇌부의 생각이
어디로 향하는지 대한 흥미로운 정보를 제공하고 있습니다.

보네

【70】 휴전안에 동의하는 중국의 속내에 대한 보고(1951.6.28)

[전   보]   휴전안에 동의하는 중국의 속내에 대한 보고
[문 서 번 호]   286-287
[발   신   일]   1951년 6월 28일 12시 50분
[수   신   일]   1951년 6월 29일 09시 30분
[발신지 및 발신자]   홍콩/르 구리에렉[1](프랑스 외교관)

런던 공문 제72호
사이공 공문 제242호
대만 공문 제47호

25일 공식기구를 통해 한국전에 대한 성공적인 평가를 받은 베이징 정부는 현재 38선 휴전을 원하는 것이 거의 확실한 것 같고, 여기에 만장일치로 만족한다지만, 아마도 평화 조치들은 지나친 낙관론을 낳을 수는 없을 것입니다. 저와 공통의 관심사를 갖는 몇몇 감독관은 이번 결정을 순전히 전술적이라고 여기고 있습니다. 해상 침입이 소용없다는 것을 깨달은 중국이 서방의 아시아 배치 중 더 취약한 지점을 공략할까봐 염려하고 있습니다.

중국 공산주의의 공격성을 사실상 확신하는 많은 사람들은 한국 휴전으로 여유가 생긴 인민군단으로 중국 정부가 무엇을 할지 조마조마해하며 궁금히 여기고 있습니다. 보다 유리한 조건에서의 새로운 공격, 대만 침략 시도, 거기에 인도차이나나 말레이시아 전에 중국인민지원군 참전 등도 가능성이 없는 얘기는 아닙니다.

---

[1] 폴 르 구리에렉(Pol Le Gourriérec, 1921-?). 프랑스 외교관으로서 불가리아, 파키스탄, 체코 대사를 역임했으나 외교 입문 초창기인 한국전쟁 시기의 정확한 직함은 추정 불가. 홍콩 영사관에서 근무한 것으로 추정됨.

앞으로 몇 주 후 공산주의 선전활동으로 전개될 주제는 아마 이에 대한 어떤 정보를 제공해 줄 것입니다. 신화통신은 27일 '8월 말 이전' 인도차이나, 말레이시아, 버마 인민해방 운동 전투에 일본군이 참여하기로 결정한 듯한 싱가폴 회담을 규탄했습니다. 이 규탄은 제국주의에 대한 습관적인 선전 운동이지 이러한 두려움을 인정하거나 부인하는 것은 아닙니다.

르 구리에렉

【71】 휴전안에 대한 남북한의 반응(1951.6.29)

[전 보]	휴전안에 대한 남북한의 반응
[문 서 번 호]	1412
[발 신 일]	1951년 6월 29일 03시
[수 신 일]	1951년 6월 29일 15시
[발신지 및 발신자]	도쿄/드장(주일 프랑스대사)

워싱턴 공문 제616호

프랑스 대표단 뉴욕 공문 제513호

1. 6월 27일 남한 각료 회의 결과 이루어진 담화에서 이승만 대통령은 소련의 한국전 휴전 제안을 다음과 같이 반대했습니다.

소련 지도자들이 지금 평화를 추구한다면, 자신들의 패배를 인정하는 것이며, 무력으로 이룰 수 없었던 것을 외교적 책략으로 실현하고자 하는 것이다. 하지만 그들이 약속을 지킬 것이라고 믿을 만큼 순진한 사람은 세상에 아무도 없을 것이다.

공산주의자들이 평화를 원한다면, 압록강 뒤로 철수해야 할 것이다, 그래야 우리 정부는 협상 개시에 동의할 것이다.

2. 6월 28일 평양라디오는 북한 외무상이 일본과 더불어 한국평화조약에 참여할 수 있도록 비신스키에게 소련의 원조를 요청하는 메시지를 타전했다고 보도했습니다.

이 같은 요청은 지난 6월 4일 소련 견해서에 대한 북한의 반응 같습니다.

드장

【72】 프랑스 외무부 사무총장과 영-미 대사들의 대담(1951.6.29)

[전 보]	프랑스 외무부 사무총장과 영-미 대사들의 대담
[문 서 번 호]	미상
[발 신 일]	1951년 6월 29일 13시
[수 신 일]	미상
[발신지 및 발신자]	파리/프랑스 외교단 파로디 대리

보안

도쿄	1134-1336
런던	10207-10209
워싱턴	6469-6471
모스크바	1045-1047
뉴욕	2242-2244

파로디 외무부 사무총장은 최근 주불 영국대사 올리버 하베이[1] 경, 파블로 프[2] 유엔인권위원회 소련대표, 브루스[3] 주불 미국대사를 접견하고, 그들과 함께 말리크 선언 이후 한국전의 전개 양상에 대한 이야기를 나누었습니다.

제가 AFP통신에 건넨 선언문에 영향을 받은 파로디 씨는 이들 영-미 동료들에게 빠르고 명확한 휴전 원칙 협상에 대해 갖는 프랑스 정부의 관심을 표했습니다. 파로디 씨는 미국과 영국 정부가 취한 태도와, 3국 정부 간에 협상이 제자

---

[1] 올리버 하베이(Olivier Harvey). 주불 영국대사로 추정.

[2] 알렉세이 파블로프(Alexei P. Pavlov). 유엔 인권위원회 소련대표 추정.

[3] 데이비드 브루스(David K. E. Bruce, 1898-1977). 주불 미국대사. 프랑스, 영국, 독일 3개국 대사를 모두 지낸 유일한 인물.

리걸음 하지 않고 최대한 신속히 행동하기로 합의된 것에 만족했습니다.

파블로프 씨는 일반적인 태도에 머물러 있었지만, 개인적으로는 협상이 상대 지휘관들 간에 한국에서 열려야 할 것이라는 의견을 보였습니다.

저는 어제 그로미코 소련 외무장관과 커크 제독 간에 있었던 담화에 대해서는 아직 아무것도 아는 바가 없습니다.

이 회담이 긍정적으로 드러난다면, 지체 없이 두 번째 단계인 영토 내 휴전을 제의하는 단계로 이행되어야 한다는 생각입니다.

엔테잠과 네르보 씨가 하고자 하는 대로 베이징 정부의 의도를 조사하고자 일을 복잡하게 만드는 이유를 모르겠습니다. 그러면 협상이 순식간에 복잡해질 것이 분명합니다. 지금 현재 우리의 관심은 한국전 휴전이라는 단순하고 구체적인 영토 내 휴전 협상을 잘 유지해내는데 있습니다.

이번 정보는 각하의 개인 정보용이자 가까운 시일 내에 회담으로 향하도록 하기 위한 것입니다.

프랑스 외교단 파로디 대리

【73】 평화안에 대한 소련의 의도(1951.6.30.)

[전   보]   평화안에 대한 소련의 의도
[문 서 번 호]   1469-1471
[발   신   일]   1951년 6월 30일 18시 00분
[수   신   일]   1951년 6월 30일 20시 35분
[발신지 및 발신자]   모스크바/샤테뇨(주소련 프랑스대사)

본인의 전보 제1448호 참조

베이징 정부는 그저께 언론을 통해 한국의 평화 회복을 위한 조건을 알렸고, 평양 정부는 지금까지 말리크 선언에 반응하지 않았습니다. 중국의 조건을 보완하기 위한 일본 평화협정에 관해 6월 10일 소련 정부가 보낸 의견서에 대한 답변이라는 구실로 소련 언론이 오늘 아침 대대적으로 공개해 거기에 담긴 중요성을 매우 잘 알려주고 있습니다.

그렇게 모스크바는 점점 자신의 의도를 보여주었습니다. 매우 인도주의적인 발의의 혜택을 마련해 둔 후, 소련 정부는 신중하게 위성국들이 미 정부에 현 전쟁의 평화적 해결은 현실적으로 미군이 한국 뿐 아니라 일본 열도에서도 철수할 때만 가능한 것이라고 알리게 했습니다.

즉, 일본 평화조약의 구상과 체결에 중국 및 소련 참여의 필요성을 미국이 인정하지 않는다면 아시아에서의 평화는 없다는 것입니다.

샤테뇨

【74】 말리크 담화에 대한 중국 입장(1951.6.30)

[전   보] 말리크 담화에 대한 중국 입장
[문 서 번 호] 2894
[발   신   일] 1951년 6월 30일 08시 30분(현지 시간), 13시 30분
                          (프랑스 시간)
[수   신   일] 1951년 6월 30일 13시 40분
[발신지 및 발신자] 뉴욕/라코스트(주유엔 프랑스대표대리)

워싱턴 공문 제1700호

본인의 전보 제2863, 2893호 참조

　베이징 주재 영국 대리대사는 6월 27일까지 말리크 담화에 대해 약간 공식적인 성격을 띤 중국 공산당의 유일한 의사표시는 본인의 전보 제2818호에서 다룬 논설이었다고 했습니다. 이 기사는 최대한 일반적인 동의의 표현을 통해 담화를 단순히 언급하면서 소련 대표의 선언에 담긴 간단한 암시를 내포하고 있습니다.

　영국 대리대사가 다른 나라 대사들과 가진 회담 중, 특히 파니카 대사는 중국 공산당 지도자들이 6월 23일 이전에 말리크가 할 담화의 의미에 대해 모스크바에서 정보를 얻은 것 같다는, 어쩌면 최대한 통상적일지라도 서로 의논까지 했을지 모른다는 느낌을 받았다고 했습니다.

　중화인민공화국 정부가 정확히 상황을 예측했다는 것이 아주 확실한 것 같지는 않다고 합니다. 유엔 주재 소련 대표의 선언이 처하게 될 상황이나 이러한 상황을 받아들일 준비도 되지 않았던 것 같다고 말입니다.

라코스트

【75】 트리그브 리가 보낸 한국전에 대한 국제기구의 입장문(1951.6.30)

[전 보]	트리그브 리가 보낸 한국전에 대한 국제기구의 입
	장문
[문 서 번 호]	2896-2899
[발 신 일]	1951년 6월 30일 07시 45분(현지 시간), 13시 45분
	(프랑스 시간)
[수 신 일]	1951년 6월 30일 14시 05분
[발신지 및 발신자]	뉴욕/라코스트(주유엔 프랑스대표대리)

워싱턴 공문 제1702-1705호

오늘 자 AFP통신 제1185호는 유엔 사무총장이 현 단계에서 한국문제에 대한
국제기관의 입장을 정하기 위해 작성하게 했던 의견서를 인용했습니다.

트리그브 리의 법률고문인 펠레[1] 씨의 외교행낭을 통해 이 문서의 원문을 보
내드립니다. 트리그브 리 사무총장은 오늘 안전보장이사회 회원국 대표들에게
이 문서를 나눠주게 했습니다.

펠레 씨의 문서는 다음 사항을 보여주고 있습니다.

　　첫째, 7월 7일 해결안을 통해 안보리는 회원국들이 미국의 권한 하에 놓인
　　　　통합사령부에 일임하게 될 군대 총사령관을 임명할 것을 미국에 요
　　　　구한다. 사실 안보리는 무력 침공을 격퇴하는 행위에 포함된 군사적
　　　　책임을 맡은 미 대표단을 임명했었다.
　　둘째, 통합사령부는 휴전, 정전, 휴전협정 협상과 체결에 대한 권한을 갖는
　　　　다. 한편으로는 6월 25일 해결안이 즉각적인 공격 중지를 요구했었고,

---
1) Feller.

또 한편 이런 류의 협정은 담당 군 사령관이 협의하고 체결하는 것이
오랜 관행이기 때문이다.

셋째, 통합사령부는 어떤 형태로든 휴전을 위해 체결될 협정에 대해 안보
리에 보고해야 하는 책임을 덜하게 되지는 않을 것이다.

넷째, 안보리는 이러한 협정에 대해 논의하고, 그렇게 결정되면 협정을 실
천할 수 있을 것이다.

다섯째, 통합사령부의 권한은 휴전협정 체결 이상을 넘지 않을 것이다. 재
발 방지 협상도 포함되지만 한국의 미래에 관한 정치적 협상은 제
외될 것이다.

여섯째, 워싱턴에서 정기 협의를 하고 있는 한국 파병 16개국 대표단은 유
엔 기구로 간주될 수 없고 '통합사령부의 협의체만 구성한다'.

이 마지막 단계는, 이미 저의 제2864호 전보에서 유엔 외부에서도 국가 단체가
집단 활동을 유지하는 것을 보라고 알렸던 어떤 분개함을 표현하고 있습니다.

전 단계들은 글래드윈 젭, 그로스, 또 저까지 오늘 아침 서로 이야기하기 시
작했던, 역할을 맡고 싶어 하는 사무국, 몇몇 열강이나 어떤 열강 단체들의 행
동에서 발생될 위험이 있는 어떤 어려움의 전조를 이루고 있는 듯합니다.

유엔 내 그들의 개입과 이러한 개입이 반드시 따라야한다는 선전활동은 복잡
해지기 십상이고, 종종 특히 통합 사령부가 해야 할 어려운 협상에서 어떤 문제
의 해결을 막을 수도 있습니다. 상대측 사령부가 통합사령부의 호소에 호의적
으로 답한다 해도 말입니다.

라코스트

【76】 한국 파병과 북대서양조약에 대한 노르웨이 의회 결정(1951.6.30)

[전보(항공우편)]	한국 파병과 북대서양조약에 대한 노르웨이 의회 결정
[문 서 번 호]	239
[발 신 일]	1951년 6월 30일
[수 신 일]	1951년 7월 2일 20시
[발신지 및 발신자]	오슬로/모니코(주노르웨이 프랑스대사)

　본인의 이전 전보에서 보듯이 군사사안에 대한 논의 이후 6월 23일 외무장관 선언에 대한 새로운 논의가 어제 저녁 노르웨이 의회에서 열렸습니다.

　이 논의는 대외정책의 대략적인 노선에 대해 노르웨이의 모든 정당 간에 합의가 있다는 것을 다시 한 번 보여주었습니다. 물론 국회의원이 없는 공산당은 제외하고 말입니다. 그렇다고는 해도 몇몇 사항에 대해서는 반대도 표명되었었다는 점을 말씀드리는 바입니다.

　반대는 야당 측에서가 아니라, 6월 23일처럼 좌파인 노동당 측에서 나왔습니다. 두 명의 대변인인 자콥 프리스[1]와 S.O. 로버그[2] 의원은 집단방위체제에 더 많은 참여를 하는 것이 노르웨이에게 시의적절한 것인지, 좀 더 중립으로 향하는 정책을 계속한다는 희망이 있는 것인지에 대한 의심을 표했습니다.

　특히 다음의 두 가지 주요 문제가 의제로 논의되었습니다.

　　1. 터키와 그리스를 북대서양조약에서 받아들여야 하는가?
　　2. 한국에 징집부대를 파병하는 문제에 대해 노르웨이는 어떤 태도를 취해야 하는가?

---

[1] Jakob Friis.
[2] S.O. Löberg.

첫 번째 문제에 대해, 노르웨이 의회는 매우 많은 의원의 의견으로 6월 23일 외무장관이 담화에서 표명한 의견, 즉 문제의 두 나라가 북대서양조약의 의무를 받아들이는 것이 바람직할 것인지 모든 면으로 살펴보자는 것과 이 문제에 대해 확정적으로 표명하기에는 아직 시기상조일 것이라는 점에 동의했습니다. 검토 중인 문제는 어쩌면 그들의 방위를 위해 조약 가입과는 다른 해결안을 찾을 수도 있습니다.

두 번째 문제에 대해, 랑에[3] 씨는 덴마크와 스웨덴 당국자들과 의견을 나눴다고 하면서, 시시각각 한국 휴전협정 조인을 기대해볼 수 있기 때문에 결정을 보류한다고 만장일치로 정했다고 선언했습니다. 자기 방어의 필요성을 참작해서 문제를 여유 있게 검토할 수 있도록 하는 이러한 유예는 노르웨이에 유리할 것입니다.

프리스와 로버그 의원만이 북대서양 조약에 터키와 그리스의 승인 원칙에 대해, 또 그리 단호하진 않았지만 한국에 노르웨이 파병에 대해 반대 의사를 표했습니다.

회기는 암묵적으로 정부 정책에 동의하는 것을 나타내는 '의사록 원문을 첨부한다'는 결정으로 투표 없이 끝났습니다.

모니코

---

[3] 할바르 랑에(Halvard Manthey Lange, 1902-1970). 노르웨이 외무장관(1946-1965).

【77】 북한군 사령관에 대한 리지웨이 장군의 회담 제의(1951.6.30)

[전 보]	북한군 사령관에 대한 리지웨이 장군의 회담 제의
[문 서 번 호]	1423
[발 신 일]	1951년 6월 30일 01시
[수 신 일]	1951년 6월 30일 12시
[발신지 및 발신자]	도쿄/드장(주일 프랑스대사)

긴급

워싱턴 주재 프랑스대사관 제626호

뉴욕 주재 프랑스대표단 제519호

사이공 고등판무관 제951호

리지웨이 장군은 오늘 6월 30일 오전에 라디오를 통해 한국 공산군 총사령관
에게 다음의 메시지를 전했습니다.

유엔군 총사령관으로서 본인은 다음 내용을 귀하에게 전달하라는 명령을 받
았습니다.

"본인은 귀하가 한국에서의 모든 무력행위와 정전을 포함한 휴전, 또 그러
한 휴전을 존중하기에 적합한 보장도 더불어 논의하기 위해 만나고 싶어 한다
고 전달받았습니다.
귀하가 그런 만남을 원한다는 정보를 받게 되면, 본인도 대표자를 임명하
는 준비를 하고, 귀하의 대표와 만날 수 있는 날짜도 알리겠습니다. 원산항에

있는 덴마크 병원선박에서 회담을 갖는 게 어떨까 제의하는 바입니다.

리지웨이"

드장

【78】 평양라디오 방송이 전하는 휴전 조건(1951.6.30)

```
[ 전      보 ]   평양라디오 방송이 전하는 휴전 조건
[ 문 서 번 호 ]   1428
[ 발   신   일 ]   1951년 6월 30일 08시
[ 수   신   일 ]   1951년 6월 30일 20시
[발신지 및 발신자]   도쿄/드장(주일 프랑스대사)
```

사이공 고등판무관 제955호

6월 29일 밤과 6월 30일 도쿄에서 청취되어 일본 언론이 인용한 바에 의하면, 평양라디오는 한국휴전의 세 가지 조건을 알렸습니다.

  1. 모든 외국군의 한국 철수
  2. 잔악한 남한 군 사령관에 대한 처벌
  3. 피난민 및 포로 등 현재 남한에 있는 모든 동포 송환

국방부에 전달 요망.

드장

【79】 리지웨이 장군이 북한군사령관에게 보낼 메시지의 주요 내용(1951.6.30)

[전 보]	리지웨이 장군이 북한군사령관에게 보낼 메시지의 주요 내용
[문 서 번 호]	4808-4815
[발 신 일]	1951년 6월 30일 8시 30분(현지 시간), 13시 30분 (프랑스 시간)
[수 신 일]	1951년 6월 30일 14시 05분
[발신지 및 발신자]	워싱턴/보네(주미 프랑스대사)

보안

절대우선문건

뉴욕 공문 제1090-1097호

5시에 시작한 국무부에서 러스크 미 국무차관보는 한국 파병국 대표들에게 리지웨이 장군이 워싱턴 시간 오후 6시(도쿄 현지 시간 오전 8시)에 북한 공산당 사령관에게 보낼 메시지 원문을 제출했습니다.

통신사들은 이 메시지에 대해 논평하며 원문을 방송했고, 러스크 극동담당 국무차관보는 다음의 내용을 강조했습니다.

1. 이 메시지의 목적은 적 사령관이 휴전 결정을 목표로 하는 회담에 참여하도록 하는데 있습니다. 군사협상 개시 문제가 상대진영에서 제기되었다는 것을 강조하는 것은 좋은 것 같지만, 우리는 북한 공산군 사령관이 평화를 요구하는 방식을 전제로 한 것은 모두 피했습니다.

2. 유엔사령관은 상대가 허용된 교섭 특성에 대해 의심할 수 없도록 적진에

메시지를 전달하라는 지시를 받았다고 말했습니다. 어쨌든 우리는 이 지시가 어떤 정부에서 나온 것인지 말하는 것은 삼갔습니다. 이 문제가 전적으로 군사 문제를 다루도록, 또 정부의 지시라는 문제제기를 하지 않도록 말입니다.

3. 적합한 보장이라는 용어는 두 진영에 은밀한 공격 준비를 어렵게 한다는 보장을 의미합니다. 그러한 보장을 얻고 싶다는 것을 적군이 알리지 않았다 하더라도, 그런 희망을 갖는 다는 것은, 이 가정이 정당하다고 여기지 않을 경우 상대가 이에 대해 이의를 제기하도록 하기 위해 확실히 좋다고 판단됩니다.

4. 회담은 몇 가지 이유로 원산항에 있는 덴마크 병원선에서 열자는 제의를 받았습니다. 우선 병원선은 비무장 중립지이기 때문입니다. 또 원산은 양쪽 진영 모두가 접근하기 쉬운 곳이기 때문입니다. 끝으로 한국 영토 자체에서의 회담은 극도로 민감한 문제를 제기하게 될 수도 있고, 선택된 장소는 전선의 현재 방어선에서 북측에도 남측에도 속해 있기 때문입니다. 덴마크 정부는 이러한 제안을 듣고 이의를 제기하지 않았습니다. 덴마크 병원선 유틀란디아 호[1]는 현재 한국 해에 있습니다. 다른 해결안은 중국이나 북한이 이번 제안을 거부할 경우 고려될 수 있을 것입니다.

5. 회담 날짜는 정해지지 않았지만 3-4일 안에 메시지 전달이 시작될 것이고, 미 정부는 휴전 협상 시작을 합리적으로 여길 것입니다.

6. 리지웨이 장군이나 그의 대리가 협상 지휘를 위해 통합사령부 참모본부 멤버와 남한정부 고위 군관의 보좌를 받을 것입니다. 휴전 조건을 정하기 위해 리지웨이 장군에게 보내질 지침에 대한 협의가 워싱턴에서 한국 참전국 대표들 간에 열릴 것입니다.

---

[1] 유틀란디아(Jutlandia). 1951년 1월 23일 함머리치(Kai Hammerich) 준장의 지휘 하에 덴마크에서 파견된 한국전쟁 의료지원선. 8개월마다 본국으로 귀국해 재정비한 후 다시 파견됨.

러스크 국무차관보는 미 정부 측으로서는 이 조건은 아직 최종 결정의 대상이 아니었다고 말했습니다. 그는 휴전 조항을 반드시 지키기 위한 자체 시스템을 조직해야 할 것이며 이는 쉽지는 않을 거라고 했습니다. 그는 이 점에 대해 유엔 공군이 북한 상공 비행을 멈추고 다른 감시 방법이 조절되지 않았다면, 유엔군은 적군의 공격 재개 위험에 직면했을 거라고 지적했습니다.

러스크는 한국에 파병한 유엔 회원국과 소련 간에 이미 중요한 합의점에 있다는 것, 즉 휴전에 관한 협의는 정치문제는 옆으로 제껴 두어야 할 것이라는 점을 몇 번이나 강조했습니다. 한편에서는 남한군을, 다른 편에서는 북한군을 고려한 회의 참석은 이 원칙을 전적으로 존중하기 어렵게 할 것이라는 점을 지적받자, 러스크는 자신은 미국이 한국문제를 해결하는데 만 관심이 있으며, 미 정부는 대한민국 정부를 설득하는데 노력할 것이라고 했습니다. 이것이 남한 정부나 유엔이 그들 궁극의 목표를 포기하는 것, 즉 한국 통일을 의미했던 것은 전혀 아니지만, 휴전 협정 체결이 유엔의 군사 목표롤 이루는데 기여할 것이라고 말입니다.

7. 휴전 협정이 체결된 후에는 정치적 영토적 문제 협상으로 제기된 어려움들이 가장 중요한 문제가 될 것은 분명했습니다. 이러한 어려움이 해결되기에는 매우 오래 걸릴 것이고, 때문에 휴전협정이 기간 보장을 해주는 것이 매우 중요합니다.

8. 벨기에대사의 질문에 대해 러스크 차관보는 메시지가 북한공산국 총사령관에게 전해진 것은, 통합사령부가 공산군 내에 북한과 중국 지원병의 정확한 관계에 대한 어떠한 공식 정보도 가지고 있지 않았기 때문이며, 상대가 중국 대표 1명과 한국 대표 1명을 임명하자는 희망을 표명한다면 통합사령부도 이에 반대하지 않을 것이라고 분명히 했습니다.

보네

【80】 휴전 조건에 대한 남한 정부의 입장(1951.7.1)

[전   보]   휴전 조건에 대한 남한 정부의 입장
[문 서 번 호]   1429
[발 신 일]   1951년 7월 1일 01시 45분
[수 신 일]   1951년 7월 1일 24시
[발신지 및 발신자]   도쿄/드장(주일 프랑스대사)

　6월 29일 북한 외무장관이 평양라디오를 통해 낸 성명서에 대해 오늘 오전인 7월 1일 일본 언론은 보다 완전한 버전을 제공했습니다. 이 성명서에서는 자국 자체의 승인 외에 일본 강화 조약 협정에도 중공의 참여를 요청했다는 것을 밝히고 있습니다.

　부산발 전보에 따르면 남한 외무장관은 6월 30일 19시에 끝난 임시 각료회의 이후 남한 정부가 휴전 협정에 참여할 최소 조건을 알렸습니다. 그 내용은 다음과 같습니다.

1. 한국의 전 영토에서 군대 철수가 이루어져야 하며 이는 만주로 철수해야 할 것이다.
2. 북한군의 무장 해제
3. 제3국이 북한 공산당에게 물질적이거나 경제적인, 혹은 여타 다른 형식의 원조를 제공하는 것을 막겠다는 유엔의 보장
4. 대한민국 정부를 대표해 한국에 관한 모든 협상이나 국제 회담에 참여
5. 남한의 완전한 영토나 자주권을 위협하는 모든 행위나 계획에 대해서는 불법적 특성을 가진 것으로 인정
6. 7월 1일 0시, 평양과 베이징라디오는 어제 8시 리지웨이 장군이 라디오로 방송했으며, 이어 일본에서 미군이 일정한 간격으로 영어, 한국어, 중국어로 반복한 제안을 아직 그들 방송에서는 언급하지 않았음.

모스크바라디오는 이 메시지를 일본어와 한국어로 방송했습니다.

드장

【81】 유엔군이 구상하는 새로운 전선(1951.7.1)

[전 　　　 보]　유엔군이 구상하는 새로운 전선
[문 서 번 호]　1430-1435
[발 　 신 　 일]　1951년 7월 1일 08시
[수 　 신 　 일]　1951년 7월 1일 11시 20분
[발신지 및 발신자]　도쿄/드장(주일 프랑스대사)

보안

각하의 전보 제1140호에 대한 답변
국방부에 전달 요망

사이공 공문 제957-959호
워싱턴 공문 제627-632호
뉴욕 공문 제520-525호

1. 유엔군이 유지하는 현재의 전선은 다음과 같이 서쪽에서 동쪽까지 정해졌습니다.

　　1) 임진강에서 긴조까지의 하천
　　2) 철원까지 이어지는 이른바 '개근 메인 로드' 철로
　　3) 철원-김화 항로
　　4) 김화에서 율목으로 이어지는 능선
　　5) 북한강에서 비수구미 계곡 이남까지의 하천
　　6) 울산 이남 5km 지점의 임북 강변까지 이어지는 능선
　　7) 남강 유역에서 소산개까지(이북 50km 지점)

한국전쟁 관련 프랑스외무부 자료 III(1951. 06. 01~1951. 12. 30)

2. 이 전선은 매우 뛰어난 군사적 장점을 포함하고 있습니다. 즉,

   1) 임진강 굽이가 제공하는 확실한 방어
   2) 도로와 철로의 매우 중요한 교차지여서 그 상태로 있거나, 유엔군이 장악하거나, 혹은 그들의 집중포화를 받기도 하는 철원-김화에 기지를 둔 한국 중부지방의 유명한 전략 삼각지의 중립화
   3) 동부 지방의 몇몇 천연 장애지대 활용

현재의 전선은 공격의 관점에서와 마찬가지로 방어의 관점에서도 확실히 38선으로 표시되는 임의의 선보다 낫습니다.

3. 하지만 확실한 소식통의 정보에 의하면, 미 사령부는 이 전선의 유지에 크게 연연하지 않고 있습니다. '휴전'이 이루어지면, 초기 단계에서는 그 진지에서 양측 군의 교착이 반드시 수반될 것입니다.

'퇴각전선'은 중립지대를 얼마나 설정할지와 관리 방법도 명확히 정해야 할 협상 중에만 정해질 수 있을 것입니다.

그런 경우를 위해 미 참모본부는 이미 나름대로 소위 '캔자스라인'이라는 일련의 진지를 준비해 두었습니다.

남에서도 북에서도 이전 경계선과 최대 30㎞ 이상 멀어지지 않은 이 전선은 38선까지 임진강의 흐름을 이용하고 있으며, 이 흐름을 따라 진천까지 이어지고, 계속 북한강을 따라 화천까지 이어져 화천저수지를 이용합니다.

이 전선은 한계와 가까운 임진강과 합류하고 Houang Port의 동부 연안에 다다릅니다.

이 진지는 동해안 쪽으로는 북한으로 넘어가는 반면, 서쪽에서는 어느 정도 영토를 포기하는 것으로 되어 있습니다. 이렇게 전선의 양쪽 편에 있을 두 부분은 현재 처해 있는 남북한 양 정부의 각 영토 상황이 유지되거나 공정하게 보완되면서 거의 같은 표면적이 될 것입니다.

20마일(약 32키로미터)이라는 완충지대에 대한 합의가 이루어지면, 이 국경 지역의 북쪽 경계는 임진강 동쪽과 거의 일치할 것입니다. 즉 현재 유엔군이 잠령하고 있는 위치에서 2/3에 해당하는 전선을 의미합니다.

드장

【82】 리지웨이 휴전 제안에 대한 공산군의 수락 성명(1951.7.2)

```
[ 전      보 ]  리지웨이 휴전 제안에 대한 공산군의 수락 성명
[ 문 서 번 호 ]  1441
[ 발   신   일 ]  1951년 7월 2일 08시
[ 수   신   일 ]  1951년 7월 2일 18시
[발신지 및 발신자]  도쿄/드장(주일 프랑스대사)
```

다음은 7월 1일 베이징라디오에서 방송되고 도쿄의 총사령부가 전달한 리지
웨이 장군에게 한 공산당 답변을 번역한 영국 공식 문서입니다.

북한인민군 총사령관 김일성과 중국인민지원군 사령관 펑더화이와의 협의
후, 유엔군 사령관 매튜 리지웨이 장군의 선언에 대한 답변으로 오늘 통지를 보
냈다.

김일성 장군과 펑더화이 장군의 통지 내용은 다음과 같다.

"유엔군 총사령관 리지웨이 장군. 금년 6월 30일자 평화 협상에 대한 귀하의
통지를 수령하였습니다. 우리는 군사 행동 중지와 평화 수립에 관한 평화 협상을
위해 귀하의 대표와 회견하는데 동의한다는 것을 알리는 바입니다. 우리는 38선
상의 개성 지역에서 회담을 열 것을 제안한다. 귀하가 이에 동의한다면, 우리 대
표들은 귀하의 대표와 7월 10일에서 15일 사이에 회담할 준비를 할 것입니다.

한국 인민군 최고 사령관 김정일
중국인민지원군 사령관 펑더화이

1951년 7월 1일"

국방부에 전달 요망.

드장

【83】 리지웨이 장군의 예비 휴전회담 제안(1951.7.3)

[전　　　보]	리지웨이 장군의 예비 휴전회담 제안
[문 서 번 호]	1452
[발　신　일]	1951년 7월 3일 08시
[수　신　일]	1951년 7월 4일 16시 30분
[발신지 및 발신자]	도쿄/드장(주일 프랑스대사)

사이공 고등판무관 공문 제973호

7월 2일 14시 30분, 공산군 장군들에게 한 리지웨이 장군의 답변 번역

　　"김일성, 펑더화이 장군, 6월 30일 본인의 통지에 대한 답변을 받았습니다. 본인의 대표와 귀하의 대표들이 7월 10일이나 혹은 귀하 대표단의 준비가 된다면 그 이전이라도 개성에서 회담을 하는데 동의하는 바입니다. 적대행위 중지를 선행하는데 앞서 휴전이라는 용어에 대해 승인합니다. 회담 구성과 협정 체결이 지체되면 전투가 연장되고 손실이 증가할 것입니다.

　　1차 회담과 연관된 많은 세부사항들에 대한 효과적인 협정이 이루어지기 위해, 본인은 세 명 이하의 연락장교들이 귀하 측 동수의 장교들과 7월 5일이나 이 날 이후라도 가능한 빨리 개성에서 예비회담을 열 것을 제안합니다. 동의한다면 대령급 이하로 구성된 본인의 연락 장교들이 그리니치 표준시로 7월 4일 23시(도쿄 시간 9시)에 헬리콥터로 서울 이남의 김포 비행장을 떠나거나, 회담을 위해 합의된 시간에 개성으로 직접 갈 것입니다. 그러나 악천후일 경우 1/4톤 중량의 비무장 트럭, 즉 지프 3대로 이루어진 수송대로 서울에서 개성까지 주도로를 통해 갈 것입니다. 각 차량에는 커다란 하얀 깃발을 게양할 것입니다. 수송대는 그리니치 표준시로 대략 7월 4일 23시에(도쿄 시간으로 7월 5일 9시)나 회담으로 합의된 시간에 맞게 서울-개성 간 도로를 통해 임진

강을 가로질러 갈 것입니다. 수송대는 귀하의 연락장교들도 회담 장소로 수송하고 수송대가 거칠 도로와 시간, 본인의 군대가 확인할 수 있는 방법을 알려 준다면, 왕복하는 동안 우리 군이 모든 공격을 하지 않을 수 있도록 조치할 것입니다. 답변 바랍니다.

유엔군 총사령관 미국 장군 매튜 리지웨이"

국방부에 전달 요망.

드장

【84】 휴전에 대한 남한의 입장(1951.7.4)

[전 　　　　보]	휴전에 대한 남한의 입장
[문 서 번 호]	1459
[발 　신 　일]	1951년 7월 4일 00시 00분
[수 　신 　일]	1951년 7월 4일 16시 30분
[발신지 및 발신자]	도쿄/드장(주일 프랑스대사)

사이공 고등판무관 공문 제974호

　이미 알려진 바대로 이승만 정부는 38선으로 다시 한국을 나누게 될 모든 형태의 휴전에 대해 더욱 강력한 반대를 표하고 있습니다. 남한 국회는 6월 29일 전쟁 전의 상황으로 다시 돌아가게 하는 해결안에 반대한다는 개념을 만장일치로 의결하였습니다. 그러나 우리의 부산 대표가 보고서로 알려준 바에 의하면 남한 정부는 6월 30일 제1429호 공문에서 보듯 5개 조항에 기초한 북한과의 협의를 인정했습니다. 7월 2일 이 5개 입장이 어떠한 형태의 협정에서든지 준수될 만한지 지켜보기 위해 유엔본부 대표 파견을 결정했습니다. 최근 소식에 따르면 유엔본부도 휴전협정에 대표를 파견하는데 동의한 것 같습니다.

드장

【85】 한국의 휴전 반대 시위(1951.7.4)

[전   보]　한국의 휴전 반대 시위
[문 서 번 호]　1460
[발 신 일]　1951년 7월 4일 00시
[수 신 일]　1951년 7월 4일 11시 30분
[발신지 및 발신자]　도쿄/드장(주일 프랑스대사)

긴급

본인의 이전 전보에 이어

　우선 이승만 대통령이 채택한 것이건, 남한 공화국 여론 대부분의 승인을 받은 것이건 간에 완강한 ▢▢▢ 같지는 않습니다. 수천 명이 북한의 정치기구 및 군대 해산, 또 유엔의 보호 아래 한국 통일을 요구하는 시위가 열렸으며 그 근거지가 부산시였던 것은 사실입니다.
　하지만 이 시위가 국민들의 지배적인 감정 표현으로 간주될 수 있는지는 다소 의문의 여지가 있습니다. 전쟁으로 지친 국민들은 무엇보다도 전쟁이 끝나길 바랄 텐데 말입니다.

드장

【86】 예비회담 개최에 대해 리지웨이와 공산군 측 사이에 오간 메시지(1951.7.5)

[전   보] 예비회담 개최에 대해 리지웨이와 공산군 측 사이에
                  오간 메시지
[문 서 번 호] 1466
[발   신   일] 1951년 7월 5일 01시
[수   신   일] 1951년 7월 5일 13시
[발신지 및 발신자] 도쿄/드장(주일 프랑스대사)

워싱턴 공문   제648호

뉴욕 공문   제535호

사이공 공문   제976호

첫째

다음은 7월 3일 리지웨이 장군의 메시지에 대해 7월 4일 GMT 14시 30분, 도쿄 시간 4시 40분 베이징라디오 방송을 통한 공산군의 답변 원문입니다.

총사령부가 포착해 전달함.

인용

리지웨이 장군 귀하. 우리는 7월 3일자 귀하의 답신을 받았습니다. 양측 대표단 1차 회담과 관련해 많은 세세한 점들을 효율적으로 조정하기 위해, 양측에서 각각 3인의 연락장교를 개성으로 보내 예비회담을 열자고 하는 귀하의 제안에 동의하는 바입니다. 귀하가 동의한다면 연락장교들의 예비회담을 7월 8일로 정했으면 합니다.

우리는 이미 개성 지역 우리 군 사령관에게 귀하의 연락장교들을 맞을 조

치를 취하라고 알렸습니다.

김일성, 펑더화이.

인용 끝.

둘째
도쿄시간 7월 5일 10시 15분 라디오 방송된 리지웨이 장군의 메시지

인용

김일성 장군, 펑더화이 장군 귀하.
7월 4일자 귀하의 답신을 받았습니다. 7월 4일 예비회담을 받아들입니다.
7월 3일자 본인의 메시지와 관련해, 이 메시지에 명시한 3인의 특별 연락 장교 외에 2인의 통역관을 더 파견할 것입니다. 이들의 통행에 대한 확실한 안전보장을 요구하는 바이며 이에 대한 답신을 바랍니다.
유엔군 총사령관, 미국 장군 매튜 리지웨이

인용 끝.

드장

【87】 금수조치안에 대한 프랑스의 입장(1951.7.5)

[서　　　　신]　금수조치안에 대한 프랑스의 입장
[문 서 번 호]　미상
[발　신　일]　1951년 7월 5일
[수　신　일]　미상
[발신지 및 발신자]　뉴욕/라코스트(주유엔 프랑스대표대리)

사무총장 님,

　6월 18일자 본인의 보고에 이어진 우리 정부의 지침 상, 유엔 총회에서 1951
년 5월 18일 채택한 해결안 제500(V)조에 따라 프랑스 정부가 취한 조치를 담은
다음과 같은 보고서를 귀하에게 보내게 됨을 영광으로 생각합니다. 중화인민공
화국의 인민중앙정부와 북한 당국의 통제를 받는 영토를 대상으로 프랑스 정부
가 수출을 금지한 상세 리스트가 이 보고서에 첨부되어 있습니다.

　경구

프랑시스 라코스트
유엔 주재 프랑스대표단 대표대리

트리그브 리
국제연합기구 사무총장
405 이스트 42번가
뉴욕

【87-1】 별첨 1—금수조치 결의안에 대한 프랑스 조치 보고서

유엔총회 해결안 제500(V)조에 따른 프랑스 정부 조치 보고서

한국전 개전 얼마 후, 공격을 물리치기 위해 유엔이 시도한 군사적인 노력을 경제 부분에서 뒷받침하기 위해, 가능한 모든 것을 하고자 하는 프랑스 정부는 북한 및 북한 당국 하의 영토에 모든 수출을 금지시켰으며, 중화인민공화국으로는 전략 물자 수출을 매우 엄격히 통제시켰습니다.

중공군이 한국에서 유엔군 공격 군사 작전에 참여했다는 것이 확실해짐에 따라, 중요 전략 물자가 한국에서 유엔군에 대적하고 있는 군[1]의 군사 잠재력을 강화시킬 수 있는 것을 막고자 프랑스 정부는 통제를 강화했습니다.

5월 18일 유엔총회의 권고에 따라, 그리고 이 권고가 고려하는 집단적인 노력에 프랑스 정부 나름의 노력도 더하고자, 프랑스 정부는 다음의 조치를 취합니다.

1. 이번 권고안 1)항에 기재된 5개 범주 안에 들어있는 물품에 적용하는 통제 이외에, 프랑스 정부는 권고안이 제시한 일번적인 범주에 따라 북한과 중국으로 수출이 금지된 물품 목록을 작성했다.
   프랑스의 대 중국 수출 통제의 기본으로 간주될 수 있는 이 목록은 해당 통제를 보다 효과적으로 하기 위해 한정적이지 않으며 지속적인 수정 대상이 될 수 있다.

2. 이 목록에 기재된 물품들은 수출허가 체제로 한다. 중국 대륙이나 북한으로의 허가신청서가 관리국에 제출되면, 신청서는 자동으로 거부된다.

3. 제삼국 대상의 수출이라는 방법으로 이번 통제의 목표가 바뀔 수 있는 것을 피하기 위해, 제삼국 대상 물품 중 하나라도 모든 수출 신청서는 물품의 최종 목적지에 대해 조사한 후에만 발급되는 허가증을 받아야 한다.

---

[1] 북한군과 중공군.

4. 이 범주에 있는 물품 중 사전에 프랑스에 수입된 물품의 역수출도 같은 통제에 따라야 한다.
5. 이런 물품이 임시허가, 일시 통과, 면세 물류창고 등의 관세 정지 체제로 프랑스에 들어올 때를 대비해, 해당 물품의 예정 행선지를 검사할 수 있는 특별 절차를 만들었다.
6. 마지막으로 전략 물품 수출 최종 행선지 통제 권고안에 대한 답으로, 프랑스 정부는 금수조치의 실효성을 확보하기 위해 몇몇 외국 정부와 협의했다.

【87-2】 별첨 2―프랑스의 금수조치 목록

프랑스 정부가 중화인민공화국 인민중앙정부 및 북한 당국이 관리하는 영토로 수출을 금지한 물품 목록

Ⅰ. 공작 기계
   1. 드릴용 수직 선반
   2. 포인트 기
   3. 드릴
   4. 연마기
   5. 차축 선반기
   6. 크랭크축 및 캠축기
   7. 천공회전대 선반기
   8. 자동정련기
   9. 자동 선반기
   10. 보링기
   11. 회전식 드릴기
   12. 밀링 프레이즈반
   13. 연마기
   14. 나사천공기
   15. 동력해머 및 고동력 해머
   16. 단조기
   17. 1톤급 프레스기
   18. 평형기
   19. 무기 가공용 특수 기계 및 장비
   20. 전동절단기

한국전쟁 관련 프랑스외무부 자료 Ⅲ(1951. 06. 01~1951. 12. 30)

21. 연마 광택기
22. 정형기

II. 화학 공업

A. 화학 장비
  1. 산성농축기
  2. 암모니아 산화기
  3. 탄산이나 액화 염소 제조기
  4. 가스 액화기 및 액화가스 처리기
  5. 수소제조기
  6. 수소화 기기
  7. 메탄올 산화기
  8. 니트로기
  9. 유황분리기
  10. 대용량 콤프레셔
  11. 고압력 펌프
  12. 진공 펌프
  13. 자동전자검사기

B. 화학 제품
  1. 무수염화알루미늄
  2. 질산바륨, 크롬산 바륨
  3. 활성 흑염료
  4. 에틸벤젠
  5. 푸르푸랄, 푸르푸릴알콜, 테트라하이드로 푸르푸릴알콜
  6. 글리콜 및 혼합물

7. 히드라진; 히드라진 하이드레이트, 히드라진 졸

8. 50% 이상 농축 과산화수소

9. 일염화벤젠

10. 펜타에리트리톨 및 펜타에리트리톨 테트라니트레이트

11. 과망산염: 과망산칼슘 및 과망산칼륨

12. 인산촉매제(빅토르)

13. 피크린산(트리니트로페놀)

14. 폴리에틸렌

15. 폴리테트라플루오로에틸렌

16. 사산화칼륨

17. 브롬요드화탈륨

18. 사염화티탄

Ⅲ. 석유 장비 및 제품

Ⅳ. 전기 설비
   1. 특수 형태 전기오븐
   2. 프로젝터 리모컨
   3. 튜브형 콘덴서
   4. 고동력 디젤 모터
   5. 고동력 전기 모터

Ⅴ. 산업 장비 및 주요 물품
   1. 주형기
   2. 압축기

3. 활성흑염 제조기

4. 공업용 다이아몬드

5. 인공 흑연

6. 전략용 롤링

Ⅵ. 항공, 철도, 도로 및 선박용 수송물

Ⅶ. 전기 장비 및 정밀 측정기

1. 라디오, 레이더 및 특수부품(상업형 제외)

2. 전등

3. 적외선 측정기

4. 전자계산기

5. 전위계

6. 임피던스 측정기

7. 전자현미경

8. 비구면광학커브 발전기

9. 특수형 오실로그래프 기록기

10. 음극선 기록기

11. 석영

12. 음향분석기

Ⅷ. 금속

1. 고철

2. 특수 합금

3. 비스무트

4. 카드뮴

5. 칼슘

6. 코발트

7. 구리

8. 몰리브덴

9. 니켈

10. 금속 소듐

11. 탄탈

12. 티탄

13. 바나듐

14. 지르코늄

IX. 무기 및 탄약

X. 핵 연구 및 생산용 장비와 물품

【88】 휴전회담안에 대한 소련 언론의 분석(1951.7.7)

[전 보]	휴전회담안에 대한 소련 언론의 분석
[문 서 번 호]	1513-1522
[발 신 일]	1951년 7월 7일 18시
[수 신 일]	1951년 7월 7일 22시
[발신지 및 발신자]	모스크바/샤테뇨(주소련 프랑스대사)

본인의 전보 제1485호에서 중국의 주장을 보고한 후, 오늘 아침 소련 언론은 「한국문제 해결을 위한 첫 번째 발걸음」은 우리에게 평양 정부의 입장을 알려주고 있다며 상기 제목이 붙은 『노동신문』 논설에 대대적으로 공개했습니다.

우리는 중국의 『인민일보』와는 달리 한국 신문이 말리크 선언에 대한 어떠한 암시도 없다는데 주목할 것입니다.

사실 평양에서는 현 협상이 '한국 군사작전의 완전한 실패'를 두려워한 '미국 지도자 층'의 단독 제안에 의한 것으로 여기고 있습니다. 리지웨이 장군에게 보낸 답변이 이런 예상을 하도록 합니다. 『노동신문』은 또한 한국도 미국의 제안을 수용하는 동시에 외국군의 개입을 끝내고 평화회복 분위기를 조성한다는 희망에 대한 새로운 증명을 해주길 바란다고 덧붙였습니다.

아마도 평양 정부는 그런 식으로 체면치레를 하려는 듯합니다. 북한은 휴전협정 신청당사자가 아니어서 조건을 제시할 권리를 자제하고 있음을 보여주려 하지도 않습니다. 그래도 기사작성자는 "한국인은 38선을 제거하고 평화적으로 자유, 통일, 독립적인 한국의 상태를 만들기 위해 계속 노력하고 있다"고 강조하고 있습니다.

더 나아가, 기자는 현행 협상이 '한국문제의 평화적 해결을 향한 첫 단계'일 뿐이라고 합니다. 『노동신문』은 현재 제기된 문제에 대한 해결을 바란다면, '정전'안이나 휴전안은 극동의 평화 회복에 '강력하게 기여할' 것임을 잊어선 안 된다고 우리를 상기시키면서, 한국인은 미국이 한국을 중국에 대한 침략지기로만 사용하게 되기를 바라지 않으며, 모든 아시아인과 마찬가지로 극동의 평화 회복과 유지를 보장하는 유일한 방법은 5자 협정체결로 본다고 합니다.

『이즈베스티야』는 오늘 콘드리아브체프[1] 씨의 긴 조사를 게재했습니다. 이는 다음의 목적을 가진 조사로써 우연한 것이 아니라 비밀리에 진행되어 왔던 것입니다.

> 1. 소련 정부가 일본과 체결하길 제안한 다국간 평화안을 인도, 버마, 인도 차이나, 인도네시아 및 파키스탄에서 인정받았다는 것을 알리기 위해. 또한 기본 원칙이 이탤릭체로 되어있는 이 조약이 '극동의 견고하고 지속적인 평화를 본질적으로 보장'하는 것이라는 점을 알리기 위해.
> 2. 계속 점령하고 일본을 고립시키고, 특히 중국과의 전쟁에서 한국을 강력한 병기창으로 변환시키고자 하는 목적을 지닌 미국의 제안은 평화에 역행하는 위험천만한 것이라는 것을 다시 한 번 강조하기 위해.

델리에서는 영국이 미국 제안을 받아들이는 것을 보고『델리타임』의 ㅁㅁㅁ은 '커다란 실망감'을 표한 만큼, 오늘 아침 소련 언론의 공개도 우연한 것은 아닙니다.『델리타임』은 영국의 동의가 미국의 제안으로 국익을 심각하게 위협받는 아시아 국가들을 '자극시켰다'고 합니다. 게다가 그들 나라 중 대부분은 베이징 정부가 일본과의 모든 평화조약 협정에 참여하기를 요구해왔었다고 기술했습니다.

오늘 아침『크라스나야즈베즈다』[2] 소속인 페도로프[3]의 기사 역시 일본지도층이 '일본 강화조약 참여에 베이징 정부를 배제하는 수치스러운 결정을 하도록' 유도했던 알리슨[4] 씨의 노력이 실패했음을 알리고 있습니다. 요시다 일본총

---

[1] Kondriavtsev.
[2] 『크라스나야즈베즈다Krasnaya Zvezda』. 러시아 국방부 기관지.
[3] Fedorov.
[4] 존 앨리슨(John. M. Allison). 미 극동담당 국무차관보.

리가 워싱턴의 명령에 따른다면 중국의 유엔 승인 문제에 대한 관점 표명을 자제해 온 페도로프의 말이 맞다고 확인시켜 주는 꼴이 됩니다. "일본 강화조약 안건에 중국이 참여하지 않으면, 극동에는 어떠한 효율적인 평화해결안도 불가능하다는 것은 명백하다. 아시아 국민들은 이러한 사실을 매우 잘 이해하고 있다. 앨리슨의 임무 실패는 요시다나 미국이 부인할 수 없는 이 사실을 무시하는 것이 점점 더 어려워 질 것이라는 점을 보여준다"라고 기사는 끝맺고 있습니다.

소련과 중국에게는 논의 중에 일본 강화조약 문제를 자연스럽게 표출하는 것이 매우 중요하기 때문에, 한국에 대한 논쟁을 확대시켜 영국과 인도의 압력 하에 미국으로 하여금 5개 열강 간의 논의를 수용하도록 하려는 크렘린의 노력이 매일매일 좀 더 확실히 분명해지는 것을 보게 될 것입니다.

샤테뇨

【89】 휴전협정을 둘러싼 국제관계 역학에 대한 소련의 견해(1951.7.6)

[서 신 (우 편)]	휴전협정을 둘러싼 국제관계 역학에 대한 소련의
	견해
[문 서 번 호]	1535
[발 신 일]	1951년 7월 6일
[수 신 일]	미상
[발신지 및 발신자]	모스크바/샤테뇨(주소련 프랑스대사)

보안

미국과 중국, 한국 장군들 간에 휴전 협상이 열릴 때, 말리크가 어떤 동기로 다음과 같은 일이 발생한 협상을 제안한 것인지 계속 주의를 기울여야 할 것입니다.

1.

1) 지원군으로 구성된 부대로는 중국이 주한 미군을 궁지에 몰아넣지 못했습니다. 중국은 전투를 속행하고, 중소 동맹의 공고함이 합의된 것인지 확인하는 차원에서 소련의 적극적인 지원을 요청하기에 이르렀습니다.

그래서 상대편이 대서양과 태평양 전선만큼 서로 멀리 떨어진 두 전선에서 전쟁을 지원하게 할 목표를 세웠던 소련은, 그 경우 국내 전선 작전에서는 우위를 유지했음에도 불구하고 돌아가는 일들을 보니 소련이 서방국가에게 겪게 하고자 했던 위험을 스스로 무릅쓰게 될까 두려워했습니다.

2) 똑같은 형세를 취했던 소련의 불안감은 본인의 전보 제1449호에 보고 드린 바와 같이 일본의 재무장에 따라 증대되었습니다.

실제로 모스크바 언론은 일본 미쓰비시 공장의 대포 생산, 요코하마에서의 특수 철강 탱크 제조, 미쓰지마 공장의 소이탄 제조 등을 계속 규탄하고 있습니다. 인코프[1]는 7월 4일 『플로트루즈』[2]에 현재의 일본은 전쟁용 무기창고라고 썼습니다, 같은 날 쿠드리아체프[3] 역시 『이즈베스티야』에 일본을 근거지로 삼은 미국의 공격 계획을 규탄했습니다(본인의 전보 제1509호 참조). 소련이 볼 때 일본은 단지 병기창을 뿐입니다. 일본은 포병 복무 채비가 된 보병 예비 병력이자 방탄 기지입니다. 현장에서뿐 아니라 미국이나, 총리가 북대서양조약 국가들이 협력할 최선의 방법을 찾기 위해 직접 일본에 갈 정도로 불안감을 누그러뜨려야 했던 호주에서 역시 그렇게 여기고 있습니다(본인의 전보 제1485호 참조).

그래서 그들이 억류했던 일본 포로에 대해 공산당의 설득 작업이 있었음에도, 유럽과 미국인들의 굴레에서 벗어나도록 아시아인들에게 호소를 반복했음에도 불구하고 그들의 패전에 대한 물질적인 보상이라는 납득할만한 제안이 아니면 소련도 중국도 일본인들의 마음을 끌 수 없습니다. 일본의 힘이 미치는 범위는 오호츠크해와 일본해[4]의 서쪽에 있는 대륙입니다. 그 사실을 알고 있고 다나카플랜[5]을 실행하기 위해 어쩌면 베테랑들이 무기를 자발적으로 다시 잡을 수도 있는 어떤 국민[6]을 소련도 중국도 손을 쓰지 않고 마음대로 할 수는 없습니다.

3) 직접적으로 조여 오는 것이 느껴지는 위험 속에서 균형을 잡으며 소련은 일본이 주도적이라고 여기고 있습니다. 사실 독일 재무장은 아직 시작도 되지 않았습니다. 독일 재무장이 실현되려면, 서방 국가들은 몇 년은 할애해야 할 것입니다. 먼저 슈마허[7]의 사민당이나 니묄러[8] 목사의 기독민주당이 표방하는

[1] Inkov.
[2] Flotte Rouge. '붉은함대'라는 의미.
[3] Koudriatsev.
[4] 동해를 말하는 것이나 문서 작성자는 '일본해'로 표기하고 있으므로 원문을 살려 번역함.
[5] 다나카플랜(Tanaka plan). 일본의 식민지 통치 시기 육군성 다나카의 이름을 딴 남북진출정책.
[6] 일본을 가리킴.
[7] Schumacher.

중립주의 사조, 또, 총참모부 파벌 중 한편의 학습에 따라 러시아와의 동맹으로 독일의 권위를 세우고 싶어 하는 몇몇 장교들의 복수심 같은 것을 극복해야 합니다.

다른 한편으로, 모스크바는 서유럽조직과 영연방국가의 수장으로서 유럽대륙과 미국 간의 대서양연맹 내부에서 중재자 역할을 차지하겠다는 영국의 조치에 대한 프랑스와 영국의 견해 차이를 이용해 보겠다는 희망을 전혀 포기하지 않았습니다.

4) 소련은 서쪽에 세워진 질서를 위협할 의향이 전혀 없지만, 동쪽에 구상한 계획은 실행하고자 합니다. 일본과 대만, 필리핀에 주둔한 미군에 대항해 중국을 지원하면서 보여준 포위작전이 한국 내 동맹국의 무능, 일본의 재무장, 또 대서양조약체결로 소련의 열세로 역전되었기 때문입니다.

현실주의자가 되는데 습관이 됐기 때문에, 소련은 잘못 생각했었다는 것을 인정하고, 자기들이 만든 것이 전혀 아니라고 주장하고 있는 상황을 해결하기 위한 중재위원회를 제안하는 중재자가 되려는 모습을 보이면서 궁지에서 벗어나려 합니다. 그런 것은 확실히 말리크 씨가 임무를 맡아 의도하고 밝힌 행동의 원칙입니다.

그렇다고 소련이 동아시아에서 상대편의 주요 군대를 떼어내려는 방법을 포기한 것 같지도 않습니다. 하지만 소련은 상대의 주력 부대 중 가장 강하면서도, 일본 열도에 완전히 정비되어 있는 해안 전초기지 부근에서 활동 중인 군대와 충돌했다는 것을 인정하고 있습니다. 지금은 소련이 극동 대서양 국가들의 공동 방위에 대한 취약성을 다른데서 확인하려는 것이 두려울 수도 있습니다. 그래서 직접 겨냥되었다고 느낄 미국의 강한 지배하에 놓인 대만에 부딪힐 것 같습니다. 반면 인도차이나와 괌, 버마에서는 보다 작은 저항을 받아야 할 것으로 여기는 것 같습니다. 통킹9)에서는 소련으로부터 무기를 공급받은 중국인민

---

8) Niemöller.
9) 통킹(Tonkin). 프랑스 식민지 시대의 베트남 북부지역.

지원군의 대규모 이동으로 프랑스 군이 더 증원되어 주둔하게 된 것 같습니다. 무기력한 의지를 보이는 프랑스의 군사작전은 인명피해와 많은 지출을 구실 삼았을 것이고, 이는 프랑스 정부가 미국 원조를 협상해보고, 허사일지라도 말레이시아에만 묶여있던 영국의 원조를 부탁해보도록 한 것입니다. 『모스쿠바베체르』[10]와 『가제트리테레르』의 기사들은 이 문제에 관한 경고 같습니다.(본인의 전보 제1580호 참조).

최근의 꽘 사태는 소련에서 중소의 동요에 유리한 당국의 동요를 드러내고 있습니다. 게다가 지난 5월 25일 두 라마승[11]과 마오쩌둥 정부 간에 가결된 협정은 라사[12]에 중국 군사사절단 배치 및 최근 외교정책 컨퍼런스에서 제기된 문제에 대한 답변입니다.(본인의 전보 제15ㅁㅁ호 참조). '티베트에서 가장 지배적인 판첸 라마[13]라고 생각되는 두 명의 라마승'은 인도에서 중국까지 소련과 소련 동맹국이 표명한 입장에 대한 의미를 나타내고 있습니다.

2.
한편, 소련 외교단은 독일 문제에 대해 파리에서 열린 국제회담을 계속하기 위해 애쓰고 있습니다. 독일 문제를 극동문제에 적용하면서, 소련이 아직도 유엔 가입을 관철시키는데 성공하지 못하고 '평화지지자'들이 5자 회담에 참여시키라고 요구하는 시위를 계속 하고 있는 중국을 우회적으로 받아들이기 위해서 말입니다.

1) 말리크의 제안은 1년 전부터 모스크바 정부의 원조를 헛되이 기다려온 베이징 정부를 만족시킬 목적이었습니다. 그래도 리지웨이 장군은 북한군 사령관과의 회담개시에 동의했습니다. 그럼에도 4자 회담이 되기 위해서는 2개의 대

---

10) 『모스쿠-스와르Moscou-Soir』의 러시아어.
11) 티베트의 지도자를 가리킴.
12) Lassa. 티베트의 수도.
13) 달라이 라마 다음가는 티베트 불교의 2인자.

병력인 미군 병사와 중군인민지원군, 2개의 소 병력인 북한군과 남한군을 대면시켜야 할 것입니다. 그때부터 회담은 우선 미국과 중국 간에 시작됩니다. 엄밀히 군사적인 차원의 휴전협정이라도 국가 간에 시작됩니다. 거기에 참여하는 군대 지도자는 그들이 속한 정부의 권한을 지니고 있습니다. 리지웨이 장군은 미 대통령의 권한을, 펑더화이 장군은 아마도 마오쩌둥의 권한을 맡고 있을 겁니다.

게다가 휴전협정은 영토조치를 미리 정하는 것입니다. 협정에서 적대행위를 중단하기로 한 군대들의 최종 방위선을 정하면, 포로교환을 명문화하면서 강화조약을 미리 작성하게 됩니다.

2) 7월 10일로 회담 개시일을 미루자는 북·중의 제안은 분명 미 정부가 참여하는 협상의 영향력을 평가할 기간을 주고, 동시에 휴전이 가까워졌다는 소식에 병사들이 자기 목숨을 걸고 위험을 무릅쓰는 일을 덜하게 만들어 서방 군대의 사기를 약화시키는 것이 목표입니다.

극동에 관한 서방세계 간의 견해 차이를 찾고 조장한다는 희망을 절대 잃지 않은 소련 정부는 홍콩에서 상인과 은행 수수료 등의 현상에 관심을 두고 있는 영국 앞에서 중국과 미국을 맞서게 하고 싶어 합니다. 모스크바는 5자 회담 소집을 원하고 있습니다. 이것은 5자 회담에서 차차 아시아 문제 전반을 거론하고, 또 이 확대된 논쟁 덕에 6자 회담에는 한편에서는 서방국가에서, 다른 편에서는 유라시아 국가에서 반대하고 있는 인도를 소환하기 위해서입니다.

모스크바는 인도 정부의 걱정과 인도에서 제기된 사회문제, 찬드라 보스[14]당[15]만큼 인도 사회당을 동요시키고 있는 영연방에 반대하거나 중립적인 인도의 경향을 알고 있습니다. 소련은 크리팔라니[16]가 이끄는 국민회의 당 분파가

14) 찬드라 보스(Subhas Chandra Bose, 1897-1945). 인도 독립운동 지도자. 인도 국민의회 당 수장이었다가 탈퇴 후 인도 독립 입장에서 대영전쟁을 지지함.
15) 찬드라 보스가 수장이었던 인도 국민회의 정당을 말하는 것으로, 민족주의 운동의 지도적인 역할을 담당함. 영국 통치에 대한 인도 국민의 저항·자치·독립.운동의 지도적 기관으로 발전함.
16) 크리팔라니(Jivatram Bhagwandas Kripalani, 1888-1982). 인도 국민회의 의장.

판디트 네루에 대해 중립적 행동을 해주기를 기대하면서, 현행 협상에서 수동적으로 머물러 있는 인도의 비위를 맞추고 있습니다. (본인의 전보 제1531호 참조).

3) 그런데 현재 소련이 예상했던 모든 기대를 넘어서 똑같은 조치가 이란부터 이슬람 사회에 퍼지고 있습니다.

공산주의의 투데당[17]과 페데야니[18] 이슬람 교단이 이란의 석유에 대한 영국 회사 특권을 비난할 계획이 없었다하더라도, 어수선한 동요 속에서 규율이 있는 조직의 첫 번째 성공을 뭐든 이루었다는 것은 분명합니다. 즉 아불카심 카샤니[19]는 테헤란 정부로 하여금 모스크바가 원했던 단호함을 석유 국영화에서 보여주도록 했습니다. 여론을 이끄는 것이 아니라 따라야 하는 이란 정부 당국은 이러한 정책으로 전개된 동요에 뒤흔들리고 있습니다. 결정적으로 이란의 민족주의와 종교에 있어서 서로 어울리지 않는 편협한 교단 집합체보다 활동적인 소수파인 투데당이 더 우세하기 때문입니다.

4) 모스크바는 서방국가에 대항에 아시아 전역에서 거세진 사회 민족적 요구에 대한 열광을 퍼뜨리는 것이 득이 된다는 사실을 전혀 의심하지 않습니다. 이미 소련은 석유회사 국유화, 세계 분쟁 시 아랍 국가들의 중립을 위해 이스티그랄당[20]이 주도한 캠페인과 파키스탄의 슈엣 이슬라미[21]와 아프가니스탄의 Vich Zalmayane 회원 중 이란의 페데야니 이슬람[22]이 이룬 성공의 반향, 시리아와 레바논에서 이루어지고 있는 '평화지지자'들의 캠페인, 또 외국 주둔군과 수에즈 운하 회사의 이익에 대한 이집트의 이슬람 수사(修士) 들의 불만을 더 부각시키고 있습니다. 소련은 지도자 에미르 탈랄[23] 자신이 아랍 정치독립 지

---

17) 투데당(Parti Toudeh). 이란의 공산주의 정당.
18) Fedaiyani.
19) Abulkasim Kâchani.
20) 이스티그랄당(Le Parti de l'Istiqlal). '독립당'이라는 의미로 1931년 창립된 이슬람국가 연합당.
21) Chouwet Islami.
22) Fedaiyani Islam.
23) Emir Talal.

지자가 된 요르단처럼, 영국 영향 하의 요르단 하심왕조가 쥐고 가장 안정되게 세력범위를 얻고 있는 소요를 예의 주시하고 있습니다. 소련은 또한 이스라엘 인접국으로부터 모든 근동에 이르기까지 뒤떨어진 봉건사회가 파괴적 흥분 상태로 퍼진 민주사상으로 동요되기를 기대합니다.

5) 뿐만 아니라, 소련은 서구열강에 대해 아랍사회가 동요를 느끼라는 희망을 전혀 숨기려하지 않습니다. 소련은 대서양과 이슬람 근동 간에 점점 더 접촉이 많아지기를 희망하고 있으며, 이런 접촉으로는 정치과학 회의, 유력 민족주의 인사들의 방문 교류, 북아프리카에서 프랑스 지배력 약화 등을 꼽을 수 있습니다. 소련의 계획은 본질적으로 대서양 군대의 숙영지와 예비병력 위치의 안전을 해칠 목적입니다. 이러한 계획은 이란에서 효력이 드러난 것과 같은 방법으로 추진되고 있습니다. 거기서 공산당은 이슬람세계와 아랍만족주의의 이름으로 대중을 이끄는 민족주의 정당들이 보이는 무질서한 동요를 지원하는 효과적인 소수당으로서의 임무를 지닙니다. 소련은 국제상황에 대한 분석 없이 세운 질서를 전복시키기에 적절한 모든 선전선동 활동에 참여할 것입니다. 소련의 전략에서 아프리카의 위치는 『이즈베스티야』에 실린 포테킨[24]의 기사로 드러났습니다(본인의 전보 제1537호 참조).

3.

소련 정부는 국제 군사작전으로 상황을 바꾸기에 적절한 순간 한국 휴전협정을 제안했습니다. 소련은 휴전협정을 '평화지지자'들의 선전선동활동으로 철저하게 준비된 전술작전으로 간주합니다. 소련으로서는 지금당장은 독일의 무장감축으로 이미 얻었던 혜택에 견줄만큼 일본 무장 감축에서 이득을 얻어내길 바라는 광범위한 협상의 시초임을 잘 알고 있습니다. 소련은 앞으로 이슬람 국가에서 서방국가를 상대로 민족적이고 사회적인 요구와, 대서양 국가들을 상대

[24] Potekhine.

로 보였던 장기간 작전에 유리한 중립 조치를 대담하게 하려 애쓴 결과로 생길
휴전의 이익을 얻기로 했습니다.

샤테뇨

【90】 리지웨이 장군의 3차 메시지에 대한 공산군 측의 답변(1951.7.6)

[전   보]   리지웨이 장군의 3차 메시지에 대한 공산군 측의
                   답변
[문 서 번 호]   1474
[발   신   일]   1951년 7월 6일
[수   신   일]   1951년 7월 6일 11시
[발신지 및 발신자]   도쿄/드장(주일 프랑스대사)

우선문건

사이공 고등판무관 제983호

리지웨이 장군의 3차 메시지에 대한 공산군 측의 답변
GMT 7월 6일 22시, 도쿄 시간 7월 6일 8시 베이징라디오

인용

　　리지웨이 장군 귀하,
　　7월 8일 예비회담을 열자는 귀하의 제안을 수용합니다. 연락장교 및 지원
장교 인원과 개성 출발 시간에 대해 동의합니다. 그들에게 통행 보장을 약속
합니다. 하지만 더 확실한 안전과 오해의 소지를 최소한으로 줄이기 위해 지
프를 통해 개성으로 갈 것입니다. 그와 동시에 우리는 대령 1인을 포함한 연
락장교 3인, 통역병 2인, 지원병 1인이 양측에서 합의한 예비회담 전날인 평
양시간 7월 7일 오후 5시 출발할 것임을 통보합니다. 각 차량은 백기를 게양
할 것이오. 김일성 장군과 펑더화이 장군에게 이 소식을 전달해주십시오.

언론 뉴스에 따르면, 예비회담 대표단에는 미 해군 대령 1인, 미 공군대령 1인, 남한 대령 1인이 포함될 거라고 합니다. 미군 소령이 리지웨이 장군의 연락담당직으로 임명될 것입니다. 최종회담용으로는 장교용 객차 4개 포함 총 17개의 객차로 이루어진 기차가 서울에서 준비되었습니다.

국방부에 전달 요망.

드장

【91】 예비회담에 대한 리지웨이 장군의 4차 메시지(1951.7.6)

[전 　　　　 보]	예비회담에 대한 리지웨이 장군의 4차 메시지
[문 서 번 호]	1481
[발 　 신 　 일]	1951년 7월 6일 00시
[수 　 신 　 일]	1951년 7월 6일 17시 40분
[발신지 및 발신자]	도쿄/드장(주일 프랑스대사)

워싱턴 공문 제657호

뉴욕 공문 제544호

사이공 공문 제988호

도쿄 시간 7월 6일 13시 25분

리지웨이 장군의 4차 메시지

인용

　　김일성 장군, 펑더화이 장군 귀하.

　　본인은 7월 6일 귀하의 메시지를 수령하고, 귀하의 평양 연락단이 7월 7일 평양시간 오전 5시 백기를 게양한 지프 5대, 자동차 5대를 타고 온다는 절차에 동의합니다.

　　이 대열은 평양에서 개성까지 오는 중 우리 부대의 모든 공격을 면할 것입니다. 본인은 귀측의 대표들이 개성에 도착한 순간부터 개성 중심로로부터 5마일 반경이 형성하는 지역을 중립지대로 간주할 것입니다.

　　본인의 대표들은 기후 조건에 따라 지프나 헬리콥터로 갈 것입니다. 두 가지 경우 모두, 우리 측 대표는 7월 8일 도쿄 시간 오전 9시에 임진강을 건너 서울-개성 간 도로를 통해 개성으로 향할 것입니다.

해당 대표들에 대한 귀하의 통행 보장을 잘 받았습니다.

리지웨이

인용 끝.

국방부에 전달 요망.

드장

【92】 휴전협정에 대한 중국의 관측(1951.7.6)

[전 보 (우 편)]	휴전협정에 대한 중국의 관측
[문 서 번 호]	305-306
[발　신　일]	1951년 7월 7일
[수　신　일]	1951년 7월 16일 16시
[발신지 및 발신자]	창하이/대사관 행정실

본인의 전보 제300-301호 참조

이번 주 초부터 중국 언론은 미 제국주의에 대한 공격을 자제했습니다. 그래도 주요 일간지에서는 다음과 같은 글을 읽을 수 있습니다.

　　"한국에서 휴전 가능성이 있더라도, 미국이 중국의 참여 없이 대만을 점유하고 일본강화조약체결을 위해 애쓰는 한, 중국 재무장을 위한 국민 모병 캠페인을 쉬지 않고 계속하는 것이 나을 것이다."

창하이의 중국사회와 외국인 사회에서는 개성에서 임시휴전협정이 될 수는 있지만, 휴전이나 적대행위의 최종중지에 대한 협정 체결은 유엔의 조치에 달려 있다고 평가하고 있습니다. 그 조치에서는 유엔이 대만 문제와 일본강화조약 문제, 또 중화인민공화국의 유엔가입 승인에 대한 중국지도자들의 정치적 목적을 고려하기로 인정해야 할 것입니다.

　　　　　　　　　　　　　　　　　　　　　　　　대사관 행정실

【93】 리지웨이의 메시지에 대한 공산군 측 답변(1951.7.7)

```
[ 전        보 ]   리지웨이의 메시지에 대한 공산군 측 답변
[ 문 서 번 호 ]   1485
[ 발    신    일 ]   1951년 7월 7일 08시 00분
[ 수    신    일 ]   1951년 7월 7일 14시 45분
[발신지 및 발신자]   도쿄/드장(주일 프랑스대사)
```

워싱턴 공문 제658호

뉴욕 공문 제545호

사이공 공문 제989호

7월 6일 23시 55분 평양라디오로 방송된 리지웨이 장군의 메시지에 대한 공
산당 장군들의 답변 번역.

　"유엔군 사령관 리지웨이 장군,

　오늘 우리는 귀하의 메시지를 수령했으며 이에 동의합니다.

　　북한인민군 사령관 김일성, 중국 인민지원군 사령관 펑더화이"

드장

【94】 예비회담 유엔 측 대표(1951.7.8)

[전　　　보]	예비회담 유엔 측 대표
[문 서 번 호]	1492
[발　신　일]	1951년 7월 8일 09시 00분
[수　신　일]	1951년 7월 8일 21시 30분
[발신지 및 발신자]	도쿄/드장(주일 프랑스대사)

위싱턴 주재 프랑스대사관 공문 제663호, 뉴욕 공문 제546호, 사이공 고등판
무관 공문 제994호

1. 도쿄 주재 유엔사령부는 오늘 7월 8일 오후 공산당 측 대표들과 1차 회담
을 가질 유엔대표단은 다음 장교들로 구성될 거라고 알렸습니다. 미 해군 조
이[1] 부제독, 미 공군 크레이기[2] 장군, 8군단 호데스[3] 사령관, 미 해군 버크[4]
소장, 한국군 백선엽 장군이 이에 해당합니다. 조이 제독은 유엔군 해군 사령관
입니다.

크레이기 장군은 유엔군 공군 및 미 극동공군 부사령관입니다.

호데스 장군은 조이 제독 참모본부 소속입니다.

백선엽 장군은 한국군 제1군단장입니다.

---

[1] 찰스 터너 조이(Charles Turner Joy, 1895-1956). 2차대전과 한국전쟁 당시 미 해군 제독. 한국전
쟁 중 많은 해군 활동을 지시함. 휴전회담 시 유엔군 측 대표.

[2] 라우렌스 크레이기(Laurence C.Craigi. 미 공군 소장. 1951년 7월 10일부터 11월 27일까지 휴전
회담 유엔측 대표단의 공군 대표로 활동했음.

[3] 헨리 호데스(Henry I. Hodes, 1899-1962). 1951년 미8군 참모총장 보좌관.

[4] 아레지 버크(Arleigh A. Burk). 미 해군 소장. 1951년 7월 10일부터 12월 11까지 휴전회담 유엔
측 대표단의 해군 대표로 활동했음.

2. 7월 8일 예비회담에서 유엔사령부를 대표하는 장교는 해군 소속 머레이[5] 대령, 미 공군 키니[6] 대령, 한국 육군 이수영 중령입니다.

8군단 대변인에 따르면, 이 세 명의 장교는 전반적인 휴전협정을 할 권한은 없으며 7월 10일 예정된 회담을 위한 구체적인 준비 문제만 접근해야 합니다.

국방부에 전달 요망.

드장

---

[5] 제임스 J. 머레이(J. C. Murray). 유엔군 연락장교. 해병대 소속.
[6] 앤드류 키니(A. J. Kinney, 1914-2005). 유엔군 공군 대령. 회담진행과 관련된 실무 접촉을 담당한 연락장교단 유엔군 수석연락장교.

【95】 1차 정전회담 공산 측 대표(1951.7.7)

[전   보]   1차 정전회담 공산 측 대표
[문 서 번 호]   1493
[발   신   일]   1951년 7월 9일 6시 50분
[수   신   일]   1951년 7월 9일 7시 00분
[발신지 및 발신자]   도쿄/드장(주일 프랑스대사)

사이공 공문 제995호

　7월 8일 22시 언론에 넘긴 총사령부 공문은 동일 개성 북쪽 광문동에서 9시 22분부터 16시 40분까지 열린 예비회담이 완전 협조적으로 전개되었다고 알렸습니다.

　공산군 측 연락단은 북한군 대령 2명과 중국군 대령 1명이 포함되었습니다. 1차 회담은 같은 장소에서 7월 10일 열기로 합의되었습니다.

　이 회담의 공산 측 대표단은 북한군 2명, 중국군 2명인 4명의 장군으로 구성될 것입니다. 구체적으로는 남일,[1] 이상조[2] 북한 장군, 덩화,[3] 세팡(謝方) 중공군 장군입니다.

　이렇게 임명된 적군 대표 누구도 지금까지 제가 그 명성을 들은 바가 없습니다.

　언론 논평에 따르면, 예비회담에서는 공산 측 사령부가 특히 빠른 결과에 이

---

[1] 남일(南日, 1914-1976). 한국전쟁 당시에는 인민군 총참모장으로, 휴전회담 시 군사정전위원회 북한 측 대표로 활동.

[2] 이상조(李相朝, 1915-1996). 군사정전위원회 공산 측 대표, 소련 주재 대사(1955). 소련 망명(1967) 후 김일성 남침을 폭로하고 한국을 방문하기도 했음.

[3] 덩화(鄧華, 1910-1980). 한국전쟁 당시 중국인민지원군 부사령관. 정전회담 시 중국 측 책임자.

르고자 하는 인상을 주지 않은 것 같다고 합니다.

드장

【96】 휴전협정에 대한 폴란드 언론의 반응(1951.7.9)

[전   보]   휴전협정에 대한 폴란드 언론의 반응
[문 서 번 호]   751-752
[발   신   일]   1951년 7월 9일 19시
[수   신   일]   1951년 7월 10일 10시 30분
[발신지 및 발신자]   바르샤바/덴느리(주폴란드 프랑스대사)

지금까지는 한국 휴전협상에 대한 뉴스가 미국에 대한 폴란드 언론의 공격을 약화시키고 있지는 않았습니다.

『지지바르샤바』는 7월 4일 트루먼 담화를 강력히 비판하고 있습니다.

> "트루먼이 한국 휴전이 실현될 수도 있다는 생각으로 강한 두려움을 느끼고 있다. 듀퐁과 그의 동포들은 마치 악마가 성수(聖水)를 대하듯 평화를 두려워하고 있다. 우리는 한국에서의 휴전협정과 평화협정 체결이 국제관계에서 어떠한 긴장완화도 만들어내지 못할 것이며 군비도 축소되지 않을 거라는 사실을 잘 알고 있다. 트루먼이 미 병사들의 태도를 치하하고, 미군이 "어떠한 자유인도 구속"하지 않았다고 말한 같은 날, 평양에 야만적인 미군 공습이 시행되었다."

『트리부나루두』[1] 역시 같은 생각을 기술하고 있습니다. 이 신문은 평화를 위해 시작된 운동을 반대하기 위해 미 국무부가 밀라노에 '국제 황색조합'[2]을, 프랑크푸르트에 사회당을 조직했다고 덧붙였습니다.

덴느리

---

[1] 『트리부나루두Tribuna Ludu』. 폴란드 정부 기관지.
[2] 자본가가 시키는 대로 하는 어용 노동조합, 또는 이처럼 협조성이 강한 노동조합을 경멸하여 부르는 말.

【97】 러스크 국무차관보가 전하는 휴전회담을 둘러싼 분위기(1951.7.9)

[전 보]	러스크 국무차관보가 전하는 휴전회담을 둘러싼
	분위기
[문 서 번 호]	4999-5002
[발 신 일]	1951년 7월 9일 18시 45분(현지 시간), 23시 20분(프
	랑스 시간)
[수 신 일]	1951년 7월 10일 03시 30분
[발신지 및 발신자]	워싱턴/보네(주미 프랑스대사)

보안

절대우선문건

파리로 타전

뉴욕 공문 제1135-1138호

오늘 오후 러스크 극동담당 국무차관보는 미 국무부가 도쿄로부터 개성 예비
회담에 관해 받은 간단한 정보를 우리 대사관 참사관에 알려주었습니다. 거기
에는 내일 있을 회담 준비에 관한 전문적인 내역만 포함되어 있으며, 공산 측
대표들의 태도가 '협조적'이었다고 확인해주고 있습니다.

러스크 씨는 수요일 오전 이전에 휴전협정 초기 결과에 대한 상세 정보를 받
을 기대는 하고 있지 않습니다. 비교적 낙관적이었던 모든 것은, 북한에 중공군
지원부대가 증원되어 올 것이라는 걱정으로 바뀌었습니다. 어제 하루 동안, 유
엔군 공군은 전선으로 향하는 적의 차량 3,200대를 찾아낸 것 같습니다. 베이징
라디오 방송은 상대측이 회담 동안 정치문제를 제기하고 싶어 하는 것은 아닐
까 걱정하게 만듭니다. 미 대표단 측으로서는 성공을 위해 신속하고 제한적인
것이 좋을 것 같은 협상을 길게 늘어뜨릴 위험이 있어서 분명 언급하기를 거부

할 정치문제 말입니다. 게다가 러스크 차관보는, 지금은 한국의 지리적 한계 속에서 적이 전투를 유지할 수 있는 상황이 아니며, 협상이 실패하면 충돌이 늘어날 수밖에 없고, 확실한 것은 더욱 완전히 다른 요인으로 적절한 해결책을 정하도록 해야 할 것이라는 점을 잘 알고 있습니다.

아무튼 러스크 차관보는 양측 모두에게 인정받을 수 있는 '전문적이면서도 중립적인' 국가에게 맡기려 했었던 생각이 불가능해 보여 포기하려 했었는데, 이제는 경우에 따라 휴전 감독을 담당할 기구에 중립국 군인대표를 포함시키는 데 신경 썼다는 것을 우리 참사관에게 알려주었습니다.

보네

【98】 회담을 대하는 소련의 의도를 파악하기 위한 샤테뇨 대사의 접견(1951.7.10)

[전 보]	회담을 대하는 소련의 의도를 파악하기 위한 샤테뇨
	대사의 접견
[문 서 번 호]	1552-1557
[발 신 일]	1951년 7월 10일 17시
[수 신 일]	1951년 7월 10일 22시 30분
[발신지 및 발신자]	모스크바/샤테뇨(주소련 프랑스대사)

보안

저는 어제 접견 도중, 개성회담의 미래에 대해 보고몰로프[1] 장관의 의견을 알기 위해 애썼습니다.

저의 질문에 생각할 시간을 갖는 게 아니라는 것을 보여주려는 듯이, 보고몰로프 씨는 소련은 한국에서의 교전 당사국이 아니므로, 주요 의제가 군사 조건에 대한 성격을 지닌 이 회담의 당사자가 아니라고 제게 우회적으로 답했습니다.

장관은 덧붙이기를 소련은 적대행위를 끝내기 위한 제안을 발의해야 한다는 생각을 했었다고 합니다. 소련은 전투와는 별개로 떨어져 있어서 자기 역할은 거기까지이기 때문이라고 말입니다. 저는 이것이 우리가 제안한 평화를 ㅁㅁㅁ 이루기 위함이었으며, 우리 역시 군사 작전 중지를 지지하고 있었다고 말했습니다.

소련의 발의는 아마 한국과 극동의 평화에 대한 총체적인 관점에서 나왔을 겁니다.

---

1) 알렉산드르 보고몰로프(Alexander E. Bogomolov, 1900-1969). 유엔인권위원회에서 세계인권선언 작성에 참여. 프랑스 주재 소련대사, 체코대사, 이탈리아대사 역임. 1951년 당시 소련 국무장관으로 추정됨.

보고몰로프 씨는 협상이 시작되었어도 불확실한 과정에 있다고 말하며, 기다려야 할 결과에 대해 신중한 태도를 보여야한다고 했습니다. 무엇 때문이건 소집되었다가도 몇 달간 의제를 제시하지 못한 체 지속되었던 대표대리인 회담 경험 이후 억측을 경계해야 했습니다. 3국의 대표와 협의에 이르기 위해, 소련 대표는 양보했으며, 3국 대표는 그들의 요구조건을 취하지 않고 이 양보를 받아들였습니다.

제가 토론해야 할 문제들에 대한 효과적인 모든 관점을 끌어내기 위해 서방 대표대리인들이 회담 전 과정에서 따랐던 노력을 그에게 내세우자, 보고몰로프 장관은 더 이상 자유로운 논의가 진척되지 않았고 소련정부가 참을 수 없었던 다른 3국 대표들의 요구를 주장하는 공동 전선에 소련 대표가 계속 부딪혔다고 응수했습니다.

그는 그러한 요구들 중에서 현재 국제적 긴장의 주요원인인 대서양조약이 그 모든 것을 지우고자 했던 회담으로 소홀이 될 수는 없었다고 주장했습니다.

잠시 논의에서 빗겨났던 개성회담으로 그를 다시 끌어들이자, 보고몰로프 장관은 이번 회담이 앞으로의 첫걸음이 될 것이라고 제게 말했습니다.

저는 그가 성공을 예상하고 있었는지 알기 위해 대화를 이어갔습니다. 그는 우리 회담의 열성적인 증인 앞에서 우리의 의도를 평가해야 하는 모든 유보조항들을 살펴보면서, 첫걸음이 합리적으로 가장 이루기 어려웠다고 했습니다.

저는 물론 영미문제 담당 차관 중 한명이 미 대사에게 이야기할 수 있었던 것 이상으로 장관이 제게 소련의 의도를 밝힐 것이라고는 전혀 기대하지 않았습니다(본인의 전보 제1434-1436호 참조).

저는 소련 정부가 한국에서의 적대행위 중지 협정을 주도했었다는 사실에 만족하고 있다는 것, 한국과 중국을 방패로 삼을 만한 일에 아주 조심스러울 것이라는 것과 이제부터 공격 대책을 마련하기 보다는 방어적인 신중함을 더 확보 대비하고자 하려는 데에서 어려움 없이 협상을 길게 끄는 것을 보게 될 것이라는 인상을 받았습니다.

샤테뇨

【99】 휴전협정 비준 조건에 대한 미국, 영국, 프랑스 유엔대표들의 의견 교환 (1951.7.10)

[전 보]	휴전협정 비준 조건에 대한 미국, 영국, 프랑스 유엔대표들의 의견 교환
[문 서 번 호]	2977-2980
[발 신 일]	1951년 7월 10일 18시 55분(현지 시간), 23시 55분 (프랑스 시간)
[수 신 일]	1951년 7월 11일 00시 20분
[발신지 및 발신자]	뉴욕/라코스트(주유엔 프랑스대표대리)

보안

2급 비밀

워싱턴 공문 제1741-1744호

유엔 미국대사 그로스 씨는 어제 유엔 영국 대사 글래드윈 젭 경과 저와 함께 어쩌면 통합사령부가 한국 공산당 사령관과 체결하게 될 휴전협정에 대해, 그때가 되면 유엔이 비준해 줄 수 있는 조건에 대한 이야기를 짧게 나누었습니다.

아직은 미 국무부의 결정적인 최종 의견이 아닌 사전 전망에 관한 것만 명확히 하면서, 그로스 씨는 통합사령부가 휴전협정 체결 이후 유엔 사무총장이나 유엔총회 의장에게 보낼 보고서에 협정문을 첨부해 발송하는 것이 미 국무부의 특별한 목적일 거라고 알려주었습니다. 이 보고서를 받자마자, 사무총장이 안보리 의장과 회원국에 전달하거나 유엔총회 의장이 회원국에게 전달하게 될 것이고, 심의회나 회의에서 휴전협정 사항에 관해 문서화해서 비준해줄 것입니다.

이어서 심의회나 회의는 한국의 통합, 민주화, 경제 부흥 등 일반원칙을 재확인할 것이며, 이 원칙들에 대해 유엔은 한국사태에 대한 규정을 세우고자 합니다.

그로스 씨는 이 규정에 관해 협의할 때 접근될 수 있는 미 국무부의 견해에 대한 정보는 주지 않았습니다.

저는 그로스 씨에게 사무총장이 최근 통합사령부에 의해 휴전을 '더 고려해야 할 것'으로 생각하는 것 같다고 상기시켰습니다(본인의 전보 제2942호 참조). 그로스 씨는 트리그브 리 사무총장을 설득한 것으로 생각한다고 답했습니다.

통합사령부가 생각하는 휴전협정은 다른 모든 것을 제외하고 순수하게 군사적 특성을 지닌 문제만 대상으로 해야 하는 것입니다. 한국 주재 통합사령부 대표가 휴전협정서에 하게 될 서명은 유엔이 이 협정서에 즉각적으로 집행할 수 있는 특성을 부여할 수 있을 것이기 때문입니다.

미 국무부는 꽤나 불안한 마음으로 '더 고려해야 할 것'에 대한 승인여부를 지켜볼 것입니다.

특히 최초의 서명과 최종 서명을 구분하는 기간은 결정적인 기간일 것입니다. 이 기간 자체가 유엔 안보리나 총회, 또는 유엔이 그들의 이름으로 이 협정에 대해 결정할 책임을 위임한 또 다른 기구의 동의를 얻은 정식 비준의 결과입니다. 하지만 어쩌면 기한이 이미 정해졌을 협정 승인에 기여할 그런 기구 내부에서 항상 있을 수 있는 것처럼, 길게 늘어진 토의로 지체되면 틀림없이 그 기간, 즉 대기 기간 동안 발생할 수 있는 피해의 책임을 유엔 탓으로 돌릴 것입니다. 다른 한편, 온갖 협박이 생길 수 있습니다. 국무부 의견에 따라, 또 물론 공산군 사령부 대표들의 승인 권한을 주기 위해 비슷한 조치가 상대편에서도 취해진다면, 휴전 협정은 교섭 위원이 협정 조항에 대해 그들의 동의를 확인했다면, 서로 합의한 날짜와 시간에 바로 발효될 수 있을 것입니다.

라코스트

【100】 휴전협정을 총괄할 유엔 기구 선택에 대한 미국, 영국, 프랑스의 입장
(1951.7.10)

[전 보]	휴전협정을 총괄할 유엔 기구 선택에 대한 미국, 영국, 프랑스의 입장
[문 서 번 호]	2981-2988
[발 신 일]	1951년 7월 10일 20시 30분(현지 시간), 11일 01시 00분(프랑스 시간)
[수 신 일]	1951년 7월 11일 01시 40분
[발신지 및 발신자]	뉴욕/라코스트(주유엔 프랑스대표대리)

2급 비밀

보안

긴급

워싱턴 공문 제1745-1752호

본인의 전보 제2977호에 이어

이루어져야 할 휴전협정이 유엔의 사전 승인을 받아야 할까봐 미 국무부가 불안해 할 다른 이유는 급속한 진행 과정의 경우, 또는 협정이 아주 빠른 시일에 체결될 경우 유엔의 이름으로 심의할 책임 기관을 채택하는 문제가 그 때에 미처 정해지지 못해서 유감스러울 수 있다는 것입니다.

또 다른 이유는 우선 휴전협정에 대해 공정하게 처리할 책임을 맡기로 정해질 곳이 안전보장이사회일 경우, 특히 유예기간이 길어지면 안보리에 중국을 포함시키는 문제에 대해 확실히 발언하지 않으려고 십중팔구 소련 대표가 수시로 제시할 어려움이 발생할 위험이 있을 거라는 점입니다. 분명 소련이 중국 국민당 대표의 출석에 반대하고 중국 공산당 대표의 출석을 요구하면 할수록,

중공은 안보리에 회부된 일에 바로 관련 당국이 될 것입니다.

이 모든 이유로, 미 국무부는 이미 체결되고 발효된 휴전협정을 심의할 때, 즉 차후 승인을 해야 할 때, 원칙을 재확인하고 그 원칙에 따라 유엔이 한국문제를 해결하는 것을 보길 원할 때 임명되어야 할 기구가 유엔총회이기를 더 바라고 있습니다. 통합사령부는 휴전협정에 관한 특별 보고서를 안보리에 보낼 수 있을 것입니다. 적대행위가 시작된 초기부터 1950년 7월 7일 안보리 결의안 제6항에 의거해 주간보고 및 정기보고를 바로 이사회에 보냈었기 때문입니다.

글래드윈 젭 경은 그로스 대사에게 소련 대표가 중국의 대표권 승인에 대해 총회에 제기할 수 있을테고, 총회에도 같은 문제를 제기할 수 있다는 것, 또 이 문제로 야기된 유예기간이 길어지면 길어질수록, 소련은 안보리에서 고립되는 대신에 소련 위성국들의 지원을 기대할 수 있을 거라는 점을 지적했습니다.

그로스 씨는 소련이 거부권을 행사할 수는 없을 것이고, 더구나 중국의 대표권 승인 문제는 9월 19일 결의안으로 인해 아직도 그 문제를 해결하지 못했던 베네갈 라우 경이 의장인 7인특별위원회에 다수결로 다시 소환되기 쉬울 것이라고 응수했습니다.

그래서 글래드윈 젭 경은 휴전 문제를 안보리에 회부하기로 분명히 마음을 굳혔습니다. 그는 이처럼 특히 중요한 경우에 있어서는 양 측 사령부 간 이루어진 합의에 대한 승인 책임을 안보리에서 철회하면, 입장을 취할 열강들은 당연히 유엔헌장을 무시하고, 이미 축소된 안보리의 권위를 뒤흔들고, 쓰러뜨리고, 타격을 받을 수 있는 데 대해 비난하는 각국의 견해를 드러내게 될 것이라고 주장했습니다. 그는 회기 분쟁에 대해 확인받고 싶으면, 어쩌면 기권하기만을 바라고 있을지도 모를 중국 국민당 대표인 치앙 박사[1]와 공식적으로 접촉할 수 있다고 덧붙였습니다. 또 소련정부가 한국에서의 적대행위 중지를 보고자 하는 희망을 정말 지니고 있는 이상 소련대표와 공식 회담을 가질 수도 있다고 말입니다. 저는 완전히 개인적인 자격으로 말하는 것이라는 점을 분명히 하면서, 미 국무부는 차라리 영국대사가 제시한 관점을 지원하려는 것 같다는 것과 유엔헌

---

[1] 치앙팅푸(Tsiang Tingfu, 蔣廷黻, 1895-1965). 주유엔 대만대사.

장 존중을 보장하는 문제는 항상 프랑스 정부의 가장 중요한 관심거리라는 것, 또 원칙적으로 국제 안보와 평화를 유지할 책임이 있는 안전보장이사회에서 유엔헌장 글자 그대로의 뜻과 그 속에 담긴 정신에 따라 명확하고 철저하게 그 권한을 다시 세우는 일을 탈취하려는 소송 절차를 확인하기는 매우 어려울 것 같다는 저의 생각을 말했습니다.

따라서 그로스 씨는 결국 이사회가 한국문제를 포기했다고 항변했고, 글래드윈 젭 경과 본인은 안보리 의장(이번 달은 글래드윈 젭 경)이 의제를 회기 의사일정에 상정하고, 이사회는 이 절차문제가 해결되기 위해 의제로 채택하는 걸로 충분하다고 상기시켰습니다. 이 문제에 대한 각하의 동의 여부를 가능한 빨리 제게 알려주시면 감사하겠습니다.

저는 이러한 상황에서 이사회가 정상적으로, 또 합법적으로 고유의 역할을 하라고 요구하는 것이 좋겠다고 생각합니다. 이것은 단지 유엔헌장 존중을 수호하는데 가장 유용하고 좋은 방법으로 여기며, 즉 편향적이지 않고 보편적인 국제기구의 특성으로 결국 지지 및 지원하고 가결시켰던 애치슨 결의안 발효를 엄격하고 준엄하게 제한하려하면서 이루는 것이 아니라, 오히려 어떤 경우에도 원리원칙을 존중해야 하는 것에 유엔기구의 실직적인 기능을 다시 회복시키려 노력하면서 이루어져야 할 것입니다. 한국 휴전협정 체결을 제공할 상황은 단지 그 기회가 매우 중요한 것일 뿐 아니라, 미국의 절대적인 반대나 중국 국민당이나 소련의 나쁜 조치들이 없는 한, 별 어려움 없이 유리하게 이용될 수도 있는 것입니다. 어쨌든 이미 체결되어 발효 중인 협정을 법적으로 인정하기만 하면 되는 문제이기 때문에 별 위험 없이 될 수 있을 것입니다. 논의가 효과 없어 보이더라도 대단치 않다고 여기면 안 됩니다. 사실 이런 절차적인 문제 속에서 상황이 만들어 내는 것은 바로 문제시 된 유엔 미래의 주요 측면 중 하나입니다.

라코스트

【101】 미 정부와 통합사령부가 생각하는 휴전의 조건(1951.7.10)

[전 보]	미 정부와 통합사령부가 생각하는 휴전의 조건
[문 서 번 호]	2992-2999
[발 신 일]	1951년 7월 10일 22시 10분(현지 시간), 11일 03시 10분(프랑스 시간)
[수 신 일]	1951년 7월 11일 12시 00분
[발신지 및 발신자]	뉴욕/라코스트(주유엔 프랑스대표대리)

최우선문건

본인의 전보 제2977-2981호 참조

우리의 3자회의 전에 열린 특별회담 중에 저는 그로스 씨에게 통합사령부가 군사적이거나 비군사적인 문제를 어떻게 구별하려 하는지 물었습니다. 미 국무부가 개성회담 미국대표들이 논의하고 접근할 수 있는 문제들 중에서 절대적인 군사적 특성에 대해 공개적으로도 외교적으로도 계속 강조하고 있기에 말입니다.

저는 특히 통합사령부가 잠재적인 비무장지대 결정 문제나 이 비무장지대의 남쪽 경계 결정 문제, 또 38선에서 양측 '외국' 군대의 단계적 철수 문제만 군사적인 것으로 간주하고 있는지 물었습니다. 혹은 이 문제들이 군사적인 동시에 정치적 영역에 속하는 것인지, 그리고 만약 정치적인 영역이라면, 이것은 개성 군사 대표단이 상대편 대표단과 해결해야할 문제에 속하는 것인지 아닌지 말입니다. 마지막으로 저는 미 정부가 여전히 휴전이 발효되는 시간과 날짜에 유엔 전초기지의 실제 전선에서 임시 휴전이 이루어질 거라고 생각하는지 물었습니다(본인의 전보 제2809호와 제2868호 참조).

그로스 씨는 그에 대한 답을 몰랐는지, 아니면 제게 알려주면 안 된다고 느꼈는지, 처음에는 이 질문에 매우 당황한 듯 했습니다. 그로스 씨는 우선 작년 12월 이후부터는 공식 논의나 유엔 공식 회담에서처럼 미국 측에서도 '정전'이라는 표현을 사용한 것은 잘못되었다고 했습니다. 미 정부는 지난겨울 최악의 시기일 때조차 결코 단순한 '정전' 체결만을 생각했던 것은 아니라, 일시적 전투 중지에 더해 계속 다른 영역에 대한 조치와 보장이라는 객관적 사실을 더하고 싶어 했다고 말했습니다. 12월부터 미 정부가 생각했던 것을 지칭하는 적절한 단어는 '휴전'이며 이제부터는 이 단어를 사용해야 한다는 것입니다.

전적으로 군사적인 문제라는 것을 엄밀하게 규정한다는 것은 분명 매우 어렵습니다. 여기에 정치적이면서도 경제적인 요소들이 불가피하게, 때로는 복잡하게 얽혀있습니다. 그때는 그로스 씨도 개성회담의 미 대표단이 다룰 수 있는 완전히 군사적이라고 여겨지는 문제가 무엇인지 정확하게 몰랐지만, 다음 사항은 확인해줄 수 있었습니다.

1. 지금은 '현장'에서의 단순한 정전을 말하는 첫 번째 단계와 지속 가능한 타협안 조정에 관해 보다 심층적이고 보다 주요한 조항을 포함하는 휴전이라는 두 번째 단계 간의 구분이 중요한 것은 아닙니다. 타협안을 조정하는 동안 한국 사태의 근본해결에 관한 정치적 조항이 유엔에서 한껏 논의되었을 것입니다. 이제부터 두 단계는 현재 개성에서 논의되는 휴전협정이라는 하나의 성과로 합쳐지는 것으로 간주될 것입니다.

2. 6월 22일 그로스 씨가 글래드윈 경과 제게 주었던 정보는 휴전 시 지상군의 결정선은 통합사령부의 의미로는 유엔 지상군의 최대 진군선과 '거의' 일치되어야 한다는 뜻일 것입니다. 저는 '거의'라는 의미를 유지 지역이 적어도 중부와 동부에서 38선과 요새화된 캔자스라인 간에 포함된 모든 것, 또 가능하다면 실제 수복지 전체를 포함해야 할 것이라는 뜻으로 이해했습니다.

한편 그로스 대사는 개성 협상 중에 통합사령부가 예상한 주요 난관 하나는 방금 제가 미국의 개념을 규정한 임시 휴전선을 정하는 것에 관한 것이었다고 했으며, 워싱턴 주재 우리 대사관이 제공한 정보에 따르면 또 다른 하나는 상호 보장에 대한 허가 건이었다고 합니다. 그로스 씨는 특히 이 상호 보장이 특히 유엔이나 한-중 양쪽이 모두 수적으로 동일한 구성원으로 이루어진 공동 팀을 조직할 휴전공동위원회 구성일거라고 했습니다. 이 공동위원회는 필요한 것처럼 보이고, 남쪽의 부산부터 북쪽의 압록강까지 적대행위 중지선의 양쪽모두에서 한국 영토의 어떤 부분이라도 어떠한 제한도 없이 무조건 접근할 수 있어야할 것입니다. 또한 이 팀은 항공뿐 아니라 지상으로도 제한 없이 다닐 수 있어야 할 것입니다.

통합사령부는 이 조건이 반드시 필요하다고 여기지만, 어떻게 공산군사령부가 이에 동의할 수 있게 할까 고민 중입니다.

라코스트

【102】 휴전회담 직전 리지웨이의 기자회견과 공산 측 대표에 대한 정보(1951.7.10)

[전 보]	휴전회담 직전 리지웨이의 기자회견과 공산 측 대표에 대한 정보
[문 서 번 호]	1500
[발 신 일]	1951년 7월 10일 08시 40분
[수 신 일]	1951년 7월 11일 12시
[발신지 및 발신자]	도쿄/드장(주밀 프랑스대사)

절대우선문건

1. 리지웨이 장군이 7월 9일 어제 미 휴전협상 대표 3명과 도쿄를 떠났습니다. 그는 아마 회담기단 동안 개성에서 20㎞ 떨어진 문산 사령부에 있을 것 같습니다.

서울을 지나면서 리지웨이 장군은 몇 가지 언론발표를 했습니다. 그는 "우리는 각국 정부가 추구하는 것이 성공하느냐 실패하느냐 하는 중요한 시기에 있습니다. 단지 상대측에 신의를 보여야 합니다. 어찌될지 모르는 이 추측기간 동안, 회담이 목적을 이루기를 바라는 것이 낫습니다. 실패를 미리 예상하기에는 회담 목적이 너무 중요하기 때문입니다"라고 했습니다. 리지웨이 장군은 휴전협정이 적대행위 종식에 선행되어야 한다고도 했습니다.

UP통신 사장은 개인적인 메시지에서 공산 측 대표들이 특파원과 사진기자를 동반했는지 물으며, 자유세계의 보도가 되려면 통신사 대표들이 직접 작성한 기사가 있어야 할 것이라고 강조했습니다. 유엔 최고사령부는 미 협상대표들의 출발 후 모든 특파원이 진지에 묵을 수 있도록 조치했으며, 협정 때 대신 16명의 기자와 사진기자가 대표들을 동반하겠다는 원칙을 받아들였습니다.

2. 개성회담의 공산 측 주요대표 두 명은 남일 중장과 덩화 장군입니다. 남일 중장은 38세의 북한군 참모총장입니다. 만주에서 대학을 나왔으며 소련에서 오랜 체류 후, 1945년 평양 정부 교육국 차장 직을 맡았습니다. 1950년부터 인민군 참모총장이 된 인물입니다. 덩화 장군은 중국인민지원군 부사령관입니다. 작년 가을 강동에서 한국에 도착한 15군단을 지휘하고 있습니다. 전에는 하이난 섬 정부의 군사위원회 위원이었습니다.

국방부에 전달 요망.

드장

【103】 한국 휴전 협정을 바라보는 호주의 분위기(1951.7.10)

[보　고　서]	한국 휴전 협정을 바라보는 호주의 분위기
[문　서　번　호]	미상
[발　신　일]	1951년 7월 10일
[수　신　일]	미상
[발신지 및 발신자]	캔버라/파도바니(주호주 프랑스대사)
[수신지 및 수신자]	파리/슈만(프랑스 외무부장관)

한국 휴전

저는 6월 26일자 보고로 한국에서의 휴전 제안 소식을 접한 호주 외무부장관의 의견을 프랑스외무부에 알렸었습니다, 첨부된 성명에는 말리크가 제안한 가능성들에 대해 우리가 생각하는 모든 것을 거의 포함해 기입되어 있습니다.

호평 받고 있는 플림솔[1] 씨가 담당자로서 한국에서 호주를 대표하고 있고 홀륭하게 본국 정부에 소식을 전하고 있지만, 호주에서는 어쩌면 유엔의 관할 기관에서 보다 적극적인 입장을 표명을 하기에 앞서 지금은 정세가 진전되기를 기다리고 있는 것 같습니다. 호주가 휴전 협상에 대해 해야 할 제안이나 작전지도에 관한 특별한 견해를 갖기에는 호주의 참여가 사실 미미합니다.

적대행위가 종식될 수도 있다는 전망에서 야기된 일반적인 만족감을 짚어보아야 합니다. 우리에게는 먼 곳에서 벌어진 한국전쟁이 호주인에게는 아시아에서 일어나고 있기 때문에 가깝게 생각되는 것 같습니다. 호주는 지도자들이 공격을 끝내는지, 또 이러한 목적으로 영국 및 미국과 협력하는지 걱정스러운 사건들을 깊은 관심을 갖고 지켜보았습니다. 그럼에도 한국전쟁은 한국전에 참가

---

1) 제임스 플림솔(James Plimsol). 한국통일부흥위원단(UNCURK) 호주대표(1950-1953).

한 병력이 보잘 것 없더라도 할 수 없이 받아들여야 했습니다. 이것이 지금 교회에서 휴전을 위해 그토록 열렬히 기도하고 있는 이유입니다.

외무부 비서실장에 따르면 어쨌든 호주 당국자들은 어쩌면 휴전협정 체결에서 발생할 상황에 대해 불안하지 않은 것은 아니라고 합니다.

당국자는 호주 대표에게서 남한 정부가 적대행위 중지에 반대하고, 이것을 한국 통일의 원칙으로 강경하게 유지하고 있는 모습을 보인다는 정보를 받았습니다. 몇몇 불만이나 불안이 염려스러운 일이 된 것 같습니다.

파도바니

【104】 조이 제독의 휴전회담 개회사와 회담 분위기(1951.7.11)

[전 　　　 보]	조이 제독의 휴전회담 개회사와 회담 분위기
[문 서 번 호]	1503
[발 　신 　일]	1951년 7월 11일 01시 15분
[수 　신 　일]	1951년 7월 11일 14시
[발신지 및 발신자]	도쿄/드장(주일 프랑스대사)

고등판무관 제998호

워싱턴 제664호

뉴욕 제548호

총사령부 공문에 따르면, 유엔 대표단장[1]이 다음과 같이 말하면서 7월 10일 11시부터 12시 30분까지 개성에서 개최된 첫 번째 회기를 열었습니다.

　　"유엔대표단은 유엔군 총사령관을 대표하고 대리합니다. 대표단은 지금 시작된 토의가 전 세계 인민들에게 매우 중요하다는 것을 엄숙하게 자각하면서 임무를 진행할 것입니다. 물론 휴전 과정에서 협의가 이루어지는 순간까지, 또 승인된 휴전위원회가 기능을 수행할 준비가 될 때까지 당연히 합의된 휴전지역을 제외한 다른 곳에서의 적대행위는 계속될 것입니다.

　　지금 준비된 유엔군 대표단은 북한 공산군과의 휴전협정에 이르기 위해, 재발 방지를 보장하는 것으로 구성될 조건 하에서 한국에서의 적대행위 중지를 위해 노력할 것입니다. 이것이 이번 대표단의 유일한 목표입니다. 이 점에 관련된 한국의 군사 문제를 토의할 것입니다. 대표단은 한국과 연관되지 않은 어떠한 문제도, 정치적이거나 경제적인 어떠한 문제도 토의하지 않을 것입니

---

[1] 조이 제독을 가리킴.

다. 지금 시작되는 협상의 성패는 바로 이 자리에 입회한 대표단의 신의에 달려있습니다. 양측의 신의로 상호 신뢰의 분위기가 만들어질 수 있습니다. 그러한 분위기 속에 성공을 바라는 모든 이유가 있습니다. 또 그러한 분위기는 진실을 중시하는 곳에 존재할 수 있습니다. 유엔군 수석대표이자 유엔 사무총장을 대리하여, 본인은 유엔대표단이 신의로 처신할 것이며, 이 신의에 대해 어떠한 오해도 있을 수 없다는 것을 최고로 진지하고 강하며, 명확하게 표명하고자 합니다. 우리는 지금 입회한 한국 공산군 대표들도 이와 같이 행동할 거라고 믿고 있습니다."

회의는 16시부터 18시까지 재개되었습니다.

복귀하는 길에 미군 장교들과 나눈 대화에서 대표들은 "휴전을 논의하기 위한 의제 구성을 향해 진전을 보였다"는 느낌을 받았다고 말했습니다.

리지웨이 장군이 이끄는 총사령부 공문에 따르면, 회의는 '분명하고 확실한' 분위기에서 전개되었다고 합니다. 대표들은 그들의 의제를 제안했고 다음날 다시 만나기로 합의했습니다.

국방부에 전달 요망.

드장

【105】 휴전협정의 영향에 대한 폴란드 언론의 분석(1951.7.11)

[전   보] 휴전협정의 영향에 대한 폴란드 언론의 분석
[문 서 번 호] 757-759
[발   신   일] 1951년 7월 11일 14시
[수   신   일] 1951년 7월 14일 22시
[발신지 및 발신자] 바르샤바/덴느리(주폴란드 프랑스대사)

한국의 휴전 가능성에 대해 말리크 씨가 첫 담화를 했던 이후, 폴란드 신문을 읽으면 소련 선전선동활동의 커다란 주제를 쉽게 간파할 수 있습니다.

1. 소련은 언제나처럼 평화적 제안을 발의했다. 전 세계인들, 특히 전쟁을 미워하는 서방세계인들은 기뻐했다. 협상해야하는 의무를 자국 정부에게 강요한 것이 바로 이들이다. 이때부터 5개국 협정 체결을 위해 소련과 공동 투쟁을 해야 했다.

2. 휴전협정에도 불구하고, 서방 지도자들은 그들의 제국주의적이고 호전적인 정책을 포기하지 않고 있다. 미국은 한국에서 잔인한 행위를 계속 저지르고 있다. 재무장이 열광적으로 계속되고 있고, 무엇보다도 독일의 침략정신이 이전보다도 더 큰 관심을 받으며 이야기되고 있다. 『지지바르샤바』는 맥클로이[1]가 워싱턴에서 복귀한 후 다음 주에 12개의 독일 사단과 전술공군을 창설할 수 있기를 바라고 있다고 발표했다. 『트리부나루두』측 역시, 이를 증명하기 위해 『뉴욕타임스』를 인용하여 미국이 오데르-나이세 강 국경지역[2]에 대한 독일의

---

[1] Mac Cloy.
[2] 1945년 7월 포츠담 회담에서 유엔이 소련의 주장대로 독일과 폴란드의 임시국경선을 오데르 강과 나이세 강으로 정함. 이 합의로 패전국인 독일의 영토가 20% 정도 줄게 됨. 이후 서독이 계속 영토회복의 기회를 노렸다가 독일 통일 후 국경선으로 인정됨.

주장을 지지하고 있고, 오데르-나이세 강 전선 수정을 위한 전투는 공산주의에 대한 독일 여론을 결집시키게 할 거라고 썼다.

3. 한국 휴전협정 체결은 제국주의 정부들을 크게 약화시킬 것이다. 우선 불행히도 협상 체결은 인민들이 지도층과 맞서게 할 것이다. 게다가 원료유통의 붕괴로 이미 무력한 상태인 서구 자본주의 국가들에게는 재난이 될 것이다. 결국 연합국 간에 분열이 퍼지게 될 것이다. 이미 노동당3) 내부에는 불화가 번지고 있다. 노동당 정권 몇몇 당원들은 무장 계획 중지를 촉구했지만 이들은 곧 워싱턴의 방해를 받았다. 영-미 간 우호의 민감한 문제가 다시 한 번 공개적으로 드러났다.

덴느리

---

3) 문맥 정황상 영국 노동당으로 추정됨.

【106】 협상을 위한 유엔기구 조직에 대해(1951.7.11)

[전 보]	협상을 위한 유엔기구 조직에 대해
[문 서 번 호]	미상
[발 신 일]	1951년 7월 11일 14시 30분
[수 신 일]	1951년 7월 12일
[발신지 및 발신자]	파리/파로디 대리(프랑스 외교단)

한국전쟁

뉴욕 제2380-2390호
워싱턴 제7083-7093호
런던 제11005-11015호

보안
3급 비밀

(워싱턴과 런던으로) 뉴욕에 다음의 전보를 타전함
(워싱턴과 런던, 뉴욕으로) 귀하의 전보 제2492호 참조

저자가 각하에게 이야기했을 뿐 아니라 제출한, 즉 유엔 사무총장이 세계 평화에 관한 문제에 대해 주요 열강들이 숙고하도록 회부한 견해로써, 트리그브 리의 제안들을 저는 먼저 검토했다가 다음에는 비판하게 되었습니다.

1. 때가 되서 통합사령부가 정전을 중재하는데 안보리에 직접 보내는 것을 당연시 여기고 있는 보고서 중 하나에 할애하는 것이 바람직하다면, 제 생각에

그런 보고서는 '더 고려되었어야 하는' 유감스럽게도 시의적절치 않은 것이 될 것입니다. 1951년 7월 7일 유엔 결의안은 사령부가 아니라 '미국'에 보고서를 요구하고 있습니다. 우리는 실제로 적대행위 중지에 이르게 되기를 바란다면, 소련과 미국이 모든 정치적 문제로부터 이끌어내야 하는 협상을 면밀히 검토하고, 또 협상이 더 성공하기 위해 군사령부에 협상의 책임을 맡길 필요성을 깨달은 것에 만족한데 반해, 유혈이 멈추기 전에 유예기간이 길어지는 것은 둘째치고라도 이것은 본질적으로 정치적인 기반 앞에서 정전 조건을 만들어 불가피하게 분규를 자초하는 것으로 유엔안보리나 유엔 총회에 관한 문제일 것입니다.

법적으로, 사무국은 각하의 전보 제8896호를 분석한 문서에서 사령부가 군사 권한에 속하는 행위를 체결할 자격이 있다는 것을 보여주었습니다. 결국 이사회가 세운 유일한 형태의 중재기관 보고서를 총회가 심의할 수 있도록 하는 절차적인 측면에서 추가적인 어려움이 갑자기 생기게 되고 불가피한 상황도 생길 것입니다.

단지 트리그브 리에게 이 제안을 반대하는 것이 중요한 것이 아니라 경솔한 생각으로 정신이 팔리는 것을 피하는 것도 중요합니다.

2. 한국 사태 자체의 정치적 해결로 말하자면, 트리그브 리는 예전에 체결된 군사협정만 생각한다는 것을 잘 알게 되었습니다. 사무총장은 회담에서 극동의 보다 일반적인 문제들을 생각하는 것 같지는 않습니다.

1) 저는 한국위원회도 중재위원회도 이에 대한 책임을 맡지 않는다는 것에 트리그브 리와 같은 의견입니다. 하지만, 소련이 이 위원회들을 '불법'적으로 간주하는 논의를 그들과 반대해서 받아들이지는 않을 것입니다.

위원회들은 규정에 따라 투표로 총회가 세웠던 것이고, 소수당의 잘못된 주장이라는 이유로 위원회를 그만 이용한다는 것은 위험한 선례가 될 것입니다. 하지만 위원회를 전혀 사용하지 않는데 대해 이것은 충분히 타당한 이유입니다. 그 구성이 보여주는 것같이 한국 위원회는 북한의 공격이 최고조였던 10월 7일에 창설된 상황에 맞춰진 기구입니다. 적대행위 종식으로 유엔은 완전히 다른 상황과 책임 앞에 놓였습니다. 총회가 창설한 기구의 존속, 구성, 권한을 총회가 변경하는 일은 그럴 권한이 있기 때문에 적법합니다. 그 대상 중 하나인 중재위원회 역시 마찬가지입니다. 더구나 적대행위 종식은 중재위원회 밖에서 이루어질 것입니다.

따라서 유엔총회는 검토된 분야에서 유엔 사무총장이 제시한 이유로 위원회 활동을 중지시키는 더 많은 방법이 있습니다. 그 이유에서 일어날 수도 있는 문제에 대한 것에 답변을 사실상 하지 않고서도 말입니다.

2) 그렇다고 해서 저는 한 명, 혹은 여러 명의 중재자라는 생각을 받아들이고 싶지는 않습니다. 인도네시아나 팔레스타인의 예는 설득력이 거의 없습니다. 이 경우이건 저 경우이건, 중재자의 임무는 거의 독립 국가로서의 자격을 획득하게 한다는 매혹할만한 이유를 통해 용이하게 완수할 수 있었습니다. 이것은 한국의 경우에만 해당하는 상황이 아닙니다.

3) 한국에서 활동 중인 16개국 열강에게 해결안에 대한 지배적인 역할을 맡기겠다는 생각은 심사숙고해볼만 합니다. 공동전선의 성공에 기여했고, 평화 도발 세력에 대한 첫 번째 공동 투쟁 시도를 도왔던 국가들에게 그런 임무를 주는 것은 도덕적인 면에서도 적정해 보일뿐 아니라, 무엇보다도 이 해결안은 중국 정부의 자격 문제로 인해 갑자기 발생할 어려움을 피하는데도 유리할 것입니다. 사실 중국은 이 16개국에 들어있지 않습니다.

한국문제 해결의 본질에 접근하기 전에 그러 권한을 지닐 기구의 구성 자체에 실패의 위험이 있다는 사실을 절대 감추면 안 됩니다. 사실 이 해결안에서 중국을 어떻게 떨어뜨릴 수 있을지 생각하기란 어려운 일입니다. 그래서 미국은 아직 중국이 필요할 수도 있다는 것을 생각지도 않습니다. 영국과 인도, 또 다른 국가들이 이점에 관한 소련의 견해를 지지하는 것 같은데도 말입니다.

이 관점이 우세하다면, 내부적인 압력을 받고 있는 워싱턴이 무관심해지기 힘든 대만 정부에 협상에서 어떤 자격을 할애해야 할 겁니다. 이 복잡한 문제는 트리그브 리의 생각에 따라 축소된 협상 단체라는 개념으로 몰아갔습니다.

제 생각에는 팔레스타인 식의 조정위원회를 보게 될 것 같습니다. 사실 처음에는 나중 단계에서 보다 건설적인 토의를 위해 거의 비공식적으로 분위기를 조성해야할 협상자들이 중요할 수 있습니다.

서방세계 입장에서 영국인들 사이에 중공에 대한 견해 차이가 가장 불안한 요소 중 하나라는 생각은 귀하도 마찬가지일 겁니다. 말리크 제안의 처음부터 팔레 로즈[1]에서 대립이 뻔한 문제에 대해 회담할 대서양 열강 3개국 간에 생길 수 있는 분열을 야기하겠다는 소련의 저의가 있었던 것은 아닌지 의심해 볼 수도 있습니다. 만약 그런 저의가 있었다면, 이 작전의 의도는 한국전쟁 해결 이루 극동의 중대한 문제들이 다루어질 다음 단계를 목표로 한 것 같습니다.

방식에 관해서라면, 이 방식에 따라 처음 단계부터 검토될 문제가 완전히 시의 적절치 않은 발의가 되지 않도록 막는 것이 중요한 이유입니다. 유엔 총회가 논의해야 할 기구의 성격과 구성이 미국, 영국, 프랑스 간 예비회담 대상이 되는 것은 꼭 필요한 일 같습니다. 귀하는 이런 사항을 양측 대사에게 은밀히 터놓을 수도 있을 겁니다. 우리도 곧 동맹국 앞에 인도차이나의 안보 문제를 제기해야 한다는 입장을 잊지 마십시오. 이 문제는 다음 명령에서 다루어 질 것입니다.

외교단
파로디 대리

---

[1] 팔레 로즈(Palais Rose). '장미 궁'이라는 의미. 지금은 사라진 공작 부부 사저용 궁전. 2차대전 시에는 독일군에게 점령되었다가 1949년 프랑스 정부의 소유가 된 후 독일문제를 위한 4자 회담이나, 한국전쟁 시 미·소·영·프랑스 외무부장관 회의 등 굵직한 정부 행사를 개최하는 장소로 사용됨.

【107】 소련의 한국 휴전협상정책 분석에 관한 통신문(1951.7.11)

[전　　　　　보]	소련의 한국 휴전협상정책 분석에 관한 통신문
[문 서 번 호]	미상
[발　　신　　일]	1951년 7월 11일
[수　　신　　일]	미상
[발신지 및 발신자]	파리/루스[1] 대리(프랑스 외교단)

통신문 제30-I.P.호

한국 휴전 협상에 대해

AFP통신에 한국 휴전을 위해 지금 따르고 있는 협상에 대한 통신문을 보냈었는데, 이 협상을 통해 소련의 정책을 살펴볼 수 있습니다. 다음과 같이 귀하에게 알리기 위해 통신문 원문을 보내드립니다.

　　"공산권이나 소련 언론에서 한국 휴전 협상의 서막은 선전선동 활동을 수반하고 있다. 이는 소련의 정책이 단지 평화적이라는 것을 믿게 만들려는 속이 훤히 들려다 보이는 작전으로서 프랑스 외교계에서는 규탄하고 있다. 물론 이 선전 활동은 현재 진행 중인 한국 휴전협상 처음부터 말리크의 제안을 부각시키고 있지만, 이 제안은 원래 미국이 1950년 6월에 제안했었으며, 유엔이 몇 차례 반복했던 38선 휴전과 완전히 같은 것이라는 점, 또 소련과 중국, 북한은 이 제안을 결코 받아들이지 않았었다는 점도 말하고 있다. 그런데 한국에서의 적대행위 발생 책임이 있는 것은 단지 이들 세 나라이며, 이들은 또한 불필요하게 적대행위를 길게 연장시키고 있다.

---

[1] Bruno de Leusse인지 Pierre de Leusse인지 추정이 어려움. 모두 당시 프랑스 외교관.

물론 이런 분위기에서 말리크로 하여금 소련이 이 제안에 동조한다는 것을 보여주는 것만으로 만족스럽다고 할 수도 있지만, 1년 전에 그렇게 하지 않았다는 것이 유감스러운 일이다. 사실은 소련이 단지 평화적 정책만 지닌 것이 아니라 평화의 실마리를 쥐고 있다는 것이다. 다른 나라의 호소에는 귀를 막고 있는 소련은 자신들의 호소는 대대적으로 준비할 줄 알고 있다. 이미 서구 민주주의 국가들과 유엔이 했던 호소를 단순히 반복한 것이라 하더라도 말이다.

마찬가지로 소련은 호전정신을 표하는 것으로 파리 항공박람회에서 했던 격려사가 증오로 가득 차 있기는 했어도 정당한 방어의지를 표명하는 방법으로 모스크바에서 항공박람회를 보여줄 수 있다.

이런 분위기 속에서 우리는 이처럼 요란스럽게 소련의 평화론을 구두로 표명하는 것은 서방 국가가 재무장을 늦추거나 중단하도록 선동하는 것이라고 생각한다.

그런 선전선동 활동에 귀를 기울이는 것은 점령정책을 유지하는 소련에게 득이 되는 일이라고 생각한다. 소련은 1년 동안 유엔군이 한국에서 격퇴되고, 서구 열강들이 필요하지만 비경제적인 재무장에 지치고, 3개 강국 간에 대립이 나타나고 대서양 조약 정책이 서서히 약화될 거라고 생각할 수 있었다.

그래서 한국전이 길어지고, 팔레 로즈에서 있었던 그로미코의 단도직입적인 논리가 표명되기도 했다. 그리고 이 공론들이 실패한 지금은 정책과 태도의 갑작스런 변화를 보이며 평화, 오직 평화만을 말하고 있다. 물론 세계 여론은 이 회담에 기뻐할 수만은 없으며, 신중해야 한다고 말하고 있다. 전략은 변했어도, 반증되기 전까지는 목적은 같은 것이다."

외교단
루스 대리

【108】 남일 장군과 덩화 장군의 휴전회담 개회사(1951.7.12)

[전 　　　 보]	남일 장군과 덩화 장군의 휴전회담 개회사
[문 서 번 호]	1566
[발 　 신 　 일]	1951년 7월 12일 18시
[수 　 신 　 일]	1951년 7월 12일 21시
[발신지 및 발신자]	모스크바/샤테뇨(주소련 프랑스대사)

신화통신 뉴스에 따르면, 베이징 지부 타스통신 특파원은 오늘, 7월 10일 개성에서 열렸던 휴전협상 1차회기를 보고했습니다.

오늘 아침 신문에 발표된 그대로 한국과 중국 대표의 선언문을 보면 다음과 같습니다.

　　"6월 30일, 유엔군 총사령관 리지웨이 장군은 휴전협상을 시작할 준비가 되었다고 선언했습니다. 우리 최고사령관 김일성 장군과 중국인민지원군 사령관 펑더화이 장군은 한중 인민들, 더 나아가 전 세계 인민들의 희망과 바람대로 리지웨이 장군의 회담 개시에 동의했으며, 조선인민군 대표자 자격으로 본인을 파견했습니다. 조선 인민은 예전이나 지금이나 한국전쟁이 최단기간 내에 끝나야 한다고 여기고 있습니다. 이것이 6월 23일 양측이 정전 및 휴전협상을 시작하고 38선에서 군대를 철수시키자고 요구한 유엔 소련 대표 말리크의 제안을 열렬히 환영한 이유입니다. 한국전을 끝내려면, 또 한국에서 전쟁이 다시 일어나지 않도록 보장하기 위해 한국에서의 적대행위 중지와 외국군 철수라는 본질적인 조건으로서 우리는 정전이나 양측 군대의 38선 철수 같은 중요한 문제를 해결할 필요가 있다고 생각합니다.

　　그래서 조선인민군의 이름으로 본인은 다음을 제안합니다.

　　1. 상호 합의에 따라 양측은 모든 적대행위 중지를 명한다. 각 군은 상대편

에 대한 포격과 봉쇄 및 정찰을 중지한다. 해군과 공군도 마찬가지다. 정전이 인명피해 및 물적 피해를 줄일 수 있을 뿐 아니라 한국에서 전쟁의 불길을 끌 수 있는 첫 걸음이 될 수 있다는 것은 명백하다.

2. 38선은 군사분계선으로 지정되어야 하고 동시에 10㎞ 거리를 두고 철수해야 한다.

양측 군대들로 이는 정해진 기간 안에 이루어져야 한다. 철수된 지역은 비무장지대로 정해질 것이며, 양측 어느 쪽도 이 지역에 군대를 위치시키거나 군사행위를 개시하지 않아야 할 것이다. 이 지역의 민사집무는 1950년 6월 25일 당시의 형태로 정해져야 한다. 동시에 빨리 고향으로 돌아가 가족과 상봉할 수 있도록 즉시 양측의 포로교환 협상이 시작되어야 한다.

3. 모든 외국군대는 최대한 빠른 기간 안에 철수해야 한다. 한국전쟁의 종식과 한국문제의 평화적 해결은 원칙적으로 보장될 것이다.

조선 인민과 중국 인민, 소련 인민, 그리고 미국과 영국 인민을 포함한 전세계 모든 나라의 평화를 사랑하는 인민들은 한국전쟁 종결과 한국문제의 평화적 해결을 간곡히 요청하는 바입니다. 본인은 이번 협상으로 우리가 모든 인민의 요구에 만족스러운 합의에 도달할 수 있기를 기대합니다."

남일 장군의 이 담화를 지지하는 중국인민지원군 대표 덩화 장군은 다음과 같이 선언했다.

"본인은 조선인민군을 돕기 위해 한국에서 싸우고 있는 중국지원군 총사령관인 펑더화이 장군의 명령으로 이 회담에 왔습니다.

우리는 조선인민군 대표와 일치 협력하여, 유엔군 총사령관 리지웨이 장군의 대표들과 함께 정전 및 휴전 문제와, 한국에 관한 다른 문제들을 공정하고 적절한 근거 상에서 논의할 것입니다. 나는 이 문제들을 해결하는 것이 한국문제의 평화적 해결을 향한 중요한 한 걸음이 될 것으로 생각합니다.

중국과 조선 인민들의 관심은 완전히 일치합니다. 중국 인민은 한국전쟁 중지와 한국문제의 평화적 해결을 끈질기게 요구하고 있으며, 이는 중국 인민이 끊임없이 지향하는 목표입니다. 인민지원군은 오로지 한국에 평화를 회복시키고 중국의 안보를 보장하기 위해 조선인민군을 도왔습니다.

소련 정부의 일관된 입장과 한국문제의 평화적 해결에 호의적인 입장에 입각하여 유엔 주재 소련 대표 말리크가 한국에 있는 교전국들이 휴전 협상을 시작하고 해당국 군대를 38선에서 철수시키라고 제안했던 것은 이 때문입니다. 이 제안은 곧 중국 인민과 정부의 열렬한 동의를 얻었습니다. 한국의 정전, 군사분계선으로 38선 지정, 모든 외국군 철수는 조선과 중국 인민, 또 전세계 인민들의 요구와 바람에 부합하는 것입니다. 우리는 조선인민군 대표가 소개한 세 가지 제안이 한국의 정전과 한국문제의 평화적 해결에 꼭 필요한 전제를 구성하는 것이라 생각합니다. 중국인민지원군은 이 제안을 전적으로 지지하고 이 제안이 협상의 출발점이 되어야 한다고 여깁니다. 전 세계 인민들은 전쟁을 증오하고 열렬히 평화를 바라고 있습니다. 우리는 한국전쟁을 끝낸다는 임무에서 성공하기 바랍니다".

샤테뇨

【109】 휴전회담 보도를 최대한 자제하려는 소련의 분위기(1951.7.12)

[전   보]   휴전회담 보도를 최대한 자제하려는 소련의 분위기
[문 서 번 호]   1568-1569
[발   신   일]   1951년 7월 12일 18시
[수   신   일]   1951년 7월 12일 20시 45분
[발신지 및 발신자]   모스크바/샤테뇨(주소련 프랑스대사)

   소련 언론은 10일 열렸던 1차 전권사절 회담에 대한 보고를 7월 12일 오늘에야 게재했습니다. 신문은 베이징라디오에서 10일 화요일 저녁 방송한 신화통신 통신문 원문 전체를 논평 없이 그대로 재수록했습니다.

   그래서 사실 오늘 아침까지 소련 신문 독자들은 조선중앙통신이 보낸 버전만 알고 있었습니다. 그런데 오늘의 최근 공보는 본인의 전보 제1564호에서 간간히 알렸던 것과 같은 것으로 남일 장군의 제시한 세 가지 조건을 열거할 뿐입니다. 특히 한국에서의 외국군 철수라는 본질적인 문제에 대해서는 '최대한 빠른 기간 안에'라고만 요청하고 있습니다.

   너무 조급한 결론을 끌어내지 말고 신중을 기해야 하는 것이 좋을 것입니다, 모스크바 언론은 신중하게 뉴스의 양을 정하도록 하고 있고, 소련 정부도 베이징의 요구가 너무 빨리 소련 대중에게 드러나지 않도록 신경 쓰는 것 같습니다.

샤테뇨

【110】 휴전회담 분위기와 한국의 휴전 반대 시위(1951.7.12)

[전 보]	휴전회담 분위기와 한국의 휴전 반대 시위
[문 서 번 호]	1527
[발 신 일]	1951년 7월 12일 01시 15분
[수 신 일]	1951년 7월 12일 11시 00분
[발신지 및 발신자]	도쿄/드장(주일 프랑스대사)

사이공 공문 제1022호

1. 7월 11일 저녁 발표된 리지웨이 장군의 공문은 어제 개성에서 열린 2차 대표단 회의가 양측 간의 이해를 돕기에 적합하도록 전날보다는 덜 경직되고 덜 형식적인 분위기에서 전개되었다는 것을 알려줍니다. 언어의 차이에서 발생한 어려움과 다양한 의제 조항에 우선권을 주는 문제에서 벌어지는 몇몇 의견차는 묵시적으로 나타나고 있습니다.

2. 통신사의 몇몇 통신문에 따르면, 미국 대표 중 한 명인 버크 제독은 어제 기자단에 유엔대표단은 한국에 대해 군사문제만 논의할 수 있다고 발표했다고 합니다. 제독은 또 군대 철수는 정치적 사안인 것 같다고 했답니다. 이 발언은 몇몇 신문에 의해 부정확하게 확산되었습니다. 버크 제독은 공산 측의 평화적 제안을 유엔대표단이 거절했었다는 보도를 단호하게 부인했습니다.[1]

3. 한국에서는 38선 상태로 회귀한다는 것을 기초로 한 휴전에 반대하는 시

---

[1] 버크 제독은 2차 회담 후 기자들의 질문에 군대 철수 문제가 정치적 사안이 될 것이며 정치문제와 경제문제는 논의하지 않을 거라고 말한 것이지 모스크바 언론이 보도한대로 군 철수 문제가 정치적 사안이라 토의를 거부하겠다고 한 것은 아니라고 밝혔음.

위가 계속 열리고 있습니다,

어제 부산에서는 '압록강으로'를 외치며 행렬의 시위행진이 있었습니다.[2] 조국 통일 없는 모든 정전에 결사반대한다고 외치며 전단지가 배포되었습니다. 서울에서도 50,000명 정도가 참여한 같은 성격의 시위가 열렸습니다.[3]

한국 국방부차관은, 유엔군이 정전을 수용하더라도 남한군 총사령관이 한국군을 북진시키기로 결정했다는 소문을 부인했습니다.

국방부에 전달 요망.

드장

---

[2] 대한청년단의 휴전 반대 시위행진.
[3] 서울시 각 구·동회연합회가 주최한 휴전반대 국토통일 국민총궐기대회.

【111】 휴전회담 진행상황(1951.7.12)

[전 보]	휴전회담 진행상황
[문 서 번 호]	5085-5091
[발 신 일]	1951년 7월 12일 22시 15분(현지 시간), 03시 15분 (프랑스 시간)
[수 신 일]	1951년 7월 13일 03시 30분
[발신지 및 발신자]	워싱턴/보네(주미 프랑스대사)

보안

2급 비밀

절대우선문건

뉴욕 공문 제1164-1170호

미 극동담당 국무차관보는 오늘 오후 대표단장들에게 화요일과 수요일 개성에서 열렸던 회담에 관한 정보를 제공했습니다. 화요일에 대한 정보는 본인의 전보 제5033호의 정보를 확인하면 됩니다. 어쨌든 러스크 차관보는, 중국 대표가 오늘 오후 한국문제의 군사적인 측면과 정치적인 측면은 따로 구분해서 다루기가 힘들만큼 너무 복잡하다고 말했다고 했습니다.

수요일 회담은 양측의 각 대표단이 제출한 의제에 대한 각각의 장점을 논의하는 것으로 구성되었으며 포로문제에 대해 각하께 보고한 의견교환이 있었습니다. 미 대표들은 한국에서의 군대 철수 문제가 정치적 성격이라고 상대방을 설득하려 했지만 성과가 없었습니다. 더구나 의제 채택은 각 양측의 해결책이 아닌 문제들을 구분한다는 것을 의미하는 것이었습니다. 회의가 한창 진행 중일 때 다른 전선들 역시 고려될 수 있으니, 이런 이유로 유엔대표단은 38선 양쪽 모두의 군대 철수를 의제에 포함시키지 못하는 처지입니다.

우편물 문제는 이미 해결되었고, 개성에 유엔 기자단 파견 승인 문제가 오늘 아침 토의를 일시 중지하게 된 원인이 되었습니다. 기자들의 흥분과 조이 제독의 흥분에도 불구하고 이 사건은 어쩌면 그 자체로 심각한 일은 아닙니다. 그런데 20명의 기자 명단에 중국 국민당 소속 기자 한명이 포함되어 있는 것이 사태를 악화시켰던 것 같습니다.

이 때문에 미 국방부와 도쿄 사령부 간에 꽤 날카로운 전보들이 오갔습니다, 월요일에 열린 예비회담 시 개성의 중립화를 요청하지 않은 미 대표들이 저지른 미숙함에 대해 리지웨이 장군을 질책한 것 같습니다. 북한과 중국은 사실 이번 일을 미 대표들이 휴전을 요청할 수밖에 없는 패배자로 보이게 하는 선전 선동 활동이 될 수 있는 쇼를 준비하기 위해 이용했습니다. 무장한 군대 가운데 비무장으로, 회담 장소에서는 떨어진 곳으로 지정해준 숙소에서 나오는 여정 중 개성에서의 이동도 제한되어야 하고, 자신들의 의사와 반하는 사진을 찍히는 등 조이 제독과 그이 부하들은 어려운 입장에 처해진 것 같습니다. 이런 조건에서 미 정부는 회담을 재개하기 전에 미 대표들을 위해 저지른 실수를 가능한 한 바로잡도록 했습니다. 미 국무장관은 방금 절대적인 처우의 공평함이라는 관점을 제게 확인해 주었습니다. 적어도 개성은 비무장화 될 것이고, 유엔대표단은 통신과 이동의 완전한 자유를 보장받을 것입니다. 러스크 차관보는 유엔 기지들이 개성에 오는 문제가 어쨌든 유리하게 돌아가는 것 같다고 최신 정보에 추가했습니다.

워싱턴이 제기한 문제가 바라는 바와 같이 긍정적으로 해결되었더라도, 어제의 사건은 협상의 흐름을 좀 더 늦출 수 있습니다. 이미 리지웨이 장군에게 진행상황에 대한 완전한 자유를 준 것에 대해 유감스럽게 여길 수도 있고, 이제부터는 진행하기 전에 더 명확한 명령을 받을 수도 있습니다.

보네

【112】 협상지로 개성을 채택한 의미와 개성에 대한 설명(1951.7.12)

[보　고　서]　협상지로 개성을 채택한 의미와 개성에 대한 설명
[문 서 번 호]　752-A.M.
[발　신　일]　1951년 7월 12일 18시
[수　신　일]　미상
[발신지 및 발신자]　도쿄/미상

2급 비밀

보고서

주제: 개성: 휴전협상 지역
출처: 도쿄 참모본부 제2사무국
P.J.: 국방부용 지도

1. 1951년 7월 6일, 펑더화이 장군과 김일성은 도쿄에 있는 유엔사령관에게 '휴전'협상 책임자인 연락장교들이 7월 7일 05시 00분 차량마다 백기를 꽂은 지프 5대와 트럭 5대로 평양을 출발해 사리원과 판문점을 경유해 개성으로 갈 것이라고 통보했습니다. 이는 유엔 연락장교들도 육로로 오라고 시사하는 것입니다.

공산 측은 아마 다음과 같은 이유로 개성을 선택했을 겁니다.

　1) 38선과 인접하기 때문에 이전 분계선으로 복귀하자는 견해를 강조하기
　　위해서입니다.(개성은 아마 38선에서 가까운 가장 큰 어떤 중요도를 가
　　진 도시일 겁니다).

2) 체면을 차리기 위해서입니다. 공산 측은 회담이 원산에서 덴마크 병원선을 타고 열리는 것보다는 차라리 회담 장소를 지정하는 것을 더 선호했습니다. 그러면 '미주리'호를 타고 항복한 일본과 너무 비슷해 보일 수 있기 때문일 겁니다.

2. 개성은 한국의 옛 수도입니다. 서울이 새로운 수도가 된 1450경까지 500년 동안 수도였습니다. 개성은 한국의 10번 째 도시입니다. 육로로는 서울 북서쪽으로 42마일 지점에, 평양 남동쪽으로는 80마일 지점에 있습니다. 개성은 특산품인 인삼으로 유명했습니다. 전쟁 전에는 86,700명가량의 주민이 있었습니다. 이 수치는 군사작전의 전개에 따라 수많은 변화를 겪었습니다.

가로 폭 24피트의 자갈길로 된 남·북 주도로는 사리원을 통해 서울과 평양을 연결하고 있습니다. 이 도시의 거의 중앙에서 두 개의 수평 도로가 이 주도로를 가로지르고 있습니다. 대부분의 행정 건물은 개성의 북서쪽에 있습니다. 기차역은 서쪽 끝단에 있습니다. 인삼용으로 사용되는 창고나 건물은 북쪽에 있습니다. 대부분의 주거지는 한국형으로 흙벽에 초가지붕입니다. 숙영할 수 있도록 제공된 건물은 이 도시 곳곳에 흩어져 있는 몇몇 학교입니다. 미군이 6월 17일 찍은 사진은 유럽식 콘크리트 행정 건물은 피해가 거의 없었음을 보여주고 있습니다.

개성 근교에서 공군에게 제공되는 유일한 편의는 서쪽 2.5마일 지점에 있는 작은 활주로 단 하나입니다. 이 활주로는 1,800피트여서 소형연락기만 사용할 수 있습니다.

【113】 북한 유력인사에 대한 보고(1951.7.12)

```
[ 보   고   서 ]  북한 유력인사에 대한 보고
[ 문 서 번 호 ]  756-A.M.
[ 발   신   일 ]  1951년 7월 12일 18시
[ 수   신   일 ]  미상
[발신지 및 발신자]  도쿄/미상
```

2급 비밀

보고서

주제: 북한의 민간 유력인사

출처: 도쿄 참모본부 제2사무국

1. 최용건[1]

1) 현 직책: 국방장관

2) 다른 직책: 북한인민군 총사령관

3) 생애: 1925년 한국에서 건너가 중국에 머물렀음. 황푸군관학교를 졸업해 공산당 팔로군으로 복무

1946년 11월 이후 이난[2]에서 창설된 조선의용군의 조직원 및 지휘관 중 한 명

1945년 소련인들과 귀국해 모든 주요 위원회의 위원을 두루 거침

---

[1] 최용건(崔庸健, 1900-1976). 북한 정치가. 만주에서 항일운동 및 공산 빨치산운동에 참가. 1955년 최고재판소 군사재판부 재판장으로서 박헌영 숙청사건 담당. 요직을 두루 거쳐 1972년 국가 부주석 겸 중앙인민위원회 위원이 됨.

[2] 이난(Yinan, 沂南). 산둥(山東) 성 중남부에 있는 현.

1948년 2월 북한군이 공식적으로 조직되자 국방장관이 됨. 약 45세

장관 직책 이외에 1950년 9월에서 1951년 2월 사이에 만주에서 6, 7, 8군단 조직 및 훈련 책임을 맡음.

이 군단들이 한국으로 이동시, 최고사령부로 동원됨.

최근 보고서를 보면 북한 군사 정책의 방향이 현재 최 씨의 손에 달려있다고 함.

2. 박헌영

1) 현 직책: 부총리 겸 외무상

2) 다른 직책: 없음

3) 생애: 1920년부터 극동 공산주의 운동에 적극적으로 몰두함.

1925년 조선공산당 '조직' 분파의 장

1930년이 채 되기 전 소련으로 유학

1930년 경 모스크바 레닌대학 졸업

2차 세계대전 이전 조선혁명공산당 지하운동에 종사했다가 일본 감옥에 투옥됨.

1945년 해방 이후 박헌영은 남조선 노동당 지도자 중 한 명이 되었으나, 과격한 기사와 성명 발표 등으로 남한당국에 의해 체포영장이 발부됨.

이후 북한으로 탈출해 공산당 체제의 가장 영향력 있는 지도자 중 한 명이 됨.

3. 박일우

1) 현 직책: 국토안보장관

2) 다른 직책: 없음

3) 생애: 20세부터 조선공산당 위원이자 북한 노동당 중앙위원회 위원이었음. '정치보위국'과 비밀경찰 업무가 포함된 모든 경찰기능의 수장 직위를 차지함. 약 40세.

소위 원수(元帥)라고 하는 박일우는 1930년 항일 독립운동에서 혁명 활동을 시작해 탈출해야 했음.

1941년 이난으로 망명해 조선혁명당을 창설하고 조선의용군인 조선혁명군 조직을 지원함.

이때부터 중국 공산당과 긴밀히 연결되어 있음.

【114】 회담 중에도 지속되는 중국의 전쟁 준비 움직임(1951.7.13)

[전   보]   회담 중에도 지속되는 중국의 전쟁 준비 움직임
[문 서 번 호]   305
[발   신   일]   1951년 7월 13일 18시
[수   신   일]   1951년 7월 19일 17시
[발신지 및 발신자]   홍콩/르 구리에렉(프랑스 외교관)

사이공 공문 제264호

타이베이 공문 제57호

런던 공문 제82호

현재 회담이 진행 중임에도 불구하고 중국공산당이 열광적으로 전쟁 채비를 계속하고 있음이 점점 명확해지고 있습니다.

그들이 취한 남중국에서 만큼이나 북한에서도 군령에 대한 정보가 흘러넘치고 있습니다.

대부분 국민당 출처인 이 정보들은 명백히 편향적이고 확인이 불가능합니다. 저는 단지 공산당 선전선동활동 자체일 법한 그 정보들을 참작하고자 하는 것입니다. 이런 정보로는 남중국 특히 광둥과 광저우 방위태세가 강화되고 있는데, 공군 공격에 대비해 청음 초소 창설과 항공 정비, 무엇보다 군대 이동, 특히 도심의 실업자들과 가난한 농부들을 대상으로 한 인민군 모병 증대를 용이하게 하기 위해 차오저우1)-산터우2)지대의 도로망을 개선하고 있다는 등의 내용입니다. 이 같은 선전 활동으로 언론에는 선동적이고 국수주의적인 기사로 넘쳐나

---

1) 광둥(廣東) 성 동부에 있는 도시.
2) 산두(汕頭). 중국 동남부, 광둥성 동부에 있는 도시.

한국전쟁 관련 프랑스외무부 자료 Ⅲ(1951. 06. 01~1951. 12. 30)

고 있으며 어느 때보다도 더 강력하게 국민이 '국가안보강화' 캠페인에 참여하도록 하고 있습니다.

르 구리에렉

【115】 회담 재개를 촉구하는 리지웨이 장군의 통신문(1951.7.13)

[전   보]   회담 재개를 촉구하는 리지웨이 장군의 통신문
[문 서 번 호]   미상
[발   신   일]   1951년 7월 13일 09시 15분
[수   신   일]   1951년 7월 13일 18시 00분
[발신지 및 발신자]   도쿄/미상

사이공 고등판무관

　리지웨이 장군은 공보국장 프랭크 앨런[1] 장군에게 공산당 사령관 전달용 메시지를 방금 7월 13일 14시 15분 방송하도록 했습니다. 리지웨이 장군은 결국 유엔대표단과 대표단이 동반해야하는 인사(人事)들에게 통행의 자유가 충분히 보장되지 않으면, 보다 용이한 곳으로 회담 장소를 변경해야 할 것이라고 제안했습니다.

　김일성 장군과 펑더화이 장군에게 보낸 메시지는 우선 유엔 총사령관이 완전한 중립적인 곳이자 양측의 접근이 용이하고, 다소 위협적일 수 있는 무장 경비와는 떨어진 회담 장소로 덴마크 병원선을 제안했었다는 점을 상기시킵니다. 개성을 수용했던 것은 신의를 보여주고 가능한 한 빨리 유혈 사태를 끝내기 위해서입니다.

　필수적인 통신 편의를 위해, 미 대표단은 금촌-개성-문산 도로 각 측면에 중립지대를 설치하고 개성 이남에는 유엔군, 개성 이북은 공산군을 머물게 하고, 개성에는 대표단 구성원만 접근할 수 있도록 하자고 제안했었습니다. 이 제안

---

[1] Frank Allen.

은 무용한 것으로 제외되었었습니다. 리지웨이 장군은 신의를 한 번 더 보이기 위해 중립지대 대신 공산 측이 그 지역을 확보관리 하는 것에 동의했었습니다. 하지만 협상 초기부터 유전협상에 반드시 필요한 처우의 동등함이 이루어지지 않다는 것은 분명합니다. 1차 회담 이후, 리지웨이 장군은 귀측 대표단이 우리 측 대표단의 이동을 제한했었다는 점, 직접 근접 무장 경비를 했다는 점, 우리 우편물 통행을 지체시키거나 막았다는 점, 우리 기지와 2개의 통신선을 개설하기로 한 약속에도 불구하고 협조를 거부했다는 점, 본인이 출석하고자 하는 우리 행렬의 어떤 한 인사가 회담 지역으로 가는 데 대한 승인을 거부했다는 점, 본인이 인정한 그 인사를 안내하기 위해 우리 대표들이 몇 번이고 항의했었다는 점을 말했습니다.

조이 제독이 강조했던 바대로 협상 초기부터 성사될 가능성은 무엇보다도 이 점에 관한 상호 신의에 있었습니다. 유엔대표단의 태도는 우리 회담이 완전 공식적으로 생생히 실감나게 전 세계에 드러납니다. 귀하의 대표단 역시 같은 처신을 할 거라는 점을 우리 대표단이 보장 받게 되면 유엔대표단은 줄곧 한결같은 신의를 지닌 채 토의를 계속할 준비가 되어 있습니다.

본인이 요청하는 보장은 몇 가지 매우 간단한 것일 뿐입니다.

사전 조건으로 포함된 것이기도 합니다. 즉 적당한 면적의 회담 지역을 설치하고 양측 모두 무장병으로부터 자유로울 것. 각 대표단은 완전한 상호 대우를 누려야 하며, 여기에는 완전한 이동의 자유와 기자 대표들이 포함된 각 대표단에 선택된 인사에게도 항상 같은 자유가 포함될 것입니다.

본인은 개성 시 중심으로 반경 8㎞의 중립지대로 승인된 회람 지대를 제안합니다. 이 지역과 각 대표단이 사용하여 거기로 통하는 도로는 모든 무장병으로부터 완전히 자유로울 것을 제안합니다. 본인은 또 중립지역 내에 있는 각 대표단 총 인원이 150명으로 제한되기를 제안합니다. 동시에 각 대표단장은 완전히 자유롭게 대표단 구성을 할 수 있도록 제안합니다. 물론 실제 회담 자체에 접근할 수 있는 대표단 인원은 귀하 측 대표와 우리 측 대표들이 합의해야 할 것을 제안합니다.

귀측이 이 제안을 수용한다면, 현행 중단 사태가 바로 종식되고 회담이 지체 없이 재개되어 더 발전시킬 기회를 가질 수 있을 것입니다.

답변은 무선 방송이나 연락장교를 통할 수 있으며, 연락장교를 통한다면 본인은 모든 통행증증서를 발부할 것입니다. 우리의 개인적 안전이나 다른 모든 이유로 제한이 필요하다는 생각을 유지한다면, 본인이 알린 몇몇 보장을 해줄 곳으로 회담 정소를 변경할 것을 제안하는 바입니다.

리지웨이

국방부에 전달 요망.

【116】 시로키 외무장관의 김엄기 북한 전권공사 환영사(1951.7.15)

[전 보]	시로키 외무장관의 김엄기 북한 전권공사 환영사
[문 서 번 호]	651
[발 신 일]	1951년 7월 15일 13시
[수 신 일]	1951년 7월 15일 18시 30분
[발신지 및 발신자]	프라하/라주네스트[1](주체코슬로바키아 프랑스대사대리)

　조선민주주의인민공화국 외교수석대표 김엄기[2] 전권공사가 어제 7월 14일, 철로를 통해 모스크바에서 프라하에 도착했습니다. 체코슬로바키아 영토에 도착한 이후 그는 각 역마다 지역 관청과 수많은 위원회 대표들에게 공식적인 환영과 인사를 받았습니다.

　외무장관은 환영연설에서 "일 년 전, 조선 인민은 제국주의자 편의 느슨한 공격 대상이 되었습니다. 인권과 전쟁에 관한 모든 국제법은 파렴치하게도 짓밟혔습니다. 간섭주의자들은 여자들과 아이들, 노인들에 대해 전선에서 실패하는 것으로 보복을 당하고 있으며, 무장하고 있지 않은 인민들에 대해 소위 그들의 영웅적인 작태를 보여주고 있습니다"라고 말했습니다. 시로키[3] 씨는 "우리가 이 같은 잔인한 행위들에 대해 알고 있는 모든 것은 제국주의자들의 전쟁 계획과 쉼 없이 맞설 것이라는 우리의 용단을 더욱 확고하게 했습니다. 조선 인민은 공격을 물리쳤으며, 조선 인민의 자유에 대한 불경한 손을 잡았던 자들에게 계속 새로운 타격을 가했습니다"라고 계속 말했습니다.

---

1) 라주네스트((Jean Lafon de La geneste).
2) 원문 표기에 'Kim Um Gi'로 되어 있으나, 정확한 이름 추정이 불가함.
3) 빌리엄 시로키(Viliam Široký, 1902-1971). 체코슬로바키아 부총리(1948-), 외무장관(1950-1952), 수상(1953-1963).

"조선 인민의 영웅적 태도는 이제는 더 이상 자유 국가들을 아무 탈 없이 공격할 수는 없다는 것을 보여주면서 이 전쟁 선동꾼들에게 교훈을 주었습니다."

끝으로 시로키 장관은 말리크 제안을 암시했습니다.

"만약 상대편이 선의와 정직한 의도로 휴전협상에 응한다면, 한국전쟁에 대한 평화적 해결이 실현될 뿐 아니라, 비슷한 조건에 있는 모든 아시아 문제의 평화적 해결의 출발점이 되고, 5개국 간 평화조약 체결의 토대 중 하나가 될 수 있다는 것에 의문의 여지가 없습니다."

시로키 씨는 한국이 민주적으로 통일되기를 바랍니다.

라주네스트

【117】 미국의 휴전협상 중지에 대한 공산 측의 시각(1951.7.16)

[전 보]	미국의 휴전협상 중지에 대한 공산 측의 시각
[문 서 번 호]	1595
[발 신 일]	1951년 7월 16일 07시
[수 신 일]	1951년 7월 16일 11시
[발신지 및 발신자]	모스크바/샤테뇨(주소련 프랑스대사)

　조이 중장에게 보내는 남일 장군의 답변을 전하는 베이징 공문으로 어제 신문들은 워싱턴 D.C. 주재 통신사 특파원의 발표를 인용하고 있습니다. 발표에 따르면 "미 공식대표들은 개성에 일부러 기자단을 보냈던 것"이라고 합니다. "그들을 가만히 통과시켜주지 않을 것을 기대하고, 휴전협상을 일시 중지시키기 위한 구실을 찾으려는 국내 정치 상황을 고려하려고 하면서" 말입니다.

　"특파원은 미 정부가 한국 휴전협상이 중단되기를 기대하면서 재무장 계획을 실행하기 위해 요청한 경제 제재 법안에 대한 결의안 채택을 미 의회가 지금 지연시키고 있으며, 고위 공직자들은 군대조직화 계획의 이후 전개에도 원조를 얻어내기 바란다고 강조하고 있다"고 타스통신은 계속 이어갑니다.

　리지웨이 장군에게 보내는 김일성과 펑더화이의 답변 원문을 재 수록한 오늘 공문은 '한국문제의 평화적 해결'에 관한 중국 주간지 『Chidzetchich』[1]의 논평이 포함되었습니다.

　"영-미 제국주의 집단이 한국전쟁을 끝내겠다는 진지한 희망을 보여주지 않는 한 우리는 적의 모든 예측 불가한 공격에서 우리 스스로를 보호하기 위한 모든 노력을 아끼지 않아야 한다. 우리는 이런 식으로 한국문제의 평화적 해결, 대만 해방, 우리나라와 인민의 안전을 보장받을 수 있을 뿐 아니라, 미국에 의

---

1) 추정 어려움.

한 일본의 재무장 계획과 극동에서의 평화 침해를 좌초시킬 수 있다"고 중국 기자는 끝맺고 있습니다.

샤테뇨

【118】 회담구역 조건과 미국의 협상 조건(1951.7.16)

[전 보]	회담구역 조건과 미국의 협상 조건
[문 서 번 호]	1545-1547
[발 신 일]	1951년 7월 16일 08시
[수 신 일]	1951년 7월 16일 13시 20분
[발신지 및 발신자]	도쿄/드장(주일 프랑스대사)

보안

1. 어제 14시에 재개된 개성 회담은, 전날 공산당 사령관이 원칙을 수용했던 지대를 정하는데 할애되었습니다. 회담 소재지에 관해서라면, 회담 지대는 개성시 중심에서 반경 5마일의 원형지역에 해당하는 곳으로 정해졌습니다.

교통정리를 위해 유일하게 상주를 허가받은 헌병 이외에는 모든 군대의 접근이 금지됩니다. 이 지역 내, 반경 0.5마일 구역은 엄밀한 의미의 대표단 전용구역입니다.

2. 어제 저녁 회담 이후, 조이 제독이 참모총장에게 준 정보에 따르면, 중국과 한국이 '휴전에서의 정전과 평화협정' 사이의 혼란으로 곤란할 것이라고 합니다.

공산 측은 38선을 분계선으로 회귀와 외국군 철수에 대한 약속을 지금부터 얻어내려 요구하고 있습니다.

협상은 오직 군사적 특성의 일만 유지하고 본질적으로는 다음의 세 가지로 제한되어야 한다는 것이 미국의 생각입니다.

1) 꼭 38선과 일치하지 않아도 되는 군대가 멈춰야 하는 분계선을 정하기

2) 군대의 기본 보급과 부상자 후송에 꼭 필요한 경우가 아니면 후방에 수
   송차량 정지해 있기
3) 양측에 효과적으로 적용할 수 있는 감독 기구 설립하기

드장

【119】 휴전 협상을 대하는 소련의 분석과 의도(1951.7.17)

[전   보]   휴전 협상을 대하는 소련의 분석과 의도
[문 서 번 호]   1614-1621
[발   신   일]   1951년 7월 17일 18시
[수   신   일]   1951년 7월 17일 21시 30분
[발신지 및 발신자]   모스크바/샤테뇨(주소련 프랑스대사)

본인의 전보 제1596호와 1605호 참조

모스크바에서는 휴전협상의 진전에 대한 어떠한 의견도 표하고 있지 않습니다.

베이징과 평양발 전보들 중에 이루어진 적절한 선택으로 크렘린은 한-중의 요구에 지원을 표하면서도 그렇다고 표면상의 객관성을 포기하고 있지는 않습니다.

오늘자 타스통신에 따르면 베이징과 평양이 취하는 입장은 이러합니다.

1. 최근 개성 회담의 중단은 한국 협정이 너무 빨리 이루어질 영향이 재무장 노력에 미칠까 불안해 한 미국인들이 주도한 것이다.
2. 회담 재개가 증명하듯이 중국 정부와 조선 정부가 적대행위 중지를 진지하게 원하고 있다. 이들은 현재 진행 중인 평화적 해결안의 필수조건을 한국에서의 외국군 철수로 여기고 있다.
3. 이 해결안은 단지 '첫걸음'일 뿐이다. '점유되어 재무장된 일본과 함께 미국은 새로운 공격으로 아시아 대륙을 위협하는 한, 대만은 해방되지 않을 것이고, 극동에서의 전반적 긴장완화'는 힘들 수 있다.

그래서 우리는 대일강화조약이라는 문제에 이르게 됩니다. 지금 이 문제가 야기한 많은 논평으로 판단해 보면, 이것이 바로 소련 정부에게 중요한 문제입니다.

사실 토요일에 『이즈베스티야』는 분명 워싱턴에 베이징 뿐 아니라 모스크바의 것이기도 한 경고를 할 목적으로 『타쿵파오』[1]의 기사를 부각시켰습니다.

중-소 상호 이해 및 동맹 조약은 미국과 일본이 새로운 침략을 위한 범죄 계획을 실현시킬 수 없게 할 것이고, 미국은 그들의 계획을 '포기'하고 한국, 일본, 독일이라는 세 가지 문제의 평화적 해결안을 수용해야 한다는 내용입니다.

이렇게 베이징이 일본 문제의 중요성과 심각성을 강조했었기에, 지금 모스크바는 의도를 명확히 할 수 있습니다.

7월 14일 『프라우다』에서 ㅁㅁㅁ은 미국의 한국 휴전을 주도하면서, 아마도 크렘린은 막고 싶어하는 미국의 계획을 공표한 것으로 야기된 화를 제대로 풀지 못한 반면, 『이즈베스티야』는 7월 14일 쿠드리아프체프, 7월 16일 마르코프[2]의 글로 소련 정부가 워싱턴이 준비한 '쌍무'협정 체결에 앞으로 확고부동한 반대를 해야 하는 중요한 논거를 밝히고 있습니다.

미국의 계획은 아시아 인민들과 그들 정부의 반대에 부딪혀 실현될 수 없습니다. 특히 남아시아와 동남아시아의 격분을 불러일으켰습니다. 애틀리 수상이 덜레스 미 국무부 고문 앞에서 '타협'할 수 있었다면, 최근 견해서에서 뉴델리 정부는 그에 대한 '기본적인' 반대를 표명했고, '태평양의 위협적인 재무장' 내에서 '독립 영토'로서 통합된 대만을 보는 것으로 화가 난 중국 인민의 지지와, 게다가 아시아 모든 정부들처럼 '일본의 새로운 침략' 위협을 쫓는 것을 염두에 둔 북한의 완전한 지지를 받는 소련의 계획이 더 낫다는 의향을 비쳤습니다.

끝으로, 무엇보다도 한국전쟁의 '평화적 해결'이 '일반적인 긴장완화를 향한 첫 걸음'으로 간주될 수 있다면, 미국의 계획은 일반적인 긴장완화를 향한 '첫 걸음'이자, 미국의 계획은 또 태평양에서 남아시아와 동남아시아의 국가 해방

---

[1] 홍콩 유력 신문.
[2] Markov.

운동을 공격하는 '침략 체제' 창설의 '첫걸음'이라고 썼습니다.

이것이 모스크바의 논지입니다. 단지 선전선동 활동만을 위해서 뿐 아니라, 분명 자국의 안보를 지키려는 남아시아의 깊은 평화적 열망에 근거한 기본 논지입니다.

이는 미 정부가 아직 때가 안됐어도 한 아시아 국가와 조약을 체결하면서 부딪히는 난관들과, 이 조약이 아시아 공동체의 주요 회원국 중 어느 나라의 인정도 명백히 받지 못하고 있음을 보여주는 □ □ □을 따져보게 합니다. 주요 회원국 중 가장 앞서 있는 인도는 사실 미국이 제출한 안건을 아직 찬성했던 것 같지 않습니다.

한편 파리에서는 아마 신중함을 표하는 것으로 알고 있지만, 우리는 소련 언론이 프랑스의 입장에 대해 아직 아무런 암시도 하고 있지 않음에 주목할 것입니다. 크렘린은 베트남에서 중국의 위협을 불러일으키면서 우리의 '망설임'을 오히려 강화시키려 합니다. 우리는 카슈미르[3)]가 필요한 경우 티베트 해결 직후, 판디트 네루가 이제 신중한 자세에서 벗어나게 할 수 있는 같은 종류의 논지를 펴는 것은 아닐지 생각해 볼 수 있습니다.

이것이 크렘린이 대일 강화조약의 구상에, 또 소련 정부가 일본의 요구를 관철시키지 않는 한 어쩌면 아직 긴장상태에 놓인 소련의 관심사인 한국문제 해결에 중공과 소련이 참여하도록 애쓰기 위해 이용하고 있는 수단이자 아마 앞으로도 이용할 수단입니다.

샤테뇨

---

3) 인도 북서부에서 파키스탄 북동부에 이르는 지방. 인도 · 파키스탄, 인도 · 중국 사이의 분쟁지.

【120】 분계선과 외국군 철수에 대한 휴전회담 분위기(1951.7.17)

[전 보]	분계선과 외국군 철수에 대한 휴전회담 분위기
[문 서 번 호]	1554-1555
[발 신 일]	1951년 7월 17일 08시
[수 신 일]	1951년 7월 17일 10시
[발신지 및 발신자]	도쿄/드장(주일 프랑스대사)

국방부에 긴급 전달 요망

워싱턴 공문 제703호

뉴욕 제587호

사이공 제1043호

런던 제11.422-11.444호

개성 회담이 상당한 진전을 보였습니다. 어제는 북한 대표들이 꽤 경직된 태도를 유지했었던 반면, 중국 대표들은 좀 더 많이 협조적이었습니다.

처음으로 공산 측 대표들은 38선이 꼭 군사분계선이 아니어도 된다는데 동의했습니다. 우리가 정할 선이 단지 어떠한 전략적 이유에도 관련 없는 임의의 노선 근처를 지났다면 족할 것입니다. 반면, 중국대표단은 외국군대 철수를 주장하고 이 문제가 해결되지 않는 한 다른 모든 문제는 검토하지 않을 것 같습니다.

리지웨이 장군은 이대로라면 공산 측의 주장이 협상 진행을 많이 지체시킬 위험이 있다고 생각합니다. 이러한 주장은 사실 군사적인 부분을 벗어난 문제를 제기한 것입니다. 한국에 군대를 주둔시키고 있는 모든 정부가 이 문제에

대해 고려해봐야 할 것입니다. 총사령관 단계에서도 결정할 수 없을 것 같습
니다.

드장

【121】 개성회담에 관한 러스크 미 국무차관보의 보고 사항(1951.7.17)

[전   보]   개성회담에 관한 러스크 미 국무차관보의 보고 사항
[문 서 번 호]   5176-5183
[발   신   일]   1951년 7월 17일 01시(현지 시간), 06시(프랑스 시간)
[수   신   일]   1951년 7월 17일 06시 40분
[발신지 및 발신자]   워싱턴/보네(주미 프랑스대사)

2급 비밀
최우선문건
보안

뉴욕 공문 제1191-1198호

오늘 오후 국무부에서 열린 사절단장 회의에서 극동 담당 국무차관보는 휴전 협상 성공 가능성에 대해 전보다 긍정적인 반응을 보였습니다. 특히 지난 7월 15-16일에 개성에서 회담이 있은 후 조이 제독은 상대측 대표단이 부지런히 작업에 착수하라는 지시를 받아 협상 타결을 원하고 있다는 결론에 이르렀음을 알렸다고 합니다. 미국 측 협상단은 이 같은 변화가 중국이 북한에 압력을 행사했기 때문이라는 인상을 받았습니다.

협상 추이에 관해 러스크 국무차관보는 상세한 설명을 하지 않았습니다. 그가 사절단장 회의에서 제시한 정보에 미 공사참사관과의 개인 면담에서 알게 된 정보들을 보충해 보면 다음과 같습니다.

1. 7월 15일자 회담에서 조이 제독은 자신이 제안했던 의제 가운데 전쟁포로 수용소 부지와 (본인의 전보 제5033-5044호에서 전달한 의제 제2항) 국제적십자

대표단의 수용소 방문에 관한 문단을 빼는 것을 받아들였습니다. 상대 측 대표단이 공산군 총사령관들에게 이 문제에 관한 유엔군 총사령관의 메시지를 전할 것을 수락한다는 조건으로 말입니다. 양측 대표단은 회담이 시작될 때 순전히 군사적인 문제만 논의하기로 합의했으므로 이를 목표로 하는 의제안의 세 번째 문단을 삭제하는 것뿐 아니라 군사적 틀을 넘어서는 문제를 제기하는 두 번째 문단도 빼는 게 사실 논리적일 것 같았습니다. 이처럼 서식에 있어 양보하자 상대편 대표단이 안도하는 모습이 확연했습니다.

2. 이 회담에서는 개성을 중심으로 반경 5마일 내에 비무장지대를 설치하자는 데 빠른 합의가 이루어졌습니다.

3. 7월 16일 오전에 있었던 회담에서 조이 제독은 다음의 4개 항이 담긴 새 의제를 제시했습니다.

> 1) 의제 채택
> 2) 한국 내 적대행위 중지를 위한 필수 조건으로 비무장지대 설치
> 3) 한국의 휴전과 정전을 위한 구체적 합의. 최종 타결을 기다리는 동안
>   한국 내 적대행위나 군사행동 재개를 불허하는 것이어야 함.
>   군사정전위원회. 그 구성과 권한, 기능 포함
>   군사감시단. 그 구성과 권한, 기능 포함
> 4) 전쟁포로에 관한 합의

이 새 의제는 상대편 대표단이 예전 의제안(본인의 전보 제5033-5044호)에서 비판했던 부분과 지난 7월 15일 회담 중에 이뤄졌던 진전 내용을 모두 반영했습니다.

4. 지난 7월 15-16일에 있었던 회담에서 상대편 대표단은 38선을 군사분계선으로 채택한다는 것을 의제에 분명히 명시할 것을 수차례 주장했습니다. 한편 조이 제독은 본 회담의 목적이 휴전에 이르는 것이지 '부분적 평화'에 이르는 게 아니라고 강조했습니다. 또한 의제를 작성함에 있어서도 군사분계선 확정 문제를 속단해서는 안 된다고 힘주어 말했습니다.

상대편 대표단은 38선이 군사분계선이 되어야 한다는 원칙에서 물러서지 않겠다는 뜻을 밝히면서도 이 문제에 관한 의제가 ㅁㅁㅁ 보다 일반적인 용어로

작성된 것을 결국 받아들였습니다. 그러나 이 같은 타협은 그들이 각별히 염두에 두고 있는 사항, 즉 외국군의 한반도 철수를 의제에 넣는 것을 유엔군 측이 수락할 경우에 한하는 것으로 보였습니다.

5. 이 점에 관해 러스크 국무차관보는 개성회담에서 외국군 철수 문제가 갈수록 큰 자리를 차지하고 있다고 강조했습니다. 그는 공산군 라디오 방송에서 흘러나온 정보 내용을 밝혔는데 이에 따르면 공산 측은 군대 철수 문제에 관해 원칙적 합의를 하는 데 만족할 것으로 보입니다. 그는 이에 대해 가까운 시일 내 또는 추후에 타협해야 할 위험이 생길 수도 있다고 지적하면서 특히 한국이 유엔의 원조를 확신할 수 있어야 한다고 강조했습니다. 한편 외국군 철수 문제는 정치적인 문제를 유발하고 있는데 중국 '인민지원군'과 ㅁㅁㅁ 체제의 대표자로 구성된 상대편 대표단은 이 같은 문제를 다룰 권한이 없다고 했습니다.

6. 마지막으로 러스크 국무차관보는 휴전 보장 문제가 개성에서 논의되지 않았다고 지적했습니다. 유엔대표단은 군사정전위원회와 군사감시단을 조직할 필요가 있음을 알린 바 있으나 상대편은 아직 이에 관한 대답을 내놓지 않았습니다.

러스크 국무차관보는 개성회담에 대해 이 같이 설명한 것 외에도 미 국방부 장관에게 상당히 의미심장한 한 가지 질문을 던졌습니다. 그는 한국 내 공산군 병력수가 총 541,000명(그중 123,000명은 전방, 318,000명은 후방에 배치)에 달한다는 유엔군 사령부의 집계가 있었다고 밝히면서 이 수치가 도쿄 사령부에서 나온 보고서 수치와 어떻게 양립할 수 있느냐고 물었습니다. 그 보고서에 따르면 적군은 한국 내 병력수가 상당히 증강한 것으로 보고 있습니다. 국방장관이 대답하기를, 그가 말한 수치는 유엔 ㅁㅁㅁ 타당한 것으로 받아들여졌으나 다른 ㅁㅁㅁ

(이하 판독 불가)

보네

【122】 애치슨 국무장관의 선언문(1951.7.17)

[전 보]	애치슨 국무장관의 선언문
[문 서 번 호]	5201-5205
[발 신 일]	1951년 7월 17일 20시 55분(현지 시간), 18일 01시 55분(프랑스 시간)
[수 신 일]	1951년 7월 18일 02시 55분
[발신지 및 발신자]	워싱턴/보네(주미 프랑스대사)

뉴욕 공문 제1205-1209호

어제 미국 언론은 지난 6월 29일에 애치슨 국무장관이 워싱턴에 모인 정기간행물 출판인들 앞에서 발표했던 선언문을 실었습니다. 일반적인 수준의 선언문이긴 했으나 (전문은 다음 번 행낭에 보내드리겠습니다) 한국과 관련된 구절은 특기할 만합니다. 그 부분은 사실 과장된 낙관주의를 경계하고 과도하게 초조해하지 말고 단기적 목표에 너무 크게 집중하지 말며 한국전쟁 자체의 진정한 의미에 대해 착각하지 말라고 미국인들을 강하게 부추기는 내용입니다. 휴전협상이 시작될 때부터 불안정해진 정국에서 여론을 유도하기 위해 국무부가 발표된 지 15일도 더 지난 애치슨 장관의 선언문을 공표하기로 한 것으로 보입니다.

국무장관은 청자들을 향해 한국 상황이 유리하게 변화한다고 해서 속지 말라고 간청했습니다. 만약 그런 유혹에 넘어간다면 미국은 6-12개월 안에 지구상 다른 어딘가에서 분명 훨씬 더 혹독한 타격을 받게 될 수 있다고 경고했습니다.

그는 한국문제가 아무리 중요하다 해도 과대평가되어서는 안 된다는 뜻을 피력하면서 한국전쟁을 '최후의 십자군 전쟁'으로 여겨서는 안 된다고 강조했습니다. 한국전쟁은 집단안보 개념을 확정적으로 인준하지 않았고 기껏해야 이 개념이 무효화되는 것을 막았을 뿐이라고 말입니다.

그는 안보를 은행계좌에 비유할 수 있다고 설명했습니다. 즉 거기에 불입된 액수가 있어야만 활성화된다는 것입니다. "한국에서 소련은 집단안보라는 계좌 앞으로 발행된 수표를 제시했고 소련은 이 수표가 지불되지 않을 거라고 생각했으나 놀랍게도 지불되었다, 하지만 이 같은 사실도 만약 다음 번 수표가 지불되지 않고 은행계좌에 그 앞으로 발행될 수 있는 모든 수표들에 방패막이 역할을 하도록 충분한 금액이 채워지지 않는다면 그 중요성을 모두 잃고 말 것이다"라고 말입니다.

그는 미 행정부가 꾸준히 유지한 정책은 한국에서 동서 간 최종 결전(show down)을 모색하는 게 아니라 반대로 상대편에 최종 결전을 강요하지 않고 상대편도 그러지 못하게 하는 것이라고 지적했습니다.

마지막으로 애치슨 국무장관은 미 정부 스스로가 단호히 일에 착수해 미국과 그 연합국들의 힘을 계속해서 키워나간다면 시간이 미국의 편을 들어줄 것이며, 이는 언젠가 그 힘을 행사하기 위해서가 아니라 그 힘을 쓸 일이 생기지 않도록 하기 위함이라고 강조했습니다.

보네

【123】 휴전협정의 유엔 비준 문제(1951.7.19)

[전   보] 휴전협정의 유엔 비준 문제
[문 서 번 호] 3110-3115
[발   신   일] 1951년 7월 19일 03시 15분(현지 시간), 08시 15분
　　　　　　　　(프랑스 시간)
[수   신   일] 1951년 7월 19일 08시 25분
[발신지 및 발신자] 뉴욕/라코스트(주유엔 프랑스대표대리)

해독

2급 비밀

절대보안

워싱턴 공문 제1821-1826호

　엔테잠 주미 이란대사 겸 유엔총회 의장이 지난 7월 16일 월요일 뉴욕을 방문해 유엔 사무국을 찾고 인도 대표와 만났습니다. 그날 저녁, 트리그브 리 유엔 사무총장이 자리를 비운 동안 점점 더 그의 대리인 행세를 하고 있는 코디어 유엔 사무총장 '특보'는 몇몇 언론 특파원에게 AFP통신이 같은 날 제118호 뉴욕 보도 자료에 실은 비밀스런 소식에 대해 알렸습니다.

　코디어(그의 이름은 보도 자료에 언급되지 않았습니다) 특보의 말에 따르면 엔테잠 의장은 휴전이나 정전 협정이 체결되면 그 즉시 유엔 총회를 열어 완성된 진전 내용을 문서화해야 하며, 그러고 나서 적어도 그 다음 정기총회 때까지, 즉 11월 초에 있을 파리 총회 때까지는 모든 발의를 삼가야 한다고 생각하는 듯합니다.

　코디어 특보가 엔테잠 의장이 이 문제와 관련해 여러 관련 대표부들과 접촉

했으나 오스틴 상원의원과 그로스 대사 두 수장이 동시에 자리를 비운 미국 대표부나 프랑스 대표부와는 연락하지 않았다고 지적하기에 저는 글래드윈 젭 영국대사에게 엔테잠 의장을 봤느냐고 물었습니다. 그러나 그는 의장이 뉴욕에 왔던 일조차 모르고 있었고 코디어 특보의 성명에 대해서도 아는 바가 없었습니다. 그는 코디어 특보에게 이렇게 전하라고 했습니다. 즉, 제가 전달한 AFP통신 보도 자료를 읽어봤는데 엔테잠 의장이 그런 얘기를 사무국에 했고 사무국은 그걸 언론에 알렸으면서도 엔테잠 의장이나 사무국 둘 다 안전보장이사회 의장인 자신에게 그에 관한 조언을 구할 생각도 하지 않았다는 데 놀랐다고 말입니다. 글래드윈 젭 대사는 제가 보낸 전보 제2981호와 제3001호에 나타난 의견에 대해 영국 정부로부터 명백한 동의를 받았고 트리그브 리 사무총장도 같은 의견이라고 알려주었습니다. 그는 또한 다음과 같이 자신의 소견을 상세히 밝혔습니다. 즉, 개성에서 합의가 이루어질 경우 이 합의문을 유엔 사무총장에게 전달하는 일은 통합사령부를 담당하는 정부, 즉 미국 정부가 맡게 될 것이고, 그러면 사무총장은 곧장 그것을 유엔총회와 안전보장이사회 두 군데 모두를 통해 사무국 문서로서 모든 유엔 회원국 대표부에 배포할 것이나, 안보리만 의장의 청구에 따라 한국문제를 의제에 다시 포함시킨 후 합의문을 공식 '문서화'할 것이라고 말입니다.

저는 국무부 전보 제2380호와 제2397호를 통해 진첸코 정치문제 담당 사무차장이 글래드윈 젭 대사와 제가 7월 9일에 미국 대표부에 알린 소견에 동의한다는 것을 알고 그가 소련으로 출국하기 전에 특별히 대화할 기회를 얻어 그에게 개성에서 합의안이 도출될 경우 그 합의안을 유엔에 등록하는 것에 대해 어떻게 생각하는지 물었습니다.

진첸코 사무차장은 자신의 의견으로는 소련 정부가 이 기회에 중국의 유엔대표 문제에 대해 한 번 더 태도를 취할 수밖에 없을 것이라고 대답하면서, 소련 대표부는 거부권 행사에 도의상 책임감을 느낄 수 있는 안전보장이사회보다는 유엔 총회에서 분명 더 마음 편히 과반 투표로 이기게 놔두고 싶어 할 것이라고 넌지시 알렸습니다. 이에 저는 소련만큼 유엔 헌장의 엄격한 준수를 보장하길 원하는 한 회원국에게는 명백히 안보리 관할인 문제를 안보리에서 다시 다루는 것이 어느 정도 희생을 감수할 만한 것으로 보일 수 있으며 그 회원국은 거부권을 행사하지 않고 성명만 낼 수 있다고 주의를 주었습니다. 진첸코 사무차장은 이 같은 생각을 꽤 흥미롭게 여기는 듯 보였습니다. 그는 소련 대표부가 이에 솔깃할 수 있다는, 물론 전적으로 개인적인 의견을 표했습니다.

글래드윈 젭 대사는 때가 되면 중화민국 대표부 및 소련 대표부(본인의 전보 제2981호)와 사전 접촉하려고 늘 기회를 엿보고 있으며, 소련 대표부와는 똑같은 표명만 되풀이하게 될지도 모른다고 생각합니다. 오늘 대사는 제게 영국 정부가 주미 영국대사에게 국무부에 개입해 앞으로 휴전협정이 체결될 경우 안보리 대신 유엔 총회에서 협정을 비준하게 하려는 생각을 단념하도록 설득하라는 지시를 내렸다고 알려주면서 프랑스 정부도 그럴 생각이냐고 물어왔습니다.

라코스트

【124】 개성회담 추이(1951.7.19)

[전 　　　 보]	개성회담 추이
[문 서 번 호]	1560-1562
[발 　신 　일]	1951년 7월 19일 08시
[수 　신 　일]	1951년 7월 19일 12시 20분
[발신지 및 발신자]	도쿄/드장(주일 프랑스대사)

보안

긴급

워싱턴 공문, 뉴욕 공문, 사이공 공문

전쟁부에 전달 요망

1. 17-18일에 열린 개성회담은 북중 대표단이 계속해서 상부의 의견을 물어야 한다고 주장하는 바람에 잠깐씩 회담을 이어가다가 중단되는 경우가 잦았습니다.

참모총장으로부터 전해 받은 정보에 따르면 우리의 주요 장애물은 외국 군대 철수 문제입니다. 이는 공산 측이 의제에 포함시키자고 요구하는 사항이며 유엔대표단은 이를 거부하고 있습니다. 논의할 주제 목록에 올라야 할 기타 사항들에 대해서는 합의가 거의 이루어졌을 것으로 보입니다. 참모장은 휴전 용어 조정 문제를 의제에 언급만 한다고 해서 현 단계에서 심각한 어려움이 초래될 거라 여기지는 않는 것 같았습니다. 그래도 협상 이후 만족스럽고 효율적인 감시 방법을 세우는 것이 가장 어려운 문제 중 하나가 될 것임은 분명합니다. 지금까지 공산 측 대표단은 이후에 설치될 중립지대 내부에 단 하나의 감시 초소만 둘 예정으로 보였습니다.

도쿄사령부는 각 대표단이 군대 철수 문제에 대한 기존의 입장을 고수하고 있어 오늘 협상은 짧게 끝날 거라는 생각으로 기울고 있습니다.

2. 도쿄 참모본부가 입수한 정보에 따르면 공산 측 대표단의 1/3은 군 소속이 아니라 공산당원입니다. 그들의 임무는 협상을 오래 끌기인 것으로 보입니다. 그들은 매일 연락장교들을 통해 지시를 받는다고 알려지며, 2명의 러시아 장군 또는 고위 장교가 소련 정부의 지침을 중공-북한 대표단에 전달하기 위해 6월 28일에 평양에 도착한 것으로 보입니다.

드장

【125】 휴전 협정 승인 절차 문제(1951.7.20)

[전 보]	휴전 협정 승인 절차 문제
[문 서 번 호]	3134-3137
[발 신 일]	1951년 7월 20일 02시(현지 시간), 07시(프랑스 시간)
[수 신 일]	1951년 7월 20일 07시 30분
[발신지 및 발신자]	뉴욕/라코스트(주유엔 프랑스대표대리)

보안

2급 비밀

본인의 전보 제3110호 참조

그로스 미국대사는 오늘 글래드윈 젭 영국대사와 제게 개성회담 이후 휴전협정이 맺어질 경우 그 승인 절차에 관해 국무부가 난처해하고 있다는 말을 전했습니다.

국무부는 이 문제를 법률적, 정치적으로 치밀히 연구했고 그로스 대사는 그 내용을 우리에게 읽어주었습니다. 연구 결과 국무부는 이 문제를 유엔총회에 부칠 것을 계속해서 분명히 선호하는 입장입니다. 대체 왜 한국문제에서 서로 밀접히 연관되어 있는 군사적 요소를 정치·경제적 요소와 분리시키는 것이며 다른 모든 문제를 다루는 곳은 어쨌든 총회로 인정하면서 왜 군사적 요소는 위원회에 회부한다는 것인가, 1년 가까이 위원회와는 공유하지 않고 총회가 스스로 담당해온 문제를 왜 총회에서 뺀단 말인가, 위원회에서 소련 대표부가 방해공작을 편 이후로 계속되어 온 관행을 왜 끝까지 따르지 않는 것인가, 라며 말입니다. 이 빈약한 논거에, 위원회에서 소련 대표부가 여러 난점을 유발하는 모습을 보게 될 위험이 있다는 점도 덧붙습니다. 우선 중국의 유엔 대표권 문제에 관해, 그 다음으로 위원회가 합의 내용을 문서화하는 바탕이 되는 결의안 작성 방법에 관해서 말입니다.

글래드윈 젭 대사와 저는 이런 난점을 극복하는 일이 위원회보다 총회에서 더 크거나 어렵지는 않을 거라고 반박했습니다. 글래드윈 젭 대사는 중국의 유엔 대표권 문제에 있어서는 소련 대표부가 거부권을 행사할 수 없으며, 결의안 작성에 관해서는 신중하게 작성한다면 소련이 단순히 기권만 하거나 심지어 적극적으로 거부권을 행사하는 것도 기대해볼 수 있다고 덧붙였습니다.

이런 관점에서 글래드윈 젭 대사는 개인적으로 한 가지 기안을 제안했는데, 그 글은 제3138호 전보로 전달해 드립니다. 마지막으로 대사는 소련대표부와 이 주제에 관해 사전 접촉을 해보는 게 어떻겠냐고 또 다시 제안했습니다.

그로스 대사는 국무부가 생각하고 있는 세 번째 대책에 관해 알려주었습니다. 그것은 바로 위원회에서 휴전협정 ㅁㅁㅁ할 뿐만 아니라 총회에서 10월 7일 결의안에 이미 규정된 목표들인 한국의 통일과 민주화, 경제 재건을 재확인하고 발전시키는 보다 구체화된 결의안을 채택하는 것입니다.

글래드윈 젭 대사와 저는 이 안이 적절히 구상되었다고 생각되어 영국과 프랑스 정부의 이견이 없는 한 호의적으로 받아들이기로 했습니다. 이 안대로라면 미국과 영국, 프랑스 정부의 고민을 동시에 배려할 수 있을 것입니다. 우리 두 사람은 한국의 휴전협정 인가를 위해서는 위원회에서 소련의 적극적인 참여로 만장일치 투표가 이루어지는 일이 상당히 중요하다는 점을 강력히 주장했습니다.

그러나 국무부는 위원회와 총회에서 이루어지는 이 같은 이중적인 절차를 아직은 연구 가설 차원에서만 생각했을 뿐, 최종 피선거권에 있어서는 아무 결정도 내린 바 없습니다. 외무부가 바람직하다고 평가한다면 이 같은 종류의 양식을 채택해 우리 주미 대사에게 영국대사의 노력에 힘을 보태줄 것을 요구하는 게 좋을 것입니다.

라코스트

【126】 개성회담에 대한 중국 여론의 반응(1951.7.21)

[전 보 (우 편)]	개성회담에 대한 중국 여론의 반응
[문 서 번 호]	316-320
[발 신 일]	1951년 7월 21일
[수 신 일]	1951년 8월 12일 12시
[발신지 및 발신자]	창하이/대사관 행정실

사이공 공문 제38-42호

홍콩 공문 제31호

창하이 대사관 발신

중국 언론은 개성회담 관련 정보를 그리 중요하게 다루지 않았습니다. 현재 신문 사설과 선전문 자리를 차지하고 있는 건 사실 일본과 갈라선 평화 프로젝트에 대한 미국의 계획 관련 정보입니다. 그러나 주목할 것은, 휴전 협상 관련 보도문들에는 여론에 과장된 낙관주의를 경고하는 기사가 동반되는 경우가 상당히 많다는 점입니다. 또 이런 기사들은 미국 지도자들이 근본적으로 위선적이라는 것을 상기시키고 강조함으로써 앞으로 회담이 실패할 경우 그 책임은 미국 지도자들에게 있는 것이라고 미리 얘기하고 있습니다.

중국, 특히 창하이의 비즈니스 업계는 보통 상당히 낙관적인 입장을 보이고 있습니다. 그들은 어느 한쪽에서 반박이 제기될 수 있다 해도 최소한 북·중과 유엔 측 간에 휴전협상이 이루어질 거라 기대하고 있습니다. 또 그들은 한국에서 한시적으로라도 협상이 체결된다면 베이징 체제가 강화되어 정치 개혁에 있어, 또 경제 개혁에 있어서도 조금이나마 진전이 있을 수 있다고 생각합니다. 하지만 그렇다고 해서 대외 무역이 중국만의 우발적 상황들에서만 영향을 받는 건 아니므로 크게 향상될 거라고는 생각지 않습니다. 그들이 생각하기에는 중화인민공화국과 서구 국가들 간 무역 재개 문제는 무엇보다도 미국 내 중국 자본 동결 및 금수 조치를 부분적으로 해제하는 데 달려있기 때문입니다. 개성회담의 최종 결렬 전망에 대해서는 '보통의 중국인'이라면 그 문제를 감히 거론하려 하지 않습니다. 무엇으로 보나 그만큼 그 여파가 막대해 보이기 때문입니다.

　　보다 신중한 입장을 보이는 창하이 주재 해외 비즈니스 업계 종사자들은 한국에서의 협상이 유리하게 마무리 되더라도 중국 국내 상황이 전혀 좋아질 거라고 예상하지 않습니다. 사실상 그들은 무슨 일이 있더라도 미국 정부는 중국 자본 동결 및 금수 조치를 유지할 것이며 예전과 마찬가지로 중화인민공화국과 서구 열강들 간 무역을 마비시킬 것으로 내다보고 있습니다. 사실 업계에 있는 외국 기업들 거의 대부분은 언젠가는 불가피할 것으로 예상해 철수 계획을 세워두었습니다. 몇몇 해운 회사들만이—특히 영국 회사— 극동 위기가 점차 진정되면서 해상 교통량이 증가할 거라는 생각을 고수하고 있습니다.

대사관 행정실

【127】 개성회담에 대한 소련 언론의 반응(1951.7.22)

[전   보] 개성회담에 대한 소련 언론의 반응
[문 서 번 호] 1654
[발   신   일] 1951년 7월 22일 07시
[수   신   일] 1951년 7월 22일 10시
[발신지 및 발신자] 모스크바/샤테뇨(주소련 프랑스대사)

오늘 소련 신문들은 평화 단체 소속 영·미 전쟁포로들이 자신들의 기구에 중앙위원회를 설치할 것을 촉구하고 한국전쟁 중단을 요구하기 위해 세계평화협의회 회장과 유럽총회 의장, 안전보장이사회 의장에게 보낸 장문의 성명서를 주요 뉴스로 실었습니다.

이 성명서에 따르면 "영·미 전쟁포로의 30%[1]가 중화인민공화국 대표단에 합법적인 유엔의 자리를 할당할 것을 요구하고 있을 뿐 아니라 전쟁포로들은 대만에 군 병력을 배치함으로써 침략행위를 행한 미국 제국주의자들을 비난"하고 있습니다.

성명서에는 또한 지난 6월 30일 총회에 모인 평화 단체 소속 영·미 전쟁포로 중앙위원회 회원 전원이 만장일치로 공동 청원서를 채택해 조인했다고 언급되어 있습니다.

이 청원서는 한국 내에서 적대행위가 시작된 데 미국 정부가 책임이 있다고 강조하고 이 같은 책임론을 뒷받침하는 '수많은 문서'가 존재한다면서 세계평화협의회와 유엔총회 의장, 안전보장이사회 의장에게 다음의 사항들을 보장해 달라고 호소합니다.

---

[1] 원문에는 03%으로 기록되어 있으나 오타로 추정됨.

- 한국 내 외국 군대 철수
- 한국 국민 스스로 국내 문제를 해결할 여지
- 5대 강국 간 평화협정 체결
- 미국의 한국 폭격담을 전 세계로 전파
- 대만에서 미군 병력 철수
- 중국 국민 스스로 국내 문제를 해결하도록 허가
- 중화인민공화국의 유엔 가입

한편, 한 평양 통신은 휴전협상에 관한 한국 언론의 새 논평들에 대해 보고했습니다.

이 통신은 『노동신문』 기사 중에서 「한국 국민은 한국문제에 대한 평화적인 해결책과 한국 내 외국 군대 철수를 요구하고 있다」는 제목의 사설을 인용합니다. 이에 따르면 협상 성공 여부는 전적으로 미국 정부의 진정성에 달려 있으며, 미국이 정말로 평화를 원한다면 한국 내 외국 군대 철수에 동의'해야만' 합니다.

『민주조선』에서 발췌한 또 다른 인용문은 보다 비관적인 관점을 보여줍니다.

"최근 며칠간 있었던 사건들이 보여주듯 미국은 한국 내 미군 철수 문제 검토를 어쨌든 반대하고 있다. 바로 이 점이 미국 제국주의자들이 우리나라에 개입하는 데 명백히 실패했으면서도 언제나 한국을 점령할 마음을 품고 있다는 증거이다. 미국 지도자들은 말로는 평화를 위해 싸운다고 하면서 언제나 침략해올 준비를 하고 있다. 한국문제의 평화적 해결을 보장하는 외국 군대 철수를 반대하는 것이 바로 그 증거다."

타스통신은 악천후로 유엔군대표단이 개성에 갈 수 없어 어제 열릴 예정이던 제8차 회담이 무산되었다고 보고할 뿐 다른 사설은 싣지 않았습니다.

샤테뇨

【128】 남북한의 전력(戰力)과 휴전협상 중지(1951.7.22)

[전   보] 남북한의 전력(戰力)과 휴전협상 중지
[문 서 번 호] 1578-1581
[발   신   일] 1951년 7월 22일 00시
[수   신   일] 1951년 7월 23일 01시 46분
[발신지 및 발신자] 도쿄/드장(주일 프랑스대사)

보안

사이공 공문 제1064호
국방부에 전달 요망
제717-720호 공문을 워싱턴에, 제591-594호 공문을 뉴욕에 전달 요망

1. 7월 20일 어제 홍수로 중단됐던 휴전협정이 오늘 아침 재개되었습니다. 1시간 회의 후, 다시 8분간 속행한 다음 공산 측의 요구로 7월 25일까지 중단하기로 했습니다.

2. 개성의 남서와 북동쪽에서 상대편 부대의 움직임이 임진강 우안으로 이어지고 있습니다.
나머지 전선에서 방어태세를 유지하고 있고, 특히 미 10군단 앞에 지뢰밭을 설치하고 있습니다.

3. 베이징라디오는 한국의 일부인 남한을 요새와 거대 공군 기지로 만들기 위해 남한에 군대를 유지하고 싶어 한다고 유엔을 비난하고 있습니다.
현 조건에서라면 중국군이 철수하더라도 유엔군이 떠나면 한반도가 공산당

에 좌우될 것이 분명합니다.

7월 20일, 남한군은 40개의 정규사단과 몇몇 보안부대로 이루어진 약 135,000명의 병력을 보유하고 있습니다.

후방에서는 수십만 명이 일종의 국민군으로 징집되었다는 것은 사실이지만, 그들은 교육도 못 받고, 장비도 갖추지 못하였으며, 충분한 ㅁㅁㅁ 못합니다.

북한군은 훨씬 강합니다. 8개 군단은 하나의 기갑 사단과 3개의 여단을 포함해 24개 사단으로 이루어져 있고, 227,720명이 배속된 것으로 추산됩니다. 이러한 상황이 군대 철수 문제를 의제로 등록하자는 공산군의 요구를 유엔대표단이 거부하는 이유 중 하나입니다. 그래서 협상은 현재 막다른 골목에 있습니다.

드장

암호과 추신: 도쿄에서 정한 번호로 이 전보가 뉴욕과 워싱턴에 재전송된 것임.

【129】 외국군 철수 문제로 중지된 휴전협상에 대한 전망(1951.7.22)

[전 보]	외국군 철수 문제로 중지된 휴전협상에 대한 전망
[문 서 번 호]	1582-1583
[발 신 일]	1951년 7월 22일 08시
[수 신 일]	1951년 7월 23일 06시 30분
[발신지 및 발신자]	도쿄/드장(주일 프랑스대사)

사이공 공문 제1068-1069호

국방부에 긴급 전달 요망

제721-722호 공문을 워싱턴에, 제595-596호 공문을 뉴욕에 전달 바람

베이징라디오는 어제 저녁, 7월 25일까지 평화협상이 중지된다는 것을 선전
선동활동의 특별한 효과를 얻으려 하지 않고, 오히려 간단하게 논평했습니다.

대변인은 지금부터 그때까지 양측은 적대행위 재개를 피하는 방법으로 외국
군 철수 문제에 대해 깊이 생각해 볼 것이라는 점을 말하는 데 그쳤습니다.

어제 저녁 조이 제독은 총사령관과 협의하기 위해 도쿄에 도착했습니다.

휴전을 위해 검토한 다른 문제 목록에 대해서는 협의가 이루어졌음에도 군대
철수 문제에 대한 갈등이 의제 결정을 유일하게 방해했습니다.

지금은 공산 측의 저의에 대해 매우 불신하고 있지만, 북중이 러시아의 지령
으로 협상 재개에 반드시 필요한 최소한의 양보를 할 것이라는 생각이 듭니다.

드장

암호과 추신: 도쿄에서 정한 번호로 이 전보가 뉴욕과 워싱턴에 전달된 것임.

【130】 개성회담 추이(1951.7.24)

[전 보]	개성회담 추이
[문 서 번 호]	5335-5339
[발 신 일]	1951년 7월 24일 17시(현지 시간), 22시(프랑스 시간)
[수 신 일]	1951년 7월 25일 22시 55분
[발신지 및 발신자]	워싱턴/보네(주미 프랑스대사)

2급 비밀
절대우선문건

뉴욕 공문 제1235-1239호

오늘 오후에 국무부에서 열린 사절단장 회의에서 미 국무부 유엔담당 차관보는 7월 21일에 개성에서 있었던 회담에 관해 다음과 같은 정보를 제공했습니다.

회담이 시작되자마자 조이 제독은 공산 측 대표단의 질문에 대한 대답으로, 유엔의 입장에는 변함이 없으며 유엔은 여전히 이전 회담들(본인의 전보 제5302-5308호 참조) 중에 협의된 작성법에 관한 네 가지 사항이 앞으로의 휴전협상을 위해 충분한 의제가 된다고 판단하고 있다고 말했습니다.

이에 북한 남일 장군은 미리 준비해온 연설문을 읽었는데 여기에서 그는 38선을 군사분계선으로 획정하고 외국 군대 철수를 계획할 필요성에 대해 또 다시 강조했습니다. 선전성이 매우 짙은 연설이었습니다. 이런 식으로 남일 장군은 한국전쟁 중지 및 모든 외국 군대의 자국으로의 철수는 한국과 중국 국민의 염원에 부합하며 솔직히 말해 한국에서 싸우고 있는 사람들이 속한 모든 나라들에 부합하는 것이라는 생각을 전개했습니다.

그러나 남일 장군의 ㅁㅁㅁ에는 한 가지 새로운 요소가 담겨있었습니다. 북한 대표단장은 사실 휴전회담 중에 생겨날 정치적 문제들은 그것을 해결할 수 있을 다른 회담으로 넘기는 게 어떻겠냐고 제안했습니다. 이 제안을 그대로 인용하면 다음과 같았습니다. 남일 장군은, "당연히 의제에 포함된 이런 문제들을 논의하다보면 그 문제들과 연관되어 있지만 이 회담에서는 해결될 수 없는 다른 문제들을 맞닥뜨리게 될 수 있다. 그러니 당연히 그 문제들을 다른 회담이나 또는 해결을 목표로 하기 적합한 다른 기관으로 돌리는 식으로 해결해야 한다"고 합니다.

조이 제독은 공산 측 대표단이 휴전과 평화적 해결의 차이를 인정하지 않으려 하고 있다고 지적하며 아주 간단히 대답했습니다. 제독은 군대 철수 문제가 평화적 해결 문제와 연관되어 있고, 게다가 군 철수는 해당 정부들이 일방적으로 결정할 수도 있다고 강조했습니다. 공산 측 대표단은 중국 '인민지원군'의 한국 철수 가능성을 분명히 암시하고 있는 이 마지막 문장을 다시 말해달라고 요구했으나, 이 주제에 대해 다른 말은 삼갔습니다.

사절단장 회의 참석자 한 명이 히커슨 미 유엔 담당 국무차관보에게 남일 장군의 제안에 대해 어떻게 생각하느냐고 물었더니 그는 공산 측이 이런 식으로 정치 문제를 휴전협정 의제에 넣게 할 수 있다고 믿는다면 오산이라고 대답했습니다. 유엔대표단의 지침은 이 점에 있어 어떤 것도 수정하지 않을 것이라면서 말입니다.

한편 히커슨 차관보는 북한과 중공이 대립 양상을 보이고 있다는 언론 뉴스들에 대해서는 어떤 확답도 하지 않았고, 가장 최근 회담에서 중공 대표들이 더 적극적인 입장을 취했다는 점만 확인된다고 말했습니다.

보네

암호과 추신: 본 전보는 부분적으로 반복을 요구할 필요성이 있어 전송이 지연됨.

【131】 도쿄 최고사령부의 보고 내용(1951.7.26)

[전 보] 도쿄 최고사령부의 보고 내용
[문 서 번 호] 1605-1611
[발 신 일] 1951년 7월 26일 01시
[수 신 일] 1951년 7월 26일 10시 30분
[발신지 및 발신자] 도쿄/드장(주일 프랑스대사)

보안

사이공 공문 제1077-1083호
전쟁부에 전달 요망
워싱턴 공문 제731-737호
뉴욕 공문 제597-603호

1. 오늘 11시 개성회담 개최 전에 양측은 각자의 입장을 강력히 주장했으나 관계가 틀어지지는 않았습니다.

21일에 바르샤바에서 있었던 몰로토프 소련 외상의 연설, 평양에서 발표한 내용을 7월 22일에 『프라우다』가 모스크바라디오를 통해 방송한 간섭주의 군 세력 파괴 위협, 평양 라디오의 유엔군 철수 요구, 이 세 가지에 대한 화답으로 유엔군 측에서는 지난 일요일에 총사령관의 매우 신중한 성명, 24일에 딘 애치슨 미 국무장관의 매우 성숙한 연설, 7월 24일에 휴전이 성립될 경우 기초를 이룰 4가지 조건에 관한 마샬 장군의 단호한 입장 표명이 있었습니다.

회담이 □ □ □를 고안하는데 집중되어있을 때, 미 전쟁부장관은 이 사항들 중 어느 것도 아직 논의된 바 없다고 강조했습니다.

그러나 그는 대화 중단을 야기했고 분쟁 중에 있는 문제, 즉 외국 군대 철수

문제는 공산 측이 한국전쟁의 진정한 해결에 이르려는 마음이 정말로 있다면, 때가 되면 문제가 되지 않을 거라고 강조했습니다. 미국 정부도 유엔사령부도 현 단계에서는 받아들일 수 없는 논의지만 다음 논의 단계로 들어서기 위한 문은 이처럼 아직 열려 있습니다.

오늘 오전 도쿄 최고사령부에서는 어제 타스통신에 실린 평양 배포 공문에 상당한 중요도를 부여했습니다. 이 공문은 외국 군대 철수를 명예 문제이자 한국사태의 평화적 해결 조건으로 다루었습니다. 그러나 주목할 것은, 유엔군 철수는 휴전 전에는 요구되지 않는다는 것입니다.

2. 첩보 보고서와 전쟁포로 심문 내용에 따르면 공산 측은 휴전 성립보다는 협상을 오래 끄는데 더 관심이 있다는 인상이 더욱 확실해집니다. 공산 측은 계속해서 군대를 집결하고 증원군을 끌어오고 있습니다. 24일에 붙잡은 중공군 17명 가운데 여러 명이 8월 5-15일 중에 또 한 번의 공격이 개시될 거라는 얘기를 들었다고 합니다.

3. 협상 재개 전날 베이징 정부의 외무부차관은 라디오 방송을 통해 미 공군이 7월 23일 낮에 선양과 랴오둥 반도 쪽으로 공습을 일으켰다고 비난했습니다. 공습 중에 전투기 8대 중 7대가 격추된 것으로 보입니다. 미 참모본부에 따르면 이날에는 압록강 남쪽으로 100㎞ 이상 떨어진 신안주 지방에서 공중전만 한 차례 벌어졌으며 전투기 손실은 없었습니다. 오늘 극동공군 대변인은 중국 차관의 이 같은 주장은 반박할 가치조차 없다고 밝혔습니다.

4. 조이 제독은 최근 짧게 일본을 방문(7월 22-23일)하던 중에 협상 추이와 성공 여부에 대해 상당히 회의적인 입장을 밝혔습니다. 그는 구체적인 결과에 이르려면 상당한 시간이 소요되리라는 느낌을 갖고 있었습니다.

드장

암호과 추신: 본 전보는 도쿄에서 부여한 문서번호로 뉴욕과 워싱턴에 전송되었음.

【132】 휴전협정에서 합의된 사항(1951.7.27)

[전   보]   휴전협정에서 합의된 사항
[문 서 번 호]   1694
[발   신   일]   1951년 7월 27일 18시
[수   신   일]   1951년 7월 27일 21시 50분
[발신지 및 발신자]   모스크바/샤테뇨(주소련 프랑스대사)

오늘 신문들은 개성협상에 대한 신화통신의 통지문을 베이징 주재 타스통신 특파원을 통해 전달받아 게재했습니다.

"양측은 결국 다음의 의제에 대한 합의를 이루었다.
1. 의제 채택
2. 한국에서의 적대행위 중지라는 기본 조건으로서 비무장지대 설립을 위한 군사분계선 설치
3. 한국 영토에서의 휴전 이행을 위한 실질적인 조치 전개. 이 조치 중에는 정전과 휴전 조건 집행을 감시할 권한 및 기능을 지닌 행정기구 구성도 포함됨.
4. 전쟁 포로 조치 문제
5. 다른 관련 정부들에 할 양측의 제안

협상의 첫 회기가 시작되자, 우리 측 수석대표인 남일 장군은 지금 협상 진행 중 한국에서의 외국군 철수 문제를 검토할 필요성을 주장했습니다. 하지만 유엔 군사대표단은 계속 거부했다.
빨리 협의를 이루어서 전 세계 평화를 애호하는 인민들에게 희망을 가득 채워주고자, 7월 25일, 우리 측은 사실상의 문제 검토를 시작할 가능성을 부여하는 동시에 결국 양측의 협의를 이끌어 낸 의제를 제안했다. 양측은 의제

의 다섯 번째 항에 따라 적대행위 중지 얼마 후, 한국에서 외국 군대의 점진적 철수 문제를 검토하기 위한 보다 고위 대표 회담에서 회담 관계 정부들에게 제시할 건의안을 작성하는데 동의할 것이다."

샤테뇨

【133】 회담 의제에 관한 5가지 합의 사항(1951.7.27)

[전   보]   회담 의제에 관한 5가지 합의 사항
[문 서 번 호]   1618
[발   신   일]   1951년 7월 27일 00시
[수   신   일]   1951년 7월 27일 10시
[발신지 및 발신자]   도쿄/드장(주일 프랑스대사)

우선문건

사이공 고등판무관 공문 제1089호

첫째

7월 26일 저녁, 최고사령부는 수요일과 목요일에 있었던 회담 후 양측 대표단
이 의제에 관해 5가지 사항을 합의했다고 알렸으며 그 내용은 다음과 같습니다.

1. 의제 채택
2. 한국전쟁 중지의 전제 조건으로 양측 간 군사분계선 획정 및 비무장지대
   설치
3. 한국의 정전 및 휴전 실현을 위한 구체적 협정. 정전 및 휴전 조건 시행
   에 대한 감독 기관의 권한 및 기능 구성 포함
4. 전쟁포로에 관한 협정
5. 양측의 관련 정부들에 대한 권고

둘째

어제 오후 회담 직후 대표들은 의제에 포함된 문제들에 대한 논의를 시작했

습니다. 즉 어제 14시에 군사분계선 획정에 관해 합의한 의제를 정식으로 채택한 이후를 말합니다. 회담은 27일 오늘 오전 10시에 재개될 예정이며, 여기에서는 7월 24일 마샬 장군의 연설에서 기본 조건으로 지적된 사항들을 포함한 의제의 핵심 사항을 다루게 됩니다.

보고에 따르면 공산 측 대표단이 추후 단계에서 군대 철수 논의를 재개하는 방안을 수락함으로써 의제 합의가 가능했습니다.

국방부에 전달 요망.

드장

【134】 군사분계선과 비무장지대 설치 협상에 관한 보고(1951.7.27)

[전 보]	군사분계선과 비무장지대 설치 협상에 관한 보고
[문 서 번 호]	5461-5468
[발 신 일]	1951년 7월 27일 21시 45분(현지 시간), 02시 45분 (프랑스 시간)
[수 신 일]	1951년 7월 28일 03시 45분
[발신지 및 발신자]	워싱턴/보네(주미 프랑스대사)

보안

절대우선문건

뉴욕 공문 제1260-1267호

오늘 오후 국무부에서 열린 사절단장 회의에서 러스크 극동담당 차관보와 히커슨 유엔담당 차관보는 7월 26일- 27일에 개성에서 있었던 회담 내용을 보고했습니다.

7월 26일 회담에서는 양측 대표단이 의제에 합의했습니다. 조이 제독은 공산 측 대표단이 제안한 5개 사항을 수락하면서 유엔대표단은 이 점에 대해 특별한 어떤 합의도 미리 약속하지 않았다고 밝혔습니다. 그러나 그에 대해 성의껏 깊이 있게 논의하면서 상호 만족스러운 합의에 이르기 위해 노력할 준비는 되어 있다고 덧붙였습니다.

의제가 채택되자 곧바로 군사분계선과 비무장지대 설치에 관한 2개 사항에 대한 논의가 시작되었습니다.

공산 측 대표단은 기다렸다는 듯이 38선을 군사분계선으로 획정하자고 제안했고, 이를 뒷받침하기 위해 다음의 3가지 논거를 들었습니다.

1. 38선을 군사분계선으로 채택하는 것은 역사적 사실들에 부합한다. 38선은 전 세계적으로 알려져 있고 휴전협상의 ㅁㅁㅁ 대상이다.
2. 전쟁은 한쪽이 38선을 침범하면서 시작되었고, 중단될 수 없었던 이유는 교전당사국 한쪽이 역시 38선을 침범했기 때문이다.
3. 현재의 전선을 군사분계선으로 채택할 수는 없다. 안정적인 전선은 없기 때문이다. 뿐만 아니라 38선을 군사분계선으로 채택하면 양측이 단념하게 되는 영토는 거의 같은 비율이 될 것이다.

남일 장군이 내세운 두 번째 논거는 유엔대표단의 비웃음을 불러일으켰습니다.

7월 27일 회의에서 조이 제독은 38선에 대한 상대측 견해를 반박하고 비무장지대 설치를 위한 유엔의 제안사항에 대해 알렸습니다.

조이 제독은 첫 번째 논거에 대해, 38선은 한국의 역사와 아무 관련이 없고 정치적, 영토적 해결의 기초가 전혀 되지 못한다고 지적했습니다.

그리고 조이 제독은 비무장지대 설치는 현 시점의 실제적인 군사적 검토에 입각해 이루어져야 하며, 보다 높은 수준의 정치·영토 문제 해결에 영향을 받아서는 안 된다고 강조했습니다.

조이 제독은 한국의 군사작전 무대에는 군사적 의미를 갖는 3개 지대, 즉 육군, 공군, 해군 지대가 존재한다고 강조하면서 공군 지대 전역에서는 유엔이 압도적 우위를 점하고 있고 해안선을 방어하면서 해군 지대도 장악하고 있으며 단지 육군 지대에 있어서만 양쪽이 보다 비등한 세력을 보이고 있다고 말했습니다.

육해공에서의 휴전을 수락하면 유엔은 육군 영역의 군사작전만 중단하려는 적군에게 크게 양보하는 셈이 됩니다.

조이 제독은 자신의 제안에 관한 세부사항을 알렸습니다. 육상에서의 모든 군사작전을 중지하고 폭이 20마일 정도 되는 비무장지대를 세우는 것입니다. 유엔군은 한편으로는 압록강에서 두만강에 이르는 지역, 또 한편으로는 비무장지대 남방한계선을 포함하는 지역에서의 공중과 해상의 모든 군사행위를 중지하도록 합니다.

비무장지대 남방한계선을 이루는 마을은 해주, 평산, 장항리, 사포리, 하마리, 창녕입니다.

분계선의 경우에는 비무장지대의 북방한계선과 남방한계선 중간쯤에 위치하게 됩니다. 이 같은 대략적 정보를 제공하면서 러스크 극동담당 차관보와 히커슨 유엔담당 차관보는 그 유명한 '철의 삼각지대'를 이루는 두 도시인 철원과 김화가 비무장지대 남쪽에 위치하게 될 것이라고 강조했습니다. 삼각지대의 세 번째 도시인 평강은 비무장지대 한가운데 위치하게 됩니다.

대표 여러 명이 이 두 국무부 인사들에게 이 제안이 어떤 범위 안에서 타협이 가능한 건지 묻자 러스크 차관보와 히커슨 차관보는 비무장지대의 폭 정도만 타협이 가능하며 비무장지대 남방한계선은 어쨌든 거의 같아야 한다고 대답했습니다.

조이 제독이 보내온 보고서 내용에 따르면 상대 측 대표단은 이 제안을 신경질적이긴 했지만 놀라워하지 않고 받아들였습니다. 남일 장군은 비무장지대 남방한계선을 보면서 "이건 전선 아닌가"라고 중얼거리기까지 했다고 합니다.

회의 말미에 우리 대표는 러스크 차관보에게 오늘 아침 자 UP통신 보도문 내용이 얼마나 믿을 만한지 물었습니다. 보도문에는 전쟁포로에 관한 협의인 의제 제4항에 대한 합의가 이루어지기도 전에 한국의 휴전이 가능할 수도 있다고 나와 있습니다.

러스크 차관보는 포로 교환에 관해 주요 합의가 이루어지기 전에는 적대행위 중지가 없을 것이라고 답했습니다. 그러나 전쟁을 끝내기 위해 포로 수송이 시작되기를 기다릴 필요는 없을 것이라고 강조했습니다.

보네

【135】 개성회담에서 유엔대표단이 거둔 성과(1951.7.28)

[전   보] 개성회담에서 유엔대표단이 거둔 성과
[문 서 번 호] 1627-1630
[발   신   일] 1951년 7월 28일 08시
[수   신   일] 1951년 7월 28일 12시 30분
[발신지 및 발신자] 도쿄/드장(주일 프랑스대사)

보안

사이공 공문 제1093-1096호
워싱턴(제742-744호), 뉴욕(제605-608호), 런던, 국방부에 전달 요망

개성에서 의제에 포함된 주요 문제들에 대한 논의가 시작될 때부터 이미 유엔대표단은 적어도 5개 사항에 있어 아주 확실한 성공을 거두었습니다.

1. 유엔군 대표들은 군사분계선 및 비무장지대 문제를 38선을 기준으로 삼지 않아도 좋다는 약속을 받아냈습니다. 따라서 유엔군사령부는 군사적으로 방어 가능한 경계선, 이 경우에는 캔자스라인(본인의 전보 제1430호)을 자유롭게 요구할 수 있게 되었습니다. 어제 지도 교환과 함께 시작된 논의는 이 라인 주변에서 이루어질 것입니다.

2. 기자단 사건이 유엔군사령부에 유리하게 해결되었습니다.

3. 미국의 단호한 태도에 북중 대표단은 외국 군대 철수를 휴전 조건 중 하나로 만드는 것을 단념할 수밖에 없었고 이 문제에 대한 검토를 다른 협상 단계

로 미루자는 데 동의했습니다. 이 점에 관한 그들의 실패는 의제 5번째 단락을 상당히 모호한 용어로 작성해 겨우 감춰졌습니다. 그리고 양측이 관련 정부들에게 해야 할 권고사항에 관해서는 공산 측 대표단이 외국 군대 철수의 필요성 및 시급성 지적을 보류하는 게 확연히 보였습니다.

4. 정전과 휴전 조건 조정 문제가 분명하게 작성됨으로써 특별히 어려울 것으로 예상되는 논의에 있어 유엔군 대표단은 견고한 출발 토대를 확보했습니다.

5. 유엔군 전권사절(全權使節)단은 정전과 휴전 문제를 분리하지 않으려고 했습니다. 정전 사항들에 대한 합의가 이루어져야만 휴전이 실행될 수 있기 때문입니다.

반면 순전히 군사적인 정전과 정치적 문제를 끌어들이는 평화적 해결은 확실히 분리할 것을 주장하면서 정치적 문제에 대해서는 모든 권한을 거부했습니다.

따라서 시작된 논의는 다음의 세 단계로 구분됩니다.

1) 의제 작성 - 지체 중인 단계
2) 의제에 오른 문제들을 논의함으로써 정전과 휴전을 이루어 현 대표들의 임무가 끝날 수 있도록 함.
3) 아직 논의 중인 절차에 따른 평화적 해결을 위한 협상 가능성.

공산 측이 이처럼 상당 부분 양보한 것을 보면 협상에 아무리 큰 어려움과 장애가 있더라도 소강상태를 연장하려는 마음이 있음을 알 수 있을 듯합니다.

드장

암호과 추신: 본 전보는 도쿄에서 부여한 문서번호로 뉴욕 공문과 워싱턴 공문, 런던 공문 제12250-12253호로 전송되었음.

【136】 군사분계선 문제로 지체되는 휴전회담(1951.7.30)

[전 보]	군사분계선 문제로 지체되는 휴전회담
[문 서 번 호]	1725
[발 신 일]	1951년 7월 30일 18시
[수 신 일]	1951년 7월 30일 23시
[발신지 및 발신자]	모스크바/샤테뇨(주소련 프랑스대사)

베이징 주재 타스통신에게 전달받은 신화통신 통지문은 오늘 아침 개성 회담에 대해 다음과 같이 말하고 있습니다.

"13차 회기에서는 비무장지대 설립을 위한 군사분계선 설치 문제를 계속
검토했다."

7월 29일 조선인민군 및 중국인민지원군 대표단장인 남일 장군은, 군사분계선이 38선에 세워져야 하고, 비무장지대를 설립하도록 이 분계선의 10㎞ 밖으로 양측 군대가 철수해야 한다는 회담 초 제안을 다시 되풀이했습니다.

남일 장군은 "이 제안은 한국 전선에서의 공격적인 군 상황에만 맞는 것일 뿐 아니라 양 측에게 공정하고 적절한 것 같다. 이 제안은 한국문제의 평화적 해결에 용이할 것이고 동시에 현 휴전 협상의 기준이 될 것이다. 해상과 상공의 과도한 폭격 실효성에 대해 허풍으로 가득한 선언을 하면서 어느 한 편에만 더 유리한 군사 상황이 되게 하려는 시도는 휴전협상에서 취할 입장이 아니다"라고 말했습니다.

샤테뇨

【137】 개성회담에 대한 북한 언론의 반응(1951.7.30)

[전 보]	개성회담에 대한 북한 언론의 반응
[문 서 번 호]	1726
[발 신 일]	1951년 7월 30일 18시
[수 신 일]	1951년 7월 30일 23시
[발신지 및 발신자]	모스크바/샤테뇨(주소련 프랑스대사)

　　오늘 오전 평양의 한 통신은 『프라우다』에 개성회담과 관련한 조선중앙통신의 성명을 실었습니다.

　　조선중앙통신은 한국 내 지속적인 평화 정착을 위한 외국 군대의 철수 필요성과 한국 국민의 평화 목소리를 또 다시 부르짖고, 이 문제를 의제에 포함시키는 것을 미국이 얼마나 '단호히 반대'하고 있는지 알린 다음, 중공-북한대표단의 꿋꿋함이 거둔 성공을 자화자찬했습니다. "한국에서 외국 군대를 철수하는 문제를 제5항으로 포함시키고 이 회담에서 별도의 검토 대상으로 만드는" 성과를 거뒀다면서 말입니다.

　　결론부에는 이렇게 적혀 있습니다.

　　"의제는 적대행위 중지를 위한 구체적 방안 검토 가능성을 제시하고 있다. 그러나 이것이 그 후에 모든 것이 쉽게 이루어지리라는 걸 의미하는 것은 아니다. 반대로 우리는 미국이 우리 국민의 단호한 요구를 무시하면서 받아들이기 힘든 조건을 고수해 협상을 어렵게 만들 것인지 알아야만 한다. 미국은 평화를 공고히 하는 것이 자기네 목표라고 떠들고만 있으나 실상은 북한의 가장 중요한 구역들을 침범하려 하고 있다. 이것이 그들이 38선이 아닌 다른 분계선을 제안하는 이유다. 이 같은 침략 시도는 우리 측 개성 대표단의 단호한 반박에 부딪히게 될 것이다."

조선중앙통신의 성명에 이어 평양 타스통신이 재수록한 기사를 보면『노동신문』역시 '미국 간섭주의자들'의 '침략 의도'를 주장하고 있습니다.

북한 기자는 '군사적 이해관계가 전혀 없는' 한국의 도시와 마을들, 그리고 북방 전선에 가한 공습 같은 미국의 '도발 행위'는 "간섭주의 국가의 군대들이 엄청난 손실을 입은 사실과 미 정부가 평화를 원하는 국민들의 압박으로 평화 회담을 시작했으나 실제로는 한국의 평화를 원치 않고 '전쟁의 불씨'를 지피려 한다는 사실로 설명 된다"는 의견을 냈습니다.

샤테뇨

【138】 개성회담에 관한 히커슨 미 국무차관보의 보고 사항(1951.7.30)

[전 보]	개성회담에 관한 히커슨 미 국무차관보의 보고 사항
[문 서 번 호]	5503-5511
[발 신 일]	1951년 7월 30일 00시(현지 시간), 31일 05시 00분 (프랑스 시간)
[수 신 일]	1951년 7월 31일 05시 10분
[발신지 및 발신자]	워싱턴/미상(보네, 주미 프랑스대사로 추정)

보안

절대우선문건

뉴욕 공문 제1272-1280호

오늘 오후 국무부에서 열린 사절단장 회의에서 히커슨 차관보는 지난 7월 28-29일에 개성에서 있었던 회담에 관한 상세 정보를 제공했습니다. 그는 30일 회담에 관해서는 유엔군사령부가 발표한 공문 외에는 아무 정보도 받지 못했다고 알렸습니다.

1. 7월 28일 회담은 유난히 격한 분위기였던 것으로 보입니다. 남일 장군은 비무장지대 설치에 관한 조이 제독의 전날 성명(본인의 전보 제5461-5468호)을 매우 격렬히 비난했습니다. 남일 장군은 그것이 '믿을 수 없는' 성명이며 관심을 가질 필요조차 없다고 주장하며 조이 제독의 논거는 '비논리적'이라고 말하고는 다음과 같은 소견을 내놓았습니다.

1) 휴전은 한국문제의 평화적 해결을 향한 첫 발걸음이 되어야 한다. 따라서 군사적 현실을 고려하는 것뿐 아니라 이 같은 해결의 조건도 만들어야 한다.

2) 조이 제독의 성명은 협박에 목적이 있다. 그러나 정신병자나 바보가 아닌 이상 그런 논거에 속아 넘어가지 않는다. 조이 제독이 말한 것처럼 유엔군이 정말 우위에 있다면 지금 왜 평양-원산 전선을 점령하지 못하고 있단 말인가?

3) 물론 양측의 군사적 효율이 고려되어야 하나 인적 자원, 사기, 정치적 조건 같은 수많은 다른 요소들도 간과해서는 안 된다.

4) 육해공 세 지대에 관한 이론은 터무니없는 얘기다. 육군의 상황은 해군과 공군의 지원을 얼마나 받는지와 직접적으로 관계된다. 유엔군이 유지되고 있는 것은 오로지 공군과 해군이 폭격을 난사한 덕분이다. 연초부터 전선은 끊임없이 바뀌었고 휴전이 성립될 때까지는 계속해서 그러할 것이다. 따라서 현 전선이 '군사적 현실'을 반영하지는 못한다. 반대로, 전선이 계속 바뀌어봤자 결국 38선 근방에 머물러 있다는 점을 주목해야 한다. 결국 38선을 양측의 분계선으로 획정하자는 것이야말로 합리적이고 현실적이며 실현 가능한 제안이다.

남일 장군은 38선을 분계선으로 채택하고 나서 양측 군 병력이 이 선으로부터 10㎞씩 후퇴해 폭 20㎞의 비무장지대가 만들어져야 한다고 말했습니다.

그는 이 긴 연설 끝에, 그 전날 조이 제독이 했던 말이 '전적으로 터무니없고 거만'했기에 조이 제독이 진심으로 평화를 원하는 건지 아니면 단지 전쟁을 확대할 구실을 찾는 건지 알고 싶다고 말했습니다.

조이 제독은 30분 정도 회담을 중단했다가 남일 장군의 연설에 대한 답으로 이렇게 강조했습니다. 즉, 자신은 공산 측 대표단을 협박할 생각이 전혀 없고, 현 전선은 지금 상태가 가장 안정적이며 지난 6월 15일 이후로 크게 바뀌지 않았고, 북한 대표단의 무례하고 격에 맞지 않은 지적은 대꾸할 가치도 없으나 유엔대표단은 정당하고 명예로운 합의에 도달하기 위한 진심어린 바람이 있음을 재확인하려 한다고 말입니다. 조이 제독은 남일 장군의 매도 발언이 이 같은 합의 실현에 도움이 되지 않는다고 지적하며 말을 맺었습니다.

남일 장군은 조이 제독의 전날 성명에 대해 비판하는 것뿐이라고 응수했습니다. 그러면서 전선은 고정된 것이 아니라 휴전협상이 이루어지는 중에라도 바뀔 수 있다고 했습니다. 그는 자신의 논거가 정당함을 주장하고 나서 폐회를 요구했습니다.

이번 회담을 끝낸 뒤 조이 제독은 공산 측 대표단이 상대측으로부터 어떤 타협안을 제공받기를 기대했고 그들 쪽에서는 38선을 분계선으로 채택하는 것 외에 다른 제안을 하는 것은 허가받지 못한 것이라는 결론에 도달했습니다.

2. 7월 29일 회담에서는 아무 진전이 없었습니다. 각 대표단은 전날 했던 말만 되풀이했습니다. 하지만 남일 장군은 격한 모습이 조금 누그러졌습니다. 그는 육해공 군 병력의 능력에 대해 한참동안 여담을 풀어놓았습니다. 공산군은 육군만으로도 유엔군의 육해공 병력에 맞먹거나 더 우세하다고 말하고는 모든 전쟁에서 결정적 역할을 하는 것은 보병이라고 강조했습니다. 특히 그는 일본이 패전한 것은 미국 해군과 공군의 군사 작전 때문이 아니라 중국과 소련의 지상전 때문이라고 우겼습니다.

남일 장군은 한국에서도 마찬가지로 미국이 공군과 해군 영역에만 개입하려는 마음을 빨리 접어야 했다고 덧붙였습니다. 만약 미국 공군과 해군이 야만적으로 폭격을 해대지 않았다면 지상군한테 밀려 어디까지 후퇴해야 했을지 아무도 모를 일이라면서 말입니다.

조이 제독은 공산 측 대표단이 합의에 이를 어떤 제스처도 취하지 않는 것을 보고 실망을 금하지 못했습니다. 제독은 진작에 공산 측 대표단이 군사적인 부분만 고려하는 것을 수락했어야 한다고 강조했습니다. 그러는 것이 추후 있을 협상들을 위해 더 나을 거라고 말입니다.

(이하 원문 누락)

【139】 중국에 대한 미국과 영국의 견해차(1951.8.2)

[전 보]	중국에 대한 미국과 영국의 견해차
[문 서 번 호]	1652-1653
[발 신 일]	1951년 8월 2일 00시
[수 신 일]	1951년 8월 3일 10시
[발신지 및 발신자]	도쿄/드장(주일 프랑스대사)

보안

　주일 영국 참모단 대표 버치어1) 장군에게서 7월 31일 입수한 내용을 다음 호 전보들을 통해 외무부에 요약 전달하고자 합니다. 장군의 견해는 중공이 소련으로부터 어느 정도 독자성을 유지 또는 회복함으로써, 소련의 계획대로 돌아가고 있는 현 상황을 탈피했으면 하는 바람이 반영된 것 같습니다.

　하지만 본인이 미국과 교신하며 살펴본 바에 따르면, 사령부는 너무 구체적인 의견을 밝히는 것을 꺼리는 반면, 부처장들은 보다 명확하고 긍정적으로 휴전회담 추이와 결과를 바라보고 있습니다.

　한국사태의 평화적 해결에 관해서는, 앞서 언급한 문제나 중공의 유엔 가입 문제 등에 대해 미국이 취할 태도를 영국 측이 크게 오해하는 듯합니다. 영국은 자국이 권고하는 해결책에 미국도 당연히 찬성할 수밖에 없으리라 믿고 있습니다. 그러나 이곳 상황을 보건대, 베이징 정부가 소련에 명백히 종속되어 있는 한 미국이 한국 휴전을 계기로 중국에 대한 태도를 누그러뜨리는 등의 일은 없을 것으로 보입니다.

드장

---

1) 세실 버치어(Cecil A. Bouchier, 1895-1979). 주일 영연방 공군장교로 활동(1945-1948).

【140】 개성회담의 추이와 예측(1951.8.2)

[전 보]	개성회담의 추이와 예측
[문 서 번 호]	1654-1657
[발 신 일]	1951년 8월 2일 00시
[수 신 일]	1951년 8월 3일 10시
[발신지 및 발신자]	도쿄/드장(주일 프랑스대사)

외무부로 타전

워싱턴 공문 제756-759호

뉴욕 공문 제619-622호

런던 공문

본인의 전보 제1652호에 이어

미군 고위인사들은 개성회담 예측에 있어서 여전히 신중한 모습입니다. 중간 계급 간부들은 보다 의견이 명확합니다. 회담이 아무리 길고 지난해도 결국은 휴전으로 귀착하리라는 것입니다.

회담 중 유엔군 대표들은 북한과 중국의 입장차를 확인한 듯합니다. 북한은 훨씬 더 완강한 반면 중공은 겨울이 오기 전 한국전쟁을 종결짓길 원하는 것으로 보입니다. 중공은 군비 격차를 고려할 때 공격해보았자 득이 될 게 없으며 가뜩이나 높은 비용을 줄여야한다고 확신한 듯합니다. 휴전을 넘어 평화적 해결에 이르고, 이를 통해 비교적 장기간에 걸쳐 한국의 '해방'보다 더 실질적인 이득, 즉 미국으로부터 정부를 인정받아 유엔에 가입하고 대만을 환수하는 것을 바라고 있습니다. 동맹국 북한의 반대와 저항까지도 무릅쓸 요량입니다. 북한과의 대립에 있어서는 소련의 지원을 받을 수 있으리라 기대하는 듯합니다.

소련은 언제나 최약체를 희생시킬 준비가 되어있기 때문입니다. 이런 상황을 고려할 때 현재 진행 중인 회담의 우여곡절에 너무 집중할 필요는 없을 것입니다.

중국은 체면치레를 원했으며 지치거나 나약한 기색을 보이지 않으려 했습니다. 그들로선 어느 정도의 연출이 불가피했을 것입니다. 그러나 협상 지속을 위해 필요하다고 확인된 부분에 대해서는 체념하고 양보했습니다. 이러한 제약사항은 특히 나흘 전부터 난관에 봉착한 분계선 논의에도 적용될 것입니다. 미국은 입장을 고수 중이고 공산군은 38선 회복을 요구하고 있습니다. 회담이 재차 중단될 수도 있겠지만 결국엔 캔자스라인이나 그와 매우 인접한 지점에서 협상이 타결될 것입니다. 양측 모두 이 점을 알고 있었습니다. 회담은 심각한 결렬 위험을 내포한 협상이라기보다는 각본에 따라 전개되는 양상입니다.

드장

【141】 소련제 제트기 추락(1951.8.4)

[전 보]	소련제 제트기 추락
[문 서 번 호]	1681
[발 신 일]	1951년 8월 4일 08시
[수 신 일]	1951년 8월 4일 12시 50분
[발신지 및 발신자]	도쿄/드장(주일 프랑스대사)

보안

10여일 전, MIG-15기 1대가 인천 인근 모래사장에 추락했습니다. 전투기는 기술팀 조사를 위해 미국으로 이송되었습니다.

유엔군이 소련제 제트기를 확보한 것은 이번이 처음입니다.

이 정보는 기밀 사안으로, 믿을 만한 소식통을 통해 입수되었습니다.

국방부에 전달 요망.

드장

【142】 '캔자스라인'에 관하여(1951.8.4)

[통   첩]   '캔자스라인'에 관하여
[문 서 번 호]   미상
[발 신 일]   1951년 8월 4일
[수 신 일]   미상
[발신지 및 발신자]   미상

통첩

주제: 캔자스라인에 관하여

국방부를 통해 입수한 정보에 따르면 캔자스라인은 38선 인근에서 방어 가능
성이 가장 높은 지점입니다. 4월 22일자 공산 측 공세가 있기 하루 전, 유엔군은
이 지점에 도달한 바 있습니다.
이 선상의 지표는 서에서 동으로 다음과 같습니다.

- 임진강 하구
- 38선 북쪽 10㎞ 지점까지 이어지는 임진강 줄기
- 화천
- 화천 저수지 남쪽 경계
- 동해안 양양 방면 도로

【143】 제19차 개성회담(1951.8.5)

[전   보]   제19차 개성회담
[문 서 번 호]   1696
[발 신 일]   1951년 8월 5일 10시
[수 신 일]   1951년 8월 5일 07시[1]
[발신지 및 발신자]   도쿄/드장(주일 프랑스대사)

1. 제19차 개성회담은 아무 성과 없이 끝났습니다. 조이 제독이 지도 검토를 제안했지만 남일 장군은 이를 회피했고, 비무장지대 위치와 군사분계선 획정에 관한 기존 입장을 한 치도 양보할 수 없다는 발언을 거듭했습니다.

오후 회담에서 조이 제독은 적군의 개성 중립지대 침범을 언급했습니다. 공산 측은 조사를 약속했습니다. 다음 회담 일자는 8월 5일 일요일 11시로 정해졌습니다.

2. 문제의 사건에 대해 리지웨이 장군이 8월 5일 6시에 김일성 장군과 펑더화이 장군에게 보낸 항의성명 도입부는 다음과 같습니다.

"8월 4일 13시 45분, 유엔군 소속이 아닌 무장 군대가 개성 내 회담장 백여 미터 지점에 출몰한 것이 여러 목격자를 통해 공식 확인되었고 사진과 영상을 통해 입증되었습니다. 이 군대는 대략 보병중대 1개 규모로, 동쪽으로 도보 이동했으며 소총, 권총, 유탄, 자동화기, 박격포로 무장했습니다."

리지웨이 장군은 개성 중립지대에 관한 자신의 7월 13일자 서신 내용과 이

---

[1] 발신 시각보다 빠른 시간으로 표기됨. 오류이거나 현지 시간 문제로 추정.

틑날 공산당 측이 이를 즉각 수용했음을 상기시킨 후, 다음과 같이 글을 맺었습니다.

"본인이 요청하고 귀측에서 보장했던 약속이 명백히 깨어졌음을 주지하는 바입니다. 유엔대표단은 본 위반 사실에 대한 만족스러운 해명과 함께 이 사태가 되풀이되지 않는다는 확답을 받은 후 회담을 재개코자 합니다. 그때까지 대표단은 유엔 방어선 내에 머물 예정입니다. 회신 바랍니다."

3. 공산 측 회신을 기다리며 회담은 사실상 두 번째 중단 국면에 들어갔습니다.

국방부에 전달 요망.

드장

【144】유엔군 장군의 성명에 대한 언론 반응((1951.8.5)

[전 보]	유엔군 장군의 성명에 대한 언론 반응
[문 서 번 호]	1697
[발 신 일]	1951년 8월 5일 06시 20분
[수 신 일]	1951년 8월 6일 08시 15분
[발신지 및 발신자]	도쿄/드장(주일 프랑스대사)

워싱턴 공문 제765호

뉴욕 공문 제624호

국방부에 전달 요망

8월 5일 오늘, 여러 영자 신문들이 현재 개성회담 의제인 중립지대와 군사분계선에 관한 리지웨이 장군의 성명을 발췌 보도했습니다.

해당 보도문은 7월 28일 언론 통신사들에 전달되었다가 즉시 철회된 바 있으며 유엔군최고사령부 정보교육국이 5일 보도했습니다.

기사는 큰 표제를 달고 명백하게 의미를 왜곡하는 논평들과 함께 게재되었습니다. 신문들은 리지웨이 장군이 압록강과 유엔군 방어선 사이 어디쯤인 현재 진지, 북위 38선으로 군사분계선과 중립지대를 획정하자고 주장하는 듯한 인상을 주고 있습니다.

사실 총사령관은 군사적 관점에서 볼 때 38선이 더 이상 균분선 이상의 의미가 없음을 지적한 후, 유엔군이 북측 영토 상당 부분을 견고하게 점령하며 해안 및 상공에서 확고한 주도권을 행사 중이라며 유리한 입지에 있음을 부각했습니다. 군사분계선과 중립지대에 있어서는 실제 상황 및 유엔군의 주요 강점을 고려해야하며 적군의 추가 공격 준비를 유리하게 만드는 방식이 되어선 안 된다는 원칙을 수립했습니다.

해당 보도문은 현재 개성에서 뜨겁게 논의 중인 사안에 대해 구체적 입장을 정하는 것이 아니라 유엔군이 휴전을 권고했다고 말하는 공산군 동맹국에게 프로파간다 차원에서 대응하는 것입니다.

공보과가 아닌 최고사령부 선전과인 'C.I.E.T.E.'에서 보도 자료를 배포한 것도 그런 까닭으로 보입니다.

드장

【145】 논란에 대한 최고사령부의 해명(1951.8.6)

[전 보]	논란에 대한 최고사령부의 해명
[문 서 번 호]	1701
[발 신 일]	1951년 8월 6일 08시
[수 신 일]	1951년 8월 6일 14시
[발신지 및 발신자]	도쿄/드장(주일 프랑스대사)

사이공 공문 제1137호

본인의 전보 제1697호 참조

1. 상기 전보에서 다룬 내용에 대한 추측성 논란에 종지부를 찍기 위해 오늘 8월 6일 오후 최고사령부 정보국이 다음과 같이 공식 해명했습니다.

인용

7월 24일 미 국방부 기자회견에서 국방장관이 밝혔듯, 견고한 휴전협정을 위하여 개성 휴전회담 유엔군 대표단은 적대행위가 재개되더라도 방어가 가능한 군사분계선을 획정하도록 합의해야 한다는 원칙을 강력히 수호했다. 이 조건에 부합하는 지점은 현재 유엔군 방어선과 대체로 일치한다.

인용 끝

2. 공산군 회신 전달이 지연되고 임진강 재범람으로 통행에 어려움이 생겨 오늘 오전 개성회담은 아직 재개되지 못했습니다.

국방부에 전달 요망.

드장

【146】 개성회담에서 서로 다른 휴전선을 제안함(1951.8.6)

[통　　　첩]	개성회담에서 서로 다른 휴전선을 제안함
[문 서 번 호]	미상
[발　신　일]	1951년 8월 6일
[수　신　일]	미상
[발신지 및 발신자]	미상

통첩

주제: 개성회담에서 서로 다른 휴전선을 제안함

　양측은 7월 26일자 개성회담에서 의제 채택에 합의했고, 해당 의제 제2항인 군사분계선과 비무장지대 설정에 대해 논의하기 시작했습니다.

　먼저 공산군 대표단이 38선을 분계선으로 획정할 것을 제안했으나, 이튿날인 7월 27일 조이 제독은 상대측 제안 근거에 반박하며 한국전쟁의 육해공 지대를 구분 지었습니다. 이 차이에 근거해 조이 제독은 다음과 같이 경계를 규정하며 폭 20'마일'의 비무장지대를 반대 의견으로 제시했습니다.

　　- 북으로는 해주, 평강, 장전항, 사포리, 함안, 장평까지
　　- 남으로는 장단, 배천, 개성, 산양, 철원, 김화, 문동리, 초도리를 잇는 선까
　　　지. 마지막 지점은 앞서 밝힌 날짜에 언급한 전선과 동쪽에서 현저히 맞
　　　닿아 있음

　미국 측의 반대 의견에 따르면 분계선은 비무장지대 북쪽 경계와 남쪽 경계 가운데 즈음으로 정해집니다.

이러한 반대 의견은 공산 측의 반발을 야기했고, 공산 측은 7월 28일 육군 방어선이 해군과 공군의 지원에 밀접한 영향을 받는 만큼 육해공 영역에 관한 논리는 터무니없다고 일축했습니다. 또한 남일 장군은 38선을 기준으로 휴전하자는 기존 입장을 되풀이하되 쌍방 군대가 38선에서 10㎞씩 간격을 둠으로써 폭 20㎞의 비무장지대를 설정하자고 덧붙였습니다.

　　이후 양측 대표단은 각자의 견해를 고집했고 협상은 전혀 진전이 없었습니다. 다만 38선을 군사분계선으로 채택하자고 공산 측이 고집하지 않는다면 유엔군은 공산 측의 모든 제안에 대해 논의할 준비가 되어 있다고 7월 31일 회담 말미에 조이 제독은 밝혔습니다.

　　(이하 판독 불가)

【147】 회담 지연에 대한 베이징 언론 보도(1951.8.7)

[전 보]	회담 지연에 대한 베이징 언론 보도
[문 서 번 호]	1797
[발 신 일]	1951년 8월 7일 08시
[수 신 일]	1951년 8월 7일 18시 20분
[발신지 및 발신자]	모스크바/샤테뇨(주소련 프랑스대사)

베이징 주재 타스통신이 전한 신화통신 보도에 따르면 8월 4일 오후에 열린 제10차 회담 말미에 유엔 대표단장은 상대측 무장 정찰대가 유엔대표단 최고사령부로부터 수백 야드 지점에 출몰해 회담 지역을 가로질러갔다고 북·중 대표단에 알렸습니다.

기사에 따르면 조사 후 유엔군 대표단장은 이런 일이 재발하지 않도록 모든 조치를 취하겠다는 확답을 받았고 '8월 5일 10시에 회담을 재개하자고 명확히' 제안했습니다.

"그러나 유엔군 대표단은 이 우발적 사건을 핑계로 개성에 나타나지 않았고, 회담은 다시 연기되어 제시간에 열리지 못했다"고 보도는 지적했습니다.

베이징의 두 번째 통신문은 휴전회담이 진행 중임에도 "미국이 위성국들에게 압력을 행사해" 한국 파병을 종용한다고 전하고 있습니다. 최근 태국이 850명을 파병했고, 7월 중순 캐나다 여러 부대가 한국 파병을 위해 일본에 도착했고, 7월 17일 프랑스 분견대가 마르세유에서 파송되었고, 7월 23일 트리그브 리 사무총장이 한국에 추가 병력을 지원하도록 유엔 가입국들에게 권고했다고 보도는 명시하고 있습니다.

샤테뇨

【148】 분계선 획정에 대한 유엔군 전략(1951.8.7)

[전 　　　 보]	분계선 획정에 대한 유엔군 전략
[문 서 번 호]	1702-1704
[발 　 신 　 일]	1951년 8월 7일 08시
[수 　 신 　 일]	1951년 8월 7일 11시 20분
[발신지 및 발신자]	도쿄/드장(주일 프랑스대사)

매우 긴급

보안

런던, 뉴욕, 워싱턴, 국방부에 전달 요망

유엔대표단은 아직 한국으로 돌아가지 않았습니다.

의견의 출처가 워싱턴인지 도쿄인지는 알 수 없으나, 현재 리지웨이 장군은 이번 사건을 발판 삼아서 난관에 봉착한 분계선과 비무장지대에 관한 의제 제2항 논의를 타결해볼 심산입니다.

협상 재개 시 대표단은 공산군 사령부가 개성 중립지대를 준수하지 않은 만큼 위도를 기준한 국경을 준수할 것이라 믿기가 매우 힘들다는 입장을 내세우도록 지시받은 것으로 알려졌습니다. 군사적으로 방어 가능하고 현재 유엔군 방어선과 거의 일치하는 분계선을 고수하겠다는 유엔군 사령부 입장은 더없이 단호해 보입니다.

이처럼 유엔군 대표단의 입장은 한층 강화된 듯합니다. 협상이 결렬된다면 적절한 시점에 한 발 물러서며 캔자스라인을 채택하게 될 것입니다.

(이하 판독 불가)

드장

런던 제12706-12708호
워싱턴 제8403-8405호
뉴욕 제2707-2709호

【149】 회담 중단에 대한 언론 반응(1951.8.9)

[전 보]	회담 중단에 대한 언론 반응
[문 서 번 호]	1809
[발 신 일]	1951년 8월 9일 18시
[수 신 일]	1951년 8월 9일 20시
[발신지 및 발신자]	모스크바/샤테뇨(주소련 프랑스대사)

타스통신은 오늘 평양과 베이징 보도를 통해 미국의 '어이없는 요구들'과 회담 불참 연장에 대한 개성의 격앙된 반응을 전했습니다.

보도는 『노동신문』을 인용하며 미 대표단의 전략이 애초부터 시간 끌기에 있었다고 지적하고 있습니다.

북한과 달리 미국은 사실 평화적 분쟁 해결을 원치 않으며 결국엔 분단을 이끌어낼 계략을 동원중이라는 것입니다.

38선 이북에 분계선을 획정하자는 미국의 주장은 '중요한 경제 자원'을 보유한 영토가 탐나서일 뿐 아니라, 이런 전략적 상황을 이용해 단기간에 중국과 소련 국경에 이르고 (중략) 중국까지 공세를 확장함으로써 소련 공격의 발판을 마련하기 위해서이기도 하다고 전하고 있습니다.

샤테뇨

【150】 소련의 한국전쟁 자금 조달(1951.8.10)

[전   보]   소련의 한국전쟁 자금 조달
[문 서 번 호]   425-426
[발   신   일]   1951년 8월 10일 17시 10분
[수   신   일]   1951년 8월 10일 21시 05분
[발신지 및 발신자]   소피아/보디에(주불가리아 프랑스대사)

보안

소련이 한국전쟁 자금 조달을 위해 어떤 절차를 밟았는지 관할 공무원을 통해 듣게 되었습니다.

크렘린은 공산국가간 연대 원칙을 전쟁 초기부터 관철시켰고, 인민공화국 전체가 지원해야할 자금 총액과 할당액의 핵심 사항을 정했습니다. 이에 따라 처음에 50억 레바[1] 지원을 할당받았던 불가리아는 두 차례 조정을 거쳐 180억 레바로 출자액이 상승했습니다.

이렇게 확정된 최종금액은 군비 ▢▢▢에 기재되었습니다.

할당액은 소련 60%, 체코슬로바키아 20%, 폴란드 ▢▢% 등으로 책정되었습니다.

양도를 막기 위해 위성국들 간에 청산 계좌가 개설되었고, 이를 통해 불가리아는 체코슬로바키아로의 수출을 통해 차관을 대부분 청산할 수 있었습니다.

보디에

---

[1] 불가리아 화폐 단위.

【151】 개성회담 중단 사태 분석(1951.8.10)

[전　　　　보]	개성회담 중단 사태 분석
[문 서 번 호]	1715-1723
[발　신　일]	1951년 8월 10일 01시 20분
[수　신　일]	1951년 8월 10일 05시 30분
[발신지 및 발신자]	도쿄/드장(주일 프랑스대사)

보안

긴급

런던 공문 제12902-12910호

워싱턴 공문 제8430-8438호

뉴욕 공문 제2752-2760호

6일 오후 열린 협의를 위해 도쿄로 돌연 소환되었던 조이 제독과 유엔대표단은 8월 8일 오전 한국으로 돌아갔습니다. 한편 지난 7일 총사령관이 공산군 대표들에게 보낸 단호하고도 위협적인 서신에 대해서는 아직 아무 회신을 받지 못했습니다.

공산 측의 명백한 규정 위반, 그리고 워싱턴의 승인과 지원을 받은 미 사령부의 격렬한 반응을 고려할 때, 이미 닷새째에 접어든 회담 중단 사태는 의심할 여지없이 심각한 양상을 띠고 있습니다.

미국의 반격은 본인의 전보 제1702호에서 다루었던 전술적 고려 외에도 보다 전반적인 우려들에 부합합니다. 적어도 그중 하나는 언론사 특파원 사건(7월 12일) 때 이미 대두되었습니다.

회담 초기 공산군은 유엔을 중재자로 소환하고자 유엔군 사령부의 타협적 조치들을 악용한 바 있습니다. 그 기만적 태도는 미국 측에 큰 앙금을 남겼습니다. 회담 개최 후 미국은 개성 지대 합의사항에 대한 공산 측의 여러 가지 사소한 위반 사례들을 수집 정리해왔습니다. 사태를 바로잡고 북한과 중국에 일침을 가하고자 그중 비교적 심각한 사례를 기회로 삼은 것입니다.

회담이 상호 신의를 바탕으로 해야 하며 8월 4일자와 같은 사건들은 대화 중단을 초래할 수밖에 없다는 명확한 경고를 공산군 사령부도 이해했습니다. 더 이상 유엔군을 휴전 요청에 매달리는 패배자 취급하긴 힘들 것입니다.

한편, 한 달째 협상 중인 유엔군 사령부는 중국이 적어도 ㅁㅁㅁ 바라는 게 확실하다는 인상을 받았습니다. 그리고 공산군은 적대행위 중단을 희망하는 것처럼 보이긴 해도 한반도 전체에 대한 지배권 확립을 조금도 포기하지 않았습니다. 공산군은 추후 휴전 조건이 이 목표에 심각한 방해가 되지 않기를 간절히 바라고 있습니다. 한반도 남쪽에 꾸준히 압력과 위협을 행사할 수 있도록 방어가 불가능한 분계선을 주장하는 것도 이런 까닭입니다.

끝으로, 영국의 생각과 달리 미 참모본부는 공산군 사령부가 한국에서 병력을 철수하기는커녕, 군대를 재편하며 회담 결렬시 어느 때보다 더 강력한 수단을 동원해 공격하고자 준비 중이라 믿고 있습니다.

이 견해에 대해 최고사령부 제2사무국은 펑더화이 장군의 8월 1일자 성명과 인민군 포병·공군·기계화 부대의 대규모 병력 동원 가능성을 암시하는 그의 발언들을 근거로 들었습니다.

이런 다양한 요소를 고려할 때 적군은 종국엔 대화를 무한정 연장시켜 중국이 원하는 대로 흐름을 유도하고 유엔군 측 여론과 병사들을 무너뜨리려는 속셈이 아닌지 의구심이 듭니다. 제가 보기에는 이러한데, 미 사령부와 정부가 여기에 동의할지는 의문입니다.

그사이, 8월 4일 사건을 둘러싸고 형성된 논란의 기류는 그 자체로 순조로운 회담 진행에 좋지 않은 영향을 미치고 있습니다. 공산당 프로파간다는 4일자 최고사령부 공문(본인의 전보 제1697호)을 도배했고 유엔군사령부가 현재 방어선보다 훨씬 더 북쪽에 위치한 분계선을 요구한다고 확언했습니다. 마치 38선 철수만이 미국의 신의를 증명하는 방법인양 언급한 후, 미 공군이 아무 군사 이익도 없는 표적들을 집중 포격한다며 항의하고 있습니다. 또한 유엔군의 개성 지대 침범을 폭로하고 있습니다. 한편 도쿄 사령부는 상대 ㅁ ㅁ ㅁ가 지난주 이전에도 규정을 위반한 적이 있음을 밝히고 있습니다.

현지 ㅁ ㅁ ㅁ에 대해서는 논란의 격렬함과 회담 중단 기간을 고려할 때 비관론이 다소 우세해 보입니다.

하지만 시발점이 무엇이든 간에, 개성회담이 러시아가 주도하는 광범위한 공세의 일환이라는 것만은 분명해 보입니다.

모든 사건에도 불구하고 이 관계는 공산 측 전권사절의 태도에 있어서 여전히 결정적 역할을 하고 있습니다.

드장

【152】 공산군 사령부의 답변(1951.8.10)

[전 보]	공산군 사령부의 답변
[문 서 번 호]	1734
[발 신 일]	1951년 8월 10일 02시
[수 신 일]	1951년 8월 10일 14시 30분
[발신지 및 발신자]	도쿄/드장(주일 프랑스대사)

긴급

사이공 공문 제1156호

리지웨이 장군 서신(8월 7일 13시)에 대한 답변으로 8월 9일 17시 공산군 사령부는 한국 유엔 연락장교를 통해 다음 성명을 보내왔습니다.

"리지웨이 장군. 8월 7일자 귀측의 서신을 수신했습니다. 8월 6일자 답변을 통해 우리는 '개성 중립지대에서 7월 14일 협정을 엄격히 준수하고 협정 위반 사례가 재발하지 않도록 우리 측 정찰대에게 재차 명령했다'고 알린 바 있습니다. 귀측은 귀측의 8월 7일자 서신이 아직도 개성 중립지대에 대해서 동일한 합의를 언급하고 있음을 분명 알고 있을 것입니다. 우리 측은 개성 지역 내 중립에 관한 합의 준수를 준엄하게 보장한 바, 귀측에서 휴전협정을 결렬시키고자 일부러 위반 사례를 만들어 핑계 삼지 않는 한 우리 측이 먼저 위반하는 일은 있을 수 없습니다. 설령 귀측에서 동일한 위반 사례가 발생하더라도 우리는 항의·조사·협의·해결에 이르는 전 과정을 생략한 채 무책임하게 본 회담을 조기 종결짓는 일은 하지 않기로 결정했습니다.
우리는 귀측이 귀측 대표단에게 개성으로 돌아와 회담을 재개하도록 지시해주기를 다시 한 번 기대합니다.

중국인민지원군 사령관 펑더화이, 조선인민군 총사령관 김일성"

상기 회신에 앞서 오전 10시 15분 공산군 사령부는 8월 7일 평양과 개성 사이 시변리 북쪽 16㎞ 지점에서 유엔군 비행기 2대가 백기를 게양한 공산군 휴전 대표단 트럭 1대를 공격했다며 항의해왔습니다.

공산군 서신은 7월 8일 유엔군사령부가 백기 게양 차량은 공격하지 않기로 합의한 것을 언급했습니다.

7월 21일 공산군 연락장교는 상기 약속이 황주 사리원에서 위반된 것을 지적 했었고 재차 확약을 받았다고 했습니다.

8월 7일 사건은 기존 합의의 새로운 형태이며 유엔군이 중립지대를 향해 발포했던 판문점 사건의 연장입니다.

조이 제독은 공산 측 항의 내용이 사실무근이라며 동일 연락망을 통해 즉시 응수했습니다. 또한 평양-개성 간 차량 통행은 사전 통보되어야 함을 지적했습니다. 해당 사건은 이 조건을 충족하지 않았습니다. 또한 언급된 지역은 개성-평양 주요 도로보다 상당히 동쪽에 위치하고 있었습니다. 이런 이유로 조이 제독은 공산 측이 백기를 휴전 대표단의 목적과 무관하게 남용하는 것이 아닌지 의구심을 갖게 되었습니다.

소위 판문점 사건(8월 8일)에 관한 신규 보고서 발표가 24시간 지연됨에 따라 조사는 제 시간에 이루어지지 못했습니다. 그럼에도 사건 조사는 적절하게 진행됐습니다.

8월 10일 오늘 오전 9시 30분, 조이 제독은 리지웨이 장군의 지시에 따라 기상 조건상 헬기 사용이 가능하다면 오늘 13시에 대화를 재개하자는 의사를 공산군 사령부에 전달했습니다. 조이 제독은 공산 측 장군들이 해당 사건에 대해 리지웨이 장군에게 확답을 준만큼 다시는 공산군이 개성 중립지대를 침범하는 일이 없으리라 믿으며 제안한다고 서신을 통해 밝히고 있습니다.

적진을 탐색하는 유엔군 정찰대는 어제 낮, 아무런 저항에도 부딪히지 않고 평강¹⁾에 입성했습니다. 한반도 중부 전략적 삼각지대 중 꼭대기에 해당하는 이

지역은 텅 비어있었습니다. 반면 김화 북쪽 유엔군 분대들은 강한 저항에 부딪혔고 공산군의 공격을 피해 철원 서쪽으로 이동했습니다.

유엔군 해군 및 공군은 적군 비행장과 병참선 공격을 강화했습니다.

국방부에 전달 요망.

드장

---

1) 원문은 '평양(Pyong Yang)'으로 되어 있으나 중부의 전략적 요충지를 가리키는 철의 삼각지대 (평강-철원-김화) 중 정점에 해당하는 지역은 '평강'임.

【153】 휴전협상에 관한 폴란드 언론 보도(1951.8.10)

[전 　　　 보]	휴전협상에 관한 폴란드 언론 보도
[문 서 번 호]	928-932
[발 　신 　일]	1951년 8월 10일 15시
[수 　신 　일]	1951년 8월 10일 17시 45분
[발신지 및 발신자]	바르샤바/라울 뒤발[1](주폴란드 프랑스대사관원)

『트리부나루두』는 한국 휴전협상에 관해 4단짜리 기사를 실었습니다. 이 일
간지는 미국이 '받아들일 수 없는 제안을 하며' 개성회담을 지연시키려 한다는
것을 입증하고자 애쓰고 있습니다.

이 폴란드 신문의 보도 내용은 다음과 같습니다.

1. 신화통신을 인용한 PAP[2] 베이징 통신문은 미국이 중공-북한 혼합 부대가
협상 지역 인근에 나타났다는, 소위 대수롭지 않은 사건을 핑계 삼아 회담을 결
렬시키려 한다고 비판했습니다.

2. 베이징 지부 북한통신사의 통신문은 여러 사실을 근거로 나열하며 미국이
'협상 진행에 대한 진정성 없이' 개성에 왔다고 결론지었습니다. 미국은 '최후통
첩 성격을 띠는 요구들을 해왔고' 북한 영토 1/12을 떼어가는 식으로 획정된 분
계선을 요구하며 영토 병합 목표를 추구하고 있음을 명백히 드러냈다고도 전했
습니다. 그런 식으로 경계를 획정할 경우 미국은 '중국 및 소련 국경을 공격하기
용이한' 전략적 요충지들을 확보하게 된다고 덧붙이고 있습니다.

---

[1] 라울 뒤발(Raoul-Duval). 주폴란드 프랑스대사관원. 직함 미상.
[2] Polish Press Agency. 유럽 보도사진 통신사 EPA에 속한 폴란드 국영 통신사.

3. 『데일리워커』 논평은 38선과 일치하는 분계선 획정의 공정함을 강조하고 있습니다. "한국에서 외국 군대가 철수하고 한국인 주도로 내부 사안들이 해결되고 나면 이 분계선이 한국문제의 평화적 해결을 가져올 것이라 전 세계가 평가하고 있다"고 전합니다.

4. □□□ 실린 기사는 미국이 이런 요구를 계속하는 까닭에 대해 중국 외 지역에 존재하는 텅스텐광 중 90%가 38선 이북 미국 점령지에 위치하기 때문이라고 주장하고 있습니다.

5. 한국 내 '중국인민지원군' 사령관이 작성한 기사는 자대의 투쟁 승리 요인들을 논평하고 있습니다. 그는 "상황이 급변할 것이고, 변화는 이미 시작되었다. 이미 중국인민지원군은 인민군 포병대와 공군을 대규모로 조직 중이다. 기계화 부대 편성 및 전장 투입만 성공하면 우리의 군사 잠재력이 현저히 커질 것이고 승리는 우리 손에 넘어올 것이다"라며 글을 맺고 있습니다.

라울 뒤발

【154】 휴전선 획정에 대한 미국의 입장(1951.8.10)

[전 보]	휴전선 획정에 대한 미국의 입장
[문 서 번 호]	5717-5721
[발 신 일]	1951년 8월 10일 08시(현지 시간), 13시 40분(프랑스 시간)
[수 신 일]	1951년 8월 10일 17시
[발신지 및 발신자]	워싱턴/보네(주미 프랑스대사)

보안

뉴욕 공문 제1302-1306호

개성회담

각하가 전보 제8439호에서 언급한 사항들에 대해 오늘 우리 대사관 직원 한 명이 러스크 국무차관보와 논의했습니다.

국무차관보는 중공-북한대표단에 보낸 휴전선 획정 최종 제안에 대해 본인의 전보 제5461호 이후 변동 사항이 없음을 확인해주었습니다.

리지웨이 장군이 이에 관한 타협을 승인받을 가능성에 대해서는, 타협을 논하기 전에 상대측이 38선에 대한 고집을 버릴 기미가 보여야 하는데 현재까지는 해당 사항이 없다고 거듭 강조했습니다. 여하간 이 기회를 빌려 말씀드리자면, 워싱턴 정부가 수락 가능해 보이는 타협안의 마지노선은 여전히 캔자스라인인 듯합니다.

여기에 있어서 본인은 미 당국이 휴전협정과 휴전을 동일시한다는 것을 주지하는 바입니다.

러스크 국무차관보는 본인의 동료와 논의하던 중, 리지웨이 장군 서신에 대한 중공-북한 당국의 두 번째 회신이 국무부에 전달되었으며 수용할만한 내용이라고 밝혔습니다. 따라서 개성회담은 워싱턴 시각으로 오늘 저녁 9시에 바로 재개될 것 같습니다.

상기 전보의 끝에서 두 번째 단락에 언급하신 대로 분계선을 획정하는 것에 대해 국무차관보는 현재 2개의 전선이 존재한다고 지적했습니다. 하나는 유엔군 전선이고 다른 하나는 조금 더 북쪽에 위치한 공산군 전선인데, 리지웨이 장군이 제안한 비무장지대는 이 두 전선 사이 지역을 대부분 포함한다고 했습니다. 그러므로 공산군 전선이 아닌 유엔군 전선을 분계선으로 채택할 하등의 이유가 없다는 것입니다.

이에 우리 직원은 상기 전보 내용처럼 미 제8군이 장악한 현재 전선을 기준으로 휴전하자는 의견을 피력했으나, 국무차관보를 설득하지는 못한 것으로 보입니다.

분명한 것은 현재 도쿄와 워싱턴의 분위기가 모두 단호하며, 완고하기까지 합니다. 리지웨이 장군이 북중 당국에 개성 지역 비무장을 위반하지 않겠다는 확답을 두 차례나 연거푸 요구한 점이 그 사실을 증명합니다.

보네

【155】 한국파병국대표회의 내용(1951.8.10)

[전 　　　　 보]	한국파병국대표회의 내용
[문 서 번 호]	5735-5738
[발 　 신 　 일]	1951년 8월 10일 10시 40분(현지 시간), 11일 01시 40분(프랑스 시간)
[수 　 신 　 일]	1951년 8월 11일 01시 55분
[발신지 및 발신자]	워싱턴/보네(주미 프랑스대사)

보안

뉴욕 공문 제1309-1312호

　오늘 오후 열린 한국참전국대표회의는 각별히 지난한 양상을 띠었습니다. 사실 군사적으로나 정치적으로나, 미 국방부와 국무부 대변인의 발언은 언론 보도와 크게 다르지 않았습니다. 그러나 국무부 발언 중 특기할 점은 회담이 늦은 시각에 개최됨에 따라 마지막 개성회담(제20차)의 상세 보고서가 아직 워싱턴에 도착하지 않았다는 것입니다.

　군사적으로는 정찰대 및 병역 투입 규모를 줄이라는 내용이 모든 전선에 전달되었습니다.

　프랑스 대대는 서화 남쪽에서 휴식을 취하고 있습니다.

　　특기 사항
　　1. 지난 목요일 대규모 적군 이동에 관한 통지: 차량 2,465대 중 1,180대가
　　　　남쪽 방향 진행
　　2. 도쿄 참모본부 보고서에 따르면 공산군이 김화와 회양 사이에 강한 종심
　　　　방어(縱深防禦)체계를 확립

개성회담에 대해 히커슨은 다음 회의에서 조이 제독이

1. 유엔군 대표단의 안전에 관한 미국 측 입장을 재확인시킬 것이며
2. 유엔군이 중립지대를 침범하고 독가스를 사용했다는 리지웨이 장군 사령부에 대한 비난에 반박할 것이라고 밝혔습니다.

한편 러스크 국무차관보는 유엔대표단이 공산 측 대표들에게 신속히 합의를 도출하거나 교전을 재개하는 것 외엔 더 이상 선택지가 없다고 했다는 일부 언론 보도가 '사실무근'임을 밝혔습니다.

공산 측 대표단은 38선이 아닌 다른 분계선 획정에 대해선 여전히 논의를 거부하고 있습니다.

분계선 문제는 차치하고 의제 제3항으로 넘어가자는 조이 제독의 제안도 거절했음을 밝혀둡니다.

보네

【156】 난관에 봉착한 개성회담(1951.8.11)

[전   보]   난관에 봉착한 개성회담
[문 서 번 호]   1735
[발   신   일]   1951년 8월 11일 10시 30분
[수   신   일]   1951년 8월 11일 12시 00분
[발신지 및 발신자]   도쿄/드장(주일 프랑스대사)

사이공 공문 제1159호

1. 8월 10일 어제 13시 30분, 개성회담이 재개되었습니다. 회의는 4시간 동안 진행되었지만 아무 진전도 없었습니다. 최고사령부가 21시경 발표한 관련 공문을 발췌 전달합니다.

"8월 10일 공산 측 대표단은 다음 사항들을 집요하게 거부했다.
  1) 현재 전선을 군사 분계선 후보로 채택하자는 논의
  2) 38선 외에 다른 군사분계선 후보를 찾기 위한 일체의 논의
  3) 의제 제2항 외에 다른 항목에 대한 일체의 논의
  공산 측의 전면 거부는 남일 장군의 유례없는 침묵으로 이어지면서 2시간 11분 동안 조이 제독에게 아무 답변도 하지 않았다. 앞서 조이 제독은 현재 전선 전역을 아우르는 비무장지대에 대해 논의할 용의가 있으며, 이제껏 막연하게 정의되어온 제안 지역의 조정 여부에 대해 언제든 협의할 의사가 있다고 거듭 밝혔다. 조이 제독이 14시 44분에 이 발언을 마쳤으므로, 이후 16시 55분까지 공산군 대표단장은 침묵으로 일관한 것이다. 회의가 교착 상태에 빠진 것이 자명해지자, 그래도 합의점을 찾기 위해 조이 제독은 분계선과 비무장지대에 관한 제2항 논의를 잠정 중단하고 군사 정전 실행의 세부 조정과 그에 따라 이루어질 휴전에 관한 제3항 논의로 넘어갈 것을 제안했다. 그러자 남일

장군은 오후 들어 두 번째로 38선과 제2항 외에는 일체 논의하지 않겠다고 단호히 거절했다. 회담은 8월 11일 11시 재개 예정이다."

오전 중, 공산군 사령부 대표단은 전투기가 백기 게양 트럭을 공격한 사건에 대한 조이 제독의 해명이 만족스럽지 못하다는 통첩을 유엔군 대표단에 전달했습니다. 남일 장군은 사건의 재발 방지를 보장하라고 요구했습니다.

공산 측 항의성명은 8월 11일 오늘 오전 베이징라디오를 통해 보도되었습니다.

국방부에 전달 요망.

드장

【157】 개성회담에 관한 『프라우다』 보도(1951.8.13)

[전 보]	개성회담에 관한 『프라우다』 보도
[문 서 번 호]	1833
[발 신 일]	1951년 8월 13일 18시 00분
[수 신 일]	1951년 8월 14일 09시 15분
[발신지 및 발신자]	모스크바/샤테뇨(주소련 프랑스대사)

　오늘 『프라우다』는 신화통신 기사 두 편을 실었습니다. 이 기사들은 개성회담에 관한 내용과 제21-22차 회담 중 '상대 측의 어이없고 경솔한' 제안에 맞선 남일 장군의 이른바 '단호한 비판'을 다루고 있습니다. 특히 조선인민군 및 중공군 측 대표단장은 유엔대표단이 '분계선과 비무장지대를 38선 이북에 획정하자고 집요하게 요구'하면서도 회의 발언 및 공식 보도에선 현재 전선 기준으로 분계선과 비무장지대를 채택할 계획이라고 말한다며, 이는 '진실을 은폐하고 전 세계 민중을 속이려는 기만행위'라고 비판했습니다.

　따라서 회담이 여태 아무 진전도 거두지 못한 것은 순전히 상대측 책임이라고 공언했습니다.

　이어서 『프라우다』는 남일 장군이 조이 제독에게 보낸 항의성명을 실었습니다. 이 항의성명은 8월 7일 사건에 대한 유엔군 대표단 답변이 만족스럽지 못하다는 내용을 담고 있습니다.

샤테뇨

【158】교착 상태에 빠진 개성회담(1951.8.14)

[전 보]	교착 상태에 빠진 개성회담
[문 서 번 호]	1756
[발 신 일]	1951년 8월 14일 02시
[수 신 일]	1951년 8월 14일 14시 34분
[발신지 및 발신자]	도쿄/드장(주일 프랑스대사)

사이공 고등판무관 공문 제1172호

8월 10일 회담 재개 후 개성에서는 네 차례나 회의가 진행되었지만 의제 제2항은 여전히 교착 상태를 벗어나지 못하고 있습니다. 8월 11일 회의에서 조이 제독은 전반적인 군 상황을 고려할 때 현재 방어선을 기준으로 한 비무장지대가 어디라고 생각하는지 지도에 표시해 줄 것을 공산 측에 제안한 바 있습니다. 남일 장군은 이를 단박에 거절했고, 이에 유엔군 대표단장은 공산 측이 협상 진행을 위한 유엔의 모든 시도를 차단하려 한다며 거세게 비판했었습니다.

유엔군 대표단장은 "귀측은 적대행위를 중단하고 휴전을 협의코자 여기 온 것이 아닙니다. 귀측이 여기 온 것은 우리로부터 어떤 정치적 보상을 받아야 한국 국민들의 고통을 멈춰줄 의사가 있는지 말하기 위해서입니다. 해결책 모색이 아니라 요구사항 전달을 위해 온 것입니다"라고 말했었습니다.

또한 조이 제독은 개성 중립지대 침범 사건이 위선(緯線)이 아닌 군사적으로 견고한 선을 채택해야 할 또 하나의 근거가 된다고 강조했었습니다. 실제로 8월 12일 제22차 회담에서 남일 장군은 유엔이 구상한 비무장지대, 그리고 38선을 기준으로 하는 공산 측 제안을 현재 방어선과 비교해서 지도에 표시해 왔습니다. 회의는 비록 이렇다 할 진전 없이 끝났지만, 지도 제시는 합의점 모색의 긍정적 진행과 교착 상태 해결에 대한 희망을 안겨주었습니다. 8월 13일 회의는 이 기대에 부응하지 못했습니다. 공문에 따르면 회의는 성과 없이 끝났습니다. 공산 측은 유엔이 제안한 비무장지대에 대한 수정 구상안 공유를 거부했습니다. 제2항 논의를 잠정 보류하고 제3항과 제4항 논의로 넘어가자는 의견에도 반대했습니다. 리지웨이 장군은 어제 『US뉴스&월드리포트』인터뷰를 통해 7월 10일 시작되어 8월 14일인 오늘 제24차에 접어든 본 회담이 지지부진해 보인다고 밝혔습니다. 총사령관은 한국에서 공산 측이 솔직하고 평화적인 의도를 갖고 있음을 엿볼 만한 구체적 신호를 현재까지 전혀 보이지 않으며, 오히려 정보기관을 통해 숱한 거짓 정보와 비방을 끊임없이 흘림으로써 그들의 목적을 둘러싼 의혹을 말끔히 씻어버렸다고 밝혔습니다.

국방부에 전달 요망.

드장

【159】 한국 광복 6주년 기념 논평(1951.8.15)

[전 보]	한국 광복 6주년 기념 논평
[문 서 번 호]	1845
[발 신 일]	1951년 8월 15일 18시 00분
[수 신 일]	1951년 8월 16일 08시 45분
[발신지 및 발신자]	모스크바/샤테뇨(주소련 프랑스대사)

오늘 언론은 제24차 개성회담 중 남일 장군의 발언을 다룬 신화통신 보도를 전했습니다.

그 외에도 신문들은 한국 광복 6주년 관련 기사를 여러 편 실었습니다. 조선민주주의인민공화국 최고인민회 상임위원장 김두봉[1]은 『프라우다』를 통해 비교적 절제된 문체로 그간의 일을 결산했습니다. '영미 침략'을 언급한 대목에서는 "어찌하여 간섭주의자들이 이 나라에 왔는가? 누구의 이름으로 싸우는가? 누구의 이름으로 우리 도시와 마을을 불태우고 약탈하고 파괴하는가? 한국에서 미군은 인민의 피로 새로운 이윤을 취하고자 극동까지 침략을 넓히려는 백만장자와 억만장자의 이름으로 부당한 전쟁, 침략 전쟁을 벌이고 있음을 만천하가 알고 있다. 그렇기에 영미 병사들, 그리고 영국과 미국을 포함한 전 세계의 정직한 사람들에게는 한국전쟁이 인민적이지 못하고 그렇게 될 수도 없는 것이다"라고 언급할 뿐이었습니다.

미국이 소련 유엔 대사 말리크의 제안을 수용한 것은 세계 여론의 압박에 따른 피치 못할 결정에 불과했으나 한국 인민은 그들을 진심으로 환영했다는 요지의 글도 덧붙이고 있습니다. "사활이 걸린 이익, 그리고 극동과 전 세계의 평화와 안전에 부합"하기 때문이라고 말입니다.

---

1) 김두봉(金枓奉, 1889-1960). 독립운동가, 한글학자, 북한 정치가.

김두봉 위원장은 미국이 개성에서 보여준 진정성이 결여된 모습에 한국 인민은 경계 태세를 유지해야 하며 "극동에 전쟁의 불길을 지피고 새로운 세계대전을 일으키려는 침략자들의 흉악한 계획이 실패하리라고 마음 깊이 확신한다"며 글을 맺었습니다.

샤테뇨

【160】 분계선 획정을 둘러싼 대립(1951.8.15)

[전   보] 분계선 획정을 둘러싼 대립
[문 서 번 호] 1759
[발   신   일] 1951년 8월 15일 01시
[수   신   일] 1951년 8월 15일 14시
[발신지 및 발신자] 도쿄/드장(주일 프랑스대사)

사이공 공문 제1173호

1. 8월 14일 제24차 회담의 분계선 논의는 아무런 진척도 없었습니다. 공식 보도에 따르면 조이 제독이 군사적으로 방어 가능한 선에 대한 유엔의 입장을 변호하려 노력했지만 이렇다 할 결과를 얻지 못했습니다.

2. 기자회견에서 리지웨이 장군은 38선 철수를 수용하기 어려운 이유들을 되짚었습니다. 올해 초 유엔군이 그곳을 차지하고 있었지만 적군의 공격에 밀려났다는 것입니다. 장군은 목적이 방어인지 공격인지는 알 수 없지만 개성회담이 시작된 후 공산군이 병력을 엄청나게 보강했다고 확언했습니다. 이런 맥락에서 유엔군이 제안한 선은 추후 공격을 물리치기 더 좋은 조건을 갖추고 있습니다. 하지만 사령관은 공산군이 비무장지대 획정에 관한 현재 입장을 어느 정도 양보할 의사가 있다면 유엔군도 뜻을 약간 굽힐 수 있다는 암시를 남기기도 했습니다.

국방부에 전달 요망.

드장

【161】 제21-23차 개성회담에 관한 대표단장 회의(1951.8.5)

[전 보] 제21-23차 개성회담에 관한 대표단장 회의
[문 서 번 호] 5787-5793
[발 신 일] 1951년 8월 5일 09시 19분(현지 시간)
[수 신 일] 1951년 8월 5일 14시 19분(프랑스 시간)
[발신지 및 발신자] 워싱턴/보네(주미 프랑스대사)

보안

2급 비밀

뉴욕 공문 제1314-1320호

개성회담

어제 대표단장 회의에서 히커슨은 지난 8월 10, 11, 12, 13일에 개성에서 열린 제20, 21, 22, 23차 회담 내용을 전달했습니다.

이 기간 동안 양측은 추후 휴전 시 분계선을 획정하는 문제에 대해 서로의 입장을 치열하게 고수했으나 몇 가지 세부사항에 있어서는 공산 측 대표단도 그간의 완고한 자세를 굽히는 듯했습니다. 실제로 아래와 같습니다.

1. 제21차 회담에서 남일 장군은 양측 연락장교가 개성 중립지대 문제를 검토하기 위해 만날 것을 제안했고, 제22차 회담에서 조이 제독이 이를 수락했습니다.

2. 12일에 열린 22차 회담에서는 마침내 조이 제독의 권유를 받아들인 남일 장군이 방어선을 표시한 지도를 제출했습니다. 이 지도에서 눈여겨

볼 점은 유엔군 전선 전체가 실제보다 5마일 남쪽으로 밀려있었다는 것입니다.

이어서 공산 측 대표단장은 '유엔 측 계획'이 승자인 체하는 제안이라며, 그 안을 공식화하려거든 한번 해보라고 유엔군 진영에 으름장을 놓았습니다.

회의 말미에 남일 장군은 조이 제독에게 다섯 가지 질문을 던졌습니다.

서로 분리해서 생각하기 어려운 처음 질문 2개는 유엔이 제안한 분계선에 관한 것으로, 다음과 같이 요약할 수 있습니다.

> 왜 유엔군은 현재 전선보다 훨씬 북쪽에 있는 분계선을 주장하는가? 그리고 우리 진영 일부를 깊숙이 침범하는 도면을 제안하는 이유는 무엇인가?
> 질문 3: 전선과 분계선과 비무장지대 남쪽은 서로 어떤 관련이 있는가?
> 질문 4: 어떤 선에 대해 논의하길 원하는가?
> 질문 5: 수용할 의사가 있다는 '수정'이란 정확히 무엇을 가리키는가?

조이 제독은 이튿날인 13일 이 질문들에 답하며 비무장지대에 관한 유엔의 입장을 명확히 재확인시켰고, '군사적 논리'에 근거한 '수정'을 논의하자고 제안했습니다. 그리고 자신이 제안한 분계선이 상대 진지를 침범하는 부분이 있음도 부인하지 않았습니다. 여기에 대해 그는 유엔군 대표단이 이 사실을 단 한 번도 은폐하려 하지 않았으며 상대 진영 육군 병력의 '성장세'를 고려한 것이라고 덧붙였습니다. 끝으로 조이 제독은 비무장지대 문제에 대해 두 지도를 비교하며 논의할 것을 제안했고, 남일 장군에게 공산군 지도상의 전선이 실제와 맞지 않음을 지적하는 것도 잊지 않았습니다.

공산 측 대표단장은 조이 제독의 답변이 "만족스럽지 않다"며 상기 제안을 거부했습니다.

결론적으로, 유엔군대표단은 리지웨이 장군에게 보내는 13일자 보고서에 다음과 같이 요약하고 있습니다.

1. 38선에 관한 공산 측 입장이 변화했음을 보여주는 뚜렷한 근거가 아직 없다.
2. 그러나 적군이 비무장지대 논의를 확장할 용의가 있음을 짐작케 하는 몇 가지 신호가 보인다.

하지만 유엔군대표단은 이런 변화가 프로파간다용인지 아니면 추후 필요할 수 있는 '흥정'을 준비하기 위함인지 말할 근거가 부족하다고 덧붙였습니다. 어제 회담 말미, 히커슨 차관보는 개성 협상에 관한 보다 구체적인 내용, 특히 유엔 측 제안을 언론에 알리는 데에 리지웨이 장군이 현재 찬성하고 있다고 밝혔습니다. 이러한 입장 변화는 충분히 환영받을 만했습니다. 실제로 적군의 제안은 지금껏 만천하에 공개된 데 반해 유엔 측 제안은 비밀에 부쳐지면서 여론은 점점 더 의구심을 품었고, 특히 아시아 국가에서는 이러한 조심성이 자칫 무능함의 증거로 비칠 위험이 있었기 때문입니다.

보네

【164】 포로 문제(1951.8.19)

[전 보]	포로 문제
[문 서 번 호]	5919-5921
[발 신 일]	1951년 8월 19일 08시 00분(현지 시간), 13시 00분 (프랑스 시간)
[수 신 일]	1951년 8월 19일 14시 00분
[발신지 및 발신자]	워싱턴/보네(주미 프랑스대사)

뉴욕 공문 제1338-1340호

지난 6월, 워싱턴에서 한국 파병국 대표들이 북·중 공산군에 붙잡힌 유엔군 측 전쟁 포로 및 민간인 억류자를 위해 유엔 사무총장에게 중재를 요청하려 했던 것을 외무부도 기억할 것입니다.

그러나 관련 움직임은 개성회담 개최로 잠정 중단되었습니다. 회담에서 다뤄질 의제 중 하나였기 때문입니다.

하지만 회담이 현재 교착 상태에 빠지면서, 유엔군 전쟁 포로와 민간인 억류자 문제가 어제 대표단장 회의에서 다시 불거졌습니다. 미 대표는 지난 6월 논의하던 절차를 재개하는 것이 적절하다고 생각하는지 여부를 대표단에게 물었습니다.

히커슨 차관보는 워싱턴 당국이 이 안건에 관한 생각을 접은 것은 아니지만 조금 더 기다리는 방향으로 의견이 기운다고 밝혔습니다. 6월에 논의하던 절차를 재개할 경우 유엔이 개성회담의 순조로운 마무리가 거의 불가능하다고 믿고 있음을 암묵적으로 용인하는 듯한 인상을 상대측에 줄 수 있기 때문입니다.

우리 측 대표는 개인적으로 프랑스 정부가 미국 정부의 견해와 염려에 동의하리라 생각된다고 밝혔습니다. 또한 그럼에도, 사실상 한국이 수 주째 정전 상태에 돌입한 이 틈을 이용해, 국제적십자가 공산당국을 상대로 목적 달성을 위한 노력을 배가하는 것이 대단히 적절해 보인다는 의견도 덧붙였습니다.

이에 히커슨은 미 당국의 입장도 동일하며 국제적십자에 이 사실을 이미 통지했고 현재 국제적십자는 우리가 바라는 방향으로 적극 힘쓰고 있다고 답했습니다.

보네

【165】 분계선 획정에 관한 언론 보도(1951.8.23)

[전 보]	분계선 획정에 관한 언론 보도
[문 서 번 호]	1906
[발 신 일]	1951년 8월 23일 18시
[수 신 일]	1951년 8월 24일 10시 35분
[발신지 및 발신자]	모스크바/샤테뇨(주소련 프랑스대사)

  언론은 오늘 분계선 획정에 관한 북한의 입장을 재차 피력한 개성 소재 북한 통신사 소속 공식 특파원 보도를 실었습니다. 보도는 "우리가 미국의 제안을 수용할 경우 미국은 휴전 이후 침략을 확장하기에 전략적으로 유리한 거점을 얻게 되고, 우리가 미국의 제안을 거절할 경우 미국은 회담을 바람막이 삼아 북한 전선에 대규모 추가 공격을 감행하고자 은밀히 준비할 것"이라는 내용이었습니다.

  이어서 해군 및 공군의 주도권을 빌미로 '보상'을 요구하는 미국의 태도는 용인할 수 없으며 '역사상 전례가 없는 일'이라고 물리쳤습니다. 또한 보도는 미국이 회담 실패 책임을 북한 대표단에 떠넘기려한다는 비판과 함께 현재 교착 상태를 끝낼 유일한 해법은 미국이 '침략을 확장하려는' 자신들의 '그릇되고 어이없는' 제안을 거두는 것뿐이라고 결론짓고 있습니다.

  신문들도 '조선 인민의 평화 염원'과 '미국이 이 염원을 악용하도록 내버려두지 않겠다는 결의'를 담은 글을 그대로 발췌 보도했습니다. 또한 신문들은 뉴델리 발 통신사 보도도 전하고 있습니다. 일본 병사 및 하사관으로 조직된 보병부대들을 동원해 추가 공격을 감행하고자 리지웨이 장군에게 회담을 지연시키라는 명령이 내려졌다는 내용입니다. 도쿄 발 통신사도 도널드 킹슬리[1] 단장이

---

1) 도널드 킹슬리(J. Donald Kingsley). 유엔한국재건단(UNKRA, United Nations Korean Reconstruction Agency, 운크라) 단장.

북한의 텅스텐광 소유권을 유지하고 싶다는 트루먼 대통령, 국무부, 찰스 윌슨 GM 대표의 바람을 리지웨이 장군에게 전한 것으로 보인다고 보도하고 있습니다.

샤테노

【166】 미국 측 분계선 제안에 대한 비판 보도(1951.8.23)

[미 상]	미국 측 분계선 제안에 대한 비판 보도
[문 서 번 호]	1907
[발 신 일]	1951년 8월 23일 18시
[수 신 일]	1951년 8월 24일 10시
[발신지 및 발신자]	모스크바/샤테뇨(주소련 프랑스대사)

오늘 오전 베이징 타스통신은 개성회담에 관한 신화통신 특파원 보도를 『크라스나야즈베즈다』에 1/4면 넘게 실었습니다. 이 기사는 분계선 획정에 대한 미국 주장의 '변덕스러움'을 군사적 차원의 논거를 들어 밝히고자 했습니다.

중국 특파원 보도의 요지는 미국이 해상 및 공중에서의 우위를 들먹이며 지상에서의 보상을 요구하는 것은 휴전을 해야 미군이 중공군 및 조선인민군보다 약해진다는 뜻인데, 이 논리에 따르면 자신들도 충분히 강력한 우리 측 공군 및 기계화 부대들을 지금껏 전장에 온전히 투입하지 않았으니 한탄강을 기준으로 분계선을 획정하자고 요구할 수 있다는 것입니다.

미국은 '어떤 경우에도 군대의 안전을 보장'할 필요가 있다고 주장하는데, 그렇다면 공격을 당한 북한군은 왜 최대한 안전을 보장받지 못하는가? 또한 북한군 역시 '한국 영토 내에 방어 가능한 진지를 유지'하겠다고 주장해야 하지 않겠는가? 그러나 중국 측 대표단은 전혀 그렇게 하지 않았고, 현재 쌍방의 힘이 38선상에서 거의 동일하고, 이 선상에서 미군이 충분히 방어 가능한 진지를 구축할 수 있다고 생각하기 때문이라는 내용입니다.

이어서 신화통신 기자는 미국의 모든 '군사 논리'가 어떤 식으로도 자신의 침략정책을 정당화할 수 없으며 양측이 분과위원회 구성에 찬성했어도 그 사실은 변하지 않는다고 밝혔고, 만약 미 대표단이 비이성적인 주장에 빠져 자신들의 정당하고 현명한 제안을 거부한다면 결코 합의는 이루어질 수 없을 것이라고 글을 맺고 있습니다.

샤테뇨

```
[ 전        보 ]   개성회담 경과 예측
[ 문 서 번 호 ]   1830-1834
[ 발   신   일 ]   1951년 8월 23일 01시
[ 수   신   일 ]   1951년 8월 23일 11시 10분
[발신지 및 발신자]  도쿄/드장(주일 프랑스대사)
```

보안

런던, 뉴욕, 사이공, 워싱턴 공문

1. 오늘 오전 유엔 연락장교의 방문을 받은 리지웨이 장군은 휴전회담 경과 예측에 있어 매우 조심스러운 태도를 보였습니다. 리지웨이 장군은 회담이 대성공이 아니라면 대실패에 이를 것으로 내다봤습니다. 중요한 것은 적군이 계속해서 군사력을 집중시키고 병력을 보강하며 중장비를 공수한다는 사실입니다. 현재 저들은 협상 초기보다 훨씬 더 많은 실행 수단을 보유하고 있습니다. 군사적 관점에서 우리는 적군의 공격이 재개될 가능성을 고려해야 합니다.

2. 초기에 리지웨이 장군은 단기간 내에 적대 행위 중단이 가능하리라고 확신했었습니다. 그러나 공산 측의 완고하고 기만적인 태도, 회담 지연, 진전 없는 논의가 그의 낙관론을 흔들어놓았고, 조이 제독과의 대화 이후로는 한층 더 무너졌습니다. 사실 유엔군 대표단장은 이미 보름 전부터 회의와 환멸에 빠진 기색입니다.

리지웨이 장군은 자신의 책무를 너무나 잘 알기에 소회를 그대로 드러내진 않고 있습니다. 그는 추후 발생할 수 있는 협상 실패의 심각성과 원인 규명 필

요성을 깨닫고 있지만 당분간은 구체적인 결과를 더 이상 기대하지 않는 실정입니다.

3. 사실상 휴전회담은 지지부진한 논의, 그리고 장소 선택이 빚어낸 필연적이고도 책임 소재를 규명하기 어려운 사건들 때문에 논란의 수렁에 빠지고 있습니다. 반복되는 다툼도 회담의 걸림돌 중 하나입니다.

4. 유엔군 측에서 아직 기대를 거는 것은 무엇보다도 북중 대표 간에 엿보이는 관점 및 태도 차이입니다. 최근 주한 유엔 대변인 니콜스[1] 장군도 처음으로 이 문제를 공식적으로 암시했습니다. 장기적인 휴식을 바래서인지, 또는 영국에서 생각하듯 겨울 전에 전쟁을 마무리 짓고 싶어서인지는 알 수 없지만, 마오쩌둥 측 대표들이 김일성 측 대표들보다 더 융통성이 있는 편이고 회담 진행을 더 중시하는 것 같다는 내용입니다.

어쨌든 러시아로서는 샌프란시스코 회의까지 시간을 벌기 위해 한국 내 공산측이 한 치도 원칙을 양보하지 않아야 하며 38선이라는 정치 노선의 가치가 아무 손상 없이 유지되어야 하는 것만은 확실합니다.

드장

본 전보는
런던 공문 제13650-13654호,
워싱턴 공문 제9145-9149호,
뉴욕 공문 제2949-2953호로 전달되었으며
도쿄에서 사이공 공문 제1215-1219호로 직접 보고됨.

---

[1] 원문에는 'Nickols'로 기록되어 있으나 윌리엄 니콜스(William P. Nuckols, 1905-1981)로 추정됨. 유엔사령부 정보 책임자 역임 후, 당시 극동 담당 홍보 담당관. 니콜스 준장으로 알려짐.

【168】 세 번째 휴전회담 중단 사태(1951.8.23)

[전   보]   세 번째 휴전회담 중단 사태
[문 서 번 호]   1846
[발 신 일]   1951년 8월 23일 08시
[수 신 일]   1951년 8월 23일 12시 50분
[발신지 및 발신자]   도쿄/드장(주일 프랑스대사)

보안

국방부에 긴급 전달 요망

오늘 오전 참모본부 회의에서는 새로운 사건이 발생함에 따라 휴전회담이 세 번째 중단 사태를 맞았다는 소식이 전해졌습니다.

공산 측 사령부는 유엔군이 중립지대 상공에 폭탄 1기를 투하했다고 항의했습니다.

이로 인해 남일 장군은 사건이 소명될 때까지 회담을 중단했습니다.

유엔군 측은 이것이 협상 지연을 위한 조작 사건이 아닌지 의심하고 있습니다. 어쨌거나 분위기는 악화일로를 걷고 있습니다.

본 전보는 도쿄의 요청에 의해
런던 공문 제13649호,
뉴욕 공문 제2948호,
워싱턴 공문 제9144호로 전달됨.

드장

【169】 회담장 폭격에 관한 조이 제독의 보고서(1951.8.23)

[전   보] 회담장 폭격에 관한 조이 제독의 보고서
[문 서 번 호] 1847
[발   신   일] 1951년 8월 23일 08시
[수   신   일] 1951년 8월 23일 18시
[발신지 및 발신자] 도쿄/드장(주일 프랑스대사)

사이공 공문 제1222호

8월 23일 오늘 오후, 총사령부는 공산 측의 세 번째 휴전회담 중단 사태를 초래한, 이른바 유엔군 도발 사건에 대한 조이 제독의 1차 보고서를 발표했습니다.

보고서에 따르면 조이 제독은 8월 22일 23시 30분 공산군 연락장교의 전화를 수신했고 회담장이 23시 30분에 폭격 난사 당했다는 소식을 접했습니다. 공산 측 연락장교는 유엔군 수석연락장교를 즉시 파견해 조사에 착수할 것을 요구했습니다.

조이 제독의 명령에 따라, 유엔군 측 키니 대령과 머레이 대령이 지프를 타고 개성으로 이동해 8월 23일 새벽 2시경 도착했습니다.

회담장에 도착하니 기자들에 둘러싸인 2명의 공산 측 연락장교, 장춘산[1] 대령과 차이청원[2] 중령이 그들을 기다리고 있었습니다.

장 대령은 유엔군 비행기가 8월 22일 23시 20분 개성 중립지대를 공격했으며 회담장 인근을 폭격했다고 주장했습니다.

---

[1] 장춘산(張春山). 공산 측 수석연락장교.
[2] 차이청원(柴成文, 자성문). 공산 측 연락장교. 북한 주재 중국대사관 참사관(1950년).

차이청원 중령은 공산군 대표단장의 지프차에 떨어진 구슬 크기의 금속 조각 2개를 내보였습니다.

장 대령은 동원된 비행기가 한 대인지 여러 대인지는 말하지 못했으며 폭탄 투하 횟수와 비행 횟수는 모른다고 답했습니다. 그러나 공산군 연락장교, 특파원, 사진기자를 비롯해 현장에 있던 모든 이들이 비행기 소리를 들었다고 덧붙였습니다.

이어서 키니 대령과 머레이 대령은 유엔대표단 숙사에서 100야드쯤 떨어진 곳으로 안내 받았고, 공산군 연락장교는 기름 범벅이 된 60-70㎝ 금속 리벳 조각들이 땅에 떨어져있는 것을 보여주었습니다. 장 대령은 그것이 네이팜탄이라고 확언했습니다. 주변에는 포탄 구멍이나 지면 흔적이 전혀 없었고, 다만 약 20m 지점에 지름 70㎝, 깊이 15㎝의 가벼운 침하가 있었습니다.

머레이 대령은 땅에 묻은 유탄이 폭발하며 침하가 생긴 것으로 추정했고, 키니 대령도 이것이 포탄 구멍은 아니라고 확신했습니다.

공산군 대표단 숙사 주변에서는 유엔군 비행기 조각으로 보이는 금속 부품 3개를 추가 확인했고, 포탄 구멍이나 땅 파인 흔적은 주변에서 찾아볼 수 없었습니다.

회담장으로 돌아오며 키니 대령은 발견된 부품들이 유엔군 폭격 흔적이 아니라고 단언했습니다. 더불어 건물, 인명, 심지어 농작물에도 아무런 상해가 없다는 사실을 지적했습니다.

장 대령은 서면 통첩을 따라 읽으며 '더 이상 회의는 없을 것'이라고 공언했고, 키니 대령은 소위원회와 연락장교회의도 이에 해당하는지 물었습니다.

장 대령은 이 순간부터 모든 회의를 일체 중단한다고 답했습니다.

유엔군 연락장교들은 현장을 떠났습니다.

잠시 후 장 대령은 판문점으로 이동 중이던 유엔군 연락장교 차량을 따라와 붙잡고 추가 증거들을 보여주겠다며 다시 개성으로 복귀할 것을 요청했습니다. 유엔군 연락장교들은 날이 어둡고 비가 내려 만족스런 조사가 이루어지지 않음을 지적하며 개성으로 돌아갔습니다.

공산군 대표단 숙사 근처에서 금속 리벳 2조각을 추가 확인했습니다.

인근에는 지름 70㎝, 깊이 30㎝의 함몰지가 발견되었습니다. 머레이 대령은 이 함몰이 미리 땅에 묻어둔 유탄이 폭발해 생긴 것으로 추정했고, 키니 대령도 포탄 구멍이 아니라고 확신했습니다. 발견된 금속 부품 중 하나는 싸구려 네이 팜으로 보이는 액체가 고인 구덩이에 들어있었고, 주변에는 땅이 38㎠ 가량 파인 흔적이 2-3개 있었습니다. 키니 대령은 날이 밝은 후 조사를 계속하도록 요청했지만 장 대령은 조사가 끝났다며 거절했습니다. 이에 키니 대령은 밝을 때 조사할 수 있도록 증거품을 현장에 그대로 둘 것을 요구했으나 장 대령은 분석을 위해 수거해야 한다며 역시 거절했습니다. 논의 중에 키니 대령이 비행기를 본 사람이 있는지 묻자, 중국인 병사 1명이 23시 30분에 비행기 1대를 보았으며 전조등을 켠 상태였다고 부연했습니다. 장 대령은 유엔군 장교들이 떠나기 직전, 키니 대령에게 공습 책임을 인정할 것을 요구했습니다. 키니 대령은 증거가 터무니없긴 하지만 본인에게 보고를 올릴 것이라고 답했습니다. 연락장교들은 두 가지 가능성을 염두에 두고 있습니다. 저들이 내세운 증거가 일괄 조작된 것으로 공산군 비행기 1대를 상공에 띄워 연출한 상황이거나, 공산군 비행기가 소형 네이팜탄 또는 소형 폭발물에 낡은 항공기 금속 부품을 섞어 투하함으로써 구멍을 만들어낸 것이라고 말입니다. 미 제5공군의 잠정보고에 따르면 간밤에 개성 지대를 통과한 비행기는 전무했고 경로를 이탈하거나 어려움에 처한 유엔군 비행기도 없었습니다. 다만 21시 30분 개성 서부에서 미확인 비행기 1대가 레이더망에 포착된 바 있습니다.

간단히 생각해볼 때, 회담을 중단하려면 상부의 결정이 필요한데, 8월 22일 23시 30분에서 8월 23일 1시 45분 사이에 이런 승인을 받기란 거의 불가능합니다. 따라서 장 대령이 이 결정을 통보할 수 있었다는 사실부터가 사건의 허위성을 명백히 보여줍니다. 피해가 전무하고 저들이 내세운 증거가 여기저기 분산돼 있음을 볼 때, 공산군 비행기가 쇳조각과 함께 유탄 등의 소형 폭발물을 떨어뜨려 낙하 흔적을 남겼으리라 가히 짐작됩니다. 키니 대령과 머레이 대령은 공산군이 사건을 처음부터 끝까지 연출한 것으로 확신하고 있습니다.

총사령부는 조사를 계속하겠다는 보도문을 발표했습니다. 철저하고 최대한 신속하게 진행할 것이며 결과를 세상에 밝히 알리겠다는 방침입니다.

국방부에 전달 요망.

드장

【170】한국파병국대표 임시회의(1951.8.23)

[전   보] 한국파병국대표 임시회의
[문 서 번 호] 6029-6036
[발   신   일] 1951년 8월 23일 16시 50분(현지 시간), 21시 50분
                    (프랑스 시간)
[수   신   일] 1951년 8월 23일 23시 50분
[발신지 및 발신자] 워싱턴/대사관 행정실

우선문건
보안

뉴욕 공문 제1362-1389호

오늘 오전 미 국무부는 한국 파병국 대표들을 소집해 임시 회의를 열었습니다. 회의 중에 극동아시아 담당 국무차관보은 처음으로 공산군의 개성회담 중단 사태에 대한 미 당국의 입장을 전했습니다.

사건 직후 미국의 눈길을 끈 것은 공산군이 회담 결렬 사유랍시고 내세운 공습이 터무니없이 어설프게 조작되었다는 것입니다. 실제로 공산군은 미 연락장교들에게 폭발로 인한 구멍도 포탄 조각도 보여주지 못했습니다. 길바닥에서 기름 범벅된 비틀린 금속 조각 하나 보여준 것이 전부였습니다.

또한 공산군은 날이 밝으면 조사를 계속하자는 미 장교들의 요구도 거부했습니다.

미 당국이 유의미한 정황으로 꼽은 것은, 저들 말에 따르면 폭격이 23시 20분경 발생했는데 공산당국은 그 사실을 10분 만에 미 장교들에게 전화 통보했으며 조사 시간을 포함해 단 2시간 만에 회담 결렬 통보문을 완성했다는 사실입니

다. 사전에 철저히 계획된 사건임을 보여주는 가장 자명한 증거로 보입니다.

이에 러스크 국무차관보는 공산 측 결정이 무엇을 의미하는지 도출하고자 했습니다. 비록 회담이 결렬되긴 했지만 현재로서는 사태가 확정적이라고 단언할 만한 단서가 전혀 없습니다. 그런데 국무차관보에 따르면 미 당국은 회담 결렬이 최근 워싱턴에 보고된 정보와 관련 있지 않은지 의심하고 있습니다. 한국 내 공산군 전비(戰備)가 크게 증가한 것이 확실하다는 것입니다. 공산군의 대규모 공습 여부와 별도로, 소련과 중국이 샌프란시스코 회의 전에 유엔의 반응을 살피려한다는 짐작도 가능합니다.

또는 동일한 목적 하에 공산 측 수뇌부가 그저 수시로 긴장감과 혼란을 유발하도록 지시 받은 것일 수도 있습니다.

이 경우라면 어제 발생한 회담 결렬이 확정적이지 않을 수 있다고 러스크 국무차관보는 분석했습니다. 오늘 모스크바와 베이징 방송의 보도 방향도 이런 맥락으로 보입니다. 실제로 중국은 '목요일 회담이 취소되었다'고만 전하고 있습니다.

요약하자면 러스크 국무차관보는 미 당국의 입장을 다음과 같이 밝혔습니다.

(부분 판독 불가)

또한 국무차관보는 만약 공산군이 회담 중단을 확정하지 않은 채 대규모 공격을 감행한다면 회담이 지속되기는 매우 어려울 것으로 보았습니다. 사실 유엔군사령부로서는 휴전협상 전에 '방어 가능한' 전선부터 수립할 필요가 있었다고도 덧붙였습니다.

뉴질랜드 대사가 만일 정말로 공산군이 회담을 중단할 생각이 아니라면 누가 먼저 회담 재개의 '첫발'을 떼게 되겠느냐고 묻자, 러스크 국무차관보는 미 정부가 한국 참전국들과의 사전 협의 없이는 회담 결렬을 확정짓지 않을 것이라고 에둘러 대답했습니다.

종합해 볼 때, 공산 측이 소동을 일으키기 보다는 핑계거리를 찾으리라고 예상하던 터라 워싱턴으로서는 이번 사태가 뜻밖의 일로 다가온 듯합니다.

볼셰비키 측 대표들의 발의 내용을 보건대, 샌프란시스코 회의에서 소련이 어떤 성격의 제안을 할지는 몰라도 자신들의 태도가 여러 대표단에게 불안이나 위협을 유발할 수 있다고 압박할 가능성이 있어보입니다.

대사관 행정실

【171】 개성회담 결렬 사태의 성격(1951.8.23)

[전 보]	개성회담 결렬 사태의 성격
[문 서 번 호]	6040-6041
[발 신 일]	1951년 8월 23일 19시 15분(현지 시간), 24일 02시 (프랑스 시간)
[수 신 일]	1951년 8월 24일 02시 30분
[발신지 및 발신자]	워싱턴/보네(주미 프랑스대사)

우선문건

보안

뉴욕 공문 제1370-1371호

본인은 방금 국무부로부터 공산 측 주요 회담 대표 2명이 리지웨이 장군에게 보낸 오늘 자 서신을 입수했습니다.

이 서신은 대단히 과격한 어조로 작성되었습니다. 미국은 이미 베이징라디오를 통해 해당 문건을 접한 상태이므로 본 전보를 외무부에 전달할 필요는 없어 보입니다. 서신을 통해 보건대, 공산군이 개성회담을 완전히 중단하지 않았음이 이제는 확실해졌습니다.

체면상의 이유로 공산군은 어제 저녁 있었던 조작 사건을 통해 리지웨이 장군에게 회담 결렬에 대해 앙갚음하고, 회담 중단 및 추후 재개의 책임을 유엔 측에 떠넘기려 한 것 같습니다.

더구나, 이 ㅁㅁㅁ가 장기화될 경우 소련이 샌프란시스코 회의에서 극동문제의 총체적 해결책을 제안한다면 소련에게 유리한 상황이 조성될 수 있습니다.

보네

【172】 사령부 보도 자료(1951.8.23)

[기   타] 사령부 보도 자료
[문 서 번 호] 3923-AS
[발   신   일] 1951년 8월 23일
[수   신   일] 미상
[발신지 및 발신자] 워싱턴/보네(주미 프랑스대사)
[수신지 및 수신자] 파리/로베르 슈만(프랑스 외무부장관)

발송 명세서

문서명	수량	기타사항
주제: 개성회담 결렬 ---------- 1951년 8월 23일, 도쿄에서 발표한 유엔사령부 공식 언론보도문 참조: 회담 사무국 언론정보국	1	참고용

프랑스대사의 대리 서명자

공사참사관

사령부 보도 자료

도쿄, 1951년 8월 23일

공산군이 휴전회담을 '이 순간부터 중단'한다고 선언하며 빌미로 삼은 간밤의 개성 폭격은 잠정조사 결과 '연출된 사건'으로 보입니다.

게다가 8월 23일 2시경, 공산군은 유엔군의 개성 지대 폭격으로 인해 휴전 대표단 회의와 소위원회 회의를 모두 중단한다고 선언했습니다.

공산군 연락장교인 장 대령은 사전에 잘 준비된 것이 명백해 보이는 문서를 따라 읽으며 A. J. 키니 대령과 J. T. 머레이 대령에게 그 사실을 알렸습니다. 두 사람은 공산군 요청에 따라 폭격 사건을 조사하기 위해 한밤에 개성에 파송된 유엔군 연락장교입니다.

현장 조사는 어두운 가운데 진행되었고, 이를 토대로 작성된 키니 대령의 보고서는 사건이 처음부터 끝까지 '조작'되었음을 명확히 보여줍니다.

조이 제독의 잠정보고서 내용은 다음과 같습니다.

"8월 22일 23시 30분 공산 측 연락장교가 유엔군 기지에 전화를 걸어 왔고, 휴전회담장이 23시 20분에 폭격 난사 당했으니 유엔군사령부 고위 연락장교를 즉시 파송해 조사에 착수할 것을 요구했다. 본인은 유엔군사령부 연락장교인 키니 대령과 머레이 대령에게 조사를 지시했다. 연락장교들은 지프를 타고 개성으로 이동해 8월 23일 2시경 도착했다."

"개성회담장에 도착하자 장 대령과 차이청원 중령이 공산당 취재 기자들에 둘러싸인 채 유엔군사령부 연락장교들을 기다리고 있었다."

"장 대령은 유엔군 비행기 1대가 8월 22일 23시 20분 개성 중립지대를 공격했다고 진술했다. 피해 지역은 회담장 인근 지역도 포함하고 있었다."

"이어서 차이청원 중령은 구슬 크기의 금속 조각 2개를 보여주며 그것이 공산군 고위 대표단의 지프차에 떨어졌다고 주장했다."

"장 대령은 동원된 항공기가 한 대인지 여러 대인지는 말하지 못했다. 폭탄 투하 횟수와 비행 횟수에 대해서도 모른다고 진술했다. 그러나 공산 측 연락장교, 참모진, 공산당 취재 및 사진 기자 등 현장에 있던 모두가 비행기 소리를 들었다고 덧붙였다. 이어서 키니 대령과 머레이 대령은 유엔군사령부 대표단 숙사에서 100야드쯤 떨어진 곳으로 안내 받았고, 공산군 연락장교는 거기서 기름 범벅이 되고 구부러진 18-30인치가량의 압연 금속 1조각이 땅에 떨어져 있는 것을 보여주었다. 장 대령은 그것이 네이팜탄이라고 확언했다. 주변에 포탄 구멍이나 땅이 그을린 흔적은 없었지만 약 20야드 지점에 지름 24인치, 깊이 6인치 정도의 얕은 침하가 있었다."

"머레이 대령은 이 침하가 수류탄 1개 정도의 폭발물을 매설해 생긴 것으로 판단했고, 키니 대령도 이것이 포탄 구멍이 아니라고 확신했다."

"공산군 대표단 숙사 주변에서는 금속 파편 5개를 추가 확인했고, 그중 2개는 유엔군 사령부의 비행기 파편으로 보였다. 각각 평면으로 리베팅되어 있었고, 2개 모두 12인치 가량의 사각 형태였다. 세 번째 조각은 미사일 꼬리날개였다."

"인근에는 포탄 구멍도 땅 파인 흔적도 보이지 않았다. 금속 파편들도 땅바닥에 떨어져 있거나 몇 인치 박혀있는 정도였다."

"회담장으로 돌아오며 키니 대령은 증거품들이 유엔군 폭격 흔적이 아니라고 확신했고, 건물, 사람, 심지어 농작물에도 눈에 띄는 피해가 전혀 없음을 지적했다."

"장 대령은 서면 통첩을 따라 읽으며 더 이상 회의는 없을 것이라고 알렸다."

"키니 대령은 소위원회와 연락장교회의도 모두 포함되는 것인지 물었다."

"장 대령은 모든 회의를 '이 순간부터 일체 중단'한다고 답했다."

"이에 유엔군 사령부 장교들은 현장을 떠났다."

"잠시 후 장 대령은 판문점으로 이동 중이던 유엔군 연락장교 차량을 따라와 붙잡고, 추가 증거들을 보여주겠다며 다시 개성으로 복귀할 것을 요청했다. 키니 대령과 머레이 대령은 날이 어둡고 비가 내려 만족스런 조사가 이루어지지 않는다고 지적하기 했지만 다시 개성으로 돌아갔다."

"공산군 대표단 숙사 근처에서 평면으로 리베팅한 금속 파편 2개를 추가 확인했다. 인근에는 지름 24인치, 깊이 12인치가량의 구멍이 있었다. 머레이 대령은 이 구멍이 미리 매설해둔 수류탄이 폭발하며 생긴 것으로 판단했고, 키니 대령도 이것이 포탄 구멍이 아니라고 확신했다. 마지막 금속 파편도 역시 평면으로 리베팅되어 있었고, 싸구려 네이팜으로 보이는 액체가 고인 작은 ㅁㅁㅁ에 들어있었다. 주변에는 각각 14제곱인치 정도 되는 대수롭지 않은 그을음이 3-4곳 보였다. 키니 대령은 오전에 날이 더 밝으면 조사를 계속하자고 요청했으나 장 대령은 조사가 끝났다며 거절했다. 이에 키니 대령은 지금은 날이 어두워 제대로 확인할 수 없으니 날이 밝을 때 조사하도록 증거품을 현장에 그대로 둘 것을 요청했으나 장 대령은 분석을 위해 가져가야 한다며 역시 거절했다."

"논의 중에 키니 대령이 실제로 비행기를 본 사람이 있는지 묻자 중국 공산군 병사 1명이 지목됐고, 그는 23시 20분에 비행기 1대를 보았다고 답했다. 키니 대령이 비행기 불빛을 보았는지 묻자 병사는 '그렇다'며 전조등을 켠 상태였다고 답했다."

"그러자 한 유럽 공산당 기관지 기자가 키니 대령이 병사에게 '함정' 질문을 던지고 있다며 비난했고, 키니 대령은 장 대령에게 당장 모든 기자들을 밖으로 내보내라고 즉각 요청했다. 장 대령은 약간의 언쟁 끝에 요청을 수용했다."

"유엔군사령부 연락장교들이 다시 떠나려 하자, 장 대령은 키니 대령에게 공습 책임을 인정할 것을 요구했다. 키니 대령은 증거가 터무니없긴 하지만 본인에게 상세히 보고를 올리겠다고 답했다."

"연락장교들은 이 사건을 해명함에 있어서 두 가지 가능성을 염두에 두고 있다. 첫째, 소위 증거라는 것들이 현장에서 일괄 조작된 것이고 공산군 비행기를 띄워 상황을 연출했을 수 있다. 둘째, 소형 네이팜탄이나 유탄 등의 소형 폭발물에 비행기 금속 조각을 추가해 조작한 것을 공산군 비행기가 투하함으로써 구멍을 만들었을 수 있다."

"미 제5공군의 잠정보고에 따르면 간밤에 개성 지대를 통과한 비행기는 전무했고 경로를 이탈하거나 어려움에 처한 유엔군 비행기도 없었다."

"다만 제5공군 보고서는 21시 30분 개성 서부에서 정체불명의 비행기 1대가 레이더망에 포착되었다고 밝히고 있다."

"간단히 생각해 볼 때, 회담을 중단하려면 상부의 결정이 필요한데, 8월 22일 23시 20분에서 8월 23일 1시 45분 사이에 이러한 승인이 이뤄지기란 분명 거의 불가능하다. 따라서 장 대령이 결정을 통보할 수 있었다는 사실부터가 사건의 허위성을 명백히 보여준다. 피해가 전무한 점, 그리고 저들이 내민 증거물이 광범위하게 분산된 점을 볼 때, 공산군 비행기가 유탄 등의 아주 작은 폭발물과 함께 쇳조각을 떨어뜨려서 낙하 흔적을 남겼다고 충분히 짐작 가능하다. 키니 대령과 머리 대령은 공산군이 사건을 처음부터 끝까지 연출했다고 확신하고 있다."

조사는 계속 진행 중입니다. 철저하고도 최대한 신속하게 진행할 예정입니다. 결과가 나오는 대로 완전히 공개할 것입니다.

【173】 중립지대 공습 사건에 대한 총사령부 공문(1951.8.24)

```
[ 전      보 ]   중립지대 공습 사건에 대한 총사령부 공문
[ 문 서 번 호 ]   1853
[ 발   신   일 ]   1951년 8월 24일 08시 00분
[ 수   신   일 ]   1951년 8월 24일 23시 30분
[발신지 및 발신자]   도쿄/드장(주일 프랑스대사)
```

사이공 고등판무관 공문 제1225호

8월 23일 24시에 발표된 총사령부 공문은 이른바 유엔군 비행기의 개성 중립
지대 공습 사건에 대한 조사 결과를 담고 있습니다.
내용은 다음과 같습니다.

"8월 22일 23시 20분 소위 개성회담장 공격 사건에 대한 보고서는 유엔 사
령관의 철저한 조사 후에 작성되었습니다.
조사 결과, 극동공군 사령관은 다음과 같이 보고했습니다.
'사건이 발생했다는 시각, 개성 상공을 비행한 미 극동공군 소속 비행기는
한 대도 없음.'
동일한 조사를 지시 받은 극동해군 사령관도 공산군이 어젯밤 개성에서 있
었다고 주장하는 작전에 투입된 해병대 소속 비행기가 한 대도 없음을 확인했
습니다. 극동해군 사령관은 유엔 총사령관에게 다음과 같이 보고했습니다.
'8월 22일 개성 상공을 비행한 해병대 소속 비행기는 한 대도 없음.'
유엔 사령관 연락장교인 키니 대령과 머레이 대령은 현장조사까지 실시했
지만 유엔군 소속 비행기가 폭격을 했다는 실질적 증거를 전혀 찾을 수 없었
습니다. 네이팜탄 폭발 시 생기게 마련인 지표면 그을림이나, 그런 공격을 받
으면 발생할 수 있는 포탄 구멍 흔적도 전혀 보이지 않았습니다. 공산군 장교

가 공격에 사용된 네이팜탄 조각이라고 주장하는 열간(熱間) 리벳 금속 파편은 네이팜탄 충전물 탱크 제조에 사용하지 않는 부품입니다.

네이팜탄 충전물 탱크는 일회용이기 때문에 대충 조악하게 만드는 편이 더 경제적입니다.

연락장교들은 공격을 직접 보았다는 증인을 한 명밖에 찾지 못했습니다. 이 증인은 공격 당시 비행기가 전조등을 켜고 있었다고 했는데, 유엔군 비행기는 야간작전 시 전조등을 켜지 않습니다.

또한 공산군이 주장하는 폭격은 해당 지역 내에서 건물, 사람, 농작물에 전혀 피해를 남기지 않았습니다. 비행장교 경력이 있는 키니 대령은 공습 결과 생겼다는 지름 60㎝, 깊이 30㎝ 크기의 구멍이 포탄 구멍일 수는 없다고 확신했습니다. 키니 대령과 머레이 대령은 이 구덩이가 사전에 매설된 수류탄이 폭발하며 생긴 것 같다고 의견을 모았습니다. 이미 강조한 바와 같이, 이 순간부터 모든 회의를 중단한다는 결정은 사령부 윗선의 판단을 필요로 하는 바, 결정이 내려지고 공산군 연락장교인 장 대령에게 전달된 후 유엔군 연락장교에게 전달되는 전 과정이 8월 22일 23시 20분과 8월 23일 1시 45분 사이에 모두 이뤄지기란 불가능합니다.

리지웨이"

또한 8월 23일 17시에 발표된 서부지역의 미 제1군단 사령관의 잠정보고서에 따르면, 현재 진영 내에 집결한 제1군단 소속 포대 중 어떤 곳도 개성에서 발포 가능한 상태가 아니며, 개성 내에서 발포 가능한 대대들도 최근 36시간 내에 탄약을 사용한 바가 전혀 없습니다.

국방부에 전달 요망.

드장

본 전보는 불완전한 상태로 수신되었고 원본 대조를 위해 전송이 지연되었음.

【174】 공산 측의 개성회담 중단 의도(1951.8.25)

[전 보]	공산 측의 개성회담 중단 의도
[문 서 번 호]	1854-1858
[발 신 일]	1951년 8월 25일 00시 10분
[수 신 일]	1951년 8월 25일 10시
[발신지 및 발신자]	도쿄/드장(주일 프랑스대사)

긴급

런던, 워싱턴, 뉴욕에 전달 요망
본인의 전보 제1847호와 제1853호 참조

조이 제독의 보고서와 리지웨이 장군의 공문으로 보건대, 8월 23일 사건은 회담을 재차 중단시키려는 공산 측의 자작극이 분명해 보입니다. 공산 측은 최대한 혼란을 가중시키는 방식으로 사건을 연출했습니다. 회담 중단을 통보한 공산군 연락장교에게는 그런 결정을 내릴 권한이 없습니다. 그럼에도 전혀 상부에 문의하지 않았습니다. 심각한 경우 상부의 반대에 부딪혔을 수도 있는데 말입니다. 장 대령은 지금부터 모든 회의를 일체 중단한다고 밝혔습니다. 이런 맥락을 고려할 때, 가뜩이나 모호한 장 대령의 발언은 더욱 불분명해 보입니다.

그렇기에 24일 베이징라디오는 공산 측 입장에서 회의 중단이란 8월 24일 예정되었던 연락장교회의와 소위원회 만남에 국한된 것으로 보도할 수 있었던 것입니다.

그럼으로써 공산군은 유엔사령부가 경솔하게 회담을 중단했다고 경우에 따라 비난할 수 있는 구실을 마련하고 있습니다.

이렇게 조성된 모호하고 불확실하기 그지없는 상황에 대해 소련 외무부는 흡족해하고 있고, 공산군 프로파간다는 이를 곧잘 활용하고 있습니다. 따라서 8월 22일 사건은 무조건적인 38선 복귀가 어려울 것이라 판단한 소련 정부가 샌프란시스코 회의를 앞둔 이 시점에 개성회담을 완전히 결렬시키지 않으면서도 논의 진행을 막으려 한다는 짐작에 힘을 실어주고 있습니다.

샌프란시스코 회의에서 공산군 사령부의 대대적 타협을 선언함으로써 베이징 정부의 일본 협정 참여를 유리하게 만들려는 심산인지, 아니면 적대행위를 전면 재개하겠다고 협박할 요량인지는 알 수 없으나, 소련 정부로서는 엄청나게 중요하다고 생각되는 한판 승부를 위해 모든 카드를 손에 쥐고 있으려 한다는 것만은 확실합니다.

샌프란시스코 회의를 며칠 앞둔 상태에서 개성회담을 방해하고 중단시키는 다양한 사건이 발생한 것은 모스크바 극동 정책의 주요 방향 중 하나를 잘 보여주고 있습니다.

한국문제에 있어서 소련 지도부의 염려와 속셈이 향하고 있는 곳은 사실 일본입니다. 그들 생각에는 한국사태가 일본 문제 해결과 밀접한 관련이 있기 때문입니다.

국방부에 전달 요망.

드장

암호과 추신:
런던 공문 제13728-13732호,
워싱턴 공문 제9196-9200호,
뉴욕 공문 제2964-2968호로 전달됨.

인쇄 방식과 상관없이 본 전보는 일체 재전송된 바 없음.

【175】소위 개성 폭격에 대한 공산군 서신(1951.8.25)

[전 보]	소위 개성 폭격에 대한 공산군 서신
[문 서 번 호]	1861
[발 신 일]	1951년 8월 25일 03시 30분
[수 신 일]	1951년 8월 25일 12시 15분
[발신지 및 발신자]	도쿄/드장(주일 프랑스대사)

사이공 공문 제1232호

8월 25일 오늘 오전 총사령부는 김일성 장군과 펑더화이 장군이 리지웨이 장군에게 보낸 서신의 영어 번역본을 중문본 및 국문본과 함께 발표했습니다. 이 번역본은 8월 25일 오늘 오전 중에 판문점을 통해 유엔군 연락장교에게 전달되었습니다.

인용

"1951년 8월 23일, 리지웨이 장군. 귀측 무장 병사 손에 불명예스러운 죽음을 맞은 우리 측 용맹한 소대장 야오칭샹[1])의 피가 채 마르기도 전에, 8월 22일 22시 20분 귀측 비행기가 우리 대표단 숙사를 폭격 난사할 임무를 띠고 개성 중립지대 내 회담장 상공에 출몰했습니다. 우리 대표단은 ㅁㅁㅁ 분노에도 불구하고 만천하에 이 사건의 정황을 알림과 동시에 귀측이 우발적 사건을 빙자할 수 없도록, 인력을 파견해 현장 조사를 실시할 것을 8월 22일 22시 35분 귀측 대표단에 요청했습니다.
귀측이 보낸 연락장교들은 귀측 항공기의 폭탄 투하로 발생한 구멍과 파편,

---
1) Yao Chingh Siang.

몇 시간 전 폭격이 있었음을 보여주는 증거들을 두 눈으로 직접 확인했습니다.

이에 그들은 입도 뻥끗하지 못했습니다. 사실, 귀측 연락장교들을 대동해 합동조사를 벌이지 않았더라도 우리가 확보한 증언과 증거는 반박 불가능한 귀측의 도발을 증명하기 이미 충분했습니다.

귀측이 이처럼 무분별한 도발 행위를 계속하는 것은 평화 추구를 위한 우리의 인내심을 나약함으로 오판했기 때문입니다. 그런 도발을 하더라도 우리가 절대 회담을 중단하지 않을 것이라 믿었기에 귀측은 우선 판문점에서 우리 헌병을 주저 없이 사살했고 종국에는 우리 대표단을 죽이려고 했습니다.

우리는 그것이 오산임을 밝히고자 합니다. 분명히 말하건대 우리는 휴전과 평화를 위해 줄곧 크나큰 인내와 아량을 베풀었습니다. 그러나 인내에도 한계가 있습니다. 또한 평화는 귀측의 일방적 요구를 수락함으로써 지켜낼 수 있는 것이 아님을 깨달았습니다. 회담장 밖에서는 그처럼 무분별한 도발을 시도하고, 회담장 내에서는 회담을 결렬시키고자 군사분계선을 우리 측 진지까지 밀어 올리는 오만한 제안에 집착했으니, 귀측이 어떤 선의로 회담에 임했는지 백일하에 드러났습니다. 우리는 휴전회담이 분쟁 없이 이어지고 양측 모두 수용 가능한 공정하고 합리적인 합의에 이르기를 바랍니다. 그러나 귀측이 우리 헌병을 사살한 데 이어 우리 대표단에 대한 암살 시도로 다시 폭격을 감행했으므로, 우리는 귀측이 이 중대한 도발의 책임을 인식해 사건을 해결하기를 기다리면서 8월 23일 회담 중단을 선언할 수밖에 없었습니다. 귀측이 중립지대를 전혀 중시하지 않고, 휴전회담을 위해 비무장 상태로 중립지대에 체류하는 우리 대표단을 수시로 암살할 준비가 되어있는데, 어떻게 우리가 휴전회담을 이어갈 수 있겠습니까? 이제껏 우리의 관계가 평등과 상호성의 원칙에 기초해왔음을 귀측은 명명백백하게 깨달아야 할 것입니다.

만약 귀측이 이 원칙을 존중한다는 것을 행동으로 보이지 않고 오히려 승자인 양 허세를 떨며 개성 중립지대 협정을 비롯해 이 원칙에 기초한 모든 협의를 깨뜨리는 광기를 부린다면, 그에 따른 모든 책임과 모든 결과는 전적으로 귀측이 져야 할 것입니다."

드장

【176】 소위 개성 폭격에 관한 리지웨이 장군의 회신(1951.8.25)

[전 보]	소위 개성 폭격에 관한 리지웨이 장군의 회신
[문 서 번 호]	1862
[발 신 일]	1951년 8월 25일 06시 00분
[수 신 일]	1951년 8월 25일 15시 40분
[발신지 및 발신자]	도쿄/드장(주일 프랑스대사)

사이공 공문 제1233호
본인의 전보 제1861호에 이어

리지웨이 장군이 공산 측 장군들에게 보낸 아래 답신을 외무부에 전달합니다.

8월 22일 저녁 유엔 공군이 개성을 공격했다는 주장을 담은 귀측의 8월 24일자 서신을 수신했습니다. 유엔 소속 부대가 일으켰다는 이 사건은 전적으로 날조된 데다 실로 어이없는 일이며 알 수 없는 목적 하에 명백히 조작된 것이기에 이와 관련한 최근 서신은 실상 대꾸할 가치조차 없습니다. 유엔군이 고의로 개성 중립지대를 침범한 것처럼 언급한 여타 사건들도 마찬가지입니다.

이 사건들이 귀측의 프로파간다 필요에 따라 조작된 것이 아니라면, 본인 지휘 하의 군대 및 조직과는 명시적으로든 암묵적으로든 아무 관련 없는 비정규군 소행이 분명합니다. 그럼에도 불구하고 본인은 수석대표와 본인 지휘 하의 부대장들에게 각 사건을 조사·보고할 수 있도록 귀측에 예의를 갖추라고 지시했습니다. 조작이 명백해보일지라도 말입니다.

이번에 귀측이 주장한 위반 사례는 눈 가리기 식 프로파간다를 위해 조작되었음이 이전 사건들보다 한층 더 명백합니다. 그럼에도 성실히 임해달라는 요구에 부응하기 위해 본인은 지금껏 그러했듯 이번 역시 관련 사실들을 면밀히 조사하게 했습니다.

육해공 사령관들은 자대 소속 분대 중 귀측이 밝힌 조건 하에서 개성 중립지대를 침범하거나 침범할 가능성을 가진 분대가 전혀 존재하지 않았음을 각자 서면 보고해왔습니다.

본인은 날조된 사건을 이용해 회담 중단 책임을 회피하려는 귀측의 명백한 의도를 전 세계가 알 수 있도록 귀측이 주장하는 사건들 중 가장 최근 사례인 이번 일에 대한 조사 결과를 대대적으로 공개하게 했습니다.

판문점에서 벌어졌다는 충돌, 소위 8월 19일 유엔군이 짰다는 계략들, 8월 22일 저녁에 발생했다는 폭격에 관한 귀측의 최근 보도문 여러 편에 담긴 조작된 진술들이 모두 사실무근이며 새빨간 거짓말로 밝혀졌습니다.

귀측이 8월 23일 선포한 휴전협정 중단을 돌이킬 준비가 되어 있을 때, 비로소 본인도 우리 측 대표에게 귀측 대표들과 만나 합리적인 휴전협정을 모색하도록 지시하려 합니다.

드장

【177】 공산 측 서신 분석(1951.8.25)

[전　　　　보]	공산 측 서신 분석
[문 서 번 호]	1863-1864
[발　신　일]	1951년 8월 25일 08시
[수　신　일]	1951년 8월 25일 14시 45분
[발신지 및 발신자]	도쿄/드장(주일 프랑스대사)

보안

런던, 워싱턴, 뉴욕에 전달 요망
본인의 전보 제1861호 참조

　공산 측 장군들이 리지웨이 장군에게 보낸 서신은 회담 재개에 별로 도움이 되지 않는 어조와 의도로 작성되었습니다.

　언사는 의도적으로 무례했습니다. 암살, 광기, 도발, 허세 등의 용어는 유엔군사령부를 모욕하고 감정을 상하게 하려는 명백한 의도가 담겨있습니다. 공산군 특유의 방식으로 사실을 완전히 왜곡하고 변질시키기도 했습니다.

　북한과 중국 장군은 분계선 문제에 관한 자신들의 입장을 철저히 고수하고 있습니다.

　그러면서도 회담 결렬 책임은 회피하고자 애쓰는 모습입니다.

　또한 그들은 회담이 아직은 그저 중단된 상태임을 강조하며, 양측 모두가 수용 가능하고 공정한 합의에 이르길 바란다고 공언하고 있습니다. 그러나 이번 사건 해결을 유엔군사령부에게 떠넘기는, 수용 가능성이 희박한 조건을 대화 재개의 전제로 깔고 있습니다. 인정할 수밖에 없는 사실은, 공산군 사령부와 그 배후의 소련이 회담 재개에 어느 정도 의미를 부여하는 것은 틀림없지만 그럼에도 이제는 회담을 파국으로 몰고 가는 위험마저 기꺼이 감수하고 있다는 것입니다.

이런 변화는 샌프란시스코 회의에 대표를 파견하겠다는 소련의 결정과 명백하고도 직접적인 연관성이 있습니다.

드장

암호과 추신:
1. 8월 26일 재전송
   런던 공문 제13783-13784호,
   워싱턴 공문 제9237-9238호,
   뉴욕 공문 제2970-2971호.
2. 인쇄 방식과 상관없이 본 전보는 일체 재전송된 바 없음.

【178】 캔자스라인에 관한 제안(1951.8.25)

[전 보]	캔자스라인에 관한 제안
[문 서 번 호]	6063-6070
[발 신 일]	1951년 8월 25일 21시 45분(현지 시간), 01시 45분
	(프랑스 시간)
[수 신 일]	1951년 8월 25일 01시 55분
[발신지 및 발신자]	워싱턴/보네(주미 프랑스대사)

보안

2급 비밀

절대우선문건

뉴욕 공문 제1381-1388호

개성회담

　미 국무장관이 적대행위 중지 가능성에 관해 상원 외무군사위원회에서 발표한 6월 5일자 성명이 소련의 결정에 영향을 미쳐 말리크 대사 발언의 시발점이 되었음이 확실시됩니다. 북한의 침략이 실패한 이상, 헛수고는 멈춰야할 상황이 된 것입니다. 동시에 공산군 위신에 먹칠하지 않고 소련이 모든 관련국 앞에서 평화의 사도를 자처할 수 있는 선도 지켜야했습니다. 따라서 소련과 중국에게는 백색 평화[1])를 목표 삼아 한국을 전쟁 이전 상태로 회복시키는 것이 관건일

---

[1]) white peace. 국가들이 적대 행위 중단과 전쟁 전 상황으로의 복귀에 동의하는 일종의 평화 조약. 평화 조약의 어느 쪽에서도 영토가 바뀌지 않고 돈도 교환되지 않으며, 핵심도 포기되지 않음.

수밖에 없었습니다.

물론 워싱턴의 의도는 이와 달랐습니다. 워싱턴은 적대 행위 중단이 오직 군사 정보를 바탕으로 해야 한다고 생각했고, 그럴 경우 서방은 38선을 기준 삼은 한국 분단 장기화를 수용할 필요가 없어집니다. 애치슨 장관의 발표는 이런 입장과 상충될 위험이 있었기에 잇단 수정과 해석을 가해 그 어조를 완화시켰습니다. 그럼에도 6월 5일 성명이 있었던 것은 사실이었고 공표도 되었기에 공산 측 회담 참석자들에게는 38선 복귀가 여전히 초미의 관심사로 남았을 것입니다. 이것이 그들에게는 개성회담의 진정한 걸림돌이었습니다.

미국 측 대표들이 회담 초기부터 제안한 비무장지대 구상안이 그들에게는 공산 측의 전적인 손해로 비치면서 회담은 한층 더 악화되었습니다. 현재 북한과 중국은 승복하는 자세를 취하고 싶지도 않고 비무장지대 획정의 손해를 떠안고 싶지도 않으며 한국 분단을 포기할 생각도 없는 상태입니다.

한편 미국 측은 방어 불가능한 전선의 채택은 군부가 거부한다는 입장입니다. 해당 지역 내에서 방어 가능한 유일한 지점이 캔자스라인이라는 사실은 변함이 없지만 조이 제독은 아직 여기에 대해 개성에서 언급하지 않았습니다. 리지웨이 장군이 캔자스라인을 수용한다는 자세를 취하는 데도 말입니다. 본인은 조이 제독의 침묵이 순전히 전략적인 것이고 군부도 점령지를 한 발쯤 양보하는 데에 별 반대 없이 동의할 것으로 추측하는 바입니다. 시민 진영이나 국무부 관계자들 역시 완고함을 보이고 있으나 그것은 별개의 이유 때문이며, 그 외 다수는 원내투쟁, '충성심사위원회',[2] 여론 악화 등을 우려해 긴장 완화의 총대를 메지 않으려 합니다.

비록 최근 개성에서 일어난 사건이 명백한 조작이라 할지라도, 또한 그 사건을 일으킴으로써 공산군이 다양한 차원의 동기에 부합하게 되었을지라도, 그들이 자기들에게 보다 우호적인 분위기 속에서 회담을 재개하게 되리라 기대하며 사건을 터뜨린 데에는 미국의 강경책이 일조했을 수 있습니다. 어제 베이징라

---

[2] 충성심사위원회(loyalty Board). 1947년, 미 트루먼 행정부가 연방 정부 직원들의 충성심을 조사하기 위해 설치. 공산주의자로 의심되는 사람들을 색출함.

디오를 통해 보도된 남일 장군과 펑더화이 장군의 항의성명이 아무리 거칠었다 해도 가능성을 완전히 차단하는 수준은 아니었습니다. 또한 항의문에 포함된 "귀측이 우리 방어선 내부로 깊숙이 들어오는 선을 주장한 □□□"이라는 문구에 주목할 필요가 있어 보입니다.

대화가 재개되더라도 현재 기류와 극동 야합 필요성을 고려할 때, 둘 중 어느 한 쪽에서 상대도 받아들일 수 있고 자국 여론도 수용할 만한 타협안을 제시하지 않는 이상 회담의 성공 가능성은 없어 보입니다. 지금으로서는 캔자스라인을 휴전선으로 획정하고 중립지대는 한반도 동부, 현재 중국 방어선과 캔자스라인을 포함하는 지대에 설정하는 것이 쌍방 모두 수용 가능한 유일한 안일 것입니다. 비록 지금은 국무부 산하 부서들이 이 안을 거부하고 있다지만, 회담 초기 사적으로 대화를 나누었을 때에는 그들도 이미 고려하고 있었습니다. 당시 미 국방부는 골치 아픈 문제들이 생길 수 있으니 중립지대를 너무 깊숙이 획정할 필요가 없다고 공언했었습니다. 중국으로서는 본 제안을 수용할 경우 38선에 관한 자국의 요구사항을 철회해야겠지만, 중부 및 동부에서는 자국 방어선 이북 지역을 거의 손해 보지 않을 것입니다. 유엔 입장에서 보더라도 캔자스라인까지 군대를 철수함으로써 포기해야 하는 영토가 적군에게 흡수되는 것을 막을 수 있습니다. 게다가, 유엔군이 남쪽으로 물러나는 데 대한 보상으로 38선 이남 한반도 서부에 잔존하는 북한군 점령지를 유엔군에 돌려줄 것을 공산 측에 요구하는 안까지도 이미 고려한 바 있습니다. 이렇게 영토를 수정하면 상대측도 자신들의 승리를 자축하기 힘들어질 것입니다.

외무부가 본 제안에 동의한다면 리지웨이 장군이 영국과 프랑스 양국에 성명을 요구한 것을 기회 삼아 영국과 합심하여 워싱턴도 본 제안에 동의하게 만들 가능성을 모색할 수 있을 것입니다. 어쨌든 우리는, 아직 가능성이 남아있다면, 개성회담에서 상대를 더욱 완고하게만 만드는 현재 입장을 포기하도록 미 정부를 조심스럽고 우호적으로 설득해야 하리라 생각됩니다. 동맹국으로서 압력을 행사하기가 쉽진 않겠지만 미 행정부가 보다 유연한 태도를 취하도록 유도할 유일한 방법일 것입니다.

그렇게 하면 회담 결렬 결과를 끊임없이 서로에게 넘기려 하다가는 쌍방 모두에게 책임이 돌아올 위험이 있다는 것, 그리고 이것이 심각한 결과를 유발할 것이며 유엔은 그런 사태를 막고자 노력해야 한다는 것을 미국이 납득하는 데에 도움이 될 것입니다.

보네

【179】 미 제10군단 전선 지역의 군사 충돌(1951.8.25)

[전 보]	미 제10군단 전선 지역의 군사 충돌
[문 서 번 호]	6078
[발 신 일]	1951년 8월 25일 09시 30분(현지 시간), 13시 30분 (프랑스 시간)
[수 신 일]	1951년 8월 25일 17시
[발신지 및 발신자]	워싱턴/보네(주미 프랑스대사)

한국 전선의 상황

뉴욕 공문 제1391호

미 국방부는 오늘 사절단장 회의에서 최근 이틀간 미 제10군단 전선 전역에 격렬한 충돌이 발생했다고 전했습니다.

해당 지구에서 적군은 양구와 고성 북쪽, 미 제7사단과 남한군 제7, 8사단의 공격을 물리쳤습니다. 일부 유엔군 부대는 약간 후퇴하기도 했습니다.

보네

암호과 추신: 인쇄 방식과 상관없이 본 전보는 일체 재전송된 바 없음.

【180】 개성 폭격 사건 이후 중공군 프로파간다(1951.8.27)

[전　　　　보]	개성 폭격 사건 이후 중공군 프로파간다
[문 서 번 호]	381
[발　신　일]	1951년 8월 27일 17시 02분
[수　신　일]	1951년 8월 27일 11시 30분
[발신지 및 발신자]	홍콩/르구리에렉(프랑스 외교관)

　　소위 개성 폭격 사건 이후, 중공군 프로파간다는 맹위를 떨치고 있습니다. 베이징『인민일보』는 "세상에서 가장 비열하고 야만적인 의회"인 "미 암살자", "깡패 집단"에 대한 욕설을 쏟아내며 "미국이 잔혹하고 어쭙잖은 자세를 고쳐먹고" "모든 협상의 길을 열어두기" 전에는 회담 재개가 불가능하다고 전하고 있습니다. 그와 동시에 "중국 및 북한 인민은 미국 악마들"의 최근 소행을 강력히 비판한다고 보도하고 있습니다. 또한 신화통신은 미 제국주의 비행기가 8월 23일과 25일, 장수와 산둥 연안, 그리고 신장을 침공했다며 상당히 구체적인 정보들을 나열했습니다.

　　이런 기사들과 어조는 대대적인 반감을 조장하던 1950년 10월을 연상시켜 우려됩니다. 당시 이런 현상은 중공군 개입의 전조가 되었습니다.

르구리에렉

【181】 공산 측 답변과 언론 반응(1951.8.28)

[전 보]	공산 측 답변과 언론 반응
[문 서 번 호]	1944
[발 신 일]	1951년 8월 28일 18시
[수 신 일]	1951년 8월 28일 22시 10분
[발신지 및 발신자]	모스크바/샤테뇨(주소련 프랑스대사)

오늘 언론은 리지웨이 장군의 8월 25일자 서신에 대한 김일성 장군과 펑더화이 장군의 회신 전문을 실으며 리지웨이 장군이 사실을 부인하고 사건 해결을 거부했을 뿐 아니라 8월 22일 사건을 북한이 '조작'한 것처럼 비방했다고 비판했습니다.

공산군 장교들의 답변에 따르면, "이미 8월 19일 사건 이후, 귀측 무장 병사들이 개성 중립지대에 불법 침입해서 우리 정찰대 중 한 명을 공격했을 때 귀측 대표단장인 조이 해군 중장은 반박 성명을 통해 그것이 소위 대한민국 시민 의용군 소행이라고 주장했고, 양측 연락장교들의 현장 조사와 주민들의 증언으로 유격 행동을 한 쪽이 남한 병사임이 확인되었음에도 책임을 회피했다"는 것입니다.

또한 "상대측이 8월 22일 사건을 해명하기 위해 그 따위로 진실을 왜곡하고 있지만 번지르르한 말로 진실을 덮을 수는 없다"며 북한 및 중공군의 태도는 미국과 다르게 "현실적이고 정직하며 분별 있어" 보인다고 덧붙이고 있습니다.

김일성 장군과 펑더화이 장군은 이번 중대 도발 행위를 진지하게 책임을 다해 검토할 것을 재차 요구하며 회신 말미에 다음과 같이 덧붙였습니다. "그래야 정당하고 합리적인 합의에 이르기 위한 협상 재개를 보장할 수 있을 것입니다. 또한 귀측 연락장교들을 개성에 파견하여 귀측 항공기가 우리 숙사 인근 지역을 폭격 난사한 8월 22일 사건을 우리 측 연락장교들과 함께 재조사하고 우리 측 항의의 정당성을 확인할 것을 요구합니다. 그리고 전 세계가 공명정대하게 사건을 판단할 수 있도록 귀측 정보기관과 언론사도 우리와 주고받은 서신 전문을 우리처럼 공개할 것을 요구하는 바입니다."

신화통신은 리지웨이 장군이 8월 22일 21시 30분 개성 서쪽에서 국적불명 항공기 1대가 레이더망에 포착되었음을 보도문을 통해 시인한 바 있다고 전했습니다. 신화통신 특파원은, "왜 리지웨이 장군이 이 사실을 상기하지 않으려 하겠는가? 그것은 중국 및 북한 인민을 공격할 의도였지만 결국 미국이 저지른 범죄를 증명하는 것처럼 보이기 때문이다"라고 전했습니다.

끝으로 언론은 "8월 25일 저녁, 사복 차림의 미군과 남한군"이 개성 중립지대를 재차 침입했다가 헌병을 보고 놀라 "남동쪽으로 도망쳤을 수" 있고 중국 상공에도 추가 침입이 있었다고 전했습니다. 또한 언론은 신화통신과 마찬가지로 '리지웨이 장군의 경솔한 답변과 최근 반복된 미군의 도발을 유엔군 총사령관 서신이 '이례적인 경로'를 통해 북한 참모본부에 전달된 것과 연관 짓고 있습니다. 이번 서신 전달은 일반적으로 해당 업무를 담당하던 미군 연락장교 대신 취재 및 사진 기자들을 대동한 이승만 대통령의 참모가 담당했습니다.

샤테뇨

【182】 개성 폭격 재조사 가능성(1951.8.28)

[전   보] 개성 폭격 재조사 가능성
[문 서 번 호] 1875
[발   신   일] 1951년 8월 28일 08시
[수   신   일] 1951년 8월 28일 20시
[발신지 및 발신자] 도쿄/드장(주일 프랑스대사)

사이공 공문 제1237호

　공산군 사령부의 요청에 따라 8월 28일 오늘 오전 11시 40분 통역관을 대동한 유엔 연락장교 1명이 중공-북한 대표들의 서신을 받기 위해 판문점에 도착했습니다. 오늘 오전 한 평양 라디오 방송에 따르면 북한은 최근 사건들의 책임을 유엔군에 떠넘기며 소위 개성 폭격 사건의 재조사를 제안하는 것으로 보입니다. 더불어 폭격이 남한 비정규군 소속 비행기의 소행일 수 있다는 가설도 전했습니다. 베이징라디오 역시 회담 재개를 위한 재조사 가능성을 시사했습니다.

드장

런던 공문 제13880호
유엔 공문 제2985호
워싱턴 공문 제9337호

【183】 최근 사건들에 대한 분석(1951.8.28)

[전 보]	최근 사건들에 대한 분석
[문 서 번 호]	6126-6128
[발 신 일]	1951년 8월 28일 20시 15분(현지 시간), 29일 02시 00분(프랑스 시간)
[수 신 일]	1951년 8월 29일 02시 10분
[발신지 및 발신자]	워싱턴/보네(주미 프랑스대사)

보안

우선문건

1급 비밀

뉴욕 공문 제1396-1398호

현재 미국은 공산 측 중공·북한 대표들의 최근 서신에 답하기 매우 곤혹스러워하는 모습입니다. 리지웨이 장군의 발언 이후 언론은 개성 '폭격'이 완전한 조작이었다고 앞다투어 보도 중입니다. 실제로 현재까지 공산군은 개성 폭격 여부를 거의 증명하지 못했습니다. 그럼에도 상황은 변함이 없습니다. 또한 리지웨이 장군은 사건 당일 밤 '폭격'이 일어난 시각에 정체불명 항공기 1대가 개성에 접근한 사실을 인정하고 있습니다. 도쿄 사령부는 이 항공기가 미군 소속이 아닌 만큼 공산군 소속일 수밖에 없다는 입장입니다.

한편 8월 19일 야간에 발생한 중국 장교 사망 사건은 남한 '게릴라군'의 소행으로 보입니다. 상대 측 항의에 대해 리지웨이 장군은 개성 지역 치안이 공산 진영 관할이므로 침입을 예방하는 것도 공산군 책임이라고 대응하고 있습니다. 그러나 공산 측 대표들은 개성을 침입한 남한 사람들이 비정규군이라 할지라도 리지웨이 장군의 권한과 직간접적으로 연관될 수밖에 없다고 반박할 가능성이 큽니다.

따라서 어느 쪽이든 간에 개성회담 실패를 바라는 부대의 도발일 가능성을 완전히 배제할 수는 없습니다. 그 반대의 경우를 증명할 방법도 사실 마땅치 않습니다. 다만 이번 회신에서 리지웨이 장군이 너무 완고하게 나가다가, 앞으로 발생할 수 있는 회담 결렬 책임을 유엔군에게 떠넘길 구실을 소비에트 진영에 제공하지 않길 바랄 뿐입니다. 본인은 내일 이 점에 대해 러스크 국무차관보에게 이야기할 예정입니다.

보네

【184】 중국의 외교 방식과 행동 전망(1951.8.29)

[전 보 (우 편)]	중국의 외교 방식과 행동 전망
[문 서 번 호]	386
[발 신 일]	1951년 8월 29일
[수 신 일]	1951년 9월 7일 17시 15분
[발신지 및 발신자]	홍콩/르 구리에렉(프랑스 외교관)

본인의 전보 제381호에 이어

중공은 뜻밖에도 비스마르크식 외교[1]를 충실히 따르면서 지금까지 늘 자신들의 의도를 미리 선언하고 심지어 떠벌리기까지 해왔습니다. 물론 그 의미는 가장되어, 한국에서의 중공 개입이 '중국 국경 침범을 막기 위한' 계획이라는 순전히 방어적인 행동으로 둔갑합니다. 그러나 일반적으로 중공의 정책 노선은 통수권자들의 성명과 공식·비공식 신문기사에 다 나타나기 마련입니다. 그러니 중국 언론에 드러난 위협을 가볍게 여겨서는 안 될 거라 생각합니다.

중공이 계속적으로 취하고 있는 또 하나의 외교 방식은 자신들의 침략 의도를 적국에게 전가하는 것입니다.

이 두 가지 이유로 저는 지난 8월 26일자 중국『인민일보』에 실린 다음의 내용이 중요하다고 봅니다.

"미 정부는 휴전협상을 저지하고 있다. 중국-북한과의 전쟁을 이어가겠다는 심산이다. 중국과 북한은 미국이 또 다시 어떻게 공격해 오더라도 진압할 수 있는 만반의 준비 태세를 서둘러 갖추고 한층 더 강력한 행동에 나섬으로써

---

[1] 독일 통일을 이룬 프로이센 총리 비스마르크가 취한 국가의 이익을 기초로 적을 최소화하고 우방을 늘려가는 정책.

미국 침략자들이 공평 타당한 평화를 받아들이도록 해야 한다."

김일성과 펑더화이가 리지웨이 장군에게 보낸 최근 답신을 읽고 난 이곳의 지배적인 의견은, 중국이 적대행위를 재개할 준비 가능성이 매우 높다 해도 그 날짜가 아주 임박하지는 않았다는 것입니다. 미국이 일본과의 평화 협정에 조인하는 샌프란시스코 회의가 끝나기 전까지는 어떤 결정적인 행동도 취해지지 않을 것으로 많은 이들은 보고 있습니다. 그중 저우언라이는 최근, 이것이 중국의 안보에 위협이 되고 있다고 거듭 말하면서, 되살아나고 있는 일본 군국주의에 연합하는 '미 제국주의'에 대항하는 전투를 정당화할 수 있는 선동성 논쟁을 자국에 불러일으켰습니다.

현 시점에서는 일본군 재무장이 중국 지도자들에게 가장 심각한 우려이며, 이들이 흥분하며 자국의 군 무장에 애쓰는 것은 상당 부분 이에 관한 우려가 커지고 있기 때문이라는 점에는 의심의 여지가 없습니다. 모든 국민뿐 아니라 정치 일각에서도 아마 한국의 휴전을 바라왔겠지만, 미국을 이 방향으로 틀게 하려고 해온 노력들이 뻔히 수포로 돌아가자 휴전은 관심 밖으로 밀려났을 수 있습니다. 그러나 일본의 재무장과 미국의 일반적인 강경 정책은 상당 부분 서방 세계에 대한 중국의 완고하고도 무책임한 적대감과 공격성이 빚어 낸 필연적인 결과입니다.

런던 공문 제118호
사이공 공문 제358호
타이베이 공문 제91호
도쿄 공문 제35호

르 구리에렉

【185】 미-영 공동 행보(1951.8.29)

[전 　　　 보]	미-영 공동 행보
[문 서 번 호]	340□-3407
[발 　신 　일]	1951년 8월 29일 20시 45분
[수 　신 　일]	1951년 8월 29일 21시
[발신지 및 발신자]	런던/에티엔 드 크루이-샤넬[1](주영 프랑스대사관 참사관)

각하의 전보 제13761호(워싱턴 공문 제6066호) 참조

　　극동 담당 차관보와의 면담에서 우리 대사관 직원은 앞서 언급한 전보에서 전개했던 논지를 설명하면서 자신은 단지 일부 우려의 목소리를 그대로 전하는 것일 뿐 부처에서 나온 제안을 제시하는 것은 아니라고 주장했습니다.
　　수트[2] 씨는 개성회담 시 중국과 북한이 수용할 수 있는 타협안 항목들을 제안하기를 바라는 미 국무부 내부 사람들의 입장을 강화하기 위한 공동 행보 개념에 분명한 관심을 드러내며 다음과 같은 소견을 내놓았습니다.

　　　1. 협상이 어떤 방식을 다시 취하느냐는 유엔대표들이 어떤 태도를 취할지
　　　　에 큰 영향을 줄 것이다.
　　　2. 현재까지 영국 외무부는 리지웨이 장군이 자신에게 주어진 넓은 자율적
　　　　범위 내에서 매우 훌륭히 작전을 수행했다고 평가해왔다. 특히 분과위원
　　　　회에서 말 그대로 '동전을 던져' 두 대표단 중 누가 먼저 구체적인 새 제
　　　　안을 제출할지 정하자는 제안은 중국에 거부되긴 했으나 진정한 협상에

---

[1] 에티엔 드 크루이-샤넬(Étienne de Crouy-Chanel, 1905-1990). 주영 프랑스대사관 참사관. 주오
　　스트리아 대사(1958-1961), 주네덜란드 대사(1961-1965), 주벨기에 대사(1965-1970).
[2] Soot. 원문이 불분명함.

이르고자 하는 열망을 보여주는 듯 했다.

3. 현재로서는 협상이 과연 재개될 것인지, 그렇다면 언제가 될 것인지가 핵심 사안이다. 중국이 구사하는 언어를 보면 속히 협상을 재개하려는 것으로 보이지 않으며, 샌프란시스코 회의의 추이를 지켜봐야 더 확실히 알 수 있을 것 같다.

이번 면담에서 르벨[3] 참사관은 우리가 보네 대사의 제안을 머지않아 더 긍정적으로 다시 받아든다면 그 제안은 이곳에서 분명 매우 주의 깊게 검토될 것이며, 개성협상이 재개될 경우 미국이 물러나는 인상을 덜 주게 될 것인 만큼 호의적으로 검토될 것이라는 느낌을 받았습니다.

에티엔 드 크루이-샤넬

---

[3] 클로드 르벨(Claude Lebel). 주영 프랑스대사관 참사관.

【186】 공산군 사령부에 대한 유엔군 사령부의 답신(1951.8.29)

[전   보] 공산군 사령부에 대한 유엔군 사령부의 답신
[문 서 번 호] 1882
[발   신   일] 1951년 8월 29일 08시
[수   신   일] 1951년 8월 29일 15시 55분
[발신지 및 발신자] 도쿄/드장(주일 프랑스대사)

긴급

사이공 공문 제1238호

　어제 8월 28일 공산군 사령부의 전언은 유엔군이 중립지대인 개성을 침범한 것과, 유엔군 대표부가 증명했다고 생각되는 □□□에 대한 지루한 비난 성명이었으며, 끝으로 8월 22일 대낮에 일어난 사건에 대한 새로운 조사를 실시하겠다는 내용이 포함되었습니다. 이 전언에서는 회담 재개에 대한 관심보다는 책임을 저버리려는 의도가 나타났습니다. 이에 대한 답신은 오늘 8월 29일 9시에 다음과 같이 라디오로 중계되었습니다.

　　"김일성 장군, 펑더화이 장군. 귀측의 8월 28일자 전언을 잘 받았습니다. 지난 23일 밤, 그쪽 연락장교인 □□□ 대령은, 낮에 조사를 이어가고 모든 증거를 제자리에 그대로 보존해달라는 우리 측 연락장교의 요구를 확실히 거부하였습니다. 시간이 그렇게나 경과된 후에 조사를 재개하라는 귀관들의 현 제안은 휴전협상 기한을 부당하게 연장시킬 뿐입니다. 본인이 8월 23일 전언에서 밝힌 것과 같이 귀측이 8월 23일에 발표한 휴전협상 중지 결정을 철회할 용의가 있다면 본인은 우리 측 대표들에게 지침을 내려 귀측 대표들을 만나

합리적인 휴전 협정을 모색해보도록 할 것입니다.

리지웨이"

국방부에 전달 요망.

드장

런던 공문 제13881호
유엔 공문 제2988호
워싱턴 공문 제9342호

【187】 한국 전선의 상황(1951.8.30)

[전   보] 한국 전선의 상황
[문 서 번 호] 6157-6159
[발   신   일] 1951년 8월 30일 16시 50분(현지 시간), 21시 50분
               (프랑스 시간)
[수   신   일] 1951년 8월 30일 22시
[발신지 및 발신자] 워싱턴/보네(주미 프랑스대사)

뉴욕 공문 제1401-1403호

어제 한국파병국대표회의에서 미 국방부 대변인은 월요일부터 미 제10군단 구역에서 격렬한 전투가 벌어졌다고 알렸습니다. 36차례에 걸친 공산군의 공격이 중부와 중동부 전선, 양구와 서화 북부, 북한강에서부터 동해안에 이르는 지역에서 일어났습니다. 전체적으로 볼 때 이번 공격은 몇몇 지점에서는 불발되었으나, 유엔군 몇 개 부대가 약 1-2㎞ 후퇴하는 결과를 낳았습니다.

미 제2사단 우익에 위치해 있던 프랑스 대대는 현재 동 부대의 좌익으로 이동했습니다.

도쿄 참모본부는 현재 한국 내 적군의 분포를 다음과 같이 추정하고 있습니다(괄호 속 숫자는 최신 증원수).

전방   북한군 116,000(+33,000)

          중공군   81,000(+21,000)

후방전선   북한군 168,000(+28,000)

          중공군 251,000(+46,000)

즉 가장 최근 추정치에서 123,000명 증가한 총 616,000명.

북한군 부대들은 자국 병력의 80%, 중공군은 거의 100%.

중부 및 동부 전선에 적군의 포병 부대가 크게 증대된 것이 목격됩니다.

보네

【188】 공산군과 소련의 계획(1951.8.30)

[전 보]	공산군과 소련의 계획
[문 서 번 호]	6150-6156
[발 신 일]	1951년 8월 30일 16시 30분(현지 시간), 21시 30분
	(프랑스 시간)
[수 신 일]	1951년 8월 30일 22시 10분
[발신지 및 발신자]	워싱턴/보네(주미 프랑스대사)

보안

1급 비밀

러스크 극동담당 국무차관보는 어제 저와 대화하던 중, 극동지역이 현재 상당히 위험한 시기에 놓여있다고 생각된다는 의견을 숨김없이 털어놓았습니다. 미 국무부는 소련이 유럽에서 공격 행동에 들어갈 계획이 없다는 생각에는 변함이 없지만, 아시아의 상황이 심각하다는 것은 인지하고 있습니다.

정계 및 군 당국 등에서 국무부로 들어온 모든 정보에 따르면, 공산군은 한국에서 대규모 공격을 개시할 준비 태세에 있습니다. 탱크와 포를 갖춘 보병의 지원 규모가 상당할 것으로 보입니다. 소련이 군을 투입하지 않는 한 중국 공군의 개입은 진압될 수 있겠지만 초반에는 어려움을 겪을 수 있습니다. 전선 후방으로는 소련 방공포가 대거 배치될 것입니다. 영토 탐색을 위한 부분적인 공격이 전선 여러 지역에서 늘어나고 있습니다. 공산군이 유엔군 전선을 무너뜨리거나 38선 도달을 시도해올 경우 분명 심각한 결과가 초래될 것입니다. 극동지역에서의 전쟁 확대 상황은 피하기 어렵거나 피할 수 없을 지도 모릅니다. 우리는 유엔군의 억제력이 효과를 내기에는 너무 늦어질 위험이 있음을 간과해서는 안 됩니다.

뿐만 아니라 소련 대표자들이 샌프란시스코 회의에 대해 어떤 구체적인 의도를 갖고 있는지 미심쩍습니다. 러스크 국무차관보는 그들이 피할 수 없으리라고 보는 실패를 받아들이려고 회담에 가는 것은 분명 아니라고 인정했습니다. 그들이 개입한다고 해서 일본 협정 조인을 막을 수는 없을 것 같기 때문입니다. 가장 일반적으로 생각되는 추정 중 하나는, 떠나기 전에 그로미코 대사가 아시아 평화 및 협상 일반에 관한 제안서를 작성할 거라는 것입니다. 제안이 거부될 경우를 대비해, 한국에서 동남아시아에 이르는 국가들이 심각하게 어려운 상황에 처하게 될 것이라는 위협도 함께 준비해서 말입니다. 소련 정부가 심각한 위험을 감수하고라도 서방 국가들의 계획을 거부하는 방안들을 기획함으로써 미국의 강경 정책과 자유 진영 일반의 재무장에 반응하기로 결정했을 것이라는 추정도 배제하지 않고 있습니다.

샌프란시스코에서 그로미코 대사가 어떤 태도를 취하는지를 보면 아마 이러한 추정들이 어느 정도 규명될 것입니다. 국무부는, 긴장된 상황이기는 하나 회담 전이나 회담 중에는 한국에서 돌이킬 수 없는 일이 생기지는 않을 것으로 보고 있습니다.

저는 러스크 국무차관보에게 이런 상황이라면 공산군 스스로가 바라는 것으로 보였던 한국의 휴전 체결 가능성이 남아있지 않은지 살펴볼 이유가 없지 않느냐고 물었습니다. 리지웨이 장군은 공산군의 불평불만을 순전한 날조로 치부하면서 협상을 이어가자고 제안했습니다. 이 사건들에 관한 규명이 이루어질 수 없는 상황에서, 만약 북한과 중국이 바란다면 휴전에 이르기 위해서는 협상이 재개되어야 한다는 말을 공산 측에 할 수도 있었고 또 지금이라도 할 수 있지 않느냐고 말입니다.

러스크 국무차관보는 우리가 이런 입장을 취한다면 중국이 늘어놓는 비난의 당위성을 어느 정도 인정하는 꼴이 될 수도 있다고 했습니다. 그리고 덧붙이기를, 공산군이 입장을 뒤집어 지금까지 협조적인 태도를 보여 왔던 휴전협상 소위원회 회의를 중단시키기 위해 공군 사고를 지어냈을 가능성도 있다는 것입니다. 그럼에도 그는 말리크 대사의 제안이 있었던 다음날 이미 제게 했던 말을 재확인시켜 주었습니다. 즉, 리지웨이 장군은 휴전선 위치의 대폭 수정을 수용할 자유가 있고, 그 결과 논의가 계속될 경우 협정을 맺어야 할 것이라고 말입니다. 저는 이것이 위협적인 상황에서 긴장을 해소하고 아시아 문제에 관한 협상의 문을 열어두는 단 한 번의 기회라고 거듭 말했습니다.

한편 저는 국무장관보다 하루 앞서 내일 샌프란시스코로 떠나는 러스크 국무차관보에게 추후에 인도차이나 반도에서 열릴 회담의 중요성에 대해 다시 한 번 환기시켜주었습니다.

보네

【189】 유엔군 총사령관의 군 상황 보고(1951.8.31)

[전 　　　보] 　유엔군 총사령관의 군 상황 보고
[문 서 번 호] 　1897-1899
[발 　신 　일] 　1951년 8월 31일 08시
[수 　신 　일] 　1951년 8월 31일 15시 35분
[발신지 및 발신자] 　도쿄/드장(주일 프랑스대사)

사이공 공문 제1249-1251호
런던, 워싱턴, 뉴욕에 전달 요망

1. 리지웨이 장군은 어제 비밀리에 이루어진 면담에서, 공산군 측이 또다시 군사 행동을 재개할 것으로 예상된다고 알렸습니다.

공산군의 전력은 휴전협상 중에 크게 보강되었습니다. 다수의 대포, 특히 '스탈린포'라 불리는 120㎜ 포를 확보했고, 중공군 2개 기갑사단은 각각 백여 대의 전차를 보유한 채 전투 구역으로 접근 중인 것으로 보입니다. 만주에 기지를 둔 공군의 전투기 수는 증원을 받아 총 1,200대인 것으로 추정되며, 그중 300대는 북한 내 위치한 비행장들에서 추후 출격해올 가능성이 있습니다.

그런데도 리지웨이 장군은 우려하지 않았습니다. 유엔군 사령부는 이를 수수방관하고 있지 않았습니다. 지난 2개월 간 미군 병력 수는 대폭 늘어났고 진지도 강화되었습니다. 미군은 강력하고 매우 기동성 좋은 포대를 보유하고 있으며, 총사령관은 대규모 공격이 있으리라 생각지 않습니다.

어쨌든 총사령관에게는 공격을 격퇴할 수단이 있었습니다. 공군의 경우에는 요격기들만 보유하고 있었습니다. 공군은 습격으로 가공할만한 파괴력을 일으킬 수는 있었으나, 장기 공격력은 없었습니다.

미 참모본부는 평강[1]-김화-철원을 잇는 삼각지대를 탈환하려는 적군의 공격

이 있을 것으로 예상하고 있습니다.

그럴 경우, 유엔군사령부의 엄중한 대응을 예상해야 할 것입니다.

국방부에 긴급 전달 요망.

드장

---

1) 원문은 '평양(Pyong-Yang)'으로 되어 있으나 철의 삼각지대는 '평강-철원-김화' 세 지역을 의미.

【190】 유엔군의 중립지대 침범에 대한 공산군의 항의(1951.8.31)

[전 보]	유엔군의 중립지대 침범에 대한 공산군의 항의
[문 서 번 호]	1900
[발 신 일]	1951년 8월 31일 08시 30분
[수 신 일]	1951년 8월 31일 14시 00분
[발신지 및 발신자]	도쿄/드장(주일 프랑스대사)

사이공 공문 제11252호

공산군 사령관은 어제 8월 30일, 개성지구에 대한 유엔군의 이른바 또 한 번의 침범이 있었다고 알려왔습니다.

어제 19시에 중국 연락장교가 조이 제독에게 전달한 남일 장군의 전갈에 의하면, 8월 29일 2시에 유엔군 군용기 1대가 개성 상공을 지나가면서 회담장 근처에 패러슈트조명탄 1개를 투하했다고 합니다. 남일 장군은 이 새로운 도발이 충돌을 일으킬 의도가 분명한 신호라고 규탄하고서 공식 항의 성명을 냈습니다. 그는 이 일을 저지른 자들에 대한 처벌과 보상을 요구했습니다.

이 전갈을 전달하면서 공산군 연락장교는 같은 날 중립지대인 세판문과 정암동 두 지점에 유엔군 분견대로부터 두 차례 급습이 있었다고 알렸습니다. 그는 구두로 항의하면서 다른 요구 사항 제시는 보류했습니다.

국방부에 전달 요망.

드장

【191】 소련 언론 반응의 의미(1951.8.31)

[전   보]   소련 언론 반응의 의미
[문 서 번 호]   6171-6173
[발   신   일]   1951년 8월 31일 08시 05분(현지 시간), 13시 05분
                    (프랑스 시간)
[수   신   일]   1951년 8월 31일 14시 40분
[발신지 및 발신자]   워싱턴/보네(주미 프랑스대사)

보안

  우리 외무부에 알렸듯이 미국 신문들은 모스크바의 29일자 4개 주요 일간지
에 실린 한국사태 관련 사설들을 중요하게 다루었습니다. 이 신문들은 소련 정
부기관들이 구사하는 언어가 일부 우려사항들을 정당화할 수 있음을 인정하면
서도, 여기에서 어떤 심각한 위협보다는 대일 강화조약 회담을 저지하고자 하
는 또 한 번의 협박 시도로 보고 있습니다.

  이에 대해 우리 대사관 참사관의 질문에 라인하르트[1] 미 국무부 소련담당관
은 이런 기사들이 한꺼번에 터져 나온 것은 자세히 검토해볼만한 징후라고 인
정했습니다. 지금까지 중국이나 북한 발 뉴스를 통해 개성 협상 추이를 소개하
는 데 그쳤던 소련 언론이 스스로 임무에 착수했다는 사실은 새로운 정보를 주
는 것이라고 말입니다. 이어서 그는, 소비에트 선전물이 중국뿐 아니라 소련 자
신에 대한 위협을 보고한 것은 처음이라고 했습니다. 반면, 소련에 대한 이런
직접적 위협은 『이즈베스티야』와 『프라우다』같은 주요 일간지가 아니라 육군
이나 해군 기관에서만 언급된다는 것을 주목할 필요가 있습니다.

----

[1] 프레데릭 라인하르트(G. Frederick Reinhardt, 1911-1971). 미 국무부 동유럽부 담당관(1948-
   1951).

    라인하르트는 이런 조건에서 모스크바 언론이 하는 말의 의미는 제한적이라고 평가하고 있습니다. 특히 그는 소련 사설란들에 담긴 암묵적인 경고는 중국의 한국 개입을 알렸던 훈계성 글들과는 다르다고 생각했습니다. 그러나 그는 같은 성격의 징후가 반복되는 것이 소련의 보다 직접적인 한국전쟁 참전을 예고하는 것일 수 있음은 부인하지 않았습니다. 실제로 극동지역의 상황이 위험에서 벗어나 있지 않다는 것에는 의심의 여지가 없습니다(본인의 전보 제6150-6156호).

보네

【192】 소련의 의도 추정에 대한 의견서 사본(1951.8.31)

[보 고 서] 소련의 의도 추정에 대한 의견서 사본
[문 서 번 호] 미상
[발 신 일] 1951년 8월 31일
[수 신 일] 미상
[발신지 및 발신자] 미상

의견서

　최근 몇 달에 걸쳐 미국 정부는 평화공세에 들어간 소련 정부가 서구의 방어
조치로 인해 생겨나는 새로운 일들 앞에 자체적으로도 소극적인 태도를 취하고
있을 것이라는 추정에 입각해 행동했습니다. 여기에서 이 새로운 일들이란 것
이 중요한데, 그 이유는 그것이 일본의 평화, 일본의 재무장, 일본의 미군 체제
편입, 서독과 서구 세계의 관계를 규정짓는 규약, 서독의 재무장, 유럽군 창설,
서독의 대서양조약 편입, 그리스와 터키의 대서양조약 가입, 이탈리아 평화조약
수정, 스페인 내 미군기지 설립을 말하기 때문입니다. 이 예상에 따르면 포스터
딜레스 미 국무장관이 준비한 조약의 초안에 직면해 이 조약의 승인 절차에 참
석할 것을 요청 받은 소련은 회담 참석을 거부하고, 미국의 의도를 규탄하고,
또 다시 평화를 부르짖기 시작하고, 사안 전체를 단념해버릴 수도 있습니다. 그
러나 소련이 샌프란시스코 회의에 참석하기로 결정하고 그로미코 대사가 소련
의 제안사항을 알림으로써 이 근본 가정에 문제가 제기되어 미 정부에는 우려
가 일고 일각에서는 혼란까지 겪고 있습니다. 회담과 관련해 소련이 예기치 못
한 조치를 한 것이 태평양지역 문제뿐 아니라 위에 열거한 새로운 일들로 인해
영향을 받는 전 세계 문제들에 대한 새로운 태도에서 비롯되었을 수 있다는 것
은 사실 분명합니다.

최악의 경우가 어떨지는 여전히 확실치 않습니다. 사실 소련 정부가 휴전의 필요성을 크게 느끼고 있을 가능성도 있습니다. 그래서 샌프란시스코에서 조직적으로 훼방을 놓는 것이 아니라 극적으로 타협할 계획일 수도 있고, 단지 다시 자신들의 목소리를 낼 자리를 빌려 평화적 의도를 또 다시 드러낼 계획으로 이 회담을 기회 삼아 상당 부분 양보함으로써 위에 언급한 의도를 구체화할지도 모릅니다. 만약 앞으로 일이 이런 식으로 전개된다면 회담은 성공적일 것입니다. 우리는 바로 이런 상황에 만반의 대비를 갖추고 있습니다. 만일 일이 다르게 전개될 경우 다른 상황에 직면할 대비도 해야만 합니다. 매우 어려운 상황이 될 수도 있습니다. 이에 대한 대비를 아주 철두철미하게 할 수는 없습니다. 지금은 소련의 의도를 잘 모르고 회담 전까지는 알 수가 없기 때문입니다. 그럼에도 생각지도 못한 일에 맞닥뜨리게 되는 일을 피하고, 우리가 어떤 곤란한 입장에 처할 수 있을지 미리 검토해보는 일은 꼭 필요합니다. 이것이 서류에 실린 '의견서 4'의 목적입니다. 뿐만 아니라 샌프란시스코 회의를 소련과 서구 세계 간 전체적인 관계도 속에 위치시켜놓고 보는 식으로 이 분석의 장을 넓히는 것도 좋을 것입니다.

현재 소련 정부가 무슨 생각을 하고 있는지 알려면 한국사태의 최근 전개양상을 되짚어볼 필요가 있습니다.

지난 6월 11일 각국 외교부 대표들과 의견을 교환하던 자리에서 포스터 딜레스는, 팔레로즈 회담[1]이 이어지는 중이었고 한국의 휴전 체결을 위한 접촉 재개가 불가능해 보이지 않았던 당시, 일본에 대한 발의를 하는 것이 어떤 불리한 측면이 있을 수 있는지 인지하게 되었습니다. 우리는 소련이 반대하고 있다는 사실도 무시할 수 없었습니다.

6월 25일 뉴욕에서 말리크 대사는 개성 협상의 전단계로서의 예비회담에 들어갔습니다. 협상이 시작될 것이라는 사실만으로도 베를린 사태의 전례에서 보

---

[1] 프랑스 파리 팔레로즈(Palais Rose, 장미궁)에서 1951년 3-6월에 독일 문제 해결을 위해 열린 4국 외무 대표자 회담.

듯이, 앞으로 한국사태가 정치적으로 해결되는 것까지는 아니어도 적어도 빠른 휴전 결정이 이루어질 것이라는 희망을 품게 되었습니다.

개성에서의 협상은 7월 10일에 시작되었습니다.

7월 20일, 미국 정부는 미리 꾸며둔 조약을 인가하기 위한 회의를 소집할 것을 영국 정부와 공동으로 발의했습니다.

개성 협상 이후 어떤 일이 벌어졌는지는 다들 알고 있습니다.

소련 정부가 처음에는 평화공세를 할 생각으로 한국의 유혈사태에 막을 내리길 원했다가, 영국이 일본과 관련해 발의하자 이에 맞서기로 함과 동시에 한국의 휴전을 단념했던 것처럼 이 사건에서는 온갖 일이 다 있었습니다.

말리크는 애초에 긴장 완화 의지를 가지고 예비교섭에 들어갔으나, 샌프란시스코 회의가 열릴 동안 압력을 행사하는 방안으로 현재 진행 중인 군사작전을 이용하려는 유혹 앞에 그 의지는 싹 사라져버릴지도 모릅니다.

미국에 도착한 그로미코는 자신에게 제안사항들이 있다고 알렸습니다. 그러니 소련 대표부가 항의하지는 않을 것입니다. 그들은 우선, 본래 조약 서명을 위한 것이었던 회담의 성격 자체를 바꿔서 문제의 근본에 대해 논의할 기회로 만든 후, 영미권의 제출안에 반하는 소련의 대안을 채택하게 하려 할 것입니다. 전례로 볼 때, 그로미코는 심지어 절차 심의 중에도 자신들의 대안을 제시할 것이라고 생각해볼 수 있습니다. 이와 동시에 자신들의 논거를 명확히 하기 위해, 극동지역 문제를 다룰 4자회담(중화인민공화국 포함)이나 전 세계적 문제를 다룰 5자회담(중화인민공화국 포함)을 제안할 거라 생각해볼 수도 있습니다. 뭐가 됐든 5자 협정이라는 주제를 환기시키면서 말입니다. 소련 대표는 영미권 국가들의 발의에 직면해 스스로 미국의 정치적, 군사적 지배 위협에 맞서 일본을 포함한 아시아의 평화와 이권, 자유의 수호자를 자처할지 모릅니다.

소련 대표부는 대체 어디까지 그들의 작전을 밀어붙일 것인가?

이에 대해서는 현재 소련이 평화공세를 펼치고 있기 때문에 예상이 어렵습니다. 평화공세는 샌프란시스코에서도 계속될 수 있습니다. 이는 공격 작전의 발판이 될 수도 있습니다. 앞서 했던 제안을 서구 국가들이 거부했다는 이유로 말입니다. 히틀러 때문에 우리에게 익숙한 방식입니다.

소련의 작전 규모는 아마 소련이 마땅히 기대할 수 있는 결과에 따라 달라질 것입니다. 그리고 그 결과라는 것은 소련의 정책이 얼마만큼 움직일 수 있는지에 달려있습니다.

회담의 목표 자체에 있어서 소련은 조약 서명을 저지하거나, 심지어 이 문서에 소수국 간의 조약이라는 성격을 부여하기에 충분한 숫자의 국가를 서명국 진영에서 떼어내려 할 수 있을 것 같지는 않습니다. 첫 집계에서 인도·버마의 불참과 아시아 몇 개국 및 아랍 국가들 이탈할지도 모를 것을 감안하면 서명국 수는 40여 개국이 될 수 있습니다. 반대로 소련이 평화공세의 일환으로 화해에 나서는 것은 소련이 중국과 연대를 유지해야 하므로 한계가 있습니다. 그런데 만약 소련과 중국이 완전한 화합을 이루지 못했다는 여러 정보가 맞다면, 내부 갈등은 통상 중국의 이권 방어에 있어 소련이 더욱 완강한 태도를 취하는 결과를 낳고 말 것입니다.

한편, 태평양지역뿐 아니라 전 세계를 향한 소련 정책의 전반적 목표를 생각해 보면, 소련은 서구 국가들의 군사력 강화를 저지시키는 것과 동시에 이들의 영향력을 약화시키고 지지국의 수를 줄이는 것이 목표임을 알 수 있습니다. 즉, 한편으로는 서구가 재무장을 늦추거나 가능하다면 중단하는 것인데, 이는 미국의 예산에 달린 문제입니다. 또 한편으로는, 큰 분쟁이 일어날 경우 소련 주변국이라는 이유로, 또는 서구와의 이익공동체 개념이 덜 분명하다는 이유로 일반적으로 중립으로 기울 국가들을 서구 대연합으로부터 등을 돌리게 만드는 것입니다.

이 두 목표에 이르기 위한 방안들은 서로 배타적일 수 있습니다. 미국이 예산을 줄이면 미국 내 여론이 잠잠해질 것입니다. 휴전도 같은 효과를 가져 올 것입니다. 개성회담이 시작되자마자 트루먼 대통령과 애치슨이 자국민을 비상사태로 유지시키려고 노력한 것만 봐도 충분히 납득이 됩니다. 그러나 휴전은 세계적 마찰의 위험에서 벗어나게 만듦으로써, 주저하던 국가들을 미국 편으로 돌아서게 만들 것입니다. 미국과의 돈독한 관계는 상당한 이점을 보여주기까지 하니 말입니다.

소련은 샌프란시스코에서 취할 전략을 세우면서 회유와 위협 중 하나를 택해야 했습니다.

회유란 어떤 것을 말할까요?

휴전이 되려면 샌프란시스코에서 소련 대표부는 태평양지역 문제의 전반적인 해결로 이어질 수 있을 정도로 타협해야 할 것입니다. 그런데 미 정부에게는 지금과 같은 자국의 여론 속에서 중-소 복합체를 해체하는 것 외에는 다른 만족스런 방안이 없을 것 같습니다. 이런 것이 소련에게는 휴전의 대가일 것입니다. 그런데 소련이 그런 대가를 치르려 할지는 의문입니다.

대안으로, 머뭇거리는 국가들을 서구 연합에서 분리하려는 노력이 가중될 수 있습니다. 서구 국가들과 아랍 세계와의 현 관계 속에서는 상당히 승산 있는 일입니다. 소련 대표부는 먼저 조약의 대안을 제시하면서 이것이 필연적 결과라는 둥 적절한 설명을 늘어놓으며 아랍 국가들을 미국에 충성하는 국가들로부터 떼어내려 할 수 있습니다.

이 같은 결과는 큰 파장을 낳을 것입니다. 마오쩌둥이 승리하면서 중국은 소련 진영으로 들어갔고, 소련이 중국 문제를 유엔에 명시하면서 중국이 서구와 반목하게 되었습니다. 샌프란시스코 회의는 이미 여러 차례 표명되었던 아랍의 중립을 확고하게 만들 수 있습니다. 소련과 아랍 국가들이 취한 입장도 이미 조화롭게 어우러지고 있습니다. 같은 날 우리는 안보리에서 수에즈 운하 사안에 거부권을 행사하겠다는 소련의 위협과, 모로코 문제를 유엔으로 가져가겠다는 이라크의 계획에 대해 알게 되었습니다. (…)[2]

여기에, 아시아 주요국들의 서명이 빠져 있는 단체 조약은 앞으로 일본과 서구가 협력하는 데 있어 허술한 토대가 될 뿐이라는 사실도 덧붙여야 할 것입니다. 요시다는 (…)[3] 알렸습니다. 역시 같은 날 우리는 소련 대표가 거부권을 행사하지 않았고 이라크는 아직 전혀 결정을 내리지 않았다는 것을 알게 되었습니다. ㅁ ㅁ ㅁ[4] 이것은 일본에게 형벌이나 마찬가지인 것 같습니다. 일본에게 이 조약은 아시아의 제제가 없다면 그만큼 효력이 약할 수밖에 없는 강제 조약입니다.

---

[2] 추정 불가.
[3] 추정 불가.
[4] 본문의 'qu'il va à San Francisco le cou baissé, comme il sied à un vaincu'는 앞의 문장과 연결이 안 되어 문서가 누락되었거나 추정이 불가능함.

효과를 보기 위해서는 상당히 무거운 대가를 치러야 하는 회유책을 쓰는 것과 서구 국가들과의 우방 관계를 끊는 것 중에 소련은 아마 후자를 택할 것입니다. 이렇게 되지 않고 소련이 세계 분쟁이 일어날 경우 자국의 입장을 약화시키게 될 타협에 나서기로 마음을 먹겠다면, 소련은 휴전을 모색하는 것뿐 아니라 평화를 공고히 하기로 해야 할 것입니다. 현재까지 이런 희망은 꿈도 꿀 수 없습니다.

반대로 소련이 평화 조약과 관련 협약들의 체결을 막을 수 없어 결국 무력 충돌로까지 상황을 몰고 갈 우려가 있을 것인가?

이런 성격의 결정은 조약 서명이 소련에 즉각적인 위험이 될 때만 내려질 것입니다. 하지만 그럴 일은 없습니다. 이미 미군이 일본에 기지를 두고 주둔 중이고, 단지 지위만 달리한 채 계속해서 주둔할 것입니다. 틀림없이 소련은 일본의 재무장을 두려워할 것입니다. 그러나 재무장의 효과가 나타나려면 어느 정도 시간이 흘러야 할 것입니다.

따라서 소련이 샌프란시스코 회의에 참여한다고 해서 올 초에 예정한 전략상 기한에 꼭 영향이 갈 것 같지는 않습니다. 소련은 이 회담을 강화(講和)나 전쟁의 기회로 여기지 않을 것 같습니다. 반대로 이 기한 내에 외교적으로나 군사적으로 크게 해결을 보기 위해서 회담 중에 미국과 그 우방국들의 전반적인 입장을 약화시키려 할 수 있습니다.

그러는 편이 회담 중에 흥분과 초조함, 난폭한 태도를 표출하는 것보다 이같은 노력에 도움이 될 것입니다. 미 행정부는 계속 신경이 곤두서 있습니다. 지금도 소련의 의도를 확실히 모른다는 이유로 그런 태도를 보이고 있습니다. 게다가 선거를 목적으로 극적인 입장을 취할 경향이 있습니다. 미국은 고분고분하지 않은 상대를 사로잡으려 할 때는 일부러 난폭한 태도를 보입니다. 끝으로 미국은 소련과의 줄다리기에서 양보를 하는 것뿐 아니라 타협을 바라는 모습을 보이는 것도 모두 약점이라고 생각합니다.

프랑스대표부는 필요할 경우 미국의 반응과 행동을 완화하려고 노력하면서 유용한 역할을 할 수 있으며, 이는 상호 신뢰를 바탕으로 한 내밀한 계획 하에 이루어질 수 있을 것입니다. 그러나 이런 신뢰와 친밀한 분위기를 해치고 싶지 않다면, 우리와 우리 우방국들 간의 유기적 연대를 끊는 것으로 비춰질 수 있는 어떠한 공적인 표출도 일절 삼가야 합니다.

【193】 샌프란시스코 회의를 앞둔 양측 사령부의 태도(1951.9.1)

[전 보]	샌프란시스코 회의를 앞둔 양측 사령부의 태도
[문 서 번 호]	1903-1906
[발 신 일]	1951년 9월 1일 01시
[수 신 일]	1951년 9월 1일 10시 10분
[발신지 및 발신자]	도쿄/드장(주일 프랑스대사)

보안

경우에 따라 샌프란시스코로 재전송 바람
외무부로 타전. 사이공, 워싱턴, 런던, 뉴욕 공문

1. 며칠간 중공군 장군과 유엔군 사령부 사이에 오고간 전언과 비방을 보면 샌프란시스코 회의 전에 개성회담이 재개될 가능성은 전혀 없을 것이 분명합니다.
양측은 협상이 완전히 끝난 것은 아님을 표명하려 하고 있습니다. 중국-북한군 장교들은 놀랍게도 유엔에 중단 책임을 전가하려 합니다. 리지웨이 총사령관은 책임이 그들에게 있음을 알리는 데 전념 중입니다. 그는 중국이 휴전을 원하리라 생각하나, 사실 중국은 소련의 정치적, 외교적 요구에 따라야 한다는 사실을 알고 있습니다.
실제로 양측 누구도, 적어도 당분간은 대화 재개를 원치 않습니다. 솔직히 말해 두 달 간의 노력이 수포로 돌아가자 미 참모본부는 거기에서 더 이상 유용성을 느끼지 못하고 있습니다. 개성은 연출에 지나지 않을 뿐, 일의 흐름과 양상은 다른 곳에서 결정된다는 것을 깨달은 것입니다. 공산군의 경우에는 매일 새로운 트집을 찾아내려 애쓰고, 그로미코 대사가 무대에 등장할 때까지 정체 상태가 계속되기를 바라는 기색이 역력합니다.

2. 이런 상황에서 소련 대표부는 샌프란시스코에서 한국사태를 일본과의 조약에, 더 넓게는 일본 조약을 둘러싼 아시아 문제 전체를 소련이 생각하는 대로 해결하는 데 연결 지을 가능성이 있습니다.

지난 7월부터 관측되고 있는 중공군 진영의 군 준비태세는 소련이 필요할 경우 한국에서 전쟁에 다시 불을 붙이거나 적어도 전쟁 위협을 하려고 준비 중임을 암시합니다. 유엔군 사령부는 적절하다고 판단되는 때에 제한적이나 혹독한 공격이 발생해 소련의 외교 작전을 돕는다 해도 놀라지 않을 것입니다.

3. 이 같은 일이 일어날 경우, 미 사령부의 반격에 한계를 정하는 것이 미국 여론의 동요를 막는 것만큼이나 어려울 것입니다.

드장

【194】 개성 중립지대 침범 소식(1951.9.1)

[전   보]   개성 중립지대 침범 소식
[문 서 번 호]   1919
[발   신   일]   1951년 9월 1일 09시
[수   신   일]   1951년 9월 1일 14시
[발신지 및 발신자]   도쿄/드장(주일 프랑스대사)

　개성협상이 악화일로를 걷고 있습니다. 일련의 사고를 두고 공산군이 요란하게 선전을 이어가는 가운데, 유엔군 사령관이 실시한 조사는 아무런 성과도 거두지 못하고 있습니다.

　어제 개성 구역에서 세 차례의 침범을 적발한 공산군은 개성 북동부 3㎞ 지점 빙고동에 위치한 남일 장군 숙사 근처에 폭탄이 여러 발 떨어졌다고 오늘 9월 1일 발표한 후 조사를 요구했습니다.

　8시부터 유엔군 연락장교들이 특파원과 사진기자들을 대동하고 현장으로 나갔습니다.

　국방부에 전달 요망.

드장

【195】 각국 언론의 반응(1951.9.2)

[전 보]	각국 언론의 반응
[문 서 번 호]	2015
[발 신 일]	1951년 9월 2일 10시
[수 신 일]	1951년 9월 2일 16시
[발신지 및 발신자]	모스크바/샤테뇨(주소련 프랑스대사)

언론

아시아

　오늘자 신문들은 지난 8월 28일 유엔군 정보기관의 성명에 대한 북한 총사령부의 답신 전문과 8월 30일 중립지대에서 벌어졌다고 하는 정찰 사건에 관해 남일 장군이 조이 제독에게 보낸 항의문을 모두 실었습니다.

　베이징 지부 타스통신의 3개 통신문에는 8월 19일부터 일어났다고 하는 중립지대 영공 침범 목록이 나열되어 있습니다. 9월 1일 현재 총 17차례 있었다고 언급되었습니다.

　런던 지부 타스통신은 이 긴 일련의 사건으로부터 「미국 지도부가 한국에서의 협상을 중단시키려 한다」는 제목의 결론을 내고 있습니다. 타스통신은, 미국 일각에서 한국 내 적대행위 중지로 인해 여론이 긴장을 놓을까봐 우려하고 있다고 보고하는 『선데이타임스』나 『뉴욕타임스』, 『시카고데일리뉴스』의 말을 인용하면서, "미 지도부는 개성 협상을 무산시킴으로써 극동지역의 긴장 상황을 이용해 영국과 프랑스 및 기타 국가들이 일본과 단독강화조약을 맺도록 유도하려 한다"고 공언합니다.

샤테뇨

【196】 '미국의 음모'에 관한 소련 신문 기사(1951.9.4)

[전 보]	'미국의 음모'에 관한 소련 신문 기사
[문 서 번 호]	2034
[발 신 일]	1951년 9월 4일 15시 30분
[수 신 일]	1951년 9월 4일 18시 00분
[발신지 및 발신자]	모스크바/브리옹발(주소련 프랑스대사관 참사관)

　　오늘 신문은 남일 장군 숙사 폭격 조사에 관한 북한 참모본부의 보고서 전문 외에, 신화통신을 따라 '개성에서의 미국의 음모'에 관한 해외 특파원들의 의견을 그대로 실었습니다. 이 신문이 인용한 『데일리워커』의 기사는 샌프란시스코 회의가 개최되기 5일 전 돌발한 사건에서 미국이 '회담에서 한국전쟁을 결정적인 패로 사용할' 의도가 드러났다고 보고 있습니다. 통신사에 따르면, 미국이 개성에서 이처럼 범죄를 도발하는 목적은 오직 단 하나이며 이 일련의 범죄는 유일한 계획에 따라 저질러지고 있습니다. 이 통신사 특파원은 또한 일본과 강화조약을 맺기 위한 회담이 현재 비난받고 있는 사건들과 동시에 일어나는 것에 주목합니다. 그는 "미국 정부가 개성에서 군사적 불안감을 조성해, 일본의 재무장을 목적으로 하는 강화조약을 서둘러 체결하려 한다"고 쓰고 있습니다. "미국은 현재 한국전쟁이라는 패를 사용하고 있으며, 이 전쟁이 아직 순응하지 않고 있는 다른 나라들로 확대될 수 있다고 위협해서 조약에 승인하도록 만들고, 의회가 곧 어마어마한 액수의 전쟁 예산을 승인할 예정인 만큼 미국 국민들을 크게 우려시키고 있다"고 말입니다.

브리옹발

【197】 한국 전선의 상황(1951.9.5)

[전 보]	한국 전선의 상황
[문 서 번 호]	6235-6236
[발 신 일]	1951년 9월 5일 20시 45분(현지 시간), 6일 01시 45분 (프랑스 시간)
[수 신 일]	1951년 9월 6일 02시
[발신지 및 발신자]	워싱턴/보네(주미 프랑스대사)

뉴욕 공문 제1415-1416호

오늘 열린 사절단장 회의에서 미 국방부 대표는 중부와 동부 전선에서 적군이 2개 연대에 이르는 병력을 동원해가며 혹독한 반격을 해왔음에도 유엔군이 금요일부터 화요일까지 크게 전진했다고 알렸습니다. 그러나 화요일 오전에 적군이 교전을 중단했고, 그날 종일 재개되지 않았습니다.

북한-중공의 전투대형은 중공군 139사단이 김화 북부 중부전선에, 북한군 1개 사단이 새로 동부전선에 도달함에 따라 강화되었습니다. 한편 북한군 제1군단은 제2군단과 교대한 것으로 보입니다.

미 공군은 검토 기간 동안 일평균 998회 출격을 실시했습니다. 적군기 4대가 격추되었고, 미 항공기 1대가 실종되었습니다. 공군은 일일 2,500대의 공산군 차량을 목격했습니다. 그중 1,000대 이상, 즉 전선에 부대를 유지하는 데 필요한 수의 두 배에 이르는 차량들이 남쪽으로 이동 중이었습니다.

보네

【198】유엔군 사령관의 전언 전문(1951.9.6)

[보 고 서] 유엔군 사령관의 전언 전문
[문 서 번 호] 432-AS
[발 신 일] 1951년 9월 6일(시간 미상)
[수 신 일] 미상
[발신지 및 발신자] 도쿄/드장(주일 프랑스대사)

리지웨이 장군이 북한 당국에 보내는 전언

오늘자 본인 전보 제1953호에 이어 오늘 12시 30분에 리지웨이 장군이 공산군 사령부에 보낸 전언의 번역문 전문을 외교부로 아래와 같이 전달 드리니 확인 바랍니다.

인용

"김일성 장군, 펑더화이 장군.

귀측이 1951년 9월 1일 발송하여 9월 2일 우리 측에 수신된 전언은 재차 아무 근거 없이 내놓은 비난 성명으로, 유엔군의 선의를 비난하고 있습니다.

그 허위 사건들을 놓고 귀관들이 내비치는 비난의 목소리는 근거 없는 고의적 거짓일 뿐입니다.

우리 측의 철저한 조사 결과, 본인의 지휘 하에 있는 군이 본인 또는 본인의 대표자들이 체결한 협정을 위반하였다는 그 어떤 사례도 발견하지 못했음을 이미 확언했고, 재차 확언하는 바입니다.

따라서 만약 그런 사건이 일어났다고 한다면, 그것은 필시 귀측의 군에서 유엔군 사령부에 대해 악의적으로 거짓 비난을 하기 위한 허위 증거를 제공하려는 생각에서 저지른 일이 분명합니다.

본인은 귀하들 책임 하에 있는 지역에서 귀하들이 감시할 능력이 없는 부분까지 보장해줄 수는 없습니다. 본인은 귀하들의 통제 하에 있는 지역에서 귀관들의 군대가 준비한 고의적이고 악의적인 사건들까지 미리 방지하지는 못합니다.

본인은 이전에 우리 군이 개성 중립지대에 관한 협정 사항을 위반하는 일이 결코 없을 것임을 보장한 바 있습니다. 우리 군은 이 협정의 조항들을 철저히 준수했으며, 본인의 보장은 여전히 유효합니다.

귀측이 협상을 깨고 싶은 것이 아니고서야, 귀관들 자신이 아닌 유엔군 사령부를 오히려 힐난하면서 귀관들의 군대가 집요한 사기행태를 계속하도록 허락한 것은 이해할 수 없는 처사입니다.

본인이 지휘권을 가지고 있는 유엔군 소속 수백만 명의 이익을 위해, 귀측에게 전 세계의 비난을 받고 있는 이 비열한 악습을 그만둘 것을 촉구합니다.

개성에서의 군사휴전 논의가 시작된 지 벌써 7주가 흘렀음에도 거의 진전이 없는 데 대해 본인뿐만 아니라 귀측도 염려해야 할 것입니다.

본인의 주된 관심사는 정의롭고 명예로운 군사휴전의 실현임을 수없이 알렸습니다. 지난 수 주 동안 일어난 일들을 보면 본인과 전 세계는 개성이라는 장소가 앞으로도 우리 휴전협상을 끊임없이 중단시키면서 협상 체결을 늦출 것이 확실하다고 봅니다.

귀측이 8월 23일 통보했던 휴전협상 중지 선언을 철회하기로 한다면, 본인은 우리의 연락장교들이 즉시 판문점 다리에서 만나 중단 없이 협상을 이어갈 수 있을 새로운 장소를 결정하는 논의에 들어갈 수 있을 것이라 제안합니다.

유엔군 총사령관
M.B. 리지웨이"

인용 끝.

【199】공습 사건에 관한 소련의 통첩문(1950.9.7)

[전 보]	공습 사건에 관한 소련의 통첩문
[문 서 번 호]	2098
[발 신 일]	1950년[1] 9월 7일 13시 30분
[수 신 일]	1950년 9월 7일 18시
[발신지 및 발신자]	모스크바/브리옹발(주소련 프랑스대사관 참사관)

9월 6일, 소련 외무부장관은 커크 미국대사를 소환해 통첩문을 낭독한 후 전달했습니다. 저는 오늘 아침 소련 신문에 실린 글을 토대로 한 번역문을 아래와 같이 외교부로 전달합니다.

　"소련 정부는 확인된 자료에 근거해 미국 정부에 다음의 사항을 표명할 필요가 있다고 여기고 있다.

　현지 시간 9월 4일 12시 44시[2], 폭탄이나 공뢰를 탑재하지 않은 채 해군기지인 뤼순 항 경계와 한국 해안선으로부터 140km지점에서 뤼순 항을 출발해 하이난다오 지역에서 비행 훈련 중이던 소련 공군 쌍발기 1대가 아무 이유 없이 미국 요격기 11대의 공격을 받아 집중 포격을 당했다. 격추된 소련 항공기는 불이 붙은 채 하이난다오 섬 남방 8km 해상에 떨어졌다. 미국 요격기들이 소련 항공기를 공격하는 모습은 격추 항공기와 함께 비행 훈련 중이던 다른 소련 항공기들뿐 아니라 하이난다오의 통신관측소에서도 목격되었다. 어떤 이유로도 정당화될 수 없는 이 소련 항공기 공격 행위를 감추기 위해 유엔 미국 대표는, 소련 항공기가 수송선단의 비호를 받으며 유엔군 쪽으로 가고 있던 선박 위를 지나 미군 요격기들을 향해 발포했다는 식으로 이 사건에 대

---

1) 원문 오류로 추정됨.
2) 원문 오류로 추정됨.

한 거짓 사실을 유포하였다.

그러나 사실 소련 항공기는 미국 선박 위로 비행한 적도 없을 뿐 아니라, 10km 거리를 유지하며 그 쪽으로 접근조차 하지 않았다. 상기 언급했듯이 소련 항공기는 비행 훈련 중이었으며 미군 요격기를 향해 발포한 경위가 없음에도 미군 요격기 11대의 정당한 이유 없는 공격을 받아 격추되었다. 소련 정부는 미국 측 주장을 단호히 반박하며, 미 공군이 범한 테러 행위에 대해 미국 정부에 전적으로 항의하는 바이다. 소련 정부는 미군 당국의 범죄 음모에 대한 모든 책임을 미국 정부에 묻는다. 미 당국은 국제법의 보편적 인정을 받는 규범들을 명백히 침해함으로써 스스로 명성을 더럽혔다. 그리고 소련 정부는 문제의 공격에 대한 책임자들을 기소하고 엄중히 처벌할 것과 배상을 요구한다. ㅁ ㅁ ㅁ 미국 정부는 미군 당국의 이 같은 음모가 야기할 수 있는 심각한 결과에 주의를 ㅁ ㅁ ㅁ."

그리고 다음과 같이 덧붙입니다.

"커크 미국대사는 태평양 지역에 주둔 중인 미군은 유엔의 지휘 하에 있으며, 문제의 사태는 미국 정부가 아닌 유엔에서 검토되어야 한다고 주장했고, 이를 구실로 통첩문 수락을 거부했다.

비신스키 장관은 커크 대사에게 그 같은 이유는 전혀 근거가 없음을 증명했다. 그는 9월 4일의 사고는 한국에서의 군사 작전과 아무런 관계가 없으며, 소련 항공기가 미국 요격기에 의해 격추되었고, 그 책임은 전적으로 미국 G.T.[3] 지휘 하에 움직이는 미군 당국에 있다고 주장했다.

같은 날 소련 외무부는 상기 내용을 실은 통첩문을 주소련 미 대사관으로 보냈다."

브리옹발

3) 추정 불가. 특수부대(groupement tactique)를 말하는 것일 수도 있음.

【200】 한국 전선의 상황(1951.9.7)

[전　　　　　보]	한국 전선의 상황
[문　서　번　호]	1958-1960
[발　　신　　일]	1951년 9월 7일 08시
[수　　신　　일]	1951년 9월 7일 10시 25분
[발신지 및 발신자]	도쿄/드장(주일 프랑스대사)

　어제 적군이 임진강 북방 강서에 주둔 중이던 유엔군 전초기지를 공격했습니다. 적군은 4개 대대와 탱크를 동원했습니다. 1개 분견대는 수 시간 포위되어 있다가 빠져나올 수 있었습니다.

　이번 공격은 휴전협상이 시작된 이후 발발한 것 중 가장 강력했으나 국지적 성격을 띠었습니다. 참모본부는 이 공격의 목적이 이 지역에서 이루어지고 있는 적군 부대들의 집결과 이동을 감추기 위한 것으로 판단하고 있습니다. 이 지역에서 서울을 향한 공세가 준비되고 있을 가능성이 있습니다.

　8월 29일 생포한 전쟁포로들의 증언에 따르면, 중공 제9군단 사령부의 비밀 보고서에는 휴전회담에 관한 마오쩌둥의 성명이 다시 실렸을 것으로 보입니다. 중화인민공화국 주석은 이 회담을 중요치 않게 소개했을 수 있습니다. 거기에 평화에 대한 희망은 전혀 엿보이지 않았습니다. 협상이 중단되면 중공군은 곧바로 6차 공세를 재개할 것으로 보입니다. 그 때의 공세는 규모와 강도 면에서 이전의 공세들을 모두 넘어서는 수준이 될 것입니다.

　참모본부는 이 점에 관해 김일성에게도 똑같은 성명이 전달된다고 적고 있습니다.

　일부 정보에 따르면, 만주 예비군에서 차출한 총 108,000명의 병력을 흡수한 중공 제1야전군 소속 3개 대부대가 국경을 넘기 직전이거나 이미 한반도로 들어와 있을 가능성이 있습니다.

국방부에 전달 요망.

드장

【201】 소련 정부의 태도(1951.9.8)

[전 보]	소련 정부의 태도
[문 서 번 호]	2063-2078
[발 신 일]	1951년 9월 8일 18시 00분
[수 신 일]	1951년 9월 8일 22시 10분
[발신지 및 발신자]	모스크바/브리옹발(주소련 프랑스대사관 참사관)

오늘 타스통신의 공식 반박문에도 불구하고 휴전협상이 확실히 중단되었다고 예상케 하는 최근 수집된 군 집결 관련 정보들을 확실한 것으로 간주한다 해도, 여기에는 한국 내 적대행위가 재개될 경우 소련의 실질적 참여가 불가피하다고 여길 만한 것은 아무 것도 없습니다.

마오쩌둥의 관심은 며칠 전 공식적으로 재확인했던 연대를 요청하는 것과, 베이징라디오 방송에서 이미 '진정한 전쟁 선언'과 다름없다고 한 평화 조약 서명으로 인해 생겨날 새로운 상황을 알리는 데 있다는 것은 쉽게 알아챌 수 있습니다. 이는 소련 정부가 이번에는 중국에 노골적으로 실질적 도움을 주기로 결정할 수 있게 하기 위한 처사로, 전면전을 부추길 위험까지 감수하고 하는 일이기는 하나 아마 중국 정부는 이런 일이 일어날 가능성에 대해 소련 정부만큼 두려워할 이유는 없을 것입니다. 그렇다면 제기되는 핵심적인 문제는 소련이 이 부름에 응답할 것이냐는 것입니다.

무엇보다도 소련 언론이 한국전쟁에 소련이 참여할 지도 모른다는 일말의 암시라도 하지 않으려고 지금까지 각별히 신경 써왔다는 데 주목할 필요가 있습니다.

그에 반해 소련 정부는 현재 전 세계 여론, 특히 공산권 여론에 소련의 평화 의지를 납득시키기 위한 선전에 총력을 기울이고 있습니다. 그리고 아직 생각해볼 수 있는 것은, 만약 소련이 그들의 우방인 중국이 동의하던 않던 간에 중국 정부가 배제된 회담에 참석하기로 했다면 그것은 무엇보다도 미국을 ㅁㅁㅁ.

(부분 판독 불가)

그리고 중국, 북한과 합세하여 난관에 봉착한 현 상황을 미국의 책임으로 돌리고 미국 정부가 중국을 향해 또 다시 침략행위를 계획하고 있다고 비난하도록 허락 받았습니다. 소련 정부는 그 어느 때보다도 반드시 필요한 동맹을 위해 불가피하지만 비밀스러운 대가를 치러야 할 때라고 판단함과 동시에 그로미코 대사가 샌프란시스코에서 변론할 자료를 보충하고 있는 것이 분명합니다.

결국 마오쩌둥이 일본의 항복문서 조인 기념일을 소련 정부에 조심스럽지만 분명히 '동맹' 의무를 상기시킬 기회로 본 것인가 하는 생각이 들 것입니다. 스탈린은 특히 그때를 평화의 주춧돌인 중-소 간 '우애'를 강화할 구실로 보았습니다.

며칠 후 『프라우다』와 『이즈베스티야』는 사건을 기념할 임무를 맡아 「극동지역 평화 유지를 위한 투쟁」이라는 같은 제목으로 서로가 주고받은 메시지들을 실었습니다. 특히 『이즈베스티야』 사설에서는, 중-소 동맹의 "목표가 극동지역의 평화와 안전을 보장하는 것이며, 중국과 소련 국민뿐 아니라 평화를 위해 싸우는 모든 이들의 이해에 전적으로 부합한다"고 썼습니다. 이는 그 이튿날, "중-소 조약이 아시아 평화 유지라는 대의를 위한 것임은 부인할 수 없는 사실"이라고 소련의 비공식 기관이 밝힌 것과 근본적으로 같은 생각입니다.

그러나 (그리고 우리는 거기에서 소련 정부의 현 의도를 나타내는 가장 확실한 증거를 찾아볼 수 있는데) 그것은 정확히 말해, 전 세계에서 바라고 특히 소련 국민에게 필요한 '평화'라는 동일한 생각에 기반합니다. 이는 심지어 그로미코가 샌프란시스코에서 힘겨운 승부에 돌입하는 순간 소련에서 5자 회담 청원이 막 일었다는 내용을 다룬 수없이 많은 사설들이 한결같이 같은 표현을 쓰면서 주장하고 있는 바입니다.

어제 자 『크라스니플롯』[1] 사설란은 이렇게 적었습니다.

"소련 국민들은 청원에 서명함으로써 불멸의 정신적 단결력을 확실히 보여 주고 있다. 그들이 평화적 작업을 통해 소련의 세력을 키우기 위한 노력을 펼치는 것은, 자신들의 나라가 강할수록 평화의 명분이 더 확실해진다는 것을 그들이 알고 있기 때문이다."

더 읽어 내려가다 보면 이런 문장을 만납니다.

"군대와 함대들이 평화를 지키기 위해 굳건히 자리를 지키고 있으며, 그들의 임무는 창조 작업을 보호하는 것이다."

이처럼 모스크바 언론이 '전쟁 위협이 커지고 있다'고 인정하고 있는 순간에 소련 정부는 이에 대한 대비책으로 단 한 가지만을 생각 중입니다. 즉, 모든 소련 국민을 이 5자 협정 청원문에 서명토록 함으로써 평화에 찬동하는 세력을 키우는 것입니다. 5자 협정의 결론은 『프라우다』에 의하면 '평화 유지의 결정적 요소 중 하나'일 것입니다. 이는 분명히 말해 소련 정부가 평화를 필요로 하며, 이제는 단지 평화를 바라는 데 그치지 않는다는 말이 됩니다. 소련은 분명 평화를 강요하려 하며, 이를 위해 협박이라는 수단을 쓸 것이 분명합니다. 소련이 한국에서 유지하고 있는 매우 위험한 논법을 남용하지 않을 만큼 현명하기를 바라야 한다면, 그것은 소련이 평화를 위해서 자신의 위신에 상처를 낼 수 있는, 특히 얼마 전부터 확실히 흥분된 기색을 나타내고 있는 공산권에서 자신의 권위를 위태롭게 할 수 있는 희생을 할 준비가 되어 있다고 믿는 것보다 아마 치명적인 ㅁㅁㅁ일 것입니다.

만일 오늘 소련 정부가 중·소 동맹이야말로 평화를 위한 최고의 담보라고 주장한다 해도, 소련 언론은 이 동맹이, 중국과 소련 국민이 '용인할 수 없는' 일본 군국주의의 부활을 막기 위해 소련과 중국이 필요할 경우 사용할 수 있는 '힘'임을 밝히고 있음을 잊으면 안 됩니다. 마찬가지로, 5자 협정안에 대규모 서명을

1) 『크라스니플롯Krasnyi Flot』.

하는 것도 특히 소련 정부에게는 소련 국민들이 단합된 평화 수호 의지로부터 끌어올리는 '힘'을 명확히 드러내는 방법입니다. 게다가 이는 공식 입장을 기사화하는 이들에게 독일 재무장 문제가 소련 정부의 최우선 관심사가 아닌 적이 없었다는 점을 강조할 기회를 제공합니다.

바로 이런 것들이, '소비에트 연합 국민들'이 평화 지지자들의 선두에 서서 오늘 서구 3개 강대국 정부들에게 그들이 원하든 원하지 않던 간에 중국 및 소련과 '평화 협정'을 맺게 하기 위한 청원의 '결정적 성격'을 강조하고자 현재 이곳에서 앞세우고 있는 논지들입니다.

브리옹발

【202】 공산군의 태도 전망(1951.9.9)

[전 보]	공산군의 태도 전망
[문 서 번 호]	1964-1967
[발 신 일]	1951년 9월 9일 01시
[수 신 일]	1951년 9월 9일 11시 10분
[발신지 및 발신자]	도쿄/드장(주일 프랑스대사)

보안

1. 본인은 어제 리지웨이 장군에게, 휴전협상이 다소 오래 중단된 후에 재개되도록 되어 있느냐고 물었습니다. 총사령관은 중공군이 어느 순간 적대행위 중단을 바랐던 게 확실하다고 생각합니다. 회담 초반부터 국제 상황이 크게 변화했기 때문에 그들이 여전히 같은 태도인지는 알기 어려웠습니다. 개성은 이제 회담 장소에서 배제되었습니다. 공산군 측이 현재의 협상 중단 상태에 미리 종지부를 찍는다 해도 새로운 장소를 공동으로 물색하자는 9월 6일자 전언에는 아직 아무 대답도 없는 상태입니다. 중국과 북한, 그리고 그들의 우두머리인 소련이 지닌 앞으로의 의도가 어떤 것일지는 알 수가 없습니다. 이 점에 관한 가정은 전부 아무 근거가 없었습니다. 어쨌든 적대행위가 재개될지도 모른다는 점은 고려해야 했습니다. 유엔군은 이미 모든 조치를 취해두었습니다.

2. 한편 본인은 조이 제독으로부터, 공산군 사령부가 38선 철수를 유엔군이 수락하리라 생각한 동안에는 휴전을 원했다는 말을 들었습니다. 제독은 한 동료에게, 그 생각이 착각이었음을 알게 된 공산군 장성들이 그때부터는 있지도 않은 사건들에 관한 끝없는 논쟁 속으로 협상을 끌고 들어가는 데만 매달리게 되었다고 말했습니다.

3. 현재 협상이 중단되어 있고 여러 사건들이 뒤따랐지만, 버치어 장군은 중국뿐 아니라 북한도 겨울이 오기 전에 적대행위를 끝내고 싶어 한다고 생각하고 있습니다. 그러나 영국군 참모장 대표는 적군이 38도선에 다시 접근해 성공을 거둠으로써 자신들의 위신을 잃지 않고 협상을 재개할 수 있도록 또 다시 공격해 올 것을 배제하지 않고 있습니다.

이 같은 확신은 특히 전문가들이 포로들의 증언을 오랜 기간 철저히 연구해 작성한 문서 내용에 기초합니다. 이에 따르면 6월 말에 중공군은 정신적, 신체적으로 최악의 상황에 처해있었습니다.

드장

【203】 미군 포로들의 전언(1951.9.11)

[전   보] 미군 포로들의 전언
[문 서 번 호] 2086
[발   신   일] 1951년 9월 11일 07시 00분
[수   신   일] 1951년 9월 11일 12시 45분
[발신지 및 발신자] 모스크바/브리옹발(주소련 프랑스대사관 참사관)

본인의 전보 제2083호에 이어

미군 포로들의 전언은 이렇게 끝이 납니다.

　　"아마 당신들의 행동이 별 것 아니라 생각할 지도 모릅니다. 하지만 당신들
과 우리들 같은 수백 명의 사람들이 평화를 요구하고 있고, 이들의 노력으로
평화 협상이 진전을 이루었습니다. 당신들은 평화를 사랑하는 세계 모든 이들
과 함께 걸으며 이 전쟁을 끝내서 제3차 세계대전을 막는 데 총력을 기울여야
하지 않을까요? 바로 지금 그렇게 해야 합니다. 더 늦추어서는 안 됩니다. 각
자가 이에 공헌해야 합니다."

브리옹발

【204】 중공-북한 대표단 인터뷰 내용(1951.9.11)

[전 　 　 보]	중공-북한 대표단 인터뷰 내용
[문 서 번 호]	2088
[발 　 신 　 일]	1951년 9월 11일 14시 30분
[수 　 신 　 일]	1951년 9월 11일 17시
[발신지 및 발신자]	모스크바/브리옹발(주소련 프랑스대사관 참사관)

　　오늘 신문은 중공-북한 대표단의 한 대표가 신화통신의 개성 특파원과 진행한 인터뷰 내용을 실었습니다. 공산군 측이 민간인으로 위장한 군인들을 대거 중립지대에 두고 있다는 AP통신 뉴스에 관한 것입니다.

　　중국-북한 대표단 대변인은 이것이 아무 근거 없는 뉴스라 단정 짓고는, "그들의 목적은 아마 회담 장소 이동과 관련한 미국의 요구를 뒷받침하기 알맞은 구실을 제공하고, 한층 심각한 수준의 도발을 또 한 차례 벌이기 위한 발판을 마련해 개성 중립지대 관련 협약을 파기하고 휴전협상 연장을 불가능하게 만들려는 것"이라고 주장했습니다. 중국 기자가 그에게 개성 중립지대의 앞날을 어떻게 내다보냐고 묻자 그는 "8월 22일에 유엔 전투기가 대표단 숙사에 기총 사격을 퍼붓기 전까지 중립지대는 회담 장소의 역할을 충분히 수행했습니다. 그러나 이 사건으로 회담을 이어가기가 불가능해졌습니다. 적군 측이 협상을 방해하고 중지시키는 정책을 그만 두기만 한다면, 개성은 분명 다시금 정상적인 상태에서 휴전협상을 위한 회담 장소가 될 것입니다."라고 답했습니다.

　　뿐만 아니라 신문에는 8월 30-31일, 9월 1-3일에 미국 해군과 공군이 또 다시 중국 국경을 침범했다는 사실을 보고한 신화통신의 공식 발표문도 그대로 실렸습니다.

브리옹발

【205】 공산군 사령부의 전보(1951.9.11)

[전   보] 공산군 사령부의 전보
[문 서 번 호] 1972
[발   신   일] 1951년 9월 11일 03시 05분
[수   신   일] 1951년 9월 11일 12시 30분
[발신지 및 발신자] 도쿄/드장(주일 프랑스대사)

사이공 고등판무관 공문 제1274호

1. 공산군 사령부는 중국과 북한이 현재의 회담 중단 상태를 끝낼 경우 새로운 협상 장소를 선정하자는 리지웨이 장군의 9월 6일자 제안에 아직 답하지 않았습니다. 반면 베이징라디오는 어제 9월 10일, 리지웨이 장군의 제안이 완전히 무례하고 비상식적이라고 혹독히 비난했습니다.

2. 같은 날, 유엔 사령관은 상대가 소위 사건이라 일컫는 것에 대한 새로운 항의 전보를 두 차례 더 받았습니다. 오전 2시에서 3시 사이에 개성 무선통신국에서 전송한 첫 번째 전보는 회담 장소 근처에서 있었던 전투기 총격에 관한 것입니다. 이는 유엔 연락장교들의 즉각적인 조사 결과 근거 없음으로 밝혀진 사안입니다. 두 번째 전보는 영어, 한국어, 중국어로 작성되어 어제 20시에 판문점에서 적군 측의 한 연락장교가 보낸 것입니다. 서명자 남일, 수신자 조이 제독으로 작성된 이 전보는 9월 1-8일에 유엔군 전투기들이 개성지대를 침범했다는 주장을 요약하고 있는데, 해당 기간 동안 유엔군 전투기들이 이 지대를 130회 비행하면서 정찰 활동이나 다른 적대행위를 펼쳤다고 되어 있습니다.
남일 장군은 유엔군 사령부가 마땅히 책임을 지고 이 사건을 진지하게 조사해야 하나 이를 거부했다고 불만을 표시했습니다.

그는 몰상식하게 계속되는 침범 행위 앞에서, 유엔군이 개성지대의 중립화에 관한 협약을 준수하고 다시는 이런 일이 반복되지 않도록 보장할 것을 재차 요구했습니다.

전보에서는 회담 장소 변경에 관한 리지웨이 장군의 최근 제안에 관해서는 언급되지 않았습니다.

3. 오늘 9월 11일 베이징라디오는 방송을 통해, 리지웨이 장군의 제안에 따라 새로운 장소가 선정된다 해도 유엔이 정당하고 합당한 기반 위에서 협상을 재개할 수 있도록 사건에 대해 진지하게 조사하기를 거부한다면 어떤 결과도 얻을 수 없을 것이라는 성명을 발표했습니다. 그리고 그럴 경우 앞으로 있을 수 있는 협상 중단 사태는 물론이고 지체되는 상황에 대한 책임도 유엔 측에 있다고 주장했습니다.

국방부에 전달 요망.

드장

【206】 양측 간 통신 및 한국 전선의 상황(1951.9.12)

[전   보]   양측 간 통신 및 한국 전선의 상황
[문 서 번 호]   1376
[발   신   일]   1951년 9월 12일 08시
[수   신   일]   1951년 9월 12일 17시
[발신지 및 발신자]   도쿄/드장(주일 프랑스대사)

사이공 공문 제1275호 평문 무선전신

1. 9월 11일 22시에 유엔군사령부가 밝힌 바에 따르면, 공산군 사령부가 알린 11번째 사건에 대해 실시한 조사 결과, 유엔군 전투기가 9월 10일 1시 30분에 개성 중립지대 상공을 착오로 비행하고 총격을 가했으나 이로 인한 피해는 없었던 것으로 밝혀졌습니다.

유엔군사령부 소속 장교들이 대낮에 실시한 조사에서 결정적인 증거는 없었으나 몇 가지 단서인 총탄 흔적이 발견되었습니다.

미국 무선탐지국은 해당 시각쯤 유엔군 전투기가 운항 착오로 개성 상공을 지나갔음을 스스로 밝혔습니다.

조이 제독은 9월 11일 12시에 남일 장군에게 보내는 통신문에서 사과의 뜻을 밝히고 해당 조종사를 처벌하겠다고 알렸습니다.

2. 9월 11일 베이징라디오를 통해 방송된 메시지에서 김일성 장군과 펑더화이 장군은 9월에 리지웨이 장군이 휴전협상 장소를 다른 곳으로 이전하자고 제안했다고 전했습니다. 그들은 8월 22일부터 벌어진 사건들에 대해 진지하게 조사할 것과 이 사건들을 도발로 규정할 것을 리지웨이 장군이 거부했다고 비난했습니다. 그리고 장소 변경 제안은 책임을 피하려는 방법일 뿐이라며, "우리는

귀하의 서한을 일절 수락할 수 없다"고 말을 맺었습니다.

3. 소련의 132㎜ 로켓포들이 며칠 전부터 유엔군 전선 후방에 떨어졌다고 전합니다. 이 로켓포들은 16연발에 사정거리 9㎞에 달하는 것으로 보입니다.

소련 군복과 흡사한 차림의 유럽인 병사 8명이 전방 가까이에서 포착된 것으로 보입니다. 군 당국에서 흘러나온 정보에 따르면, 소련 조종사 몇 명이 최근 미군 전투기들과의 교전 시 MIG-15를 조종했을 것이라는 가정에 신빙성이 있습니다. 그러나 확실한 증거는 전혀 수집된 바 없는 것으로 보입니다.

국방부에 전달 요망.

드장

【207】 베트남 국민대표단의 북한 방문(1951.9.15)

[전 보]	베트남 국민대표단의 북한 방문
[문 서 번 호]	2115
[발 신 일]	1951년 9월 15일 15시 15분
[수 신 일]	1951년 9월 15일 20시 15분
[발신지 및 발신자]	모스크바/브리옹발(주소련 프랑스대사관 참사관)

『프라우다』는 9월 13일, 베트남 국민대표단이 북한에 도착했음을 알렸습니다. 북한 외무상 박헌영의 환영을 받은 대표단장 하옹 북 웡[1]은 이번 방문의 목적이 "용맹한 한국 국민의 군사적 경험담을 듣고 이를 베트남 국민들에게 전달하기 위한 것이며, 또한 그로 인해 양 국민 간 우애를 한층 강화하고 베트남 자유화를 위한 애국 전쟁에서 영광의 승리를 거두기 위한 것"이라고 밝혔습니다. 그는 또 이렇게 덧붙였습니다.

"한국 국민의 불굴의 의지와 용맹성, 승리를 향한 굳은 확신이 날로 커져가고 있고, 양국 공동의 적을 전멸하기 위한 싸움에서 양국 국민들의 우애가 날로 강화되어 가고 있음을 여전히 확인할 수 있었습니다. 한국 국민이 보여준 위대한 본보기는 프랑스 제국주의자들에 맞서 싸우는 우리에게도……"

조선민주주의인민공화국 외무상은 이에 대한 답으로 이렇게 말했습니다.

"우리 국민은 인류의 최악의 적인 영-미와 프랑스 제국주의자들에 대항해 국가의 자유를 쟁취하기 위한 전쟁을 벌이고 있습니다. 이 전쟁 중에 우리는

---

[1] Haong Buc Wong.

여러 차례 큰 성공을 거두었습니다. 우리 양국 국민들의 용맹하고 영광스러운 승리는 우연히 얻어진 것이 아닙니다. 우리 국민들이 치르고 있는 전쟁은 인민 민주주의 세력이 날로 커져가고, 자본주의가 점점 더 빠르게 자멸해가는 역사적인 시기에 펼쳐지고 있습니다. 이런 이유로, 영-미와 프랑스 제국주의자들이 구상하는 범죄가 어떤 것이든 간에 우리 양 국민의 투쟁은 반드시 승리로 끝날 것입니다."

브리옹발

【208】 공산군의 개성협상 재개 제안(1951.9.20)

[전 보]	공산군의 개성협상 재개 제안
[문 서 번 호]	2010
[발 신 일]	1951년 9월 20일 13시 07분
[수 신 일]	1951년 9월 20일 18시 00분
[발신지 및 발신자]	도쿄/드장(주일 프랑스대사)

사이공 공문 제1307호

아래의 전언 내용은 김일성 장군과 펑더화이 장군이 리지웨이 장군에게 보낸
것으로, 9월 20일 6시에 판문점에서 장 대령이 에드워즈 중령에게 전달했습니다.

인용

"9월 17일에 귀하가 보낸 서한과 9월 11일에 조이 제독이 남일 장군에게
보내 9월 10일 개성 중립지대 포격사건을 인정한 서한을 잘 받았습니다. 귀하
는 그 이전 사건들에 대해서는 부인했으나 우리가 가지고 있는 인적, 물적 증
거들은 인정되지 않을 수 없습니다.

가장 최근에 있었던 사건에서 귀하는 이런 이유로 책임을 지는 태도를 취
했습니다. 다른 사건들이 계속해서 협상의 진전을 막지 못하도록 우리는 양측
대표단이 즉시 개성 협상을 재개할 것을 제안합니다.

휴전협상 재개를 위한 조건을 논의할 필요는 없습니다. 다른 사건들의 해
결에 관해, 그리고 개성 중립지대 협약 이행을 약속하고 보장하기 위해 우리
는 협상 재개 후 첫 만남에서 양측이 이 임무를 담당하기에 적합한 기구를
설치하는 데 동의할 것을 제안합니다.

만약 귀관이 동의한다면 귀관 측 연락장교들에게 우리 측 연락장교들과 개성 협상 재개 일시를 논의할 지침을 주기 바랍니다."

인용 끝.

국방부에 전달 요망.

드장

【209】 의장직 문제와 제6차 회의에 대한 전망(1951.9.21)

[전 보]	의장직 문제와 제6차 회의에 대한 전망
[문 서 번 호]	3655-3661
[발 신 일]	1951년 9월 21일 10시(현지 시간), 14시(프랑스 시간)
[수 신 일]	1951년 9월 21일 14시
[발신지 및 발신자]	뉴욕/라코스트(주유엔 프랑스대표대리)

워싱턴 공문
본인 전보 제5645호 참조

5월 18일 결의안에 따라 추가조치위원회가 유엔 총회에 보고해야 하는 한
(조치 제2부) 미결 상태로 남아 있는 1950년 의제의 제76항보다는 제23항이 중
국의 영토 통합과 정치적 독립을 위협하고 있습니다. 중국은 1950년 12월 1일
결의안 제383호를 총회가 채택한 이후 고통을 받고 있습니다. 미국과 영국 대표
부는 이 주제가 무조건 갱신되어야 한다는 생각에 동의합니다.

의장직 문제

미국과 영국 대표부는 여름 내내 뉴욕뿐 아니라(특히 본인 전보 제2718, 제
2899, 제3341, 제3430호 참조) 다른 여러 국가에서도 크게 논의된 주제인 총회
의장의 임기 문제에 대해 이를 효율적으로 다루기에 너무 이르다고 생각하기는
커녕, 오히려 유럽국들이 출마하지 않는 바람에 이 문제가 이미 너무 확정되어
버렸다고 아쉬워하는 것 같습니다. 미-영 대표부 둘 다 유일하게 생각할 수 있
는 게 이것뿐인 양 처음부터 라틴아메리카 차원에서 이 문제를 공략했습니다.
이는 당선이 유력한 프랑스 후보자가 없어서 라틴아메리카 국가들이 이제 자신
들 대륙의 차례가 왔다고 생각하고 물러나지 않으려 할 뿐 아니라, 유럽 진영에

는 사실 과반 표를 얻을 수 있는 후보가 하나도 없다는 원칙에서 출발한 것입니다. 이 점에 관해 미국 대표부는, 어떤 네덜란드 후보도 아랍-아시아 진영에 받아들여지지 않을 것이며, 스티커[1] 네덜란드 외무장관이 심지어 오전에 네덜란드 유엔대표에게 어떤 권유도 거절하라고 했다고 몇 번이나 말했습니다. 한편 미국 대표부는, 피어슨 캐나다 외무장관이 유럽으로부터 "여기에는 아무도 없다"는 단호한 표시를 받아왔다고 알렸습니다.

저는 귀하의 전보 제3182호에 나온 지시를 보고했습니다. 아직 공개적으로 출마하지는 않았지만 출마가 매우 유력하다고 생각되는 산타크루스[2] 칠레 대표를 포함해 남아메리카 국가 후보 6인이 다음으로 경쟁에 붙여졌습니다. 파디야 네르보[3] 멕시코 대표의 인성, 특히 중용을 지키는 자세와 능수능란함, 높은 책임감 덕에 그에 대한 선호가 점차 확실해졌습니다(본인의 이전 전보들 참조).

한편으로 그가 유엔 사무국이 유럽에서 마땅한 후보를 찾을 수 없다고 할 때 선호될 인물이기도 하다는 것을 압니다.

하지만 크게 갈려 있는 남아메리카 그룹에서 멕시코 대표가 반드시 당선될지는 아직 완전히 확실치는 않습니다.

위원회 의장직

영국 대표부는 제1위원회는 랑에,[4] 제2위원회는 무달리아르,[5] 제3위원회는 한 슬라브인, 제4위원회는 사르페쉬,[6] 제5위원회는 한 라틴아메리카인, 제6위원회는 키루[7]가 맡게 될 것으로 예상했습니다. 특별위원회에 대해서는 추측을 내놓지 않았습니다.

---

[1] 딜크 스티커(Dirk Uipko Stikker, 1897-1979). 네덜란드 외무장관.
[2] 에르난 산타크루스(Hernán Santa Cruz, 1906-1999). 주유엔 칠레 대표.
[3] 루이스 파디야 네르보(Luis Padilla Nervo, 1894-1985). 주유엔 멕시코 대표. 1951년 제6차 유엔 총회 의장으로 선출됨.
[4] 할바르 랑에(Halvard Manthey Lange, 1902-1970). 노르웨이 외무장관.
[5] 라마사미 무달리아르 경(Sir Arcot Ramasamy Mudaliar, 1887-1976). 주유엔 인도 대표.
[6] 셀림 라우프 사르페쉬(Selim Rauf Sarper, 1899-1968). 주유엔 터키 대표.
[7] 알렉시스 키루(Alexēs Adōnidos Kyrou, 1901-1969). 주유엔 그리스 대표.

미국 대표부는 제1위원회 의장자리를 랑에나 벨라운데[8])에게(벨라운데는 총회 의장이 아니어도 이 위원회를 자신에게 맡겨주어 기쁘게 생각한다고 했을 것입니다), 제2위원회는 미 정부에서 매우 높게 평가하는 찰스 말리크[9]) 레바논 대표에게, 제3위원회는 라틴아메리카 소속 대표에게, 제4위원회는 키루에게, 제5위원회는 윌그레스[10]) 캐나다 대표나 다른 영연방 회원국 대표에게, 제6위원회는 슬라브 쪽 대표에게 위임하자고 제안했습니다. 그러나 미국 대표부의 의견대로라면 슬라브 쪽 의장은 없는 편이 훨씬 나을 것입니다. 로물로[11]) 장군은 특별위원회 의장으로 제안될 수도 있습니다.

영국과 캐나다 대표부는 매우 유능한 전문가로 평가받는 윌그레스[12])를 제안한 것에는 기꺼이 동의했습니다. 그러나 소련 진영에서 위원회 의장이 나오는 것을 모두 거부한다면 심각한 지장이 있을 것이며, 선출 가능성이 있는 소련 진영 국가에게 또 다시 법률문제를 다루는 위원회 의장직을 맡기지 않는 것이 경험상 더 나을 것임을 분명히 밝혔고 저도 같은 생각을 표명했습니다. 미국 대표부는 소련 진영의 한 국가가 의장직을 맡게 되는 것을 어쩔 수 없이 보게 될 수도 있겠지만, 어쨌든 법률문제를 다루는 위원회는 그나마 악행을 가장 덜 저지를 수 있는 위원회이고, 경제문제를 다루는 위원회나 사회문제를 다루는 위원회가 그들 중 한 국가에게 할당된다면 미국 대표부는 너무나 불안한 마음으로 지켜보게 될 것이라고 대답했습니다.

총회 부의장직

유고슬라비아 대표는 회동이 있기 전날 제게, 안전보장이사회 비상임이사국들에게 할당된 부의장직 두 자리 중 하나를 카르델[13])이 받아야 한다고 유고슬

---

8) 빅터 안드레스 벨라운데(Victor Andres Belaunde). 주유엔 페루 대표.
9) 찰스 하비브 말리크(Charles Habib Malik). 주유엔 레바논 대표.
10) 레올린 윌그레스(Leolyn Dana Wilgress, 1892-1969). 주유엔 캐나다 대표.
11) 카를로스 페냐 로물로(Carlos Peña Romulo, 1899-1985). 주유엔 필리핀 대표. 제4차 유엔총회 의장(1949-1950).
12) 레올린 윌그레스(Leolyn Dana Wilgress, 1892-1969). 주유엔 캐나다 대표.
13) 에드바르트 카르델(Edvard Kardelj, 1910-1979). 유고슬라비아 외무장관.

라비아 정부가 매우 강하게 주장할 것이라고 얘기했습니다. 미국과 영국 대표부는 자신들도 베블러[14]를 통해 이에 관해 접하게 되었으며, 카르델 유고슬라비아 외무장관의 출마를 환영할 것이라고 했습니다.

미국 대표부는 또 다른 부의장직은 태국 대표인 완 와이타야쿤[15]에게 할당될 수 있다고 덧붙였습니다.

일정

영국 대표부는 제6차 회의의 모토는 '신속함'이 될 것이라고 말했습니다. 미국 대표부는 이에 찬성하면서 성탄절 휴일과 신년 휴일이 최소화되어야 한다고 주장했고, 처음 정했던 기한보다 사실 2-3주는 늦어질 것으로 봐야하는 만큼 총회의 일에 속도를 붙이려면 1월 19일 정도를 폐회일로 잡는 게 적당할 것이라고 제안했습니다.

이에 대해 그로스 대사는 이번에는 총회가 파리를 떠나기 전에 제6차 회의를 분명 잘 마감하게 될 것이라는 의견을 내놓았습니다.

라코스트

---

14) 알레스 베블러(Aleš Bebler, 1907-1981). 유고슬라비아대사. 유엔대표단 및 프랑스와 인도네시아대사 역임. 1951년 당시 유고슬라비아 외무차관.
15) 완 와이타야쿤(Wan Waithayakon, 1891-1976). 주유엔 태국 대표.

【210】 협상 재개를 제안하는 중국의 속내(1951.9.25)

[전 보 (우 편)]	협상 재개를 제안하는 중국의 속내
[문 서 번 호]	371-372
[발 신 일]	1951년 9월 25일
[수 신 일]	1951년 10월 12일 14시 30분
[발신지 및 발신자]	창하이/대사관

개성협상을 재개하자는 공산 측 제안이 부분적으로는 소련 정부로부터 온 '충고' 때문이라 하더라도 분명 상당 부분은 그 조력자인 중국의 강요일 것이라고 여기에서는 추정하고 있습니다. 중국은 경제적 필요성뿐 아니라 지연되고는 있으나 포기하지는 않은 대만 공격 계획(산둥 성에서 푸젠 성에 이르는 해안을 따라 항구와 비행장들에서 대규모 작업이 이루어지고 있다고 합니다)에 따라, 이제 더는 크게 바라는 게 없는 북한과는 다른 행동 방침을 정했을 것으로 보입니다.

중국 언론은 '미국의 중립지대 침범'에 대해 끊임없이 공격하면서도 ㅁㅁㅁ 자신들의 욕망과 심지어 지난 달 중단된 협상이 재개될까봐 불안해하는 모습을 감추지 못하는 것이 사실입니다.

제가 최근 전보들에서 알려드렸듯이 창하이 지역뿐 아니라 톈진 지역에서도 경기 회복 노력이 이어지고 있습니다. 이는 넌지시 알려드렸던 것처럼 한국 내 적대행위 중지가 거의 보장되게 된 징후라 봐도 될 것 같습니다.

사이공 공문 제55-56호.

(미상)

【211】 양측 연락장교들의 회의 전개 상황(1951.9.25)

[전 보]	양측 연락장교들의 회의 전개 상황
[문 서 번 호]	2018
[발 신 일]	1951년 9월 25일 09시 00분
[수 신 일]	1951년 9월 25일 18시 30분
[발신지 및 발신자]	도쿄/드장(주일 프랑스대사)

사이공 고등판무관 공문 제1211호
본인의 전보 제2010호에 이어

1. 9월 23일자 리지웨이 장군의 전언에 대한 답신으로 공산 측 장군들은 24일
자 서한을 통해, 개성 협상 재개 후 공동 동의에 의거해 설치한 기구를 통해
이전에 있었던 사건들을 해결해야 한다는 자신들의 요구를 계속 주장했습니다.
그들은 이전의 침범 사건에 대한 제안을 재확인하고 협상 중단에 대한 책임
을 유엔군에 돌리면서, 다음 번 개성회담에서는 사건에 관련된 모든 문제를 해
결하고 재발을 방지하는 데 필요한 방안을 채택하기 위한 기구를 상호 동의하
에 설치하자고 제안했습니다. 이 같은 의도로 공산 측 연락장교들은 9월 24일
10시에 만나 개성 협상 재개 날짜를 논의하라는 명령을 받았습니다.

2. 해당 접촉은 실제로 24일 10시에 이루어졌으며, 유엔군 대표는 키니 대령,
공산군 대표는 장 대령이었습니다.
9월 14일 18시 유엔군사령부 전보에 따르면, 키니 대령은 휴전협상이 가능한
한 빨리 진전될 수 있도록 하는 조건을 찾아보라는 훈령을 받았습니다. 그는
원래 리지웨이 장군이 회담을 유틀란디아 호에서 열자고 제안했던 것을 상기시
킨 후 다음의 논거를 내세웠을 것입니다. 즉, 현재 마주한 문제 대부분이 개성

지대를 선택한 것과 연관된다, 유엔군과 공산군은 개성지대 바로 가까이에서 계속해서 작전을 실행하고 있다, 휴전회담에 반대하는 분자들이 지대 안에 있음을 공산군도 인정했다, 특히 유격대원들로 구성된 이들은 아무런 통제를 받지 않기 때문에 어느 때라도 도발해 와서 회담을 중지시킬 수 있다고 말입니다.

공군의 관점에서 보면 개성지대는 가장 규모가 크면서 유엔군 전투기의 감시를 가장 지속적으로 받는 공산군 병참선에서 불과 몇 분 거리에 있습니다.

공산군 사령관은 개성지역이 200회 이상 침범 당했다고 주장합니다. 개성이 회담 장소로 부적절하다는 것을 이보다 더 잘 증명하는 것은 없습니다.

9월 6일에 리지웨이 장군은 연락장교들이 장소 변경 문제를 검토할 것을 제안했고, 협상 재개 이전에 휴전 구상에 더욱 유리한 조건이 실현되어야 한다는 것이 그때부터 확실해졌습니다.

또 다른 연락장교회의는 9월 22일 10시에 열렸습니다.

이 회의는 아무 성과 없이 끝났습니다.

키니 대령은 양측 연락장교들에게 휴전을 향해 협상을 진전시키고 더 이상의 중단이 없도록 하는 조건들에 대해 논의할 수 있는 권한을 주자고 제안했습니다.

개성에서 대표들이 다시 모일 회담 날짜를 논의하는 권한만을 가진 장 대령은 키니 대령의 제안을 검토하기 거부하고, 다음 번 연락장교회의에 대해 아무런 합의도 하지 않은 채 화를 내며 회의장을 나갔습니다.

국방부에 전달 요망.

드장

【212】 연락장교회의 전개에 관한 신화통신의 공식 성명(1951.9.26)

[전   보] 연락장교회의 전개에 관한 신화통신의 공식 성명
[문 서 번 호] 2205
[발   신   일] 1951년 9월 26일 19시
[수   신   일] 1951년 9월 27일 21시
[발신지 및 발신자] 모스크바/브리옹발(주소련 프랑스대사관 참사관)

오늘 신문은 신화통신이 보도한 다음의 공식 성명을 실었습니다.

1. 9월 24일 오전 8시에 판문점[1]에서 우리 측 연락장교는 김일성 최고사령관과 펑더화이 사령관이 리지웨이 장군에게 보낸 전언을 적군 측 연락장교에게 전달했다. 그때 우리 측 연락장교는 김일성 장군과 펑더화이 장군의 전언 내용에 기반해 적군 측 연락장교에게 같은 날 오전 10시에 판문점으로 와서 개성 협상 재개 날짜와 시간을 검토할 것을 제안했다. 오전 9시 30분에 적군 측 연락장교는 우리 측 연락장교에게 무선 송신으로 판문점에서 오전 10시에 연락장교 회의를 하는 것에 동의한다는 뜻을 밝혔다. 우리 측 연락장교인 장춘산 대령과 차이청원 중령은 적군 측 연락장교인 키니 대령, 머레이 대령과 판문점에서 오전 10시에 만났다. 대화하면서 이들은 조정된 장소에서 개성 협상을 위한 토론을 계속하자는 데 합의했다. 토론이 시작되자 우리 측 연락장교 장춘산 대령은 개성 협상 재개 일시 문제를 지체 없이 검토하자고 제안했다. 그러나 키니 대령은 김일성 최고사령관과 펑더화이 사령관이 오래 전부터 검토를 거부했던 소위 협상 재개 조건이라는 문제를 제기했다. 그러자 장춘산 대령은, 개성에서 지체 없이 재개되어야 할 협상을 방해하는 난관을 극복하려면 양측의 동의하에 책임기관을 설치해 미결 상태로 남아 있는 사건들을 해결하고 이 문제에 대한 엄격

---

[1] 원문 'Pang Hing Tchong'로는 추정이 불가하나 정황상 판문점으로 추정됨.

한 협약을 만들어 개성 중립지대의 안전을 보장해야 한다고 김일성 최고사령관과 펑더화이 사령관이 이미 확실히 언명하지 않았냐고 상대방에게 심각한 어조로 말했다. 우리 측 연락장교들은 개성 협상 재개 날짜와 시간을 검토할 권한만을 가지고 그 자리에 나간 것이었다. 키니 대령은 유엔군 연락장교들의 임무가 단지 협상 재개 날짜와 시간뿐 아니라 기타 조건들까지 정하는 것이라고 말했다. 그는 9월 25일 오전 10시에 다시 연락장교회의를 갖자고 제안했다. 장춘산 대령은 전 세계 국민들이 기다리는 휴전협상을 속히 재개하기 위해 양측 연락장교들이 개성 협상 재개 날짜와 시간을 서둘러 정해야 한다고 거듭 얘기했다. 9월 24일 저녁 6시에 장춘산 대령은 적군 측 연락장교들에게 펑더화이 장군의[2] 견해서를 전송했다. 이 견해서에서 그는 우리 대표단장의 지시에 따라 양측 대표단이 9월 25일 오전 10시에 휴전협상을 공식 재개한다고 분명히 밝혔다.

2. 어제 저녁 18시 신화통신 특파원 보도에 따르면, 우리 측 연락장교들은 대표단장의 지시에 따라 유엔군 대표단에게 9월 25일 오전 10시에 협상을 재개할 것을 공식 제안했다.

적군 측은 이 제안에 동의하지 않고 9월 25일 협상 재개를 거부했다. 9월 25일 오전 10시에 우리 측 연락장교인 장춘산 대령과 차이청원 중령은 개성 협상 재개 시간 문제를 논의하기 위해 적군 측 연락장교인 키니 대령, 머레이 대령과 만났다. 우리 대표단장의 지시에 따라 장춘산 대령은 양측 대표단이 9월 26일 오전 10시에 협상을 재개하자고 다시 제안했다. 그러나 키니 대령은 이전과 같이 우리 제안을 어떻게 생각하는지 알려주려고도 하지 않고 또 다시 휴전협상 재개의 '조건' 문제를 거론했다. 장춘산 대령은 곧바로, 휴전협상 재개 조건 문제는 김일성 최고사령관과 펑더화이 사령관이 9월 24일에 리지웨이 장군에게 보낸 전언에서 다시 다루었으며, 적군 측 최고사령관이 즉답을 피하기 위해 자신의 연락장교들에게 우리 최고사령부가 거부한 입장에 대해 고집을 부리라고

---

[2] 원문은 '펑더화이 장군에게'이지만 정황상 펑더화이 장군의 견해서를 상대측에게 전달한 내용이므로 추정하여 번역함.

명령해서는 안 되는 것 아니냐고 했다.

장춘산 대령은 9월 26일 오전 10시에 개성에서 양측 대표들이 공식적인 휴전 협상을 재개하자는 우리 측 제안에 적군 측이 아직 아무 의견을 내놓지 않고 있으므로 이 토론을 이어가는 것이 아무 소용이 없다고 말했다. 그는 이를 위해 우리 제안에 대한 답을 받을 때까지 연락장교 '회의'를 중단하자고 제안했다. 키니 대령은 그쪽 최고사령부의 훈령을 기다리기 위해 이 토론을 중단하는 데 합의했다. 양측 연락장교회의는 10시 48분에 끝났다.

브리옹발

【213】한국 전선의 상황과 개성 연락장교회의에 관해(1951.9.26)

[전　　　　보]	한국 전선의 상황과 개성 연락장교회의에 관해
[문 서 번 호]	6737-6742
[발　신　일]	1951년 9월 26일 10시(현지 시간), 15시(프랑스 시간)
[수　신　일]	1951년 9월 26일 15시 55분
[발신지 및 발신자]	워싱턴/보네(주미 프랑스대사)

보안

뉴욕 공문 제1474-1479호

　오늘 오후에 열린 사절단장 회의에서 미 국방부 대표는 적군의 전선 후방에
서의 차량 이동이 지난 4일 간 재개되었다고 알렸습니다. 특히 9월 23-24일 야
간에 총 3,300대의 이동이 포착되었고, 그중 2/3 이상이 남쪽으로 이동했다는
것입니다. 유엔 공군은 이번 달 20-24일에 3,700회 출격했습니다.
　중동부 전선은 이 기간 동안 가장 혹독한 전투 현장이었습니다. 특히 제10군
단 예하 2개 연대가 '단장의 능선'이라 불린 고지 점령을 위해 치열하게 싸웠으
나 격렬한 반격에 무너지고 말았습니다. 더 서쪽에서는 제9군단 예하 3개 기동
부대가 적진 깊숙이 침투해 성공적으로 정찰을 마쳤습니다. 교전 중인 적군의
병력수가 조금 감소하기는 했으나, 전방에 있는 북한과 중공군 부대는 총 54사
단, 병사 수 450,000명에 이릅니다.
　히커슨 유엔 담당 차관보는 리지웨이 장군이 9월 23일에 적군 사령부에 보낸
답신에 따라 24일에 판문점에서 연락장교들이 만났다고 알렸습니다. 유엔군 총
사령관의 전언에는 연락장교들이 '휴전협상 재개를 위한 상호가 만족하는 조건'
을 논의해야 한다고 분명히 명시되어 있었음에도, 장 대령은 대표들이 개성에

서 만날 수 있는 날짜와 시간 외에 다른 주제에 대한 대화를 일체 거부하고 다른 장소 선정에 대해서도 논의할 수 없다고 말했습니다. 얼마 후 돌아온 미 장교들은 장 대령이 한 말을 서면으로 확인받았습니다. 공산 측 전갈에 따르면 개성 협상 재개만이 논의 대상이며, 양측 대표들은 중립지대에서 있었던 과거 사건들의 재발 방지를 위해 취해야 할 방안들에 대해 첫 회의에서 즉시 합의해야만 합니다. 25일 오전에 재개된 연락장교회의는 상대편에서 협상 재개 조건 문제를 다시 들고 나오자 장 대령이 갑자기 종료시켰습니다. 리지웨이 장군도 이에 굴하지 않고 같은 날 오후에 적군 측 연락장교에게 또 다시 간략한 전언을 보내 미국 측 연락장교들이 오늘 아침 상대편 장교들을 다시 만나 '협상 재개를 위해 상호가 만족하는 조건'을 논의할 준비가 되어있다고 알렸습니다.

히커슨 차관보는 상황이 이 지경까지 왔다, 그렇지만 지난 며칠 간 미국 대표들은 공산 측에서 모두가 참석한 회의가 시급히 열리기를 바라고 있음을 아주 분명하게 느꼈다, 그리고 이런 느낌은 아마 '체면' 문제와도 조금은 관련 있겠지만 회의를 개성에서 열 것을 요구하는 그들의 주장과 아주 무관하지 않을지도 모른다고 덧붙였습니다.

보네

【214】 개성 연락장교회의 제안과 한국 전선의 상황(1951.9.27)

[전 보]	개성 연락장교회의 제안과 한국 전선의 상황
[문 서 번 호]	2041
[발 신 일]	1951년 9월 27일 08시 00분
[수 신 일]	1951년 9월 27일 20시 30분
[발신지 및 발신자]	도쿄/드장(주일 프랑스대사)

사이공 공문 제1331호

어제 9월 26일에 양측 연락장교회의가 열렸고, 서로 오고간 메시지는 이전과 다를 바가 없었습니다.

양측의 입장은 변함이 없습니다.

공산 측은 개성에서 대표들이 즉각 만날 것을 제안하고 있습니다. 유엔군 사령부는 그 전에, 어떤 구실로든 자꾸만 회담이 중단되는 일이 없도록 보장하고 회담이 진전될 수 있도록 하는 조건을 정해야 한다는 입장입니다.

유엔군사령부는 일부러 같은 말을 반복하지 않고, 협상을 효과적으로 발전시키려면 장소 변경 없이는 불가능하다는 입장을 유지하고 있습니다. 연락장교들이 상호 만족하는 조건을 논의해서 결정해야 하며, 그 때까지는 대표들 간 회의가 시기상조라고 생각합니다.

9월 27일 오전 7시에 키니 대령이 공산 측 연락장교에게 전달한 메시지도 이 같은 관점을 표명했습니다.

교착상태에서 벗어나기 위해 리지웨이 장군은 오늘 9월 27일 김일성 장군과 펑더화이 장군에게 양측 전선으로부터 동일한 거리인 개성 남동쪽 약 12km에 위치한, 임진강 북방 서부 지구에 있는 송현리 근방에서 대표들의 회의를 갖자고 제안했습니다.

12시 30분에 무선 전송된 리지웨이 장군의 전문은 다음과 같이 작성되었습니다.

인용

귀측 연락장교들은 휴전협상 재개를 위해 만족할 만한 조건을 논의하거나 조정할 권한이 없다고 했습니다. 그래서 귀관들에게 직접 다음의 사항을 제안하는 바입니다. 이 제안 사항들이 양측에게 상호 만족스러운 합의가 될 것으로 생각합니다.

양측 전선으로부터 거의 같은 거리에 위치한 장소인 송현리 근방에서 양측 대표들이 가능한 빨리 만날 것을 제안합니다.

양측이 약속장소에서 만나는 동안 이 회의 장소에 무장군을 두지 말 것과, 양측이 상대측 인물들에게 어떤 적대적 행위나 독단적인 행동도 삼간다는 양측의 당연한 동의가 있어야 할 것입니다.

이 장소에서 회의가 재개될 때 양측 대표들은 회의 장소의 안전 대책과 설비 규정을 분명히 하기 위해 필요로 할 의를 마친 후에 즉시 의제 제2항에 대해 논의 내용을 요약할 준비가 되어 있어야 할 것이라고 제안합니다.

귀측이 동의한다면, 필요한 설비 규정을 즉시 채택하기 위해 우리 측 연락장교들이 함께 만나도록 할 것입니다.

리지웨이

인용 끝.

이번 전쟁에서 가장 큰 규모의 공중전이 어제 9월 26일, 한국 북서부에서 발발했습니다. 4차례의 교전에서 유엔군 전투기 101대가 MIG-15기 100대와 맞붙었습니다.

우방국 전투기에는 호주군 미티어 MK-8, 미군 F-86과 F-84가 포함되었습니다.

적군 전투기 1대 혹은 2대가 파괴되고 12대가 파손되었습니다.

F-96 1대가 격추되고 MK-8 1대가 공격을 받았습니다.
9월 25-26일에 MIG-15기 24대가 파괴되거나 파손되었습니다.

국방부에 전달 요망.

드장

【215】 휴전협상에 대한 공산군의 전략(1951.9.28)

[전   보]   휴전협상에 대한 공산군의 전략
[문 서 번 호]   2042
[발   신   일]   1951년 9월 28일 13시
[수   신   일]   1951년 9월 28일 16시 30분
[발신지 및 발신자]   도쿄/드장(주일 프랑스대사)

사이공 공문 제1332호

비공식 전보에서 9월 27일 17시에 □□□ 정보국은 휴전협상에 대한 공산군의 전략을 다음과 같이 설명했습니다.

현재까지 중공·북한군은 지난 8월 23일 협상 중단의 책임을 떠맡고 있습니다, 그들이 말하는 평화공세는 거북할 수 밖에 없습니다. 이제 그들은 개성에서 즉시 대표들이 모일 것을 제안하면서 중립지대 문제를 다루는 토론 재개는 보류하고 있는데 이 석연치 않은 토론은 벌써 6주 동안 아무런 성과도 내지 못했습니다. 그들은 이런 쓸데없는 짓에 지친 유엔 측 대표들이 협상을 중단시킬 것이고 그렇게 되면 현재 자신들에게 가해지고 있는 책임이 상대편 탓으로 돌아갈 거라 생각하는 것 같습니다.

이 같은 술책을 간파한 유엔군사령부는 부차적인 문제들은 모두 우선 연락장교들이 규명해서 대표들이 첫 회의에서부터 진지한 문제들을 다룰 수 있도록 해야 한다고 주장하고 있습니다.

그러나 가장 간단한 방법은 리지웨이 장군의 제안에 따라 회담 장소를 바

꾸는 일일 것입니다.

드장

【216】 미 합창의장의 한국 방문 소식(1951.9.28)

[전   보] 미 합창의장의 한국 방문 소식
[문 서 번 호] 6808-6812
[발 신 일] 1951년 9월 28일 08시(현지 시간), 13시(프랑스 시간)
[수 신 일] 1951년 9월 28일 18시 40분
[발신지 및 발신자] 워싱턴/대사관 행정실

2급 비밀
보안

뉴욕 공문 제1481-1485호

　미 국무부와 국방부는 오늘 브래들리 장군의 한국 방문을 '순전히 관례적'인 것이라고 발표했으나, 이번 출장이 이루어진 시점과 브래들리 합참의장이 국무부 소련 담당 전문가인 볼렌[1] 씨와 동행한 사실을 볼 때, 이번 방문이 특별한 중요성을 띤다고 생각할 수밖에 없습니다.

　사실 며칠 전부터 한반도 북방에서 특히 소련 제트 전투기 신 모델을 투입한 공산군의 강화된 공군 활동이 목격되었습니다. 서울에 제한적으로 행한 최근 공습을 제외하면 지금까지는 방어 목적의 공격이었습니다. 그럼에도 불구하고 지난 몇 주간 미군 사령부에 입수된 정보를 보면, 현재 적군이 압록강 북방에 보유하고 있는 예비 공군력이 얼마나 막강한가에 대해서는 더 이상 의심의 여지가 없습니다. 따라서 미 당국은 만주에 기지를 둔 공산군 공군이 한국 내 유

---

[1] 찰스 볼렌(Charles Bohlen, 1904-1974). 미국 국무부 러시아 담당 고문(1947-?), 주소련 미국대사 (1953-1957)

엔 지상군을 향해 앞으로 언제든지 대대적인 공격을 해올 수 있다는 사실을 인지하고 있습니다.

그렇게 공격해올 경우, 리지웨이 장군이 이끄는 공군이 만주 기지에 똑같이 반격을 가할 위험을 감수해야 할 것입니다. 또한 그렇게 전투가 확대된다면 중공뿐 아니라 소련도 두려워할 결과를 낳게 될 것입니다.

이렇게 생각해볼 때, 지난 몇 주간 소련과 그 위성국들에서 진정의 기미가 보였던 터라 여전히 의문이 남습니다.

특히 개성 협상도 완전히 끝장나지 않았으며, 재개가 대단히 어렵다고는 해도 소련 진영은 일본과의 평화조약 조인을 구실로 쉽게 관계를 단절해버릴 수도 있었는데 그러지 않았습니다.

그래서 미 정부는 소련이 한국에 어떤 의도를 품고 있는 것인지 여전히 의문스럽게 생각하고 있습니다. 볼렌 씨의 출장은 당연히 그 같은 우려의 일환으로 봐야 합니다.

유엔군 총사령관이 가장 중대한 결정들을 내려야 할 필요가 있을 때 브래들리 장군과 볼렌 고문이 리지웨이 장군의 편에 설 것이라는 사실은, 한국전쟁의 현 전개상황이 미 정부에 얼마나 우려를 끼치고 있는지를 여실히 보여줍니다.

대사관 행정실

【217】 소련 언론의 반응(1951.9.29)

[전 보]	소련 언론의 반응
[문 서 번 호]	2233
[발 신 일]	1951년 9월 29일 16시
[수 신 일]	1951년 9월 29일 20시
[발신지 및 발신자]	모스크바/브리옹발(주소련 프랑스대사관 참사관)

오늘 언론은 개성 협상과 관련해 아래와 같은 신화통신 특파원의 공식 보도 문을 실었습니다.

"적군 측이 9월 27일 오전 10시로 예정돼 있던 양측 연락장교회의를 느닷 없이 취소했다. 언론 특파원들을 포함해 총 56명으로 구성된 적군 측 사람들 이 지프 5대와 트럭 2대를 타고 9월 27일 오전 9시 30분이 조금 넘은 시각에 개성에 도착했다. 그러나 9시 55분에 적군 측 연락장교인 키니 대령이 갑자기 무선전화로 우리 측 연락장교인 장 대령에게 연락해서는 자신의 의지와 상관 없는 이유로 인해 정해진 시간에 예정된 회의에 참석하러 개성으로 올 수 없 게 되었다고 통보했다. 그러고는 적군 측 사람들은 알 수 없는 이유로 문산으 로 되돌아갔다.

특파원은 유엔군 대표들이 자신들이 했던 말에 대해 보인 이러한 행동이 9월 22일에 보였던 행동을 생각나게 한다고 덧붙였다. 그때도 그들은 적군 측 에 중요 전문을 보내겠다고 해놓고서 갑작스레 그 결정을 취소한다고 우리 측 에 통보했었다.

이곳에 있는 □□□ 감독관들은 이처럼 망설이는 입장을 보이는 것이, 휴 전협상에 대해 미국인들이 진지함과 진정성이 결여되어 있을 뿐 아니라, 협상 연장을 위한 새로운 전략을 짜는 데 있어 워싱턴과 도쿄 간 불협화음이 나고 있음을 증명한다고 꼬집었다."

브리옹발

【218】 한국 전선의 상황(1951.9.29)

[전   보]   한국 전선의 상황
[문 서 번 호]   6826-6827
[발   신   일]   1951년 9월 29일 09시(현지 시간), 14시(프랑스 시간)
[수   신   일]   1951년 9월 29일 14시
[발신지 및 발신자]   워싱턴/보네(주미 프랑스대사)

우편 전달 뉴욕 공문 제1487호

오늘 미 국방부에서 한국의 상황에 관해 다음과 같은 정보를 한국파병국대표
들에게 제공했습니다.

1. 지난 화요일 이후 철원 북서부와 화천 북부에서 적군이 맹렬한 공격을
   가해오는 바람에 유엔군 몇몇 부대들이 다소 후퇴하는 상황이 벌어졌
   다. 결국 상황은 회복되었다.
2. 양구 북서부에서 같은 강도의 전투가 이어지고 있다.
3. 3일 전부터 매우 크게 증가된 적군의 차량 이동이 목격되고 있다. 이
   기간 동안 이동한 차량은 총 10,149대이며 그중 5,150대는 남쪽으로 이
   동 중이다.
4. 얼마 전 한반도 북서부에서 격렬한 공중전이 발발한 결과 MIG기 6대
   가 격추되었고, 다른 전투기 1대가 격추된 것으로 보이며 19대가 파손
   되었다.
   적대행위가 시작되고부터 지난 9월 17일까지 미 사령관은 이 기간 동안
   MIG기 62대를 격추했고, 다른 전투기 7대를 격추하고 110대를 파손한
   것으로 보인다고 발표했다. 유엔군의 피해규모는 F-86기 6대의 격추 및
   파손이다.

MIG기가 한국에 동원된 이후 평양 남부에서는 이 전투기의 움직임이 전혀 포착되지 않았다. 현재 공군은 MIG기 60대 당 평균 유엔군 전투기 30대로 싸우고 있다.

보네

【219】소련 언론이 밝힌 미국의 군사 계획(1951.9.30)

[전 　　　 보]	소련 언론이 밝힌 미국의 군사 계획
[문 서 번 호]	2230
[발 　 신 　 일]	1951년 9월 30일 09시 25분
[수 　 신 　 일]	1951년 10월 1일 15시
[발신지 및 발신자]	모스크바/브리옹발(주소련 프랑스대사관 참사관)

오늘『프라우다』는 신화통신의 다음과 같은 공식 보도문을 실었습니다.

"미국 침략자들이 새로운 군사 시도를 준비 중이며, 특히 북한의 서부나 동부 해안으로 상륙하려 하고 있다. AFP통신 워싱턴 특파원이 낸 8월 29일자 공식 보도는, 미국 전술가들이 새로운 작전 계획을 구상했고 그 후 2주 동안 미 국가안보회의와 미 정부에서 검토했다고 발표했다. 이 보도문은, 미국이 북한 전체를 포위할 수 있도록 전투에 5개 사단을 더 투입해 압록강까지 중공-북한군을 격퇴하고 중국 북동부에 위치한 '공산군' 기지를 폭파하기로 했다고 전했다.

AFP통신과 여러 미국 신문들이 광고한 이 계획은 현재 개성회담과 관련해 일어나고 있는 일들과 긴밀히 연관되어 있다. 회담 초기부터 미국 간섭주의자들은 협상을 일부러 질질 끌면서 대규모 군사 작전을 펼치고 군대를 집결시키고 정찰 활동을 하는 데 전념했다.

미국 및 해외 통신사들은 일본에 주둔 중인 미 제40, 제45보병사단 사령관들이 장교들을 대동하고 개인적으로 전장의 상황을 시찰하러 한국 전선을 방문했다고 밝혔다.

발표된 것처럼 미군의 이 2개 사단은 기획된 상륙작전 실현을 위해 준비된 군대의 일부일 것으로 생각된다. 최근 요코스카 지역에서 대규모 상륙작전에 투입되었던 미 제4보병사단[1]은 현재 12주짜리 교육 프로그램에 따라 동계 군

사훈련에 들어가 있다.

　제45사단 병력 일부와 주일 미군 분견대들은 공군 기지가 있는 치토세 지역에서 강도 높은 낙하 훈련을 받고 있다. 그 외에 전투기 및 폭격기 2개 여단이 미군 기지를 출발해 일본에 배치되었다.

　'에섹스'급 항공모함과 일련의 기타 군함들이 한국 영해에 도착했다. 이미 한국 영해 내에 있던 미군 기뢰부설 함대는 전투 준비 태세에 들어갔다.

　미국이 개성 협상을 중단한 이후 주한 미군 보병과 이승만 괴뢰군 해병대는 한국 서해안 남포 지역과 동해안 원산 부근에서 정찰 작전을 펼쳤다.

　이 같은 사실은 미국 침략자들이 한국에서 새로운 군사적 시도를 준비 중이며, 개성회담 이후로 계속되어온 미국인들의 도발이 미리 고안해둔 더 높은 단계의 계획으로 연결된다는 것을 보여준다."

브리옹발

---

1) 제40보병사단의 오류로 추정.

【220】 협상 장소 변경 문제(1951.10.3)

[전 보]	협상 장소 변경 문제
[문 서 번 호]	6886-6887
[발 신 일]	1951년 10월 3일 13시 30분
[수 신 일]	1951년 10월 3일 15시 30분
[발신지 및 발신자]	워싱턴/보네(주미 프랑스대사)

보안

뉴욕 공문 제1501-1502호

오늘 사절단장 회의에서 히커슨[1] 미 유엔담당 국무차관보는 유엔 사령부가 휴전협상 장소를 변경하자는 리지웨이 장군의 제안에 대해 아직 어떤 대답도 받지 못한 상태라고 했습니다.

이 점에 관해 러스크[2] 극동담당 국무차관보는 다음과 같은 두 가지 가정을 내놓았습니다.

1. 만약 중공과 북한이 리지웨이 장군이 제안한 장소에 반대한다면, 리지웨이 장군은 다른 곳을 제안할 것이다.
2. 만약 중공과 북한이 이유 없이 제안을 거절한다면, 리지웨이 장군은 그래도 계속해서 이런 방향으로 노력을 기울일 것이다.

---

[1] 존 히커슨(John Hickerson, 1898-1989). 미 국무부 유엔담당 차관보(1949-1953). 이후 핀란드와 필리핀 주재 대사 역임.

[2] 데이비드 딘 러스크(David Dean Rusk, 1909-1994). 국제연합담당관, 극동 담당 국무차관보, 록펠러재단 이사장, J. F. 케네디 정부의 국무장관 역임. 한국전쟁 당시 확전을 주장하는 맥아더의 의견을 반대하는 트루먼을 도움.

게다가 유엔 사령부는 이 주제에 관해 적군 측 대표단이 제시하는 모든 새로운 제안을 검토할 만반의 준비가 되어 있습니다.

뿐만 아니라 리지웨이 장군은 중공과 북한에 협상 장소 문제가 해결될 때까지 기다리지 말고 의제의 이런저런 항목들에 대해 논의를 재개하자고 제안하기 위한 모든 재량권을 가지고 있습니다.

보네

【221】 소련 신문에 실린 일본군 포로의 증언(1951.10.4)

[전   보]   소련 신문에 실린 일본군 포로의 증언
[문 서 번 호]   2287
[발   신   일]   1951년 10월 4일 14시 30분
[수   신   일]   1951년 10월 5일 09시 00분
[발신지 및 발신자]   모스크바/브리옹발[1](주소련 프랑스대사관 참사관)

　　오늘 신문은 「일본군 소대들의 한국전 참전」이라는 표제 아래, 유엔군에 일본인 퇴역 장교들과 병사들로 구성된 2,000명 규모의 분견대가 있는데 이들은 전선에 '총알받이'로 보내진 것이라는 북한중앙통신 특파원의 공식 보도문을 요약, 보도했습니다.

　　보도문은 이 일본인 포로 중 한 명의 증언을 실었습니다. 그는 자신이 어떻게 징집되었는지 얘기하고 나서, "포로로 잡혀 있는 동안 많은 생각이 들었고, 미국 제국주의자들이 우리를 강제로 참전시키는 이 전쟁이 얼마나 부당한 것인지 깨달았다"고 말을 맺었습니다.

브리옹발

---

[1] 장 브리옹발(Jean Brionval). 주소련 프랑스대사관 참사관, 주한 프랑스 대리공사, 주인도네시아 프랑스대사(1955-1957), 주아일랜드 대사(1959-1962), 주스리랑카 대사(1964-1968)를 지낸 것으로 확인됨.

【222】 소련 정부의 반응(1951.10.5)

[전 보]	소련 정부의 반응
[문 서 번 호]	2308-2313
[발 신 일]	1951년 10월 5일 17시
[수 신 일]	1951년 10월 5일 19시
[발신지 및 발신자]	모스크바/브리옹발(주소련 프랑스대사관 참사관)

보안

각하께 최근 조린[1] 차관과의 회담 내용을 보고 드리면서, 그에게 한 가지 결정에 대해 알렸을 때 그가 얼마나 화를 내며 체념했는지 알려드려야겠다고 생각했습니다. 그는 그 결정을 소련 정부가 서구 강대국들의 저항 의지를 흔들기 위해, 또 집중적으로 평화 선전을 벌여 동서양 간 타협에 이르는 길을 준비하기 위해 지난 몇 달 간 애쓴 노력이 실패로 돌아갔다는 새로운 증거로 받아들인 것 같습니다.

스웨덴대사가 사적으로 매우 긴밀히 얘기하기를, 최근 조린 차관과 가졌던 두 차례 회담에서 자신도 거의 같은 인상을 받았다고 했습니다. 그는 지난 7월 말 조린 차관에게 국제 정세에 대해 어떻게 생각하는지 물을 기회가 있었는데, 조린 차관은 그때 확연히 긍정적인 태도로, 말리크[2] 소련대사의 최근 제안을 수용한 것에 대해 이곳에서 매우 만족해하는 분위기라고 대답했다고 합니다. 그로부터 극동지역뿐 아니라 전 세계가 긴장 완화의 상황으로 갈 조짐을 보았기 때문입니다. 그는 농담 반 진담 반으로, "하지만 미국인들이 전쟁을 바란다

---

[1] 발레리안 조린(Valerian Alexandrovitch Zorine, 1902-1986). 소련 외무부차관.
[2] 야코프 말리크(Yakov Aleksandrovich Malik, 1906-1980). 주 유엔 소련대사(1848-1952, 1968-1976). 일본 주재 소련대사, 소련외무차관, 영국 주재 소련대사 역임. 한국전쟁 시 정전을 제안.

면, 그렇게 될 것"이라고 덧붙였다고 합니다.

약 2주 전, 차관을 다시 만나러 온 □□□ 씨는 그에게 같은 질문을 했습니다. 그러자 □□□가 근심 가득한 얼굴로 이렇게 대답했다고 합니다.

> "미국인들은 모든 타협을 거부하고 있군요. 개성협상을 결렬시키려고 자꾸만 사건을 일으키는 것을 보면 알 수 있지요. 이제 대체 어떻게 될지 모르겠습니다."

□□□ 마침내, 소련에 대한 호감을 감추지 않고 소련이 그의 입을 빌려 말하고자 것을 기꺼이 떠들고 다니는 한 대사는 며칠 전 똑같은 우려를 퍼뜨리고 다니면서, 소련 측에서 "출구 없는 현 상황이 근심스럽다"고 했다는 말을 했습니다.

브리옹발

【223】 한국전쟁의 전반적 문제들(1951.10.5)

[전 보]	한국전쟁의 전반적 문제들
[문 서 번 호]	2051-2060
[발 신 일]	1951년 10월 5일 01시
[수 신 일]	1951년 10월 5일 10시 25분
[발신지 및 발신자]	도쿄/드장(주일 프랑스대사)

런던, 워싱턴, 뉴욕으로 재전송

1. 브래들리 장군은 볼렌[1] 미 국무부 고문과 함께 9월 28일 도쿄에 도착해, 총사령관과 제8군 사령관을 동반하고 한국에서 2일을 지낸 후 10월 3일 워싱턴으로 다시 출발했습니다.

30일 열린 기자회견에서 무엇보다 그는 소련 문제 전문가인 미 국무부 고위 공직자를 대동한 것에 대한 질문을 받자 애써 대답을 회피했습니다.

그러나 도쿄 사령부에서도 깜짝 놀란 그의 방문이 어떤 의미와 중요성을 지니는지는 지난 6주간 휴전협상이 완전히 정체되었고 미일 안보조약이 체결된 직후라는 한국과 일본의 상황을 비춰보면 꽤나 확실해집니다.

2. 반면, 적대행위 중지를 위해 거의 3개월 전부터 시작된 협상은 아무 진전이 없었습니다. 억지스러운 분쟁을 일으키고, 양측에 커져가는 불신과 분노의 분위기만 조성했을 뿐입니다. 도쿄 총사령부는 개성이 협상에 적절치 못하다는 확신에 도달했습니다. 리지웨이 장군은 협상 재개의 선결 조건으로 협상 장소

---

[1] 찰스 볼렌(Charles Bohlen, 1904-1974). 미국 국무부 러시아 담당 고문(1947-?), 주소련 미국대사 (1953-1957).

변경을 내세웠던 9월 6일자 전언에서와 마찬가지로 이를 공산당 사령부에 분명히 알렸습니다.

그 후 그의 입장은 미 정부의 개입으로 아마 조금 누그러졌던 것 같습니다. 그는 주요 대표들의 회담이 있기 전에, 협상이 정상적으로 진행되어 진척될 수 있도록 할 상호 만족스러운 조건들을 연락장교들 간에 정할 것만 요구했을 뿐입니다. 9월 27일에 그는 대표들이 송현리에서 만날 것을 제안했습니다. 그러나 그에게 개성은 더 이상 고려의 대상이 아님을 일부러 알리지는 않았습니다.

혹시 그가 정부의 공식 훈령을 기다리면서, 협상을 완전히 결렬시킬 수도 있는 태도를 분명히 취하는 것을 망설였던 게 아닌가 하는 생각도 들 수 있습니다.

이 점에 관해서는 브래들리 장군의 방문으로 이미 확실해졌습니다. 기자들 앞에서 브래들리 참모장은 유엔대표부가 개성으로 돌아가지 않을 것이며, 양측 모두가 동등한 권리를 행사할 수 있는 곳에서 협상이 이루어져야 한다고 단호히 밝혔습니다.

3. 이 같은 입장을 취한 미 사령부는 휴전협상이 재개될 경우와 완전히 실패로 돌아갈 경우를 모두 가정하여 미리 행동 노선을 정해놓아야 합니다.

사건들이 발발하고 협상이 중단을 거듭하게 되기 이전에 개성협상은 군 후퇴와 군사 분계선 획정이라는 두 가지 주요 난관에 봉착해 있었습니다.

브래들리 장군은 현재 군사적으로 제기되는 문제는 오로지 군사적으로만 해결되어야 한다고 거듭 말했습니다. 38선으로 후퇴하라는 공산 측 요구는 그래서 배제되고 있습니다. 군 후퇴의 경우에는 분명 곧 문제가 되지 않을 것입니다.

4. 협상 재개에는 문제가 있어 보이고 협상 타결은 더욱 불확실해 보이지만, 가장 시급한 문제는 전쟁이 계속되고 있다는 데서 비롯됩니다. 2개월 전부터 제반 상황에도 뚜렷한 변화가 있었습니다.

1) 정치적으로는 미 합동참모본부가 영국 참모총장들의 관점을 폭넓게 받아들이면서 적군 측 진영에서 큰 피로와 어느 정도의 대립마저 느껴진다고 생각하고 있습니다. 미 참모본부는 지난여름에 중공군이 자신들의 군대가 매우 비참한 상황에 처하는 바람에 절실히 휴전을 원했으나 지금까지도 이를 이루지 못하자 어쩔 수 없이 전쟁을 이어가고 있는 것이라는 확신을 얻었습니다. 병력이 증강되고 군 장비가 개선되었음에도 중공군의 사기는 현저히 떨어져 있을 거라는 것입니다. 연락장교들의 정보와 포로들의 증언도 이 점에 있어 일치합니다.

사령부는 또 다시 실패할 경우 이런 상황이 더욱 악화될 뿐만 아니라 적대행위가 이어져 마오쩌둥 군대와 정부가 견디기 힘들어지기만 할 수 있다고 생각하고 있습니다.

(부분 판독 불가)

2) 군사적으로는 유엔군 사령부가 적군의 수적 우위라는 강박에 시달리며 야망이라고는 적군의 압력을 물리치는 것뿐이던 시대는 갔습니다. 이제 사령부는 자신들의 전략이 훌륭하고, 군대는 훈련이 잘 되어 있고 사기가 높으며, 군사력에서 크게 앞선다는 것을 잘 알고 있습니다. 중공-북한군이 막강한 대포와 몇백 대의 탱크를 보유하고 있다 해도 유엔군의 화력은 적군과 비교도 안 될 정도로 앞서 있습니다. 공중전에서 적군 전투기의 활동은 더 커졌습니다. 국지전에서는 중공군 전투기 50여 대가 좌우로 투입됩니다. 매일 전투기 200여 대가 출동하는 것은 예삿일이 되었습니다. MIG-15기 활동 구역이 남쪽으로 뻗어오고 있습니다. 방어 진지에 있던 적군은 압록강 ▢▢▢ 성공적으로 예비군을 확장해가고 있습니다.

(부분 판독 불가)

그러나 유엔군 조종사들의 훈련 상태가 더 좋고 ▢▢▢의 ▢▢▢ 배치가 탁

월한 데다 적군은 폭격기를 거의 보유하고 있지 않기 때문에 유엔군 공군이 공중을 완전히 장악하고 있습니다.[2]

드장

---

[2] 중요 단어의 누락으로 인해 문단 전체 내용을 추정 번역함.

【224】 유엔군 사령부와 일본의 입장 추정(1951.10.5)

```
[ 전        보 ]  유엔군 사령부와 일본의 입장 추정
[ 문 서 번 호 ]  2061-2065
[ 발   신   일 ]  1951년 10월 5일 02시
[ 수   신   일 ]  1951년 10월 5일 16시 15분
[발신지 및 발신자] 도쿄/드장(주일 프랑스대사)
```

보안

런던, 워싱턴, 뉴욕에 전달 요망
본인의 이전 전보에 이어

참모장들은 적군이 현재 전투기의 전투노력을 극동지역에서 오래 유지하기 위해 필요한 시설과 기술자들을 보유하고 있을까봐 우려하고 있습니다. 만주 국경에 공군 기지들이 확장되는 것을 면밀히 감시 중입니다. 사령부는 기지들이 너무 크게 확장되는 것을 그냥 보고 있지만은 않을 것입니다. 이 기지들이 전투기 폭격 사정거리에 들어오도록 유엔군이 북진하면 얻게 될 이점들을 사령부도 알고 있을 것입니다.

5. 사실 모든 정보로 볼 때 사령부는 총공세를 벌여 유엔군이 한반도에서 가장 좁은 이 지역(신안주-흥남 전선 근처)까지 나아가게 할 준비를 하고 있는 것으로 생각됩니다.

몇몇 대사들이 자국의 정부로부터 얻은 정보에 따르면, 애치슨[1] 미 국무장관

---

1) 딘 애치슨(Dean Acheson, 1893-1971). 트루먼 행정부의 미 국무부장관. '애치슨라인'과 '애치슨 플랜'으로 유명.

과 모리슨[2] 영국 외무장관이 최근 워싱턴에서 회동했을 때 이 같은 전진 작전이 다루어졌으며, 애치슨은 휴전협상이 실패로 돌아갈 경우 엄중한 행동에 나설 것이라고 분명히 말한 것으로 보입니다. 리지웨이 장군은 시베리아 쪽 압록강까지 밀고 나갈 군력이 있는 ㅁㅁㅁ 전진에 반대하지는 않지만 거기에서 견디지 못할 것입니다. 그러나 한반도 '목 부위'까지는 북진해 그곳에 굳건히 진을 칠 능력은 되었습니다.

이 공격을 준비하면서 지난여름 제8군이 제한적 목표들을 향해 쉴 새 없이 공격을 가하는 동안 휴전협상은 아무 성과 없는 논의로 빠져들고 있었습니다.

리지웨이 장군이 정치적으로 심각한 결과를 불러올 수 있는 중요한 군사적 결정을 내렸을 때, 브래들리 장군과 볼렌은 한국을 방문함으로써 현지 사령부의 의견과 미 국방부 및 국무부의 의견을 조율했을 것입니다. 브래들리 장군이 시찰을 돈 후 10월에 발발한 유엔군의 서부지구 공격이 이 점에서 특징적입니다.

6. 개성 협상이 불발되고 샌프란시스코에서 이루어진 해결안에 소련이 계속해서 극심한 적대감을 보이는 데 우려하고 있는 일본은 브래들리 장군의 한국 방문이 안전 협정에 보충되어야 할 행정적 타협안 구상과 관련 있을 거라 생각하기에 이르렀습니다. 일본은 극동지역 사태가 악화되면서, 미국 사령부가 일본 영토 방어를 위해 처음에 예정했던 병력수를 크게 늘릴 것을 고려하게 된 것이라고 믿고 있습니다. 신문들은 그 수치를 100,000명에서 200,000명까지 보고 있는데, 이는 이런 추측들이 모두 얼마나 억지스럽고 불확실한 것인지를 충분히 보여줍니다.

한국 상황의 변화는 일본의 안전 보장을 위해 취해야 할 조처의 핵심 영역 중 하나임에 변함이 없습니다. 휴전협정이 완전히 실패로 돌아가고 그 같은 전개의 속성 상 체계적인 파기가 이루어지면서 ㅁㅁㅁ 적대행위가 본격적으로 재

---

[2] 허버트 모리슨(Herbert Stanley Morrison, 1888-1965). 영국의 정치가, 영국노동당 간부. 1920-1950년대에 걸쳐 하원의원, 부총리, 추밀원 의장, 외무장관(1951.3-1951.10) 등을 역임.

개된다면, 안전조약 이행에 따라 미 외교부 및 군 사령부가 부과 받은 가뜩이나 민감한 업무가 더 복잡해지기만 할 수도 있습니다.[3]

드장

[3] 중요 단어 누락으로 인해 일부 내용을 추정 번역함.

【225】양측 총사령관의 서신 왕래(1951.10.5)

[전   보] 양측 총사령관의 서신 왕래
[문 서 번 호] 2069
[발 신 일] 1951년 10월 5일 20시
[수 신 일] 1951년 10월 5일 18시
[발신지 및 발신자] 도쿄/드장(주일 프랑스대사)

사이공 공문 제1356호

김일성 장군과 펑더화이 장군이 10월 3일에 발신해 어제 유엔군 총사령관이 수신한 전언의 내용은 이러합니다.

"리지웨이 장군. 귀관의 9월 27일자 답신을 잘 받았습니다. 귀관은 서신에서 9월 6일에 당신이 이미 제안했었고 9월 11일에 우리가 서신을 통해 거절했던 회담 변경 사항을 또 다시 제안하고 있습니다. 우리는 귀관의 제안을 완전히 명분 없는 것으로 간주합니다. 귀관은 개성을 회담 장소로 하는 데 동의했습니다. 개성지대의 중립화는 귀관의 7월 13일 제안에 따라 상호 동의하에 결정된 사안입니다. 그때 이후로, 귀관이 만족하는 방식으로 우리가 빠르게 해결 지었던 8월 4일자 우발 사건을 제외하면 귀관은 개성지대 중립화에 대해 어떤 불만도 나타낸 적이 없습니다. 8월 22일 이후, 휴전회담 중단은 오로지 회담의 진전을 불가능케 만든 귀관 측의 개성지대 침범 사건 때문에 벌어졌습니다. 귀관이 9월 10일에 유엔군에 이곳 침범 사실을 인정했고, 귀관이 이에 대한 책임을 인식하고 사건을 해결할 의사를 표했기에 우리는 이내 회담 재개를 제안한 것입니다. 따라서 시급한 문제는 개성에서의 휴전협상을 속히 재개하는 것과 회담 시, 이 협상을 어기고 사건이 재발되는 일이 없도록 보장할 매우 엄격한 개성지대 중립화 협정을 공식화하는 것입니다. 주된 몸통에서 부차적인 가지들이 돋아나게 해서는 안 됩니다. 귀관은 회담 장소를 변경하는 문제를 또 다시 제기해서는 안 될 것입니다. 귀관이 제안했던 개성지대 중립화 문제를 귀관이 일부러 어겼다고 ㅁㅁㅁ는 쉽게 확인될 것입니다. 귀관의 제안에 따라 우리가 회담 장소를 변경한다 해도 귀관이 협상을 중단시키거나 파기하고 싶어지면 또 다시 이를 어기지 않을 거라고 어떻게 장담할 수 있겠습니까? 현재 협상은 이보다 더 악화될 수는 없을 지경에 와 있습니다. 이런 상황에서 귀관의 비상식적 요구가 위협이 아니라면 그 목적은 회담을 계속해서 오래 끌기 위한 새로운 구실을 만들려는 것뿐이겠지요. 우리가 협상에 대해 진정성 있고 책임 있는 태도를 가지고 있다는 것은 전 세계가 알고 있습니다. 그러나 협상을 재개해서 결론을 도출해야 하느냐 마느냐의 문제는 우리가 일방적으로 결정할 수 없는 일입니다. 분명히, 귀관 또한 협상에 대해 우리만큼 진실성 있고 진지한 태도를 보이고, 논의가 빗나가는 일이 없도록 노력해야만 협상은 어떤 어려움도 없이 모든 참전국 국민들이 우려하며 기다리고 있는 합리적인 결론에 다다를 수 있을 것입니다. 따라서 본인은 양측 대표들이 즉시 개성에서 회담을 재개할 것을 다시 한 번 제안합니다. 첫 회의에서는 개성지대 중립화에 관한 구체적인 타협안을 공식화하고 휴전협상을 위해 그 실행을 보장할 기구를 결정해야 할 것입니다. 귀관이 동의한다면 우리 측 연락장교들이 양측의 개성 회담 재개 문제를 논의하기 위해 귀측 연락장교들과 만날 겁니다.

김일성 조선인민군 최고사령관, 펑더화이 중국인민지원군 총사령관"

위의 전언에 대해 리지웨이 장군은 같은 날인 10월 4일 19시에 다음의 전언으로 답했습니다.

"9월 27일자 본인의 서신에 대한 답신으로 귀관이 보낸 10월 3일자 서신을 잘 받았습니다. 본인은 이미 귀관에게 개성이 회담 장소로서 부적절하다는 의견을 전했습니다. 이 장소에서는 움직임과 통제의 자유가 동일하게 보장될 수 없음이 여러모로 증명되었습니다. 휴전협상 재개를 위한 만족할만한 조건을 얻으려면 회담 장소를 양측 중 어느 쪽에서도 독점적으로 통제하지 않는 지대로 옮겨야 합니다. 송현리에서 만나자는 본인의 제안을 귀관이 거부하였으므로 본인은 우리 대표들이 귀관이 선택하고 본인이 수용할 수 있는 장소에서 모일 것을 제안합니다. 그 장소는 양측 전선 각각으로부터 거의 중간 지점에 위치해야 하며, 본인의 1951년 9월 27일자 전언에서 구체적으로 언급했던 조건 속에서 휴전협상이 빠르게 재개될 수 있어야 합니다.

서명: 리지웨이."

드장

【226】 한국전쟁에 대한 총사령관의 의견(1951.10.6)

[전 보]	한국전쟁에 대한 총사령관의 의견
[문 서 번 호]	2080-2081
[발 신 일]	1951년 10월 6일 09시 50분
[수 신 일]	1951년 10월 6일 10시 10분
[발신지 및 발신자]	도쿄/드장(주일 프랑스대사)

보안

신임 영국 사절단장인 에슬러 데닝[1] 경은 어제 총사령관과의 첫 면담에서, 휴전에 관한 정식 동의 없이는 사실상 양측이 모든 군사작전을 삼가는 상황이 확립될 수 없지 않느냐고 물었습니다.

장군은 그런 상황은 군의 사기 유지와 양립될 수 없을 것이라고 대답했습니다.

총사령관은 가까운 시일 내에 한국전쟁이 종료될 일은 거의 없을 것으로 생각하고 있습니다.

다른 대사와의 면담에서 사령관은 공산 측이 알린 개성지대 사건들 중 몇 건은 아마 남한 정부와 무관하지 않을 것이라고 분명히 알린 바 있습니다.

드장

---

[1] 에슬러 데닝(Esler Dening, 1897-1977). 영국 외무부차관. 극동문제 전문가. 주일 영국대사(1952-1957) 역임.

【227】 한국 전선의 상황(1951.10.6)

[전 보] 한국 전선의 상황
[문 서 번 호] 2085-2087
[발 신 일] 1951년 10월 6일 09시 30분
[수 신 일] 1951년 10월 6일 15시 25분
[발신지 및 발신자] 도쿄/드장(주일 프랑스대사)

사이공 공문

10월 3일 서부전선에서 시작한 공격이 성공적으로 이어지고 있습니다. 이 공격을 실행 중인 유엔군 5개 사단은 다음과 같이 서에서 동으로 포진해 있습니다.

남한군 제1사단, 영연방 사단, 미 제1기병사단과 그리스 및 태국 분견대, 미 제3보병사단, 벨기에 및 필리핀 제6대대, 미 제25보병사단. 처음에는 매우 강력했던 적군의 저항이 약해지고 있습니다. 유엔군은 ㅁ ㅁ ㅁ 전선에서 7km 전진했습니다. 현재의 전선은 고공포에서 시작해 기공을 거쳐 김화 근방 옛 전선을 회복했습니다.

10월 3-4일에 1,000명에 달할 정도로 상당했던 병력 손실이 어제는 감소했습니다.

적군은 진지를 포기하고 새로운 저항선으로 후퇴해야 했습니다.

동부지구에서는 프랑스 대대를 포함한 제23보병연대 부대들이 5일 야간에 오래전부터 격전지였던 '단장의 능선' 중 931고지를 점령했습니다.

동해안에서는 1개 유엔군 정찰대가 저항 받지 않고 고성에 들어가 석방된 민간인 16명과 포로 1명을 데리고 나왔습니다.

10개월 만에 처음으로 제7함대가 흥남만에 다시 나타나 항구와 마을을 격렬

한 폭격 속에 몰아넣었습니다. 공격은 장갑함 '뉴저지'호와 중순양함 '헬렌'호, 구축함 4대에 의해 수행되었습니다.

국방부에 긴급 보고 요망.

드장

암호과 추신: 인쇄 방식과 상관없이 본 전보는 일체 재전송된 바 없음

【228】 한국 전선의 상황 및 합참의장의 전선 시찰 반응(1951.10.6)

[전 보]	한국 전선의 상황 및 합참의장의 전선 시찰 반응
[문 서 번 호]	6966-6970
[발 신 일]	1951년 10월 6일 10시(현지 시간), 15시(프랑스 시간)
[수 신 일]	1951년 10월 6일 15시 15분
[발신지 및 발신자]	워싱턴/보네(주미 프랑스대사)

뉴욕 공문 제1522호

오늘 오후 한국참전국대표회의에서 미 국방부는 현재 유엔군이 서부전선에서 행하고 있는 공격을 제한된 목표에 대한 공세라고 표현하면서, 이 경우에는 적군을 불안정한 상태에 잡아두는 것이라고 했습니다.

제1군단에는 영연방 3개 여단, 미 제1기병사단, 미 제3사단(후자인 2개 부대는 모든 병력을 투입하지 않음)이, 제9군단에는 미 제25사단 1개 연대와 터키 여단이 이 공격에 가담하고 있습니다. 지난 수요일에 유엔군이 8-11㎞를 전진한 후에 중공군은 격렬히 저항했으나 유엔군이 전진해 얻은 성과를 도로 빼앗지는 못했습니다.

러스크 미 국무차관보는 한국에서 돌아온 브래들리 장군, 볼렌 고문과 나눈 대화를 참고해, 이틀 전에 발발했던 공격과 같은 성격의 유엔군 공격이 머지않아 분명 여러 차례 있을 것이라고 했습니다.

뿐만 아니라 국무차관보는 브래들리 장군이 한국 전선에서 이틀을 보내는 동안 유엔군 군단 사령관들을 모두 만났다고 했습니다.

그의 말에 따르면 브래들리 합참의장은 유엔군의 상태에 매우 긍정적인 인상을 받고 크게 고무되어 워싱턴으로 돌아왔습니다. 유엔군이 곳곳에서 주도권을 잡고 있었고 모든 병사들이 자신감에 가득 차 있었다고 합니다.

브래들리 장군은 남한군의 발전된 훈련 모습을 특별히 만족스럽게 바라보았습니다.

얼마 전부터 ㅁㅁㅁ는 북한에서 내려오는 피난민 수의 증가를 목격하고 있습니다. 미 참모본부는 이를 적군의 물자 보급 상태가 어렵다는 징후로 봐야 한다고 생각합니다.

(이하 판독 불가)

보네

【229】 공산군 사령관들의 내분(1951.10.7)

[우　　　편]　공산군 사령관들의 내분
[문 서 번 호]　2089
[발　신　일]　1951년 10월 7일
[수　신　일]　1951년 10월 22일 18시 00분
[발신지 및 발신자]　도쿄/드장(주일 프랑스대사)

보안

2급 비밀

사이공 공문 제1372호

워싱턴 공문 제766호

뉴욕 공문 제625호

런던 공문 제3호

북한 공산군 사령관들의 내분

1. 도쿄 미 사령부에 도착한 정보에 따르면 북한 공산당 내부에는 소련파, 연안파, 그리고 '국내파' 혹은 순수 북한파라는 3개 주요 계파가 있는 것으로 보입니다. 각 계파의 지도자는 김일성, 김무정,[1]　□ □ □[2]입니다.

첫 번째 종파는 만주의 반일 세력 분자들로 구성되어 있습니다. 중일전쟁 초기에 소련으로 피신했다가 1945년에 북한으로 돌아와 북한 정부의 핵심적 위치에 오른 이들입니다. 이 종파 구성원 중 몇 명은 소련에서 태어나 소련 국적을

---

[1] 김무정(金武亭, 1905-1951). 조선의 독립운동가로 활동하다가 해방 후에는 조선민주주의인민공화국의 군인이자 정치인이 되었음. 북한 연안파를 이끌다 숙청당했음.

[2] 박헌영으로 추정.

가지고 있습니다.

두 번째 종파는 중국 공산당의 지원을 받고 있습니다. 중국 연안 지방에 피신해 마오쩌둥의 보호를 받으며 그의 "신민주주의" 원칙에 젖어있었던 북한 사람들로 구성됩니다. 소련군이 북한을 점령하고 김일성이 소련 정부의 심복으로 심겨졌을 때 연안파는 안동에 모였다가 ㅁㅁㅁ로 돌아가 김무정을 지도자로 세웠습니다.

(부분 판독 불가)

ㅁㅁㅁ 이 종파는 중국 공산당이 한국에 개입하기 전까지는 뒤에 머물러 있었습니다. 그러나 그 후로는 중공군 세력을 등에 업고 지원을 받으며 영향력을 행사하게 되었습니다. 반면 소련은 물질적 원조만을 해주었습니다.

친 중국계 북한 사람들 중에는 포병연대 사령관이자 북한-중공 연합사령부 사령관인 김무정, 내무상이자 연합사령부 부사령관인 박일우,[3] 북한사령부 사령관인 김창만[4]이 있는데, 이들은 북한의 군과 정부에서 각종 지휘권을 행사하고 있고, 자기들 말로는 중공군과 조화로운 협력 관계를 보장할 수 있다고 합니다. 모든 친중국계 북한 장교들은 중국의 영향 밑에서 빠르게 진급했습니다. 대대급 이상의 군부대를 지휘하는 북한군 장교 4분의 3이 친 중국계 공산당원들입니다.

박일우는 서로를 융화시키는 데 전념했고 이에 상당한 성공을 거둔 것으로 전합니다. 김일성 측근인 젊은 장교들이 수상에게 적대적인 계파를 제거하려 했을 때 이를 가라앉힌 것도 그였다고 합니다.

[3] 박일우(朴一禹, 1903-1955). 독립동맹 중앙위원, 조선민주주의인민공화국 내무상, 중공 연합사령부 부사령관 등 요직을 두루 거쳤으나 북한 연안파를 이끌다 숙청당함.
[4] 김창만(金昌滿, 1907-1966). 한국 독립운동가, 북조선노동당 선전선동부장, 사동(寺洞)간부학교 교장, 조선노동당 중앙위원회 부위원장, 북한최고인민회의 외교위원회 위원장, 조선노동당 중앙위원회 상무위원, 조국평화통일위원회 상무위원 및 당 중앙위원회 부위원장 겸 정치위원, 내각 부수상 등 요직을 거쳤으나 주체사상에 위반되는 선전선동활동을 하였다는 이유로 숙청당함.

최근 정보에 따르면 중국과는 개별적으로 소련과 북한의 공산당들은, 친 소련계 북한 지도자들의 통제 하에 있는 북한의 기세를 꺾기 위해 코민포름의 지원을 요구한 것으로 보입니다. 그들은 유럽 군부대의 참전은 한국에 국제연합사령부 창설을 정당화한다고 주장합니다. 국제연합사령부가 창설되면 중국은 중요한 정치적 결정을 내리는 데 필요한 권위를 빼앗길 수도 있습니다. ㅁㅁㅁ에 소련과 그 위성국들의 열정적인 부대들로 구성된 다국적군이 대규모로 존재할 경우가 많은 것은 중국의 영향을 물리치려는 목적일지도 모릅니다.

2. 미국 제2사무국에도 들어온 ㅁㅁㅁ 정보에 따르면, 중공과 북한 간 의견은 불협화음을 내고 있으며, 북한 군 지도부와 정치 지도부 사이에서 이에 대한 비난의 목소리가 점차 커지고 있는 것으로 보입니다. 중국의 영향 아래 북한군 장교들은 당이 정한 노선으로부터 점점 더 멀어지고 있는 듯합니다. 이 문제는 9월 13일의 특별회담에서 중국과 북한 간에 높은 수준으로 다뤄진 것으로 보입니다. 북한 정치 지도부는 중국 정치 지도부 밑으로 들어가는 것으로 결정된 듯하며, 이는 중국 정부의 성공을 나타냅니다.

중국은 북한이 붕괴되기 직전이라고 주장했을 뿐 아니라 다음과 같은 논거를 주장한 것으로 보입니다.

1) 북한군에서는 탈영이 너무 많이 발생하고 있다. 후방으로 돌아간 군대에서도 마찬가지다.
2) 북한군에게는 사용 가능한 장비가 거의 없다(중국에서 아주 조금 제공하기는 하나 그마저도 소련이 강제할 때뿐이다).
3) 겨울이 다가오면서 북한 인민들의 사기가 바닥에 떨어졌다. 사람들은 공산군이 패전하기를 원한다. 8월 15일 이전에 진남포, 대동, 진지동 근처 도시들과 평양에서 폭동이 일어났었다.

지난 7월에는 중국 정치 사절단이 북한으로 와서 펑더화이 장군을 보좌했을 것으로 보입니다.

이 사절단은 소련의 압력 아래 중국-북한 연합 사절단으로 탈바꿈했을 것입니다. 그러나 9월 2일에 소련 정부가 북한으로부터 정치적 문제에 대한 결정권을 빼앗고 을 만주의 장춘으로 이전시킨 것 같습니다. 그때부터 정치적 결정은 오로지 중국과 소련 공산당에 의해 이루어지고 북한에는 훈령을 내리게 된 것 같습니다.

3. 유엔군 대표들이 개성에서 알아차릴 수 있었던 북한과 중국 사이의 문제점이 휴전협상 기류에 어떤 영향을 준 것이 확실하다고 볼 수 있습니다.

그러나 현재 알고 있는 정보로 보면, 아직 소련과 중국, 북한 공산당 간의 불협화음이 한국전쟁의 전개에 큰 영향을 미칠 만큼 그렇게 심각한 수준이라고 할 수는 없습니다.

국방부에 전달 요망.

드장

【230】 연락장교회의에 관한 공산군사령부의 전언(1951.10.8)

[전   보] 연락장교회의에 관한 공산군사령부의 전언
[문 서 번 호] 2094
[발   신   일] 1951년 10월 8일 01시 30분
[수   신   일] 1951년 10월 9일 14시 30분
[발신지 및 발신자] 사이공/드장(주일 프랑스대사)

리지웨이 장군의 제안에 따라 공산군사령부는 어제 10월 7일 오후에 연락장교들이 만나던 장소인 판문점에서의 즉각적인 협상 재개를 제안했습니다.

동시에 공신군사령부는 새로운 협상 장소가 거의 중간에 위치하도록 개성 중립지대가 문산까지 확대되기를 제안했습니다. 첫 회의에서 합작기구가 새로운 중립지대의 경계를 규정하고, 매우 엄격한 규칙은 물론 이를 확실히 준수하기 위한 방안을 정할 것도 제안했습니다.

10월 7일 16시에 판문점에서 유엔군 연락장교에게 전달된 공산군의 메시지는 18시에 평양에서 한국어로, 북경에서는 중국어와 영어로 라디오 방송되었습니다. 다음은 북경라디오의 방송 내용을 번역한 것입니다.

인용

리지웨이 장군, 우리는 10월 4일자 귀관의 메시지를 잘 받았습니다. 회담 장소를 개성에서 다른 곳으로 변경할 이유는 전혀 없습니다. 우리는 지난 9월 11일과 10월 3일자 메시지에서 이 점을 분명히 밝혔습니다. 귀관은 이전 메시지에서 회담 장소를 변경하는 데 대한 어떤 새롭고 합리적인 명분도 제시하지 못했습니다. 따라서 귀관의 변경 요구는 받아들여질 수 없습니다.

이러한 요구는 휴전협상을 미루거나 중립지대 침범에 대한 책임을 모면하

고자 하는 의도를 숨기려는 시도입니다. 그 침범 사건들은 이제 분명한 역사적 사실입니다. 또한 장소가 바뀌더라도 그러한 사실은 지워질 수 없습니다.

(부분 판독 불가)

모두가 알고 있듯이 현 시점에 양측 대표들에게 제기되는 문제는 협상 재개를 위한 실질적인 기반에 대해 논의하고 결정하는 것입니다.

양측은 공동의 동의하에 채택될 결정들에 책임을 져야 합니다. 과거에 귀관은 중립지대에 대한 감시를 하지 않아서 벌어진 귀관 측 침범 사건에 대해 우리에게 변명한 적이 있습니다.

귀관이 협상을 재개할 마음이 정말로 있는지 밝히기 위해 우리도 그런 방향에서 또 다른 노력을 할 것입니다. 이 같은 목적에서 우리는 중립지대의 범위를 개성과 문산을 포함하는 타원형으로 확대하고, 휴전협상 장소는 판문점으로 이전할 것을 제안하는 바입니다.

이 장소의 안전을 보장하기 위해 양측 대표들이 판문점에서 즉시 회의를 재개할 것을 제안합니다. 첫 회의에서는 중립지대 확장에 대해 논의할 것입니다. 그리고 양측의 참여로 특별기구가 설치될 것입니다. 이 기구는 중립지대에 관한 구체적이고 엄격한 규칙을 정하고 이에 대한 준수를 책임지는 일을 담당할 것입니다. 우리는 휴전협상이 이 같은 기반에서 재개될 것을 제안합니다.

귀관 측에서 우리의 제안을 받아들인다면, 양측 대표들 간의 협상 재개에 관한 문제들을 논의하기 위해 우리 측 연락장교들이 즉시 귀관 측 연락장교들과 만날 것입니다.

김일성. 펑더화이.

국방부에 전달 요망.

드장

【231】 소련에서 커크 대사의 임무(1951.10.4)

[비 망 록]　소련에서 커크 대사의 임무
[문 서 번 호]　미상
[발 신 일]　1951년 10월 4일
[수 신 일]　미상
[발신지 및 발신자]　파리/미상

비망록

10월 5일 금요일 커크[1] 대사는 모스크바에서 비신스키[2] 소련 외무장관을 만나 자신이 10월 6일에 소련을 떠나 파리 유엔총회 회의에 참가하려 한다는 말을 전하라는 미국 정부의 훈령을 받았다. 그는 소련으로 돌아오지 않을 수도 있으나, 자신의 후임이 확정되기를 기다리는 동안 계속 대사직을 수행하면서 어쩌면 소련에 단기 예정으로 돌아올 수도 있다는 말도 덧붙일 것이다.

커크 대사는 단기 또는 장기로 모스크바를 떠나기 전에 이 기회를 빌려 현재 국제적 긴장을 불러일으키며 미국과 소련의 관계 개선을 가로막고 있는 몇 가지 문제들에 대해 논의하고 싶다고 할 것이다. 그는 한국 휴전협상에만 관련된 훈령을 받아 발언의 기초로 삼을 것이며, 그 내용은 다음과 같다.

현재로서 가장 중요하고 긴박한 사건은 한국사태이며, 휴전협상은 이 문제에 있어 가장 당면해 있는 일이다. 상호 수락 가능한 규정들을 기반으로 한국 내

---

[1] 앨런 커크(Alan G. Kirk, 1888-1963). 주소련 미국대사(1949-1951). 해군 장관 출신으로 룩셈부르크, 대만 주재 대사 역임.

[2] 안드레이 비신스키(Andrei Yanuar'evich Vyshinskii, 1883-1954). 소련 외무장관 및 주유엔 수석대표 역임.

전투를 중지한다면 긴장을 늦출 수 있을 뿐 아니라 다른 심각한 국제 문제들을 해결하기 위한 추후의 건설적 방안들을 채택할 수 있는 분위기도 조성될 것이다.

유엔 사령부와 북-중 협상가들 간 논의 전개 상황은 미국 입장에서 도무지 이해가 가지 않는다. 휴전선에 대한 북-중의 제안은 현 군사적 상황뿐 아니라, 예전에 말리크 대사가 했던 말을 해명하러 6월 27일에 커크 대사가 그로미코[3] 대사를 찾아왔을 때 그로미코 대사가 커크 대사에게 말한 것을 전혀 고려치 않은 것이다. 그로미코 대사는 그 방문에서 소련 정부가 군사 휴전 결정을 위해, 서로 대립 중인 사령부들 간의 회의를 열 생각이라고 알렸었다. 거기에는 정전이 포함되며, 정치나 영토 문제는 전혀 다루지 않고 오직 군사 문제에만 제한할 것이라면서 말이다. 유엔 사령부는 상대 진영의 협상가들이 엄격하게 군사적이지 못한 휴전선을 고집하는 모습을 보고 놀라움과 실망을 감추지 못했다. 이는 복잡한 영토와 정치 문제까지 끌어들임으로써 유엔 사령부가 협상을 시작했을 때 협약했던 바에 어긋날 뿐만 아니라 만족스러운 휴전선 설정을 위한 군사적 필요에도 적합하지 않은 것이다. 유엔 사령관을 한 축으로 하고, 어떤 국제적 지위도 행사하지 못하는 북한 체제와 중국 '인민지원군' 어쩌고 하는 것의 대표자라고 하는 사령관들을 또 다른 축으로 하는 이 둘 간의 군사적 대화 속에서 중요한 정치적 결정이 내려지는 것은 받아들일 수 없다. 미 정부는 휴전에 이르기 위해 도움을 줄 기회를 소련 정부에 제공할 수 있으리라는 생각에서 유엔 사령관이 그런 군사적 대화에 참석하는 것을 허락했다. 그렇다고 해서 미국이 이토록 막나가는 공산군 인사와 회담하며 중요한 정치적 문제들을 논의할 준비가 되었다는 뜻은 아니다. 한국문제 해결에 관한 정치적 문제들은 책임을 기반으로 해서 유엔과 해당 정부들이 휴전을 맺은 후에 다루어져야 할 것이다.

(부분 판독 불가)

[3] 안드레이 그로미코(Andreï Gromyko, 1909-1989). 유엔 안보리 대표. 주미 소련대사, 외무장관 등을 역임.

그는 말리크 대사의 연설이 특정적으로 38선과 연관된다고 할 수 있고, 애치슨 미 국무장관이 6월에 미국 의회 위원회에서 38선이 휴전 결정을 위해 받아들일 수 있는 기초일 것이라고 선언한 것을 상기할 수도 있다. 비신스키 장관이 말리크 대사와 애치슨 장관의 말을 인용한다면, 커크 대사는 6월 27일에 그로미코 대사가 자신에게 했던 말과 함께 그 같은 휴전은 가장 중요도 높은 정치와 영토 문제를 내포하고 있다는 사실을 재차 알릴 것이다. 그는 세계대전 이후 전 세계에 생겨난 모든 문제와 모든 긴장의 원인 중에서도 한국문제가 가장 심각한 사안이라고 덧붙일 것이다. 1950년 6월 25일 대한민국을 침범한 것은 다른 것으로 가장될 수 없는 분명한 북한의 침략행위였다. 이는 세계 도처에 알려진 사실이다. 전쟁 초기에 북한군이 거의 부산까지 치고 내려온 사실만 봐도 공격의 책임이 누구에게 있는지를 분명히 알 수 있다. 그러나 그는 일어난 일에 대한 성과 없는 논의를 지금 시작할 마음은 없고 단지 비신스키 장관에게 한국의 휴전협상이 현재 얼마나 난관에 빠져 있는지를 알리고 싶다고만 계속해서 말할 것이다. 그리고 북한-중공 협상가들이 양 진영의 안전을 보장하고 유엔과 각국 정부가 다루어야 할 정치와 영토 문제로 복잡해지는 일 없는 현실적인 휴전협정을 맺을 수 있도록 소련 정부가 행동했으면 좋겠다고 덧붙일 것이다.

커크 대사는 소련 정부가 소련 밖 국제 상황이 어떻게 전개되고 있는지와, 미국과 다른 국가들이 공동의 문제 해결에 있어 타협이나 협력의 여지가 없다고 밝혀진 소련의 정책 앞에 어떤 태도를 보이는지에 관해 철저하고 객관적인 보고를 받는 것으로 추정된다고 말할 수도 있다. 추후에는, 다른 국가들이 자신들의 삶의 방식과 독립을 방어하기로 했다는 것을 소련 정부에 말할 필요가 없다고 할 수도 있다. 현재 미국과 다른 정부들이 자국의 안전성을 높이기 위해 취하고 있는 방안들은 오로지 방어만을 위한 것이라고 말이다. 또 소련 정부는, 미국이 소련이나 어떤 국가에게라도 공격적 목적을 품고 있지 않으며, 국제 관계를 악화시키는 핵심적인 문제들을 해결할 수 있도록 하는 안전 및 신뢰의 정신을 전 세계 국가들 사이에 곧 다시 세울 수 있기를 바라고 있다고 확신할지도 모른다는 말을 할 수도 있다. 그는 가령 즉시 첫 발걸음을 내딛는 것처럼 한국의 휴전협정에 유리하게 상황이 변화하는 것보다 이에 더 기여하는 것은 없을 것이라며 말을 맺을 것이다. 이렇게 한국에서 휴전을 맺지 않고는 전 세계에 나타나고 있는 다른 문제들에 대한 실질적 해답을 얻을 기회가 거의 없거나, 아예 없을 것이다. 한국이 휴전에 들어간다면, 현재의 긴장 상황을 풀기 위해 취할 수 있는 다른 방안들에 대한 유용한 논의로 시야를 넓힐 수 있을 것이다. 그리고 미국 정부의 진심어린 요망은, 휴전이 성립되게 되고 소련 정부가 이런 목적에서 행동하는 것이다.

여기에서 '시야가 무엇을 뜻하는지 구체적으로 설명하라는 요구를 받는다면 커크 대사는 분명 일반적인 진술만을 대답으로 내놓을 것이다. 자신은 현재 구체적으로 들어가거나 특정적인 질문을 언급할 준비가 되어 있지 않다고 말이다. 그러나 그는 파리에서 열린 대리인 회담에서 제기된 질문들과, 유엔 안팎의 다른 일반적인 문제들에 빗대어 말할 수는 있을 것이다.

커크 대사는 자신의 행보를 구술 설명과 비신스키 장관에게 쓴 비망록 □ □ □로 한정할 것이다.

1951년 10월 4일, 파리

【232】 미 대사가 국무부에 제출한 비망록(1951.10.8)

[전　　　　보]	미 대사가 국무부에 제출한 비망록
[문 서 번 호]	미상
[발　신　일]	1951년 10월 8일
[수　신　일]	미상
[발신지 및 발신자]	파리/미상

1급 비밀

번역문

미 대사가 1951년 10월 8일 국무부에 제출한 비망록

커크 제독의 비신스키 장관 방문

커크 대사는 10월 5일 금요일 2시에 모스크바에서 비신스키 소련 외무장관을 만나, 1951년 10월 4일자 대사관 비망록에 규정된 대로 미국 정부의 의견을 알렸고, 아래와 같은 방향으로 보충 진술도 했습니다.

유엔 사령부는 휴전이 성립되기를 진심으로 바랍니다. 그러나 개성을 회담 장소로 택해서 지내온 경험에 비추어 볼 때, 이곳이 안전한 협상을 보장하기에 적합하게 보호받지 못한다는 것이 확실히 드러납니다. 유엔 사령부가 양측 어느 편의 통제도 받지 않으면서 양측이 자유롭게 접근할 수 있는 다른 장소를 선택하자고 주장한 것은 모든 사고 가능성을 차단하고 성공 확률이 높은 협상의 재개를 보장하기 위한 것입니다. 개성 말고 다른 곳으로 장소를 변경하는 쪽으로 협상을 제안하면서 유엔 사령부가 목표한 것은 오로지 동등한 권

리와 접근이 가능한 정말 중립적인 지대에서 협상을 재개하고, 지금까지 협상에 독이 되었던 사고들과 관련해 비방과 맞비방이 이어질 가능성을 없애기 위한 것이었습니다.

유엔 사령부에 따르면, 정말 중립적인 다른 장소에 대한 동의가 양측에 의해 재빨리 이루어질 수 있으면 회담이 재개되는 일을 방해할 이유는 전혀 없습니다.

커크 대사는 이 구술 내용이 스탈린에게 전달되기를 요구했습니다. 비신스키 장관은 진술 내용을 서면으로 제출해주었으면 좋겠다는 요망을 표했으나 커크 대사는 그럴 수 없다고 했고, 이에 장관은 커크 대사의 지적사항들을 스탈린에게 전하겠다고 했습니다.

커크 대사의 논지에 대한 답으로 장관은 꽤 많은 말을 했습니다. 그는 우선, 대사가 사실과 완전히 일치하지 않는 지적을 한 상당히 많은 부분들에 대해 '진실을 바로 세울' 필요가 있다고 했습니다. 그는 한국 침략이 남한과 '간섭주의자들'의 소행이며 한국의 협상이 난항에 빠져있다면 그 책임은 미국과 리지웨이 장군에게 있음을 소련 정부가 증명했다고 했습니다.

비신스키 장관은 미국 사령부가 왜 협상을 중지시켰는지, 왜 개성이 협상 재개에 적합하지 않다는 것인지, 왜 미국 정부는 북한이 아닌 소련 정부에 말을 전하는 것인지 이해할 수 없다고 했습니다. 또 그는 협상의 목적은 군사 휴전인데 휴전선 문제가 왜 정치적 문제라는 것인지 모르겠다고 했습니다. 이 문제에 소련 정부가 관심이 있다는 증거는, 휴전협상 제안을 처음 제안한 쪽이 소련이었다는 것입니다. 따라서 소련 정부가 협상이 좋은 결과로 귀결되길 바랄 것임에는 의심의 여지가 없었습니다. 그는 커크 대사가 휴전을 바란다고 말한 것에 소련도 의견을 같이한다고 했습니다. 그러면서 비신스키 장관은 미국이 소련에 대해 아무런 공격적 의도가 없다니 기쁘지만 여러 가지 사실들이 오히려 그 반대로 생각하게 만든다며 사실과 말이 일치한다면 만사가 순조로울 것이라고 했습니다. 커크 대사는 우리가 평화적인 의도를 가지고 있다는 우리의 진술이 진실됨을 재차 표현했고, 이에 대해 비신스키 장관은 비꼬는 투로, "우리가 한 모든 진술은 '진실되다'고 받아쳤습니다. 그래서 커크 대사는 세계 도처에서 보이고 있는 소련 정부의 비타협적인 자세가 우리 상호간의 문제 해결에 도움이 되지 않았으며, 유엔과 다른 나라들에 대한 소련 정부의 태도는 세계 문제를 합리적으로 해결할 수 없게 만든다고 말했습니다. 비신스키 장관은 이해할 수 없다고 주장했고, 미-소 무역 협정을 언급하며 그것을 깬 것은 소련 정부가 아니라고 했습니다. 그는 계속해서, 무역 관계는 우호 관계를 세우는 최고의 기반이라는 것은 잘 알려진 사실이라고 했습니다. 이에 커크 대사가 지난 봄 파리 협상 때 소련 정부가 보인 비타협적인 태도를 지적하자, 그 협상을 끝낸 책임이 누구에게 있는지에 대해 서로 상반된 견해가 오갔습니다.

비신스키 장관은 한국의 휴전협상 결렬이 "두 정부의 입장에서 원치 않는 일련의 사건들을 발생시킬 수 있다"고 한 커크 대사의 말을 언급하며, "우리가 이 말을 어떻게 받아들여야 할까요…. 위협으로요?"라고 물었습니다. 커크 대사는 이를 부정하며, 그 말은 사실을 진술한 것으로 이해해야 한다고 하고는, 비신스키 장관은 역사에 대해 충분히 잘 알 테니 제한전(limited war)이 확대되는 경우가 많다는 것을 알 것이라고 덧붙였습니다. 비신스키 장관은 그 말이 위협으로 받아들여져서는 안 된다는 것을 알고 있으며, 제한전이 확대되는 것에 대해서는 당사자가 누구냐에 따라 다르다고 대꾸했습니다.

커크 대사는 예전에 했던 말을 언급하며 한국전쟁이 '걷잡을 수 없게 되는(get out of hands)' 일이 없도록 해야 한다는 데 소련과 미국이 동의했음을 인정할 수 있는지 물었고, 비신스키 장관은 그렇다고 대답했습니다. 그는 첫 휴전협상을 제안한 것은 미국이 아니라 소련이었다고 재차 말했습니다. 대사는 미국이 이 제안을 수락했었다고 말을 받았고, 이에 비신스키 장관은 "좋소. 그럼 이제 앞으로 나아가는 일만 남았군요"라고 대꾸했습니다.

커크 대사는 소련의 영향력이 느껴진다면 한국 협상이 성공적인 결과를 맺을 수 있는 지점에 도달한 것 같다고 말했습니다.

(부분 판독 불가)

□□□ 소련은 대미 임무 등 수많은 임무가 있고, 물론 소련은 미국 정부의 정책에 영향을 줄 수 없다고 □□□.

대사는 스탈린에게 다음과 같은 자신의 진술을 알릴 것을 거듭 당부하며 말을 맺었습니다. 즉, 미국은 소련에 어떠한 공격적 의도도 없으며, 미국 정부는 만약 소련 정부가 호의와 선의로 이에 기여하기를 바란다면 한국문제는 해결될 수 있을 것으로 생각한다고 말입니다. 비신스키 장관은 소련이 한국문제가 가능한 한 빨리 해결되기를 바라는 선의를 늘 보여 왔고, 이는 휴전협상을 소련이 주도하고 있는 것에서 확연히 드러난다고 대답했습니다.

비신스키 장관은 대사의 진술 중에서 많은 것을 받아 적었습니다. 면담은 상대적으로 화기애애한 분위기에서 이루어졌습니다.

1951년 10월 8일, 파리

[기 　　　 타]	휴전협상 실패 대비 조치에 대한 영국 정부의 반응
[문 서 번 호]	미상
[발 　신 　일]	1951년 10월 8일 15시 30분
[수 　신 　일]	미상
[발신지 및 발신자]	미상/헤이터[1](주불 영국대사)

2급 비밀

사본(영문)

　영국 정부가 지난 9월 14일 워싱턴에서 열린 3국 외무장관 회의에서 애치슨 미 국무장관이 제안한 행동 방침을 중심으로 정전협상 실패 시 한국에서 취해야 할 후속 방침에 관한 제안들을 검토했습니다.

　애치슨 국무장관은 협상이 결렬된다면 리지웨이 장군이 한반도 '허리'까지 북진할 수 있는 재량권을 갖게 될 것이며, 한국 영내 목표물 폭격에 관한 제한 지침은 모두 폐지될 것이라는 점을 회의에서 시사했습니다. 하지만 중국 영공 침범 금지 지침은 유지될 것이라고 했습니다. 만약 만주에서 대규모 공습이 시작된다면, 시간이 충분한 경우 리지웨이 장군은 원칙대로 워싱턴의 명령을 기다려야 하지만, 지휘권을 지키기 위해서 조금도 지체하면 안 된다고 판단할 경우에는 공격이 시작된 기지를 제거하기 위해 즉각 행동에 나서야 할 것이라고 했습니다.

　영국 정부는 정부가 명확히 승인하지 않는다면 아군이 한반도 허리까지 전격 진군해서는 안 된다는 입장입니다. 하지만 영국 정부도 중공군이 모종의 이유

---

1) 윌리엄 헤이터(William Hayter, 1906-1995). 주중, 주불, 주소련 영국대사 역임.

로 혼란을 겪고 사기를 잃는다면, 리지웨이 장군이 손발이 묶여 이러한 기회를 놓치게 되는 상황을 안타까워할 것이라 생각합니다. 이 같은 상황에서 아군은 최대 한반도 허리까지 진격할 수 있을 것입니다. 한편, 한국 영내 목표물 폭격 제한 지침(예: 압록강 댐과 나진)에 관해서는 총력전이 재개된다면 제한 지침을 폐지해야 하는 데는 동의했으나, 어떤 상황에서도 만주 국경을 넘어서는 안 된다는 점을 강조했습니다. 만주 공군 기지에 보복 폭격을 가하는 문제에 관해서는 공산군이 만주 기지로부터 대규모 공습을 가해온다면 한국의 유엔군도 해당 기지에 보복 공격을 실시해야 한다는 데에는 이론의 여지가 없습니다. 우리는 이것이 기본적인 의견이기는 하지만, 구체적인 사건이 일어나기도 전에 매우 심각한 여파를 가져올지도 모를 행동 방침에 영국 정부가 최종 동의할 수는 없다고 미국에 알렸습니다. 우리는 그러므로 앞서 말한 사태들이 발생한다면 리지웨이 장군의 작전을 승인하기 전에 우리와 상의해달라고 미국에 요청했습니다(미국은 아직 이를 수락하지 않았습니다).

이와 더불어 애치슨 국무장관은 정전협상이 실패할 경우 리지웨이 장군이 개성 휴전회담에 관한 세부 보고서를 작성하여 유엔에 제출하도록 하는 것이 어떻겠냐고 제안했습니다.

영국 정부는 이에 동의합니다. 아마도 유엔군 사령부는 유엔총회에 제출하기 위해 유엔 사무총장에 보고서를 전달할 수 있을 것입니다. 이때, 보고서는 협상 결렬의 원인이 북한과 그의 동맹에 있다는 사실을 분명히 밝혀야 할 것입니다.

애치슨 국무장관은 유엔이 한국에서의 목표를 다시 한 번 공포하고, 이미 파병한 국가와 아직 파병하지 않은 국가 모두에게 추가 파병을 요청해야 한다고 했습니다.

영국 정부는 유엔이 한국에서 작전을 실행하기로 한 결정을 다시 공포하고 추가 지원을 요청해야 한다는 데는 동의합니다. 하지만 추가 파병이 각국이 나토에 투입한 병력에 영향을 주어서는 안 된다고 생각합니다. 우리는 다른 병력 지원으로 인해 추가 파병이 불가합니다.

애치슨 국무장관은 유엔이 대중(對中) 금수 조치 강화를 포함한 추가 경제제재를 요청해야 한다고 했습니다. 그는 유엔 회원국에 자국 선박이 중국에 입항하는 것을 자발적으로 막도록 요청하고, 이를 어기는 선박에 대해서는 유엔군 해군이 개입하는 방안에 동의를 구하자고 했습니다. 물론 중국에 입항하는 소련 선박에 같은 조치를 적용하자는 이야기는 아닙니다.

영국 정부는 미국이 해군을 동원하여 중국 봉쇄에 나설 계획이 없다는 점에서 마음이 놓입니다. 하지만 유엔 회원국이 중국으로 향하는 모든 적하물에 금수 조치를 적용한다면 경제 봉쇄에 버금가는 악영향이 발생하리라 보며, 영국 정부는 이 같은 봉쇄 조치에 전적으로 반대하는 바입니다. 우리는 금수 조치가 단기적으로는 중국의 전쟁 수행 능력에 결정적인 타격을 입히지 못하며, 특히 많은 회원국(인도와 파키스탄 포함)이 계획에 동참하지 않으리라 보기 때문에 소기의 목적을 달성할 수 없으리라 생각합니다. 이와 더불어, 금수 조치는 홍콩에 매우 심각한 타격을 주고, 한층 큰 위협을 가할 것입니다. 하지만 우리는 5월 18일 유엔 결의안에 따라 기존의 금수 조치와 이를 강화하는 방안에 대해 기꺼이 논의할 것입니다.

애치슨 국무장관은 우리에게 일본군 재무장에 관한 미국 측 제안을 전달하며, 재무장의 목적은 한국 파병이 아니라 적군의 상륙에 대비하기 위한 일본도(島)의 방어와 국내 치안에 있다고 말했습니다.

영국 정부는 이와 관련된 시설 경비가 다른 나토 회원국에 전가되지 않고, 미국이 주일미군의 일부를 한국으로 이전 배치하는 데 필요하다면 일본 내 치안 부대를 최소한도로 재무장할 수 있다고 봅니다. 특히 일본의 재무장이 공식적으로 금지된 동안, 즉 평화협정이 발효될 때까지는 러시아를 더는 도발하지 않는 선에서 이러한 종류의 군대를 조직해야 할 것입니다.

(이하 판독 불가)

【234】 공산군의 전언에 대한 리지웨이 장군의 회신(1951.10.9)

[전 　 보]	공산군의 전언에 대한 리지웨이 장군의 회신
[문 서 번 호]	2095
[발 　 신 　 일]	1951년 10월 9일 03시
[수 　 신 　 일]	1951년 10월 9일 17시 05분
[발신지 및 발신자]	도쿄/드장(주일 프랑스대사)

사이공 공문 제1375호

본인의 전보 제2094호 참조

어제 저녁 리지웨이 장군은 공산군의 전언에 회신했습니다.

장군은 중립지대를 개성에서 문산까지 확대하자는 적군 사령부의 제안은 배제하면서, 판문점 인근에서 회담을 재개하자는 제안에는 원칙적으로 동의했습니다.

다음은 리지웨이 장군이 10월 8일 20시 30분에 보낸 답신 내용입니다.

인용

　김일성 장군과 펑더화이 장군. 1951년 10월 7일자 전언을 받았습니다. 이에 관해서는 앞서 본인이 보낸 전언들을 참조하기 바라며, 최근 몇 주간 협상이 지연된 책임은 귀측에 있다는 사실을 다시 한 번 분명히 알립니다.

　본인은 9월 27일과 10월 4일에 보낸 본인의 전언에서 양측이 회담장까지 동등하게 이동하고, 통행로와 회담 장소를 동등하게 통제하기 위해 지켜져야 할 필수 조건들을 밝혔습니다.

　다시 말하자면, 그 조건은 회담 장소가 양측 각 전초부대의 중간쯤에 위치해야 한다는 것입니다. 그래야만 각 측은 회담 장소 인근과 회담장 주변의 안전을 위해 각자의 책임을 다할 수 있을 겁니다.

중립지대 확대에 관한 귀측의 제안에 관해서, 본인은 새로운 개성·문산 회담장 주변에 작은 중립지대 하나와 이 두 장소에서 판문점까지 모든 공격으로부터 안전하게 이동할 수 있는 도로만 만들어도 충분하다고 봅니다.

판문점에 바로 인접한 장소가 동등한 이동 및 통제에 관한 필수 조건에 부합한다고 생각하기에, 그리고 이 장소의 중립성에 관한 본인의 의견에 귀측도 동감하기를 바라며, 10월 10일 10시 귀측 연락장교들을 접촉해 양측 대표단 협상 재개에 관한 문제를 논의하라고 우리 연락장교들에게 지시하겠습니다.

리지웨이

국방부에 전달 요망.

드장

【235】 볼렌 미 국무부 고문의 한국 방문 소감(1951.10.9)

[기　　　타]	볼렌 미 국무부 고문의 한국 방문 소감
[문 서 번 호]	7007-7018
[발　신　일]	1951년 10월 9일 08시(현지 시간), 13시(프랑스 시간)
[수　신　일]	1951년 10월 9일 17시 10분
[발신지 및 발신자]	워싱턴/보네(주미 프랑스대사)

보안

　　우리 대사관 직원 두 명이 볼렌 미 국무부 러시아 담당 고문과 오랜 시간 면담했습니다. 볼렌 고문은 최근 브래들리 장군과 함께 일본과 한국을 방문한 소감을 들려주었습니다.

　　1. 볼렌 고문이 군사적 상황에 관해 들려준 이야기는 드장 주일 프랑스대사에게 했던 이야기와 같았습니다. 그는 브래들리 장군과 함께 최전선을 전부 돌아보면서 대규모 미군 부대 및 다른 참전국 부대들의 사령관을 모두 만났다고 말했습니다. 그의 소감은―리지웨이 장군이나 브래들리 장군의 소감과 같은 것으로 보입니다만―유엔군의 군사적 상황이 더할 나위 없이 안정적이었다는 것입니다. 그는 특히 유엔군이 현재 전선에서 취하고 있는 방어 조치들이 중공군의 새로운 공격을 저지하고 심지어는 새 공격에서 적을 궤멸하도록 해줄 것이라고 말했습니다. 반면에 적군에 관한 정보로 미루어보아 공산군사령부는 어려움이 큰 것 같다고 했습니다. 위생 상태는 나쁘고 물자 공급도 어려워 보인다고 말입니다. 특히, 그는 물자 공급에 관해서 아군 폭격대가 적군 측 철도망에 실시한 차단 작전으로 북한의 철도 수송이 사실상 마비된 상태였다고 말했습니다.

한 가지 의문점은 적군의 전투기 투입이 점점 증가했다는 것으로, 이에 따라 유엔군도 폭격 작전에 전투기 투입을 늘려야만 했습니다. 볼렌 고문은 미그기의 성능이 같은 급의 미군기에 절대 뒤처지지 않는다고 인정하면서도, 실제 교전에서는 미군기가 숫자로나 뒤졌지 교전 능력은 훨씬 압도적이었다고 지적했습니다. 그는 그 일부 원인이 미 참모본부가 이 점에 관해 수집할 수 있었던 정보에 따르자면, 거의 모든 적군기를 중공군이 조종한다는 데 있다고 봅니다. 물론, 소련 조종사도 일부 관찰되기는 했지만 말입니다. 한편, 그는 양측 모두가 공중전에서 입은 손실이 제한적이었던 이유는 짧은 교전 시간, 목표물 속도로 인한 명중률 저하, 프로펠러기보다 압도적인 제트기의 전력 때문이라고 설명했습니다.

(부분 판독 불가)

우리는 신중한 태도를 보일 계획이며, 리지웨이 장군은 그 필요성을 이해하여 현재로서는 점령지를 확장하거나 평양 인근의 한반도 병목 선상까지 북진할 계획이 전혀 없습니다. 반면, 우리 측은 38선으로 물러날 계획도 없는 듯합니다. 우리는 양 병력 사이의 전략적 지점에 분계선을 설정하고자 합니다. 그 지점은 우리가 현재 점하고 있는 전선 부근입니다.

볼렌 고문은 휴전협상의 세부 사항으로 넘어가서 그가 공산군에 대해 알고 있는 바와 같이 통제 관련 문제가 상당히 까다로울 것이라고 했습니다. 그는 양측 진영 사이에 중립지대가 설정되는 경우, 북한 사령부가 이 무인지대(no man's land) 내부에서의 통제 조치는 일부 받아들이더라도 중립지대 후방에서의 통제 조치에는 반대하리라 내다봤습니다. 그는 개인적으로는 이 조건을 너무 고집할 필요가 없다고 생각한다며 넌지시 말했습니다. 한편, 그에 따르면 포로교환 문제도 또 다른 난제가 될 듯합니다. 그는 유엔군 포로가 얼마인지는 정확히 모르나 실종자 숫자를 고려하면 16,000명을 넘을 수는 없을 것이라고 했습니다. 한편, 아군 측 포로는 중공군 포로 16,000명을 포함해 총 167,000명에 이릅니다. 그런데 우려스럽게도 중공군 포로들은 본국 송환을 거부하고 있다고 합니다. 볼렌 고문은 이들 대부분이 포로로 잡힌 뒤에 국민당 진영으로 넘어갔기 때문이라고 했습니다. 이들은 총통의 얼굴을 휘장에 넣어 소매에 달거나 심지어 더욱 확고한 충성의 표시로 문신을 새겨 장제스에 대한 지지를 드러내고 있다고 합니다.

4. 우리 직원은 커크 주소련 미국대사가 모스크바를 떠나기 전에 소련 외무부에서 벌인 교섭의 반응이 어땠는지를 볼렌 고문에게 물었습니다. 볼렌 고문이 말하기를 비신스키 소련 외무장관은 커크 대사의 논거에 반드시 대답해야 한다는 생각에 분쟁이 발발한 책임은 남한에 있고 개성에서 협상이 결렬된 책임은 미국에 있다는 소련 측 주장을 다시 한 번 되풀이 했다고 합니다. 하지만 볼렌 고문은 소련이 항상 이러한 행태를 보여 왔기에 이는 우리가 예상할 수 있었던 최소한의 반응이라고 덧붙였습니다. 비신스키 외무장관은 우리 측 제안에 흥미를 보이는 듯했으며, 커크 대사는 스탈린에게 제안이 직접 전달될 것이라 믿고 있습니다.

보네

【236】 유엔 제출 통첩을 첨부한 공문(1951.10.9)

[전   보]   유엔 제출 통첩을 첨부한 공문
[문 서 번 호]   4652-SC
[발   신   일]   1951년 10월 9일
[수   신   일]   미상
[발신지 및 발신자]   워싱턴/보네(주미 프랑스대사)

한국의 유엔군 측 민간 및 일반 포로

본인의 10월 9일자 전언에 이어, 한국의 참전국 대표들이 각국 유엔대표들을 통해 트리그브 리[1] 유엔 사무총장님께 전달하기로 한 통첩문(영문)을 본 공문에 첨부하여 보냅니다.

통첩은 오는 10월 15-19일에 제출할 예정입니다.

---

[1] 트리그브 리(Trygve Halvdan Lie, 1896-1968). 노르웨이 출신의 유엔 초대 사무총장.

【236-1】 별첨 1―참전국 대표들이 유엔에 제출할 통첩

주유엔 프랑스대사를 통해 유엔 사무총장에 제출할 서한 초안
(한국에 군대를 파견한 각국 정부 대표도 유사한 서한을 제출할 예정임)

저는 한국에서 일어난 적대행위 중 생포되어 현재 중국이나 북한에 억류된 프랑스 군인들과 관련하여 사무총장님께서 중공과 북한 당국을 접촉할 수 있는지 여쭈라는 지시를 받았습니다. 우리 군인들에 대한 정보는 너무 적거나 아예 없는 상황이며, 프랑스 정부는 그것이 정부가 되었든 무엇이 되었든 간에 누군가 이익보호국의 임무를 수행할 수 있도록 협의가 진행되기를 간절히 바라고 있습니다. 물론 전쟁포로에 관한 협약이 한국의 상황에 정식으로 적용되지 않는다는 사실은 알고 있습니다. 그럼에도 사무총장님께서 중공과 북한 당국을 접촉하여 그들이 전쟁포로의 대우에 관한 1949년 제네바협약 제10조 두 번째 단락에 따라 이익보호국의 임무에 관해 조치해야 한다고 일러주신다면 매우 감사하겠습니다. 해당 조의 내용은 다음과 같습니다.

> "포로가 이유의 여하를 불문하고 이익보호국 활동에 의한 혜택을 받지 아니하거나 혜택을 받지 아니하게 되는 때에는…… 억류국은 중립국에…… 충돌당사국에 의해 지정된 이익보호국이 본 협약에 따라 수행하는 임무를 인수하도록 요청해야 한다."

만약 사무총장님께서 그들에게 기꺼이 연락을 취해주신다면, 북한 당국에는 박헌영이 전쟁포로에 관한 협약 내용을 실제로 이행할 것이라는 내용으로 사무총장님께 보낸 1950년 7월 13일자 전보를 언급할 수 있을 것입니다.

중공과 북한 당국에는 우리가 보기에 현 상황에서 이익보호국의 대리 국가가 맡을 주 임무가 아래와 같다고 설명하는 것이 바람직해 보입니다.

1. 관계자에게 전쟁포로와 사상자에 관한 상세 정보를 알린다.
2. 적십자의 구호물자 및 식량 꾸러미 전달을 위해 제반 준비를 담당한다.
3. 전쟁포로의 서신 수발신을 지원한다.
4. 유엔군 전쟁포로와 관련하여 전쟁포로 소속 군대의 국가의 이익을 대변한다.

프랑스 정부는 이익보호국 임무 수행에 오랜 경험이 있는 스위스 연방이 가장 적합한 국가라고 생각합니다. 스위스를 제외하면 인도 같은 아시아 국가도 같은 목적을 위해 접촉할 만하다고 봅니다.

사무총장님께서 본 요청을 받고 중공과 북한 당국에 어떤 식으로 접촉하시든 간에, 이익보호국의 임무를 수행할 국가를 지목하는 대신에 국제적십자위원회와 같은 인도적 단체를 지명하는 방안도 제시해봄 직하다고 생각합니다. 아래 소개된 전쟁포로의 대우에 관한 1949년 제네바협약 제10조 세 번째 단락은 관련 내용을 담고 있습니다.

> "보호가 제대로 이행되지 못할 경우, 억류국은 국제적십자위원회와 같은 인도적 단체가 이익보호국이 본 협약에 의하여 행하는 인도적 임무를 수행하기 위해 용역을 제공하는 것을 본 조의 규정을 따를 것을 조건으로 요청하거나 수락하여야 한다."

더불어, 중공과 북한 당국과의 대화에서 유엔군 총사령관 및 사령부는 전시 민간인의 보호에 관한 1949년 제네바협약을 이행 중이라는 사실도 언급하는 것이 좋겠습니다. 우리 프랑스 정부는 중공과 북한 당국이 그들이 억류하거나 통제하고 있는 프랑스 민간인 문제에 있어, 전시 민간인 보호에 관한 1949년 협약 하에 특정 국가나 적십자가 이익보호국 임무를 수행하도록 조치하는 데 동의하기를 바랍니다.

저는 아래 국가들이 사무총장님께 저와 비슷한 이야기를 전달하고 있으며, 총장님께서 중공과 북한 당국에 전달하실 모든 메시지가 프랑스뿐만 아니라 자

국의 입장도 대변하기를 바란다고 알고 있습니다. 그 국가들의 명단은 다음과
같습니다.

호주, 벨기에, 캐나다, 콜롬비아, 에티오피아, 프랑스, 그리스, 한국, 룩셈부
르크, 네덜란드, 뉴질랜드, 필리핀, 태국, 터키, 남아프리카공화국, 영국, 미국.

본 요청은 한국의 양측 사령부가 결정할 수 있는 전쟁포로 관련 합의와는 완
전히 별개로 작성되었습니다.

국제적십자위원회 회장님께서 참고하도록 본 서한의 사본을 전달하였습니다.

【237】 리지웨이 장군의 전언에 대한 공산군 장군들의 답신(1951.10.10)

[전   보] 리지웨이 장군의 전언에 대한 공산군 장군들의 답신
[문 서 번 호] 2096
[발   신   일] 1951년 10월 10일 08시
[수   신   일] 1951년 10월 10일 19시
[발신지 및 발신자] 도쿄/드장(주일 프랑스대사)

사이공 공문 제9376호
본인의 전보 제2095호 참조

리지웨이 장군의 전언에 대한 공산군 장군들의 답신이 오늘 아침 8시 판문점
을 통해 유엔군 연락장교에 전달되었습니다. 그 내용은 다음과 같습니다.

"귀측의 10월 8일자 전언을 9일에 받았습니다.
귀측은 휴전협상이 중단된 책임을 또 우리 쪽에 묻고자 하고 있습니다. 우
리는 귀측의 진술이 전혀 옳지 않다고 생각합니다. 우리는 휴전협상 중단의
책임을 귀측에 물어야 하고 □□□, 귀측이 이를 절대로 부인할 수 없다는
것을 보여주는 사실 및 이유를 지난 전언들에 명백히 적시했습니다. 귀측은
지난 전언에 새로운 논거를 대지도 못했습니다. 이와 같이 귀측의 자의적인
진술로는 명백한 진실을 덮을 수 없고, 귀측의 책임은 어떤 경우에도 사라지
지 않는다는 사실은 여전합니다.
이전에 귀측은 휴전회담 장소의 중립성에 관한 합의를 이용하여 우리에게
이를 지킬 것을 요구했으면서도 그간 이를 고의로 어겼고, 이 장소에 전혀 책
임이 없었다는 핑계로 사실을 부인했습니다. 그래서 우리는 개성 및 문산을
포함한 장방형 지대로 중립지대를 확대하고 양측 진영이 이 구역의 중립성을
책임지는 방안과 회담 장소를 판문점으로 옮겨 양측이 안전을 보장하는 방안

을 제안했습니다.

귀측이 전언에서 판문점을 회담 장소로 선정하는 데 동의하고 양측이 회담 장소를 동등하게 통제하기를 희망한다는 의견을 냈으므로, 개성에서 문산까지 중립지대를 확장하는 문제는 양측 대표단 회담에서 해결할 수 있을 겁니다.

따라서, 두 대표단은 판문점에서 휴전협상을 재개해야 할 것이며, 지난 전언에서 제안했듯이 첫 번째 회의에서부터 중립지대의 확대와 원활한 운용을 위한 원칙을 정해야 할 것입니다. 원칙은 다양한 현안 해결을 위한 절차를 적합하게 조정하는 데 사용될 것입니다.

우리는 연락장교들에게 10월 10일 10시에 귀측 연락장교들을 만나 양측 대표단의 대화 재개 문제를 논의하라고 지시하였습니다.

김일성, 펑더화이"

국방부에 전달 요망.

드장

【238】 김일성 및 펑더화이 장군의 답신 보도(1951.10.12)

[전   보]　김일성 및 펑더화이 장군의 답신 보도
[문 서 번 호]　2365
[발   신   일]　1951년 10월 12일 10시
[수   신   일]　1951년 10월 12일 15시
[발신지 및 발신자]　모스크바/브리옹발(주소련 프랑스대사관 참사관)

　10월 11일, 언론은 김일성 장군과 펑더화이 장군이 신화통신에 보도된 리지웨이 장군의 10월 8일자 전언에 보낸 답신을 보도했습니다.

　　"우리는 10월 9일에 귀측의 10월 8일자 전언을 받았습니다.
　　귀측은 최근 전언에서 휴전회담 지연의 책임을 또 우리 쪽에 묻고자 했습니다. 우리는 귀측이 전혀 근거 없는 진술을 했다고 생각합니다. 우리는 우리의 지난 전언들에 회담 지연의 책임은 전적으로 귀측에 있고, 귀측은 이를 절대 부인할 수 없음을 보여주는 사실과 이유를 매우 명백히 적시했습니다. 그리고 귀측은 새롭고 타당한 논거를 추가로 제시하지도 못했습니다. 이와 같이 귀측의 자의적인 진술은 명백한 진실을 지울 수 없고, 귀측의 책임은 절대로 사라질 수 없다는 것이 자명한 사실입니다.
　　과거에 귀측은 단지 우리의 손발을 묶을 요량으로 휴전회담 장소의 중립성에 관한 합의를 이용했으면서도, 귀측은 합의를 고의로 어겼고 이 장소에 전혀 책임질 것이 없다는 핑계로 위반 사실을 부인했습니다. 우리는 바로 이러한 이유로 휴전회담을 위한 중립지대를 개성 및 문산을 포함한 장방형 지대로 확대하여 양측이 중립지대를 책임지도록 하는 방안을 제안한 것이다. 또한, 우리는 판문점으로 회담장을 옮기고, 양측이 동등하게 이 마을의 안전과 방위를 책임지는 방안을 제안했습니다.
　　귀측이 전언에서 판문점을 회담장으로 하는 데 동의하고, 양측이 회담장을

동등하게 통제하고 책임지는 안을 수락할 용의가 있다고 밝혔으므로, 개성에서 문산까지 중립지대를 확장하는 문제는 양측 대표단 회의에서 해결하도록 남겨둘 수 있을 겁니다. 따라서, 두 대표단은 판문점에서 휴전회담을 조속히 재개해야 할 것이며, 우리가 지난 전언에서 제안했듯이 첫 번째 회의 중에 중립지대의 확대와 회담장 보호를 위한 원칙을 논의해야 할 것입니다. 또한 대표단은 구체적인 현안 해결을 위한 기구를 만들어야 할 것입니다.

우리는 연락장교들에게 10월 10일 오전 10시에 귀측 연락장교들을 만나 양측 대표단 회담 재개에 관한 문제를 논의하라고 지시하였습니다."

브리옹발

【239】 양측 연락장교회의에 관한 언론 보도(1951.10.12)

[기   타]   양측 연락장교회의에 관한 언론 보도
[문 서 번 호]   2375
[발   신   일]   1951년 10월 12일 16시 45분
[수   신   일]   1951년 10월 12일 19시 00분
[발신지 및 발신자]   모스크바/브리옹발(주소련 프랑스대사관 참사관)

오늘 언론이 개성회담 재개에 관한 신화통신의 10월 10일과 11일자 전보를
보도했습니다.

1. "조선인민군 최고사령관 김일성 장군과 중국인민지원군 사령관 펑더화
이 장군이 10월 7일과 9일 유엔군 총사령관 리지웨이 장군에 전달한 제안에
따라, 우리 연락장교들은 10월 10일 오전 10시 판문점에서 상대편 연락장교들
을 만나 양측 대표단 회담 재개 관련 문제를 검토했다.

우리 연락장교들은 양측 사령부가 세운 원칙에 따라 회담 지역의 공동 방
위, 구체적 회담장 지정, 시설과 조달 수단 및 회담장 관련 기타 규칙과 회담
재개 일시에 관해 기본 합의를 맺자고 제안했다. 우리 연락장교들과 상대편은
상기 문제들의 골자에 합의했다.

그런데 상대편 연락장교들은 중립지대의 구체적 면적에 관한 문제를 제기
했다. 이에 우리 연락장교들은 중립지대 확장 문제는 회담이 재개되면 양측
대표단이 첫 회기에서 검토하고 해결해야 한다고 우리 총사령관들이 10월 7
일과 9일자 전언에서 상대측 최고사령부에 분명히 알린 것으로 안다며 지체
없이 답했다.

하지만 상대편 연락장교들은 최고사령부도 그들 자신도 우리 총사령관들의
10월 9일자 전언을 아직까지 검토하지 않았다면서 이 문제도 논의 대상에 포
함할 것을 고집했다. 결국 이번 연락장교회의에서는 합의가 이루어지지 않았

다. 이에 따라 양측 대표단의 협상도 조속히 재개될 수 없게 되었다.

결국 우리 연락장교들은 상대편이 우리 총사령관들의 10월 9일자 전언을 면밀히 검토할 것과 10월 11일 오전 10시에 다시 회의를 열 것을 요청했다. 연락장교회의는 낮 12시 25분에 종료되었다."

2. "양측 연락장교들은 대표단 회담 재개에 관한 문제를 검토하기 위해 10월 11일 오전 10시에 판문점에서 만났다. 이들은 구체적인 회담장 결정 문제, 회담장 공동 방위를 위한 세부 조치, 시설과 조달 수단에 관한 문제와 회담장에 관한 기타 문제, 회담 재개 시 양측 대표단이 반드시 취해야 할 임시 조치에 대해 합의했다.

이러한 이유로 우리 연락장교들은 15시에 회의가 재개되자, 대표단 회담 재개 일시를 10월 12일 13시로 하자고 구체적으로 제안했다. 하지만 상대편 연락장교들은 계속해서 중립지대 면적과 기타 문제를 검토하자고 주장했고, 10월 12일 13시에 회담을 조속 재개하자는 우리 제안을 거부했다. 이에 우리 연락장교들은 우리 최고사령부의 10월 9일자 전언을 다시 검토하라고 요청했고, 10월 12일 오전 10시에 연락장교회의를 다시 열자고 제안했다.

양측 연락장교회의는 13시에 재개되어 16시 10분에 종료되었다."

브리옹발

【240】 미그기에 대한 미국의 평가(1951.10.12)

[기 타]	미그기에 대한 미국의 평가
[문 서 번 호]	7141
[발 신 일]	1951년 10월 12일
[수 신 일]	1951년 10월 15일 17시
[발신지 및 발신자]	워싱턴/보네(주미 프랑스대사)

보안

1급 비밀

한국 내 공산군의 항공기

이미 본인이 외무부에 알렸듯이, 미 참모본부는 한국에 투입된 MIG-15기의 우수한 성능과 무엇보다 압도적인 생존성을 수차례 강조했습니다.

유엔군이 한반도 서해 먼 바다에서 거의 흠 없는 상태로 인양한 미그기를 미국 기술 당국이 집중 조사한 결과에 따르면, 미그기의 생존성에는 기체 형태가 핵심 역할을 하는 것으로 보입니다. 미국은 향후 항공기 제작 시 이 점을 반드시 참고할 것입니다.

한편, 미국 국방부는 MIG-15기의 명중률이 떨어지는 이유는 레이더 조준기가 없기 때문이라고 분석했습니다.

보네

【241】 3국 외무장관 회의에서 논의된 한국 상황(1951.10.12)

[전 보]	3국 외무장관 회의에서 논의된 한국 상황
[문 서 번 호]	미상
[발 신 일]	1951년 10월 12일
[수 신 일]	1951년 10월 17일 12시 45분
[발신지 및 발신자]	파리/로베르 슈만(프랑스 외무부장관)
[수신지 및 수신자]	도쿄/드장(주일 프랑스대사)

워싱턴 회의

9월 14일 미국 워싱턴에서 열린 3국 외무장관 회의에서 한국 상황이 논의되었기에, 다음 회의록을 참고하시라고 보내드립니다.

"슈만 프랑스 외무장관은 미 국무장관에게 한국의 군사적 상황과 휴전협상 상태와 관련하여 가지고 있는 정보를 두 장관들에게 공유해달라고 요청했다.

그러자 애치슨 미 국무장관은 당일 아침 미국 국방부에서 전달된 정보를 전했다. 그에 따르면, 지난 몇 주간 중공군과 북한군의 군사력이 상당히 강화되었다. 대규모 병력이 전선으로 이동해 제형(悌形)으로 종심 축을 이루었다. 다시 말해 적군은 근시일 내에 매우 강력한 작전을 개시할 수도 있는 공격 태세를 갖추고 있다. 적군은 포병부대도 상당히 강화했다. 그들이 보유한 야포는 분명 소련에서 왔을 것으로 생각된다. 한국 북부에서는 최근 몇 주간 공군의 움직임도 늘어났지만, 유엔군 진지에 실질적인 위협이 되지는 않는 상태다. 하지만 유엔사령부는 이상의 전체 요인들을 고려하여 중국과 북한이 전선 전체에서 초강력 공격 개시를 준비 중이며, 이 공격은 결코 15일을 넘기지 않았던 과거 공격들보다 훨씬 장기화할 수 있다고 전망한다.

한편, 유엔군은 그들에게 주어진 휴지 기간을 틈타 현재의 전선 후방에 방

어 진지를 견고하게 구축하여 적군의 작전에 강력하게 대응할 수 있는 채비를
마쳤다.

휴전협상에 관한 전망은 얼마 전보다 훨씬 어두운 상태다. 적군의 심리
를 파악하기가 확실히 어렵다. 몇 주 전, 미 당국은 상대편이 협상 타결을
진정으로 열망하는 마음에 고무되어 있다고 믿어 의심치 않았다. 현재 이
열망은 사라진 듯 보인다. 적군은 유엔군의 활동(일명, 개성에 대한 공격)
에 대해 근거 없는 비난을 쏟아내고 있는데, 사실 미 당국은 적군이 오직
협상을 결렬시키고자 하는 마음에 이처럼 악의적인 핑계를 대고 있다고 생
각한다.

한편, 적군 쪽에서 새로운 기갑부대가 등장했다. 그런데 유엔군 사령부는
대규모 공격이 발생할 경우 중공군 개입으로 충돌이 확대될 가능성이 있기 때
문에 전면전의 위험이 상당히 커지리라 보고 있다. 참모장들은 현 상황을 매
우 심각하게 인식하고 있다.

미 당국은 두 대안이 발생하는 경우 각각 어떠한 태도를 보이면 좋을지 면
밀히 검토했다. 여기에서 두 대안이란 휴전협정이 체결되거나 협상이 실패하
는 두 경우를 의미한다.

첫 번째 경우에는, 휴전협정 체결 뒤에 한국사태의 정치적 해결을 도모하
기 위해 대화를 시작하게 될 것이다. 가령, 이 대화는 유엔 차원에서 진행될
수 있을 것이다. 물론 이러한 목적으로 안전보장이사회를 소집하는 것은 불가
능할 것이다. 그 대신, 북한 및 중국 대표가 참석할 수 있고, 원하는 경우 러시
아 대표도 참석할 수 있는 특별위원회가 구성되어야 할 것이다. 자유 민주 통
일 한국을 수립한다는 미국 정부의 목표는 변함없을 것이다. 그러나 애치슨
국무장관은 미국 정부가 더 소박한 결과에도 만족할 용의가 있을 것이라면서,
의견을 부연하지는 않고 말했다. 미국은 의제에서 대만문제나 중국의 유엔 가
입 문제와 같이 무관한 주제들을 반드시 제외하겠다는 방침 외의 다른 문제에
관해서는 완강한 태도를 보이지는 않을 것이다.

두 번째 경우, 즉 휴전협상이 결렬된다면 적대행위가 강화되리라 예상해야
할 것이다. 애치슨 국무장관은 그럴 경우 매우 강력한 공격 개시와 함께 충돌
을 확대할 수 있는 모든 위험을 우려해야 할 것이라고 다시 한 번 강조했다.

그에 따르면, 이 경우 리지웨이 장군은 평양의 한반도 병목 선상까지 작전을 밀고 나갈 수 있는 완전한 작전 재량권을 부여받게 될 것이다. 그가 그런 권한을 사용하지 않을 수도 있겠지만, 그래도 권한은 부여될 것이다. 한편, 한국 영내 목표물 폭격에 관한 제한 지침은 모두 폐지될 것이다. 하지만 만주와 소련 극동지역 폭격에 관한 제한 지침은 유지될 것이다.

마지막으로 만주기지로부터 대규모 공습이 시작될 경우, 현재 유엔군 사령부가 수행 중인 지침은 수정되어야 할 것이다. 원칙적으로는 연합국 내부 회의, 다시 말해 이해당사국 대표단 회의에서 새 지침들이 검토될 것이다. 하지만 유엔군 손실이 매우 막대하여 즉각적인 반격이 필요하다고 판단될 경우, 미 당국은 독자적으로 지침을 내려야 할 것이다. 리지웨이 장군에는 즉시 반격이 허가될 것이다.

이와 동시에 미국 정부는 유엔 회원국에 정치·군사적 대응 강화를 요청할 것이다. 그러니까 미국은 리지웨이 장군이 협상 결렬의 책임은 공산군에 있다는 세부 보고서를 유엔에 제출하는 것이 요망직할 것이라고 판단한다. 한편, 유엔은 한국에서의 작전 방침을 다시 공식 표명해야 할 것이다. 아직 작전에 적극적으로 참여하지 않고 있는 국가들은 작전을 위해 파병하고 나머지 국가들은 병력을 증강해야 할 것이다.

마지막으로 미국 정부는 필요하다면 각국 해군을 이용해 대중(對中) 금수조치를 강화하도록 동맹국에 요청할 것이다. 물론 소련 블라디보스토크나 중국 다롄 행 소련 선박은 이 같은 성격의 조치에서 여전히 제외될 것이다.

슈만 외무장관은 애치슨 국무장관에 자신들에게 기꺼이 정보를 나누어준 데 감사하다고 말했다. 그리고 이 모든 중대한 문제들은 적절한 논의를 거쳐야 할 것이라고 덧붙였다.

한편, 모리슨 영국 외무장관은 이 정보들을 영국 정부 각료들과 공유하겠으며 미 당국에 그들의 반응을 알려주겠노라고 했다. 하지만 그는 벌써 대중 금수조치를 실시하는 문제가 심각한 어려움에 부딪히리라 내다봤다. 사실 영국은 이러한 조치들의 실효성에 대해 의구심을 갖고 있는데, 이 조치들은 영국, 특히 홍콩에서의 무역수지에 매우 큰 타격을 주리라 본다. 마지막으로 영국은 북경 정권을 꼭 모스크바 정권의 위성국이라고 할 수만은 없으므로,

중국을 러시아 진영으로 완전히 떠밀어버릴 수 있는 모든 제재를 자제해야 한다는 생각을 기반으로 연합국의 대중 정책을 수립해야 한다고 보고 있다.

어쨌든 슈만 외무장관이 강조했듯, 이 다양한 문제들은 유엔 내 적합한 기구에서 논의될 것이다."

【242】 언론의 미 공군 중립지대 침범 소식 보도(1951.10.13)

[전 보]	언론의 미 공군 중립지대 침범 소식 보도
[문 서 번 호]	2382
[발 신 일]	1951년 10월 13일 06시 15분
[수 신 일]	1951년 10월 13일 21시 30분
[발신지 및 발신자]	모스크바/브리옹발(주소련 프랑스대사관 참사관)

　언론이 10월 12일 판문점에서 열린 양측 연락장교회의 내용 바로 아래에 미 공군이 개성 중립지대를 또다시 침범했다는 신화통신의 전보를 보도했습니다.

브리옹발

【243】 히커슨 미 국무부 유엔담당 차관보의 연락장교회의 보고(1951.10.13)

[전　　　　보]	히커슨 미 국무부 유엔담당 차관보의 연락장교회의 보고
[문 서 번 호]	7122-7129
[발　신　일]	1951년 10월 13일 08시 50분(현지 시간), 14시 50분 (프랑스 시간)
[수　신　일]	1951년 10월 13일 16시 30분
[발신지 및 발신자]	워싱턴/미상

보안

우선문건

뉴욕 공문 제1582호(우편 전달)

　오늘 히커슨 미 국무부 유엔담당 차관보는 한국 파병국 대표들에게 판문점에서 열린 1, 2차 연락장교회의의 결과를 알렸습니다. 미 국무부는 그때까지도 세 번째 회의의 공식 회의록은 받지 못한 상황이었으나, 해당 주제에 대한 통신사 전보를 막 받아본 상태였습니다.

　히커슨 차관보는 첫 번째 회의에서 공산군이 협상 재개 장소와 날짜를 제안했다고 밝혔습니다. 그들의 제안대로라면, 협상 장소는 판문점 교량을 중심으로 반경 0.5마일을 아우르는 원형 지대가 될 수 있습니다. 이때, 유엔군은 교량 동쪽 반원 지대의 안전을, 공산군은 반대쪽 반원 지대의 안전을 책임질 것입니다. 또한, 질서 유지는 비무장 인력이 담당할 예정입니다. 마지막으로 공산군은 막사 및 회의에 필요한 기재를 제공하겠다고 제의했습니다.

　유엔군 대표는 현장 점검을 한다면 이러한 제안들을 원칙적으로 수용할 수 있으리라 본다고 답했습니다. 한편, 그는 회담장이 판문점 원형 지대의 정중앙에 위치해야 한다고 지적했습니다.

리지웨이 장군은 판문점을 중심으로 반경 1,000야드의 원형 중립지대를 설정하고, 개성 주변 지대와 개성 및 문산에서 판문점 교량에 이르는 통행로도 중립화하자고 제안했습니다.

장군의 제안에 따르면, 양측은 이 중립지대들을 공동 방위하고 이 구역에는 경화기를 소지한 헌병 요원만 주둔하게 될 것입니다. 각 진영의 수석대표가 지명할 이 병력은 이동의 자유를 보장받을 것이며, 중립지침에 관해 발생할 수 있는 □□□ 위반사항을 적발할 수 있습니다.

양측 제안의 근본적인 차이는 공산군이 세부 사항에 초점을 맞추고 가장 중요한 문제들은 수석대표들이 해결할 임무로 둔 데 반해, 유엔군은 진정한 의미에서의 휴전협상을 재개하기 전에 연락장교가 이 문제들을 먼저 해결해야 한다고 보는 데 있습니다.

또 다른 차이는 개성 중립지대의 면적에 관한 것으로, 공산군은 반경 5마일 면적을 주장하나, 리지웨이 장군의 대리인들은 이 지대가 더 좁아야 한다고 생각합니다.

히커슨 차관보는 당시에 감지되었던 중국과 북한군 연락장교 간의 태도 차이를 설명했습니다. 먼저, 북한 연락장교들은 그들의 지침을 벗어난다는 핑계로 유엔군의 제안을 논의하지 않겠다고 했습니다. 그러자 중국 수석 장교가 개입하여 리지웨이 장군의 제안을 수리하고 검토하는 데에 이의가 없다고 발언했습니다.

두 번째 회의에서 공산군은 양측의 제안에 상당한 공통분모가 있기 때문에 협상이 충분히 성공적으로 마무리되리라 본다고 말했습니다.

그들은 유엔군이 제안한 판문점 원형지대의 면적과 이 지대까지의 자유로운 통행, 공동 방위 책임, 양측 대표단이 각각 경찰력을 구성할 수 있는 권리를 수용했습니다.

개성 중립지대의 면적과 우발적 사고에 각자 □□□할 수 있는 각 대표단의 권리에 관해서는 아직도 시각차가 존재합니다.

미국 대표단은 보다 일반적으로 향후 체결될 협상의 새 □□□에 관한 협약이 이전 협약을 마땅히 대체하기를 바랍니다.

(이하 판독 불가)

【244】 개성 중립지대 침범 사건에 대한 리지웨이 장군의 입장 발표(1951.10.15)

[전　　　보]　개성 중립지대 침범 사건에 대한 리지웨이 장군의
　　　　　　　　입장 발표
[문 서 번 호]　2118
[발　신　일]　1951년 10월 15일 09시 00분
[수　신　일]　1951년 10월 16일 09시 00분
[발신지 및 발신자]　도쿄/드장(주일 프랑스대사)

사이공 공문 제1397호

유엔군 사령부는 10월 14일 19시와 19시 30분에 각각 발표한 메시지에서 지난 9월 12일 연합국 공군이 개성지역을 공격했음을 시인했습니다.

이하는 김일성 장군과 펑더화이 장군에게 보낸 첫 번째 메시지입니다.

　　"유엔 공군 사령관이 1951년 10월 12일 오후 17시 30분경 개성지역에서 두 차례 발생한 공습에 관한 조사 결과를 보고했습니다. 보고에 따르면, 전 부대와 조종사에 개성지역 상공에서의 공격과 비행을 삼가라는 명령을 내렸음에도 불구하고, 유엔 공군 소속 항공기가 어쩌면 이를 위반하고 두 번의 공격을 실행했을 가능성이 있습니다.
　　유엔군 사령관은 개성지대 중립화 합의가 여전히 발효 중인 상황에서 이를 두 차례 위반한 책임을 인정하며, 본인은 이른 시일 내에 적절한 징계 조치를 취하겠습니다.
　　　　　　　　　　　　　　　　　　　　　　　　　　　　　　리지웨이"

두 번째 메시지는 위 메시지의 첫 번째 문단으로 시작해 다음과 같이 이어집니다.

"본 사건은 두 가지 점에서 유감스럽습니다. 먼저, 이번 사건은 유엔군 사령관 명령 위반으로 시작하여 본 사령부가 체결한 합의까지 위반하게 된 사건이기 때문입니다. 또한, 이번 사건으로 인해 12세 소년이 사망하고 그의 두 살짜리 동생이 부상을 입게 되었기 때문입니다. 비록 군사작전을 전개하다 보면 민간인 희생자도 자주 발생하는 것이 사실이나, 이번에는 중립지대로 여겨지는 지역에서 희생자가 발생하여 안타까움을 금할 수 없습니다.

본인은 유엔군 사령부의 모든 이들을 대표하여 이번 비극을 겪은 한국인 유가족에게 애도와 깊은 위로의 마음을 전합니다. 유엔군 사령부는 지금까지 그래왔던 것처럼 앞으로도 민간인 인명 피해와 재산 피해 방지를 주안점으로 삼겠습니다. 또한, 본 사령부는 무고한 이들이 희생될 수 있는 사건의 재발 방지를 위하여 향후에도 최선을 다하겠습니다.

리지웨이"

드장

【245】한국문제에 관한 소련 언론의 보도(1951.10.16)

[기 타]	한국문제에 관한 소련 언론의 보도
[문 서 번 호]	2395
[발 신 일]	1951년 10월 16일 15시 30분
[수 신 일]	1951년 10월 16일 19시
[발신지 및 발신자]	모스크바/브리옹발(주소련 프랑스대사관 참사관)

오늘 언론은 한국문제에 관한 공산군사령부의 일간 공보 외에도 타스통신 측의 전보 네 건을 보도했습니다. 첫 번째 전보는 10월 13일 연락장교들이 전날 개성에서 일어난 사건에 대해 벌인 조사를 다루었습니다. 런던에서 온 두 번째 전보는 리지웨이 장군이 중립지대 침범에 관한 유엔군의 책임을 인정한다고 김일성과 펑더화이에게 보낸 전언을 그대로 싣고 있었습니다. 세 번째 전보는 10월 15일자 연락장교회의에 관한 내용으로 "유엔군 대표들은 구체적인 회담 재개 일시를 결정하기 위한 논의를 또 한 차례 거부했다"고 전합니다.

마지막 전보는 우루과이 정부가 트리그브 리 사무총장에 통첩을 보낸 데 대한 우루과이 현지 반응을 다룬 뉴욕발 전보로, 우루과이 정부는 통첩에서 "유엔에 구축함 2대와 1개 보병연대를 지원"한다고 약속했습니다. 타스통신 특파원은 "우루과이 정부는 한국에서 벌어지는 미국 간섭주의자들의 모험에 자국을 동참시키려는 계획을 여론에 감출 수 없었다"라고 결론 내립니다.

브리옹발

【246】 비신스키 소련 외무장관이 미국에 전달한 선언문(1951.10.16)

```
[ 기        타 ]  비신스키 소련 외무장관이 미국에 전달한 선언문
[ 문 서 번 호 ]  2398-2403
[ 발   신   일 ]  1951년 10월 16일 18시
[ 수   신   일 ]  1951년 10월 17일 10시
[발신지 및 발신자]  모스크바/브리옹발(주소련 프랑스대사관 참사관)
```

보안

최우선문건

　본인의 전보 제2306-2307호와 각하의 전보 제1953-1957호 및 제1624-1627호 참조

　비신스키 소련 외무장관이 어제 오후 미국 대사대리를 소환하여 커크 제독이 10월 5일 총사령관 ▢▢▢에게 전한 메시지에 대한 답신으로 7장짜리 성명을 낭독한 뒤 제출했습니다. 커밍[1] 미국 대사대리는 어제저녁 즉시 본인에게 비밀리에, 그러나 매우 간단히 그 내용을 알렸고, 그 뒤 미 국무부의 지시에 따라 본인과 영국 대사대리에게 비신스키 외무장관이 건넨 문서를 열람하게 해 주었습니다. 귀하도 직접 내용을 알고 계시리라 생각하는바, 여기에 그 성명을 요약할 필요는 없다고 보며 문서에 관한 개인적인 소견은 다음과 같습니다.

　　1. 성명의 형식과 매우 명확한 목적이 선전문에서 영감을 받은 듯하기에,
　　　우리는 소련 언론이 조만간 ▢▢▢을 호도하리라 예상할 수 있습니다.

---

[1] 휴 S. 커밍 Jr(Hugh S. Cumming Jr, 1900-1986). 주소련 미국대사대리. 1953년에는 주인도네시아 미국대사로 발령받음.

2. 커밍 대사대리가 던진 유일한 질문에 비신스키 외무장관은 서면 자료를 보고할 수가 없어서 커크 제독의 □ □ □에 보내는 성명문의 '요지'를 총사령관에게 전달했다고 약간 주저하며 답했습니다. 그럼에도 오늘 우리가 받은 이 문서는 '소련 정부'의 이름으로 온 것으로서, 스탈린 개인에 대한 암시는 전혀 없었습니다.
3. 소련 정부는 한국분쟁의 평화적 해결과 평화를 위한 총체적 논의를 어쩌면 도울 수도 있다고 공들여 이야기하면서도 조건을 내겁니다. 이 문서에서 소련 정부는 협상을 시작하기보다는 현 상황을 연장하기를 바라는 듯 보입니다.

소련 정부는, 진심으로 긴장 완화를 원한다면 미국 정부가 나서서 개성에서 '실질적 노력'을 기울이고, 소련이 실제 믿는 바와는 달리 '평화 유지'를 진정 원한다는 것을 '행동'으로 보여주어야 한다고 생각하는 듯합니다.

따라서 우리는 소련 정부가 어쩌면 최근 중동에서의 사건들이 맞이한 새로운 국면에 고무되어 지금 시간 끌기를 시도하는 것은 아닌지 자문해볼 수 있습니다. 즉, 『프라우다』의 스탈린 인터뷰, 이탈리아에 관한 성명, 노르웨이에 보낸 통첩 그리고 어제의 성명 모두는 일부에 따르면 자국에 유리한 긴장 완화 분위기를 조성하기 위하여 소련이 맺을 준비 중인 타협의 길이 전진하기보다는 경색하고 있음을 보여준다고 할 수 있습니다.

브리옹발

【247】 체코를 방문한 중국 대표단장의 기자회견 내용 요약(1951.10.16)

[기   타] 체코를 방문한 중국 대표단장의 기자회견 내용 요약
[문 서 번 호] 894
[발   신   일] 1951년 10월 16일 20시
[수   신   일] 1951년 10월 18일 23시 30분
[발신지 및 발신자] 프라하/리비에르¹⁾(주체코슬로바키아 프랑스대사)

CTK통신은 체코슬로바키아 국군의 날 축하행사 참여 차 프라하를 방문한 중국 대표단장 리우 타 셴 제독이 10월 17일 기자회견에서 발표한 내용 중 일부를 보도했습니다. 내용을 요약하면 다음과 같습니다.

"한국에서 미군이 물자적으로 점했던 일시적인 우위는 사라졌다. 그들이 공격 계획을 당장 포기하지 않고 진지하게 휴전협상을 이어가기를 거부한다면 참패만이 그들을 기다릴 것이다."

한편, 제독은 "비록 미국 제국주의는 성격이 잔인하고 그 행위가 야만적이기는 하나 '사나운 겉모습과는 달리 속이 허약한 종이호랑이'다"라고 말했습니다. 마지막으로 그는 "작전마다 수천 명이 포로로 잡혀갈" 정도로 미군의 사기가 떨어져 있다고 주장했습니다.

리비에르

---

1) 장 리비에르(Jean-Marie Rivière). 체코슬로바키아 주재 프랑스대사(1949-1952).

【248】 유엔군 측 전 국제적십자 대표의 한국 정보(1951.10.16)

[기　　　　타]	유엔군 측 전 국제적십자 대표의 한국 정보
[문 서 번 호]	7197-7199
[발　　신　　일]	1951년 10월 16일 17시 55분(현지 시간), 22시 55분 (프랑스 시간)
[수　　신　　일]	1951년 10월 16일 22시 55분
[발신지 및 발신자]	워싱턴/대사관 행정실

보안

1급 비밀

뉴욕 공문 제1592-1594호

한국에서 10월 초 물러난 유엔군 측 전 국제적십자 대표가 얼마 전 워싱턴에 들러 주미 스위스 외 사절 가운데 일부와 한국분쟁에 관해 이야기를 나누었습니다.

며칠 전까지만 해도 한국에 있었던 드 레이니에[1] 전 대표는 유엔군 사병들은 휴전 가능성을 전혀 믿고 있지 않다고 말했습니다. 그는 지금 미 참모본부가 특히 우려하는 문제는 □□□이며, 브래들리 미 합참의장의 최근 방한도 이 문제가 주원인 중 하나로 작용한 것 같다고 했습니다. 드 레이니에 전 대표는 지금 □□□ 싸우고 있는 군대가 프랑스군과 터키군이라고 말했습니다. 그에 따르면, 네이팜탄 폭격은 미 사령부의 모든 공격과 반격에서 압도적으로 중요한 역할을 하고 있습니다. 미군은 공격에서는 훌륭합니다만 방어에서는 상당히 부

---

[1] 자크 드 레이니에(Jacques de Reynier). 남측 적십자 대표(1950-1951).

족한 모양입니다. 반면, 주한미군의 물자 보급은 대단히 훌륭하여 미군은 전날 도쿄에서 발행된 신문을 받고 마치 미국 호텔에 있는 것처럼 아침 식사를 주문한다고 합니다.

조만간 인도차이나 반도로 발령받을 드 레이니에 전 대표는 매우 확실한 정보원으로부터 한국과 북중국에 있는 유엔군 포로수용소 환경이 나쁘지 않다는 이야기를 들었다고 했습니다. 그에 따르면 포로들은 쌀이 주식인 식사를 특히나 괴로워하고 있다고 합니다. 한편, 드 레이니에 전 대표는 아이러니하게도 수용소의 공산군 포로들에게 배급되는 너무 무거운 미국식 식사가 간소한 식단에 익숙한 공산군의 위장에 항상 긍정적 작용을 하지는 않는 것 같다고 덧붙였습니다.

대사관 행정실

【249】 한국에서 생포된 그리스계 포막인(1951.10.17)

[기 타]	한국에서 생포된 그리스계 포막인
[문 서 번 호]	647-648
[발 신 일]	1951년 10월 17일 10시
[수 신 일]	1951년 10월 17일 13시 05분
[발신지 및 발신자]	아테네/보 생 시르1)(주그리스 프랑스대사)

샤르베리아2) 유엔발칸특별위원회 프랑스 대표로부터 전달됨

한국에서 유엔군이 한 젊은 그리스계 포막인3)을 생포했는데, 그는 자기가 그리스 크산티4) 북쪽에 있는 불가리아 국경지대 인근 마을인 멜리보이아5) 출신이라고 말했다고 알려집니다. 제가 발칸위원회 위원 몇 명과 10월 11일에 그 마을을 막 거쳐 간 상황에서, 현지 헌병대는 미국의 요청을 받고 마을 주민들을 대상으로 그를 조사했습니다. 주민들은 그가 1948년 11월에 반군 쪽으로 넘어갔거나 반군에 끌려갔을 것이라며 그를 확실히 알고 있다고 우리에게 확인해주었습니다. 또한, 그의 부모 가운데 한 사람은 아직 그 마을에 살고 있다고 했습니다.

이 문제는 위원회 업무와 직접적인 연관은 없지만, 트라키아6) 지방에 살던

---

1) 크리스티앙 보 생 시르(Christian Carra de Vaux de Saint-Cyr, 1888-1954). 주그리스 프랑스대사 (1945-1951).
2) 에밀 샤르베리아(Emile Charvériat, 1889-1964). 프랑스 외교관으로 유엔발칸특별위원회(UNSCOB) 프랑스 대표로 활동(1947-1952년으로 추정).
3) 포막(Pomak)인. 슬라브계 무슬림. 불가리아 민족 중 하나였으나 오스만 제국 점령 당시 이슬람화했다는 설이 있으며, 지금은 불가리아, 그리스, 터키 등지에 거주하고 있음.
4) Xanthi. 그리스 북동부 크산티주의 주도로, 북쪽은 불가리아와 접경하고 남쪽은 에게해에 면해 있음.
5) Melivoia. 그리스 크산티 북부에 자리하고 있으며 불가리아와 인접한 마을.

그리스계 포막인이 어떻게 그리스 전장에서 한국의 전선으로 흘러들 수 있었는
지 그 배경에 관한 몇몇 정보를 알아내는 것이 위원회로서는 깊은 관심사일 것
이라 생각됩니다.

보 생 시르

6) Thrace. 지리적으로 발칸반도 남동부를 이르는 지명. 그 경계는 시대마다 다르지만, 오늘날은
그리스 북동부, 터키 유럽 영토, 불가리아 남부를 가리킴.

【250】 연락장교회의 미합의 사항(1951.10.17)

[기 타]	연락장교회의 미합의 사항
[문 서 번 호]	7220-7221
[발 신 일]	1951년 10월 17일 13시 40분(현지 시간), 18시 40분 (프랑스 시간)
[수 신 일]	1951년 10월 17일 18시 40분
[발신지 및 발신자]	워싱턴/보네(주미 프랑스대사)

뉴욕 공문 제1598-1599호

10월 12일과 14일 한국에서 열린 연락장교회의에 관해 오늘 히커슨 미 국무부 유엔담당 차관보가 진행한 발표를 보면, 양측은 이제 휴전협상 재개를 위한 제반 조건 중 두 가지를 제외한 모든 사안에 동의하고 있다는 사실을 알 수 있습니다.

두 가지 미합의 사항은 다음과 같습니다.

1. 중립지대 내 유격대의 활동에 관하여 리지웨이 장군은 모든 책임을 거부하는 반면, 공산군은 반대 입장을 취하고 있습니다.
2. 개성 중립지대 문제에 관하여 공산군은 기존 합의가 지속하여야 한다고 생각하는 반면, 유엔군 대표단은 중립지대를 축소해야 하고 이에 관하여 새로운 조정이 필요하다는 입장입니다.

공산군이 리지웨이 장군 측 연락장교들의 제안을 대체로 수용했다는 점은 주목할 필요가 있습니다. 그래도 공산군 연락장교들은 12일 회의에서보다 14일 회의에서 더 강경한 태도를 보였는데, 그 이유는 아마도 비무장지대에서 새롭게 발생한 사건 때문일 것입니다.

보네

【251】 미 국방부 대변인의 전황 개략 보고(1951.10.17)

[기   타]   미 국방부 대변인의 전황 개략 보고
[문 서 번 호]   7224-7225
[발   신   일]   1951년 10월 17일 10시 15분(현지 시간), 17시 15분
                              (프랑스 시간)
[수   신   일]   1951년 10월 17일 17시 25분
[발신지 및 발신자]   워싱턴/보네(주미 프랑스대사)

뉴욕 공문 제1595-1597호

미 국방부 대변인은 오늘 한국파병국대표회의에서 보고하던 중, 현재 중공이 평양 북동부로 병력을 집결 중인 것으로 보인다고 발표했습니다.

중동부 전선의 북한군 제5사단은 중공군 제9병단 예하 부대와 교대되었습니다.

전체적으로 최근 한반도 내 공산군은 전투에 따른 병력 손실로 25,000명 가량이 감소한 것으로 추정됩니다.

미군 제9군단 우익과 제10군단 좌익에서는 최근 들어 가장 규모가 큰 국지전이 발생했습니다. 제9군단 쪽에서는 한국군 제2사단과 제6사단 그리고 미군 제24사단 예하 부대와 콜롬비아 대대가 연합 공격을 벌였습니다. 저항이 비교적 약했던 덕분에 유엔군은 해당 지구에서 평균 5㎞ 북진하여 미군 부대가 금성 남쪽 약 2마일 지점에 자리 잡고 있습니다.

현재 프랑스 대대는 양구 북동부 집결지에 모여 있습니다.

적군 측 차량 통행량은 ㅁㅁㅁ활동과 마찬가지로 줄어든 듯 보입니다.

지난주 신의주 지역에서는 단 6차례의 국지전만 발생했고 유엔군과 공산군의 항공기가 각각 123대와 184대 투입되었습니다. 교전에서는 적군 항공기 1대가

격추되었으며, ㅁ ㅁ ㅁ 한 대가 격추되고 ㅁ대가 파손되었습니다. 유엔군 측은
항공기 1대가 파손되었습니다.

보네

【252】 양측 대표 회담을 위해 해결해야 할 사항(1951.10.18)

```
[ 기        타 ]   양측 대표 회담을 위해 해결해야 할 사항
[ 문 서 번 호 ]   2119
[ 발    신    일 ]   1951년 10월 18일 10시
[ 수    신    일 ]   1951년 10월 18일 12시 30분
[발신지 및 발신자]   도쿄/드장(주일 프랑스대사)
```

사이공 전보 제1398호

　최고사령부 공보(10월 17일 12시)에 따르면, 연락장교들이 8월 22일 이후 중단된 양측 대표 회담 재개를 위하여 상당한 진전을 이루어 냈다고 합니다.

　그럼에도 대화를 만족스러운 환경에서 재개하려면 여전히 몇 가지 사항을 해결해야 합니다.

1. 유엔군 사령부는 무력행위 금지는 보장할 용의가 있지만, 유격대 활동은 전혀 책임질 수 없다는 입장입니다. 공산군사령부는 적대행위 금지에 관한 약속에 유격대 활동도 포함할 것을 요구합니다.

2. 공산군은 개성 중립지대를 없애는 대신 개성 주위 반경 3마일을 중립지대로 설정하는 안에 반대합니다.

3. 공산군은 연락장교회의의 목적은 첫 번째 대표 회담을 위한 합의 도출에 있으며 휴전협상 진행 조건은 추후 논의할 문제라고 봅니다. 하지만 유엔군 사령부는 진행 조건에 관해서도 사전에 완전한 합의를 보자고 주장합니다.

4. 상대방에 대한 약속에 있어서 공산군은 적대행위라는 표현을 고집하는 한편, 유엔군 사령부는 무력행위라는 표현을 주장합니다. 또한, 공산군

은 자신들이 유지하고자 하는 그 중립지대 위를 비행하는 것을 적대행
위로 규정하고자 합니다. 하지만 유엔군 사령부는 중립지대 상공을 비
행할 권리를 갖고자 합니다. 유엔군 사령부는 비행 금지가 작전 수행에
필요불가결한 이동의 자유를 침해하므로 용납할 수 없고 적에게는 부당
한 군사적 이익으로 작용한다고 봅니다.

유엔군 사령부의 제안을 요약하면 아래와 같습니다.
판문점 인근에 반경 1,000야드 면적의 중립지대 설정, 새 회담 장소를 선정하
되, 양측 헌병 요원을 제외한 병력 배치 금지
개성 및 문산 발 판문점행 도로의 중립
대표단 본부로 개성과 문산에 반경 3,000야드 규모의 중립지대 설정

국방부에 전달 요망.

드장

【253】 한국의 포로 문제에 관해 유엔 사무총장에게 전달한 서한 내용(1951.10.18)

[기 　　　　타]	한국의 포로 문제에 관해 유엔 사무총장에게 전달한 서한 내용
[문 서 번 호]	2103-AS
[발 　신 　일]	1951년 10월 18일
[수 　신 　일]	미상
[발신지 및 발신자]	뉴욕/라코스트(주유엔 프랑스대표대리)
[수신지 및 수신자]	파리/로베르 슈만(프랑스 외무부장관)

발송명세서

문서명	수량	기타사항
유엔 사무총장에 전송한 한국의 전쟁포로 문제에 관한 오늘 자 서한 사본 참조: 회의 사무국 워싱턴 대사관	1	참고용 본인의 금일 공문 제4130호 참조

사무총장님,

　저는 한국에서 일어난 적대행위 중 생포되어 현재 중국이나 북한에 억류된 많은 프랑스 군인들과 관련하여 사무총장님께서 중공과 북한 당국을 접촉할 수 있는지 여쭈라는 지시를 받았습니다. 우리 군인들에 대한 정보는 너무 적거나 아예 없는 상황이며, 프랑스 정부는 어떤 정부나 단체라도 그들에 관하여 이익보호국의 임무를 수행할 수 있도록 협의가 이루어지기를 간절히 바라고 있습니다. 물론 한국의 포로들에게 전쟁포로에 관한 협약이 '정식으로' 적용되지 않는다는 사실은 인정합니다. 그럼에도 프랑스 정부는 사무총장님께서 중공과 북한 당국을 접촉하여 전쟁포로의 대우에 관한 1949년 제네바협약 제10조 두 번째 단락에 따라 이익보호국의 기능이 실행될 수 있게 필요한 조치를 취해야 한다고 권해 주신다면 매우 감사하겠습니다.

해당 단락의 내용은 다음과 같습니다.

> "포로가 이유 여하를 불문하고 이익보호국 활동에 의한 혜택을 받지 아니하게 되는 때에는…… 억류국은 중립국에…… 충돌당사국에 의해 지정된 이익보호국이 본 협약에 따라 수행하는 임무를 인수하도록 요청하여야 한다."

만약 사무총장님께서 그들에게 기꺼이 이러한 제안을 해주신다면, 북한 당국과 연락 시에는 박헌영이 사무총장님께 전쟁포로에 관한 협약 내용을 실제로 이행할 것이라고 쓴 1950년 7월 13일자 전보를 언급할 수 있을 것입니다.

중공과 북한 당국에는 우리가 보기에 이번에 정해진 이익보호국의 대리 국가가 맡을 주 임무가 아래와 같다고 설명하는 것이 바람직해 보입니다.

1. 전쟁포로와 인명피해 정보를 관계자에게 통지한다.
2. 적십자의 구호물자 및 식량꾸러미 전달을 위해 제반 준비를 담당한다.
3. 전쟁포로의 서신 수·발신을 지원한다.
4. 유엔군 전쟁포로와 관련하여 전쟁포로 소속 군대의 국가의 이익을 대변한다.

프랑스 정부는 이익보호국의 임무를 수행하기에 가장 적합한 국가가 이와 관련하여 오랜 경험을 가진 스위스 연방이라고 생각합니다. 스위스를 제외하면 인도 같은 아시아 국가에도 같은 역할을 제안해 볼 수 있다고 봅니다.

또한, 사무총장님께서 본 요청을 받고 중공과 북한 당국을 대상으로 벌이실 모든 교섭에서 이익보호국 임무를 수행할 국가를 지정하는 방안 대신, 국제적 십자위원회 같은 인도적 단체를 지명해 같은 임무를 맡기는 방안을 제시해볼만 하다고 생각합니다. 아래에 소개하는 전쟁포로의 대우에 관한 1949년 제네바협약 제10조 세 번째 단락은 이에 대한 근거가 될 수 있습니다.

"보호가 제대로 이행되지 못할 경우, 억류국은 국제적십자위원회 같은 인도적 단체에 이익보호국이 본 협약에 의하여 행하는 인도적 임무를 수행할 것을 요청하거나, 인도적 단체가 본 조의 규정을 따르는 조건으로 같은 용역을 제공하는 것을 수락하여야 한다."

더불어, 중공 및 북한 당국과 대화를 시작하실 때, 유엔군 총사령관은 전시 민간인의 보호에 관한 1949년 제네바협약을 이행 중이라는 사실도 언급하는 것이 좋겠습니다. 프랑스 정부는 중공과 북한 당국이 그들이 억류하거나 책임지고 있는 프랑스 민간인 문제에 있어, 전시 민간인의 보호에 관한 1949년 협약에 따라 특정 국가나 적십자가 이익보호국의 임무를 수행할 수 있도록 조치하는 데 동의하기를 바랍니다.

저는 아래 국가들이 사무총장님께 저와 비슷한 이야기를 전달하고 있으며, 총장님께서 중공과 북한 당국에 전달하실 모든 메시지가 프랑스뿐만 아니라 자국의 입장도 대표하기를 바란다고 알고 있습니다. 그 국가들의 명단은 다음과 같습니다.

호주, 벨기에, 캐나다, 콜롬비아, 한국, 미국, 에티오피아, 프랑스, 그리스, 룩셈부르크, 뉴질랜드, 네덜란드, 필리핀, 영국, 태국, 터키, 남아프리카공화국.

본 요청은 한국의 양측 사령부가 결론지을 수 있는 전쟁포로 관련 합의와는 완전히 별개로 작성되었습니다.

국제적십자위원회 회장님께서 참고하시도록 본 서한의 사본을 전달하겠습니다. 감사합니다.

프랑시스 라코스트
프랑스 전권공사
주유엔 프랑스 대표대리

트리그브 리
유엔 사무총장 귀하
405 East 42nd Street
New York, N.Y.

【254】 '헝가리의 한국 원조(1951.10.18)

[기　　　타]	헝가리의 한국 원조
[문 서 번 호]	583-EU
[발　신　일]	1951년 10월 18일
[수　신　일]	미상
[발신지 및 발신자]	부다페스트/장 들라랑드[1](주헝가리 프랑스대사)
[수신지 및 수신자]	파리/로베르 슈만(프랑스 외무부장관)

본인의 6월 12일자 공문 제319-EU호와 7월 24일자 공문 제393-EU호 참조

　헝가리 노동자들이 북한 여성과 아이들을 돕기 위해 총 23,000,000포린트 (690,000,000프랑)를 모금했습니다. 세 번째 열차와 네 번째 열차는 겨울옷과 의약품을 싣고 각각 9월 8일과 10월 14일에 부다페스트를 떠났습니다. 두 열차의 출발 현장에는 기존에 참석하던 인사들뿐만 아니라 부다페스트에 상주 중인 동유럽의 다른 민주주의인민공화국들의 대표들도 참석했습니다.

　'마자르 ㅁㅁㅁ'는 우연히 집어든 소포의 내용물을 나타내는 말로, 소포 안에는 아이용 누빔 옷, 속옷, 색색의 숄, 스타킹, 실, 바늘, 옷핀, 비스킷, 사탕, 그림엽서 두 장 등이 들어있습니다. 엽서 중 한 장에는 흑인, 황인, 백인 아이가 그려져 있고, 헝가리어와 한국어로 "아이의 피부색이 희든 검든 그렇지 않든 우리는 모든 아이에게 책임이 있다"라는 문구가 쓰여 있습니다. 제가 이 공문에 첨부하는 다른 한 장의 엽서에는 "삶과 평화를 위해 제국주의자들에 맞서 싸우자"라는 문구가 있습니다.

　헝가리 여성민주연맹(WIDF) 대표단은 지난 9월 북한을 방문하여 구호물자를

---

[1] 장 들라랑드(Jean Delalande), 주헝가리 프랑스대사(1950-1956).

실은 기차들을 맞이하고 그 안에 실린 물품들을 전달했습니다. 현재 헝가리로 돌아온 대표단 일원들은 부다페스트와 지방 도시에서 집회를 열어 '미국의 잔혹 행위'에 관한 국제여성민주연맹의 헝가리어 보고서 100,000부를 배포하고 있습니다. 그들의 표현이 보여주듯이, 그들은 폐허의 규모에 매우 놀랐던 듯합니다. 그들은 이렇게 말했습니다.

> "평양은 완전히 폐허가 되었다. 사람들은 지하 창고에 살고 있고, 전쟁에서 가족을 한 명이라도 잃지 않은 가정이 없다. 이제 사람들은 옷도 신발도 없이 겨울을 기다리고 있다……. 전선에서 수백 킬로미터 떨어진 곳에도 폐허가 되어버린 마을과 붕괴된 집들이 끝도 없이 펼쳐진다. 우리도 헝가리에서 재앙과 고통, 비극을 겪고 있지만 미국 강도떼들이 저지른 짓은 상상 이상이다."

마자르 ㅁㅁㅁ는 10월 13일 다음과 같이 썼습니다.

> "유럽을 폭격하지 않아도 되는 상황에서 드레스덴을 파괴한 이들이자 히로시마와 나가사키에 핵폭탄을 투하한 자들이 이러한 참화를 가져왔다. 우리는 1950년 6월 25일 트루먼이 자유를 위해 투쟁하는 인민들을 간단하게 제압할 수 있으리라 생각했다는 것을 알고 있다. 1914년 기욤[2]이 가볍고 기분 좋게 승리하리라 믿었고, 체임벌린[3]과 달라디에[4]가 마지노선의 보호 아래 대단한 전쟁을 하고 있다고 생각했듯이 말이다."

헝가리 민주 공화국이 북한에 지원한 '라코쉬' 야전병원 덕분에 북한군인 3,000명이 다시 전장으로 돌아갈 수 있었고, 북한은 "헝가리가 구호와 지원에 앞장선 국가 중 하나라는 사실을 잊지 않을 것"입니다.

[2] 빌헬름 2세(Wilhelm II, 1859-1941). 독일제국의 황제. 제1차 세계대전 발발에 결정적인 역할을 함.
[3] 아서 네빌 체임벌린(Arthur Neville Chamberlain, 1869-1940). 영국의 정치가. 제2차 세계대전 당시 영국 총리를 지냄(1937-1940).
[4] 에두아르 달라디에(Edouard Daladier, 1884-1970). 프랑스의 정치가로 제2차 세계대전 당시 수상을 지냄(1933, 1934, 1938-40).

지금 부다페스트에서는 〈나의 조국〉이라는 북한 영화를 상영하고 있습니다. 올여름에는 소련의 북한 장학생들이 헝가리 두너우이바로시5)에 조성 중인 공업지대에 일하러 왔습니다. 베를린 세계청년학생축전에서 결성된 평양극단도 이곳에서 수차례 공연을 선보였습니다.

앞서 말씀드렸듯, 헝가리는 계속해서 이러한 방식으로 북한 원조에 대한 열의를 떠들썩하게 보여주고 있습니다.

---

5) 두너우이바로시(Dunaújváros). 헝가리 중부에 위치한 공업 도시. 1950년대 헝가리 산업화시기에 조성되었음.

【255】 연락장교회의에 관한 미 국무부의 정보(1951.10.19)

[전 보]	연락장교회의에 관한 미 국무부의 정보
[문 서 번 호]	7274-7276
[발 신 일]	1951년 10월 19일 08시(현지 시간), 15시(프랑스 시간)
[수 신 일]	1951년 10월 19일 13시 30분
[발신지 및 발신자]	워싱턴/보네(주미 프랑스대사)

보안

뉴욕 공문 제1616-1618호

오늘 미 국무부에서 받은 정보의 결론은 10월 □□일 연락장교회의에서 본인
이 전보 제7220호에서 언급한 두 가지 쟁점에 관하여 아무런 합의가 이루어지
지 못했다는 것입니다.

리지웨이 장군 측 대표들은 개성 중립지대를 반경 3,000야드로 하자던 기존
제안을 철회하고 반경 3마일로 변경하자고 제안했습니다. 공산군 연락장교들은
이에 대해 답하지 않았습니다. 세 번째 쟁점인 비무상 지대 내 비행 관련 논의
도 답보 상태인 듯합니다.

미 국무부에 따르면, 현재 양측의 판문점 대화는 우호적인 분위기 속에서 진
행되고 있으며 휴전협상이 재개될 희망도 충분하다고 합니다.

오늘 동료 중 하나가 미 국무부 동북아국장에게 한국에서 휴전이 성사될 가
능성이 얼마나 된다고 보느냐고 묻자, 그는 "지금으로서는 25%"라고 대답했습
니다. 동료가 이는 전혀 낙관적이랄 수 없는 확률이라고 그에게 지적하자, □□
□ 씨는 □□□ 전에는 확률이 훨씬 더 낮았다고 답했습니다.

동북아국장은 만약 휴전이 시작되면, 군사적인 이유뿐 아니라 미국 국내 정

치 문제 때문에라도 한반도 내 유엔군 감축을 피하기 어려우리라 생각합니다. 지금 이곳에서는 '경계 강화'에 있어 현재 6개 사단으로 이루어진 남한군에 실질적인 희망을 걸고 있는 듯 보입니다. 그들의 고강도 훈련은 계속되고 있으며, 일부 장교들의 훈련도 미국에서 진행되고 있습니다.

보네

【256】 10월 중순 전황(1951.10.19)

[전 보]	10월 중순 전황
[문 서 번 호]	2124-2125
[발 신 일]	1951년 10월 19일 01시
[수 신 일]	1951년 10월 19일 11시
[발신지 및 발신자]	도쿄/드장(주일 프랑스대사)

해독

국방부에 긴급 전달 요망
사이공 공문 제1402호

10월 17일 유엔군이 중부지구의 하소리와 북한강 사이에서 국지 공격을 새로 개시했습니다. 목표지는 이전 전선으로부터 3㎞가량 떨어져 있습니다. 공격 첫째 날, 유엔군은 1-2㎞ 정도를 전진했습니다. 적군의 저항은 상당히 약했습니다. 서부지구에서는 영연방 사단이 담당한 추동 남쪽과 제2사단의 맞은편에 있는 청송 인근에서 국지적인 작전이 계속되고 있습니다. 최근 전투에서 중공 제67군은 15,000명을 잃고 제68군으로 교대될 듯합니다. 더 동쪽에 있는 북한군 제2군단 역시 많은 고초를 겪어 중공군 1개 군으로 교체될 듯합니다. 유엔군의 병력 손실에 관해서는 약 1,000명이 전투력을 상실했으며, 그중 200명은 전사하였습니다. 미군 제7사단은 프랑스 대대가 소속된 제2사단을 곧 교대할 예정입니다.

드장

【257】 북한·소련 수교 3주년 기념 축전(1951.10.20)

[전 보]	북한 · 소련 수교 3주년 기념 축전
[문 서 번 호]	2429
[발 신 일]	1951년 10월 20일 16시 00분
[수 신 일]	1951년 10월 21일 11시 00분
[발신지 및 발신자]	모스크바/샤테뇨(주소련 프랑스대사)

오늘 언론은 소련과 조선민주주의인민공화국의 수교 3주년을 맞이하여 김일성이 스탈린에게 보낸 축전과 스탈린의 답장만을 보도했습니다.

김일성이 스탈린에 보내는 축전

"존경하는 스탈린 총사령관님, 조선민주주의인민공화국과 소련의 외교 · 경제 수교 3주년을 맞이하여 조선민주주의인민공화국 정부와 조선 인민 그리고 본인의 이름으로 소련 정부와 모든 소련 인민 그리고 이들의 총사령관이신 이오시프 빗사리오노비치[1] 당신께 진심 어린 축하와 깊은 존경의 마음을 전합니다.

조선민주주의인민공화국과 소련의 외교 · 경제 수교 뒤, 우리 신생 공화국은 양국이 맺은 우호 관계와 소련의 진심 어린 지원 덕에 전 세계에서 자유, 독립, 평화를 실현하기 위해 투쟁하는 평화 국가들 가운데 하나로 발전하고 성장하게 되었습니다.

소련과 조선 인민 사이의 끈끈한 우정과 소련이 우리에게 보내는 원조와 지원은 미 간섭주의자들과 이승만 같은 매국노 무리에 맞서 우리 조국의 자유와 독립을 쟁취하려는 이 정의로운 전쟁에서 우리가 승리하기 위한 단단한 발

---

[1] 이오시프 스탈린(Iosif Vissarionovich Stalin, 1879-1953). 제2대 소련 공산당 서기장의 본명.

판이 될 것입니다.

미 간섭주의자들의 한국 침공 계획을 끝내 저지하고 소련 인민과의 우애를 더욱 돈독히 하고 있는 조선 인민은 조국의 통일과 독립을 수호하겠다는 각오로 똘똘 뭉쳐있습니다.

이오시프 빗사리오노비치 총사령관님, 전 세계의 굳건한 평화를 위해 총사령관님의 만수무강과 행운을 그리고 모든 진보주의 진영 인민들의 행복을 기원합니다."

스탈린이 김일성에 보내는 답장

"김일성 위원장 동지, 양국 수교 3주년을 맞이하여 축하와 기원의 말씀을 보내주신 데 대하여 소련 정부와 본인의 이름으로 감사함을 전합니다.

용맹한 조선 인민들이 조국의 자유와 통일을 위한 영웅적인 투쟁에서 성공하시기를 바랍니다."

샤테뇨

【258】 연락장교회의에서 진전 사항(1951.10.20)

[기　　　타]	연락장교회의에서 진전 사항
[문 서 번 호]	2134
[발　신　일]	1951년 10월 20일 01시 30분
[수　신　일]	1951년 10월 21일 11시 00분
[발신지 및 발신자]	도쿄/드장(주일 프랑스대사)

사이공 공문 제1404호

10월 19일 어제 판문점에서 열린 양측 연락장교회의에서 새로운 합의 사항이
있었습니다.

총사령부의 10월 19일 15시 전언에 따르면, 공산군은 개성 및 문산 중립지대
를 반경 3마일 면적으로 설정하는 데 동의했다고 합니다. 이제 기본 합의를 양측
대표단에 제출하여 승인을 받으려면 1. 중립지대 상공 비행과 2. 문산 및 개성에
서 회담 예정 장소인 판문점까지 이어지는 통행로 문제를 해결해야 합니다.

공산군은 비행 전면 금지를 주장합니다. 하지만 유엔군 사령부는 중립지대를
설정한 이유는 단지 대표단을 보호하기 위해서인데, 중립지대 내 단순 비행은
시설과 인력에 아무런 위협을 가하지 않으므로 계속 허용해야 한다고 봅니다.

한편, 공산군은 개성-판문점-문산 도로 양쪽에 모든 공격이 금지되는 1마일
너비의 지대를 설정하자고 제안하고 있습니다. 유엔군의 ㅁㅁㅁ는 오직 도로
통행만을 완전히 자유롭게 보장하기를 바라며, 대표단의 안전은 우선 각자가
책임지는 것이라고 봅니다.

국방부에 전달 요망.

드장

【259】 파병국대표회의 내용(1951.10.20)

[기　　　타]	파병국대표회의 내용
[문 서 번 호]	7310
[발　신　일]	1951년 10월 20일 04시 00분(현지 시간), 09시 00분 (프랑스 시간)
[수　신　일]	1951년 10월 20일 09시 10분
[발신지 및 발신자]	워싱턴/보네(주미 프랑스대사)

보안

뉴욕 공문 제1619호(우편 전달)

　한국파병국대표회의에서 미 국방부 대변인은 지난 화요일 F-86 67대와 미그기 190대 이상이 투입된 공중전에서 미그기는 9대가 격추, 5대가 파손되었고, F-86은 단 1대만이 파손되었다고 발표했습니다.

　육상 전선에서는 최근 4일간 철원 서쪽, 금성 남쪽, 양구 북서쪽에서 가장 격렬한 전투가 벌어졌습니다.

　한 가지 주목할 점은, 철원 서쪽에서 적군의 �口 ㅁ ㅁ와 박격포 폭격이 "극도로 파괴적"이었다는 것입니다.

　미 국방부는 프랑스 대표의 요청에 따라 다음 주 화요일 회의에서 프랑스 대대의 병력손실에 관한 정확한 정보를 주기로 했습니다.

보네

【260】 개성·문산 중립지대에 관한 진전 사항(1951.10.20)

[기   타]   개성·문산 중립지대에 관한 진전 사항
[문 서 번 호]   7315-7318
[발   신   일]   1951년 10월 20일 04시(현지 시간), 09시(프랑스 시간)
[수   신   일]   1951년 10월 20일 09시 10분
[발신지 및 발신자]   워싱턴/대사관행정실

뉴욕 공문 제1621호(우편 전달)

한국의 연락장교 회담에 관하여 히커슨 미 국무부 유엔담당 차관보가 제공한 오늘 자 정보를 보면 이제 미합의 사안은 아래 사항뿐이라는 것을 알 수 있습니다.

    1. 중립지대 비행 문제
    2. 판문점행 중립 통행로의 너비
    3. '유격대' 활동에 관한 책임

개성과 문산 중립지대에 관한 문제는 공산군 측이 유엔 측 제안, 즉 두 지역을 중심으로 반경 3마일에 이르는 원형지대를 중립지대로 하는 안을 받아들이면서 합의에 도달했습니다.
리지웨이 장군의 계획에 따르면 ㅁㅁㅁ 지대는 중립화하지 않는 한편, 판문점 지대는 중립화함과 동시에 모든 공격으로부터 보호될 것입니다.
한편, 개성과 문산 내 비행은 금지되지 않을 것입니다.
히커슨 차관보는 비행 문제에 대해 장군이 중립지대 상공 비행을 금지한다고 유엔 공군에 이미 명령했으나, 적군에게는 이를 정식으로 약속하지 않으려 한

다고 설명했습니다. 그 두 이유는 다음과 같습니다.

　　기상 악화 등의 경우 유엔군 조종사가 작전 종료 후 복귀 시, 해당 지역을
통과해야 할 수 있다.
　　정식으로 합의할 경우, 적군은 아무 일도 일어나지 않았는데도 합의를 어
겼다며 억지를 부릴 것이 분명하다.

　마지막 두 가지 미합의 사항은 이제 양측의 견해차가 그리 크지 않으므로 조
만간 합의될 것으로 보입니다. 공산군이 요구하는 통행로 너비가 3마일에서 2
마일로 준 가운데, 유엔군은 1.5마일을 제안 중입니다.
　'유격대'에 관해서는 "무장병력의 적대행위를 금한다"라는 문구로 의견이 모
이기 직전인데, 리지웨이 장군은 무장병력을 각 측이 '관리하는' 병력으로 이해
하고 있습니다.

대사관 행정실

【261】 미합의 사항의 일부 해결 및 기타 소식(1951.10.21)

[기   타]   미합의 사항의 일부 해결 및 기타 소식
[문 서 번 호]   2138
[발   신   일]   1951년 10월 21일 01시 00분
[수   신   일]   1951년 10월 21일 17시 30분
[발신지 및 발신자]   도쿄/드장(주일 프랑스대사)

사이공 공문 제1408호

1. 어제 열린 10월 20일 연락장교회의에서 두 가지 미합의 사항 중 하나가 해결되었습니다.

공산군은 문산-판문점-개성 도로 양쪽에 200m 폭의 안전지대를 설정하자는 유엔군 사령부의 제안을 수용했습니다.

이제 남은 문제는 비행 문제입니다. 유엔군 사령부는 조속한 해결을 위하여 개성 및 개성과 판문점 사이 도로에서 비행을 최대한 자제하겠다고 제안했습니다.

이 문제 외에도 예정된 합의안의 문구를 비롯하여 다양한 별첨 서류를 일부 조정해야 하는 상황입니다. 양측 대표단이 합의안에 조인하고, 군사 휴전과 그에 따라 이루어질 정전 문제들을 다시 본격적으로 논의하려면 말입니다.

2. 스탈린은 김일성에게 보내는 10월 20일자 전보에서 용맹한 조선 인민들의 승리를 기원한다고 전했습니다. 한편, 김일성은 조선민주주의인민공화국이 자유, 독립, 세계 평화를 위해 투쟁하는 민주적이고 평화적인 국가로 발전하고 자리 잡을 수 있게 소련이 보내준 진심 어린 지원에 감사한다고 스탈린에게 전했습니다.

3. 지금까지 미 제5공군에 배속되어있던 대한민국 공군이 얼마 전 김정렬[1] 장군 휘하의 단독 비행단으로 편성되었습니다.

국방부에 전달 요망.

드장

---

[1] 김정렬(金貞烈, 1917-1992). 한국 공군 초대 참모총장.

【262】 미합의 사항 해결(1951.10.22)

[전 보]	미합의 사항 해결
[문 서 번 호]	2449
[발 신 일]	1951년 10월 22일 17시
[수 신 일]	1951년 10월 22일 21시 50분
[발신지 및 발신자]	모스크바/샤테뇨(주소련 프랑스대사)

오늘 아침 『프라우다』가 북경에서 전보 한 통을 받고 한국의 휴전협상에 관한 신화통신의 아래 공보 내용을 그대로 보도하였습니다.

"오늘 오전 10시 양측 연락장교는 대표단 회담 재개에 관한 문제를 계속해서 논의했다. 11시 36분까지 이어진 오전 회의에서 우리 연락장교들은 중립지대 내 군용기 비행을 허용하자는 상대측의 황당무계한 요구를 다시 한 번 거부했다. 14시에 회의가 재개되자 마침내 유엔군 대표단의 연락장교들은 기상악화나 기술적 문제 등의 부득이한 경우를 제외하고는 양측 군용기 모두가 판문점 회담 구역 위를 비행할 수 없고, 유엔군 군용기의 경우 개성구역과 개성구역-판문점 회담 구역 도로에서의 비행을, 조선인민군과 중국인민지원군 군용기의 경우 문산구역과 문산구역-회담 구역 도로에서의 비행을 금지한다는 데 합의했다.

현재 양측 연락장교들은 의제의 모든 사항에 의견 일치를 본 상태다. 회의는 14시 40분에 종료되었다. 연락장교들은 10월 22일, 내일 오전에 합의안에 서명하고 회담 재개 일시를 정하자고 제안했다."

샤테뇨

【263】 미합의 사항 해결(1951.10.22)

[기　　　　타]	미합의 사항 해결
[문 서 번 호]	2154
[발　　신　　일]	1951년 10월 22일 02시
[수　　신　　일]	1951년 10월 22일 14시
[발신지 및 발신자]	도쿄/드장(주일 프랑스대사)

사이공 공문 제1418호

1. 총사령부의 10월 21일 16시 발표에 따르면 어제 연락장교회의에서 기본 합의와 휴전협상 재개 조건을 결정하는 여러 조정안에 대한 원칙적인 합의가 이루어졌다고 합니다.

유엔군 연락장교들은 이상의 여러 가지 합의문의 영문본을 제출했고, 10월 22일 오늘 중문본과 한국어본을 전달받을 예정입니다. 오늘 10시에는 합의문 대조와 조인을 위해 연락장교회의가 열릴 예정입니다.

2. 언론에 따르면 첫 번째 대표단 회의는 10월 24일에 열릴 것으로 보입니다. 협상의 진행 추이를 알 수 있도록 아래에 일부 날짜를 요약합니다.

　　6월 23일: 휴전협상 제안 발표
　　6월 30일: 리지웨이 장군의 1차 전언
　　7월 8일: 1차 연락장교회의
　　7월 10일: 1차 대표단 회의
　　8월 26일: 대표단 마지막 본회의, 분과위원회 설치 결정
　　8월 23일: 공산군의 협상 중단 발표

10월 10일: 연락장교 접촉 재개

10월 21일: 휴전협상 재개를 위한 연락장교 합의 완료

【264】 맥아더 장군의 복귀에 관한 상원 청문회 보고서(1951.10.22)

[기   타] 맥아더 장군의 복귀에 관한 상원 청문회 보고서
[문 서 번 호] 4753-SC
[발   신   일] 1951년 10월 22일
[수   신   일] 미상
[발신지 및 발신자] 워싱턴/보네(주미 프랑스대사)
[수신지 및 수신자] 파리/로베르 슈만(프랑스 외무부장관)

맥아더 장군의 복귀에 관한 상원 청문회

  본인은 8월 22일자 공문 제3950-AS호에서 미 상원의원 8명이 맥아더 장군 복귀에 관한 상원 청문회에서 언급된 여러 문제점을 검토한 뒤, 그 결론을 별도의 보고서로 작성하기로 했다는 소식을 알려드린 바 있습니다.
  상기 공문에서도 분석한 바 있는 해당 상원 보고서의 전문을 첨부하오니 참고하시기 바랍니다.

                                        프랑스대사 및 대리 서명자
                                        대사관 공사참사관

참조:
아메리카국
회의 사무국
언론정보국
주 유엔 프랑스 대표(뉴욕)
주일 프랑스 대표부

【265】 한국분쟁에 대한 소련의 입장(1951.10.26)

[전　　　보]	한국분쟁에 대한 소련의 입장
[문 서 번 호]	2498-2499
[발　신　일]	1951년 10월 26일 17시 30분
[수　신　일]	1951년 10월 26일 20시 15분
[발신지 및 발신자]	모스크바/샤테뇨(주소련 프랑스대사)

어제 회담이 끝나자 저는 한국 휴전 협상 재개와 진행 중인 분쟁의 해결 방법과 수단에 관한 소련의 조처에 대해 질문하기 위해 보고몰로프[1] 씨를 만났습니다.

그는 비신스키 소련 외무부장관과 주소련 미국대사 커크 제독 사이에 교환된 발언과 문서는 이 해결의 조건과 양상을 명확히 밝혀준다고 대답했습니다. 평화를 위해 자신이 시작한 적이 없는 투쟁에서 상대 양측을 연결시키는 시도를 한 것은 소련이라고 그는 말했습니다. 그런데 지금까지 미국은 개성 회담에서 어떤 구체적인 제안도 제출하지 않았다는 것입니다. 오히려 상황을 길게 끌기 위해 노력했습니다. 우리는 지금 그런 상황에 있습니다.

소련은 한국문제의 평화적 해결과 극동의 평정을 바랍니다. 소련이 첫발을 먼저 내딛으면서 그것을 증명해보였습니다. 그러나 휴전을 하기 위해 유효한 제안을 내놓지 않았을 뿐 아니라 북한을 계속 폭격한 미국은 소련을 따르지 않았습니다. 그러므로 이러한 상황에서 소련은 기다리는 수밖에 없습니다. 이렇게 하여 그는 소련 외무장관과 미국대사의 회담에 관해 최근 발행되고 오늘 아침에도 소련 잡지 『새로운 시대』 43호에 실린 모든 고찰들을 제게 확인시켜 주었습니다.

샤테뇨

---

1) 알렉산드르 보고몰로프(Alexander E. Bogomolov, 1900-1969). 유엔인권위원회에서 세계인권선언 작성에 참여. 프랑스 주재 소련대사(1944-1950), 체코 대사(1952-1954), 이탈리아대사 역임.

【266】 휴전회담에 대한 신화통신 공보(1951.10.26)

[전 보]	휴전 회담에 대한 신화통신의 공보
[문 서 번 호]	2504
[발 신 일]	1951년 10월 26일 17시 30분
[수 신 일]	1951년 10월 26일 21시 00분
[발신지 및 발신자]	모스크바/샤테뇨(주소련 프랑스대사)

언론은 오늘 아침 신화통신의 공보를 그대로 실었습니다.

　"오늘 10월 25일 오전 11시 양측의 대표단들이 회의를 재개했다. 우리 쪽에서는 중국-북한 대표단장 남일 장군, 조선인민군 측 대표 이상조[1] 육군 소장, 정두환 육군 소장, 중국인민지원군 대표 비엔창우[2] 장군과 셰팡[3] 장군이 심의에 참여했다. 유엔군 대표단은 대표단장 조이[4] 부제독, 크레이기[5] 장군, 호데스[6] 장군, 버크[7] 해군소장 그리고 이형근[8] 육군 소장이 참여했다.
　오전 회의에서 남일 장군은 회담의 원활한 진행을 방해할 수 있는 새로운 위반을 피하기 위해 비준한 협약인 회담 지역 보안 관련 협약의 엄격한 준수

---

1) 이상조(李相朝, 1915-1996). 군 총참모부 부총참모장, 군사정전위 공산 측 대표, 소련 주재 대사(1955) 역임. 소련 망명(1967) 후 김일성 남침 폭로하고 한국을 방문하기도 했음.
2) 비엔창우(邊昌武, PienChang-wu). 정전회담 시 중국 측 대표.
3) 셰팡(解方. Hsieh Fang). 정전회담 시 중국 측 대표.
4) 찰스 터너 조이(Charles Turner Joy, 1895-1956). 2차대전과 한국전쟁 당시 미 해군 제독. 한국전쟁 중 많은 해군 활동을 지시함. 휴전회담 시 유엔군 측 수석대표.
5) 크레이기(Sawrence C. Craigie). 극동지구 미 공군 부사령관.
6) 헨리 호데스(Henry I. Hodes, 1899-1962).1951년 미8군 참모총장 보좌관.
7) 버크(Arleigh A. Burke). 극동지구 미 해군참모총장.
8) Li En Kong으로 표기되어 있으나 대표단 보직기간으로 비추어 이형근으로 추정됨. 이형근(李亨根, 1920-2002). 전 외무 공무원이자 전 참모총장. 한국전쟁 시 제2사단, 제3군단, 제1군단 지휘.

를 보장하기 위해 양측 연락장교 공동위원회를 설립할 것을 제안했다. 이 공동위원회는 보안조치 검토, 양 당사자의 협약 준수 감시, 위반 시 조사 주도 및 양측 관련 행정문제에 대한 책임을 지게 된다. 유엔군 대표단은 우리의 제안을 채택했다.

이어 대표단은 의제 제2항 검토로 넘어갔다. 회담 진행을 가속화하기 위해 양측은 분과위원회가 비무장지대 설립을 위한 군사분계선의 설치 문제를 재검토하도록 하는데 합의했다. 회의는 11시 53분에 끝났으며, 오후 2시에 분과위원회는 분계선 설정 문제 검토를 재개했다. 우리 측 대표들은 양 당사자가 이 문제에 대해 정당하고 합리적인 원칙에 입각한 제안을 제시할 필요성을 강조했다. 회의는 3시 49분에 끝났다. 차기 회의는 10월 26일 오전 11시로 예정되었다."

이 공보에 이어 상당히 긴 평양의 속보 기사가 중국 지원병들의 전쟁 투입 1주년에 대한 북한 언론의 논평들을 열거했습니다. 이 기사들은 중국병사들의 영웅정신을 치하하며 "중국 인민의 유일한 희망사항은 그들의 가정과 아시아, 극동 사람들을 위협하는 위험을 피하는 것"이라고 강조하고 있습니다.

샤테뇨

【267】이승만 대통령의 발표(1951.10.26)

[공 문]	이승만 대통령의 발표
[문 서 번 호]	2181(파리외교단)
[발 신 일]	1951년 10월 26일
[수 신 일]	미상
[발신지 및 발신자]	도쿄/드장(주일 프랑스대사)

1951년 10월 브리옹발 씨에 의해 전달된 사본

1951년 6월 27일자 브리옹발 씨로부터의 문서 제33호

인용

　"이승만 대통령은 어제 말리크 소련 대표의 제안을 검토하기 위한 내각회의가 끝난 후 성명서를 발표했습니다. 그 전체 번역본을 다음호 전보로 우리 외무부에 전달합니다. 이 성명서는 한국 정부가 휴전을 위한 회담의 원칙에 세 가지 조건부로 동의한다는 입장을 표명하고 있습니다.

　- 모든 잠재적 협상은 한국의 인위적 분단으로 되돌아가는 결과를 초래하는 것이 아니라 실제로 단일 정부 하에서 통일을 이끌어내어야 한다. 물론 이 정부는 대한민국 정부여야 한다.
　- 공산주의 침략이 되풀이되지 않는다는 약속이 절대 보장되어야 한다.
　- 한국 국민은 그들의 합법적인 대리인인 "대한민국 정부"를 통해 언제든지 협상의 전개에 대해 협의되고 정보를 통지받아야 한다.

　이러한 표명은 한국 정부가 압록강까지의 무조건적 투쟁이라는 극단적인

방식을 갑자기 포기한 것으로 보입니다. 무조건적인 방해로 어떤 타협에 이르기 위해 분명 애쓰고 있는 유엔의 심기를 불편하게 할 수 있다는 우려에서 한국 정부가 자발적으로 태도를 바꾸었다고 생각해볼 수도 있습니다.

그러나 한국 정부가 지금까지 보여준 것보다 더 절제를 권유하는 미국의 압력에 단지 굴복한 것일 뿐임을 보여주는 여러 징표가 있습니다. 그래서 타협적인 최종 표현에 앞선 긴 전제에는 강압을 곡해하는 짜증이 묻어나고 있습니다. 공개적으로 유엔의 나약함과 소련의 제안에 굴복하는 몰지각한 호의를 공개적으로 비난하면서 이 전제의 표현방식에서 협정체결계획을 미리 부정하려고 애쓰고 있습니다.

이 성명을 통해 이승만 대통령은 그가 더 확정적인 승리를 예상했던 실제적 해결책, 즉 대한민국 정부의 영도 하에 "법령에 의한" 한국의 통일을 제외한 어떤 합의에 진심으로 동참할 의도가 있는지 의구심을 품을 수 있습니다.

브리옹발"

드장

【268】 이승만 대통령의 성명서(1951.10.26)

[공   문]   이승만 대통령의 성명서
[문 서 번 호]   2182(파리 외교단)
[발   신   일]   1951년 10월 26일
[수   신   일]   미상
[발신지 및 발신자]   도쿄/드장(주일 프랑스대사)

1951년 10월 브리옹발 씨에 의해 전달된 사본

1951년 6월 27일자 브리옹발 씨로부터의 문서 제34호

인용

"1951년 6월 26일 내각회의가 끝난 후 발표한 이승만 대통령의 성명:

북한과 남한, 한국 국민은 인위적 경계선을 따라 우리 국가의 분단을 제안하는 어떤 자칭 "평화 계획"에도 동의할 수 없다. 침략자에게 한국의 어떤 부분이라도 남겨두자는 제안은 우리 국가에 모욕이 될 것이다.

소련 지도자들이 현재 평화를 추구하고 있다는 사실은 그들로서는 자신들의 실패를 인정하는 것이다. 그들이 무력으로 성취할 수 없었던 것을 이제 외교적 술수로 이루려고 하고 있다. 온 세계에서 소련 지도자들이 약속을 지킬 수 있다고 믿는 순진한 사람이 어디에 있겠는가?

소련의 평화 제안은 유엔이 생각하는 제안과 아주 다른 의미를 지닐 수 있다. 만약 유엔이 소련의 평화 제안을 수용한다면 소련 지도자들은 유엔을 이겨내려고 한다는 의미일 것이다. 유엔이 이 함정에서 헤어 나오지 못하고 빠져든다면 전 세계인의 눈에 국제사법재판소로서의 신용을 잃게 될 것이다. 그러므로 우리는 유엔이 소련의 수작을 신중하게 검토하고 있다고 생각하지 않는다.

소련 지도자들은 언제부터 세계 평화에 그토록 관심을 가졌는가? 그들이 한국의 남반부를 자신의 영지로 만들기 위해 공격했을 때 평화를 추구했던 말인가? 우리 민족의 말살, 우리나라의 파멸이 세계 평화를 보장하기 위한 노력이었단 말인가?

그럼에도 불구하고 오늘날 우리는 소련을 포함한 유엔의 몇 회원국이 38선을 중심으로 한국의 분단을 복구시키려 하고 있으며, 현 전쟁으로 이끌었고 다른 전쟁으로 이끌게 될 그 조건을 복원하고 있다. 이것이 "평화의 제안"인가? 괴멸된 중공군이 뿔뿔이 흩어지고 참패를 겪을 위기에 처했다. 왜 중공적군의 잔해들에게 38선까지 내려오도록 허용하는가? 이것이 침략자를 처벌하는 것인가 보상하는 것인가?

우리는 이런 종류의 어떤 제안도 "평화 계획"으로 인정할 수도 인정하기를 원하지도 않는다. 왜냐하면 평화 계획이 아니기 때문이다. 공산군은 압록강과 두만강 너머로 철수하기 시작했고 이것이 유엔의 명시된 목적에 부합하는 평화협상의 시작이 될 것이다.

우리가 그것을 막을 수 있는 한 지긋지긋한 38선 북쪽에 살고 있는 수백만의 충성스러운 한국인들이 공산주의자들의 노예로 살아가도록 둘 수는 없다. 우리 정부는 그들을 해방시키고 보호하고자 하며, 그것은 시민으로서의 그들에 대한 우리의 의무를 이행할 수 있는 유일한 방법이다. 그리고 북한 동포들도 그것을 기대할 권리가 있다.

모든 결정 이전에 유엔은 공산주의 범죄자들의 파괴적 공격에 전 인류를 버려두는 것이 바람직한지, 아니면 굴복하지 않고 최후까지 승리를 거두어 침략자들을 벌하고, 자유 통일 한국이 크건 작건 모든 국가가 자유에 대한 권리가 있다는 신성한 원칙의 영원한 기념물로 남을 수 있도록 하는 것이 바람직한지 자문해보아야 할 것이다. 우리 정부의 관심사는 정의롭고 지속적인 평화가 한국에 수립되는 것이다. 또 우리는 이 평화가 정당하고 지속적이라는 확신을 가질 수 있어야 한다.

모두는 우리 군인들이 그들의 집과 가족들에게 돌아갈 수 있도록 전쟁이 끝나길 원한다. 그러나 이 평화에 대한 염원이 우리에게 환상적인 것을 수용하도록 유도해서는 안 될 것이다.

첫째, 모든 한국인은 조국의 통일을 염원한다. 38선 북쪽이건 남쪽이건 남

녀 할 것 없이 모두는 단일정부, 대한민국 정부 아래 통일되기를 원한다. 그러
므로 우리 모두는 우리나라를 5년 동안 분단시킨 인위적 경계선을 복구하려는
모든 제안을 가장 절망스럽게 바라보는 것이다.

둘째, 잠정적 합의는 차후에 한국 국민에 대한 공산주의의 침략이 반복되
지 않을 것이라는 확실한 보장을 포함해야 할 것이다.

셋째, 한국 국민은 민주적으로 선출된 대표인 대한민국 정부를 통해 어떤
협상이든지 그 전개에 대해 의논의 대상이 되어야하고 지속적으로 정보를 받
아야 한다. 말리크 소련대표의 제안이 이런 조건을 충족하는가? 그렇다면 평
화에 대한 어떤 희망이 있다. 그러나 우리는 신속한 평화의 환상으로 유혹하
며 실제로 더 광범위하고 더 끔찍한 분쟁의 서곡이 될 수 있는 모든 제안의
수락에 대해 세계가 경계해야 함을 충고한다.

브리옹발"

드장

【269】 한국 외무부장관의 성명서(1951.10.26)

[공　　　문]	한국 외무부장관의 성명서
[문 서 번 호]	2185(파리 외교단)
[발　신　일]	1951년 10월 26일
[수　신　일]	미상
[발신지 및 발신자]	도쿄/드장(주일 프랑스대사)

1951년 10월 브리옹발 씨에 의해 전달된 사본

1951년 7월 1일자 브리옹발 씨로부터의 문서 제37호
본인 이전 전보에 이어

한국 외무부장관의 성명문
인용

　　"프랑스대리공사께,
　　저는 내각 회의에서 제안된 "정전"의 근거로 다음 5가지 사항이 채택되었음
을 알려드리게 되어 영광으로 생각합니다.

　　첫째, 중공군이 한국에서 완전히 철수해야 하고, 이 철수는 북한 민간인들
　　　　의 삶과 재산에 어떤 다른 손상도 끼치지 않고 만주 우리 국경을 벗
　　　　어나 이행되어야 한다.
　　둘째, 북한 공산군은 무장 해제해야 한다.
　　셋째, 유엔은 북한 공산주의자들에게 제공되는 모든 제3국의 어떤 군사적,
　　　　재정적 또는 기타 지원을 막는데 동의해야 한다.

한국전쟁 관련 프랑스외무부 자료 III(1951. 06. 01~1951. 12. 30)

넷째, 대한민국 공식대표는 한국문제의 어떤 국면이든 논의 또는 검토하기
위한 모든 국제회의와 회담에 전적으로 참여해야한다.
다섯째, 한국의 주권 또는 영토 보전에 저촉되는 어떤 구상, 계획, 노선도
참작되지 않을 것이다.
앞의 내용이 귀하의 관심과 호의적인 협력을 얻을 수 있길 희망하며…
외무부장관 변영태.[1]"

브리옹발

드장

---

[1] 변영태(卞榮泰, 1892-1969). 1951년 외무부장관 취임, 1954년 제네바정치협상회의 한국 대표로
참석하여 15개항의 통일방안 제시. 국무총리 역임.

【270】 개성 휴전회담 반대 운동(1951.10.26)

[공   문] 개성 휴전회담 반대 운동
[문 서 번 호] 2186(파리 외교단)
[발   신   일] 1951년 10월 26일
[수   신   일] 미상
[발신지 및 발신자] 도쿄/드장(주일 프랑스대사)

1951년 10월 브리옹발 씨에 의해 전달된 사본

1951년 7월 8일자 브리옹발 씨로부터의 문서 제38호

인용

　"오늘 개성에서 열리는 회담에 대한 매우 격렬하고 전체적인 반대가 얼마 전부터 발전되어온 것으로 보입니다. 이런 태도는 특히 공식 연설, 국회 토론, 언론 사설 및 나라 안의 가장 다양한 지점에서 매일 열리는 대규모 시위에서 나타납니다.

　그러나 이 나라에서는 신문기자들은 규율을 준수하고, 여전히 일본식 관례로 인해 퍼레이드로 규정되는 대중 집회를 때맞춰 조직할 수 있으므로 배후조정을 구분할 필요가 있습니다.

　어제 어떤 한국 유력인사는 저에게 "전쟁으로 인해 부를 축적한 부산 상인들은 확실히 모르겠지만 "대다수의 사람들이 평화를 원하고 있다. 대구 북부의 모든 사람들은 빈곤과 끊임없는 공세의 위협에 지쳐있고 수많은 피난민들은 집으로 돌아가기만을 바라고 있다"고 단언했습니다.

　8일 전 내각회의에서 결의안(본인의 전보 제36호)이 통과된 그 다음날 기자회견에서 "정전"과 "38선에서의 정전"을 영악하게 혼동함으로써 분단의 망령을

휘둘러대는 이승만 대통령의 솜씨를 또 한 번 언급하지 않을 수 없습니다.

그러나 우리는 그가 이 부분에서 의원들이 의석을 잃을까봐 두려워하고 있는 국회의 전적인 지지를 얻는다는 사실을 부인할 수 없습니다. 대통령은 3일 전에 다음과 같이 발표했습니다. "그들은 휴전에 대해 이야기하려고 노력하지만 우리는 토론에 유혹당하면서 우리의 투쟁 정신을 포기해서는 안 됩니다. 전쟁이 중단될 경우를 대비해서 마지막까지 싸울 준비를 해야 합니다. 한국인들은 그 의지에 반대되거나 대한민국의 주권을 가볍게 여기는 협상된 휴전은 결코 용납하지 않을 것입니다".

브리옹발"

드장

【271】 판문점 휴전회담 상황(1951.10.26)

[전   보] 판문점 휴전회담 상황
[문 서 번 호] 2192
[발   신   일] 1951년 10월 26일 09시
[수   신   일] 1951년 10월 26일 22시
[발신지 및 발신자] 도쿄/드장(주일 프랑스대사)

사이공 고등판무관 공문 제1438호

1. 63일간 중단되었던 휴전 회담은 10월 25일 어제 11시에 판문점에서 재개되었습니다. 10월 22일 연락장교 간의 도달한 협의는 같은 날 조이 제독에 의해 비준되었고 이 승인은 즉시 중공-북한 측에 통고되었습니다. 유엔 사령부는 10월 24일 공산주의자들의 비준 사실을 통보 받았습니다. 협약에는 회담의 재개 및 특정 사안에 대한 동의 조건을 정하는 8가지 사항의 합의가 포함되어 있습니다. 8가지 합의사항은 다음과 같습니다.

- 새로운 회담 장소를 판문점으로 한다.
- 이 회담장소 주변 반경 1,000야드를 안전구역으로 지정한다.
- 이 지역에서의 육해공군에 상관없이 모든 정규군 또는 비정규군의 군사 행동을 금지한다.
- 양측에서 각각 2명의 장교와 15명의 병사를 해당 지역 경찰에 파견한다.
- 양측 각 대표단은 판문점에 자유롭게 출입한다.
- 대표단 회의를 위한 용품 배치
- 개성과 문산 반경 3,000야드를 안전 구역으로 지정하고 이 두 마을을 합류하는 도로를 따라 200미터 넓이의 통로를 둔다.

- 회담 재개 날짜 및 시간

또한 연락장교들은 합의 내용 안에 포함되지 않은 5가지 문제, 특히 정규군 및 유격대원의 활동을 포함하는 "군대"라는 용어의 정의에 대해, 그리고 대기조건 또는 기계적 조건으로 인한 불가항력의 경우를 제외한 상공비행의 금지에 대해 합의했습니다.

2. 이러한 합의의 비준과 회담의 재개가 있기 전에 공산군사령부는 대표단 구성에 중요한 변화를 이행했습니다.

- 한국에서 중공군을 지휘했던 덩화[1] 장군이 비엔창우[2] 장군으로 대체됨
- 장평산 북한 장군이 정두환[3] 장군으로 대체됨

3. 10월 25일 어제 열린 각 측의 두 대표로 이루어진 분과위원회 대표단 회의가 일정한 진전을 희망하게 만드는 분위기 속에서 진행되었습니다. 유엔대표단의 이름으로 헨리 호데스 장군은 유엔군에 의해 정복된 200마일 동부 영토와 동일한 면적의 공산군 보유 서부 영토의 교환을 제안했습니다. 그 외에, 군사분계선은 상대방과의 사이가 2마일 반, 4-5km 지대와 함께 현재 전선(戰線)과 거의 일치합니다.

예를 들면 완충지대는 개성 서쪽 9마일에 위치한 예성강 입구에서 서쪽으로 시작하여 동부 해안의 개성 남쪽으로 11마일 반 떨어진 마차진리에서 종결됩니다. 이 지대는 유동리, 구화리, 귀존리, 오강리, 삼용리를 거쳐 김화 북쪽 4마일 반 지점을 지나고 수동리 근처 감송에서 남쪽으로 6마일 반 지점, 그리고 화천저수지 북쪽으로 15마일을 지나 마차진리에 도달합니다.

---

[1] Tang으로 표기되어 있으나 덩화로 추정됨. 덩화(Dèng Huá, 鄧華, 등화, 1910-1980), 중국인민지원군 부사령관. 1951년 정전회담에서 중국 측 책임자.
[2] 원문이 정확하지 않으나 비엔창우로 추정됨.
[3] 원문 추정이 정확하지 않으나 위원회 보직 기간으로 보아 정두환으로 추정됨.

4. 10월 26일 11시부터 12시 30분까지 새로운 회의가 열렸습니다. 언론에 따르면 공산주의자들은 자신들의 대답을 알렸을 것이라고 합니다.

5. 부산 신문들은 오늘 아침 만약 한국 정부의 희망사항에 반하는 협상이 진행된다면 휴전협상에서 대한민국 휴전협상대표는 물러날 것이라고 밝혔습니다. 이형근 장군이 이런 방향으로 밝혔다고 신문들은 전했습니다.

국방부에 전달 요망.

드장

【272】 중공개입의 자체적 전체 평가(1951.10.27)

[전 보]	중공개입의 자체적 전체 평가
[문 서 번 호]	497-500
[발 신 일]	1951년 10월 27일 10시 8분
[수 신 일]	1951년 10월 27일 07시
[발신지 및 발신자]	홍콩/뷔종1)(주홍콩 프랑스총영사)

중국 "인민지원군" 한국 참전 기념일은 휴전협상이 재개되는 순간에 특별히 의미 있는 발표와 기사들이 넘쳐나 눈길을 끌었습니다.

이 참전결과에 대한 전반적인 평가는 신화통신을 통해 이루어 졌습니다. 이 통신사는 다른 국가들의 패배를 친절하게 나열하면서 객관적으로 보이도록 다음과 같은 손실(사망자, 부상자 또는 전쟁포로가 된 인원 미국인 177,000명, 한국인 200,000명, 영국인 및 호주인 9,400명, 프랑스인, 캐나다인, 터키인, 필리핀인 2,000명)을 상세히 설명하고 있습니다. 그러나 공산주의자들의 손실의 정도와 중공-북한군이 겪은 패배에 관해서는 침묵하고 있습니다. 그리고 "중국과 한국 인민군들은 그들의 기동력이 현재 강화되고 있으므로 더 큰 승리를 확실히 거둘 것"으로 이 공보는 결론짓고 있습니다.

마오쩌둥 역시 어느 중요한 연설에서 이 기념일을 기렸습니다. 마오쩌둥 인민정부 주석이 10월 23일 자문회의에서 현재 일어나고 있는 세 가지 '대중 운동'(미국 침략에 대한 저항과 한국 지원, 토지 개혁, 혁명 주동자들의 제거)을 분석한 연설로 통신사들은 이를 특별 보도했습니다. 중공 지도자들이 현재 외교 정책 문제에 두는 우선권이 강조되었습니다.

---

1) 자크 다스튀그 드 소레악 드 뷔종(Jacques Dastugue de Soreac de Buzon), 주홍콩 프랑스 총영사(1951-1955).

"협상에 문을 열어 놓고, 누구도 위협하지 않는 중국은 단지 제국주의자의 침략에 반대하고자 한다는 것을 천명하며, 이 정당하고 불가피한 전투를 계속하기 위해 중국 인민은 미국에 저항하고 한국을 원조하는 노력을 공고히 하고 생산을 늘리며 경제를 엄격하게 운영해나가야 합니다. 바로 이것이 현 시점에서 중국 인민의 핵심 과제이고 따라서 본 회의의 핵심 과제인 것입니다."

마오쩌둥이 1950년 7월 이후 공개적으로 발언하지 않은 사실이 이 성명에 특별히 무게를 실어주었고, 한국 지원병들의 원조를 위한 "물질적, 재정적 자원의 동원"을 중국에 촉구하는 발의의 표결로 이어졌습니다.

또한 베이징은 한국에 보내기 위한 중화기 구매 기부금이 1억 달러에 이르러 목표치의 59%를 달성했다고 발표했습니다.

이러한 중공 개입에 대한 찬양이 판문점 공산주의 협상가들에게 길을 준비하는 협박 술책일 수는 있다고 치더라도 현재 진행 중인 집결을 위한 강력한 노력을 보여주는 것인지는 확실치 않습니다. 이 집결의 염려스러운 성격은 이곳 영사관에서 자주 강조되었었습니다.

뷔종

【273】 중국 주재 인도대사와의 대화(1951.10.27)

[전　　　보]	중국 주재 인도대사와의 대화
[문 서 번 호]	620-624
[발　신　일]	1951년 10월 27일 21시 50분
[수　신　일]	1951년 10월 27일 20시 45분
[발신지 및 발신자]	뉴델리/오스트로루그[1](주인도 프랑스대사)

보안

저는 오늘 파니카[2] 주중 인도대사와 함께 점심을 했습니다. 그가 저를 만나고자 했기 때문에 저는 중국에서의 상황에 대한 특별하고 가치 있는 얼마간의 정보를 그가 줄 수 있을 것이라 생각했습니다. 이 베이징 주재 인도대사는 아시아에 대한 외세의 난입과 미국 개입의 위협적 성격을 인정하지 않을 중국의 권리에 대한 통상적 변론을 펼칠 뿐이었습니다. 다 듣고 난 후 저는 미군은 사건에 훨씬 앞서 한국 영토를 떠났고 유엔의 권한 하에 군대가 파견된 것은 명백한 침략에 의해 야기된 것이라고 그에게 지적했습니다.

파니카 인도대사는 이를 인정했지만 중국과 소련의 부재 속에 내려진 결정에 대해서는 의문을 표했습니다. 그리고 그는 만주의 산업 발전이 중국 정부로 하여금 군의 물자보급을 가능하도록 한다는 사실을 명시하며 중국이 현재 보여주고 있는 영향력에 대해 말했습니다.

저는 이 신산업이 중국 군대에 항공기와 탱크를 제공하는지 물었습니다. 그의 부정하는 대답에서 저는 중국이 어느 정도 모스크바에 의존하고 있다는 사

---

[1] 스타니슬라스 오스트로루그(Stanislas Ostroróg1987-1960). 주인도 프랑스대사(1951-1960).

[2] 사르다르 파니카(Sardar Panikkar, 1894-1963). 주중 인도대사(1950-1952). 이집트 및 프랑스 주재 대사 역임.

실을 알아차렸습니다. 그는 이를 부인하면서 공산정권의 설립 이래 이 나라를 움직이는 새로운 바람이 중국을 훌륭한 강대국으로 만든 것이라고 단언했습니다. 이 명백한 사실들이 서구 세력에 의해 인정되지 않는다면 어떤 합의도 불가능하다는 것입니다.

이 입장이 1928년 장제스 장군의 입장과 같은 것임을 이해하겠다고 말한 후 저는 파니카 대사에게 그것이 구체적으로 의미하는 바를 물었습니다. 그는 한국에 머무는 외국 군대는 중국에게는 위협이었고 이 군대들이 거기 머무는 한에는 어떤 해결책도 나오지 않을 것이라고 대답했습니다.

저는 왜 중국이 말리크 소련 대표의 제안에 응했고 휴전협상에 참여하기로 동의했는지 물었습니다. 그는 중국은 절차에 관심이 없으며 해결책은 휴전을 통해 또는 전쟁 지속을 통해 얻어질 수 있겠지만, 어떤 식으로든 독립은 한국에 되돌려져야 한다고 말했습니다. 그래서 저는 유엔이 한국의 독립 외에 다른 것을 요구하지 않으므로 이러한 제안에 대한 합의는 불가능하지 않다고 지적했습니다. 그러자 파니카 대사는 베이징이 이해하는 독립 체제는 외국의 모든 간섭 가능성을 배제하는 것이라고 했습니다.

오스트로루그

【274】 판문점 휴전회담 상황(1951.10.27)

[전 보]	판문점 휴전회담 상황
[문 서 번 호]	2201
[발 신 일]	1951년 10월 27일 02시
[수 신 일]	1951년 10월 27일 12시
[발신지 및 발신자]	도쿄/드장(주일 프랑스대사)

사이공 고등판무관 공문 제1435호

1. 10월 25일 제출된 제안에 따라 공산군 지휘관은 10월 26일 어제 유엔군 측에서 수용 불가한 것으로 간주되지만 지금까지 공산주의자들이 채택한 엄격한 입장에 비해 약간 숙이는 모습을 보이는 반대제안으로 응답했습니다.

전체적으로 중공·북한 측은 유엔군이 38선 쪽으로 15마일, 즉 25㎞ 후퇴하기를 제안합니다. 유엔군을 38선 북쪽 약 15㎞ 정도 지점으로 물러나게 만드는 이 후퇴는 칠운동 동쪽에서 약 160㎞ 전선으로 일방적으로 진행될 것입니다.

최대의 후퇴는 금성 남쪽에서 발생하여 그 유명한 평양-철원-김화 철의 삼각지대의 대부분이 유엔군에 의해 포기될 것입니다.

적은 동진반도, 즉 군사적 가치가 없는 한 곳만 포기하게 될 것입니다.

2. 한국의 유엔 사령부 대변인인 니콜스[1] 장군은 이 제안이 유엔군에게 어떤 군사적 보호도 보장하지 않으므로 수용이 절대 불가능하다고 밝혔습니다.

그러나 공산군사령부는 최초로 위도 경계선으로의 단순 철수 요구를 포기했

---

[1] 윌리엄 니콜스(William P. Nuckols, 1905-1981). 유엔사령부 정보 책임자 역임 후, 당시 극동 담당 홍보 담당관. 니콜스 준장으로 알려짐.

습니다. 이는 양보를 의미하는 것입니다.

연합국 측은 잠정적 휴전선의 지정에 있어 공군과 해군의 우월성이 고려되어야 한다는 사실을 포기했습니다.

이리하여 협상은 흥정의 단계에 접어든 것으로 보입니다.

분과위원회의 새로운 회의가 10월 27일로 정해졌습니다.

조이 제독은 어제 저녁 도쿄에 도착했습니다. 그는 거기서 2, 3일을 보내게 될 것입니다.

국방부에 전달 요망.

드장

【275】 공산군의 공군력(1951.10.30)

[전   보] 공산군의 공군력
[문 서 번 호] 7515-7518
[발   신   일] 1951년 10월 30일 21시(현지 시간), 03시 00분(프랑
                         스 시간)
[수   신   일] 1951년 10월 31일 03시 50분
[발신지 및 발신자] 워싱턴/보네(주미 프랑스대사)

보안
2급 비밀

뉴욕 공문 제1643호(우편 전달)

오늘 오후 한국파병국대표회의에서 미 국방부 대변인은 B-29 폭격기로서는
지난주가 최악의 전투였다는 것을 먼저 강조하면서 한국에서의 공산군들의 공
군력 강화를 재차 언급했습니다. 실제로 이 기간 동안 B-29 폭격기 5대가 격추
되었고 다른 5대는 심각하게 손상되었습니다.
중공-북한 공군력은 다음과 같이 나타납니다.

   1. 한반도 북서쪽 태천, 남시, 북창에 3개의 비행장 건설
   2. 특히 평양, 신의주 및 앞에 언급한 세 곳에 대한 대공포 방어의 강화
   3. 적이 투입하는 일일 제트기 투입 수: 10월 26일 203회, 27일 357회, 28
      일 160회, 29일 106회

신안주, 군우리, 심촌 지역과 더불어 공산군 비행기는 최근 평양과 진남포까

지 내려왔습니다.

미 육군 참모총장에 따르면 상황의 필연적 전개는 다음과 같을 것입니다.

1. 한국 북동부 지역에서 공군의 우세를 확고히 확립하기 위한 중공-북한
   공군력의 증대
   미 국방부에 따르면 이 단계는 9월 중순에 시작되었다.
2. 비행장 건설을 완수하기 위해 이러한 공군 우세를 활용
   이 단계 역시 진행 중이며 미 군사계는 유엔군 전투기의 현저한 강화
   없이는 적의 이 두 번째 목표 달성을 막기는 불가능할 것으로 본다.
3. 새로운 기지에서의 공산군 공군 활동의 증가
4. 미 국방부에 의하면 이 세 번째 단계는 아직 시작되지 않았다.

최근 4일간 양측 공군력의 손실은 다음과 같습니다.

1. 중공-북한군: 미그 전투기 3대 격추, 16대 파손, ㅁㅁㅁ 1대 파손 추측
2. 유엔군: B-29 폭격기 1대 파손, F-86 전투기 2대 파손

보네

【276】 중공의 한국 개입 1주년에 대한 체코 외무부장관의 서한(1951.10.30)

[공 문]	중공의 한국 개입 1주년에 대한 체코 외무부장관의 서한
[문 서 번 호]	1128/EU
[발 신 일]	1951년 10월 30일
[수 신 일]	미상
[발신지 및 발신자]	프라하/리비에르1)(주체코 프랑스대사)

　　빌리엄 시로키2) 체코 외무부장관은 중공의 한국 개입 1주년을 계기로 프라하 주재 중국대사에게 "체코슬로바키아 국민이 미국 침략자들에 맞서 싸우는 지원병들에게 보내는 깊은 찬사와 공감"을 표명하는 메시지를 보냈습니다. 이 서한은 그 주요 대목들이 언론에 보도되었으며, 한국전쟁, 특히 "미 제국주의가 중국 본토에 대한 공격의 근거를 마련하기 위해 한국을 상대로 이끈 치명적인 침략을 성공적으로 격퇴한" "중국인민지원군"들의 역할에 대하여 공산주의 선전의 통상적 주제들을 담고 있습니다.

　　　"모든 중국 국민은 미국의 침략에 대한 저항과 한국에 대한 원조를 위한 강력한 국가적 운동으로 하나 되어 한국 국민의 자유와 온전한 중국 영토의 보호자를 자처하며 이를 통해 세계 평화에 큰 공헌을 하고 있습니다. 제국주의 전쟁 도발자들은 그들의 모든 침략행위가 극복할 수 없는 저항에 부딪힐 것이라는 것을 깨닫기 전까지는 국제문제를 평화적 방법으로 해결하려 들지 않을 것입니다."

---

1) 장-마리 리비에르(Jean-Marie Rivière). 주체코 프랑스대사(1949-1952).
2) 빌리엄 시로키(Viliam Široký, 1902-1971). 체코슬로바키아 부총리(1948), 외무장관(1950-1952), 수상(1953-1963) 역임.

휴전협상에 대하여 서한은 "중국과 한국 대표자들은 평화에 대한 진지한 열망을 보여주었습니다. 협상은 미 제국주의자들의 계획적인 도발이 아니었다면 오래 전에 이루어졌을 것입니다. 모든 체코슬로바키아 중국인민지원군과 중국 국민의 성공적인 투쟁과 단호한 평화적 노력에 관심을 가지고 있으며 그들의 완전한 승리를 기원합니다"라고 밝히고 있습니다.

리비에르

【277】휴전회담 재개(1951.10.30)

```
[ 공        문 ]  휴전회담 재개
[ 문 서 번 호 ]  513
[ 발    신    일 ]  1951년 10월 30일
[ 수    신    일 ]  미상
[발신지 및 발신자]  도쿄/드장(주일 프랑스대사)
```

지난 10월 26일자 본인의 전보 제2192호를 통해 유엔군과 공산군의 연락장교들이 한국에서의 휴전협상 재개를 위해 도달한 다양한 합의사항들을 우리 외무부에 통지했습니다.

양측 대표단에 의해 비준된 합의문을 아래 동봉합니다.

드장

【277-1】 별첨 1—휴전회담 구역과 이 구역의 안전을 규명하기 위해 대표단들이 결정한 8가지 합의 사항

1. 회담은 판문점 부근에서 재개될 것이다.

2. 회담본부는 주변 반경 1,000야드의 중앙에 위치할 것이다.

3. 전항에서 규정된 회담 장소에서는 육해공군에 상관없이 정규군이든 비정규군이든 또는 무장된 개인이든 양측 군의 어떤 누구에 의한 어떤 종류의 적대적 행동도 금지된다.

4. 아래 명시된 조건 하에 제공될 군 경찰부대를 제외하고 어떤 측의 무장병사도 회담 구역에 입장할 수 없다. 양측에 의해 지명된 장교들은 이 구역 내의 보안 및 질서 유지를 공동으로 책임진다. 대표단들이 회담 구역에 출석할 때마다 이러한 조건을 준수하기 위해 각 측은 2명의 장교와 15명의 병사로 구성된 군대경찰 파견대를 제공한다. 대표단 구성원들이 회담 구역에 없을 때에는 양측 경찰 부대에서 각각 한 명의 장교와 5명의 병사가 이 구역의 감시를 책임진다. 이들은 권총, 소총, 기병총 등의 경무기만 소지한다.

5. 양측 대표단 및 수행원들은 판문점 회담 구역 출입과 이곳에서 자유롭게 통행할 권한을 갖는다. 각 대표단의 수행원 구성은 지위가 가장 높은 대표에 의해 결정된다.

6. 물질적, 행정적인 협의, 그리고 회의 및 회담 장소와 관련된 연락 수단은 양측의 연락장교의 전적인 합의에 의해 정해진 것으로 한다. 조선인민군과 중국인민지원군 대표단은 두 대표단의 회의 장소로 적당한 곳을 찾는 임무와 회의실 편성을 책임진다. 회담장소를 위한 이러한 준비를 제외하고 각 대표단은

자체적으로 착석을 책임진다.

7. 육해공군에 속하는 정규군이든 비정규군이든 무장한 개인이든 양측의 모든 군대는 개성 도로 교차로에서 반경 3마일 떨어진 구역, 그리고 개성-판문점-문산 도로 각 측면에 적어도 200미터 미만의 거리를 유지하며 반경 3마일의 원을 형성할 유엔대표단 측 구역 내에서는 어떤 종류의 적대행위도 범하지 않는다.

8. 대표단의 협상 재개 날짜와 시간은 양측 연락장교들의 합의 이후 결정된다.

【277-2】 별첨 2—유엔군과 공산군 연락장교들 사이에 이루어진 합의에 대한 5가지 부대 사항

1. 8가지 사항에서 언급된 "군대"라는 용어는 "양측 어느 쪽에 의해서든 통제되거나 공개적 또는 비공개적으로 지지를 받는 부대 또는 개인을 포함한다. 어떤 사건에 대한 합동조사에 의해 군대가 책임이 있다고 밝힐 경우 이 군대가 속하는 진영은 어떤 경우에도 그 책임을 회피하지 않는다.

2. 모든 혐의 사건에 대한 조사는 이전과 같이 수행된다.

3. 10월 22일 연락장교들 간에 서명된 회담은 대표단들이 비준하는 최종 합의의 주요 부분에 기초역할을 할 것이며 휴전 협상 중에 시행될 것이다.

4. 이 합의에 서명이 이루어지면 이전 개성회담 구역에 관해 이루어진 모든 다른 합의는 대체된다.

5. 양측의 군용 항공기는 불가항력적인 대기조건 또는 기계적 이유가 아닌 이상 판문점 회담 구역 상공을 비행하지 않는다. 그리고 역시 불가항력의 경우를 제외하고, 유엔의 항공기는 개성의 새 통제구역과 개성-판문점의 통제된 도로 상공의 비행을 피하고 마찬가지로 공산군의 항공기는 문산 통제구역 또는 이 지점에서 회담 장소까지의 도로 상공의 비행을 피한다.

【278】 판문점 휴전회담 상황(1951.10.27)

[전   보] 판문점 휴전회담 상황
[문 서 번 호] 2214-2217
[발   신   일] 1951년 10월 31일 01시
[수   신   일] 1951년 10월 31일 09시 35분
[발신지 및 발신자] 도쿄/드장(주일 프랑스대사)

국방부에 전달 요망

본인의 전보 제2201호 참조

1. 10월 27일부터 30일까지 분과위원회 회의에서 이루어진 진전은 거의 없었습니다. 양측은 전선의 위치에 관해 겨우 몇 가지 사항에만 합의했습니다. 그러나 휴전이 이루어져야 하는 선에 대해서는 어떤 합의도 아직 이루어지지 않았습니다.

유엔이 제안한 선은 개성과 동일선상에 있는 예성강에서 시작하여 개성 북부를 지나 임진강에 도착하여 철원과 김화를 포함한 접촉선에 이르고 금성 방향으로 나온 돌출부의 반 정도를 북쪽으로 남겨두고 구류강, 영천강, 북한강의 합류점인 현 전방에 다다르고 다시 금성 남쪽에서 5㎞ 지점에서 전방을 떠나 고진 근처의 동해안에 도달합니다. 따라서 유엔군은 많은 희생을 치르고 손에 넣은 중앙과 동부의 두 지역을 포기하게 됩니다. 공산주의자들이 제안하는 선은 문산에서 출발하여 좀 더 남쪽 약 15㎞ 지점에서 연합사령부가 제안하는 선과 거의 평행한 노선을 따라갑니다.

2. 어떤 군사적 고려 사항도 충족시키지 못하는 공산주의 노선은 유엔군이 지난 3개월 동안 힘들게 획득한 모든 이점들, 특히 철의 삼각지 전체를 박탈합니다.

유엔군이 포기할 영토에 대한 보상으로 공산군사령부는 거의 같은 면적의 연안 반도와 옹진반도를 관대하게 내놓습니다. 그러나 두 번째 반도가 개성 서쪽으로 120㎞ 이상 펼쳐져 있는 이 두 반도는 군사적 가치가 전혀 없고 방어가 절대적으로 불가능합니다.

유엔군 사령부는 자신의 제안에 대해 어느 정도 조정할 의사가 있습니다. 그러나 공산 측이 제안한 노선은 논의의 기초로도 받아들일 수가 없습니다.

이리하여 겨우 재개된 휴전 협상이 다시 교착상태에 빠지게 되었습니다.

드장

【279】 소련 언론(1951.11.1)

[전　　　보]	소련 언론
[문 서 번 호]	2566
[발　신　일]	1951년 11월 1일 16시 20분
[수　신　일]	1951년 11월 1일 19시 25분
[발신지 및 발신자]	모스크바/샤테뇨(주소련 프랑스대사)

오늘 언론은 판문점 회담에 대해 보도하지 않고 있습니다. 반면 일간지『크라스나야즈베즈다』[1]는 중국 신문에서 뽑아낸, 중공-북한 병사들 쪽으로 가는 미국 병사들의 사진을 삽입한「한국의 군사작전」이란 기사에 제4면의 3단을 할애했습니다.

한편『이즈베스티야』[2]는 3면에 P. 크라이노프[3]의『미국 제국주의의 한국 침략』이라는 제목의 책에 대한 상당히 긴 비판을 실었습니다. 이 연구의 저자인 P. 크라이노프는 특히 다음과 같이 썼습니다.

> "며칠 전, 한국에서 전쟁 당사자들 사이에 회담의 재개를 위한 합의가 이루어졌다. 동시에 미국 사령부는 적대행위를 연장하려고 노력하고 있으며 북한 도시들을 야만적으로 폭격하고 있다. 이것은 미국 제국주의자들이 한국에서 자신들의 정치적 모험을 종식시킬 의도가 없다는 것을 의미한다."

P. 크라이노프는 미국이 "일본을 한국 공격의 기지로 널리 사용하고, 인천에

---

1) 『크라스나야즈베즈다Krasnaya Zvezda』. 1924년 창간된 러시아 연방군의 일간지.
2) 『이즈베스티야zvestia』. 1905년 노동자 소비에트 기관지로 창간되어, 1917년 소련공산당 중앙기관지가 됨. 당시 소련의 주력 일간지. 현재 모스크바를 비롯한 40개 도시에서 인쇄되고 있음.
3) P. Krainov.

서 상륙군 가운데 일본인이 1만 명에 달했다"고 지적하며 끝을 맺습니다.

같은 맥락에서 I. 포드코파예프[4]는 "베트남의 프랑스-미국 식민 통치자들의 실패"를 회고하며 다음과 같이 쓰고 있습니다.

> "바오다이[5] 황제의 꼭두각시 군대에 희망을 두지 않고 프랑스-미국 제국주의자들은 1949년 프랑스에 점령된 베트남 영토로 투입된 국민당 병력을 점점 더 광범위하게 사용하고 있다. 최근 인도 신문 『데일리타임스』가 보도한 바와 같이, 미국, 영국, 프랑스 외무부장관의 최근 회담은 현재 태국에 주둔하고 있는 국민당 병력의 잔재로 구성된 "국제 반공 자원병 부대"를 인도차이나 전쟁에 참여하게 하는 결정을 비공식적으로 내렸다."

저자는 다음과 같이 덧붙입니다.

> "언론의 정보에 의하면 콜린스 미 육군참모총장은 '인도차이나의 군사 상황을 검토'한 후 대만으로 가서 국민당의 증원을 인도차이나에 파견하는 문제에 대해 협상을 시작했다."

샤테뇨

---

[4] I. Podkopaiev.
[5] 바오 다이(Bảo Đại, 1913-1997). 베트남 응우옌 왕조 황제(1925-1945), 베트남 공화국 국장 (1949-1955).

【280】 한국 휴전협상에 대한 소련 언론의 보도(1951.11.2)

[전 보]	한국 휴전협상에 대한 소련 언론의 보도
[문 서 번 호]	2573
[발 신 일]	1951년 11월 2일 23시
[수 신 일]	1951년 11월 2일 18시 30분
[발신지 및 발신자]	모스크바/샤테뇨(주소련 프랑스대사)

한국 휴전협상에 대하여 언론은 오늘 다음과 같은 신화통신 보도 자료를 실었습니다.

"미국이 휴전협상의 시간을 끌기 위해 이용할 수 있는 모든 핑계를 배제하기 위하여, 신속히 분계선 합의에 이르며 모든 장애물을 제거하기 위하여, 또한 전 세계의 평화적 국민들이 그토록 희망하는 휴전과 평화 협정을 신속히 종결하기 위하여 중공-북한 대표단은 오늘 아침 열린 회의에서 분계선 확립 문제의 검토를 맡은 분과위원회를 통해 분계선과 비무장지대에 관한 새로운 제안을 제출했다. 이 제안은 휴전이 현재 전선을 기준으로 정리되어야 한다는 것을 근본적인 바탕으로 한다.

이 제안은 몇 지역에서의 필수적이고 합리적인 일련의 수정사항을 제외하고는 양측 군대는 전선에서 2km 떨어진 지점으로 동시에 철수한다는 것과, 군이 철수한 지역들은 비무장지대가 된다는 지침을 포함하고 있다. 이번 내용은 이상조 장군이 제안하였다.

비무장지대를 위해 우리 대표단이 제안한 북쪽 경계선은 동해안 상의 고산 남서쪽 약 15km 지점에서 시작한다. 이어 서쪽으로 뻗어 문산리에서 북쪽으로 5km 떨어진 지점을 지나 김산 남쪽 약 10km 지점, 김화 북서쪽 약 4km 지점, 철원 북서쪽 약 10km 지점을 통과하여 사리원 북동쪽 약 12km 지점에 이른다. 이어서 이 선은 남동쪽으로 돌아 판문점 서쪽 약 1km 지점을 지나면서 개성에서 남동쪽으로 20㎞ 지점인 임진강 입구에 이른다. 이 지역의 남쪽 한계는 북쪽 한계에서 남으로 4㎞ 펼쳐져 있다.

이상조 장군은 사실을 존중하고 한국 휴전협정 체결은 진심으로 원하는 사람이라면 그 누구도 이 제안에서 결함을 찾을 수 없음을 보여주었다. 그는 미 대표들이 이를 신중히 검토하고 그 전체를 채택함으로써 다른 의제 검토로 나아갈 수 있게 해달라고 요청했다."

또한 신문들은 한국의 조국통일민주주의전선 중앙위원회의 호소 중 많은 부분의 발췌문을 실었습니다. 이 호소문에서 중앙위원회는 샌프란시스코의 결정에 반대하고 미국식으로 훈련되고 무장된 250,000명의 사무라이를 미군 부대를 대체한다는 계획으로 미국에 의해 시행되는 일본 군축 정책에 항의하고 있습니다. 이 위원회는 6월 23일과 9월 13일 박헌영[1] 씨가 발표했던 성명들을 전적으로 지지한다고 밝히며, 휴전협상에 대해서는 유엔대표단의 태도가 "분쟁 종결에 대한 미국의 무성의를 드러내고 있다"고 단정합니다.

샤테뇨

---

[1] 추정.

【281】 양측의 휴전선 제안(1951.11.2)

[전   보] 양측의 휴전선 제안
[문 서 번 호] 2220-2222
[발   신   일] 1951년 11월 2일 14시 50분
[수   신   일] 1951년 11월 2일 11시 20분
[발신지 및 발신자] 도쿄/드장(주일 프랑스대사)

국방부에 긴급 전달 요망

공산주의자들이 제안한 '휴전선'은 미국 측이 제안한 선과 거의 비슷합니다. 중부 지역에서 벌어지는 차이는 7-8㎞ 정도입니다. 미국 선은 두촌, 정동을 지나 �口ㅁ 근처의 전선에 합류하는 선으로 현재 전방에서 대폭 북쪽에 위치해 있는 반면에 공산주의자들의 선은 전방에 일치합니다. 그 대신 미국은 금성 남쪽에서 15㎞ 정도 후퇴하고 적의 진지에서 진행된 돌출부 대부분을 제거할 것을 제안합니다.

서부지역에서 주동부터는 차이가 훨씬 더 심합니다. 공산주의 선은 현 전선을 따라 임진강까지 이어집니다. 미국이 제안하는 선은 예성강 입구에서 북쪽으로 10㎞ 지점 사벽에서 유엔군 선의 내부 10여㎞ 지점 개성까지의 직선입니다. 이론의 여지가 있는 지역은 그 변의 길이가 60㎞이며 밑변이 약 30㎞인 삼각형을 형성하고 있습니다.

어제는 큰 진전이 있었습니다. 아직 분쟁의 여지는 충분하지만 다소 장기적 관점으로 회담의 체결에 관해 도쿄에서는 어떤 낙관주의적 견해가 지배적입니다.

드장

【282】 판문점 휴전회담과 전방의 상황(1951.11.6)

[전   보] 판문점 휴전회담과 전방의 상황
[문 서 번 호] 2240
[발   신   일] 1951년 11월 6일 08시 50분
[수   신   일] 1951년 11월 6일 15시 20분
[발신지 및 발신자] 도쿄/드장(주일 프랑스대사)

사이공 공문 제1466호

1.

1) 11월 5일 어제 유엔 사령부는 4일 동안 회담이 머물고 있는 사항에서 다음으로 넘어가기 위해 완전히 새로운 제안을 발표했습니다. 일부 조정은 가능한 상태에서 휴전선은 휴전협정이 체결 된 시점의 접촉선과 일치한다는 것을 원칙으로 하자는 제안입니다.

2) 이 선의 양쪽으로 총 4㎞의 완충지대를 설치한다.

3) 각 측 3명의 장교로 구성된 공동위원회가 때가 되면 접촉선을 규정하고 휴전 서명 이전에 즉시 협상대표에게 제시한다.

4) 분과위원회는 총회의가 다른 의제를 논의하고, 한국 휴전에 관한 모든 문제에 대해 가능한 한 빨리 합의에 이르도록 마지막에 군사분계선을 결정하도록 권고한다.

이 제안은 3개월 이상의 헛수고 끝에 결국 7월 29일 정해진 의제의 2항에 대한 논의를 연기하고 다른 항목, 즉 정전 및 휴전의 실행 감시기관의 구성과 기능을 포함한 한국에서의 정전과 휴전의 실행을 위한 구체적 협의에 대한 검토로 넘어가는 데 그쳤습니다.

전쟁 포로에 관한 협의
여러 관계정부에 대한 권고

2. 언론에 따르면 11월 4일 서부 지역, 용천 서부와 남서부 쪽 12km 지점의 전선에서 중국이 감행한 공격은 휴전협정 재개 이후 가장 격렬한 공세였다고 합니다. 대포 탄막은 전쟁 이래 가장 강렬한 것 중 하나였습니다(한 진지에 한 시간 만에 6,000포탄).

유엔군은 5km 후퇴했다가 뺏긴 영토를 되찾았고 적의 탱크 9대와 자동추진 대포 5대가 유엔군 공군에 의해 파괴되었다고 합니다.

국방부에 전달 요망.

드장

【283】 판문점 휴전회담과 전방의 상황(1951.11.6)

[전 보]	판문점 휴전회담과 전방의 상황
[문 서 번 호]	2241-2242
[발 신 일]	1951년 11월 6일 09시 30분
[수 신 일]	1951년 11월 6일 13시 55분
[발신지 및 발신자]	도쿄/드장(주일 프랑스대사)

국방부에 긴급 전달 요망

지난 몇 주 동안 공군 활동 중심지가 압록강 전선에서 청천강 쪽으로 이동했습니다.

공중요새가 이 강의 북쪽에서 공중 요새가 대낮 모험을 했습니다. 이 두 강을 둘러싼 지역에서 공군은 주도권을 상실했습니다.

적의 전투기 MIG-15는 평양 남서쪽 90km까지 진출했습니다.

10월경에 한 중공 공군 사단이 선양 시로 되돌아온 공군 제4사단과 교대한 것으로 보입니다.

이쯤에 유엔군 공군은 적의 조종사가 두 범주로 나뉜다는 것을 관찰했습니다. 한쪽은 매우 능숙하고 공격적이며, 다른 한쪽은 훈련이 부족하고 무조건 전투를 회피합니다. 훈련이 덜 된 조종사는 창하이와 톈진 시에서 교육을 받은 후 전쟁 작전에 겨우 참여하기 시작한 공군 제2사단 출신들로 추측됩니다.

톈진 시의 비행장들과 압록강 하류의 비행장들 그리고 선양 시 남쪽 비행장들 사이에 빈번한 연락이 오가는 것이 파악되었습니다.

드장

【284】 판문점 휴전회담과 전방의 상황(1951.11.7)

[전 보]	판문점 휴전회담과 전방의 상황
[문 서 번 호]	2243
[발 신 일]	1951년 11월 7일 01시
[수 신 일]	1951년 11월 7일 11시
[발신지 및 발신자]	도쿄/드장(주일 프랑스대사)

사이공 공문 제1471호

　11월 6일 어제 2시간 30분 동안 지속된 회의에서 공산주의자들은 제2 의제 논의를 뒤로 미루고 바로 다음 의제인 휴전협의와 통제로 넘어가자고 한 미국의 제안을 단호하게 거부했습니다. 그들은 다른 문제를 다루기 전에 군사분계선과 완충지대 문제가 해결되어야 한다고 강력히 주장했습니다.

　그들은 미국 제안의 목적은 유엔군이 개성을 무력 점령할 수 있도록 하는 것이라고 주장했습니다. 그들은 또 이 제안이 유엔군 사령부가 내세운 원칙, 즉 군사분계선은 현재 전선과 최대한 가깝도록 한다는 원칙에 위배된다고 주장했습니다. 이전에 같은 주제가 베이징라디오에서 전개된 적이 있습니다.

　분과위원회 유엔군 측 주요대표 호데스 장군에 따르면 공산 측의 부정적인 응답은 아직 결정적인 성격을 띤 것으로 간주될 수 없습니다. 11월 2일부터 교착상태가 지속되는 동안 서부전선에서는 중공의 공격이 격렬하게 지속되고 있습니다. 세 언덕이 적의 손에 넘어갔습니다. 반면 금성 주요 지역에 있는 적의 진지에 대한 적의 공격시도는 중공군이 아무런 이득도 얻지 못하고 격퇴되었습니다.

　국방부에 전달 요망.

드장

【285】 공산 측의 분계선에 대한 유엔 제안 거부(1951.11.7)

[전 보]	공산 측의 분계선에 대한 유엔 제안 거부
[문 서 번 호]	7640-7542
[발 신 일]	1951년 11월 7일 16시(현지 시간), 22시(프랑스 시간)
[수 신 일]	1951년 11월 7일 12시 10분
[발신지 및 발신자]	워싱턴/다리당1)(주미 프랑스대리대사)

뉴욕 공문 제1649호(우편 전달)

언론이 이미 지적한 바와 같이 중공-북한 대리대표는 11월 7일(한국 시간) 회의에서 낭독한 발표를 통해 본인의 전보 제7620호에 설명된 유엔의 제안을 거부했습니다. 히커슨 유엔담당 국무차관보가 제공한 정보에 따르면 공산주의자들은 다른 의제에 대한 논의로 넘어가기 전에 분계선 문제를 완전히 해결해야 할 필요성을 그들의 거절에 대한 근거로 내세웠습니다.

호데스 장군은 7일 회의 보고서에서 중공-북한 대화당사자들의 현재 태도에 관해서는 결론을 내놓을 수 없다고 밝혔습니다. 유엔대표단은 어쨌든 분계선에 관한 최근의 제안이 채택되도록 최선을 다할 것입니다.

그러나 미 제8군 참모부장이 일종의 '연동적' 분계선 방식을 제안하기 위해 지금까지 기다린 것은 유감이 아닐 수 없습니다.

다리당

---

1) 장 다리당(Jean Daridan, 1906-2002). 워싱턴 주재 프랑스대사관 참사관, 주미 프랑스대리대사.

【286】 판문점 휴전회담(1951.11.8)

```
[ 전        보 ]   판문점 휴전회담
[ 문 서 번 호 ]   2247
[ 발   신   일 ]   1951년 11월 8일
[ 수   신   일 ]   1951년 11월 8일 14시
[발신지 및 발신자]   도쿄/드장(주일 프랑스대사)
```

사이공 공문 제1473호

　공산주의자들은 11월 7일 어제 상황에 따른 조정 가능성과 함께 현재 전선을 휴전선으로 하고 양쪽으로 2km씩 총 4km의 중립지대를 설정하자는 제안서를 제출했습니다.

　연합국 측에서는 이 제안이 휴전 조건에 대한 협의가 이루어지기 전의 즉각적 휴전이나 마찬가지라고 간주합니다. 그런데 유엔사령부는 이런 조건에 대한 합의는 모든 정전에 앞서 사전에 이루어져야 한다고 계속 주장해왔습니다.

　다음은 공산주의자들의 제안의 영어 텍스트 번역본입니다.

인용

　"조선인민군과 중국인민지원군 분과위원회는 제안한다.

1. 현재 접촉선을 군사분계선으로 하고 양측은 이 선의 양쪽으로 각각 2km씩 물러나 비무장지대를 설정하기로 결정한다.

2. 이 원칙에 따라 분과위원회는 지체 없이 1/25,000 지형도 위에 이 접촉선을 규정하는데 착수하여 양쪽으로부터 승인된 이 선이 명확하게 군사분계선으로 설정되고, 이 선의 양쪽으로 2km씩 물러난 두 선이 비무장지대의 남북 경계가 되도록 한다.

또한 다음 사항에 합의할 것을 제안한다.

1. 접촉선을 분계선으로 규정할 때와 비무장지대를 설정할 때 조정을 원하는 당사자는 상대방이 이를 반대할 경우 조정을 포기한다.

2. 분과위원회는 전체적으로 분계선과 비무장지대를 1/25,000 지형도 위에 규명하는 대로 양쪽이 합의한 분계선과 비무장지대에 관한 공식 제안서를 총회에 제출한다. 그리고 위원회는 총회가 즉시 다른 의제에 대한 논의를 실행할 것을 권고한다. 반면, 분계선과 비무장지대 위치의 상세한 사항에 대한 결정은 양측에 의해 구성되는 참모장교위원회에게 맡겨질 것이다.

3. 실제 접촉선에서 매일 부차적으로 일어나는 변경에 따라 분계선 위치를 세세히 바꾸는 것은 적절치 못할 것이다. 휴전협정이 신속하게 진행되고 휴전협정 서명 전에 접촉선에 다른 중대한 문제가 발생하지 않는다면 양측에 의해 처음에 정해진 분계선과 비무장지대는 다른 개정을 거치지 않는다.

양측은 휴전협정 서명 이전에 실제 접촉선의 변경에 따라 분계선과 비무장지대의 재검토를 제안할 권리를 지닌다."

전체적 휴전 조건에 대한 합의 이전의 모든 정전에 반대하는 유엔대표단은 공산주의자들의 방식은 사실상 모든 조정을 배제하는 것으로 봅니다.

제안된 문건의 영어 본은 모호한 부문과 심지어 모순이 있어 뜻을 분명히 하기 위해 계속 검토하고 있습니다.

국방부에 전달 요망.

드장

【287】 한국의 군사적 상황(1951.11.8)

[전 보]	한국의 군사적 상황
[문 서 번 호]	2251-2252
[발 신 일]	1951년 11월 8일 08시
[수 신 일]	1951년 11월 8일 12시 40분
[발신지 및 발신자]	도쿄/드장(주일 프랑스대사)

보안

1. 전진한 위치에 있는 3개의 언덕을 탈취한 후, 영국 사단과 제1기병사단(이 두 부대는 임진강 양쪽에 위치함)에 대한 중국의 공격은 6일 낮에 멈추었습니다.

동부 전선에서는 어제 미국 탱크 순찰대가 최초로 공산군 탱크와 충돌했습니다. 얼마 전부터 적의 기갑부대가 눈에 띄게 전선 가까이로 접근했습니다.

2. 도쿄 총사령부는 휴전협정의 결과에 대해 며칠 전에 비해 덜 낙관적이며 최근 적이 실행한 타진이 더 광범위한 행동의 서곡이 아닌지 의심하고 있습니다.

최근 적은 그들의 비행장에 레이더를 설치한 것으로 밝혀졌습니다.

다른 한편, 현재 적의 제트기는 근접 로켓을 장착한 발사체와 함께 37㎜ 구경 발사포로 무장한 것으로 확인되었습니다.

항공기 수와 그 완성도를 볼 때 적의 전투기는 점점 계산에 넣어야 하는 중요한 요소가 되었습니다.

국방부에 긴급 전달 요망.

드장

【288】 한국문제에 대한 딘 러스크의 연설(1951.11.8)

[공 문 (우 편)]	한국문제에 대한 딘 러스크의 연설
[문 서 번 호]	4968
[발 신 일]	1951년 11월 8일
[수 신 일]	미상
[발신지 및 발신자]	워싱턴/다리당(주미 프랑스대리대사)

11월 5일 워싱턴 주의 '세계문제협의회[1]'에서 한국문제에 대해 발언한 러스크 극동담당 국무차관보의 연설 본문을 아래 동봉하여 각하께 보내드립니다. 이 연설에서 러스크 씨는 다음과 같은 질문에 연속으로 답변합니다.

1. 한국의 침략은 누구에게 책임이 있는가?
2. 왜 한국 침략에 저항해야 했는가?
3. 왜 전쟁은 한국으로 제한되었는가?
4. 다른 유엔 회원국들도 한국에 자신들의 부담을 졌는가?
5. 공산군의 한국 침략은 성공했는가?
6. 어떤 바탕 위에서 우리는 한국 분쟁을 종식할 수 있는가?
7. 휴전협정이 실패하거나 다른 지역에서 다른 침략행위가 자행되면 어떻게 될 것인가?
8. 수용 가능한 휴전협정의 효과는 무엇인가?

첫 번째 질문에 대하여 이 국무부 고위 관리는 당연히 침략은 모스크바와 베이징에 의해 지원을 받은 북한의 전적인 소행이라는데 대해 더할 수 없이 분명히 했습니다.

---

[1] World Affaire Counsil.

두 번째 질문에 관하여 차관보는 지난 1월 13일 트루먼 대통령이 맥아더에게 보낸 메시지의 표현과 헨리 캐벗 로지 주니어[2] 상원의원의 최근 연설 발췌문을 인용하며 그 중요성을 강조하고 대답했습니다.

총회가 당시에 우리 외무부에 전달한 대통령의 메시지에 대해서는 재차 언급할 필요가 없어 보입니다. 반면 캐벗 로지 상원의원 연설의 한 대목은 주목할 필요가 있을 것 같습니다. 로지 상원의원은 실제로 만약 한국 침략에 맞서지 않았다면 인도차이나가 매우 오랫동안 버틸 수 있었을지, 그리고 인도네시아, 태국, 미얀마, 말레이시아, 그리고 인도의 문으로서 인도차이나가 풍부한 천연자원을 가지고 있을지 매우 의심스럽다고 말했습니다.

'한국에 제한된 전쟁'에 관한 세 번째 질문은 우리가 알다시피 맥아더 논쟁의 가장 뜨거운 주제 중 하나였습니다.

장군의 해임에 대한 상원 청문회 이후 이 문제는 더 이상 언급되지 않았지만 그럼에도 여전히 불씨로 남아있고 휴전 협상이 실패하고 미8군이 한반도 전투의 두 번째 겨울을 이겨내야 한다면 불씨는 재빠르게 되살아 날것입니다.

러스크 씨는 한국분쟁의 제한은 '역사적인 노력'이라고 말하며 역사상 처음으로 "평화 유지의 필수적 요구에 무력의 사용을 제한하려 노력하고 있다"고 평가합니다. 이 노력은 적의 잘못으로 실패할 수도 있지만, 이 경우 동맹국들은 '우리 문명의 필수적 제도 파괴'를 피하기 위해 최선을 다하지 않았다고 비난할 수는 없을 거라는 것입니다.

한국 분쟁에 대한 유엔의 군사적 노력에 관해서는 유엔군의 용기에 찬사를 보내며, 미국은 유엔의 다른 회원국들이 더 많은 기여를 해주기를 바란다고 차관보는 솔직히 말합니다.

그러나 러스크 씨는 다른 전선, 인도차이나와 특히 말레이시아에 대한 몇몇 국가의 군사적 노력에 이목을 집중시킵니다. 이 노력 때문에 한국전쟁 참여가 제한될 수밖에 없다는 것입니다.

---

[2] 헨리 로지(Henry Cabot Lodge, 1902-1985). 미 공화당 상원의원(1947-1953) 유엔 상임대표, 베트남 주재 대사, 파리회담 수석대표 역임.

공산군의 한반도 침략 실패에 대한 차관보의 설명은 특별한 언급을 요구하지 않습니다.

잠정적 휴전은 엄격히 군사적이어야 하며 "현재의 전투선 부근"에 설립되어야 합니다. 유엔군은 군사적으로 방어 가능한 곳을 차지해야 합니다.

자유 독립적인 한국의 설립을 조건으로 하는 원칙들을 상기한 후, 러스크 씨는 이러한 한국은 당연히 강력한 공산주의 이웃을 갖게 될 것이라고 강조했습니다. 바로 여기에 한반도에서의 현재 군사적 노력을 넘어서는 문제가 있습니다. 유엔과 미 제8군은 모스크바와 베이징 공산지역들을 파괴하려고 계획한 적이 없기 때문에 한반도에서의 현재 군사적 노력을 넘어서는 문제입니다.

만약 휴전협정이 실패한다면 "인내심에 한계가 있기 때문에" "매우 심각한 상황"이 초래될 것이라고 차관보는 인정합니다.

휴전이 되면 유엔은 한국에서 재건과 재활이라는 매우 무거운 임무를 수행하게 될 것이고 미군을 포함한 유엔군이 "상당한 기간 동안" 한반도에 머물러야 할 것이라고 말합니다.

러스크 씨는 1945년부터 '세계 평화의 대대적 구조'를 확립하기 위해 유엔 대부분이 펼쳐온 노력을 회고하면서 발표를 끝냈습니다. 이 노력은 그가 이름을 밝히지는 않고 "망나니 정부(빨갱이 정부)"로 표현한 한 정부 때문에 정지되어 버렸다고 말합니다.

다리당

【289】 한국 휴전협상에 대한 소련 언론의 보도(1951.11.8)

[전   보]   한국 휴전협상에 대한 소련 언론의 보도
[문 서 번 호]   2649
[발   신   일]   1951년 11월 8일 15시 45분
[수   신   일]   1951년 11월 8일 21시 40분
[발신지 및 발신자]   모스크바/샤테뇨(주소련 프랑스대사)

한국 휴전협상에 대하여 언론은 오늘 다음과 같은 신화통신 보도 자료를 실었습니다.

"어제 한국 휴전협상을 책임진 분과위원회 회의에서, 미국은 필요한 수정사항을 고려하여 군사분계선과 비무장지대의 설립은 휴전협정 서명 시점의 접촉선을 기초로 한다는 원칙의 합의를 설명하는 보고서를 분과위원회를 통해 대표 회의에 제출할 것을 제안했다. 미국은 또한 제2 의제, 즉 군사분계선과 비무장지대 문제는 추후 검토를 위해 남겨두고 다른 항목의 의제 검토로 넘어가도록 대표회의에 권고할 것을 제안한다.

우리 대표들은 여러 번에 걸쳐 상대측에 "분계선의 적절한 수정"에 관한 제안은 우리 손에 있는 개성 지역을 탈취하려는 불순한 의도에서 나온 것인지 물었다. 그러나 미국 대표들은 이 질문에 직접적으로 답하는 것을 피했다. 우리 대표들이 보여준 바와 같이, 상대편이 분계선의 적절한 수정이라고 부르는 불합리한 논거로 우리 손에 있는 개성 지역을 점령하겠다는 환상적인 요구를 끊임없이 내세우는 것을 볼 때, 어떤 경우에도 양측이 분계선과 비무장 지대 설립의 원칙에 대한 합의에 이르렀다고 간주할 수 없다. 따라서 대표회의에 보고하는 것은 불가능하다.

휴전협상을 방해하기 위해 미국이 끊임없이 내세우는 모든 구실을 제거하기 위하여 우리 대표단은 이 선을 전혀 수정하지 않고 접촉선 양쪽으로 2km씩

양측이 물러나는 문제를 검토할 준비가 되어있다고 밝혔다.

　이 신중한 제안에 미국은 계속 대답을 회피했다. 그러나 11월 5일 회의에서 분과위원회를 통해 미국은 의제를 완전히 위반하고 휴전협상의 필수조건인 분계선과 비무장 지대 문제의 검토를 다음으로 연기하려 했다."

샤테뇨

【290】 판문점 휴전회담과 전방의 상황(1951.11.10)

[전   보]   판문점 휴전회담과 전방의 상황
[문 서 번 호]   2255
[발   신   일]   1951년 11월 10일 01시
[수   신   일]   1951년 11월 10일 09시
[발신지 및 발신자]   도쿄/드장(주일 프랑스대사)

사이공 고등판무관 공문 제1476호

1951년 11월 9일 어제 약 3시간 지속된 회의에서, 판문점 공산 측 대표단은 휴전 조건에 대한 협의가 이루어지기 전에 정전이 먼저 이루어져야 하므로 현재 접촉선을 휴전선으로 채택해야 한다는 주장을 완강하게 유지했습니다.

유엔대표단은 이 제안을 계속 거부하고 전체적 의제에 대한 협의가 적대행위의 중단에 선행되어야 한다고 주장하고 있습니다.

따라서 이번 회담은 11월 2일부터 교착상태에 있습니다.

11월 8일 중으로 예정 없이 한국으로 떠난 리지웨이 장군은 조이 제독과 의논하고 현재 전방 시찰을 실시 중입니다.

미 공군참모총장 반덴버그[1] 장군은 한국에서 작전 중인 MIG-15기의 수적 증가가 일으키는 문제를 조사하기 위해 9일 아침 도쿄에 도착하였습니다.

드장

---

[1] 호이트 샌포드 반덴버그(Hoyt Sanford Vandenberg, 1899-1954). 미 공군참모총장(1948-1953).

【291】 한국 휴전협상에 대한 소련 언론의 보도(1951.11.12)

[전 보]	한국 휴전협상에 대한 소련 언론의 보도
[문 서 번 호]	2661
[발 신 일]	1951년 11월 12일 20시
[수 신 일]	1951년 11월 13일 11시
[발신지 및 발신자]	모스크바/샤테뇨(주소련 프랑스대사)

언론은 오늘 아침 다음과 같은 신화통신 보도 자료를 실었습니다.

"휴전이 현재 접촉선에서 이루어져야 한다고 요구한 우리의 11월 7일 제안을 모면하기 위해 미국이 사용하는 악의적이고 고의적인 계략을 좌절시키기고 휴전협상의 진행을 가속화하기 위하여 우리 대표단은 11월 10일 분과위원회 회의에 새로운 제안을 명확하게 제시하고 다음과 같은 구체적인 성명을 발표했다.

우리의 제안이 제2의제에 대해 논의된 문제들의 가장 합리적인 해결책을 제시하고, 그 채택은 대표들이 전부 모여 제3의제로 즉시 넘어가도록 해준다는 것을 보여주었다.

그러나 미국은 제2의제 아래 논의된 문제를 해결하기 위해 최종적 결정은 하지 말자고 다시 한 번 제기했다. 이리하여 문제를 회피하고 11월 10일 회의에서 모든 진전을 막는 것이다.

11월 10일 우리의 제안은 다음과 같다.

북한-중공 대표들은 분과위원회가 다음 사항을 채택할 것을 공식적으로 권고한다.

실제 접촉선이 군사분계선이 될 것이며 비무장지대는 이 선에서 각 측의 군대가 2km씩 물러남으로써 구성된다는 원칙을 확립한다.

이 원칙을 기초로 분과위원회는 즉시 현재 접촉선을 확인하여 양측이 그것을 분계선으로 인정할 수 있도록 해야 하며, 이 분계선으로부터 각각 2㎞ 떨어진 지점을 비무장지대의 남북 국경을 구성하게 될 선들로 표시하여 이 지대의 지도를 작성해야 한다.

완전한 휴전협정의 개입 후 이 협정을 체결하는 날까지 분과위원회는 그날 현재 전투선에 발생한 변동에 따른 수정사항을 분계선과 비무장지대에 적용해야 한다.

또한 북한-중공 대표들은 분과위원회가 현 접촉선을 자세히 규정하여 군사분계선으로 인정하고 그에 따라 비무장지대를 설정할 수 있도록 하는 임무를 맡는 동시에, 대표회담이 위 3가지 항목을 채택한 직후 제3의제의 검토로 즉시 넘어가도록 분과위원회가 권고할 것을 제안했다."

샤테뇨

【292】 판문점 휴전회담 상황(1951.11.12)

[전 보]	판문점 휴전회담 상황
[문 서 번 호]	2267
[발 신 일]	1951년 11월 12일 03시
[수 신 일]	1951년 11월 12일 10시 10분
[발신지 및 발신자]	도쿄/드장(주일 프랑스대사)

사이공 공문 제1744호

1. 공산주의자들의 주장에 대한 유엔사령부의 입장이 11월 10일 그제 한 언론 발표에서 조이 제독을 통해 확인되었습니다. 조이 유엔군대표단장의 말에 따르면 공산주의자들은 실제로 휴전협정을 위험 없이 무한정 연장하고 모든 압력을 제거하기 위해 정전의 모든 혜택을 모색하고 있습니다. 그는 다른 의제에 대한 해결이 문제가 되지 않도록 우리는 우리의 군사 행동의 유연성을 유지해야 한다고 강조합니다. 그렇지 않으면 우리 군대의 안전을 위태롭게 할 것이라고 말입니다. 제독은 유엔사령부와 연합대표단이 제안하는 목표를 다음과 같이 요약했습니다.

  1) 휴전협정에 서명할 당시의 전투선을 기반으로 한 비무장지대
  2) 정전 기간 동안 전방과 후방 지역들의 유엔군 병력에 대한 완벽한 보안. 이는 공격의 경우 제때에 알리기 위해 우리의 핵심 진지의 선두에 나가 있는 전초부대를 포함한다.
  3) 정전 기간 동안 이미 전투를 겪은 전투부대의 재조직 금지를 포함한 적군의 집결 금지에 대한 보장
  4) 전쟁포로들을 위한 신속하고 만족스러운 합의

유엔은 이 4가지 목표를 달성하기 위해 회담 석상이나 영토상에 유엔이 보유하고 있는 모든 무기를 배치할 것이라고 제독은 말했습니다. 우리는 이행될 수 있는 휴전을 원하며 우리는 적대행위를 저지하고 나아가 그 재개를 예방할 수 있는 조건을 원한다고 이 유엔대표단 대표는 덧붙였습니다. 우리는 가능한 한 빨리 휴전을 원하지만 우리의 원칙을 굽히지 않을 것이며, 우리의 군부대의 안보를 위태롭게 하지 않을 것이고, 우리 전쟁포로의 신속한 반환에 대해 타협하지 않을 것이라는 점을 강조했습니다.

2. 어제 11월 11일 협상 재개 이후 18번째 열린 4시간 지속된 분과위원회 회의에서는, 그 전날 공식적으로 발표된, 휴전협정이 서명될 때의 전투선의 상황을 따라 분계선과 완충지대를 설정한다는 유엔의 제안이 다시 논의되었습니다. 토론에는 어떤 진전도 없었습니다.

국방부에 전달 요망.

드장

【293】 판문점 휴전회담과 전방의 상황(1951.11.13)

[전 보]	판문점 휴전회담과 전방의 상황
[문 서 번 호]	7793-7796
[발 신 일]	1951년 11월 13일 13시 30분(현지 시간), 15시 30분 (프랑스 시간)
[수 신 일]	1951년 11월 13일 15시 55분
[발신지 및 발신자]	워싱턴/다리당(주미 프랑스 대리대사)

뉴욕 공문 제1654호

히커슨 유엔담당 국무차관보는 오늘 한국 파병국대표회의에서 11월 9일부터
12일까지의 판문점 회담 보고서를 읽었습니다.

이 발표는 휴전협상의 교착상태에 대해 언론이 제공한 정보들을 재확인하는데
그쳤습니다. 그러나 국무부는 이에 대해 특별히 또는 어쨌든 지금까지 그랬던 것
이상으로 회의적인 것 같지는 않았습니다. 히커슨 차관보는 여전히 최선의 상태
를 가정할 때 한반도에 "휴전"이 성사될 가능성은 50%라고 보고 있습니다.

사실 이 수치는 이곳에서 최선입니다.

양측의 현재 제안에 대해 아래와 같이 요약하는 것이 불필요할 것 같지는 않
아 보입니다.

1. 유엔 측
1) 첫 번째 제안: 현 전투선을 분계선으로 함. 비무장지대에 개성 지역 포
   함. 휴전 서명 시 조정 가능.
2) 두 번째 제안: 지금부터 휴전 서명 시의 접촉선이 분계선이라는 원칙에
   동의하고 다음 의제로 넘어간다.

2. 중공-북한 측

분계선은 현 전투선으로 한다. 개성은 공산 측의 소유로 남는다. 추후의 조정은 양측이 동의하는 경우 가능하다. 그렇지 않을 경우 분계선은 처음 결정한 상태로 남는다.

즉 대립되는 부분은 다음과 같습니다.

1. 개성 지역에 대하여
2. 조정에 대하여. 이것이 주요 장애물입니다. 실제로 공산주의자 측의 계획은 사실상 지금부터 분계선을 결정하여 유엔의 모든 차후 군사적 압박을 불가능하게 만들고 다른 의제에 대한 해결에 이르도록 하는 것입니다.

다리당

【294】 프랑스와 소련 외무부장관들의 워싱턴 연설에 대한 평가(1951.11.19)

[전 보]	프랑스와 소련 외무부장관들의 워싱턴 연설에 대한 평가
[문 서 번 호]	7904-7907
[발 신 일]	1951년 11월 19일 21시(현지 시간), 20일 03시(프랑스 시간)
[수 신 일]	1951년 11월 20일 04시 30분
[발신지 및 발신자]	워싱턴/다리당(주미 프랑스대리대사)

유엔총회에서 발언하신 각하의 연설은 워싱턴에서 매우 큰 관심과 함께 받아들여졌습니다. '미국의 소리'[1]와 '해외 공보처'[2]는 이 연설에 가장 폭넓은 방송 전파를 보장하라는 지시를 받았습니다. 사실 공식관계자들 사이에서 트루먼 대통령은 이 점에 관해 소련과의 접촉 재개 조건들 중 하나는 철의 장막 소멸과 동서간의 인물과 사상 교류의 재개가 되어야 한다고 여러 번 강조했습니다. 따라서 러시아의 신비에 대해 각하께서 표현하신 비판은 특히 적절한 것으로 간주되었습니다. 각하의 연설의 온건한 어조와 고상한 시사에 대해 폴 워드 기자는 『볼티모어선』[3]에 총회 논쟁의 결론을 이룬다고 평합니다.

언론의 관심은 또한 호기심과 함께 기대를 받은 비신스키 소련 외무장관의 두 번째 연설에 초점이 맞추어졌습니다. 소련 장관은 특히 격렬한 어조를 택했던 첫 번째 연설에서 범한 오류도 연합국 제안에 보여준 수용태도로 벌어진 결과도 바로잡지 못했다는 것이 일반적인 견해입니다. 정치전선을 고려한 강제적인 노력이 너무 눈에 띄었던 지난 금요일에 택한 좀 더 온건한 태도는 그 입장

---

[1] 미국의 소리(Voice of America). 1942년 개국한 미국의 국제 라디오방송.
[2] 해외 공보처(U.S. Information Agency). 미국의 문화 · 행정 · 외교정책에 관한 정보를 선전 활동하는 연방국(局).
[3] 『볼티모어선The Baltimore Sun』. 1837년 창간된 미국 메릴랜드 주의 일간 신문.

의 순전히 부정적인 측면을 숨기지는 못했습니다.

　미 국무부에서는 공산주의자들이 수용할 가능성이 가장 많은 리지웨이 장군의 새로운 제안들이 연합국 정책을 향한 비신스키 외무부장관의 비판에 최선의 대답이 될 것이라고 생각합니다. 이에 관해 미 정부가 미결상태의 정책문제 특히 한국문제의 해결에서 우선시 하는 것은 군축계획의 실행이며 논쟁이 아니라는 점을 분명히 합니다. 언론과 공식관계자들 사이에서는 유럽 여론에서 나타나는 미국 정책에 대한 저항감과 약소국 대표들이 미국과 소련 또한 책임이 있음을 암시하며 현재 긴장의 책임을 강대국에게로 돌리는 경향에 상당히 민감한 태도를 보입니다.

　한국의 정전 체결을 위한 미국의 새로운 제안과 3개 연합국이 제시한 군축 결의안 초안이 미국 정책의 신중함을 증명해보이고 군축협상에 대한 미국의 의지에 대해 비공산주의 국가들에서조차 표명되어왔던 의심을 불식시키는데 공헌하게 될 것이라고 워싱턴에서는 예상하고 있습니다.

다리당

【295】 소련언론의 보도(1951.11.24)

[전   보] 소련언론의 보도
[문 서 번 호] 2769
[발   신   일] 1951년 11월 24일 18시
[수   신   일] 1951년 11월 25일 18시 10분
[발신지 및 발신자] 모스크바/샤테뇨(주소련 프랑스대사)

오늘 아침 이곳 언론은 어제 열린 분과위원회 회의에 대한 신화통신의 다음과 같은 보도 자료를 실었습니다.

"어제의 제안에 약간의 변경을 제안한 미 대표들은 이전과 마찬가지로 제2의제에 대한 합의 결정으로부터 30일 이내에 휴전협정이 서명되지 않는다면 이때의 전투선이 군사분계선이 되고 상호 합의에 따라 정해질 목적과 기간에 효력을 발휘하도록 해야 한다고 주장했다.

우리 대표들은 제2의제 검토 기간인 이번에야말로 이 의제에 관한 결정을 내려야 하고, 이 주제에 대해 합의한 다음날에 그 조건에 대해 다른 결정을 내릴 이유가 전혀 없다는 점을 다시 보여주었다.

그 때문에 우리는 만약 제2의제에 대한 합의 결정 이후 30일 이내에 휴전협정이 서명되지 않으면 다른 모든 의제에 대한 합의가 이루어진 이후에 분과위원회가 분계선과 비무장지대에 실제 접촉선의 변화에 따른 필요한 수정을 가해야 한다고 보는 것이다. 휴전협정 서명 당시의 실제적 접촉선에 엄격히 일치하는 수정된 분계선은 휴전 기간 동안의 분계선이 될 것이다.

우리의 고려사항을 검토하기로 합의한 미국대표단은 11월 23일 아침 11시에 분과위원회 회의를 개재하고, 접촉선 확인을 위한 사전 작업을 참모장교들이 수행하도록 제안했다."

이 보도 자료에 이어 신문들은 『인터내셔널뉴스서비스』[1]의 11월 20일자 뉴스, 리지웨이의 장교들과 병사들이 중공-북한에 의한 전쟁포로 사형집행에 관한 발표를 반신반의하며 받아들였다는 소식을 설명하는 베이징 주재 타스통신 특파원의 속보를 실었습니다.

샤테노

---

1) 『인터내셔널뉴스서비스International News Service』. 1909년 세워진 미국 뉴스 제공 업체.

【296】 판문점 휴전회담과 전방의 상황(1951.11.28)

[전   보] 판문점 휴전회담과 전방의 상황
[문 서 번 호] 2391
[발   신   일] 1951년 11월 28일 20시 20분
[수   신   일] 1951년 11월 28일 14시
[발신지 및 발신자] 도쿄/드장(주일 프랑스대사)

1. 제2의제에 대한 논의, 실행을 위한 감독 기관의 집행, 구성, 권한 및 기능을 포함한 한국 정전과 휴전의 실현을 위한 구체적 협의들이 11월 27일 오후에 논의되었습니다.

유엔군 대표단은 즉시 다음과 같은 7가지 사항의 제안서를 제출했습니다.

1) 휴전은 휴전협정 후 24시간 이내에 효과를 발생하게 되며 양 당사자의 통제 하에 있는 모든 범주의 모든 부대들에 의해 준수된다.

2) 휴전 조건 이행을 보장하기 위하여 양 당사자를 대표로 하는 공동감시기구가 설치된다.

3) 휴전협정 체결 후 어느 한쪽의 당사자에 의한 어떤 군사력, 보급품, 장비 또는 시설도 증강하지 않는다.

4) 군사정전위원회는 감시 기능의 수행에 있어 자체 및 휴전위원회를 책임지는 공동감시단을 위해 한국의 모든 지역을 자유롭게 이용할 수 있다.

5) 각 당사자의 군대, 즉 공군, 육군, 해군, 정규군, 비정규군은 상대방에 의해 통제되는 영토에서 전체적으로 철수한다.

6) 비무장지대에는 양측이 상호간에 특별히 동의하는 경우를 제외하고는 군대가 존재하지 않는다.

7) 군 사령관들은 휴전협정의 조건에 따라 비무장지대의 주어진 부분을 관리한다.

공산주의자들은 정전협정 서명과 같은 날 적대행위를 중단할 것을 제안했습니다.

- 군대는 이 서명 후 3일 내에 비무장지대에서 철수하게 된다.
- 해군은 5일 이내에 해안 섬을 비우고 분계선 뒤쪽 해안을 따라 철수한다.
- 군대는 비무장지대 밖에 머물고 이 지역에 대한 모든 적대행위를 삼간다.

통신사들에 따르면 공동감시위원회에 대한 공산주의자들의 제안은 이 위원회에 너무 제한된 권한을 주는 듯합니다.

중공-북한대표단 단장인 남일 장군은 공산 측은 유엔 사령부가 제안하는 것처럼 공동위원회가 북한에서 활동하도록 허용할 수 없다고 밝혔다고 합니다.

2. 제3의제를 다루기 전에 양측 대표단은 조이 제독의 제안에 따라 지금부터 추후에 제4의제, 즉 전쟁포로에 관한 협의를 위한 논의를 가속화하기 위해 특정 조치를 채택하기로 합의했습니다. 양 당사자는 국적, 소속, 여러 수용소의 위치 등의 정보와 함께 포로들의 명단을 수립하는 데 동의했습니다.

국방부에 전달 요망.

드장

【297】 신문의 신화통신의 공식 발표 게재(1951.12.1)

[전   보] 신문의 신화통신의 공식 발표 게재
[문 서 번 호] 2842-2844
[발   신   일] 1951년 12월 1일 18시 00분
[수   신   일] 1951년 12월 3일 12시 00분
[발신지 및 발신자] 모스크바/샤테뇨(주소련 프랑스대사)

한국의 휴전회담에 대해, 신문은 오늘 아침 신화통신에 실린 공식 발표를 게재했습니다.

"11월 29일 오늘 회의에서, 우리 대표들은 반대편의 여러 번 되풀이된 논쟁들을 분명하게 계속해서 거부했다. 그러한 논쟁들에 따르면 전쟁의 재발을 막기 위해 휴전협정 조인의 순간에 있던 그대로 현재 군대의 상태는 유지되어야 한다는 것이다. 감시기구가 한국의 모든 지역에 대한 자유 통행이 받아들여져야 한다는 상대편에 의해 기본적으로 제시된 요구는 거부되었다. 우리 대표들은 다시금 휴전 이후 전쟁 재발을 막기 위해 전쟁 상태를 그대로 유지하면서 군사력의 균형을 유지하기보다는 전쟁 상태를 청산하는 것이 유익하다고 강조했다. 교대와 교체에 자유롭게 도움을 청하거나 휴전협정 조인의 순간에 있어 군사력을 유지하는 것보다 양측의 군대를 실제로 축소하고 한국의 모든 외국 군대, 무기, 전쟁 물자를 철수시키는 것이 유익하다.

하지만 항상 한국에서의 외국 군대 철수 문제 검토에 부정적이었던 상대편 대표들은 휴전협상 도중 외국 군대의 철수를 검토할 권한이 자기들에게는 없다고 주장한다.

우리 대표들은 다음과 같은 질문을 제기하면서 대응한다. 상대편이 한국의 외국 군대 철수나 유지 문제를 검토할 권한이 없는데, 어떻게 휴전협정 조인 이후 외국 군대의 교대나 교체를 검토할 권한이 있는 것인가. 우리 대표들은

한국전쟁 관련 프랑스외무부 자료 III(1951. 06. 01~1951. 12. 30)

다시금 의제3항에서 제안한 5개 원칙들이 이러한 점에 대한 합의 도출을 허용하는 데 합리적이고 전적으로 만족스러운 것이라고 강조한다. 우리 대표들은 상대편에게 그러한 원칙들을 진지하게 검토할 것을 제안한다."

【298】 휴전협상의 난항(1951.12.1)

[전 보]	휴전협상의 난항
[문 서 번 호]	10
[발 신 일]	1951년 12월 1일 13시 30분
[수 신 일]	1951년 12월 3일 13시 00분
[발신지 및 발신자]	도쿄/드장(주일 프랑스대사)

사이공 공문 제1580호

1. 휴전협상은 다시 막다른 골목으로 들어갔습니다. 3번째 항목의 논의에서
입니다(전쟁 중단을 위한 협정과 휴전 상태의 통제). 공산군 측은 11월 17일부
터 한국에서 외국 군대의 철수에 대한 논쟁으로 대신하려 합니다. 그들은 그렇
게 해서 협상 초반(7월 10일)부터 관찰된 입장으로 되돌아옵니다. 그들은 이러
한 철수가 휴전협정 체결부터 시작되며 철수는 단계적으로 이루어질 수 있다고
제안합니다. 그들은 휴전의 조인 시기 단계에서 병력, 군사 장비, 물자의 유지를
거부합니다. 그들은 또한 휴전회담의 관계들에 있는 양측의 준수를 감시하기
위해 휴전 위원회가 임무를 맡긴 공동위원회의 지상-공중 감시를 거부합니다.

그들은 그러한 감시가 내부 사태에 대한 파렴치한 개입이라고 주장합니다.
그들은 회담 전 기간 동안 군사적 가능성과 군대의 철수는 유엔대표들의 머릿
속에서 한국의 경제적 안정을 방해한다고 주장합니다.

그들은 외국 군대의 한반도 철수는 공동위원회에 의한 감시만큼 군사 상태의
현상유지에도 불필요하다고 지적합니다.

11월 30일 회의에서 공산주의 대표는 입장을 확인하고 강조했을 뿐입니다.
조이 제독 측에서는 유엔은 군사적 휴전협상의 현재 상태에서 행정부의 문제인
군대의 단계적 철수를 받아들일 수 없다고 분명히 밝혔습니다.

신문 기자들 앞에서, 그는 우리가 난관에 봉착해 있다고 전했습니다.

2. 11월 30일 20시

16시 경 세이버 F-86 31대는 안동 남쪽에서 MIG 16대와 LA-9 스크루 전투기 18대의 호위를 받으며 남쪽으로 향하는 적군의 폭격기 TU-2 12대와 맞붙었습니다. 전투 중, 미국 전투기가 TU-2 6대, ILA 전투기 3대를 격파했습니다. 또 다른 MIG 1대와 TU-2 3대는 파손되었습니다. 유엔군 전투기는 전혀 격퇴당하지 않았습니다.

3. 기구 공문에 따르면, 11월 30일 한국 정부는 내각에 이어 유엔에 기본적인 것으로 간주된 세 가지 조건이 담긴 전언에서, 다시 말해 중국 군대의 출발, 전선 북쪽의 한국 시민들의 안녕과 안전 보장, 자유·독립·민주 한국의 설립을 위한 정해진 기간이 담긴 내용을 전달하였습니다.

이러한 세 가지 조건이 없이는, 남한 정부는 휴전의 모든 합의가 전쟁을 유발시키고, 무엇보다 평화에 기여하지 않는 일시적 휴전으로서 불행히도 한국 국민들을 희생시킬 것이라고 주장합니다.

국방부에 전달 요망.

드장

【299】 임시분계선(1951.12.1)

[전　　　보]　임시분계선
[문 서 번 호]　2420
[발　신　일]　1951년 12월 1일 08시 10분
[수　신　일]　1951년 12월 1일 11시 00분
[발신지 및 발신자]　도쿄/드장(주일 프랑스대사)

사이공 공문 제2576호[1]

사령부가 제공한 자료에 따르면, 임시적 분계선은 임진강 하구에서 시작해서 북쪽으로 이 강의 흐름을 따라 직접 맞닿은 판문점으로 향합니다. 분계선은 근리와 Moen Yon으로 이어지며, 기정까지 이어지는 사미천의 계곡과 만납니다. 분계선은 Kyokodong에서 Injun을 통과합니다. 그것은 마마산까지 일련의 능선을 타고, 서울-평양 간 철도를 지나며, 서울에서 고성을 지나 금송까지 가는 Chi Honge 철도를 지납니다. 그것은 유사리를 지나는 능선과 만나며 북쪽 2km에서 Kuimbyong Chen과 만나는 북한강을 지납니다. 그것은 Mangungui를 지나는 골짜기를 지나 신탄리 Komisongoenyon를 지나는 동쪽 해안으로 접어드는 일련

---

[1] 원문 표기로 추정할 수 없는 지역명이 상당함. 아래 내용 참조.
문산리에서 정서쪽 7마일 지점의 임진강 하구에서 시발, 북으로 연하여 판문점 비무장지대의 동단에 이른다. 여기서 동으로 약 16마일 지점의 청정리, 기곡리를 경유 임진강을 건너 북동방으로 계호동, 신현리를 경유, 역곡천을 횡단하여 송현 북방을 지나서 산명리에 도달한다. 이곳에서 관포동, 상가산을 지난 동쪽으로 이어져 한탄강을 횡단, 김화 북서방의 금곡리에 이르고, 다시 북동방으로 향하여 금성천 강안의 금성을 경유 남동방으로 북한강을 횡단하여 어운리 정북방을 지나 동방으로 향한 다음, 북방으로 송정에서 방향을 바꾸어 거벌리, 사태리에 이른다. 여기서 동향하여 가칠봉을 연결, 북동방으로 향하여 소양강과 분리하고 4km 동진한 지점에서 소양강을 따라 남쪽으로 향하여 놀목에 도달하며, 여기서 다시 북방으로 신탄리, 사비리, 신대리, 덕산리를 지나 월비산 남동방의 반리 지점에 도달한다. 여기서 동진하여 감호의 중심을 횡단, 동해안의 남강 하구 남방 3마일 지점에 도달한다(『한국전쟁휴전사』, 137쪽).

의 골짜기 소유리와 만납니다. 그것은 개성 남쪽 7㎞에 있는 Pobejinni에 있는 강에 닿습니다.

드장

【300】 적군의 공군 활동 보고(1951.12.1)

[전   보] 적군의 공군 활동 보고
[문 서 번 호] 8135
[발   신   일] 1951년 12월 1일 09시 10분
[수   신   일] 1951년 12월 2일 11시 00분
[발신지 및 발신자] 워싱턴/보네(주미 프랑스대사)

뉴욕 공문 제1665호

1. 오늘 미 국무부가 제출한 자료에 따르면, 최근 특히 적군의 공군 활동이 활발해졌다고 합니다.

11월 27일, 180대의 중국-한국 폭격기가 탐지되거나 투입되었습니다. 전투로 인해 4대가 폭파되었고, 4대가 파손되었으며, 유엔군 비행기 1대가 격추되었습니다.

28일, 3□대의 적군 폭격기를 만났습니다. 29일, 그러한 수치는 MIG-15 236대까지 올라갔습니다. 공산군의 피해는 1대가 파손되었고, 유엔군의 피해는 3대가 파손되었습니다.

그러한 항공기의 대부분은 신안주-신의주 지역에서 발견되었지만, 16대는 평양 서쪽에서 탐지되었습니다. 3일 동안, 적군의 폭격기 454대가 탐지되거나 투입되었습니다.

아직 확인되지 않은 언론 정보에 따르면, 30일에 공산군의 경량폭격기 혹은 전투폭격기 30대가 압록강 하구 남쪽 30마일 지점에서 세이버제트기에 의해 가로막혔습니다. 전투로 인해 적군 폭격기 9대(TU-23의 대부분)가 격추되었고 3대가 파손되었다고 합니다.

적군 폭격기들은 훈련 비행 중 놀랐던 것 같습니다.

2. 미 국방부는 또한 남한 정부가 수도사단과 남한군 제8사단의 구성된 '기동 부대'를 만들려고 한다고 전했습니다.

이 기동 부대는 한국 남동쪽, 남서쪽의 지리산 산악 지대에서 몇 주 전부터 급격히 증가한 게릴라 군대를 소탕하는 임무를 띨 것입니다.

보네

【301】 북한의 한국에서의 연합국 군대 철수 요구와 휴전협상의 난항(1951.12.1)

[전   보]   북한의 한국에서의 연합국 군대 철수 요구와 휴전
                  협상의 난항
[문 서 번 호]   2429
[발   신   일]   1951년 12월 1일 02시 10분
[수   신   일]   1951년 12월 2일 12시 15분
[발신지 및 발신자] 도쿄/드장(주일 프랑스대사)

사이공 고등판무관 공문 제1582호

1. 남일 장군이 북한에서 계속된 폐허 상태를 유지하려는 연합국을 비난하자, 12월 1일 아침 중 연합국대표단은 휴전이 지속되는 동안 군대 상태 유지에 대해 설명했습니다. 연합국대표단은 유엔사령부는 결코 이 기간 동안 북한의 산업 발전을 방해하지 않을 것이지만, 무엇보다 비행장 건설의 금지, 결합된 편익, 주유기를 지정하는 마지막 경계, 비행기를 제공하는 철로, 격납고, 기존 활주로의 확대를 중요하게 생각합니다.

니콜스 장군은 결합된 편익이란 표현이 철로, 전신·통신 전자 공장, 항구 건설, 전쟁 유발에 전혀 기여하지 않는 거주민과 공장들에만 적용되는 것이라고 설명했습니다.

그러한 표현에 대해 관심을 보인 이후, 공산군 측은 받아들일 수 없다며 유엔의 제안에 전적인 반대의 태도로 돌아왔습니다. 그들은 북한 해안 근처에 유엔군이 점령하고 있는 몇 개 섬들로부터 철수할 것을 요구했습니다. 유엔 사령부는 그 섬들을 포기하라고 분명하게 거부합니다. 12월 1일 오후 회의에서, 조이 제독은 의제의 3번째 항목의 검토를 외국 군대의 철수에 대한 논의로 대체하려는 공산군 측의 작전을 거부했습니다. 그는 다시금 20여분 동안의 발표에서 3번

째 항목에 대한 유엔 사령부의 입장을 밝히고 그것을 벗어나지 않겠다고 강력하게 표현했습니다. 그는 그러한 제안들은 상호간의 형평성에 바탕을 둔다고 말합니다. 그러한 제안들은 휴전의 견고함과 한국에서의 향후 평화의 지속을 진전시키는 것만을 목표로 합니다. 연합국이 정한 7개 원칙은 엄격히 군사적인 것이며, 어느 것도 정치적이지 않습니다. 연합국은 공산군 측이 나타낸 이의제기를 알고 있습니다. 그들은 아무런 문제가 없다는 듯이 그것을 무시해 버렸습니다.

그들은 계속해서 휴전의 시행 개시 이후 양측의 어느 쪽도 한국에서 군사적 수단을 증가시키지 않을 것을 계속해서 주장합니다. 그들은 휴전협상 조항들의 준수와 실행의 감시를 확실시하기 위한 합동감시단을 둔 합동위원회의 설립에 대해 계속해서 주장할 것입니다. 위원회의 감시에는 모든 육·해·공 연락 센터까지 확장하는 가능성, 한국에서의 주요 연락 노선에 대한 전적인 행동의 자유, 비무장 지대를 전체적으로 감시하면서 항공 관찰을 하는 기능을 포함합니다.

유엔군은 한국에서의 군대 철수 문제는 전적으로 군사 휴전 회의의 권한 밖에 있으며 정부들에 의해 검토되어야 한다는 생각을 계속해서 견지하고 있습니다.

해군 사령관은 다음과 같이 결론 내렸습니다.

> "연합국은 그러한 원칙의 채택 요구를 멈추지 않을 것입니다. 저는 여러분에게 그러한 공평한 제안에 반대한 당신들의 반론을 거부할 것입니다. 우리들 자신과 평화를 추구하는 모든 이들은 걱정스럽게 당신들의 답변을 기다리고 있습니다."

유엔대표단은 신문기자들에게 전선 후방에서 유엔 측의 감시 계획은 공산군 측의 격렬한 반대로 완전히 막혀버렸다고 밝혔습니다.

2. 12월 1일 호주 제트기 미티어[1]가 MIG-15 2대를 격추시켰습니다. 미국 F-80 12대와 적군의 MIG-3 16대가 파손되었습니다. 모든 미국 제트 전

---

[1] 글러스터 미티어(Gloster Meteor), 호주 공군 제77 비행중대의 영국제 글로스터 미티어 제트기. 한국전쟁 당시 공산군 미그 전투기 킬러였음.

투기는 기지로 복귀했습니다.

　게릴라의 활동 증가로 인해, 군법이 남한의 대부분에서, 특히 서부 지역에 선언되었습니다. 이러한 조치는 한국군의 군수품 보관소 폭발 이후 이틀 간 이루어졌습니다.

　국방부에 전달 요망.

드장

【302】 신문들의 신화통신 내용 게재(1951.12.3)

[전 보]	신문들의 신화통신 내용 게재
[문 서 번 호]	2852
[발 신 일]	1951년 12월 3일 08시 00분
[수 신 일]	1951년 12월 3일 14시 15분
[발신지 및 발신자]	모스크바/샤테뇨(주소련 프랑스대사)

한국의 휴전협상에 대해, 언론은 오늘 신화통신에 내용을 실었습니다.

"베이징, 11월 30일. 대표단전체회의에서 의제의 3번 째 항목에 대한 검토를 하자마자, 우리 대표단은 의제 제3항의 조처에 매우 적합한 5개 항목을 요구했다. 이러한 제안은 종전, 비무장 지대와 분계선에 대한 양측의 존중, 또한 휴전 및 종전상태 통제기구의 창설을 위한 상세한 조치들을 규정한다.

우리 측에서 내놓은 5개 항목 제안은 의제의 3번째 항목에 의해 제기된 문제들에 대한 합리적이고 충분한 해결책이다. 그러나 상대편은 양측 간에 휴전협정 조인의 때에 존재하는 수준의 군대의 균형을 유지하기 위해, 그리고 통제 기구에 한국 영토의 모든 부분에 무제한적인 접근을 보장하기 위해 애쓰고 있다.

상대편은 양측이 군사력과 군무기를 증강시켜서는 안 된다고 주장하며(외부 지역으로부터 들어오는 방식으로), 외국 부대와 군무기의 "필요불가결한 교대와 교체"는 이루어질 수 있기를 요구한다. 상대편은 휴전협상은 엄격하게 군사적 회의로서 나타나는 것이며, 정치적 질문을 제기해서는 안 된다고 주장한다. 그들은 동시에 감시기구가 한국의 모든 지역을 감시하게 용이하고 이를 통해 다른 지역의 내부 사태에 직접 간섭할 수 있도록 요구하면서, 기존의 군사적 주둔을 바꿀 권리는 제한되어 있다고 말한다. 상대편은 한편으로는 휴전이 양측과 다른 쪽 군대의 안전에 대한 충분한 보장을 확실히 해야 한다고 강조하며, 다른 한편으로는 우리 후방에 위치한 섬의 점령 유지를 요구한다. 그 섬은 북한의 물길이 그들 군대의 포화 아래 놓이고 우리의 후방을 직접적으로 위협하는 경계선에 놓이는 곳이다.

11월 30일 열린 전체회의에서, 우리 대표단은 상대편의 진정한 목표는 전쟁 이후 순전히 한국의 재건을 막으려는 소위 군수품의 증가 제한에 관한 것이라고 분명하게 지적했다. 부당하게 한국 전체에 감시 체제를 실현시키려는 그러한 제안의 실제 목표는 사실 한국 인민민주 공화국의 내부 사태에 대한 직접적 간섭으로 보인다. 결국, 군대와 군수품의 교대와 교체에 대한 그러한 제안의 실제 목표는 예외적으로 과거처럼 외부의 원군을 오게 하도록 하는 데 있다.

만일 휴전이 성사되어야 한다면, 어째서 새로운 부대에 원군과 군수품과 물자를 보내는 일이 필요한가? 만일 더 이상 군사 작전이 없다면, 어째서 탄약을 보내는 일이 필요한가? 만일 더 이상 군사 작전이 없다면, 어째서 군대를 보강하고 교대할 필요성이 생기는가? 게다가 어떤 방식으로 한국 밖의 지역에 있는 군대, 군수품, 물자가 군수품과 물자를 가진 군대의 증가가 아닌 필요불가결한 교대 원군 혹은 교체 요소가 되는가?

우리 대표들은 만일 상대편이 의도적으로 협상을 길게 늘어지게 하지 않는지, 그리고 숨겨진 의도를 가지고 있지 않은지, 그리하여 그러한 비합리적이고 실현 불가능한 조치들이 채택되도록 요구할 어떤 동기도 가지고 있지 않은지 제시했고, 이미 이룬 혹은 곧 이룰 합의에 대한 양측 제안들의 요소들을 취하면서 신속하게 원칙에 대한 합의에 이르고, 전체회의에서 지체 없이 전쟁 포로에 관한 의제4항의 검토에 임하도록 상세한 문제들을 해결해야 할 것이다."

샤테뇨

【303】 휴전협상 쌍방 간의 요구와 이의 제기(1951.12.3)

[전   보]   휴전협상 쌍방 간의 요구와 이의 제기
[문 서 번 호]   2431
[발   신   일]   1951년 12월 3일 07시 00분
[수   신   일]   1951년 12월 3일 14시 30분
[발신지 및 발신자]   도쿄/드장(주일 프랑스대사)

어제 12월 2일의 두 번의 회의 도중, 공산군 측은 휴전 기간 동안 북한에 새로운 공군 비행장 건설을 통해 공군력을 발전시킬 계획을 공개적으로 표명했습니다. 동시에 그들은 같은 기간 동안 유엔군을 감축시킬 것을 다시금 요구했습니다.

남일 장군은 명료하게 북한은 휴전 기간 동안의 비행장 건설을 포함하여 휴전 동안 강화하고 재건할 권리가 충분히 있다고 주장했습니다.

이러한 선언은 조이 제독이 유엔 측에서 휴전 동안 건설 금지는 비행장에만 적용되었다고 밝힌 이후 끼어들었습니다. 남일 장군은 연합국의 모든 대표단장들에게 그와 같은 비난, 즉 유엔이 한국을 조각간 폐허 상태로 남아있기를 바란다는 비난을 내세웠습니다.

니콜스 준장은 휴전 기간 동안 적군의 공군력 증대는 연합국이 관련 기간 중 평화 유지를 위해 필요하다고 생각한 군의 균형을 깨뜨릴 수 있다고 보았습니다.

그날 오후, 공산군 측은 다시금 북한 해안 가까이에서 유엔군이 점령하고 있는 섬의 문제를 제기했습니다. 자신의 지난 저녁의 입장을 유연하게 하면서, 조이 제독은 유엔군은 어떤 화합이 이루어진다면 그 섬에 가지 않을 것이라고 밝혔습니다. 공산군 측의 요구에 대해서는, 분계선의 변경에 관한 것이 아니라고 분명히 밝혔습니다.

공산군 측에서는, 그들은 모든 논점들, 즉 감시, 섬의 점령, 비행장 건설, 군사적 현 상태의 유지에 대한 전적인 반대 입장을 고수했습니다.

드장

【304】 휴전협정에서 북한 측 대표의 주장(1951.12.4)

[전   보] 휴전협정에서 북한 측 대표의 주장
[문 서 번 호] 2859
[발   신   일] 1951년 12월 4일 07시 00분
[수   신   일] 1951년 12월 4일 16시 40분
[발신지 및 발신자] 모스크바/샤테뇨(주소련 프랑스대사)

한국에서의 휴전협상에 대해, 언론은 오늘 아침 신화통신에 따른 내용을 실었습니다.

"오늘(12월 1일), 우리 대표는 다시금 한국 영토의 모든 부분에 무제한적인 접근을 감시기구에 허용하는 것으로 전쟁 물자의 증가는 금하겠다면서 휴전 기간 동안 외국 군대의 교대는 현재 한국 주둔 중인 병력의 양적 변화 없이 시행된다는 상대편의 제안에 반대하여 언급했다. 또한 우리 대표는 휴전 기간 동안 우리 후방에 위치한 섬의 점령 유지를 원하는 모호한 요구에 반박했다.

우리 대표가 제기한 질문에 대한 답으로, 상대편은 휴전 기간 동안 외국 군대의 교대는 미국 군대의 체제, 전쟁을 연장할 목표를 지닌 것으로 협상 개시 전에 폭넓게 얘기한 체제 외에 다른 것이 아님을 시인했다.

상대편은 또한 모든 군수 물자의 증가 금지는 우리 측의 비행장 건설과 수선을 막으로는 목표를 지녔음을 시인했다.

우리 대표는 명확한 방식으로 휴전 기간 동안 모든 외국 군대 병력은 축소되어야 하고 증가해서는 안 된다는 것을 강조했다. 한국의 외국 군대 철수만이 정당하며, 한국으로의 군대 이송은 어떠한 정당성도 없다.

상대방의 한국의 평화로운 지역에 대한 야만적인 폭격을 피할 수 있도록, 적어도 한국인은 전적으로 수호 작업을 다시 시작하고 강화하고 비행장을 포함하여 새롭게 건설할 권리를 가지고 있다. 또한 이러한 작업에 있어서 그 어

느 쪽이라도 최소한의 간섭도 참지 않을 것이다. 우리 대표는 그런 다음 감시 기구를 통한 한국 전 지역의 자유 접근 권리를 요구하는 상대편의 숨겨진 유일한 목표는 조선인민공화국의 내정에 간섭하려는 것이며, 우리 후방에 위치한 섬에 대한 군대의 점령 유지 요구는 분계선에 관한 의제 제2항에 대한 직접적인 유린이며, 매순간 전투를 재개할 수 있음을 보여준다.

전체 회의 동안, 상대편은 우리 대표의 이의 제기에 모두 직접적인 답변을 거부했으며, 자신들의 비합리적이고 요구와 제안들을 유지했다. 우리 대표는 다시금 대표단이 의제 제3항의 원칙들에 대해 신속히 합의할 것을 요구하고, 그런 다음 전쟁 포로의 검토로 넘어가기 위해 우리의 5개 원칙들의 합리적이고 숙고된 제안들에 기초하여 세부적인 문제들을 해결할 것을 제안했다."

샤테뇨

【305】 공산군과 유엔군 측의 공군력 비교(1951.12.4)

[전 보]	공산군과 유엔군 측의 공군력 비교
[문 서 번 호]	2437-2442
[발 신 일]	1951년 12월 4일 01시 00분
[수 신 일]	1951년 12월 4일 11시 15분
[발신지 및 발신자]	도쿄/드장(주일 프랑스대사)

보안

국방부에 전달 요망

판문점에서 공산주의 대표단이 공개적으로 휴전 기간 동안 북한에 새로운 공군 기반시설을 건설할 수 있는 권리를 요구했으며, 공산군 측은 한반도 북서쪽 제공권에 대해 8일 전부터 집요하게 논쟁을 벌였습니다.

거의 매일 유엔군의 전투비행중대는 미그기 200여 대와 충돌했습니다. 다른 한편으로는, 수많은 제트 전투기 혹은 요격기(단발형 LA-9)를 동반해 쌍발경량 폭격기(TU-2)가 나타났습니다.

F-86에 대한 적군 제트기의 열세는 통상 □ □ □에 불과합니다. 유엔군 전투기는 매우 정확히 날려버립니다. 그것은 최고의 훈련과 훌륭한 조준 장비 덕택입니다.

비행의 특성 면에서, 미그기는 제트기에 비해 좀 더 우수하며, 그것은 특히 10,000미터 상공에서 전투를 치를 수 있도록 좀 더 상승력을 지녔다는 점은 분명합니다. 11월에 공산군은 MIG-8 21대, 쌍발폭격기 TU-2 8대, 요격기 LA-9 3대 해서 총 32대의 비행기를 잃어버렸습니다. MIG기들 중에서 4대는 지상에서 파괴되었고, 다른 것들은 공중전에서 폭파되었습니다.

같은 기간 동안 유엔군의 손실은 제트전투기 5대, F-86 전투기 2대, 썬더제트기 2대, ㅁㅁㅁ 1대 등 해서 총 27대까지 증가했습니다. 그중 대부분의 다른 것들은 점점 더 강력하고 효과적이 된 공산군의 DCA[1]에 의해 격추되었습니다. 어떤 것들은 파손된 기계장치 때문에 잃었습니다.

위의 숫자들에는 10대 정도의 해군항공대 손실은 포함되지 않은 것입니다.

최근, F-86의 미국 조종사들은 꽤 만족합니다. 11월 30일은 진정한 승리의 날로 기록되었습니다. 적군 측 MIG기 50대, TU-2 12대, LA-9 16대, 아군 측 제트기 F-86 31대와 대결시킨 단 한 번의 전투에서 적군 전투기 10대가 폭파되고, 4대가 파손되었습니다.

12월 1일, 적군의 제트전투기 234대가 나타났습니다. 그중 2대가 격파되고, 3대가 파손되었으며, 그 사이 적군에 의해 미티어 3대와 세이버 1대가 격추당했습니다.

12월 2일, MIG기 60대(175대 나타난 것 중에서)와 F-86 45대 중에서 신안주 평양 지역에서 전개되는 전투 중에 새로운 MIG기 5개가 격추당하고 3대가 파손되었습니다.

미국 요격기의 수적 열세는 세이버 전투기[2]가 F-80, F-84, 호주 미티어기를 압도하는 MIG-45와 거의 동일하게 평가될 수 있다는 것입니다. 적군의 공군력은 MIG기 700대까지에 이르렀습니다. 반면 한국에 배치된 미국 전투기는 손실된 전투기들을 보충하기 위해 필요한 여유분과 함께 세이버 전투기 84대밖에 없었습니다.

지상군이 교착상태에 빠지면서 한국전쟁의 운명은 실제로 공중전에 달려 있습니다.

드장

---

[1] 탐지, 식별, 요격, 격파하는 방어제공.
[2] F-86 세이버 전투기는 한국전쟁 당시 치열한 공중전의 주역이나 다름없는 전투기임.

【306】 공산군 측의 새로운 제안에 대한 연합국 측의 21개 질의(1951.12.4)

[전 보]	공산군 측의 새로운 제안에 대한 연합국 측의 21개 질의
[문 서 번 호]	2449
[발 신 일]	1951년 12월 4일 01시 55분
[수 신 일]	1951년 12월 4일 12시 35분
[발신지 및 발신자]	도쿄/드장(주일 프랑스대사)

긴급

A. 어제 12월 3일 하루는 공산군 측의 예기치 않은 태도가 부각되었습니다. 오전에 유엔에 의해 제안된 감시 체제는 그들의 통치권에 대한 유린이라고 반복한 이후, 그들은 오후 중, 11월 27일 내놓은 초기 5가지 제안에 새로운 2가지 제안을 덧붙일 것을 제안했습니다. 그 2가지 제안은 다음과 같습니다.

> 제6항 양측에 좀 더 격상된 정치회담을 위한 회합을 용이하게 하는 군사 휴전의 굳건함을 보장하기 위해, 양측은 어떤 구실도, 어떤 군수물자도 개입시키지 않을 것이다.
> 제7항 제6항의 조항들에 대한 엄격한 실행을 감시하기 위한 감시기구 설립에 있어 양측은 한국전에 중립적인 국가들의 대표를 초빙하는 것이 적절하다. 이 감시기구는 비무장지대 후방에서 양측에 적합한 출입항에 대한 필요한 감시의 이행과 합동위원회의 감시 결과를 알리는 일에 대한 책임을 지게 된다.

유엔 측의 생각에는, 공산군 측의 계획에 따라 중립적인 감독관의 감시 하에 놓일 출입항이라는 표현은 항구, 비행장, 육로, 철로를 포함하는 것으로 이해되었을 겁니다.

1시간 30분의 휴식 시간을 요구한 뒤, 연합국 대표는 두 가지 제안을 명확하게 하는 21개 질문을 내놓았고, 원칙들에 대한 합의를 용이하게 하도록 그것을 분과위원회에서 검토하도록 하자고 제안했습니다. 공산군 측은 유엔사령부가 자신들의 7개 원칙을 받아들이게끔 하려고 이러한 절차를 거부하지 않았습니다. 한편, 유엔군 대표단은 자신들의 21개 질의에 대한 대답을 얻기 전에 새로운 2가지 제안은 고려할 수 없다고 지적했습니다. 공산주의 대표단은 그 대답을 12월 4일 11시 회의에서 내놓겠다고 약속했습니다.

다음은 연합국이 제기한 21개 질의입니다.

- 귀측의 제6원칙은 단기간 동안 휴식이나 일시적 임무를 위해 다른 곳으로 파견된 개인들의 한국 귀국을 금지하는가?
- 병환, 부상, 사고, 복무기한 완료로 인해 철수한 군인들의 교대를 금지하는가?
- 어떤 사단을 같은 중요성, 같은 유형의 작전사단으로 교대시키는 것을 금지하는가?
- 그러한 원칙에 따르면, 유엔군의 교대와 충원은 금지되는가?
- 제6원칙은 주기적인 수리를 위해 다른 곳으로 보낸 모함의 한국 회항을 금지하는가?
- 우리는 귀측이 제안한 원칙이 휴전 기간 동안 적용되는 것이라고 생각한다. 그러한 생각이 맞는가?
- 귀측은 군대 주둔에 대한 아무런 언급도 하지 않는다. 귀측의 제6원칙에 의하면, 비행장의 원상회복과 무제한적 건설이 허용되는가?
- 무기라는 단어는 무엇을 뜻하는가? 이 용어는 전투기에도 적용되는가?
- 귀측은 훈련을 위해 사용한 군수품들의 교체를 금지하고자 하는가?
- 귀측은 동일 유형의 무기 교체를 금지하는가?
- 귀측은 군사력이라는 표현을 어떻게 정의하는가? 그것은 어떤 힘을 의미하는가?

- 감독 이행을 위한 감시기구를 만드는 국가들은 동시에 귀측 대표들과 우리 측 대표들인가?
- 감시기구를 위해 몇 나라들이 참여하는가? 한 나라인가 혹은 여러 나라인가?
- 귀측은 어떤 나라들을 염두에 두고 있는가?
- 양쪽 진지를 상호 감시하기 위해 동일한 중립국들을 불러들일 것인가 혹은 다른 중립국들을 불러들일 것인가?
- 중립국 감시기구의 거점을 고려하는가, 혹은 때때로 휴전위원회의 재량으로 불러들일 것인가?
- 우리는 귀측이 허용할만하다고 생각하는 국가들 리스트를 얻을 수 있는가?
- 제7원칙을 통해, 귀측은 출입항과 다른 용이한 감시를 금지하는가?
- 제7원칙에 의해 제안된 감시는 특별히 제6원칙에서 언급된 조항들에만 한정되어야 하는가?
- 어떤 기구 혹은 어떤 단체가 비무장지대의 감시를 맡을 것인가?
- 비무장지대의 기한에 필요한 감시라는 귀측의 표현은 항공관찰과 사진관찰을 포함하는가?

　아직은 명확하지 않은 어제 받은 정보에 따르면, 공산군 측은 현재 한국에 복무하는 군인들의 교대나 교체를 금지할 것을 계속해서 주장하고 있습니다. 그들의 제안에 따르면, 휴전협정 체결 때의 한국 병력 수준이 전체 휴전 기간 동안 한도를 벗어나지 않는 것뿐만 아니라, 휴전일 한국에 복무하는 병사들도 평화 조약을 통한 한국문제의 완벽한 해결이 날 때까지 개별적으로 그 나라에 복무할 권한이 있는 유일한 사람들이어야 합니다. 다른 한편으로는, 연합국의 관점에서, 공산주의 측에 의해 언급된 중립국들이 특히 매우 적습니다. 소련, 루마니아, 불가리아, 알바니아. 체코슬로바키아. 폴란드와 같은 많은 공산주의 국가들이 공식적으로는 중립국들입니다.

　반대로, 서구의 몇 나라들만이 한국전쟁에 참여하지 않았거나 유엔에서 투표를 통해 지지를 표하지 않았습니다. 그러한 것들이 어제 유엔대표단이 주목한 첫 번째 사항들입니다. 판문점의 공산국 기자들에 따르면, 공산군 측은 어제 북한에서 이행될 감시기구에 들어갈 나라들로 인도, 이집트, 스웨덴, 스위스 그리고 소련을 언급했다고 합니다.

국방부에 전달 요망.

드장

【307】 공산주의 측의 태도 변화에 대한 미국의 반응(1951.12.4)

[전 보]	공산주의 측의 태도 변화에 대한 미국의 반응
[문 서 번 호]	8143-8152
[발 신 일]	1951년 12월 4일 09시 30분(지역 시간), 14시 30분 (프랑스 시간)
[수 신 일]	1951년 12월 4일 16시 00분
[발신지 및 발신자]	워싱턴/보네(주미 프랑스대사)

보안

뉴욕 공문 제1666호(우편 전달)

미 국무부는 아직 오후 끝 무렵까지 판문점 회의의 의제 3번째 항목에 대한 어제 중국·북한의 제안에 대한 공문을 도쿄로부터 받지 못했습니다.

오늘 아침 이 주제에 대해 언론에 의해 주어진 정보는 제가 알려드렸듯이 며칠 전부터 의제3번 항목에 대한 합의에 빠르게 이르지 못할 거라며 낙관적이지 않았던 미국 관료 계층에 유쾌한 놀라움을 안겼습니다.

휴전의 감독에 관한 공산군 측의 새로운 제안들은, 만일 그것들이 확실하고 믿을만한 이유가 있다면, 당연히 워싱턴에서는 지난주에 취했던 입장에 비교해 중국·북한의 중요한 양보이자 '태도의 급변'으로 여겨졌습니다. 오늘 우리 대사관의 동남아시아 담당자가 말했듯이, "커다란 한 발짝을 내디뎠습니다." 여기서는 이미 공산군 측이 정말로 11월 27일의 합의를 통해 정해진 30일의 기한 내에 어떠한 결정에 이르기를 바란다고 믿기 시작했습니다. 미국인들은 그렇게 빨리 의견을 바꾸는 경우가 많습니다. 이러한 새로운 태도에서, 사람들은 우선 모스크바로부터의 새로운 지시가 원인이 되었을 군령(軍令)에 대한 고려를 첫 번째 동기로 보고 있습니다. 한국에서 공군력의 상당한 발전에도 불구하고, 공산군 측은 혹시라도 제8군이 30일 기한 이후 무력으로 공격해올 수 있다는 점에 대해 상당한 두려움이 있었을 수도 있습니다. 중국-북한의 역제안이 미 국무부에 초래한 호의적인 인상이 어떠하든 간에, 그럼에도 비판할 만한 몇 가지 주제를 제시했습니다.

1. 공산군 측에게 한국전쟁에서 중립국대표위원회는 무엇을 의미하는가? 유엔 헌장에 따르면, 적진이 일종의 조롱으로 유엔기구의 구성원이 아닌 국가들 사이에서 중립국들을 찾을 수 있다고 생각하는 한 중립성의 개념은 존재하지 않습니다. 결정적으로, 양쪽에게 받아들이기 어려운 것은, 유엔은, 여하튼 미국은 결코 이 위원회에 외부의 불가리아 혹은 몽골이 자리를 차지하는 것을 두고 보지 않을 것이기 때문이며, 역으로 공산군 측도 유엔이 포르투갈이나 이탈리아에 위원회 자리를 제안하는 것을 두고 보지는 않을 것이기 때문입니다.

리지웨이 장군의 대표들은 그러므로 중국-북한이 중립국이라는 의미에 대해 명확히 할 것을 요구할 것입니다. 결정적으로, 그 문제가 아직 미국 정부의 최고위층에서까지 거론된 것은 아님에도 불구하고, 위의 문제의 진전된 검토에 대해 원칙상 공산주의 측의 새로운 제안에 반대하지는 않았다는 것은 오늘 미 국무부에서 나온 얘기로 보입니다.

2. 반대로, 휴전 기간 동안 모든 무기와 군수품의 교체와 한국 유입 금지에 대한 중국-북한의 두 번째 제안은 여기서 받아들일 수 없는 것으로 여겨졌습니다. 일주일 전의 입장을 바꾼 공산군 측은 이러한 분야에서는 지금 유엔보다 훨씬 더 멀리 나아갑니다. 워싱턴 정부로 말하자면, 그들은 국내 정치를 이유로 한국 주둔 부대의 "교대"가 중단된다는 것은 받아들이지 않을 것이 분명합니다.

게다가 우리는 분명 경쟁적이며 프로파간다의 목적으로 제시된 두 번째 제안을 공산군 측이 포기하게 하는 것이 어려울 것이라 생각하지 않습니다.

유엔군이 점령하고 있는 38선 이북 섬에서의 철수에 대해, 리지웨이 장군 측 대표들은 제2항 논의 때 그러한 섬들이 어떠한 중요성도 가지고 있지 않으며,

결과적으로 그것들에 관한 모든 '조정'을 거부하겠다고 선언한 이후, 3번 항목을
논의할 때 이 문제를 꺼내겠다고 중국-북한에 알렸습니다.

보네

【308】 공산군 측이 제안한 7개 항목 번역문 전달(1951.12.4)

[전 보]	공산군 측이 제안한 7개 항목 번역문 전달
[문 서 번 호]	569/AS
[발 신 일]	1951년 12월 4일
[수 신 일]	1951년 12월 12일
[발신지 및 발신자]	도쿄/드장(주일 프랑스대사)

공산군 측의 7개 항목 제안

12월 4일자 저의 전보 제2449, 2450호에서 밝혔듯이. 현재 판문점에 있는 연합국 측과 공산국 측의 분과위원회에 의해 검토된 것으로, 공산주의 측의 7개 항목 제안의 전문 번역문을 외무부로 보내 드립니다.

처음의 5개 항목들은 11월 27일 소개되었습니다. 그것들은 6, 7번 항목의 보강을 통해 12월 3일 완성되었습니다.

공산군 측은 7개 항목에서 그들의 제안 전체를 참조하고 있습니다.

공산군 측이 7가지 제안
1951년 11월 27일, 12월 3일

1. 육·해·공군의 정규군, 비정규군을 포함한 양측 진지의 모든 군대는 휴전협정 조인의 순간 모든 전투 행위를 중단해야 한다.
2. 양측 진지의 모든 군대는 휴전협정이 조인된 후 3일 안에 비무장지대로부터 철수해야 한다.
3. 군사분계선은 분단선으로 설정되며, 양측 진지의 모든 군대는 상대 진지의 후방 지역, 섬, 영해로부터 휴전협정이 조인되고 5일 안에 철수해야한다. 질서와 안녕을 유지하기 위해, 각 진지는 어떠한 이유 없이 정해진

기한에 철수하지 않은 모든 군인에 대해 유용하다고 판단되는 조치를 취할 절대적 권리를 가지게 된다.

4. 비무장지대를 넘어서거나 혹은 이 지대에서 군사작전을 수행하거나 하는 행위는 양측 진지의 모든 군대에 금지된다.

5. 양측 진지는 휴전 위원회 구성을 위해 동일한 수의 대표를 지명한다. 그들은 공동으로 6번째 제안에서 언급된 감시를 제외한 휴전협정의 상세한 조정과 실행에 대한 감시를 맡게 된다.

6. 군사 휴전의 굳건함을 보장하기 위해, 격상된 수준의 정치적 회담이 쌍방에 용이하게 하는 방식으로 양측은 어떤 핑계도 대지 않고 한국에 군대, 무기, 군수품을 들여오지 않을 것이다.

7. 6번째 항목의 조항들에 대한 엄격한 실행을 감시하기 위해, 양측은 비무장지대 뒤에서 양측이 합의한 후방의 입국지에 필요한 감독 수행을 맡고 휴전회담 합동위원회에 감독 결과를 알리는 감시기구를 설립하기 위해 한국전쟁에 있어서의 중립국 대표들을 초빙하는 것이 적합하다.

【309】 12월 2일자 신화통신에 실린 공식 발표(1951.12.5)

[전 보]	12월 2일자 신화통신에 실린 공식 발표
[문 서 번 호]	2880
[발 신 일]	1951년 12월 5일 07시 00분(현지 시간), 14시 30분 (프랑스 시간)
[수 신 일]	1951년 12월 5일 12시 45분
[발신지 및 발신자]	모스크바/샤테뇨(주소련 프랑스대사)

한국의 회담에 대해, 신문은 오늘 아침 12월 2일자 신화통신에 실린 다음의 공식 발표를 게재했습니다.

"오늘 회의 중, 우리 대표들은 상대측의 이유 없는 요구와 제안들에 계속해서 이의를 제기했다.

우리 대표들은 한편으로는 상대방이 우리 후방의 섬들에 있는 군대의 이송 제한을 위해 주장했던 것을 지적했다. 그것은 매 순간 군사작전을 재개할 수 있게 할 것이다. 그러한 모순적인 제안과 요구들은 한국 외부 지역으로의 군대와 군수품, 무기 이송에 관련된 상대측 제안의 실제 목표, 즉 공식적으로는 군사작전의 재개 가능성을 축소시키겠다는 목표를 의심할 수밖에 없게 만든다.

우리 대표들은 다시금 군대 주둔에 관한 한계를 설정하려 하고 감시기구가 한국의 전 지역에 자유롭게 접근할 수 있도록 요구하는 상대측 제안이 분명 한국 인민민주공화국의 내정에 대한 공개적 간섭으로 보이며, 이러한 이유로 우리는 그것을 받아들일 수 없다고 지적했다. 게다가 그러한 질문들은 분명 휴전 회담에서 검토되어서는 안 된다. 한국 국민들은 휴전 기간 동안 그들 스스로의 방어 태세를 건설하고 강화할 전적인 권리를 가지고 있으며 아무에게도 그러한 권리를 나눠줄 수 없다. 마찬가지로 어떤 순간에도 한국 국민은 상대측이 소위 '감시'와 '확인'이라는 명목 하에 한국 인민민주공화국을 마음대로

누빌 수 있도록 허락하지 않을 것이다. 우리 대표단은 상대측이 우리가 받아들일 수 없다고 보는 그들의 이유 없는 제안과 요구를 거두지 않는 한, 의제 3번째 항목은 합의에 이를 수 없을 것이며 휴전협상의 지체에 대한 책임은 상대측에 있게 될 것이다."

샤테뇨

【310】 유엔군 측의 21개 질의에 대한 공산군 측 답변 번역문(1951.12.5)

[전   보] 유엔군 측의 21개 질의에 대한 공산군 측 답변 번
                 역문
[문 서 번 호] 2460
[발   신   일] 1951년 12월 5일 02시 30분
[수   신   일] 1951년 12월 5일 13시 00분
[발신지 및 발신자] 도쿄/드장(주일 프랑스대사)

사이공 고등판무관 공문 제1606호

1. 어제 오후(12월 4일) 분과위원회 회의 - 공산군 측은 유엔군 측이 제기한
21개 질문에 9개 항목으로 발표하였습니다. 중국-북한 대표들이 제공한 성명문
과 발표 내용으로부터, 공산국 측이 제안한 감시는 '출입국항'에 한정될 것이며
어느 감독자도 그 어떤 건설을 감시할 권리가 없다는 결과가 나왔습니다. 공산
군 측은 특히 휴전 기간 동안 비행장 건설 권한을 유지하려고 합니다. 조이 제
독은 다시금 그러한 요구는 받아들일 수 없다고 강조했습니다.

2. 다음은 9개 항목에 관한 공산군 측의 발표 번역문입니다.

   1) 어떠한 교체, 즉 어떠한 교대나 대체도 휴전 기간 동안 허용되어서는 안
      된다. 다만 자신의 부대로 되돌아가는 이들만 한국으로 들어올 수 있다.
   2) '군사력'이란 표현은 육·해·공의 모든 군대나 정규군, 비정규군을 의미
      한다.
   3) 무기라는 용어는 비행기를 포함한 모든 군사장비에 적용된다.
   4) 양측 진지의 어느 쪽도 한국 내부에 기지 건설에 대한 감시와 감독의
      권리를 갖지 않는다.

5) 모든 무기와 군수품의 보강과 교환은 금지된다.

6) 중립국 대표들로 구성된 감시기구는 감독을 수행할 대표들을 양측이 합의한 후방의 입국지로 보낼 것이다. 감시 범위는 공산군 측이 제안한 제6항에 정해진 대로가 될 것이다.

7) 감독에 참여할 중립국의 수는 양측에서 3개국 내지 5개국을 지명하게 될 것이다.

8) 감시기구는 스스로 후방의 출입국항에 상시 주둔할 것인지, 규칙적인 간격으로 방문할 것인지 결정할 것이다. 감시기구는 같은 방식으로 합의하여 감시 방법을 결정할 것이다.

9) 중립국 리스트에 관한 구체적 제안들에 대해서는 양측이 제안한 감시 원칙에 따를 것이다.

3. 유엔군 측에서는 특히 중립국 감독관 지명, 유엔 인사의 한국 입국, 감시기구가 책임져야 하는 권한, 제6항의 내용과는 다른 휴전협상 내용의 이행 감독, 해양선의 한국 항구 입항, 감시기구와 휴전협상 위원회 간의 관계, 휴전협상 위원회의 활동의 자유와 기능에 대한 분명한 내용을 얻기 위해 18개 문항을 담은 새로운 목록을 내놓았습니다.

4. 이승만 정부의 대변인은 12월 4일 어제 저녁 부산에서 판문점 회담이 전개되면서, 한국 공화국 정부는 그 결과가 어떤 구실로든 한국에 새로운 적대 요소를 가져오는 모든 합의에 공식적으로 반대했음을 분명하게 밝히고자 한다고 발표했습니다.

국방부에 전달 요망.

드장

【311】공산군 측의 답변에 대한 유엔군 측의 평가(1951.12.6)

[전 보]	공산군 측의 답변에 대한 유엔군 측의 평가
[문 서 번 호]	2462
[발 신 일]	1951년 12월 6일 02시 20분
[수 신 일]	1951년 12월 6일 11시 00분
[발신지 및 발신자]	도쿄/드장(주일 프랑스대사)

사이공 공문 제1607호

어제 12월 5일 두 번의 회의는 유엔대표단이 요구한 설명을 공산군 측에서 끌어내지 못했습니다.

유엔군 측이 만든 18개 질의에, 중국-북한 대표들은 다른 항목들의 모호성 속에 남긴, 대답 없이 몇 가지 질문을 남긴 제3항에서의 어조로 반박했습니다.

공산군 측은 감시는 출입국항에 한정되어야 하며, 이러한 표현의 의미를 명확히 하는 것은 불가능하다고 특기했습니다.

공산군 측은 중립국이라는 말이 포함하는 것도 명확히 설명하지 않았습니다.

그들은 하지만 체코슬로바키아나 폴란드처럼 한국에 군대를 보내지 않은 유엔 회원국은 중립국으로 간주될 수 있다는 것에는 찬성했습니다. 그들은 또한 그러한 예로 스위스나 덴마크 같은 중립국들도 인정했습니다.

반대로, 그들은 한국에 개입된 양측의 어느 쪽 대표도 다른 쪽의 경계 후방으로 접근할 수 없다고 분명히 밝혔습니다.

어제 일정에서 물러나 저녁에 유엔군 측이 가진 인상은 비공식적으로, 모든 것을 중대한 양보로 보이게 하면서, 공산군 측은 애매모호한 보장만 할 뿐이며, 원래의 자신들의 취지를 전혀 포기하지 않는다는 의미에서 이중성의 최고봉이라고 칭해져서 유엔군 사령부의 목소리를 통해 나왔습니다.

국방부에 전달 요망.

드장

【312】 한국 정부가 유엔에 제기한 3가지 질문(1951.12.6)

[전 보]	한국 정부가 유엔에 제기한 3가지 질문
[문 서 번 호]	2469
[발 신 일]	1951년 12월 6일 15시 45분
[수 신 일]	1951년 12월 7일 13시 30분
[발신지 및 발신자]	도쿄/드장(주일 프랑스대사)

브리옹발 씨가 전달한 11월 30일자 전보 제55호, 12월 6일 도쿄 수신

"공보부는 오늘 오후 다음의 공문을 발표했습니다. 이것은 한국 정부의 염려를 설명하고 휴전선에 대한 합의에 이은 감정을 상당히 반영하고 있습니다 (본인의 전보 제54호).

휴전협상의 발전은 한국 정부의 기본적인 목표를 위기에 빠뜨리는 것 같다. 내각은 유엔에 3가지 질문을 제기하고자 한다.
1. 당신들은 한국 영토에 존재하는 중국 침략 군대를 그대로 두고는 어떠한 평화도 받아들일 수 없다는 의도를 굳건히 지키고 있는가.
2. 당신들은 현재 전선 북쪽의 수백만 한국 시민의 안녕과 안전에 대한 보장을 얻어내려고 애쓰고 있는가. 현재 중국 공산군에 의해 식량을 빼앗긴 그들은 당연히 원조를 받아야 하고 보호 경찰에 의해 생존을 보장받아야 한다.
3. 당신들은 통일된 자유민주한국의 건설로 향하는 유엔의 목표에 이르기 위해 일정한 날짜를 정하기로 결정했는가. 만일 그렇다면, 언제가 당신들이 약속한 정해진 날짜인가.
그러한 3가지 제안에 대한 보장이 없이, 휴전협정 조인의 실현은 그것이 무엇이건 간에 진정한 평화를 건설하지 못하고 침략을 더욱 고취시키는 일시

한국전쟁 관련 프랑스외무부 자료 III(1951. 06. 01~1951. 12. 30)

적 휴전으로, 그 대가는 한국 국민의 비극적 희생이 될 것이다.

브리옹발"

드장

【313】 국제적십자위원회 위원장의 서한(1951.12.6)

[전 보]	국제적십자위원회 위원장의 서한
[문 서 번 호]	미상
[발 신 일]	1951년 11월 22일
[수 신 일]	미상
[발신지 및 발신자]	제네바/폴 뤼에게(국제적십자위원회 위원장)

사무총장님께,

총장님께서 조선민주주의인민공화국 외무부와 중화인민공화국 인민중앙정부의 외무부에 이달 15일 전달한 공문을 코디어[1] 씨를 통해서 11월 20일자 서한을 받게 되어 기쁩니다.

국제적십자위원회가 관련 열강들 중 몇몇 국가편으로 같은 주제에 대해 받았던 서한에 모든 주의를 기울였던 것과 같이, 저희가 대단한 관심을 가지고 알고자 한 이러한 전갈에 대해 깊은 감사를 드립니다.

이제부터 그리고 필요한 경우 좀 더 자세한 내용들을 총장님께 전달할 것을 약속드리면서, 저는 다음과 같이 말씀드리고자 합니다.

국제적십자위원회는 전쟁 희생자 보호를 위한 제네바 협정 조항들에 근거해 행동하도록 된 '이익보호국'으로서 한국전쟁에 참여한 국가들의 허락과 지정에 진심으로 감사를 드릴 수밖에 없습니다. 국제위원회는 매시간 '이익보호국'의 활동 속에서 제네바 협정의 전적인 적용을 위한 두드러진 방법과 스스로 시도하려 하는 활동에서 언제나 바람직한 당연한 결과를 봅니다.

총장님께서 아시다시피, 한국전쟁에서, 국제위원회는 전쟁 포로들과 또 다른

---

[1] 앤드류 코디어(Andrew Wellington Cordier, 1901-1975). 미국 출신 유엔 사무총장 특보(1945-1961)로 한국전쟁, 수에즈 운하 분쟁, 콩고 사태 담당. 딘 러스크와 말리크 대사에게 미소 간 긴장 완화 방법을 촉구한 것으로 유명함.

전쟁 희생자들을 위한 활동을 허락받기 위해 위원회의 행보를 증가시켰습니다. 국제위원회는 그러한 목적이 바라는 대로의 조치에 이르지 못한 점에 매우 유감스럽게 생각합니다.

언제나 그러한 방법의 한도 내에서, 그리고 필요한 경우에, 1949년 협정의 10항 범위 내에서 행동할 준비가 되어 있는 국제적십자위원회는 무엇보다 특히 이러한 결과로 규정된 '이익보호국'을 활동에서 만나기를 바라마지 않습니다.

경구

폴 뤼에게
국제적십자위원회 위원장

【314】12월 6일자 신화통신에 실린 공식 발표(1951.12.7)

[전 　　　 보]	12월 6일자 신화통신에 실린 공식 발표
[문 서 번 호]	2913
[발 　 신 　 일]	1951년 12월 7일 18시 30분
[수 　 신 　 일]	1951년 12월 8일 14시 00분
[발신지 및 발신자]	모스크바/샤테뇨(주소련 프랑스대사)

한국 회담에 대해, 신문은 오늘 아침 12월 6일자 신화통신에 실린 다음의 공식 발표를 게재했습니다.

"상대편은 중립국 대표로 구성된 감시기구를 창설하고 군수품과 무기, 군대의 한국 이송을 휴전 기간 동안 양측에 금지하는 12월 3일자 우리의 제안에 대해 자신들의 관점을 제시하기 거부했다.

오늘 회의에서, 상대방은 거부하는 것에만 몰두하는 것이 아니라 자신들의 비합리적이고 모호한 11월 27일의 제안 검토까지 요구했다. 교체와 교대를 수행한다는 핑계 하에, 그러한 제안들은 한국으로 새로운 군대, 군인, 무기, 군수품의 이송과 조선민주공화국의 모든 영토에 대한 자유로운 접근 요구를 담고 있다. 상대측은 더 나아가, 휴전 합의는 감시기구가 설립되지 않은 채, 완성되지 않은 채, 기능할 준비를 갖추지 않은 채 시행에 들어가서는 안 된다는 보충적인 제안을 내놓았다.

오늘 회의 종료 이전, 우리 대표들은 앞서의 3일 동안 상대가 우리의 제안에 대해 어떠한 명확한 의견을 제시하지 않은 반면 우리는 상대방의 모든 질문에 상세하게 대답했음을 내세웠다."

【315】 휴전협상의 전개에 따른 남한 정계의 반응(1951.12.7)

[전　　　보]	휴전협상의 전개에 따른 남한 정계의 반응
[문 서 번 호]	2472-2476
[발　신　일]	1951년 12월 7일 01시 00분
[수　신　일]	1951년 12월 7일 14시 00분
[발신지 및 발신자]	도쿄/드장(주일 프랑스대사)

브리옹발 씨가 전달한 부산 공문 제54호, 12월 6일 도쿄 수신

"휴전선에 대한 합의 실현은 항상 협상이 좌초되기를 바래왔던 한국 지도층에서 몇 가지 신경질적인 반응을 일으켰습니다.

결국, 배신하여 공격을 하거나 은밀한 증강을 할 위험을 내세우며, 공산군 측이 조인한 합의에 대한 불신을 불러일으키려 합니다.

다른 한편으로는, 유엔이 사정과 필요에 의해 한국문제 해결에서 휴전의 군사 단계를 넘어서는 것을 포기한다고 설명한 두려움 속에서, 한국인들은 거의 반은 비난하며 현재의 조건상 한국의 분단 성립에 있어 그들의 책임감을 강조하고 있습니다.

질서라는 말을 품고 있는 것 같은 수많은 사람들의 그러한 이중적 경향은 어제 지역 신문이 널리 전한 다음의 이승만 대통령의 견해에 매우 정확히 반영되어 있습니다. 이는 유엔에 전하는 다소 은근한 비난의 시작입니다. 이 박사는 다음과 같이 말했습니다.

"전 세계의 평화애호국은 그들의 휴전 열망이 전에 없이 강력하고 예고 없는 야만적인 공격이 재발할 위험에 스스로를 맹목적으로 만들 수 있다는 점을 잊어서는 안 될 것입니다.

공산주의자들이 육·해·공을 강화하기 위해 30일의 기간을 사용하는 데

에는 심각한 위험성이 있습니다.

여기 이러한 기한이 끝나는 시점에서, 강물은 점점 더 굳게 얼어붙을 것이며, 공산군은 다리를 놓을 염려 없이 전진할 수 있을 것입니다.

본인은 연합사령부가 이러한 위험성을 인식하고 있음을 의심하지 않는 바입니다."

좀 더 멀리는, 휴전의 결과들을 검토하면서, 이 대통령은 다음과 같이 말했습니다.

"우리나라는 중국공산군의 북한 산업지역의 점령으로 경제 · 정치 혹은 군사적으로 힘겹게 살지도 모릅니다.

□ □ □, 문명화된 세계가 그것을 모르지 않는다고 생각하며, 공산군 전선의 북쪽에 있는 수백만의 죄 없는 한국 시민은 최근 겪은 잔인함보다 더 극심한 공포를 견뎌야 합니다."

이 문제에 대해, 그는 중국 공산군이 "짐승에 대해" 할 수 있는 이상으로 살아가게 하고, 북한에 갇힌 7, 8백만의 한국인들에게서 양식과 옷과 침구를 빼앗는 것을 비난하고 있습니다.

이 대통령은 다음과 같이 결론 내립니다.

"인류가 어떻게, 그들이 누구이건, 그러한 무고한 희생자들을 그들의 운명에 넘겨주는 평화조약을 비준할 수 있을까요? 이러한 일은 역사상 전례가 없는 가장 끔찍한 규모의 학살이 될 것입니다."

그러한 두 관점, 즉 특히 중국공산군을 향한 공격과 북한 주민을 보호하고자 하는 염려라는 두 관점은 정부의 선전에 있어 상대적으로 새로운 두 가지의 방식과 관련됩니다. 첫 번째는 엄격히 국제적인 계획에 있어 겉으로 전쟁을 유지하려는 것으로 보이는 것이며, 두 번째는 이제부터 북한의 사태들에 있어 공화국 정부의 거의 구조적인 책임으로 되게 하는 것입니다.

보름 전부터, 일반적으로 공식적 혹은 반공식적인 선언들을 장식하는 그러한 두 가지 방식은 세상이 잔인성에 대한 헨리보고서를 환영한 반응에서 영향을 받은 것으로 보입니다."

드장

【316】 휴전협상 관련 유엔대표단의 수정안(1951.12.7)

[전   보] 휴전협상 관련 유엔대표단의 수정안
[문 서 번 호] 2478
[발   신   일] 1951년 12월 7일 10시 00분
[수   신   일] 1951년 12월 7일 14시 00분
[발신지 및 발신자] 도쿄/드장(주일 프랑스대사)

1. 유엔군 대표단은 어제 12월 6일 11월 27일자 내용을 수정한 8개 항목으로 새로운 안을 내놓았으며(본인의 전보 제2391호), 그것은 다음과 같습니다.

　　1) 상호 감시 하에 모든 군대는 휴전협상 개시 이후 24시간 동안 전투를 중단한다.

　　2) 특별히 서로가 경찰 성격을 지닌 군대만 남겨두고 상호 감시 하에 모든 군대는 비무장지대에서 철수하며 휴전협상 개시 이후 72시간 동안 이 지역 밖에 머문다.

　　3) 유엔군 사령관과 조선인민군-중국인민지원군 사령관이 동등한 기반에서 지명한 합동군사위원회가 설립될 것이다. 이 위원회는 휴전협상 내용의 존중과 시행, 감시에 대한 책임을 진다.

　　4) A - 군사휴전협상위원회와 합동감시기구는 두 대표단이 합의한 한국 전역에 걸친 연락센터들과 더불어 육·해·공 출입국항 감시 권한을 갖는다. 그러한 기구들은 또한 한국 전역에 걸친 주요 연락센터들에 대한 활동의 자유를 가질 것이다.

　　B - 군사휴전협상위원회는 한국 전역에 대한 쌍방의 영공 감시와 사진에 의한 식별 권리를 갖는다.

　　C - 군사휴전협상위원회는 비무장지대 전체의 공동감시 권리를 갖는다.

　　5) 휴전의 효력이 발생하는 순간 존재하는 군사적·물질적 수단의 수준과

군사 시설에 대한 개별 부대들의 수준을 확대해서는 안 된다.

6) 휴전협상의 시행에 들어간 이후 72시간 안에, 쌍방은 상대측의 통제 속에서 육해공 감시 하에 군대들을 철수할 것이다.

7) 쌍방은 중앙선 쪽에 위치한 무장 지대의 일부를 휴전협정의 사항에 따라 관리한다.

8) 휴전협정은 군사휴전협상위원회가 위원회 인물들을 조직하고 갖추고, 부여된 역할을 수행할 준비가 되기 전까지 개시되지 않을 것이다.

2. 11월 27일의 7번째 항목에 있어 유엔군의 제안과 비교해, 어제 제출된 안은 몇 가지 중요한 차이점을 보입니다.

1) 유엔대표단은 군사휴전협상위원회와 혼합감시기구들에 대해 한국의 전지역을 자유롭게 통행하는 것을 단념한다. 유엔대표단은 사진 촬영의 권리를 포함한 한국 전 지역에 대한 항공 감시와 함께 주요 후방 연락선들과 상호 합의에 의해 정해진 연락을 거슬러 단순히 입국지의 영토 (육·해·공) 감시를 요구한다.

2) 유엔대표단은 휴전협정의 조인과 그것의 개시 사이에 구분을 정한다. 휴전은 감시기구가 조직되고 기능할 준비가 되었을 때 발효된다. 공산군 측 대표들은 어제 감시기구의 특권에 관해 그들에게 주어진 양보를 인정하지 않는 것 같았다. 그들은 합동감시기구를 위해 유엔군이 요구한 권한들이 한국 국민의 내부 사태에 대한 간섭을 초래할 것이라고 되풀이해서 주장했다. 그렇게 해서 유엔군 측 제안의 기본적 사항은 거부당했다.

3. 유엔군 측의 새로운 제안은 중립국과 관련하여 공산군 측의 제안을 거부합니다. 게다가 유엔대표단은 휴전 기간 동안 군대의 모든 교대 금지를 받아들이지 않을 것이며, 유엔군이 점령하고 있는 북한 연안에 자리한 섬에서의 철수를 다루는 어떤 합의도 하지 않을 것입니다.

공산군 측에서는 전쟁 포로 문제를 맡은 분과위원회 구성이란 주제에 대해 의제 3번째 항목 논의에서 어떤 진전도 없을 정도로 오랫동안 답변을 미루고 있습니다.

4. 어제 하루는 전혀 결실이 없었습니다.
다음과 같은 항목들에서 합의가 이루어졌습니다.

　　1) 휴전은 휴전협정 개시 이후 24시간 안에 완전히 성사될 것이다.
　　2) 모든 군대는 휴전협정 개시 이후 72시간 안에 비무장지대로 철수할 것
　　　이다.
　　3) 동등한 바탕 위에 구성된 군사휴전협상위원회가 설립될 것이다.

국방부에 전달 요망.

드장

【317】 휴전협상 관련 유엔대표단의 수정안과 공산군 측의 반응(1951.12.8)

[전 보]	휴전협상 관련 유엔대표단의 수정안과 공산군 측의 반응
[문 서 번 호]	2488
[발 신 일]	1951년 12월 8일 02시 50분
[수 신 일]	1951년 12월 8일 14시 00분
[발신지 및 발신자]	도쿄/드장(주일 프랑스대사)

사이공 공문

1. 유엔대표단은 어제 12월 7일 타협을 위해 협의하려는 상당한 노력을 보였습니다.

문체의 수정 면에서, 유엔대표단은 공산군 측의 몇몇 요구사항을 이해하고 12월 6일의 제안을 수정했습니다.

유엔대표단은 본래 합의가 성립될 수 있는 현 차이점들을 해결하는 데 있어 다른 변화들을 목적으로 했을 수 있는 제안들을 검토하기로 했다고 밝혔습니다. 무엇보다 유엔대표단은 외국 군대의 철수 문제는 3번째와 4번째 항목의 해결 이후 의제 5번째 항목이 검토될 때 차후 단계에서 검토하고 다룰 수 있을 것이라고 했습니다.

호데스 장군은 군대 철수는 한국문제의 평화적 해결을 분명히 따르겠다고 주장했습니다. 만일 휴전협상이 만족스러운 방식으로 실행된다면, 휴전협상 개시 이후 주어진 시간에 전략적 재편이 있을 수 있습니다. 그렇지만 유엔은 휴전협상 조인 이후 첫 단계에서 군대 철수나 병력 감축에 대한 동의를 하지 않을 것입니다.

2. 다음은 12월 3일 공산군 측의 7개 원칙에 대한 검토를 포함하고 있는 12월 7일 유엔군의 제안서입니다.

1) 쌍방의 감시 하에 정규군, 비정규군과 육·해·공군 부대의 무장한 이들을 포함하여 모든 군대는 휴전협상 개시 이후 24시간 안에 적대적 행위를 멈춘다.

2) 양측의 모든 군대는 휴전협상 개시 이후 72시간 안에 비무장지대로부터 철수한다.

3) 쌍방의 감시 하에 모든 군대는 휴전협상 개시 이후 5일 안에 상대방의 영토에서 철수한다. 만일 정해진 때에 철수하지 않을 경우, 만일 그러한 철수를 연기할 아무런 이유가 없다면, 상대방은 안녕과 질서 유지를 위해 이 무장한 이들에 대해 모든 필요한 행동을 개시할 권리가 있다.

4) 양측의 모든 군대에서 예외적인 군대들, 양측이 특별히 상호적으로 합의한 경찰 성격의 군대는 비무장지대 안으로 들어가서는 안 되며, 비무장지대에 대해 어떠한 군사 행위를 해서도 안 된다.

5) 격상된 단계에서, 정치 회담을 위한 양측의 회의를 용이하게 하는 방식으로 군사적 휴전의 굳건함을 보장하기 위해, 쌍방은 휴전협상이 개시하는 순간 한국에 존재하는 군사적 혹은 물질적 수단과 군사 시설 및 개별적 부대의 수준을 확대시키지 않을 것을 약속할 것이다.

7) a) 군사휴전협상위원회와 합동감시기구는 두 대표단이 합의한 한국 전역에 걸친 연락센터들과 더불어 육·해·공 출입국항을 감시할 권한을 갖는다. 그러한 기구들은 또한 한국 전역에 걸친 주요연락센터들에 대한 활동의 자유를 가질 것이다.

b) 군사휴전협상위원회는 한국 전역에 대한 쌍방의 영공감시와 사진에 의한 식별의 권리를 갖는다.

c) 군사휴전협상위원회는 비무장지대의 전적인 감시 권리를 갖는다.

d) 12월 7일 20시의 공식적 대화는 의제의 3번째 항목의 해결을 향한 가벼운 진전이 있었다. 공산군 측은 유엔군 측이 제시한 검토안의 사항들 중 3가지에 대해서 그 원칙에 합의했으며, 다른 2가지에 대해서는 반

대의견을 내놓았다. 두 가지는 검토 중에 있으며, 다른 한 가지에 대해서는, 중국·북한 측은 어떤 언급도 하지 않았다.

유엔대표단은 한국에서 사용이 지난 물자의 대체를 막고 교체를 못하게 하려는 모든 생각에 반대함을 다시금 밝혔습니다. 공산군 측은 전쟁 포로 문제의 즉각적 검토에 관한 제안에 대한 답변을 거부했습니다.

국방부에 전달 요망.

드장

【318】동해안과 서해안 북쪽에 유엔군이 점령하고 있는 섬들(1951.12.8)

[전 보]	동해안과 서해안 북쪽에 유엔군이 점령하고 있는 섬들
[문 서 번 호]	8249-8250
[발 신 일]	1951년 12월 8일 09시 00분(현지 시간), 15시 00분 (프랑스 시간)
[수 신 일]	1951년 12월 8일 15시 30분
[발신지 및 발신자]	워싱턴/보네(주미 프랑스대사)

보안

뉴욕 공문 제1669호(우편 전달)

미 국방부가 제공한 정부에 따르면, 임시분계선의 북쪽에 위치해 있으며 현재 유엔군이 점령하고 있는 한국의 섬들은 동해안에 11개, 서해안에 16개라고 합니다.

그 섬들은 다음과 같이 분산되어 있습니다.

1. 동해안

송진 북쪽에 1개, 원산 가까이에 9개, 원산항 남동쪽에 1개.

원산 근처에 750명을 포함하여 전체 1,000명 정도가 그 섬들에 거주하고 있습니다.

2. 서해안

그러한 섬들은 압록강 하류에서 순천까지 분산되어 있습니다. 위도 37도와 38도 사이에, 공산군이 점령하고 있는 옹진반도 가까이를 제외하고 모든 섬들은 유엔군들이 점령하고 있습니다.

　그들의 정보 임무를 넘어서, 그러한 섬들에 배치된 부대들은 병참선들을 감시하고, 북한에 있는 게릴라 부대와의 연락을 취합니다.

　군대들은 원칙상 몇몇 미국·영국 부대와 함께 남한군으로 조직되어 있습니다.

보네

【319】 휴전협상위원회와 중립적 조사기구(1951.12.8)

[전 보]	휴전협상위원회와 중립적 조사기구
[문 서 번 호]	8251-8255
[발 신 일]	1951년 12월 8일 09시 00분(현지 시간), 15시 00분 (프랑스 시간)
[수 신 일]	1951년 12월 8일 15시 35분
[발신지 및 발신자]	워싱턴/보네(주미 프랑스대사)

2급 비밀

뉴욕 공문 제1670호(우편 전달)

오늘 히커슨 씨가 판문점 협상에 대해 제공한 정보는 중국-북한 대표단이 실제 휴전협상을 감독하기 위한 이중 조직을 검토한 것으로 요약됩니다.

1. 소위 휴전협상위원회
2. 중립적 조사기구

첫 번째 기구는 다음과 같은 일을 한다.
1) 비무장지대를 배타적으로 감시한다.
2) 전쟁 포로 문제에 관한 업무를 담당한다.
3) 두 번째 기구에 지시를 내리고 그것의 보고서를 검토한다.

이 두 번째 기구는 위원회의 특별 지시와 비무장지대를 제외한 밖에서의 다른 활동은 없습니다.

공산군 측은 늘 휴전 이후 군대의 교대와 군대에 대한 군수품 공급에 반대합니다.

논쟁은 항상 위의 기구의 주둔 문제, 섬들의 문제, 비행장 재건의 문제, '수역(水域)'이 의미하는 바에 대한 것에서 가장 많이 이어집니다.

유엔대표단은 감시기구에서의 중립국 대표단 지명에 관한 공산군 측의 제안이 검토할 만하다고 밝혔습니다.

이미 언론에서 밝혀진 정보이므로, '중립국'을 통해 그들이 이해하는 바에 대한 중국-북한 대표단의 대답을 전하는 것은 무익할 것으로 보입니다. 리지웨이 장군의 대표들은 이미 그들의 교섭자들에게 단독 감시위원회에 찬성한다고 전했습니다. 이 위원회는 비무장지대와 한반도의 나머지 부분에서 동시에 권한을 가져야 한다는 것입니다.

감독관들은 '출입국항'과 연락센터에 머물러야 할 것입니다.

'중립국들'과 관련해서는, 유엔군 대표단은 차후에 관점을 전달할 것입니다.

2급 비밀 - 히커슨 씨는 또한 극비리에, 만일 휴전회담의 조건들이 충실히 실행된다면, 그의 견해로는 완전 철수는 그의 권한 밖 정치적 문제이지만 연합사령부는 군대의 부분적 철수를 검토할 수 있을 것이라고 밝혔습니다.

보네

【320】 휴전협상 기간 중 군대의 교대나 군수품 및 무기의 이송에 대한 공산군 측의 반대(1951.12.9)

[전 보]	휴전협상 기간 중 군대의 교대나 군수품 및 무기의 이송에 대한 공산군 측의 반대
[문 서 번 호]	2931
[발 신 일]	1951년 12월 9일 17시 00분
[수 신 일]	1951년 12월 10일 11시 00분
[발신지 및 발신자]	모스크바/샤테뇨(주소련 프랑스대사)

신문은 오늘 한국의 휴전협상과 관련하여 신화통신에 실린 다음의 공식 발표를 게재했습니다.

"오늘 휴전협상 도중 분과위원회 회의에서, 상대방은 우리의 반복된 질문에 군인들을 교대시키고 무기와 군수품 보유고를 보강한다는 핑계 하에 한국에 있는 군대, 군수품, 무기 이송은 휴전회담 기간 동안 이행될 수 있을 것이라고 계속해서 주장했다. 상대방은 쌍방이 어떤 핑계 하에서도 한국에 군대도, 무기도, 군수품도 보내지 않겠다고 약속하자는 우리의 제안에 반대하여 말했다.
상대방은 쌍방이 이 감시에 응하기로 승낙한 출입항들을 감시할 감독기구를 창설하는 데 있어 공동으로 중립국들을 초대하자는 우리의 제안에 찬성인지 반대인지 알리기를 거절했다. 상대방은 계속해서 두 교전국이 지명한 인물들로 구성된 소위 감독기구와 감시단의 제한 없는 감시를 위해 한국 전 영토를 자유로이 통행하는 것을 요구했으며, 동시에 우리의 후방에서 군대를 유지하고 군사시설의 건설 혹은 수리에 제한을 두려는 모호한 요구를 견지했다. 우리 대표들은 어떤 상황에서도 한국 국민은 상대방의 감시에 놓이게끔 자신의 전 영토를 자유로이 통행하게 하는 것에 찬성하지 않을 것이라고 굳건하게 주장했다. 모든 감시는 이러한 제안의 주체에서 중립적인 국가들의 대표들로 구성된 감시기구에 의해 시행되어야 한다. 한국 국민은 휴전 기간 동안 스스로의 건설 작업을 상대방이 방해하고 한국 인민민주공화국의 내부 사태에 직접 간섭하는 것을 허용치 않을 것이다.

한국 국민은 휴전 기간 동안 적군의 군대가 그들에게 직접적인 위협을 가하며 우리의 후방에 유지되는 것을 더 이상 참지 않을 것이다. 우리 대표들은 미국 대표단이 휴전의 굳건함을 유지할 준비가 되어 있으며 짧은 시일 내에 한국문제의 최종적이고 평화적인 해결을 위해 고위급 정치회담을 논해야 하고, 휴전 기간 동안 새로운 군대, 무기, 군수품의 한국 유입은 기존보다는 더 적었다고 주장한 점에 주목했다. 우리 대표단은 결국 휴전 시간 동안 현재 한국에 있는 군대들을 교대시키고 보강한다는 핑계 하에 잠재적 침략성을 강화하는 미국의 계획을 받아들일 수 없다. 우리의 입장은, 다시 말해 양측은 어떤 구실로도 군대나 무기, 군수품을 보내서는 안 된다는 우리의 입장에는 흔들림이 없다."

샤테뇨

【321】 유엔군이 점령하고 있는 섬들에 대한 공산군 측의 계속된 반환 요구 (1951.12.9)

[전 보]	유엔군이 점령하고 있는 섬들에 대한 공산군 측의 계속된 반환 요구
[문 서 번 호]	2492
[발 신 일]	1951년 12월 9일 10시 00분
[수 신 일]	1951년 12월 9일 10시 30분
[발신지 및 발신자]	도쿄/드장(주일 프랑스대사)

어제 12월 8일 판문점협상이 한때 중단되었습니다.

공산군 측은 다시 한국의 북쪽 해안선을 따라 유엔군이 점령하고 있는 섬들의 완전한 반환을 요구했습니다. 그들은 유엔군 선박들이 해역 밖에 머물 것을 요구했습니다. 그것을 정확히 정하지는 못했지만 12마일 이상의 거리에 해당합니다. 조이 제독은 국제법(3마일)에 따라 그것을 이해하고, 그 경계선의 존재를 알 수 없는 공해를 항해할 권리를 우리에게 전적으로 보전시키고자 합니다. 공산주의자들은 또한 다시금 협정 내용의 실행과 감시를 보장하기 위한 단 하나의 휴전협상위원회만을 요구했습니다. 게다가 그들은 4번째 항목에 대한 분과위원회의 즉각적 검토 제안에 답하기를 피했습니다. 그들은 그동안 지시를 기다리는 것 같았습니다.

3일 전부터 수천 명의 한국 학생들은 지속적 평화 보장을 제공하지 않고 국가의 분단을 지속시키는 모든 휴전협정에 반대하는 시위를 위해 부산 거리로 뛰쳐나왔습니다.

드장

【322】 휴전협상에서 1개 조항의 추가(1951.12.9)

[전   보]   휴전협상에서 1개 조항의 추가
[문 서 번 호]   2493
[발   신   일]   1951년 12월 9일 02시 00분
[수   신   일]   1951년 12월 9일 10시 00분
[발신지 및 발신자]   도쿄/드장(주일 프랑스대사)

12월 7일 유엔군 제안의 첫 7개 조항에 이어 본인의 전보 제2488호에 삭제되었던 제8항을 삽입하였습니다. 그것은 다음과 같습니다.

8. 휴전협정은 휴전협상위원회가 조직되어 인사들을 임명하고 그것에 부여된 역할을 수행할 준비가 되어 있기 전에는 발효되지 않을 것이다.

드장

【323】 신화통신에 실린 휴전협상의 상황(1951.12.10)

[전 보] 신화통신에 실린 휴전협상의 상황
[문 서 번 호] 2934
[발 신 일] 1951년 12월 10일 16시 00분
[수 신 일] 1951년 12월 11일 11시 00분
[발신지 및 발신자] 모스크바/샤테뇨(주소련 프랑스대사)

한국의 협상에 대해, 『프라우다』는 오늘 아침 신화통신의 내용을 그대로 게재했습니다.

"휴전협상 도중에 창설된 분과위원회가 주관한 오늘 회의에서, 상대방 대표들은 계속해서 양측이 감시기구를 창설하는 데 중립국들을 동등하게 초빙하자는 우리의 제안에 대해 의견을 제시하기를 거부했다. 상대방은 다른 모든 항목에 대한 완전한 해결이 있기 전까지는 12월 3일 우리가 제안한 2가지 보충 원칙들에 대해 검토하지 않겠다고 선언했다. 상대방은 또한 우리가 12월 3일 이전에 이미 받아들일 수 없다고 명백히 밝혔음에도 자신들의 모든 비합리적인 요구들과 제안들을 고수했다. 우리 대표들은 상대방이 채택한 입장이 어떤 문제도 해결하지 못함을 제시했으며, 그러한 입장 앞에서는 협상의 빠른 진척을 기대하기는 불가능하며, 그러한 태도는 결코 만족스럽지 못하다고 밝혔다.

우리는 한국 땅에서의 군사시설 건설에 관해 조선민주주의공화국이 취한 조치들은 아무도 간섭할 수 없는 내정(內政)임을 다시 강조했다. 군사시설 건설을 제한하고 민간 항공기 제한을 요구하고자 하는 상대방의 제안은 어떤 방식으로도 승낙할 수 없다. 군사분계선은 이미 설정되었는데, 쌍방의 군대는 정해진 기간에 후방 지역, 해안의 섬들, 양측 수역에서 철수해야 하는 것은

물론이다. 상대방이 우리 구역 후방에서 군대를 유지하는 것은 전적으로 용납할 수 없다.

　(이하 판독 불가)"

【324】 양측의 양보를 통한 휴전협상의 실질적 진전(1951.12.10)

[전 　　　　 보]	양측의 양보를 통한 휴전협상의 실질적 진전
[문 서 번 호]	2495-2504
[발 　 신 　 일]	1951년 12월 10일 01시 00분
[수 　 신 　 일]	1951년 12월 10일 09시 30분
[발신지 및 발신자]	도쿄/드장(주일 프랑스대사)

사이공 공문 제1622호

1. 12월 8일 중단되었음에도 불구하고, 휴전협상은 최근 쌍방의 조정 노력 덕분에 실질적인 진전을 이루었습니다.

분계선을 설정하는 데 있어, 공산 측은 두 가지 의도를 포기했습니다. 그들은 이 선을 38선에 기초하기를 거부했습니다. 의제의 2번째 항목 해결이 적대감의 직접적 중단을 이끌지 못함을 받아들여야 했습니다.

전체회의 재개 이후, 그들은 여러 날 동안 고집스럽게 의제 3번째 항목의 토론을 그들에게 있어서 최우선적 중요성을 띠는 질문, 즉 단계적으로 시행될 수 있다고 지적한 문제에서의 외국 군대의 철수에 대한 논쟁으로 대체하려 했습니다. 그들은 이 문제의 해결이 후방에서의 감시와 군사적 현 상태의 유지에 관한 매우 까다로운 두 문제를 제거시켜 줄 것이라고 주장했습니다.

유엔대표단은 군대 철수는 군사적 휴전의 논쟁을 넘어서는, 그리고 정부 차원의 계획에서 개입될 정치적 명령에 따른 결정이라는 입장을 고수했습니다.

언급은 없지만 군대 철수 문제가 관련국에 내놓은 권고들 사이에 함축되어 있는 5번 항목의 작성에 이르게 하면서 의제의 진전을 보여주었던 끝없는 토론 속에서 협상이 교착 상태에 빠지는 것이 아닐까 걱정할 수도 있었습니다.

12월 3일 공산군 측의 양보는 조이 제독이 제2의 난관이라고 부른 것에서 빠져나올 수 있게 해주었습니다. 많은 이들이 놀라는 가운데, 공산주의 역사상 처음으로 중국-북한 대표단은 전선 후방에 위치한 출입지에서 외국인의 감시 원칙을 받아들였습니다. 중국-북한 대표단은 이러한 제안을 11월 27일의 그들의 제안 5개 항목에 추가된 새로운 두 항목 속에 포함시키고 자신들의 기본적 제안을 나타내는 7개 원칙으로 설정했습니다.

2. 협상은 그렇게 해서 난관에서 벗어났으며, 유엔대표단도 매우 중요한 양보를 하게 되었습니다.

유엔대표단은 11월 27일의 7개 항목의 제안에서 감시위원회와 감시기구들에 대해 한국 전역의 자유 통행을 요구했습니다.

12월 6일의 8번째 항목의 제안에서는, 유엔대표단은 단지 위원회가 합동기구에 대해 "양측 대표단이 합의한 연락센터 및 한국을 가로지르는 주요 병참선들1)과 더불어 육·해·공의 출입국항 관찰" 권리만을 요구했습니다.

유엔대표단은 전반적 항공관찰의 권리 행사를 고수했습니다. 반대로, 대표단은 휴전협상이 조인되는 즉시가 아니라 다만 감시기구가 설립되고 그 기능을 담당할 준비가 되어 있을 때에만 발효되는 것이라고 지적했습니다(유엔군 제안의 8번째 항목). 12월 7일, 유엔대표단은 좀 더 중요한 조정 노력을 했습니다. 협상 초기부터 보여 온 경직된 태도를 유연하게 하며, 유엔대표단은 협의가 3번, 4번 항목의 해결 이후 궤도에 이를 수 있을 것이고, 현재의 틀에서는 군대 철수 논의를 할 수 있을 것이라고 했습니다. 유엔대표단은 그러한 철수는 필시 휴전협상의 첫 번째 단계에서는 이루어질 수 없을 것이고, 휴전협상이 만족스러운 방식으로 전개될 때에만 가능할 수 있을 것이라고 강조했습니다.

그렇지만 감시와 포로 문제에 대해 합의가 이루어지자마자, 전적으로 군사적인 성격을 잃어버린 회의는 공산군 측이 요구한 대로 '정치회담으로서의 격상된 수준의 회의'를 준비하는 방식으로 근본적으로 정치적인 문제에 접근할 수 있을 것임을 인정했습니다.

---

1) 병참 기지에서 작전 지역까지 작전에 필요한 인원이나 물자를 지원, 수송하는 길.

의미 있는 방식으로, 7번째 유엔군의 제안은 군사휴전협상위원회라는 언급을
더 이상 하지 않았으며, 대신 '휴전협상위원회'라고만 했습니다.

3. 난관들이 제거되고 있는 것은 명백합니다. 공산군 측 대표단은 게다가 유
엔군을 최대한 막을 군사적 방법으로 군사적 현 상태 유지라는 상대방에서 인
정한 원칙을 해석하려고 했습니다. 공산군 측 대표단은 계속해서 모든 교대의
금지를 요구합니다. 그러한 조치가 유엔군의 사기에 심각한 타격을 주지 않을
수 있도록 하면서 말입니다. 그들은 감시를 최소한으로 축소시키거나 실실적으
로 작용하지 못하게 하려 합니다. 그들은 합동위원회 대신 자신들이 선택한 중
립국 감독관을 주장할 것입니다. 그들은 전쟁 포로들에 대한 협박을 철저하게
행사할 것입니다. 그들은 휴전협상 기간 중 북한에서의 비행장 건설 권리를 요
구할 것입니다. 그들은 항공 감시에 격렬하게 들고 일어날 것입니다. 그들은 유
엔군이 조심스럽게 피해야 할 덫들을 끊임없이 시도할 것입니다.

휴전조약의 기본적 내용에 대한 합의에 반하는 최대 장애가 되는 원칙은 현
재 상호간의 양보로 극복된 것처럼 보임에는 변함이 없습니다.

많은 변화를 거쳐, 도쿄의 총사령부에서는 신중한 낙관주의로 돌아왔습니다.
사람들은 휴전은 이제부터 2달이면 실질적으로 이루어질 거라고 생각하는 경향
이 있으며, 아직 평화적 해결에 이르는 실질적 휴전협상으로 가는 긴 여정이 있
을 가라는 점을 잘 알고 있습니다. 하지만 그 사이, 육군의 교착상태와 한국 상
공에서 늘어만 가는 심각한 전투가 제기하는 여러 문제에 대해 최소한 임시적
인 해결책을 찾는 일에 불만을 갖지는 않을 것입니다.

국방부에 긴급 전달 요망.

드장

【325】 휴전협상 기간 동안 유엔군 공군의 활약(1951.12.10)

[전   보] 휴전협상 기간 동안 유엔군 공군의 활약
[문 서 번 호] 2506
[발   신   일] 1951년 12월 10일 02시 00분
[수   신   일] 1951년 12월 10일 11시 00분
[발신지 및 발신자] 도쿄/드장(주일 프랑스대사)

사이공 공문 제1632호

1. 12월 9일 하루 동안, 휴전협상은 정체되었습니다.

공산군 측은 계속 포로 문제의 즉각 검토를 원하는 조이 제독의 제안에 답변하기를 거부합니다. 니콜스 장군의 표현을 따르면, 그들은 포로들을 전쟁 포로가 아닌 인질로 여기는 것 같은 느낌을 준다고 합니다.

다른 한편으로는, 그들은 11월 27일과 12월 3일 자신들의 제안에 대한 유엔군 측의 완전한 수락을 지속적으로 요구합니다. 오후 회의는 10분밖에 지속되지 않았습니다.

2. 양측 참모장교들은 지난 주 동안 지도상으로 비무장지대에 대한 남북한 경계를 쌍방 동일하게 분계선으로부터 2㎞로 확정 지었습니다. 대신 돌출된 몇몇 지역은 3㎞로 하였습니다.

3. 12월 1일에서 7일까지 한 주 동안, 유엔군 공군은 MIG-15 13대와 아마도 다른 격투기 1대를 격추시키고, 17대를 파손시켜, 총 31대의 적군 전투기를 무력화시켰습니다.

같은 기간 공군 전투에서 유엔군 손실은 F-84기 1대와 해군의 전투폭격기 (AD-2) 1대였습니다.

국방부에 전달 요망.

드장

【326】 신화통신에 따른 두 가지 공식 발표(1951.12.11)

[전 보]	신화통신에 따른 두 가지 공식 발표
[문 서 번 호]	2940
[발 신 일]	1951년 12월 11일 14시 30분
[수 신 일]	1951년 12월 11일 18시 00분
[발신지 및 발신자]	모스크바/샤테뇨(주소련 프랑스대사)

한국의 협상에 대해, 오늘 아침 신문은 12월 10일자 신화통신에 따른 다음의 두 가지 공보를 게재했습니다.

첫 번째 공보

"휴전협상에서 창설된 분과위원회 회의 때, 상대방은 양측이 감시기구를 창설하는 데 중립국들을 동등하게 초빙하자는 우리의 제안에 대한 의견 제시를 계속해서 거부했다.

12월 3일부터 우리는 의제 3번 항을 신속하게 해결하기 위해 2가지 보충원칙을 제안했지만, 상대방은 그러한 제안에 대해 명백한 견해를 밝히기를 거부했으며, 계속해서 비합리적인 제안과 요구를 고수하면서 모든 종류의 모호한 논의를 그치지 않았다.

상대방은 12월 8일 전선 후방에서의 군대 유지를 계속하겠다고 공식적으로 밝혔다.

상대방은 어제 전선 후방에서의 항공관찰과 사진관찰 권한 행사를 주장했으며, 우리 후방의 '자유로운 감시'를 주장했다.

우리 대표는 단호한 말로 상대방에게 우리는 한국의 외국군대 철수 문제를 검토하고 한국문제를 평화적인 방법으로 해결하기 위해 휴전협상 이후 신속한 회의로 최고위 대표회담을 제안했음을 상기시켰다. 그것이 바로 우리가 처음부터 휴전협상 기간 동안 후방을 감시할 어떤 필요성도 가지지 않았던 이유이다. 휴전협상 기간 동안 군대를 제한하고자 하고 후방을 감시하고자 하는 요구는 우리 군사력을 앞에 두고 상대방을 위해 강요하는 것이었다.

우리의 내정에 상대방의 어떤 간섭도 받아들일 수 없으므로, 우리는 양측의 누구도 휴전협상 기간 동안 한국에 군대도, 군수품도, 무기도 보낼 수 없음을 제안했으며, 중립국들은 이러한 조항의 실행을 감시하기 위해 초빙될 것이다. 이제, 병력을 증강하고자 하는 상대방은 비합리적인 방식으로 군대를 교대하고 무기와 군수품 보유고를 채울 권한을 요구하고 있다. 상대방은 중립국들에 의한 공정한 감시 앞에서 두려움을 표하고 있으며, 이러한 감시 대신 교전국 대표자들로 구성된 휴전협상위원회에 의한 후방의 직접 감시를 요구하고 있다.

우리 대표들은 만일 상대방이 휴전협상 기간 동안 쌍방의 잠재적 군사력의 제한을 요구한다면, 상대방은 중립국들의 공정하고 정당한 감시와 감독에 반대할 수 없다고 분명히 주장했다. 이는 중립국의 후방 감시에 대한 합의인지, 혹은 전부 감시하지 않는지의 문제를 제기하는 것이다. 상대방은 어떤 방식으로든 양자택일을 해야 한다.

어제 회의에서, 상대방은 내정에 간섭하고자 하고, 우리의 우방에 일종의 위협을 가하고자 비합리적인 요구, 즉 우리가 오래 전부터 단호하게 거부해왔던 요구를 거듭하였다. 상대방은 우리의 군사력을 목표로 하고 있으면서도 동시에 전쟁의 잠재적 확대에 대한 자신의 입장을 포기하지 않고자 한다. 회의 전반에 걸쳐, 상대방은 우리의 정당하고 진지한 질문에 어떠한 답변도 찾을 수 없었다.

회의가 끝나기 전, 우리 대표들은 다시 한 번 상대방에게 우리의 보충 제안에 대한 견해를 꼭 전해주어야 하며 다음 회의에 답변을 기대하겠다고 상기시켰다."

두 번째 공보

"휴전협상 시 창설된 분과위원회 회의가 한국 시간으로 오늘 오전 11시에 시작됐다. 상대측 대표들은 계속해서 감시기구를 창설하는 데 중립국을 초빙하자는 우리의 제안에 대해 견해를 표명하기를 거부했다. 그들은 이러한 질문은 자신들의 대표단장에 의해 검토되어야 한다고 주장했다.

우리 대표들은 즉각 분과위원회가 의제 3번 항목의 해결에 전념하기 위해 쌍방의 대표단 측의 전적인 권한을 부여받자, 분과위원회의 상대측 대표들은 우리의 제안에 대한 검토를 피할 핑계를 대고 협상을 지연시키려고 이러한 문제를 대표단장에게 전달하지 않았다. 가능한 한 신속하게 의제 3번 항목에 대한 합의에 도달하려고 노력하면서, 우리 대표들은 다시금 상대방에게 내정 간섭을 받아들이게 하려는 그들의 비합리적인 제안과 요구를 철회할 것을 요청했다."

(이하 원문 누락)

【327】 삭제된 제5항과 제8항(1951.12.11)

[전   보] 삭제된 제5항과 제8항
[문 서 번 호] 2493
[발   신   일] 1951년 12월 11일 03시 30분
[수   신   일]. 1951년 12월 11일 11시 00분
[발신지 및 발신자] 도쿄/드장(주일 프랑스대사)

사이공 고등판무관 공문 제1621호

파리로 보내는 저의 전보 제2488호와 사이공으로 보내는 전보 제1619호(1951년 12월 7일 삭제) 속에 삭제되었던 다시 보이는 다음의 유엔군 측 제안 제5항과 제8항을 포함시켜 주십시오.

제5항 쌍방은 모두 휴전협정의 감시를 위해 공동 책임을 진 휴전협상위원회 설립에 있어 동일한 수의 대표들을 임명한다.
제8항 휴전협정은 휴전위원회가 조직되지 않고 그것에 부여된 임무를 수행할 준비가 되어 있기 전에는 발효되지 않는다.

드장

【328】 한국의 판문점 회담에 대한 반응(1951.12.11)

[전 보]	한국의 판문점 회담에 대한 반응
[문 서 번 호]	2506
[발 신 일]	1951년 12월 11일 01시 00분
[수 신 일]	1951년 12월 11일 10시 30분
[발신지 및 발신자]	도쿄/드장(주일 프랑스대사)

브리옹발 씨가 전달한 12월 5일자 전보 제58호, 12월 10일 도쿄 수신

인용

군사휴전협상 조치들의 실제 감시를 맡기는 공산군 측의 제안은 한국인들에게 판문점 회담에 대한 노여움과 적대감의 악화를 야기했습니다.
공식적으로 이러한 감정은 오늘 아침 이승만 박사의 공보실에서 다음과 같은 공식 성명으로 표출되었습니다.

인용

판문점 회담의 전개를 바라보면서, 한국 정부는 어떠한 형태 하에서건 더이상 적대국 대표들이 한국에서 이끌어온 의심스러운 모든 조치들에 흔들림 없는 반대를 확인합니다.
공산주의자들이 남한에 자신들에게 금지된 군대, 자신들의 계획을 성취하게 해줄 대리인들을 들여오게 해주는 몇 가지 술책을 제안하는 것은 결코 놀라운 일이 아닙니다. 우리는 유엔이 그와 같은 제안을 수락하리라고 단 한 시도 생각해보지 않았습니다.

나는 이 정부가 외국의 침략군대에 의해 우리나라의 어느 일부라도 점령하게끔 동의하지 않을 것이라고 주장할 권한이 있습니다. 중국 공산군들은 물러나야만 합니다.

같은 생각에서, 우리는 더 이상 적군 거류민이 이유를 막론하고 한국에 들어오게끔 허용할 수 없습니다.

특히 우리는 소련과 그 위성국들, 자유와 공격적 전체주의 사이에서 도깨비불 같이 중간노선을 따르는 잘못을 하려는 국가들을 겨냥합니다.

평화는 공산군 공격의 패배와 억압을 통해서만 이룰 수 있는 것이지 그와 같은 공격에 대해 국제적 처벌을 내릴 뿐인 어떤 환상적 형태의 발견을 통해서 이룰 수 있는 것은 아닙니다.

인용 끝.

드장

【329】 언론에 실린 이승만 대통령의 성명과 한국의 입장(1951.12.11)

[전 보]	언론에 실린 이승만 대통령의 성명과 한국의 입장
[문 서 번 호]	2508-2509
[발 신 일]	1951년 12월 11일 01시 00분
[수 신 일]	1951년 12월 14일 17시 15분
[발신지 및 발신자]	도쿄/드장(주일 프랑스대사)

본인의 이전 전보에 이어

한국인의 생각에는, "자유와 공격적 세계 사이에서 중립성이라는 도깨비불을 따르려 하는 나라들"이란 말은 특히 AP통신이 어제 공산군 측이 임명할 가능성이 있는 중립국들 중 하나로 언급하고, 한국전쟁의 해결에 관한 자국의 철학에 의해 오래 전부터 한국인들의 철저한 불신과 원한을 야기한 인도를 겨냥하고 있습니다.

이승만 박사의 공식 결정은 지역 신문에 널리 실렸습니다. 영자 신문 『코리안타임스』(이 신문의 논설은 이 대통령의 지지자 헬렌의 영향을 나타내고 있으며, 그녀 자신이 최근에는 공보부장이었음)는 특히 외국의 늦장 부리는 정신 수준을 강조하는 해설을 같이 실었습니다. 며칠 사이 세 차례 이어지는 것을 보면서, 한국 뉴스는 이러한 주장이 평화협상의 실질적 진전을 통해 위험에 놓인 근본적인 목표물들을 바라보는 정부의 근심을 확인시킨다고 설명합니다.

이어서 표면상으로는 참고삼아 6월 말에 발표했고 최근 국회의 결의안으로 승인된 그러한 근본적인 목표물들을 열거하면서, 신문은 경솔하게 "한국 정부의 통치 하에서 국가의 통일"이라고 덧붙입니다.

드장

【330】 전쟁 포로 관련 공산군 측의 지연 태도에 대한 반대 성명(1951.12.11)

[전 보]	전쟁 포로 관련 공산군 측의 지연 태도에 대한 반대 성명
[문 서 번 호]	2515
[발 신 일]	1951년 12월 11일 02시 30분
[수 신 일]	1951년 12월 11일 12시 45분
[발신지 및 발신자]	도쿄/드장(주일 프랑스대사)

사이공 공문 제1633호

1. 유엔대표단은 12월 10일 어제 전쟁 포로 문제에 관한 공산주의자들의 지연 소행을 멈추게 하려 했습니다.

회의 초반에, 유엔군 대표 터너 장군은 의제4번 검토 담당 분과위원회 창설 관련하여 8일 전에 제기한 문제에 대한 답을 요구한 후 답변을 얻지 못하고 유엔대표단의 이름으로 다음과 같은 성명문을 읽었습니다.

"1951년 12월 4일 전체 회의에서, 유엔대표단은 의제의 4번째 항목을 논의하기 위한 특별분과위원회 지정을 제안했습니다. 그 당시 3번 항목과 4번 항목 사이에는 아무런 관련도 없었으며, 구별된 위원회에서 동시 검토하는 것을 방해하는 것은 실제로 아무것도 없었다고 지적했으며, 의제의 순서는 제4항 검토 담당 분과위원회의 권고 이전에 3항 담당 분과위원회의 권고들을 전체 회의에 전달하면서 지켜질 수 있었습니다.

당신들은 유엔의 제안들에 적절한 시기에 답하겠다고 주장했습니다.

현재 열린 의제3항 담당 분과위원회 회의에서, 유엔의 분과위원회는 매일 4항에 대한 유엔의 제안 관련하여 귀측의 답변을 물었습니다. 우리가 제안을 한지 7일이 흘렀음에도 그 수락에 관련하여 어떠한 정보도 얻지 못했습니다.

이러한 제안은 협상을 용이하게 하고 휴전협상에 대한 최종 합의에게 박차를 가한다는 유일한 목적을 갖고 유엔대표단이 낸 것입니다."

(이하 판독 불가)

【331】 적군의 공군력 증대(1951.12.11)

[전 보]	적군의 공군력 증대
[문 서 번 호]	2518-2521
[발 신 일]	1951년 12월 11일 10시 00분
[수 신 일]	1951년 12월 12일 10시 10분
[발신지 및 발신자]	도쿄/드장(주일 프랑스대사)

전쟁부장관에 전달 요망

사이공 공문 제1636-1639호

　적군 공군의 활약은 최근 2주 동안 상당히 진전되었고, 현재까지 유엔군 공군이 누렸던 우세함에는 심각한 의문의 여지가 생겼습니다.

　11월 25일부터 12월 6일까지의 가장 긴 기간 동안, 적군은 MIG-15를 60번 출격시키며 분산시키는 공군의 지속적 노력을 다했습니다. 지난주 12월 2일에서 10일까지는, 동일한 전투기의 출격 횟수가 전주에 비해 228회가 증가한 1,233회로 늘어났습니다. 5일 단 하루 동안에, MIG기가 310회 출격하거나 유엔 공군과 맞붙었습니다. 12월 6일과 8일에는, 그러한 횟수가 292회와 288회가 되었습니다.

　안동, 타퉁, 타커 지역에만, 290여 대의 제트기가 주둔해 있습니다. 최근 주간 동안 관찰된 잦은 출격은 타누에 주둔해 있는 중국 공군 제6연대가 양춘에서 온 공군 제141사단에 의해 강화된 것을 확인시켜 준 것으로 보입니다.

　우리는 또한 안산, 랴오양, 묵덴과 같이 후방 비행장에 있는 전투기들이 한국에서의 군사작전에 참여할 것이라고 생각하고 있습니다. 현재 압록강의 비행장에 집합한 MIG기의 숫자는 적군의 실질적 공군항력을 지탱하는 데뿐만 아니라 더욱 발전시키는 데에도 충분합니다.

　전술한 전투기들의 이용 비율은 65%라고 가정하면, 공산군 측은 압록강의 비행장에서 모든 비행기가 하루에 2번 비행하여 하루에 376회 출격할 수 있습니다. 그들은 한 달에 10일 동안 그러한 활약을 지탱하는 데 충분한 보급품을 배치한 것으로 보입니다.

미국 사령관은 적군이 조사된 지역에서 공군의 우수성을 획득하기 위해 한정된 장소에 충분한 전투기 양을 집중할 능력이 있다고 평가합니다.

드장

【332】워싱턴 정부의 판문점 회담에 대한 견해(1951.12.11)

[전 보]	워싱턴 정부의 판문점 회담에 대한 견해
[문 서 번 호]	8304-8309
[발 신 일]	1951년 12월 11일 11시 10분(현지 시간), 17시 10분 (프랑스 시간)
[수 신 일]	1951년 12월 11일 17시 20분
[발신지 및 발신자]	워싱턴/보네(주미 프랑스대사)

보안

뉴욕 공문 제1672호(우편 전달)

    트루먼 대통령의 갑작스런 워싱턴 귀환이 한국전쟁의 전개 때문이라고 어제 미국 신문에 의해 퍼진 정보는 미 국무부가 지체 없이 대통령의 귀환에 소란스러운 해석을 해대는 것에 대해 국민들에게 경고를 했음에도 불구하고 미국 여론과 워싱턴 외교계에 강렬한 흥분을 불러왔습니다.

    결국 대통령이 오늘 아침 대부분의 주요 정치 · 군사 자문들(애치슨 씨와 러베트[1] 씨는 빠진 상태)과 가진 회담에서 판문점 협상 문제가 첫 번째 자리를 차지했다면, 이 문제는 행정부 수장이 앞으로 검토하라고 제안한 국내외 정치 문제 중 하나일 뿐으로 보입니다.

    우리 직원 한 명에게 문제에 대한 질문을 받은 존슨[2] 극동담당 국무차관보는

---

[1] 로버트 러베트(Robert Lovett, 1895-1986). 트루먼 행정부에서 국방차관보 이후 국무장관이 됨. 한국전쟁 시 군축프로그램을 계획함. 미외교정책의 핵심적인 원로였음. 러베트(Robert Lovett. "Undersecretary of State"라는 직함이 당시 『조선신문』에는 "국방장관대리"로 소개되었음)

[2] 알렉시스 존슨(Alexis Johnson, 1908-1977). 미 국무부 극동담당 차관보. 동북아국장 권한대행, 한국전쟁 휴전에 일익을 담당. 체코슬로바키아, 태국, 일본 대사 등을 역임.

한국 사태 관련하여 "민감한" 어떠한 결정도 대통령 회의에서 결정되지 않았다고 밝혔습니다. 혹시 이번 회담이 한국전쟁의 해결에 대한 미국의 군사·민간 당국 사이의 의견 대립에서 발단이 되었는지, 그리고 혹시 그러한 소문이 여러 번 퍼졌듯이 미국 군사령부의 몇몇 구성원들이 휴전 협상을 원치 않는지를 물어보자, 존슨 씨는 이러한 생각에 분명하게 반대했습니다. 그에 따르면, 대통령, 미 국무부, 미 국방부, 리지웨이 장군은 판문점 협상의 결말을 보는 것에 동의했습니다.

존슨 씨는 우리 직원의 또 다른 질문에 12월 27일에 휴전협상이 아직 조인이 되지 않는다 해도, 더 이상 미8군의 "전면" 공격을 기대해서는 안 된다고 대답했습니다.

현재 대통령 회담의 정확한 수준을 알기에는 아직 너무 이릅니다만, 한국에서의 공산 측 공군의 위협이 점점 더 워싱턴 정부를 고민하게 만드는 것에는 의심의 여지가 없으며, 이 문제는 매우 특별하게 추후 행정부의 관심을 끌 것입니다.

판문점 협상에 관해, 존슨 씨는 최근에 어떤 진전도 없었음을 숨기지 않았습니다.

통합사령부는 군대 교대 문제에 대해 굴복하지 않기로 결정한 것 같습니다. 또한 휴전협상 기간 동안 공산군 측의 북한에서의 비행장 건설 권리에 동의하는 일에 계속 반대하는 것으로 보입니다.

중립 감독기구에 대해, 존슨 씨는 리지웨이 장군이 이미 그러한 기구를 허용하도록 지시를 내릴 수 있었다고 주장했습니다. 다만 그것은 휴전협상군사위원회에 관련된 조직이지, 중국-북한 측이 원하듯이 전적으로 독립된 조직이 아닌 한에서입니다.

게다가 그러한 기구는 오직 출입국항에 머무는 것이 아니라 한반도 내부에 연락채널들을 감시할 권한을 가져야 합니다. 이 문제에 대해, 공산군 측이 비행장의 감시를 받아들일지 아닐지는 아직 분명하지 않습니다.

존슨 씨는 문제 감독기구를 맡게 될 중립국 선택에 대한 합의가 어려울 거라고 여기고 있지는 않았습니다.

보네

【333】 휴전협상의 진전과 전쟁 포로 문제 논의 시작(1951.12.12)

[전   보] 휴전협상의 진전과 전쟁 포로 문제 논의 시작
[문 서 번 호] 2516
[발 신 일] 1951년 12월 12일 01시 00분
[수 신 일] 1951년 12월 12일 13시 30분
[발신지 및 발신자] 도쿄/드장(주일 프랑스대사)

사이공 공문 제1634호

공산군 측은 12월 11일 의제의 3항을 검토하는 분과위원회와 동시에 일하게
될 전쟁 포로 문제 검토 담당 분과위원회의 즉각 회의에 대한 유엔군 측 제안을
수용했습니다.

오후부터 업무를 시작한 새로운 분과위원회는 12월 12일 다시 모일 것입니
다. 유엔군 측은 거기서 리비[1] 제독과 조지 히크만[2] 대령이 총사령부 군사재판
소 업무를 제시했습니다. 지난 회의부터, 유엔군 측은 다음의 사항에 대한 정보
교환을 제안했습니다.

  1. 양측 수용소에 억류된 전쟁 포로의 신원 확인
  2. 포로수용소 소재지
  3. 각 수용소 안의 인원 수
  4. 지금부터 국제적십자 대표들의 포로수용소 방문 허가

---

1) R. E. Libby. 미 해군 소장.
2) Georges Hickman.

공산군 측은 다음과 같이 작성된 제안서를 내놓았습니다.

"휴전협정의 조인 이후, 양측의 모든 억류된 포로들을 풀어주어야 한다."

유엔대표단은 1대 1 교환을 요구하며, 전체 포로의 석방은 한국사태의 평화적 해결 이후에나 개입되어야 한다고 했습니다. 유엔대표단은 다음과 같이 제안했습니다.

1. 빠른 시일 안에 적합한 감독 하에서 공평한 포로교환
2. 포로교환 이전과 도중 슬라브인 및 부상자들과 함께 인간적 대우를 보장하기 위한 적절한 감독
3. 의제 3항 담당 분과위원회 회의에서, 중국-북한 대표단은 12월 11일 오전 필요한 경우 군대 □□□ 반대를 철회하고 중앙 권력 하에서 일하는 휴전협상위원회를 바라보라고 유엔이 표명한 희망을 고려할 수 있는 것으로 보였습니다.
   공산 측 대표들은 만일 유엔 측이 전선 후방에서의 감시를 중립국에 맡기는 일에 동의한다면 그러한 두 가지 사항에서 양보할 준비가 있음을 암시했습니다.
   유엔 측 대표들이 오후에 설명을 요구하자 공산 측 대표단은 또한 중국 셰팡 장군이 제안형식으로만 내놓았던 것을 철회했습니다.
4. 유엔군 측은 아직 확인되지 않은 전투기가 폭탄을 3번 투하하고 네이팜탄을 1번 투하한 것으로 보이는 개성 서쪽 4㎞ 지점 도시 중립지대의 유린에 관한 공산군 측 항의의 정당성을 인식했습니다. 조사는 계속되고 있습니다.
5. 도쿄 총사령부는 12월 8일자로 이탈리아의 적십자 야전병원 제68호가 제8사단에 소속되어 한국의 유엔군에 대한 민간 지원 업무를 시작했다고 발표했습니다.
6. 베이징라디오는 12월 12일 오늘 아침 5시 『피가로』에 자신들의 가족들에게 보내는 크리스마스 메시지를 게재해달라고 요청한 프랑스 포로들

의 프랑스 이름과 프랑스 주소를 건넸습니다. 세르장 조앙 아르노, 로제 펠릭스, 클레망 프레보스트, 르네 마돈, 앙드레 에롱, 아리스 팡티치가 그들입니다.[3] 그러한 이름들은 실제로 프랑스군의 전투에서 실종자 목록에 올라 있습니다.

국방부에 전달 요망.

드장

---

[3] Sergent Joan Arnaud, Roger Felix, Clément Prevost, René Madone, André Heron, Aris Fanticci.

【334】 적군과 유엔군의 전투기의 피해 통계와 적군 전투기의 활동 증가(1951.12.12)

[전 보]	적군과 유엔군의 전투기의 피해 통계와 적군 전투기의 활동 증가
[문 서 번 호]	8318-20
[발 신 일]	1951년 12월 12일 08시 55분(현지 시간), 14시 55분 (프랑스 시간)
[수 신 일]	1951년 12월 12일 16시 30분
[발신지 및 발신자]	워싱턴/보네(주미 프랑스대사)

보안

뉴욕 공문 제1673호(우편 전달)

11월 27일부터 12월 11일까지 12월 하루 동안 총 310대의 기록과 함께 MIG 기 2,160대가 한국에서 탐지되거나 투입되었습니다.

미 국무부의 격주 회의에서 위의 수치들을 채우며, 미 국방장관은 이제 미 참모부가 다음과 같이 공산군 공군을 인정하고 있다고 주장했습니다.

1. 최소한 매달 10일 연속으로 그와 같은 노력을 유지할 수 있다.
2. 수적 우세 덕분에, 그들 선택에 따라 이제 한반도 북쪽의 어느 지역이건 유엔군 전투기를 물리칠 수 있다.

게다가 유엔군의 폭격기는 청천강 너머로는 야간 군사작전을 더 이상 실시하지 않습니다.

11월 19일, 북한-중국군은 전쟁 초반부터 356대의 전투기를 소실했고, 유엔군은 최소한 617대의 전투기를 소실했습니다. 이 최근 수치는 극동 공군이 378대

(10월 31일까지), 해군이 239대로 분석됩니다.

공군의 손실은 평균적으로 대공방어로 시작해야만 했습니다. 예를 들어, 극동 공군의 수치는 326대입니다. 반대로 공중전에서, 유엔군의 41대에 비해 적군은 189대가 격추되었습니다. 유엔군은 결국 평균적으로 공중전에서의 1대에 비해 지상방어를 통해 8대가 격추된 것입니다. 공산군은 그 관계가 반대로 1대 6입니다.

적군 전투기는 지금 그들의 진지로부터 더욱 멀리 자주 나갑니다. 그래서 그 중 2대가 12월 7일 진남포 서쪽에 있는 조도를 폭파시켰고, 8일에는 다른 5대가 고성과 간성 사이의 유엔군 진지를 공격했습니다. 같은 날 MIG기 16대는 투입되지는 않은 채 서울 상공을 비행했습니다.

보네

【335】 포로교환에 대한 논의와 유엔대표단의 제안들(1951.12.1)

[전   보] 포로교환에 대한 논의와 유엔대표단의 제안들
[문 서 번 호] 8321-8324
[발   신   일] 1951년 12월 12일 08시 50분(현지 시간), 14시 50분
                         (프랑스 시간)
[수   신   일] 1951년 12월 12일 16시 50분
[발신지 및 발신자] 워싱턴/보네(주미 프랑스대사)

보안

뉴욕 공문 제1674호(우편 전달)

　미 국무부의 격주 회의에서, 오늘 히커슨 씨는 지난 금요일 이후 판문점 협상의 가장 중요한 진전은 공산군 측이 지금부터 전쟁 포로에 관련된 의제 4항에 대한 분과위원회 논의 시작을 수락한 것이라고 밝혔습니다.

　의제3항은 난관이 있습니다.

　12일(한국 시간 12월 11일)에 열린 4항목 관련 분과위원회 회의에서, 공산군 측은 휴전협정 조인 이후 모든 전쟁포로들의 석방을 제안했습니다.

　그러자 유엔대표단은 이 문제의 해결에 영향을 줄 다음의 두 가지 원칙을 내놓았습니다.

1. '적합한 감독 하에 공평하고 정당한 기초에 의거해' 휴전협상 이후 포로들의 '규정된' 교환이 가능한 한 빨리 이루어지는 것이 바람직하다.
2. 교환 이전 및 교환 기간에 포로들에게 인도주의적 대우, 안전, 안녕을 보장하기 위한 적절한 조치들이 취해져야 할 것이다.

리지웨이 장군의 대리인은 다음과 같은 예비 조치들이 더 이상 늦지 않게 취해져야 한다고 주장했습니다.

1. 11월 27일 대표단 회의에서 유엔에 의해 요구된 정보의 교환(본인의 전보 제8114호). 신원 확인, 수용소 소재지 등
2. 이제부터 국제적십자 대표들의 포로수용소 방문 허가

중국-북한 측 대표는 그러한 예비 조치들의 수락은 전체 포로교환에 대해 공산 측 대표단 이 방금 제안한 것의 수용 여부에 달려 있다고 대답했습니다. 게다가 상대측 대표는 휴전협상 이후 포로들을 지켜줄 어떤 이유도 없다고 주장하면서 유엔대표가 제시한 첫 번째 원칙을 거절했습니다.

리지웨이 장군 측 대표는 12월 12일 분과위원회가 연기되자 공산군 측에 유엔군 측 제안의 ㅁㅁㅁ 검토를 제안했습니다.

보네

【336】 의제 3항을 위한 공산군 측 대표단의 4개 원칙 제시(1951.12.13)

[전 보]	의제 3항을 위한 공산군 측 대표단의 4개 원칙 제시
[문 서 번 호]	2949
[발 신 일]	1951년 12월 13일 18시 00분
[수 신 일]	1951년 12월 14일 14시 30분
[발신지 및 발신자]	모스크바/샤테뇨(주소련 프랑스대사)

한국의 협상에 대해, 신문은 오늘 아침 12월 11일자 신화통신에 실린 다음의 공식 발표를 게재했습니다.

"오늘 아침, 우리 대표단은 상대 측에 포로 문제 관련한 의제 4항 검토 담당 분과위원회를 창설하기로 합의해 주었다.

의제 4항 분과위원회의 우리 대표는 이상조 장군이다. 차이청원 대령은 참모부 장교로서 그를 보조한다. 의제 3항 담당 분과위원회의 우리 대표는 셰팡 장군으로 교체되었으며, 장춘산 대령이 참모부 장교로 보조한다.

오늘 의제 3항 분과위원회 회의 때, 상대방은 계속해서 쌍방이 한국에 군대를 보내지도, 군수품을 보내지도 않으며, 감시기구를 창설한 중립국들의 대표들을 초빙하기로 하자는 12월 3일자 우리의 보충 제안에 견해를 내놓기를 거부했다.

우리 대표는 다시금 의제 3번째 항목의 해결을 위해 기본적인 4개 원칙을 제시했다.

1. 내정에 어떤 간섭도 있어서는 안 된다. 양측의 어느 쪽도 상대의 내정에 간섭할 권리가 없으며 한국의 군사시설을 감시할 권리가 없다.
2. 분계선 발효 합의에 따라, 양측 군대는 정해진 날 후방 지역, 해안의 섬들, 상대방의 해역에서 철수해야 한다.

2. 휴전협상 기간 동안 한국에 군대도, 무기도, 군수품도 보내서는 안 된다.
4. 쌍방이 인정한 비무장지대의 후방에 위치한 출입국항의 필요불가결한 감시는 중립국 대표들로 구성된 감시기구에 의해 수행되어야 한다.

의제 4항 분과위원회 회의에서, 우리 대표는 휴전협정 조인 이후 양측의 모든 전쟁포로의 즉각적 본국송환을 원칙으로 제안했다. 하지만 상대방은 다시금 그러한 원칙에 대한 자신의 입장을 분명히 밝히기를 거부했다. 상대방은 일방적인 군사적 우세함을 쌍방 중 한 쪽에 주지 않기 위해 적합하고 정당한 기반 위에서 양측의 포로들이 풀려나고 교환되어야 한다고 주장하는 데 그쳤다.

우리 대표는 상대방이 휴전협정 이후 일부 포로들만 석방되고 나머지는 수용된 채로 있어야 한다고 말하려는 것이 아닌지 직접 상대방에 질문했다. 그는 상대방에게 다음 회의에서 이러한 질문에 직접적인 답변을 달라고 제안했다."

샤테뇨

【337】 판문점 회담에 대한 한국 내에서의 시위 및 국회의장의 서한(1951.12.14)

[전 보]	판문점 회담에 대한 한국 내에서의 시위 및 국회의장의 서한
[문 서 번 호]	2550-2554
[발 신 일]	1951년 12월 14일 18시 00분
[수 신 일]	1951년 12월 15일 16시 15분
[발신지 및 발신자]	도쿄/드장(주일 프랑스대사)

브리옹발 씨가 전달한 12월 7일자 전보 제59호, 12월 13일 도쿄 수신

정부가 지난 6월 이미 협상 개시 전날 호소했던 군중들의 시위와 많은 공식 선언이 조직적으로 이루어지면서, 판문점 회담이 불러온 반대 감정이 점차 명확해지고 있습니다.

정식으로 배운 극단주의자들과 학생들의 치밀한 그룹(모두 5백에서 6백 명)은 오늘 오후 슬로건을 벽에 붙이고 외치며 부산 거리로 나섰습니다.

  "통일 없는 휴전은 없다." "중국 공산군 부대 밑으로." "적대적인 관찰자들
  은 없다."

저의 최근 전보들은 이 단순한 공표를 대상으로 했습니다.

내일은 대학생들 차례로, 오늘 저녁 그들은 교수들로부터 적합한 지시를 받기 위해 각각의 학교로 호출될 것입니다.

그렇지만, 지도층의 가식적이지 않은 흥분과 자극은 유엔에 대한 원한과 분명히 뒤섞이면서 시간이 갈수록 증폭하는 것 같습니다.

이러한 기분은 특히 국회의장이 리지웨이 장군에게 전달하고 공보부처를 통

해 동시에 발표한 긴 서한의 어조 속에 명백히 드러납니다.

"현재 판문점에서 검토 중인 휴전안은 유일한 잘못이라고는 그들의 정부에 충성하는 것뿐인 한국의 수십만 시민이 비극적 희생을 두려워하게 합니다."

국회의장 신익희[1]는 "우선 유엔 계획의 적용(개성 남쪽과 이웃한 7개 지역에 휴전선의 설정)에서 867,000명이 공산군의 잔인함과 복수심에 내맡겨졌다"고 적시합니다.

좀 더 가서 신익희는 38선 북동쪽에 자리한 지역으로부터 피난 온 160,000명만이 식량 원조를 받았다고 말했습니다. 그러한 조건 속에서, 그는 "우리는 피난 명령을 받은 완충지대의 150,000명을 재우고, 먹이고, 입히기 위해, 그리고 그들의 버리고 온 재산들을 되돌려주기 위해 어떤 조치들이 취해졌는지 정확히 알고자한다"고 발표했습니다.

공산주의자들에게서 개성과 이웃 지역을 해방시키자는 정치 변화를 끊임없이 요구하면서, 신익희는 다음과 같이 글을 맺었습니다.

"유엔에 대해서는 그것이 어떤 의미를 지니건 간에, 이 전쟁은 국가와 수백만의 국민들 자체로서의 한국에 대해서는 삶 혹은 죽음을 의미합니다. 이미 남쪽에서만 백만 명 이상이 사망했습니다. 분명히 서구의 민주주의는 더 이상의 우리 국민이 희생될 거라고 생각지 않습니다. 마치 그들의 생명에는 관심이 없다는 듯이 말입니다. 개성, 판문점에서 말해지고 만들어진 모든 것에도 불구하고, 우리는 여전히 한국 국민이 이익과 손실이라는 이름으로 유엔의 회계장부에서 빠져나오지 않았다는 믿음과 희망에 매달려 있습니다."

드장

---

[1] 신익희(申翼熙, 1894-1956). 한국의 정치가이자 독립운동가로, 상하이 임시정부 수립 후 내무차장과 외무차장 역임. 휴전협정 당시 한국 국회의장.

[전 보]	포로교환에 있어서의 난관들
[문 서 번 호]	8384-8388
[발 신 일]	1951년 12월 15일 22시 00분(현지 시간), 03시 00분 (프랑스 시간)
[수 신 일]	1951년 12월 15일 04시 40분
[발신지 및 발신자]	워싱턴/보네(주미 프랑스대사)

뉴욕 공문 제1676호(우편 전달)

  12월 11, 12, 13일에 판문점에서 열린 휴전협상 분과위원회 회의를 오늘 보고하면서, 미 국무차관보 히커슨 씨는 리지웨이 장군의 요청에 따라, 미국 정부는 의제 4항에 대해 유엔이 제안한 두 가지 원칙(정보의 즉각적 교환과 적십자의 방문)에 대한 공산군 측의 거부를 한국파병국대표들에게 적극적으로 알릴 것이라고 했습니다.

  히커슨 차관보는 연합국 정부들 역시 이러한 분야에서 마찬가지의 선전을 할 수 있다면 미국 정부로서는 매우 만족할 것이라고 덧붙였습니다.

  이 점에 대해 중국-북한이 오래 전부터 국제적십자의 중재를 통해 실종된 군인 및 민간인 명단을 입수했다고 말씀드려야겠습니다. 반면 유엔은 몇몇 이름을 제외하고는 지금까지 어떤 정보도 얻지 못했습니다.

  12일 회의에서, 공산군 측 대표단은 다음 5개항을 제안했습니다.

  1. 양측의 모든 포로 석방
  2. 가장 짧은 시일 내에 부상자와 슬라브족 우선으로 그룹별로 본국 송환
  3. 포로교환 장소로 판문점 선택

4. 본국송환에 관련된 모든 문제들을 맡을 양측 동일한 수의 대표들로 구성
   된 위원회 지정
5. 양측이 위의 4개 항에 합의할 때, 각각의 포로 명단 교환

유엔대표단은 공산군 측이 본 전보 1단락에서 언급한 두 가지 원칙들을 수락하지 않는 한 이러한 제안에 대한 답변을 거부한다고 했습니다. 리지웨이 장군 측 대표는 다음의 두 가지 이유로 거부했습니다.

1. 인도주의적 동기
2. 요구된 정보들은 유엔대표단의 태도를 변경시킬 수 있음.

결과적으로, 만일 공산군 측이 아주 소수만 보호하고 있는 것으로 보인다면, 유엔대표단이 그 어느 때보다 대대적인 포로교환을 포기할 결심을 하게 만드는 것은 자명합니다.

의제 3번째 항목 관련하여, 12월 11, 12, 13일 회의 이후 난관이 있었습니다. 리지웨이 장군이 휴전위원회에 따른다는 전제 하에 중립국감시기구의 구성에 관해 중국-북한 측의 제안을 수락했음에도 불구하고 말입니다. 오늘 아침 받은 신문의 전보들에 따르면, 14일 공산군 측은 이 문제에 대해 좀 더 타협적인 제안들을 만들었지만, 오늘 오후 미 국무부는 아직 공식적인 추인을 하지 않고 있습니다.

미 국무부는 어제 워싱턴에 있는 스위스, 스웨덴, 노르웨이 대표들에게 혹시 그들의 정부가 휴전협상 감시를 위한 중립기구에 포함되기 위해 실제로 한국에 장교들을 보내는 것을 허가할 것인지 물었습니다.

보네

[전 보]	대만 외무부장관의 기자 회견 내용
[문 서 번 호]	865-866
[발 신 일]	1951년 12월 19일 17시 45분
[수 신 일]	1951년 12월 19일 23시 00분
[발신지 및 발신자]	타이베이/시귀레[1](주타이베이 프랑스영사)

중국 신문은 오늘 외무부장관이 한국 휴전협상체결 조건으로서의 포로교환에 대해 UP통신 기자에게 한 발표를 게재했습니다.

"자유를 쟁취했던 중국·북한 포로들을 되돌려 보내, 그들을 공산주의 독재자에게 돌아가게 하는 것은 기독교 정신과 민주주의에 반하는 일일 것입니다. 이러한 태도는 철의 장막 뒤에서 고통스러워하는 수백만 개인들에게 힘도 위로도 주지 못할 것입니다. 단지 정치적인 점만을 고려해 포로교환 문제를 해결할 수도 없고 해결해서도 안 됩니다.
만일 우리가 이러한 문제를 해결하고자 한다면, 우리는 유엔헌장과 인권선언문을 참조해야 합니다.
온 세상이 알고 있듯이, 한국에 있는 공산군 중국 포로들은 철의 장막 뒤로 되돌아가지 않고자 하는 의지를 강력하게 피력했습니다.
개별적으로 공산주의의 잔인함을 목격했던 사람들의 이야기는 분명 대륙의 무고한 자들의 고통을 생각하게 합니다."

그러한 얘기들을 취재한 신문 기사는 외무부장관이 현재 이탈리아에 있는 알페오 에말디[2] 신부에게 전보를 보냈다고 언급했습니다. 신부가 중립국위원회

---

1) 조셉 시귀레(Joseph Siguret). 주타이베이 프랑스영사(1951-1953).

에 개입하고, 이 위원회에서 반대 의지를 표명하는 어떤 포로도 공산군에 되돌아가게 하지 않도록 그가 감시할 수 있게 되기를 요청하기 위해서 말입니다.

"이 문제에 대해서는 중국 포로들이 국민군에 들어가고자 하는 바람을 표현하기 위해 장제스 총통에게 글을 쓴 것이 생각났습니다. 그러한 포로들의 송환은 그들에게 죽음이나 다름없습니다."

시귀레

---

2) Alfeo Emaldi.

【340】 북한의 공군 강화(1951.12.20)

[전 보]	북한의 공군 강화
[문 서 번 호]	2587
[발 신 일]	1951년 12월 20일 09시 30분
[수 신 일]	1951년 12월 21일 11시 00분
[발신지 및 발신자]	도쿄/드장(주일 프랑스대사)

브리옹발 씨가 전달한 12월 17일자 전보 제61호, 12월 20일 도쿄 수신

12월 16일자 신문 기사에 따르면, 대한민국공화국 공군 참모총장 김정렬 장군이 AP통신 기자에게 북한의 공군 강화에 관한 여러 상세한 설명을 해주었습니다.

그 정보에 따르면, 북한은 최근 MIG-15와 LA-7으로 구성된 2개의 공군 사단을 갖추고, 총사령부는 평양에 자리하게 될 이 공군을 계속해서 강화할 것이라고 합니다. 북한군은 현재 한국과 만주에 있는 대부분의 진지에 445대의 요격기와 소련에서 훈련을 받은 조종사들을 두고 있습니다. 조종사의 수는 현재 대략 2,000명 정도라고 합니다.

북한의 김일성 최고사령관은 "공군의 발전이 남한을 이기기 위해 우선시되어야 하며", 더 많은 조종사들이 현재 옌지, 만주에서 훈련받고 있을 동안, 신의주, 신안주, 만포, 원산의 비행장 재건축도 적극적으로 밀어붙여야 한다고 주장했습니다.

드장

【341】『뮌히너일루스트리에르테』에 실린 독일인의 한국 참전 비판 기사(1951.12.21)

[전   보] 『뮌히너일루스트리에르테』에 실린 독일인의 한국
                  참전 비판 기사
[문 서 번 호] 491
[발   신   일] 1951년 12월 21일 09시 00분
[수   신   일] 1951년 12월 21일 11시 00분
[발신지 및 발신자] 뮌헨/로세(주독일 프랑스외교관)

고데스베르크 고등판무관 공문 제576호

　프랑스 외인부대에 대해 매우 비판적인 기사를 이미 몇 차례 낸 적이 있는
『뮌히너 일루스트리에르테』[1]는 12월 15일자 발행 호에서 인도차이나에서는 더
이상 전투를 하지 않지만 한국에서 전투를 벌이고 있는 '독일 외인부대 병사들'
에 대해 새로운 기사를 실었습니다. 6년의 복무 후 최근 제대한 독일 청년의
설명들에 기초하여, 이 잡지는 두 배의 병사들로 구성된 수많은 독일인들은 프
랑스 가명으로 '자발적으로' 전투에 나갈 것을 받아들였다고 주장했습니다.

로슈

---

[1] 『뮌히너 일루스트리에르테Munchner Illustrierte』. 1950년 이후 출판된 독일 주간지.

【342】 공산군 측이 제출한 전쟁포로 명단의 오류 지적(1951.12.22)

[전   보] 공산군 측이 제출한 전쟁포로 명단의 오류 지적
[문 서 번 호] 2593
[발   신   일] 1951년 12월 22일 02시 30분
[수   신   일] 1951년 12월 22일 13시 00분
[발신지 및 발신자] 도쿄/드장(주일 프랑스대사)

보안

사이공 공문 제1662호

1. 리지웨이 장군은 어제 12월 21일 김일성 장군과 펑더화이 장군에게 국제적십자위원회의 대표들이 포로수용소를 방문할 수 있도록 간곡하게 요청하는 라디오방송 메시지를 보냈습니다.

사령관은 국제적십자위원회에 의해서건, 휴전협상 유엔대표단에 의해서건 실행된 수많은 행보들이 지금까지 거절당했음을 상기시켰습니다. 순전히 인도주의적인 문제로서, 그러한 일들이 전쟁 중인 모든 국가들에 의해 지금까지 논쟁 없이 받아들여졌음에도 거절당한 이유를 설명하기 어려웠습니다.

2. 유엔 측 대표단은 지난 12월 18일 중국·북한이 제공한 포로 명단에 심각한 누락을 확인하고 강력한 논조의 의견서를 어제 공산 측에 넘겼습니다.

이 명단은 공산군 측 스스로가 이전에 제공한 정보들과는 일치하지 않습니다. 1950년 8월 18일, 그들은 국제적십자위원회에 포로 50명의 명단을 건네주었습니다. 그 이름들 중 31명이 12월 18일에 건넨 자료에 나오지 않습니다. 9월 14일 다른 60명의 이름이 제네바에 의해 알려졌습니다. 그들 중 35명이 12월

18일의 명단에 없습니다.

　게다가 또 다른 정보에 따르면 공식적인 혹은 알려진 공산군 측 라디오에서 전쟁 포로로 언급된 유엔군 1,000명 이상을 누락시키고 있습니다.

　다른 한편으로는, 전투 중 실종자로 공식적으로 조사된 남한 병사들 10,000명 정도가 있음에도 단지 7,142명만이 전쟁 포로로 나타나 있습니다. 이는 한국 전선의 상황에서 절대적으로 앞뒤가 맞지 않는 비율을 보이는 것입니다.

　(이하 판독 불가)

【343】 휴전협상의 교착상태와 전쟁포로 문제(1951.12.25)

[전 보]	휴전협상의 교착상태와 전쟁포로 문제
[문 서 번 호]	2610
[발 신 일]	1951년 12월 25일 08시 00분
[수 신 일]	1951년 12월 26일 13시 30분
[발신지 및 발신자]	도쿄/드장(주일 프랑스대사)

사이공 공문 제1662호

1. 휴전협상의 감시와 조정에 관한 의제3항 관련 교착 상태는 여전히 극복되지 못했습니다.

12월 24일 공산 측은 계속해서 북한에서 자신들의 공군력을 증대시키는 데 있어서 모든 장애물을 제거할 것을 요구했으며, 중립기구의 후방에 대한 항공 감시를 반대했습니다. 12월 14일 6개 항의 새로운 제안(제2557호)은 전적으로 받아들일 수 없다고 되풀이해서 말했습니다.

2. 김일성 장군과 펑더화이 장군은 12월 24일 리지웨이 장군에게 보낸 서한에서 12월 21일 유엔군 총사령관이 환자 혹은 부상자의 즉각 석방을 위해 한 제안을 거부했습니다.

그들에 따르면, 포로와 그 가족들의 불안을 누그러뜨릴 최상의 방법은 휴전협정에 있어 전쟁 중단과 아무런 관계가 없는 비합리적인 요구로 인해 결정을 미루는 대신 조인하는 것입니다.

현재 논의된 여러 중요한 문제들이 해결점에 다다르고 있습니다.

공산군 측 장군들은 휴전협정 체결 이전에 국제적십자 대표들의 포로수용소 방문을 배제시킵니다. 그들은 전쟁포로들을 인도주의적 차원에서 대우하고 있으므로 그러한 방문이 무익하다고 내세웁니다.

그들은 휴전협정 개시 이후, 국제적십자와 중화인민공화국의 적십자 대표들로 구성된 합동기구가 양측의 포로수용소는 방문하고, 그러한 기구들은 양측의 포로들을 맞이하고 이송하게끔 그 자리에서 협력할 준비를 하자고 제안합니다. 만일 유엔사령부가 이러한 제안을 수락한다면, 대답을 국제적십자위원회에 주겠다고 합니다.

공산군 측은 게다가 전쟁포로들이 이제부터 그 가족들과 편지를 교환할 수 있도록 하자고 제안했습니다. 이 제안은 유엔 측에 의해 곧바로 받아들여졌습니다.

유엔 측 대표들은 계속해서 성과 없이 공산군 측 스스로가 포로로 특기했지만 명단에는 나타나지 않는 50,000명에 대한 인적 정보를 요구했습니다. 유일한 설명으로, 공산군 측은 그러한 포로들이 전선에서 풀려났으며, 집으로 귀가 조치시켰다고 주장했습니다.

국방부에 전달 요망.

드장

【344】 휴전협상 상황 보고(1951.12.26)

[전 보]	휴전협상 상황 보고
[문 서 번 호]	8503-8506
[발 신 일]	1951년 12월 26일 20시 12분(현지 시간), 27일 01시 15분(프랑스 시간)
[수 신 일]	1951년 12월 27일 01시 15분
[발신지 및 발신자]	워싱턴/보네(주미 프랑스대사)

보안

뉴욕 공문 제1678호(우편 전달)

　미 국무차관보 히커슨 씨는 오늘 오후 한국파병국 대표에게 12월 19일부터 24일까지의 판문점 협상 과정에 대해 전했습니다.

　국무차관보의 발표를 보면, 의제 3항 관련하여, 양측이 이제는 합의한 분계선 각 방면 섬들에서의 철수 문제를 제외하고는 의미 있는 진전이 이루어지지 않았다는 결론이 나옵니다.

　그러나 유엔 측 대표단은 중국-북한 측이 결국에는 부대 교대와 관련해서는 유엔군 측의 제안을 받아들이겠지만, 공산군 측은 계속적으로 중립국 감시기구를 통한 항공 감시와 비행장 재건을 제한하는 데에는 끝까지 반대할 것이라고 느꼈습니다. 그들은 또한 휴전협상 기간 동안 감시되어야 할 출입국항에 비행장을 포함시키려 한다는 것에 대해서도 항상 반대합니다.

　전쟁포로 관련 의제 4항에 대해서, 신문은 오늘 히커슨 씨가 제공한 기본적인 정보들을 벌써 실었습니다.

　유엔군 측의 민간인 포로 문제를 물어보았던 우리 대표에게 히커슨 차관보는 전략적 이유로 판문점 협상대표들이 아직 이 문제 관련한 명단을 중국-북한 측에 내놓지 않았다고 답변했습니다. 사실 리지웨이 장군이 이끄는 대표들은 우선적으로 전쟁포로에 관한 정보를 최대한 얻기를 바랍니다. 그럼에도 히커슨 씨는 특별히 간곡하게 통합사령부가 적당한 시기에 민간인 포로들 관련하여 '최대한 결정적 노력'을 다해 줄 것을 강조했습니다.

히커슨 차관보는 오늘 오후 회의 말미에서 휴전협정 합의가 12월 27일에 이루어질 수 있다는 것은 어림없는 일이라고 주장했으며, 참석자들에게 리지웨이 장군이 이제부터 분계선이 재검토될 수 있는 15일간 제안을 하건 승낙을 하건 결정할 것이라고 알렸습니다. 이 같은 최근 정보는 비밀 보장이라는 조건 하에 전해진 것이지만, 한국과 워싱턴 사이의 시차로 인해 이 전보가 우리 외무부에 도착할 때에는 이미 유엔대표단이 이 문제에 대한 그의 입장을 알렸을 것입니다.

보네

【345】 전쟁포로 관련한 신화통신의 공식 발표 내용(1951.12.27)

[전   보] 전쟁포로 관련한 신화통신의 공식 발표 내용
[문 서 번 호] 3072
[발   신   일] 1951년 12월 27일 09시 30분
[수   신   일] 1951년 12월 27일 12시 00분
[발신지 및 발신자] 모스크바/샤테뇨(주소련 프랑스대사)

『모스크바베체르』는 판문점 협상에 대한 다음의 신화통신 공보 내용을 게재했습니다.

"전선 후방 감시 문제에 대한 상대방의 모든 핑계와 의혹들을 없애기 위해, 의제3항 담당 분과위원회에서 12월 23일 상대방이 내놓은 제안을 검토한 우리 대표단은 12월 24일 다시 한 번 12월 14일 합의에 이르지 못했던 6개 항목에서 우리 제안의 4, 5, 6 항목을 새롭게 작성하여 내놓았다.

우리 대표는 내정 간섭은 허용할 수 없다는 우리의 입장을 확인시켰으며, 상대방에게 수정한 우리 제안을 진지하게 검토하고 받아들일 것을 제안했다.

의제4항 분과위원회 회의에서, 우리 대표는 다시 국제적십자위원회의 중재를 통해 입수한 명단 속에 포함된 포로 44,259명의 상태에 대한 새로운 설명을 요구했다. 우리 대표는 또한 상대방에 따르면 우리가 공개한 것보다 더 많을 것이라고 하는 전쟁포로 정보에 대한 상대방의 확인을 거부했다.

우리 대표가 주장했듯이, 전투 도중 우리 측이 포로에 대한 지속적인 관용 정책의 결과로서 많은 수의 포로들을 석방시켰으며, 아직 우리 수중에 있는 모든 포로들을 이제는 석방시킬 준비가 되어 있음을 모두가 알고 있다. 하지만 우리 측의 공식 발표 이후, 상대방은 자신들 쪽에 수감된 전쟁 포로 176,333명을 열거하면서 44,259명을 뺐을 뿐만 아니라 16,243명을 계속 수감시키겠다고 공식 선언했다. 상대방은 전쟁 포로들을 계속 억류하고자 하면서,

여론 앞에서 책임을 지지 않을 수는 없다. 전쟁 포로에 대한 우리 측의 정책은 인류애 원칙에 전적으로 부합한다. 12월 24일 의제 4항 분과위원회에서 우리 대표는 상대방 측에 우리 측 포로로 잡혀 있는 미군 제24사단 사령관 딘 장군이 그의 가족에게 보내는 편지를 전달했다. 우리 대표는 장차 우리 측이 그와 같이 포로들이 보내는 편지들을 그 가족들에게 다다르게 할 것이라고 말했고 상대방 역시 데리고 있는 포로들에게 그와 같이 할 것을 제안했다."

공보는 이후 12월 14일 공산 측이 제안하고, 24일 대화를 시작한 제4, 5, 6 항의 내용을 실었습니다.

샤테뇨

【346】 유엔대표단 측의 새로운 수정 제안(1951.12.30)

[전 　 　 　 보]	유엔대표단 측의 새로운 수정 제안
[문 　 서 　 번 　 호]	2663
[발 　 　 신 　 　 일]	1951년 12월 30일 01시 00분
[수 　 　 신 　 　 일]	1951년 12월 30일 21시 30분
[발신지 및 발신자]	도쿄/드장(주일 프랑스대사)

1. 난관에서 벗어나기 위해 제공한 새로운 제안에서, 유엔대표단은 어제 12월 29일 수정 제안의 범위 안에서 새로운 타협안을 내놓았습니다. 유엔대표단은 공산군 측이 제안 전체를 기본적으로 수정 없이 받아들이도록 교대를 제한하고 항공감시를 포기할 준비가 되어 있다고 발표했습니다. 중국-북한 대표단은 12월 30일 11시 회의까지 그 안을 검토해야 했습니다.

2. 12월 18일 이전에 공산군 측이 통보한 포로 숫자와 현재 명단 간 숫자상의 엄청난 차이에 대한 설명을 요구하는 유엔대표단의 요구 앞에서, 공산 측 대표단은 사망했거나 도망한 포로들에 대한 정확한 명단을 제공할 것을 약속했습니다.

3. 제4, 5, 7번 원칙에 대해 12월 23일의 제안을 수정하면서 12월 29일에 내놓은 유엔대표단의 제안서는 다음과 같습니다.

인용

4. 정치적 단계에서 합의를 통해 평화로운 해결을 용이하게 하는 방식으로 군사정전협정의 굳건함을 공고히 할 목적으로, 양측은 개별 군인의 보강, 전투

기, 기갑전투무기, 군수품을 한국에 들여오지 않기로 한다. 양측이 합의한 범위 안에서의 군사의 교대는 군사정전위원회에 통보할 것이다. 그러한 방식으로 비전투국의 감시기구도 쌍방이 합의한 후방의 출입국항에서 감시와 감독을 이행할 수 있다. 민간항공업무를 위한 제한된 수의 비행장 원상회복은 허용될 것이다. 그러한 원상회복은 비행장 규모를 크게 하는 것을 포함하지 않는다. 어떤 다른 비행장도 원상회복되어서는 안 된다.

5. 양측 대표단은 휴전협정 이행을 감시하고 협상을 통해 모든 ㅁㅁㅁ 유린을 피할 군사정전위원회를 구성하기 위해 동일한 수의 위원을 임명할 것이다. 이 기구는 현 제안의 제4항과 5항의 B조항 단락에 명기한 감시와 감독의 기능을 수행할 책임이 있다. 군사정전위원회에서 비전투국의 감시기구를 대표하는 쌍방 혹은 서로 서로에게서 나온 그러한 기능의 수행 요구는 쌍방이 합의한 후방의 출입국항에 감시기구를 즉시 보내고, 그곳에서 비무장지대 밖에서의 휴전협상의 유린을 감시하고 군사정전위원회에 감시와 감독에 대한 결과보고서를 보낼 것이다. 위에 정해진 기능을 수행함에 있어서, 쌍방은 비전투국의 감시기구에 서로 합의한 주요 교통수단과 연락망에 대해 모든 편의를 부여할 것이다.

국방부에 전달 요망.

드장

ㄱ

가브리엘 파도바니(Gabriel Padovani) 253
가제트리테레르Gazette littéraire 120, 121,
223
감독관 33, 179, 492, 677, 689, 709, 718
개성 201, 203, 207, 228, 230, 231, 232,
236, 239, 242, 248, 249, 251, 252,
255, 265, 269, 271, 272, 273, 274,
280, 281, 285, 287, 289, 292, 294,
295, 296, 300, 302, 306, 307, 309,
310, 313, 318, 322, 325, 328, 329,
331, 335, 339, 341, 342, 343, 345,
347, 348, 350, 353, 354, 355, 356,
358, 361, 364, 366, 367, 369, 370,
372, 374, 378, 381, 385, 388, 389,
390, 392, 395, 396, 397, 398, 399,
401, 404, 405, 406, 407, 408, 411,
412, 413, 416, 417, 418, 419, 420,

421, 425, 426, 435, 436, 439, 440, 441,
445, 447, 448, 449, 452, 461, 464, 465,
466, 467, 471, 472, 477, 478, 479, 480,
481, 482, 483, 484, 485, 488, 491, 492,
496, 497, 502, 503, 504, 508, 510, 511,
513, 521, 522, 523, 528, 529, 533, 535,
536, 539, 544, 545, 546, 547, 548, 552,
555, 557, 559, 561, 563, 569, 573, 574,
581, 586, 588, 590, 592, 596, 606, 608,
609, 623, 624, 625, 626, 629, 631, 635,
643, 650, 651, 663, 735, 744
개성 중립지대 355, 464, 471, 569
개성회담 241, 242, 248, 249, 252, 294,
296, 302, 304, 306, 307, 308, 313,
315, 325, 329, 331, 335, 339, 341,
343, 345, 352, 354, 358, 360, 361,
362, 363, 364, 366, 367, 369, 371,
372, 375, 379, 383, 392, 395, 397,

401, 403, 404, 411, 412, 413, 421, 424, 441, 445, 478, 496, 497, 548, 624

격추된 316, 453, 494, 738

경화기 557

고데스베르크(Bad Godesberg) 750

고성 415, 514, 662, 738

공격군 36

공군 37, 38, 51, 61, 62, 63, 82, 97, 102, 103, 116, 119, 123, 125, 128, 136, 154, 172, 173, 175, 176, 195, 210, 234, 235, 236, 239, 257, 266, 274, 278, 310, 316, 323, 332, 333, 346, 353, 357, 359, 366, 375, 376, 378, 381, 383, 390, 399, 401, 407, 416, 417, 429, 430, 431, 433, 445, 446, 450, 453, 454, 455, 461, 462, 464, 479, 483, 490, 495, 497, 505, 506, 507, 516, 519, 532, 533, 537, 538, 551, 552, 555, 559, 571, 583, 588, 591, 602, 604, 608, 609, 616, 618, 622, 623, 633, 634, 635, 645, 656, 664, 671, 675, 684, 704, 719, 720, 730, 731, 733, 737, 738, 749

공뢰 453

공문 34, 39, 40, 41, 43, 44, 45, 48, 49, 52, 54, 56, 58, 61, 65, 66, 69, 72, 73, 74, 81, 84, 88, 89, 98, 102, 104, 110, 112, 114, 118, 122, 135, 143, 146, 151, 154, 160, 163, 165, 167, 169, 172, 174, 175, 177, 179, 181, 185, 186, 193, 198, 203, 205, 207, 230, 233, 234, 236, 239, 243, 245, 255,

256, 269, 271, 278, 285, 292, 294, 297, 299, 302, 306, 310, 312, 313, 315, 316, 320, 322, 325, 327, 331, 335, 341, 343, 352, 353, 355, 360, 362, 364, 367, 368, 371, 372, 375, 378, 379, 385, 386, 387, 388, 392, 395, 401, 403, 404, 405, 407, 410, 411, 415, 419, 420, 423, 424, 426, 427, 428, 433, 435, 445, 450, 465, 467, 471, 473, 477, 478, 483, 485, 488, 490, 494, 498, 510, 514, 516, 518, 535, 540, 544, 556, 559, 565, 569, 571, 575, 578, 581, 583, 586, 587, 588, 590, 593, 595, 608, 615, 617, 632, 635, 636, 637, 645, 648, 650, 660, 661, 662, 664, 666, 681, 688, 690, 692, 694, 697, 703, 706, 708, 716, 719, 724, 728, 730, 732, 734, 737, 739, 745, 750, 751, 753, 755

공보과 342

공사참사관 294, 396, 595

공세 64, 155, 173, 338, 350, 354, 455, 516, 606, 633

공습 131, 238, 316, 330, 378, 390, 392, 393, 399, 401, 402, 453, 490, 532, 533, 553, 559

관할 당국 104, 105

광둥 278

광저우 278

교두보 37

교란 118

교란작전 118

교전 32, 40, 46, 61, 62, 93, 95, 97, 102,
　　123, 152, 154, 173, 241, 363, 450,
　　468, 483, 486, 538, 571
구역 37, 79, 103, 287, 329, 428, 433,
　　447, 505, 544, 557, 592, 608, 622,
　　623, 624, 715
구축함 79, 515, 561
국무부 33, 42, 47, 54, 56, 57, 58, 59, 60,
　　66, 82, 85, 88, 92, 108, 110, 111, 112,
　　113, 114, 116, 117, 122, 123, 124,
　　135, 136, 154, 155, 160, 161, 169,
　　171, 193, 238, 239, 243, 244, 245,
　　246, 248, 290, 294, 297, 300, 301,
　　304, 305, 313, 322, 324, 331, 361,
　　362, 375, 382, 392, 395, 412, 413,
　　424, 430, 431, 436, 490, 503, 508,
　　528, 537, 556, 562, 569, 581, 588,
　　640, 650, 653, 664, 681, 682, 732,
　　733, 737, 739, 746
국무장관(미) 41, 42, 50, 51, 133, 136,
　　154, 171, 177, 272, 297, 298, 315,
　　411, 438, 507, 526, 532, 533, 534,
　　551, 552, 553
국무차관 156, 157, 171
국무차관보 45, 66, 67, 84, 85, 103, 122,
　　136, 151, 153, 193, 195, 239, 271,
　　294, 296, 314, 360, 361, 363, 375,
　　376, 392, 393, 421, 430, 431, 432,
　　498, 516, 636, 640, 732, 745, 755
국방부 37, 41, 65, 72, 79, 80, 102, 172,
　　175, 192, 198, 202, 204, 229, 231,
　　235, 252, 256, 270, 272, 282, 292,

296, 310, 312, 321, 325, 337, 338,
　　340, 341, 343, 344, 348, 357, 362,
　　365, 368, 371, 378, 387, 391, 402,
　　404, 413, 415, 427, 428, 434, 435,
　　447, 450, 456, 466, 468, 472, 479,
　　483, 487, 490, 494, 508, 515, 516,
　　521, 523, 536, 545, 550, 551, 571,
　　574, 583, 586, 587, 591, 610, 616,
　　617, 618, 625, 631, 633, 634, 635,
　　638, 639, 649, 657, 661, 665, 668,
　　675, 680, 689, 691, 702, 705, 706,
　　718, 720, 733, 736, 754, 760
국방장관 275, 276, 296, 343
국제군 63
국제여성민주연맹(WIDF) 579
국제적십자위원회 542, 543, 576, 577,
　　694, 695, 751, 754, 757
국지전 505, 571
군 사령부 348, 352, 353, 355, 398, 426,
　　505, 560, 573, 574, 590
군단 37, 102, 172, 234, 235, 252, 276,
　　310, 311, 402, 428, 450, 455, 483,
　　516, 571, 583
군부 412
군사 작전 496, 670
군사 정전 364
군사분계선 266, 267, 292, 295, 313, 318,
　　320, 321, 322, 323, 325, 328, 339,
　　341, 343, 345, 346, 364, 406, 504,
　　598, 609, 632, 635, 637, 643, 646,
　　647, 654, 684, 714
군사행동 68, 295

글래드윈 젭(Gladwin Jebb) 98, 112, 114, 156, 160, 161, 169, 187, 243, 246, 247, 300, 301, 304, 305

글러스터 미티어(Gloster Meteor) 667

금성 102, 571, 587, 615, 625, 631, 635

급송 50

기갑부대 639

기갑사단 433

기동부대 102, 103, 483, 665

기병사단 514, 639

기본 합의 548, 586, 593

기욤 579

김무정(金武亭) 518, 519

김엄기 283

김일성 120, 201, 203, 208, 228, 230, 233, 265, 273, 280, 285, 339, 356, 386, 405, 417, 423, 426, 451, 455, 467, 471, 480, 481, 485, 510, 511, 518, 519, 523, 535, 545, 546, 548, 559, 561, 584, 585, 590, 749, 751, 753

김정렬(金貞烈) 591, 749

김창만(金昌滿) 519

김화 72, 79, 90, 103, 172, 175, 198, 199, 324, 345, 357, 362, 433, 450, 514, 609, 615, 625, 629

▶ ㄴ

나이세 강 257

남강 198

남일(南日) 236, 252, 387, 413, 435, 447, 448, 449, 465, 467, 471, 597, 657, 666, 671

남포 497

남한군 37, 73, 88, 91, 103, 115, 195, 224, 270, 311, 415, 418, 514, 517, 582, 665, 707

노동신문 217, 309, 330, 350

노획하다 79

뉴욕타임스The New York Times 141, 257, 448

니묄러(Niemöller) 221

▶ ㄷ

다나카 플랜(Tanaka plan) 221

다롄 553

다마스쿠스 43

단독강화조약 448

단장의 능선 483, 514

대공방어 738

대구 606

대대 37, 38, 40, 146, 148, 173, 175, 362, 402, 428, 455, 514, 519, 571, 583, 587

대동 520

대령 228, 229, 235, 236, 388, 389, 390, 397, 398, 399, 401, 402, 403, 426, 471, 478, 479, 480, 481, 482, 483, 484, 485, 492, 734, 741

대리 서명자 396, 595

대만 33, 41, 42, 51, 67, 82, 85, 105, 115, 122, 124, 140, 143, 157, 179, 222, 232, 261, 285, 289, 290, 308, 309, 335, 477, 552, 628, 747

대부대 455

대사관 참사관 171, 239, 424, 436, 449,
　　453, 457, 463, 469, 480, 492, 496,
　　500, 501, 546, 548, 555, 561, 562,
　　636

대사관 행정실 232, 306, 307, 392, 394,
　　490, 491, 565, 566

대전 102

대포 38, 63, 64, 221, 433, 505, 633

대표단장 102, 255, 271, 281, 314, 328,
　　347, 364, 366, 367, 372, 373, 375,
　　379, 385, 389, 417, 469, 481, 564,
　　597, 648, 671, 723

대표부 299, 300, 301, 304, 305, 426, 440,
　　442, 443, 446, 473, 474, 475, 476,
　　504, 595

대한민국 89, 195, 196, 417, 526, 591,
　　599, 600, 603, 605, 607, 610

덩화(Dèng Huá, 鄧華, 등화) 236, 252,
　　265, 266, 609

데이비드 딘 러스크(David Dean Rusk)
　　498, 640

데이비드 브루스(David K. E. Bruce) 182

데일리워커Daily Worker 69, 359, 449

데일리익스프레스Daily Express 138

도널드 킹슬리(J. Donald Kingsley) 381

돌출부 625, 631

동료 111, 116, 117, 135, 182, 360, 461,
　　581

동북아국장 581

동북아국장 권한대행 732

두너우이바로시(Dunaújváros) 580

드라길레프 131

딘 애치슨(Dean Acheson) 44, 50, 51, 54,
　　62, 315

딜크 스티커(Dirk Uipko Stikker) 474

◤ ㄹ

라 주네스트((Jean Lafon de La geneste)
　　283

라마사미 무달리아르 경(Sir Arcot Ramasamy
　　Mudaliar) 474

라울 뒤발(Raoul-Duval) 358, 359

라코쉬 579

레바 351

레올린 월그레스(Leolyn Dana Wilgress)
　　475

레이먼드 스프루언스(Raymond A Spruance)
　　54

로버트 러베트(Robert Lovett) 732

로베르 슈만(Robert Schuman) 77, 396,
　　551, 575, 578, 595

로켓포 468

루스 263, 264

루이 드 모니코(Louis de Monicault) 146

루이스 파디야 네르보(Luis Padilla Nervo)
　　96, 165, 166, 474

리비 제독(R E. Libby) 734

리빙스턴 머천트(Livingston Merchant)
　　135

◤ ㅁ

마르코프 290

마오쩌둥 54, 61, 62, 64, 138, 153, 166, 223, 224, 386, 442, 455, 457, 458, 505, 519, 611, 612

마차시 라코시(Matyas Rakosi) 77

만주 62, 63, 81, 175, 196, 252, 276, 433, 455, 490, 491, 507, 518, 521, 532, 533, 553, 604, 613, 749

만주 성역 378

매우 긴급 58, 348

매튜 리지웨이(Matthew Bunker Ridgway) 201, 204, 208

맥아더 장군 41, 51, 54, 81, 82, 84, 118, 134, 595

맥클로이(Mac Cloy) 257

먼로 독트린 70

멜리보이아 567

명령 33, 56, 60, 76, 86, 111, 114, 161, 190, 219, 262, 266, 272, 355, 381, 388, 478, 482, 532, 559, 560, 588, 716, 744

모르겐블라데Morgenbladet 146

무력행위 190, 573

무선통신국 465

문산 251, 280, 492, 522, 523, 535, 536, 544, 545, 546, 547, 557, 574, 586, 588, 590, 608, 623, 624, 625

뮌히너 일루스트리에르테Munchner Illustrierte 750

미 공군 97, 229, 234, 235, 316, 353, 450, 454, 555, 645

미 국가안보회의 496

미 국무부 33, 56, 57, 58, 59, 60, 66, 88, 92, 110, 111, 112, 113, 114, 116, 117, 122, 123, 135, 136, 154, 155, 160, 161, 169, 171, 238, 239, 243, 244, 245, 246, 248, 290, 313, 392, 424, 430, 436, 490, 503, 537, 556, 562, 569, 581, 588, 653, 664, 681, 682, 732, 733, 737, 739, 746

미 국방부 80, 102, 175, 272, 296, 343, 362, 413, 415, 428, 450, 483, 494, 508, 571, 587, 617, 618, 665, 706, 733

미 국방장관 737

미 극동공군(FEAF) 234, 401

미 제5공군 390, 399, 591

미 제8군 361, 636, 642

미국 의회 위원회 526

미국의 소리 652

미티어 486, 676

민중 366

ㅂ

바오 다이(Bảo Đại) 628

박격포 62, 339, 587

박일우(朴一禹) 276, 519

박헌영 276, 469, 518, 541, 576, 630

반격 61, 62, 97, 108, 109, 172, 352, 446, 450, 483, 491, 553, 565

반도 316, 432, 566, 626

발레리 조린(Valerian Alexandrovitch Zorine) 501

발표 44, 52, 77, 86, 88, 90, 98, 106, 109, 127, 133, 137, 138, 148, 165, 251,

257, 265, 269, 276, 285, 297, 315, 331, 356, 364, 388, 391, 396, 401, 402, 405, 411, 412, 426, 447, 466, 490, 494, 496, 559, 564, 569, 571, 587, 593, 599, 601, 607, 611, 612, 630, 632, 636, 642, 646, 648, 649, 650, 655, 658, 666, 686, 688, 689, 692, 696, 710, 727, 735, 741, 744, 747, 755, 757, 759

방어선 109, 194, 340, 341, 343, 346, 348, 353, 367, 372, 413

방어제공 676

배천 345

배치 63, 111, 118, 146, 157, 179, 223, 296, 308, 430, 497, 505, 534, 574, 608, 649, 676, 707, 731

배포 133, 270, 300, 316, 342, 579

배후 409, 606

밴 플리트(James Award Van Fleet) 44, 90, 91

베네갈 라우(Sir Benegal Narsing Rau) 32, 33, 99, 246

베오그라드 125, 137

베이징라디오 44, 143, 196, 201, 207, 228, 239, 268, 310, 312, 365, 378, 395, 403, 412, 419, 457, 465, 466, 467, 635, 735

변영태(卞榮泰) 88, 605

병력 44, 58, 62, 63, 76, 89, 103, 110, 111, 146, 221, 224, 226, 254, 296, 308, 309, 311, 332, 333, 347, 353, 371, 373, 385, 429, 433, 450, 455,

483, 497, 505, 508, 514, 516, 533, 538, 551, 553, 557, 571, 574, 583, 587, 589, 628, 648, 660, 673, 679, 703, 722

병영 131

병참선 357, 479, 707, 717

보고 33, 38, 41, 42, 50, 86, 93, 100, 105, 112, 115, 155, 161, 163, 179, 187, 209, 217, 220, 246, 253, 265, 268, 271, 275, 294, 309, 315, 321, 322, 331, 376, 386, 390, 393, 399, 401, 402, 407, 408, 433, 436, 448, 464, 473, 474, 501, 515, 526, 556, 559, 563, 571, 643, 664, 745, 755

보르바Borba 125, 126, 137

보병 82, 221, 333, 339, 381, 430

보병사단 496, 514

보병연대 514, 561

보안 31, 32, 35, 37, 45, 48, 50, 56, 58, 61, 66, 72, 74, 79, 84, 95, 98, 100, 102, 108, 112, 114, 122, 129, 131, 135, 151, 156, 160, 165, 167, 169, 171, 172, 182, 193, 198, 220, 239, 241, 243, 245, 259, 271, 287, 294, 302, 304, 310, 315, 322, 325, 331, 334, 337, 348, 351, 352, 360, 362, 372, 375, 385, 387, 392, 395, 409, 411, 420, 430, 436, 445, 461, 483, 490, 498, 501, 507, 513, 518, 537, 550, 556, 562, 565, 581, 587, 597, 613, 617, 622, 639, 675, 681, 706, 732, 737, 739, 751, 755

본인의 이전 전보에 이어 32, 206, 507, 727

볼티모어선The Baltimore Sun 652

부대 59, 60, 61, 79, 82, 89, 102, 103, 109, 115, 116, 118, 119, 120, 132, 148, 173, 175, 188, 220, 222, 230, 239, 310, 311, 347, 353, 358, 359, 381, 383, 407, 415, 421, 428, 429, 450, 455, 483, 494, 514, 516, 520, 534, 535, 537, 551, 552, 559, 571, 622, 624, 628, 630, 639, 648, 649, 656, 665, 669, 670, 682, 688, 701, 704, 707, 743, 750, 755

부산 39, 48, 88, 106, 196, 205, 206, 250, 270, 526, 606, 610, 689, 697, 712, 743

북한 32, 36, 40, 48, 52, 61, 63, 70, 71, 75, 77, 78, 86, 90, 93, 104, 105, 108, 125, 128, 136, 139, 144, 145, 153, 157, 167, 175, 181, 193, 194, 195, 196, 199, 206, 209, 210, 212, 217, 255, 260, 263, 272, 275, 276, 278, 283, 290, 292, 294, 303, 313, 314, 329, 330, 332, 335, 350, 353, 358, 360, 361, 378, 381, 409, 411, 412, 416, 417, 418, 419, 420, 422, 424, 431, 433, 436, 448, 449, 450, 451, 458, 461, 462, 464, 465, 469, 477, 483, 496, 498, 499, 505, 517, 518, 519, 520, 521, 525, 541, 542, 551, 575, 576, 578, 579, 580, 596, 597, 598, 601, 602, 604, 608, 609, 615, 617, 618, 627, 629, 636, 640, 646, 647, 651, 655, 657, 666, 670, 671, 673, 680, 681, 682, 683, 688, 690, 698, 701, 705, 707, 708, 709, 717, 718, 733, 735, 737, 740, 745, 746, 747, 749, 751, 753, 755, 756, 759

북한군 38, 190, 195, 196, 223, 224, 236, 252, 276, 311, 383, 413, 428, 429, 450, 488, 496, 505, 519, 520, 526, 551, 557, 571, 579, 583, 611, 618, 749

북한중앙통신 500

분견대 347, 435, 455, 497, 500, 514

분계선 266, 267, 273, 287, 292, 295, 313, 318, 320, 321, 322, 323, 324, 325, 328, 329, 332, 333, 336, 339, 341, 343, 345, 346, 348, 350, 353, 358, 359, 361, 363, 364, 366, 371, 372, 373, 375, 376, 381, 383, 406, 409, 504, 538, 598, 609, 629, 632, 635, 636, 637, 638, 643, 644, 646, 647, 649, 650, 651, 654, 657, 662, 669, 671, 674, 684, 706, 714, 716, 719, 741, 755, 756

분과위원회 383, 424, 593, 598, 609, 616, 625, 629, 632, 635, 637, 638, 643, 644, 646, 647, 649, 654, 678, 684, 688, 701, 710, 712, 714, 721, 722, 728, 734, 735, 739, 740, 741, 742, 745, 757, 758

분대 357, 408

분산 132, 390, 399, 706, 730

비망록 524, 527, 528

비무장지대 46, 116, 123, 136, 169, 248,
　　266, 295, 318, 320, 322, 323, 324,
　　325, 328, 331, 332, 339, 345, 346,
　　348, 361, 364, 366, 367, 368, 371,
　　373, 374, 376, 412, 569, 598, 629,
　　637, 638, 643, 646, 647, 648, 650,
　　654, 656, 657, 677, 679, 684, 685,
　　700, 702, 704, 708, 709, 719, 742,
　　760

비엔창우(邊昌武) 597, 609

비행 195, 389, 397, 401, 453, 454, 465,
　　467, 559, 574, 581, 586, 588, 590,
　　592, 624, 664, 675, 731, 738

비행기 64, 102, 131, 172, 173, 175, 176,
　　356, 378, 388, 389, 390, 397, 398,
　　399, 401, 402, 405, 416, 419, 617,
　　664, 666, 675, 688, 731

비행장 134, 172, 203, 357, 433, 477, 617,
　　618, 634, 639, 666, 671, 672, 673,
　　677, 678, 688, 709, 718, 730, 733,
　　749, 755, 760

비호 453

빅터 안드레스 벨라운데(Victor Andres
　　Belaunde) 475

빌리엄 시로키(Viliam Široký) 283, 284,
　　619

▶ ㅅ

사단 37, 38, 63, 102, 118, 175, 257, 311,
　　415, 428, 433, 450, 483, 496, 497,

514, 516, 571, 582, 583, 634, 639,
　　665, 678, 730, 735, 749, 758

사령관 40, 45, 61, 63, 67, 82, 108, 109,
　　112, 116, 119, 136, 157, 167, 172,
　　173, 186, 187, 190, 192, 193, 195,
　　201, 204, 207, 208, 223, 233, 234,
　　243, 252, 255, 265, 266, 270, 273,
　　275, 280, 287, 293, 295, 312, 315,
　　341, 352, 356, 359, 368, 371, 401,
　　402, 408, 418, 433, 435, 447, 451,
　　452, 461, 465, 479, 480, 481, 483,
　　491, 494, 496, 503, 510, 511, 513,
　　516, 518, 519, 525, 537, 542, 548,
　　549, 559, 560, 562, 563, 577, 584,
　　585, 656, 667, 700, 731, 749, 751,
　　753, 758

사령부 33, 61, 63, 64, 73, 109, 130, 187,
　　199, 244, 246, 251, 260, 296, 334,
　　348, 352, 353, 355, 356, 363, 365,
　　387, 396, 398, 402, 404, 409, 419,
　　420, 426, 433, 445, 446, 451, 452,
　　455, 461, 465, 467, 483, 485, 490,
　　498, 499, 503, 504, 505, 507, 508,
　　509, 518, 525, 528, 529, 533, 535,
　　538, 543, 548, 552, 553, 559, 560,
　　565, 573, 574, 577, 586, 590, 608,
　　626, 627, 632, 635, 657, 662, 691

사르다르 파니카(Sardar Panikkar) 613

사무국 96, 143, 187, 260, 273, 275, 299,
　　300, 353, 396, 520, 575, 595

사본 438, 532, 543, 575, 577, 599, 601,
　　604, 606

사이공 고등판무관 190, 192, 203, 205, 228, 234, 280, 320, 367, 401, 465, 478, 608, 615, 645, 666, 688, 724

사절단 520, 521

사절단장 66, 84, 118, 294, 313, 314, 322, 331, 415, 450, 483, 498, 513

산둥 416, 477

산양 345

산터우(Swatow) 278

상원 50, 54, 71

상하이 149

샌프란시스코 회의 386, 393, 394, 395, 404, 410, 423, 425, 431, 438, 439, 440, 442, 443, 445, 449

서화 175, 362, 428

선양 316, 634

선언 33, 46, 56, 65, 66, 92, 110, 114, 117, 121, 123, 130, 133, 135, 137, 138, 139, 151, 152, 153, 154, 174, 177, 182, 184, 185, 188, 189, 201, 217, 265, 266, 328, 396, 404, 406, 422, 452, 457, 526, 668, 671, 683, 698, 714, 743, 757

선언문 52, 66, 67, 108, 109, 182, 265, 297, 562, 747

성명 45, 46, 66, 68, 84, 108, 109, 133, 135, 138, 165, 201, 253, 276, 300, 301, 315, 330, 331, 332, 339, 341, 353, 355, 376, 411, 412, 413, 417, 422, 426, 435, 448, 451, 455, 466, 480, 562, 563, 600, 601, 612, 630, 646, 725, 727, 728

세실 버치어(Cecil A. Bouchier) 334

셰팡(謝方) 236, 597, 735, 741

소련 38, 47, 56, 59, 63, 64, 65, 74, 75, 81, 94, 97, 113, 121, 122, 123, 124, 125, 127, 129, 130, 131, 132, 134, 135, 136, 137, 139, 140, 141, 143, 144, 149, 151, 152, 153, 154, 156, 157, 159, 160, 162, 165, 166, 167, 171, 176, 178, 181, 182, 183, 184, 185, 195, 217, 218, 219, 220, 221, 222, 223, 224, 225, 226, 241, 242, 245, 246, 247, 252, 257, 260, 261, 262, 263, 264, 265, 266, 267, 268, 276, 289, 290, 291, 298, 300, 301, 303, 304, 305, 308, 315, 333, 334, 335, 336, 337, 350, 351, 358, 369, 393, 394, 395, 411, 430, 431, 436, 437, 438, 439, 440, 441, 442, 443, 445, 446, 449, 453, 454, 457, 458, 459, 461, 468, 475, 477, 490, 491, 492, 501, 502, 503, 508, 518, 519, 520, 521, 524, 525, 526, 527, 529, 530, 531, 534, 538, 551, 553, 562, 563, 580, 584, 585, 590, 596, 599, 600, 601, 613, 614, 627, 643, 646, 652, 653, 679, 680, 726, 749

소련 외무부 403, 454, 539, 596

소장 234, 597

소포클리스 베니젤로스(Sophoklis Venizelos) 148

송현리 485, 486, 504, 512

쇠더블롬(Soderblom) 166

수상 290, 519
수송 204, 324, 537
수원 102
순천 706
슈마허(Schumacher) 221
스타니슬라스 오스트로루그(Stanislas Ostroróg) 613
스타스앤드스트라이프스Stars and Stripes 90
시베리아 508
시변리 356
신안주 38, 316, 507, 617, 664, 676, 749
신의주 571, 617, 664, 749
신익희(申翼熙) 744
신장 416
신화통신 180, 265, 268, 318, 328, 347, 358, 366, 369, 383, 416, 418, 449, 464, 480, 481, 492, 496, 546, 548, 555, 592, 597, 611, 629, 643, 646, 654, 658, 669, 673, 686, 696, 710, 714, 721, 741, 757
쌍발기 453

▶ㅇ

아메리카국 595
아불카심 카샤니(Abulkasim Kâchani) 225
아서 네빌 체임벌린(Arthur Neville Chamberlain) 579
아프리카 226
안동 519, 661, 730

안드레이 그로미코(Andreï Gromyko) 525
안드레이 비신스키(Andrei Yanuar'evich Vyshinskii) 524
안전보장이사회 105, 137, 186, 245, 247, 300, 308, 475, 552
안전지대 590
알레스 베블러(Aleš Bebler) 476
알렉산드르 보고몰로프(Alexander E. Bogomolov) 241, 242, 596
알렉산드르 판유쉬킨(Alexander Panyushkin) 74
알렉세이 파블로프(Alexei P. Pavlov) 182
알렉시스 존슨(Alexis Johnson) 732
알렉시스 키루(Alexēs Adōnidos Kyrou) 474
암호과 추신 40, 311, 312, 314, 317, 327, 404, 410, 415, 515
압록강 176, 181, 250, 270, 316, 323, 341, 490, 496, 505, 508, 533, 599, 602, 634, 664, 706, 730
앤드류 코디어(Andrew Wellington Cordier) 39, 694
앤드류 키니(A. J. Kinney) 235
앤서니 이든(Robert Anthony Eden) 127
앨런 커크(Alan G. Kirk) 136, 524
앨버트 코디 웨더마이어(Albert Coady Wedemeyer) 50, 54, 81, 82
야전군 455
야코프 말리크(Yakov Aleksandrovich Malik) 501
야콥 프리스(Jakob Friis) 188

양구 79, 415, 428, 494, 571, 587

양양 338

언론 보도 362, 363, 378, 381, 548

언론정보국 396, 595

언커크 39

에두아르 달라디에(Edouard Daladier) 579

에드바르트 카르델(Edvard Kardelj) 475

에드워즈 중령 471

에르난 산타크루스(Hernán Santa Cruz)
    474

에멧 오도넬(Emmett Odonnell) 119

에미르 타랄(Emir Talal) 225

에밀 샤르베리아(Emile Charvériat) 567

에슬러 데닝(Esler Dening) 513

에티엔 드 크루이-샤넬(Étienne de
    Crouy-Chanel) 424, 425

연대 351, 441, 444, 450, 457, 483, 516

연락단 230, 236

연락망 356, 760

연락장교 203, 204, 207, 273, 282, 303,
    355, 356, 372, 385, 388, 389, 390,
    392, 397, 398, 399, 401, 402, 403,
    405, 418, 419, 426, 435, 447, 452,
    465, 472, 478, 479, 480, 481, 483,
    484, 485, 486, 488, 492, 504, 511,
    522, 523, 536, 544, 545, 547, 548,
    549, 555, 557, 561, 569, 573, 581,
    586, 592, 593, 594, 598, 608, 609,
    621, 622, 623, 624

연안파 518, 519

연합군 최고 사령부(SCAP) 정보교육국 341

열간(熱間) 리벳 402

영국 대리대사 185

영국 정부 45, 84, 95, 112, 114, 127, 129,
    153, 161, 182, 300, 301, 440, 532,
    533, 534, 553

영연방 68, 129, 222, 224, 475, 514, 516,
    583

예비군 455, 505

오데르-나이세 강 257, 258

오웬 브루스터(Owen Brewster) 50

완 와이타야쿤(Wan Waithayakon) 476

외교행낭 186

외무부 44, 45, 54, 92, 95, 98, 99, 100,
    109, 112, 125, 129, 137, 138, 160,
    163, 169, 182, 253, 254, 305, 316,
    334, 335, 379, 395, 403, 407, 413,
    424, 436, 445, 453, 454, 539, 550,
    575, 578, 595, 596, 599, 604, 619,
    621, 628, 641, 652, 653, 684, 694,
    747, 756

외무장관 44, 67, 69, 88, 137, 146, 183,
    188, 189, 196, 283, 474, 476, 508,
    524, 528, 532, 539, 551, 553, 554,
    562, 563, 596, 652

요격기 172, 433, 453, 454, 675, 676, 749

요새 249, 310, 634

요시다 시게루(Yoshida Shigeru, 吉田茂)
    76

요코스카(시) 496

우편 전달 494, 556, 587, 588, 617, 636,
    681, 706, 708, 732, 737, 739, 745, 755

원산 48, 72, 79, 194, 274, 332, 497, 706,
    749

원수 67, 276

윌리엄 너콜스(William P. Nuckols) 386, 615

윌리엄 스트랭(William Strang, 1st Baron Strang) 156

윌리엄 헤이터(William Hayter) 532

유격 417

유엔 35, 36, 39, 41, 42, 44, 45, 48, 51, 52, 56, 58, 59, 60, 65, 67, 68, 70, 71, 74, 81, 85, 92, 93, 95, 96, 97, 98, 100, 101, 105, 109, 110, 111, 112, 113, 114, 115, 117, 122, 124, 125, 127, 132, 133, 135, 137, 139, 141, 143, 144, 145, 146, 148, 149, 151, 153, 154, 158, 160, 161, 163, 165, 167, 169, 174, 175, 182, 185, 186, 187, 195, 196, 206, 210, 219, 232, 234, 243, 244, 245, 246, 247, 248, 249, 250, 251, 253, 255, 259, 260, 263, 264, 265, 272, 273, 280, 296, 299, 300, 302, 304, 306, 308, 309, 310, 313, 314, 318, 322, 323, 325, 332, 334, 335, 340, 347, 348, 352, 355, 363, 366, 367, 368, 371, 373, 374, 376, 379, 385, 386, 389, 393, 395, 401, 407, 413, 414, 419, 424, 442, 445, 453, 454, 464, 465, 466, 473, 474, 483, 488, 490, 498, 499, 525, 526, 527, 528, 530, 533, 540, 541, 552, 553, 554, 556, 559, 561, 588, 600, 601, 602, 604, 608, 613, 614, 615, 623, 625, 636, 638, 640, 641, 642, 649, 650, 651, 657, 660, 661, 666, 667, 671, 677, 679, 682, 689, 690, 692, 697, 701, 703, 716, 717, 725, 728, 730, 735, 740, 743, 744, 745, 751, 754, 755

유엔대표단 숙사 389

유엔 사무국 143, 299, 474

유엔 사무총장 39, 44, 67, 68, 95, 111, 112, 113, 114, 146, 186, 243, 256, 259, 261, 299, 300, 533, 540, 575

유엔 헌장 148, 174, 300, 682

유엔군 31, 33, 37, 38, 40, 44, 45, 48, 61, 62, 63, 64, 65, 67, 71, 72, 75, 76, 79, 81, 88, 91, 103, 108, 109, 115, 116, 123, 129, 130, 136, 144, 155, 167, 169, 172, 174, 190, 195, 198, 200, 201, 204, 208, 210, 233, 234, 239, 255, 256, 264, 265, 266, 270, 280, 295, 296, 309, 310, 315, 316, 323, 325, 326, 331, 332, 333, 335, 337, 338, 339, 341, 342, 343, 346, 347, 348, 352, 353, 354, 356, 357, 361, 363, 365, 366, 367, 371, 373, 376, 378, 379, 385, 386, 387, 388, 389, 390, 393, 397, 398, 399, 401, 402, 405, 407, 408, 409, 413, 415, 418, 419, 421, 426, 428, 430, 433, 434, 435, 445, 446, 447, 448, 450, 451, 452, 453, 455, 461, 465, 467, 468, 478, 479, 481, 483, 485, 486, 488, 491, 492, 494, 500, 505, 506, 507, 508, 510, 514, 516, 521, 522, 533,

534, 537, 538, 540, 542, 544, 548,
550, 551, 553, 556, 557, 559, 560,
561, 565, 566, 567, 569, 571, 572,
573, 574, 576, 577, 582, 583, 586,
589, 590, 592, 593, 597, 598, 609,
615, 618, 621, 625, 626, 631, 633,
634, 635, 641, 642, 648, 656, 661,
664, 666, 667, 671, 675, 676, 678,
682, 688, 689, 690, 691, 700, 701,
704, 706, 707, 709, 712, 713, 717,
718, 719, 724, 730, 734, 735, 737,
738, 752, 753, 755

유엔총회　93, 131, 210, 243, 246, 260,
261, 299, 300, 304, 308, 524, 533,
652

유틀란디아 호　194, 478

육군　235, 323, 332, 346, 373, 376, 436,
597, 618, 628, 718

의사일정　247

의제　85, 188, 241, 242, 247, 256, 269,
271, 272, 294, 295, 300, 302, 311,
312, 313, 314, 318, 320, 321, 322,
324, 325, 326, 329, 341, 345, 348,
363, 364, 367, 376, 379, 473, 486,
499, 552, 592, 598, 630, 632, 635,
636, 638, 643, 644, 645, 646, 647,
648, 650, 651, 654, 656, 657, 659,
666, 669, 670, 674, 681, 687, 702,
703, 704, 716, 721, 723, 728, 734,
735, 739, 741, 742, 745, 746, 753,
755, 757, 758

이난(Yinan, 沂南)　275, 277

이사회　59, 96, 97, 105, 137, 186, 245,
246, 247, 260, 300, 308, 475, 552

이상조(李相朝)　236, 597, 629, 630, 741

이스티그랄당　225

이승만　48, 88, 106, 107, 181, 205, 206,
418, 497, 584, 599, 600, 601, 607,
689, 697, 725, 727

이오시프 빗사리오노비치 스탈린(Iosif
Vissarionovich Stalin)　584, 585

이즈베스티야Izvestia　218, 221, 226, 290,
436, 458, 627

이형근((李亨根)　597, 610

인도 국민회의　224

인민공화국　77, 351

인민군　38, 61, 63, 179, 201, 233, 252,
265, 266, 275, 278, 328, 353, 356,
359, 366, 378, 383, 511, 548, 592,
597, 611, 622, 637, 700

인민일보　138, 143, 149, 217, 416, 422

인민지원군　179, 201, 222, 224, 233, 252,
265, 267, 296, 314, 328, 356, 359,
511, 525, 548, 592, 597, 611, 619,
620, 622, 637, 700

일본해　221

임진강　37, 79, 90, 198, 199, 203, 230,
310, 338, 343, 455, 485, 625, 630,
631, 639, 662

▶ ㅈ

자크 다스튀그 드 소레악 드 뷔종(Jacques
Dastugue de Soreac de Buzon)　611

자크 드 레이니에(Jacques de Reynier) 565

작전 35, 51, 60, 63, 64, 65, 79, 92, 97, 111, 116, 118, 119, 142, 173, 210, 217, 220, 222, 223, 226, 241, 253, 262, 263, 274, 323, 333, 401, 402, 424, 440, 446, 454, 479, 496, 497, 508, 513, 533, 537, 538, 551, 552, 553, 560, 564, 574, 583, 589, 634, 645, 666, 670, 678, 685, 686, 730, 737

장 다리당(Jean Daridan) 636

장 대령 388, 389, 390, 397, 398, 399, 403, 478, 479, 484, 492

장 들라랑드(Jean Delalande) 578

장 로이에르(Jean Royère) 149

장 리비에르(Jean-Marie Rivière) 564

장 브리옹발(Jean Brionval) 52, 53, 500

장갑함 515

장교 63, 89, 103, 131, 203, 222, 234, 235, 256, 303, 390, 392, 398, 401, 417, 420, 445, 467, 484, 496, 500, 519, 520, 557, 582, 608, 622, 632, 655, 741, 746

장-루이 보디에(Jean-Louis Baudier) 351

장제스(Chiang Kai-shek, 蔣介石, 장개석) 54, 82, 118, 539, 614, 748

장춘 521

장춘산(張春山) 388, 480, 481, 482, 741

재무장 123, 220, 221, 222, 232, 257, 264, 285, 286, 289, 290, 423, 431, 438, 441, 443, 449, 460, 534

저우언라이(Chou En Lai, 周恩來) 166, 423

저항선 514

적대행위 47, 51, 93, 110, 128, 172, 203, 224, 232, 241, 242, 246, 250, 251, 253, 254, 255, 260, 263, 265, 289, 295, 308, 312, 318, 319, 324, 329, 343, 353, 367, 378, 404, 411, 423, 448, 457, 461, 462, 465, 477, 494, 503, 505, 508, 541, 552, 573, 574, 575, 589, 623, 627, 645, 649, 657

전권공사 283, 577

전권사절(全權使節) 268, 326, 354

전면전 457, 552

전보 31, 32, 33, 35, 39, 40, 41, 45, 48, 56, 60, 69, 72, 74, 84, 86, 89, 95, 97, 99, 100, 104, 106, 108, 111, 112, 114, 115, 123, 130, 135, 139, 160, 161, 167, 169, 171, 173, 184, 185, 187, 188, 196, 198, 206, 217, 220, 221, 223, 225, 226, 232, 242, 244, 245, 248, 259, 260, 268, 271, 272, 289, 294, 295, 300, 301, 304, 305, 311, 312, 313, 314, 317, 325, 327, 331, 334, 335, 343, 352, 353, 360, 361, 386, 387, 395, 402, 403, 404, 407, 409, 410, 415, 422, 424, 437, 451, 463, 465, 466, 473, 474, 477, 478, 488, 507, 515, 535, 541, 544, 548, 555, 556, 561, 562, 573, 576, 581, 590, 592, 599, 604, 606, 621, 625, 636, 684, 692, 700, 713, 724, 725, 727, 740, 743, 746, 747, 749, 756

전비 393

전선 33, 37, 40, 48, 63, 79, 102, 108, 109, 116, 123, 132, 136, 146, 155, 157, 172, 175, 194, 198, 199, 220, 239, 248, 258, 271, 283, 310, 323, 324, 330, 332, 345, 361, 362, 364, 366, 373, 381, 393, 412, 415, 428, 429, 430, 450, 468, 483, 485, 486, 496, 500, 507, 512, 514, 516, 537, 538, 551, 568, 571, 579, 583, 587, 609, 615, 625, 629, 631, 633, 634, 635, 637, 639, 641, 661, 667, 692, 698, 717, 721, 735, 754, 757

전장 86, 147, 359, 375, 383, 496, 568, 579

전쟁 이전 상태 411

전쟁부 302, 315

전차 38, 64, 80, 433

전초 535

전투기 63, 173, 175, 316, 337, 365, 433, 464, 465, 467, 468, 479, 486, 490, 494, 495, 497, 505, 507, 538, 618, 634, 639, 661, 667, 675, 676, 678, 719, 730, 731, 735, 737, 738, 759

전투대형 450

전투부대 148, 648

전투비행중대 675

절대우선문건 127, 135, 193, 239, 251, 271, 313, 322, 331, 411

정규군 608, 609, 622, 623, 656, 684, 688, 704

정전 3인단 32

정찰 266, 376, 448, 465, 483, 496, 497

정찰대 347, 355, 356, 362, 417, 514

제10군단 37, 415, 428, 483, 571

제7사단 102, 118, 415, 583

제네바협약 541, 542, 576, 577

제임스 J. 머레이(J. C. Murray) 235

제임스 레스턴(James Reston) 144

제임스 웹(James Webb) 171

제임스 플림솔(James Plimsol) 253

제트기 176, 337, 378, 538, 617, 639, 667, 675, 676, 730

제한전(limited war) 70, 530

조선민주주의공화국 714

조선인민군(Korean People's Army) 266, 267

조선인민군 최고사령관 511

조선중앙통신朝鮮中央通信 268, 330

조셉 시귀레((Joseph Siguret) 747

존 B. 콜터(Général John B. Coulter) 40

존 앨리슨(John. M. Allison) 218

존 히커슨(John Hickerson) 498

주둔지 378

주일 프랑스 대표부 595

중공 33, 67, 70, 74, 75, 94, 97, 116, 117, 124, 125, 196, 246, 262, 291, 303, 314, 329, 334, 335, 358, 360, 361, 378, 419, 420, 422, 450, 455, 464, 491, 496, 498, 499, 505, 519, 520, 526, 541, 542, 571, 575, 576, 577, 583, 608, 611, 612, 615, 617, 618, 619, 627, 629, 634, 635, 636, 646, 647, 651, 655, 657

중공군 38, 173, 177, 316, 416, 428, 505, 519, 538

중국 32, 33, 38, 42, 44, 47, 51, 54, 56, 61, 62, 63, 64, 65, 67, 70, 77, 81, 82, 85, 86, 93, 97, 98, 104, 105, 108, 109, 111, 116, 117, 118, 121, 122, 124, 125, 128, 132, 134, 138, 140, 143, 144, 145, 149, 152, 153, 156, 163, 164, 165, 166, 167, 171, 172, 176, 178, 179, 184, 185, 194, 195, 196, 210, 217, 218, 219, 220, 221, 222, 223, 224, 232, 233, 242, 245, 246, 247, 252, 261, 263, 265, 266, 267, 271, 272, 275, 277, 278, 285, 286, 287, 289, 290, 291, 292, 294, 296, 300, 304, 305, 306, 307, 309, 313, 314, 316, 328, 333, 334, 335, 336, 350, 353, 356, 358, 359, 383, 393, 399, 409, 411, 412, 413, 416, 418, 420, 422, 423, 424, 430, 431, 435, 436, 437, 441, 442, 445, 457, 458, 459, 460, 461, 462, 464, 465, 473, 477, 496, 511, 519, 520, 521, 525, 532, 533, 534, 541, 551, 552, 553, 554, 557, 564, 575, 597, 598, 611, 612, 613, 614, 619, 620, 622, 627, 633, 637, 639, 661, 664, 681, 682, 683, 688, 690, 692, 698, 705, 708, 709, 717, 726, 730, 733, 735, 740, 743, 745, 746, 747, 748, 751, 755, 756, 759

중국 국민당 54, 81, 245

중국인민지원군 사령관 201, 265, 548, 700

중령 235, 388, 389, 397, 471, 480, 481

중립지대 199, 230, 280, 281, 302, 339, 341, 348, 355, 356, 363, 367, 372, 387, 388, 397, 401, 405, 406, 407, 408, 413, 417, 418, 426, 435, 447, 448, 452, 464, 467, 471, 477, 481, 484, 488, 522, 523, 535, 536, 538, 544, 545, 546, 547, 548, 549, 555, 557, 559, 560, 561, 569, 573, 574, 581, 586, 588, 592, 637, 735

중순양함 515

중장비 38, 385

중재위원회 31, 32, 33, 34, 56, 74, 96, 98, 99, 166, 222, 260, 261

중화인민공화국 33, 75, 96, 140, 185, 209, 210, 212, 232, 306, 308, 309, 440, 455, 694, 754

증원군 316

지대 278, 281, 287, 323, 332, 345, 353, 354, 390, 397, 399, 413, 465, 479, 511, 529, 544, 556, 557, 581, 586, 588, 609, 647, 665, 685, 701

지상군 82, 249, 333, 491, 676

지시 88, 104, 105, 156, 160, 194, 294, 301, 303, 348, 355, 356, 393, 397, 401, 407, 408, 474, 481, 536, 541, 545, 547, 562, 575, 652, 681, 708, 712, 733, 743

지역 36, 37, 71, 90, 102, 104, 128, 129, 163, 172, 201, 207, 230, 249, 266,

273, 281, 283, 287, 323, 347, 355,
356, 357, 358, 359, 361, 364, 397,
402, 412, 413, 418, 420, 428, 430,
452, 453, 454, 455, 477, 496, 497,
507, 548, 560, 571, 588, 589, 597,
608, 617, 618, 625, 629, 630, 631,
633, 634, 635, 640, 643, 648, 651,
656, 657, 658, 664, 668, 669, 670,
673, 674, 676, 684, 686, 697, 700,
701, 714, 719, 727, 730, 731, 737,
741, 744

지지바르샤바Zycie Warszawy 238, 257

지침 40, 194, 209, 303, 314, 426, 472,
532, 533, 553, 557, 629

직접 지원 173

진남포 520, 617, 738

진지 199, 251, 341, 373, 376, 383, 406,
433, 505, 514, 551, 552, 631, 633,
635, 648, 679, 684, 688, 738, 749

진지동 520

진첸코 167, 168, 300, 301

▶ ㅊ

차단 작전 537

차오저우 278

차이 116, 169, 222, 224, 262, 269, 314,
345, 386, 557, 631, 759

차이청원(紫成文, 자성문) 388, 389, 397,
480, 481, 741

찬드라 보스(Subhas Chandra Bose) 224

찰스 볼렌(Charles Bohlen) 490, 503

찰스 터너 조이(Charles Turner Joy) 234,
597

찰스 하비브 말리크(Charles Habib Malik)
475

참모본부 194, 199, 234, 273, 275, 303,
316, 353, 362, 387, 418, 428, 433,
445, 449, 455, 505, 517, 538, 550,
565

참모장 302, 462, 504, 507, 552

참모총장 81, 252, 287, 302, 505, 618,
628, 645, 749

창녕 324

창하이 232, 306, 307, 477, 634

철원 72, 79, 90, 103, 198, 199, 324, 345,
357, 433, 494, 587, 615, 625, 629

철의 장막 652, 747

청송 583

청천강 634, 737

체코슬로바키아 283, 351, 564, 619, 620,
679, 690

초도리 37, 79, 345

총공세 507

총사령관 167, 190, 201, 265, 266, 280,
295, 356, 401, 433, 445, 510, 513,
548, 584, 585

총사령부 201, 207, 236, 255, 256, 388,
391, 401, 405, 448, 503, 586, 593,
639, 718, 734, 735, 749

총알받이 500

총회 33, 59, 93, 96, 98, 117, 131, 140,
209, 210, 243, 244, 246, 260, 261,
262, 299, 300, 301, 304, 305, 308,

473, 475, 476, 524, 533, 638, 641, 652

최고사령부(Grand Quartier Général) 40, 251, 276, 315, 316, 320, 341, 342, 343, 347, 353, 364, 481, 482, 548, 549, 573

최고사령부 정보국 343

최용건(崔庸健) 275

최우선문건 248, 294, 562

최전선 40, 537

최후통첩 358

추가조치위원회 86, 97, 98, 104, 473

출격 433, 450, 483, 730, 731

충성심사위원회(loyalty Board) 412

치앙팅푸(Tsiang Tingfu, 蔣廷黻) 246

치토세(시) 497

침략자 51, 77, 158, 370, 378, 423, 496, 497, 601, 602, 619

침략전쟁 64, 147

ㅋ

카를로스 페냐 로물로(Carlos Peña Romulo) 475

카슈미르 43, 115, 291

캔버라 253

캔자스라인 136, 199, 249, 325, 336, 338, 348, 360, 411, 412, 413

커밍 562, 563

컨퍼런스 223

코민포름 520

쿠드리아프체프 290

크라스나야즈베즈다Krasnaya Zvezda 218, 383, 627

크라스니플롯 458

크레이기(Sawrence C. Craigie) 597

크리스티앙 보 생 시르(Christian Carra de Vaux de Saint-Cyr) 148, 567, 568

크리팔라니(Jivatram Bhagwandas Kripalani) 224

크산티 567

클로드 르벨(Claude Lebel) 425

ㅌ

타스통신 265, 285, 289, 309, 316, 318, 328, 330, 347, 350, 383, 448, 457, 561, 655

타쿵파오Takungpao 290

타협안 249, 333, 360, 413, 424, 508, 511, 759

톈진 634

통신관측소 453

통첩 338, 345, 365, 389, 398, 540, 561, 563

통킹(Tokin) 222

통합사령부 33, 56, 93, 97, 103, 110, 111, 165, 186, 187, 194, 195, 243, 244, 246, 248, 249, 250, 259, 300, 733, 756

퇴각로 155

투데당 225

트루드Troud 158

트루먼 121, 133, 134, 238, 382, 441, 579, 641, 652, 732

트리그브 리(Trygve Halvdan Lie) 44, 95, 100

트리그브 리 사무총장의 한국 특사 31, 35, 40, 43, 95, 96, 97, 99, 100, 113, 146, 147, 165, 166, 167, 169, 186, 209, 244, 259, 260, 261, 299, 300, 347, 540, 561, 577

트리부나루두Tribuna Ludu 238, 257, 358

특별위원회 246, 474, 552, 567

▶ ㅍ

판디트 네루(Pandit Nehru) 43, 140, 141, 225, 291

판문점 273, 356, 389, 398, 405, 406, 408, 419, 452, 465, 471, 480, 483, 522, 523, 535, 536, 544, 545, 546, 548, 549, 555, 556, 557, 574, 581, 586, 588, 590, 592, 608, 612, 615, 622, 623, 624, 625, 627, 629, 632, 634, 635, 637, 645, 648, 650, 656, 662, 675, 680, 681, 684, 689, 708, 712, 725, 732, 733, 739, 743, 744, 745, 755, 756, 757

판첸 라마(Panchen Lama) 223

팔레 로즈(Palais Rose) 262, 264

퍼시 스펜더(Percy Spender) 67

펑더화이(Peng-Teh-Huai, 彭德懷) 201, 203, 208, 224, 228, 230, 233, 265, 266, 273, 280, 285, 339, 353, 356, 405, 413, 417, 423, 426, 451, 467, 471, 480, 481, 485, 510, 511, 520, 523, 535, 545, 546, 548, 559, 561, 751, 753

페데야니(Fedaiyani) 225

평양 48, 57, 72, 75, 90, 102, 103, 181, 184, 192, 196, 217, 228, 230, 233, 238, 252, 273, 274, 289, 303, 309, 315, 316, 330, 332, 350, 356, 419, 520, 522, 538, 553, 571, 579, 580, 598, 615, 617, 634, 662, 664, 676, 749

평양 남부 495

평화공세 438, 440, 488

포 38, 62, 63, 64, 221, 389, 390, 392, 398, 401, 430, 433, 468, 505, 633, 639

포격 97, 102, 266, 354, 453, 471

포린트 578

포막인 567, 568

포병 221, 353, 429

포위작전 222

폭격기 497, 506, 617, 618, 661, 664, 675, 720, 737

폴 뤼에게(Paul Ruegger) 694, 695

폴 르 구리에렉(Pol Le Gourriérec) 179, 180, 278, 279, 416, 422, 423

푸젠 성 477

프라우다Pravda 139, 141, 158, 159, 290, 315, 329, 366, 369, 436, 458, 459, 469, 496, 563, 592, 714

프랑스 시간 56, 58, 81, 86, 100, 102, 104, 110, 112, 114, 118, 122, 133, 135, 143, 151, 154, 160, 163, 165,

167, 169, 171, 174, 175, 177, 185, 186, 193, 239, 243, 245, 248, 271, 294, 297, 299, 304, 313, 322, 331, 360, 362, 372, 375, 379, 392, 395, 411, 415, 420, 428, 430, 436, 450, 473, 483, 490, 494, 516, 537, 556, 565, 569, 581, 587, 617, 636, 650, 652, 681, 686, 706, 708, 732, 737, 739, 745, 755

프랑스 외무부　99, 182, 628

프랑시스 라코스트(Francis Lacoste)　209, 577

프레데릭 라인하르트(G. Frederick Reinhardt)　436

프로티치　39, 48

프리헤텐Friheten　147

피가로Le Figaro　735

피에르 드페이르(Pierre Depeyre)　77

필립 보데(Philippe Baudet)　125

▌ㅎ

하소리　583

하원　127, 154, 177

하이난 섬　252

하이난다오　453

한국참전국대표회의　362, 516

한탄강　383

할바르 랑에(Halvard Manthey Lange)　189, 474

함대　459, 497, 514

함안　345

합동위원회　667, 677, 685, 718

합류점　625

합참의장　490, 516, 565

항공기　390, 397, 405, 418, 420, 450, 453, 454, 550, 559, 571, 613, 624, 639, 664, 714

항공모함　497

항복　46, 274

해독　299, 583

해외 공보처　652

해주　79, 324, 345

헝가리　77, 578, 579, 580

헝가리 여성민주연맹　578

헨리 로지(Henry Cabot Lodge)　641

헨리 호데스(Henry I. Hodes)　234, 597, 609

호이트 샌포드 반덴버그(Hoyt Sanford Vandenberg)　645

호주　67, 68, 104, 160, 161, 221, 253, 254, 543, 577, 667, 676

호주 정부　104

호찌민(Ho Chi Minh, 胡志明)　120

화천　37, 79, 199, 338, 494, 609

화천 저수지　37, 79, 338, 609

황색조합　238

회담　74, 76, 84, 85, 93, 94, 103, 112, 114, 115, 117, 122, 127, 129, 131, 132, 135, 153, 156, 158, 160, 161, 169, 170, 180, 183, 185, 190, 191, 193, 194, 196, 201, 203, 207, 208, 223, 224, 228, 229, 230, 234, 235, 236, 239, 241, 242, 246, 248, 249,

251, 252, 255, 260, 262, 264, 265, 266, 268, 271, 272, 274, 278, 280, 281, 282, 287, 289, 292, 294, 295, 296, 302, 304, 306, 309, 313, 314, 315, 319, 320, 321, 322, 325, 328, 329, 330, 331, 333, 334, 335, 336, 339, 340, 343, 345, 346, 347, 350, 352, 353, 354, 355, 358, 360, 361, 362, 363, 364, 365, 366, 367, 368, 369, 371, 372, 374, 375, 376, 378, 381, 383, 385, 386, 387, 388, 390, 392, 393, 395, 396, 399, 403, 406, 408, 409, 410, 412, 413, 416, 419, 421, 424, 426, 431, 432, 436, 438, 439, 440, 441, 443, 445, 449, 455, 458, 461, 464, 465, 466, 478, 479, 485, 488, 496, 497, 501, 504, 510, 511, 522, 525, 527, 528, 529, 533, 535, 544, 545, 546, 547, 548, 549, 561, 573, 574, 586, 588, 592, 596, 597, 599, 605, 606, 608, 609, 615, 621, 622, 624, 625, 627, 631, 632, 634, 637, 645, 647, 649, 650, 660, 677, 685, 686, 689, 696, 704, 709, 710, 711, 717, 721, 725, 732, 733, 743

회의 사무국 575, 595

후방 102, 288, 296, 311, 428, 430, 468, 483, 520, 538, 551, 648, 667, 670, 673, 674, 677, 684, 685, 686, 689, 690, 701, 710, 711, 714, 715, 716, 717, 721, 722, 730, 735, 741, 742, 753, 757, 760

훈령 478, 482, 504, 521, 524

휴전협상 96, 131, 238, 251, 263, 265, 273, 284, 285, 289, 294, 297, 306, 309, 310, 312, 313, 323, 328, 332, 358, 393, 422, 426, 431, 433, 452, 455, 457, 461, 464, 467, 471, 478, 481, 482, 483, 486, 488, 492, 498, 503, 504, 508, 510, 511, 512, 521, 522, 523, 524, 526, 529, 530, 531, 532, 538, 544, 545, 551, 552, 557, 564, 569, 573, 581, 592, 593, 594, 610, 611, 614, 620, 621, 629, 630, 643, 644, 646, 650, 658, 660, 666, 667, 669, 671, 673, 687, 689, 692, 697, 700, 701, 702, 703, 704, 708, 710, 713, 714, 716, 717, 718, 719, 721, 722, 724, 725, 729, 733, 734, 735, 739, 740, 742, 745, 746, 747, 751, 753, 755, 760

휴전회담 203, 217, 239, 251, 255, 265, 268, 269, 271, 292, 314, 328, 347, 385, 387, 406, 455, 479, 510, 546, 606, 608, 615, 621, 622, 625, 632, 634, 635, 645, 648, 650, 656, 658, 660, 685

흥남 507, 514

◤기타

2급 비밀 56, 58, 66, 74, 84, 114, 151, 160, 167, 243, 245, 271, 273, 275, 294, 299, 304, 313, 372, 375, 411, 490, 518, 532, 617, 708, 709

3급 비밀 100, 163, 259

AP통신 464, 727, 749

B-29 38, 617, 618

CTK통신 564

F-86 세이버 676

MIG-15 176, 337, 468, 486, 487, 505,
550, 634, 645, 664, 667, 719, 730,
749

MIG기 38, 172, 173, 494, 675, 676, 730,
737, 738

PAP 358

UP통신 251, 324, 747

US뉴스&월드리포트 368

옮긴이

이지순 성균관대학교 프랑스어권문화융합연구소 소장

박규현 성균관대학교 프랑스어권문화융합연구소 책임연구원

김 영 성균관대학교 프랑스어권문화융합연구소 선임연구원